拉美研究经典译丛

独立以来的
拉丁美洲经济史
（第三版）

THE ECONOMIC HISTORY
OF LATIN AMERICA SINCE
INDEPENDENCE
(third edition)

［英］维克托·布尔默-托马斯（Victor Bulmer-Thomas） 著

张森根 王 萍 译

ZHEJIANG UNIVERSITY PRESS
浙江大学出版社

中文再版译者序

两百年拉丁美洲经济得失盛衰的箴言

本书译自英国维克托·布尔默-托马斯教授原著的第三版，出版于2014年，与该书的第一版(1995年)相隔约20年。本书又是该书第二个中文版，与第一个中文版(2000年，中国经济出版社，书名《独立以来拉丁美洲的经济发展》)相隔也恰好是20年。

维克托·布尔默-托马斯从交叉学科的视角，运用经济学和历史学的理论对拉美独立以来的发展进程进行综合分析，全面总结了这个地区将近200年经济增长的成就和不足，在增长模式、经济结构、殖民地遗产、外部冲击、制度变迁、公共政策以及经济史分期等一系列焦点和难点问题上，观点鲜明，思路清晰，不乏独到新颖而令人折服的见解，故而经得起时间的磨砺。

本书作者是英国资深的拉美学学者，曾任《拉丁美洲研究杂志》(*Journal of Latin American Studies*)主编(1986—1997)和伦敦大学拉丁美洲研究所所长(1992—1998)，以拉美经济史研究以及中美洲和加勒比地区研究蜚声国际学界。1998年9月28日，他曾应邀来中国社会科学院拉美所演讲，进行学术交流。30日，他和夫人应我邀请共进晚餐，并答应专门为本书第一个中文版撰写序言。本书列于"剑桥大学拉丁美洲研究"系列丛书之中(第七十七号和第九十八号)，也是作者继《拉丁美洲和加勒比地区：1920年以来的中美洲政治经济学》(1987年)和《开放的区域主义政治经济学》(2001)之后的又一部力作。此外，他和约翰·H. 科茨沃斯(哈佛大学历史学教授)、罗伯托·科尔特斯·康德(阿根廷圣安德烈斯大学经济学名誉教授、西班牙皇家历史学院的通讯院士)还联袂主编出版了《剑桥拉丁美洲经济史》(2006)。一个好消息，这部约 150 多万字的经济史的中文版版权已由绵阳拉美中心获得,由刘捷和岳云霞分别翻译的上下两卷将于明年面市。

英国的拉美研究起步较早,功底深厚,21 世纪初英国国内共有 5 个拉美研究中心,分设在剑桥、牛津、伦敦、利物浦和格拉斯哥等地的 5 所著名大学。研究的触角遍及政治、经济、社会、文化、人类学、考古学和地理学等领域,提交的博士论文 1966 年为 94 篇,1996 年增至 339 篇。"剑桥大学拉丁美洲研究"系列丛书(已出 98 种)、《拉丁美洲研究杂志》和《拉丁美洲研究简报》是英国拉美研究的三大阵地。英国的拉美研究,已成气候。正是凭借这一学术分量,英国于 20 世纪 80 年代中期推出了享誉士林的 11 卷本《剑桥拉丁美洲史》(除第 11 卷书目评论外,中译本 10 卷共 11 册已于 2013 年出齐)。《剑桥拉丁美洲史》共 143 章,有 53 章是由包括本书作者在内的英国学者撰写的。

从《独立以来的拉丁美洲经济史》一书中,我们不难发现作者本人学问的渊博和功底的厚实,同时也能观察到一代英国拉美学学者所具备的理论水准和研究经验。与原书第一版相比,第三版有以下四个看点值得关注。

第一,作者重申了第一版的基本论点,只是语句表达上有所变动。作者认为,拉美独立后的经济史可分为三个阶段。第一阶段是以初级产品为基础的传统出口导向阶段,20 世纪第二个 10 年达到顶峰,大萧条之后逐渐败落。第二阶段为内向型发展阶段,以 19 世纪末一些大国率先开始的进口替代为基础,高峰期是二战后的 25 年,直至 1980 年初彻底失败。前两个阶段的划分虽是明确的但又是互相交叉的阶段。第三阶段实际上起于 20 世纪 60 年代末,一些国家开始从内向型发展模式转向一种基于非传统出口(包括制成品)以与世界经济融为一体的新型模式。20 世纪 80 年代和 20 世纪 90 年代这一进程加速发展,到 21 世纪初,整个拉美都进入了一个出口导向型增长的新时代。诚然,各国进入不同阶段的时间是不一致的。尽管几个拉美大国从 20 世纪 30 年代至 20 世纪 80 年代初期通过由出口导向型增长转为内向型发展模式,获得了一定的成果,但因其未能改变在收入分配中所存在的严重不公平现象,最后都失败了。商品机遇性、出口导向型增长机制和经济政策环境三者协调是否得当,一直是作者分析拉美经济发展成败得失的出发点和落脚点。作者断言:没有一种理论能够单独解释,为什么拉丁美洲在世界人均收入上至今仍处于中等地位,以及拉丁美洲各国随着时间的推移而呈现出诸多的差异性。作者的这些基本观点在第三版的各章中有充分的阐述。

第二,作者根据新的研究成果适时修正了第一版中的个别观点。拉美和美国不同的发展进程,是本书经常面对的议题。第一版中曾指出,到 1800年,拉美人均国民实际总产值达 245 美元(按照 1960 年物价计算),北美仅为239 美元,当时已是第三世界最富、最繁荣兴旺的地区(见中文第一版第 33 页和 475 页)。这段话在第三版中被作者删除了。作者现在认为,拉美在独立之前就落后于美国。拉丁美洲早在它被称为"拉丁美洲"之前就已经远远落后于美国。事实上,这种差距甚至在美国成为"美国"之前就已经相当巨大。

19 世纪 20 年代早期,8 个可被估算的拉丁美洲国家(阿根廷、巴西、智利、哥伦比亚、古巴、墨西哥、秘鲁和委内瑞拉)的人均国内生产总值不及同时期美国的 50%(参见本书表 2.5)。只有一个国家的人均收入高于美国,这就是古巴,虽然它仍然是殖民地,但其以蔗糖为基础的出口专业化被推升到新的高度。其他拉丁美洲国家的人均国内生产总值占美国人均国内生产总值的 20% 至 50%。因此,目前两者生活水平方面三分之二的差距早在两个世纪之前就已显现,只有三分之一的差距可以归因于独立后初期的停滞与落后。本书第二章原有 4 张统计表,现新增了一张拉美与美国人均 GDP 比较的表格,展示它们分别在 1821 年、1830 年、1840 年、1850 年四个时间的差异。除表 2、表 3 和表 4 保存原貌,表 1 也有较多变动。无疑,作者的修正为进一步推进美拉比较研究提供了新的思路。

第三,本版强调了拉美经济史中的中国因素。第一版中作者几乎没有提到中国在拉美经济发展史中的影响和作用,但在第三版序言中,作者指出:"我们第一次可以看到,中国的崛起为拉美国家缩小与美国生活水平的差距,以及解决积聚的收入不平等和贫困难题带来了前所未有的机遇。"他分析道，从20世纪八九十年代开始，到21世纪初，整个拉美都进入了一个出口导向型增长进程加速发展的新时代。之所以如此，是因为建立在外部需求上升，尤其是来自中国需求基础上的大宗商品热潮强化了这一进程。1982年8月，墨西哥政府宣布无法按期偿还公共外债，最终引发了债务危机。1997年的亚洲金融危机导致了一系列事件，使拉丁美洲从1998年到2003年陷入了"失去的五年"。尽管如此，1998年之后哪怕拉丁美洲政局彰显左倾和中左倾趋势（即"粉色浪潮"），也没有导致新经济模式的崩溃；相反，中左派政府在增加旨在改善公平的社会项目的同时，小心翼翼地保持了该模式的基本原则。拉丁美洲主要国家突然成为20世纪90年代开始的新资本流入的受益者，扭转了这十年大部分时间资金净流出的局面。至少在1997年的亚洲金融危机之前——外汇储备非但不匮乏，反而十分充裕。从2002年开始，中国对大豆和铁矿石等关键原材料的需求，使拉美贸易条件得到了显著改善。拉美因此增加了出口收入，并且使得2003年后国内生产总值迅速复苏。2000年之后，几乎所有拉美国家的外债与国内生产总值的比率（参见表11.1）都有所下降。当全球经济普遍遭受2008—2009年金融危机时，拉丁美洲并没有受到影响。虽然外债仍然是个问题，但20世纪80年代的危机终于得到了解决。众所周知，截至2018年，中国和拉美的贸易总额及中国在拉美的投资存量均达到了3000亿美元或以上。尽管本书没有专门叙述中国在贸易、投资和融资上对推进拉美经济方面的积极作用，但作者的目光十分犀利，分析是十分到位的。

　　第四，第一章、第十一章和第十二章是读懂本书的关键。第一章是200年拉美经济发展的总览，阐述了全书的纲要和基本论点。第二至三章、第四至六章以及第七至十章，以时间为界，分别叙述了拉美如何从独立后的传统外向型出口导向演化为内向型模式，乃至最终进入一个出口导向型增长的新时代。第十一章着重分析拉美在负债增长、债务危机和债务负担的大背景下如何进行严峻的外部和内部调整，并指出新时代面临的贫困和收入分配问题。这些章节脉络清晰，层次分明。第十二章虽是全书的结论，但与第十一章的分析上下呼应。第一版附录有三组表格，现增加了一组新的表格，即附录四：1900年以来拉丁美洲的人均国内生产总值。它按2000年美元价格计算，取三年平均值，归纳了七个时间点（1901年，1912年，1928年，1960年，1980年，2000年和2010年）。它融合了世界银行网站上的世界发展指数、蒙得维的亚-牛津拉丁美洲经济数据库、不同国家的官方数字以及学者的研究成果，由布尔默-托马斯通过科学的方法计算后才正式公开发表，极具学术价值。本书第一版配有80张图表和统计表格等，新版增至近100张，并对统计口径、截止年份有所调整。第一版的统计资料通常截至20世纪90年代，新版的统计资料有不少篇幅截止于21世纪第二个十年。

本书中文版立项于2017年5月，原计划于次年11月底交稿。出于健康等原因，推迟至2020年2月才交付出版社。在此我要向广大读者、项目资助方、版权方和浙江大学出版社致以真诚的歉意。趁此机会，同时要向南开大学几位博士生和硕士生——高宇祥、刘明、郑凯怡、杜春旭表示感谢！他们在参与协助译书的最初阶段做了很多工作，另有张佳蓉同学为目录页的排版提供了帮助。我还要感谢我的合作者王萍教授，没有她的辛勤努力，本书也是难以问世的。

虽然这是一本专业领域较窄的著作，但有许多值得称道的地方，可令人回味，引发遐想，对经济学、历史学和国际问题研究感兴趣的中国广大读者不妨也来读读。以下是我写于本书中文第一版的后记，这篇文章虽然是20多年前写的，但基本观点仍适用我对第二个中文版的评价，现附录如下（有删节），敬请批评教正！

张森根

2020年3月，写于北京拂林园寓所

附：

读《独立以来的拉丁美洲经济史》^①

在世纪之交,回溯并总结以往世界其他地区现代化的历史进程、经验和教训,是十分有意义的。英国维克托·布尔默-托马斯教授的《独立以来的拉丁美洲经济史》一书,为我们展现了一面可资鉴戒的镜子。凡是关心世界发展问题和中国现代化事业的人,认真读一读这部著作,都会受到许多启迪。

全书正文共十二章,配有 80 张地图、图表和统计表格。附录部分还收录了 1914 年以前拉美的人口和出口统计资料,1850 年前后和 1912 年前后出口与国内生产总值的比率、出口购买力和出口量的资料,以及 1913 年、1928 年和 1980 年拉美各国人均国内生产总值的比较数字,弥足珍贵。

本书以一个异域人的眼光打量拉丁美洲,具有拉丁美洲当地人和中国人习焉不察的独到之处。读了这部书,笔者对下列几点印象深刻。

第一,作者具有史学的实证精神,对 200 年拉美经济发展的总体评价饱含科学和理性的智慧,经受得住历史的考验和时间的淘洗。作者认为,近两个世纪以来,"虽然拉美发生了巨大的变化,但这是一部失败的历史,而不是成功的历史",是一部"未尝如愿的历史"。在这 200 年中,拉美以农村为主的经济已为以城市为主的经济所取代,初级产品已让位于制造业产品和服务业,教育和选举也有所变革,但拉美经济的脆弱性一如过去,经济权力机构并没有发生大的变化,社会权贵仍坚持维护着自身利益。人们既要看到许多事情发生了变化,也要看到许多事情没有发生变化。拉美从殖民统治下争得自

---

① 本文写于 1999 年 12 月 20 日,可见于《拉丁美洲研究》杂志 2000 年第 3 期及《独立以来拉丁美洲的经济发展》(中国经济出版社 2000 年版)第 571—579 页。收入本书时略有删节。——译者注

行为规范、价值观和政治文化上的差异,对西方大国的强权政治时常表现出怯懦,甚至屈从其恶劣行径。其三,不论是美国确认的10个"新兴大市场",还是世界银行圈定的"十大新兴国家",拉美占了3个——巴西、墨西哥和阿根廷。在21世纪的相当长时间中,拉美仍将是世界上经济较活跃的地区之一,仅次于东亚。其四,20世纪90年代初在美国的拉美裔人口将近2300万,仅次于黑人,到2005年后,拉美裔人口可能超过黑人,成为美国最大的有色人种族群。进入21世纪中期,它将占美国总人口的1/3。届时拉美裔、非洲裔和亚裔人口加在一起将使美国成为白人占少数的国家。出于以上四种考虑,我们似应从特殊的意义上去加强对拉美的了解。

中国从20世纪60年代开始重视对拉美的了解,迄今为止,虽然在客观上对这些国家的政治与经济有所了解,但往往是"抽象的概念多于具体的知识,模糊的印象多于确切的体验"。我们不仅要了解这一地区的政治和经济,而且要了解其历史和文化,了解拉美国家之间的差异性和多样性,进而对这些国家深层次的政治和社会问题,尤其是与中国在社会、政治和文化上的差异也有较充分的了解。在有关方面反复强调要不断加强双方之间高层往来的同时,似应重视学术与文化领域的交流。文化学术乃天下之工器,具有超越时间与空间的功能,愿吾辈齐努力。

大约10年前,中国著名学者贺麟先生曾指出:"中国要想走向世界,首先就要让世界进入中国。"(见《中国社会科学院研究生院学报》,1990年第3期)贺先生这里讲的"让世界进入中国",指的是为中华文化灌输新的精华,即通过高质量的译品和繁荣的译业使西方优秀文化中国化,他归为"华化西学""内化外来文化"。他还进一步指出,"翻译为创造之始,创造为翻译之成,外来思想的翻译对于激发中华文化的创新能力也是有价值的"。老前辈的这番话对我们从事地区研究以及开展中外学术文化交流和树立积极的对外意识,是十分有价值的。

由后近 200 年的时间里,还没有一个国家取得发达国家的地位。1995 年,拉美的人均国内生产总值只相当于美国人均国内生产总值的 12.8％,与 1900 年时的百分比几乎完全相同。拉美国家与发达国家生活水平的差距在不断地扩大。拉美应了解自己落后的原因:为了未来的发展,"理解这一失败的原因是很重要的"。

然而,关于拉美落后的原因,作者强调"应该在该地区内部寻找"。布尔默-托马斯教授并不否认外部约束的重要性,但他无法接受外部影响对拉美总是不利的论点。他还认为,各种传统的经济理论和依附论以及新自由主义都无法解释拉美落后的原因。从经济开放的角度看,洪都拉斯的经济是拉美最开放的经济,但这个国家却又是这个地区最贫穷落后的国家;巴西在 20 世纪 20 年代至 70 年代经济最不开放,但这 50 年间经济迅猛发展。从中心—外围的角度看,19 世纪早期的拉美国家和美国同系外围国家,但美国在 1860 年已与英国平起平坐,1913 年的人均国内生产总值比英国高出 30％,拉美的遭际却截然不同。从出口经济的角度分析,拉美和斯堪的纳维亚国家在历史上同样是初级产品出口国,后者早在 20 世纪初就改变了自己的面貌,而拉美的命运多舛。在新自由主义者看来,国家干预是万恶之源,但拉美在 1930 年以前的 50 年中经济上推行自由主义,却没有导致对资源的有效配置,正是由于市场的缺失和衰退才出现 1930 年后的国家干预。作者认为,单纯进行经济学上的分析往往会得出狭隘和局限的结论。上述看法,道理并不"深奥",却说明作者的目光是犀利的,很有见识。

第二,作者以三种不同增长模式的变化为切入口,梳理了拉美近两个世纪的经济发展进程,条理清晰,层次分明,同时对这几种增长模式进行了透辟分析。作者的评说不仅符合拉美的历史和现实状况,而且对广大发展中国家也具有警示作用。

布尔默-托马斯教授指出,单纯的出口扩张并不能自动带来非出口部门

（对许多国家而言，这是主要的经济部门）的增长，进而转化为非出口部门的有效需要。拉美早在19世纪中叶就开始实行以初级产品为基础的出口导向型模式，这一模式在20世纪最初10年达到高峰，经过几十年的努力，出口了许多种初级产品（包括热带和温带农产品、畜产品和矿产品），但到20年代末大多数国家的经济增长仍是微不足道的，有几个国家的生活水平甚至不如过去。因此，初级产品出口导向型模式"基本上是一种失败的尝试"。这是因为除了阿根廷和智利，大多数拉美国家的出口扩张并没有产生多少前向关联和（或）后向关联效应，加之劳动力市场扭曲和基础设施落后，形不成有效的国内市场。这一传统的出口导向型模式最终到大萧条和二战时就陷入了瘫痪。

二战后许多拉美国家转而实行内向发展模式，而到20世纪80年代又实行一种以非传统产品（包括工业品）为基础的出口导向型模式。到90年代初整个拉美进入了一个出口导向型发展的新时代。但作者意味深长地警告说，过去的教训不应当忘记，对这一新模式的期望值不要太高，"如今获得成功的法术并不比独立那时候简单。没有魔杖好挥舞，国际竞争比以往更加激烈"，出口导向型增长诸机制的运行更加复杂，将生产率增益从出口部门转移至非出口经济部门这一基本问题依然存在。作者断言，拉美"是在以全球化为主要标志的新的世界秩序中从事新的冒险事业"。毫无疑义，布尔默-托马斯教授对拉美两种不同表现形式的出口导向型模式的分析思深忧远，发人深省。在1997年亚洲金融危机爆发之前，学界中有的人对出口导向型模式推崇备至，有些议论不着边际，言不及义，实际上对这一增长模式的内涵和机制只有浅层的了解。即使没有1997年亚洲的教训，认真分析一下拉美的实例，也能对出口导向型模式得出较全面的认识。在经济全球化的条件下，这一增长模式面临更严峻的考验。跨国公司和国际金融市场在进行投资、生产和营销时，越来越超越单个国家的利益，经济变动的周期更加剧烈，成功的机会要看各国国内的生产要素能否随之升降起伏以适应这一巨大的变动趋势。面对拉美的出口导向型模式,不论是传统型的还是新型的,其他发展中国家均应引为鉴戒。

第三,本书对200年拉美经济发展的立论和叙述,不仅能做出整体性的概括和论断,而且又充分注意到各国的差异性和多样性。布尔默-托马斯教授能做到这一点是很可贵的。

通常,拉美研究工作中,在宏观与微观、综合与国别、总体与局部等关系问题的把握上,都会出现畸轻畸重的倾向。一些拉美学著作在展现拉美整体性的同时往往忽视各个局部的相对性和特殊性,从而使书中的一些结论显得浮而不实,大而无当,经不起推敲,成了轻妄的臆断。但布尔默-托马斯教授在阐述拉美经济发展前景的基本趋势时对各国的不同情况都做了较精细的分析,从共同性中寻找差异性和特殊性,从而避免了以偏概全的毛病。如作者在书中把传统的出口导向型模式分为三种不同的类型,即附加型——以出口香蕉的洪都拉斯为例,破坏型——以出口锡矿品的玻利维亚为例,以及变革型——以出口肉类和谷物的阿根廷为例,使我们对这一增长模式有较确切的体验。在谈到二战后各国向内向发展模式的转变时,作者区分了四种不同情况。一是阿根廷、巴西、智利和乌拉圭,这四国是大步地迈入新的模式;二是盛产石油的委内瑞拉和中美洲各国,仍没有摆脱初级产品出口导向型模式;三是墨西哥和哥伦比亚,这两个国家试图将内向发展模式与促进出口政策结合起来;四是玻利维亚、巴拉圭和秘鲁等国,采取了基于出口多样化的外向型政策。作者力戒泛泛而谈,一笔带过。布尔默-托马斯教授把独立后的拉美经济划分为三大阶段,即传统的出口导向时期、内向发展时期和新的出口导向时期。他只是描述了各个阶段发展的总趋势及其特征,并没有在书中具体交代各个阶段的起讫年代。他认为,第一阶段开始于1850年左右,1929年后逐渐消没。19世纪末一些拉美大国已开始了进口替代,而内向发展的高峰期是二战后的25年。促进非传统产品的出口则始于20世纪60年代,而 80 年代债务危机后新的出口导向型模式才居主导地位。他之所以"画龙不点睛",恐怕就是因为考虑到各国情况的复杂性。他这一手,显然出于深层的思考,也可见他的高明。

第四,这部拉美经济史著作不仅立论鲜明有力,结构严谨,不同凡响,而且不时运用新材料,发表新见解,对常见的学术观点发起挑战,读来为之幸喜。

比如,许多学者都高度评价拉美 20 世纪 30 年代的工业发展,并把它同进口替代政策联系起来,进而把 30 年代作为拉美发展进程的转折点。不论主张内向发展的依附论学者,还是反对内向发展的新保守主义学者都是这么看的。作者认为,30 年代工业发展虽然充满活力,给拉美经济带来了显著变化,但不应太夸张。在他看来,尽管 30 年代大多数国家的工业增长快于国内生产总值的增长,但在 20 年代就已达到了如此水准。30 年代的制造业,在各国国内生产总值中占的比重不大,1939 年前后巴西这一比重为14.5%、墨西哥为 16%、智利为 18%、秘鲁为 10%、哥伦比亚为 9.1%,阿根廷也只有 22%。同时,人均制造业产值也很低,巴西和墨西哥两国这一数字分别为 24 美元和 39 美元。国内市场被高度保护,缺乏与出口市场竞争的动力,效率低下。他认为,30 年代拉美"没有一个国家的恢复是绝对依赖于进口替代工业化的"。从增长源来分析,各国国内最终需求的扩大比进口替代更重要,仅阿根廷除外。因此,30 年代的经济增长并不意味着重大的结构变化,而大多数国家到这 10 年末还未完成从出口导向型增长向内向发展模式的过渡,到四五十年代才摆脱初级产品出口的自我发展。其中,危地马拉等中美洲国家在 30 年代主要依靠农业进口替代,发展国内消费农业;厄瓜多尔和玻利维亚等国则是通过促进出口来摆脱大萧条的约束。布尔默-托马斯教授还对 30 年代的财政和货币政策做了精彩的分析。

在运用经济统计资料上,作者下了真功夫。众所周知,拉美在 20 世纪初以前可供引用的统计资料十分稀少,有些小国甚至在 20 世纪 30 年代以后也只有零星的数据可供核查。二战后,特别是 20 世纪六七十年代以后,虽然有关各国的国内生产总值的资料信手可拈,但联合国拉丁美洲和加勒比经济委员会、世界银行、国际货币基金组织和 SALA(美国洛杉矶加州大学《拉美统计辑要》系列)等机构发布的数字并不一致。简便起见,大多数学者只是引证某一本著作或某一家机构的材料。但布尔默-托马斯教授却不愿"偷懒",在挑选、核查、排比和换算上耗费大量精力和时间。从书中附录的统计表格中,不难看出作者付出的艰辛劳动。即使在散见正文各章的统计表格中,作者也毫不马虎。比如,关于 20 世纪 30 年代拉美工业状况的表格,作者利用了 7本专著和两份拉美经委会报告,统一按官方汇率换算,折成 1970 年美元价格,以反映一些国家可资比较的工业水平。一份看似简单枯燥的统计表格,表现了作者在数量经济学和统计学上的本领。

自 20 世纪 70 年代末以来,中国融入世界的步伐开始加快。中国走向世界,同时也意味着世界走向中国。这是一个全方位的双向交流进程。中华民族想要在当今世界跻身强族之林,首先需要了解他人和为他人所了解。只有了解了他人,才能主动有效地让他人了解自己。了解他人和被他人了解并不是一件轻而易举的事,往往受到历史和现实诸因素的制约。对外情外域的确切了解是我们走向世界的必备条件之一。

拉丁美洲离中国遥远,属于开发较早的发展中地区。拿中国与美、日、欧以及周边国家的关系作比,拉美在中国对外关系中并不占重要地位,但加深对拉美的了解却具有特殊的意义。其一,拉美目前共有 33 个国家,中国迄今为止仅同其中 17 个国家建交,另外 16 个国家却同台湾当局订立"邦交"[①],这些国家多半又在台湾当局在联合国兜售"一中一台"方案中充当马前卒。其二,在国际人权斗争领域中,不少拉美国家由于对中国不了解,也由于在国际

---

① 截至 2019 年底,台湾当局的"邦交国"还剩 15 个,其中 9 个是拉丁美洲国家。——编者注

使中国了解拉美,也使中国人能有效地向拉美介绍中国,让中国也被拉美人了解——这是我向读者推荐本书的唯一心愿。

最后,请允许我代表广大中国读者向剑桥大学出版社和布尔默-托马斯教授致以谢忱,感谢他们将本书中文版版权慷慨地赐予我们。同时,也向斥资出版本书中文版的中国经济出版社表示由衷的感谢。它在喧嚣的商业大潮中不计利润地甘愿推出学术译著,令我铭感五中。

张森根

1999 年 12 月,写于北京团结湖寓所

英文第三版作者序

　　自本书于 1995 年问世以来,一系列新数据的获取使我们对拉美经济史　*xix*
的认识取得了长足的进步,使这版书对拉美主要国家自独立以来 200 年时间
里的对外贸易、财政账户,甚至人均国内生产总值(GDP)进行评估成为可能。
因此,我们可以更有信心地将拉美地区的长期经济表现,不仅在内部国家之
间进行比较,也可以与其他地区的国家加以比较。

　　长期以来,人们认为拉丁美洲在独立前就已经“落后”于美国,至少通过
衡量人均国内生产总值就能得出这样的结论。然而,本版的新实证研究表
明,二者之间的差距大大超乎过去的认知。可以说,拉丁美洲早在它被称为
“拉丁美洲”之前就已经远远落后于美国。事实上,这种差距甚至在美国成为
“美国”之前就已经相当巨大。因此,目前生活水平方面三分之二的差距早在
两个世纪之前就已显现,只有三分之一的差距可以归因于独立时期。

　　尽管在拉丁美洲独立并作为一个整体存在的两个世纪里,差距被逐渐拉　*xx*
大,但是这并不适用于所有时期的所有国家。我们目前所了解的情况证实了
本书前两个版本中的假设结论:虽然有一小部分国家并没有成功地达到美
国的生活水平,但它们在一战之前的一个世纪里的表现还是出色的;而其他
国家则在 20 世纪长期的内向型发展中取得了实质性的进展。我们第一次可
以看到,中国的崛起为拉美国家缩小与美国生活水平的差距,以及解决积聚
的收入不平等和贫困难题带来了前所未有的机遇。

　　所有的一切提醒我们,当我们试图解释拉丁美洲今天相对落后的原因
时,必须相当谨慎。不仅拉美国家间的差异相当大,而且它们的角色常常发
生逆转,比如一个国家表现良好,随后却愈来愈差,反之亦然。用继承殖民体

系或用要素禀赋的泛泛之论来解释拉美的表现,都无法捕捉拉美所展现的复杂性。因此,细心的读者可以在本次版本中发现,本书并不支持近些年来流行的新制度主义思想。

国际环境的影响对拉丁美洲一向十分重要。事实上,"商品机遇性"的概念在理解每个国家演变的问题上依然举足轻重。但引领全世界生产和要素市场一体化的新一轮全球化浪潮却进一步加大了外部环境对该地区的影响,并且扭转了内向型时期初级产品重要性下降的趋势。拉丁美洲依然在努力寻找一种方法来使全球化所带来的利益最大化,同时将外部冲击所带来的负面影响最小化。虽然拉丁美洲已经取得了很大进步,尤其是在改善公平方面,但仍然任重而道远。

中文第一版作者序

当拉丁美洲走完了从殖民统治下获得独立后近两个世纪的历史进程时，公正的观察家不得不承认这一地区与 19 世纪初叶西蒙·玻利瓦尔和其他解放者所确立的目标仍相距甚远。虽然拉丁美洲在很多方面发生了变化，但该地区与发达资本主义国家生活水平之间的差距仍十分巨大。实际上，近期一项研究表明，1995 年拉美人均国内生产总值（GDP）相当于美国人均国内生产总值的 12.8%，这一百分比与 1900 年的百分比几乎完全相同。

乐观主义者不会因此而过度沮丧，他们认为自 20 世纪 80 年代债务危机以来，拉美采纳的新范式提供了一种摆脱贫困和经济落后状态的途径，而这是前辈人所不曾有过的际遇。这种说法有一定的道理，所有国家当前实施的市场亲善政策和出口导向型增长战略正在帮助清除经济发展的许多障碍，而这些障碍是长期实行进口替代工业化内向增长模式所造成的。

但是，我们必须牢记，在拉美经济史上新范式并不少见。在 20 世纪 30 年代大萧条之前，以外贸占国内生产总值的比重、外资的影响以及与世界资本主义体系的整合程度来衡量，拉美经济可称得上是世界上最为开放的经济之一。虽然阿根廷、智利和乌拉圭等国经济有所发展，但这一早期的范式并未改变拉美从殖民时代继承下来的经济落后状态。

因此，采纳新范式并不能保证在提高生活水平的竞争中获得成功。另外，拉美是在以全球化为主要标志的新的世界秩序中从事其新的冒险事业。"全球化"这个时髦的词语不太充分地描述了由许多国家资本账户自由化造成的国际资本流动性质上的变化。它代表世界经济体系一个崭新的阶段，即各个国家比以往任何时候联系都更为密切的阶段。

世界各国经济通过贸易、资本流动和劳动力迁移的相互联系能够产生实实在在的利益。人们只要看一看近几十年来新加坡、巴哈马以及葡萄牙这些外围地区经济的发展变化，就会明白这一点。但以传染机制为代表，全球化也有其不利的一面：目前，一国经济发展的衰退会以更快的速度和更大的破坏力传播到世界其他地区。以往民族国家用以保卫自己避免被传染的手段不再发挥效力。

这种情况在亚洲金融危机中表现得尤为明显。虽然人们一般认为危机始于泰铢贬值，但其根源可以追溯到过去 10 年来日本经济的弱点。这才是 1997 年在亚洲广泛传播、1998 年蔓延到俄罗斯并一直威胁许多拉美国家的传染源所在。除少数国家外，以民族国家为单位的经济体无力对抗这种对经济繁荣的新威胁。解决办法必须是国际性的，但世界金融和政府体制对处理这类危机准备不足。目前的情况是边干边学，而拉美新范式的成功，部分地取决于对这种传染威胁的国际性反应。

这并不意味着拉美国家将无所作为。虽然不能保证一定成功，但假如没有正确的体制、政策和实践，新范式的失败却是必定的。在这方面，正如许多国家战胜通货膨胀所表明的那样，拉美国家已经取得很大成效。然而，如果经济、政治改革的同时没有文化的变革，20 年来的成就也将毁于一旦：在文化变革中，国家必须在透明、责任和公正的基础上与社会建立新的联系。如果社会顶层的 1/10（人口中最富有的 10％）继续占有国内生产总值增量的近 1/2，而社会底层的 1/10 所占有的还不到 1％，那么，任何人都不会对未来抱有信心。

在这方面，拉丁美洲可以从自身经济史中学到很多东西。两个世纪以来，许多事情发生了变化，许多事情没有发生变化。19 世纪初以农村为主的经济已被 20 世纪末以城市为主的经济取代，但无论是农村还是城市地区的经济权力结构却都没有发生大的变化。在很多情况下，一度使拉美与外部世界发生联系的初级产品已让位于制造业产品和服务业，但面对世界市场波动的脆弱性没有变化。教育和选举制度发生了变革，但社会权贵仍保持着维护自身利益的机能。任何严肃的拉美研究学者都不能无视一枚硬币的正反两面。

在本书中，我概述了从殖民统治结束到 20 世纪 90 年代初新范式出现的两个世纪的拉美经济史。虽然拉美发生了巨大的变化，但这是一部失败的历史，而不是成功的历史。但是，为了未来 50 年能够出现更好的结果，理解这一失败的原因是很重要的。政府和决策者往往认为，他们只需研究成功的模式以获取经验走向未来，但一个国家如果不了解自己的历史，不了解自己落后的原因，那么，它将来也不会取得任何进步。对于熟悉自己国家过去 50 年变革历程的中国读者，我希望本书将激起他们的阅读兴趣。

维克托·布尔默-托马斯
1998 年 11 月

英文第一版作者序

任何作者,要想完成一部涵盖整个拉丁美洲的著作都会面临着一系列的 难题。当时间跨越近两个世纪,这些难题就会变得更为复杂。因此,毫不奇怪,尽管关于单个国家和省份的进程的著作大量涌现,但相对而言,旨在考察独立以来拉丁美洲经济史的研究却不多见。而次区域层次研究的进步,为开展关于整个地区新经济史的探讨提供了必要性与可行性。从智利到墨西哥,新一代的学者通过采用先进的技术挖掘第一手资料,提升了我们对广泛领域问题的认识。

任何拉美经济史都涉及跨学科的研究方法,这就有可能冒犯那些更喜欢在单一学科领域内从事研究的学者。作为上一代被鼓励从事跨学科研究学者中的代表,我享受从各学科的丰硕成果中汲取营养的机会,这些学科包括经济学、经济史、历史、政治学、社会学、人类学以及国际关系学。《拉丁美洲研究杂志》是跨学科的刊物,自 1986 年以来,我作为该期刊的编辑,拥有得天独厚的条件——在这一领域的最新研究成果广为人知之前,能够先睹为快。

从事这样一本书的写作离不开许多人的帮助。在此只能提及其中一小部分人。罗斯玛丽·索普和劳伦斯·怀特黑德使我明白只狭隘地关注经济学会产生局限。莱斯利·贝瑟尔为我提供了与历史学家们共同撰写巨著《剑桥拉丁美洲史》(*The Cambridge History of Latin America*)的机会。卡洛斯·迪亚斯-亚历杭德罗本应从事该书的写作,然而他过早离世。他和何塞·安东尼奥·奥坎波向我展示了专业经济学家是如何分析 19 世纪拉美经济的。最后,我要特别感谢所有参加我拉美经济史讲座和课程的学生。他们的反应往往是试金石,可以检测本书所提出的新思想是否能被人们接受,以及这些新思想是否能被本书大多数的读者理解。

目　录

xi

第一章
拉丁美洲经济发展概览

"拉丁美洲"一词的来源可追溯到 19 世纪中期,[①]最初只有地理意义,指的是格兰德河以南所有的主要讲一种来源于拉丁语(例如西班牙语、葡萄牙语、法语)的语言的独立国家。在最初的意义上,拉丁美洲国家的共同特征仅仅是其位于西半球以及同源的语言。在很多方面,这些国家间的差异和它们的共性被认为同等重要,甚至更为重要。

这些差异,无论是在面积、人口、种族、自然资源、气候还是发展程度上,都仍非常显著。但同样明显的是,包括地理位置和语言等诸多因素使各国联为一体。从西班牙和葡萄牙帝国分离出来这一共同的殖民地经历,对这些国家在独立后形成的新共和国的经济、政治前途至关重要。19 世纪基于向工业化国家出口自然资源的发展模式强化了这一过去共有的经历。

所以"拉丁美洲"一词是有实际意义的,它所具有的共同因素比那些把非洲国家、亚洲国家或欧洲国家联结在一起的共同因素要强大得多。此外,拉丁美洲俱乐部成员自独立以来已经相当稳定,并没有因疆域的变动——脱离或兼并——而有所增减。的确,拉丁美洲的疆域问题虽然经常是国家间

[①] 参见贝瑟尔(2010),第 457—459 页,他同样认为"拉丁美洲"一词最初并不意味着把巴西包括在内。

冲突的根源并且尚未完全解决①,但与世界其他地方相比,其在过去的 150 年里的变化是很少的。

　　拉丁美洲国家通常是指南美洲 10 个共和国(不包括 3 个圭亚那)、中美洲 6 个共和国(包括巴拿马,但伯利兹除外)、墨西哥、古巴、多米尼加共和国和海地,总计有 20 个国家。② 西班牙语是 18 个国家的主要语言,而葡萄牙语是巴西的主要语言,源自法语的克雷约尔语是海地的主要语言。印第安语仍在墨西哥、危地马拉、厄瓜多尔、秘鲁、玻利维亚和巴拉圭等地有大批居民使用。英语则是贯穿拉美地区众多少数民族使用的首要语言。在巴西圣保罗的大街上能听到日语,在那里至少有 100 万日本人的后裔。许多共和国都有中国人和中东人的聚集区。

　　直到 1898 年,波多黎各还是西班牙的殖民地,后被美国兼并,其至今仍是美国的一个自由邦。③ 虽然显而易见,19 世纪的波多黎各是拉丁美洲的一部分,但从那时起它就通常被拉丁美洲排除在外。尽管许多人认为这一做法很苛刻,但由于它与美国的特殊关系而采取截然不同的发展模式则证明这一做法不无道理。所以,波多黎各在全书只出现在 19 世纪部分的讨论中,其在随后的分析中则很少谈及。而在 19 世纪,巴拿马并没有被列为拉丁美洲国家,因为那时它仍是哥伦比亚的一部分。1903 年,在西奥多·罗斯福总统的支持与教唆下,巴拿马从哥伦比亚脱离,走向独立。因此,它被列入 19 世纪以后拉丁美洲的共和国的名单。④

---

①　至今仍十分引人注目的主要边界争端(包括海上边界)如下:危地马拉和伯利兹,哥伦比亚和委内瑞拉,委内瑞拉和圭亚那,哥斯达黎加和尼加拉瓜。而阿根廷和英国关于马尔维纳斯群岛(英国称福克兰群岛)长期存在的领土争端也尚未解决。

②　这个定义排除了大部分的加勒比国家。关于包含所有加勒比岛屿、三个圭亚那和伯利兹的经济史,参见布尔默-托马斯(2012)。

③　关于波多黎各及其特殊的宪法地位,参见卡尔(1984)。其人民在 2012 年 11 月通过公投支持身份的改变。

④　关于巴拿马脱离哥伦比亚成为一个独立共和国的情况,参见拉贲伯尔(1978)。

大多数拉丁美洲国家在19世纪20年代摆脱欧洲统治赢得独立。[①] 当时拉丁美洲人和外国人的著作中充满对光明发展前景的乐观言辞,他们认为一旦剥夺了西班牙和葡萄牙在拉丁美洲的商业和其他方面的垄断,那么这一前景就会实现。拉丁美洲国家的生活水准与当时的富裕国家相比,甚至与美国相比,都是较低的,但其发展机遇被认为是巨大的(参见附录三)。人们认为其所需要的唯有用以发掘未经开发的广阔内陆之自然资源的资本和熟练劳动力,以及进入西欧富裕市场的无限制通道。

两个世纪过去了,这一梦想仍未实现。拉丁美洲20个共和国尚没有一个能够被列为高收入国家,而且有些共和国仍然极端贫困。每个共和国都有一些富人,但这并不能掩盖拉丁美洲为数众多的贫困居民所遭受的剥削与苦难。尽管拉丁美洲不在世界最贫困地区之列,但它已经被亚洲一些国家和地区超越,可以肯定地说,这些亚洲国家和地区的生活水准在整个19世纪要远低于拉丁美洲。[②] 拉丁美洲在文学、艺术、音乐和流行文化领域所取得的成就赢得了全世界的赞誉,但这些只能是对其未能缩小拉美大部分地区与发达国家在生活水准上的巨大差距的部分补偿。

经济发展通常用一系列指标来衡量,其中最常用的是国内生产总值(GDP)和国民总收入(GNI)。[③] 其他指标包括出生时预期寿命、人均二氧化碳排放量、每千名婴儿死亡率、每千人电话持有率、千年发展目标(MDGs)进度等等。几乎不管采用哪个指标,拉丁美洲都是处在北美和西欧高收入国家与撒哈拉以南非洲和南亚最贫穷国家的中间位置(参见表1.1)。世界银行将

5

---

① 例外情况如下:海地1804年从法国手中赢得独立,乌拉圭作为阿根廷和巴西的缓冲国于1828年建立,多米尼加共和国于1844年从海地手中获得独立,古巴于1902年赢得独立,巴拿马特例前文已经提及。

② 事例有韩国、新加坡,以及中国香港和台湾地区(见世界银行网站上的世界发展指数,下文中缩写为WDI,http://databank.worldbank.org/)。

③ 国内生产总值指所有生产要素的净产值,不论其是否来自本国居民。国民总收入通过支付国外净要素收入而调整了国内生产总值数额。这个差异对一部分拉丁美洲国家来说很重要,因为有外国公司的存在。

海地以外的所有拉丁美洲国家划为"中等收入"国家,将海地列为"低收入"国家,但这并不能掩盖在 21 世纪第一个 10 年末期拉丁美洲人均国民收入只是高收入国家 20％的水平这一事实。[①]

从长远看,经济不成功并不意味着停滞。相反,拉丁美洲变化很快,在城市化率方面尤为明显。以城市为中心的人口扩张,部分是因为 19 世纪的国际移民以及 20 世纪农村人口向城市的流动。因此,如同表 1.1 所示,拉丁美洲现在以城市为主导,其 80％的居民生活在镇上或城市中,由于所有中等收入国家平均城市化率是 50％,所以就引发了人们对拉丁美洲"早熟"的指责。的确,拉丁美洲城市中非正规部门的显著增长表明了那些众多新来者在城市劳动力市场寻找一份稳定而富有成效的工作之艰难困苦。[②]

6

表 1.1　2010 年前后拉丁美洲的发展指数比较

	人均国民总收入(美元)[③]	平均寿命(年)	婴儿死亡率(每 1000 人)	互联网使用者(每 100 人)
中低收入	3288	67.6	63.3	21.5
南亚	1176	65.3	67.0	8.1
撒哈拉以南非洲	1199	54.2	121.2	11.3
拉丁美洲和加勒比地区	7833	74.1	23.3	34.1
高收入:经合组织	40197	80.0	5.6	74.8
北美	46938	78.5	7.4	75.0
欧盟	33948	79.6	5.1	70.8

来源:世界银行,世界发展指数(WDI)。

拉丁美洲拥有一些世界上最大的城市带,墨西哥城和圣保罗这两座城市每个城市圈都有 2000 万居民,都存在着与工业国集合城市伴生的所有污

---

① 国家间的国民总收入完全取决于汇率的选择。其他比较(例如基于购买力平价的比较)尽管仍有相当大的差异,但只意味着一个较小的差异。参见世界发展指数。

② 非正规部门的定义有很多,但最容易被人想到的是这些部门雇佣所有那些在私营部门或公共部门中没有被中型或大型企业吸收的工人。根据这一定义,许多拉丁美洲国家有 50％以上的劳动力属于非正规企业。例如,参见费尔南德斯-凯利和谢芙娜(2006)。

③ 根据 2010 年人均国民总收入把经济体划分为不同的收入组,计算方式采用世界银行阿特拉斯法。分组如下:低收入(1005 美元及以下),中低收入(1006—3975 美元),中高收入(3976—12275 美元),高收入(12276 美元以上)。

染问题,然而,拉丁美洲城市化最显著的问题是各个共和国主要城市不协调的快速发展。除巴西、委内瑞拉和萨尔瓦多以外,其余拉美国家生活在主要组合城市的人口比例远高于世界平均水平。因此,其首都通常是主要的工业、商业、金融、文化以及行政中心。①

如表1.2所示,人口增长率开始稳步下降。人口转型已然启动,出生率开始回落,与先前的死亡率保持一致。在一些国家,尤其是在阿根廷、智利、古巴和乌拉圭,人口增长的幅度不大,而巴西和墨西哥这两个人口大国直到20世纪90年代仍保持着较高的人口增长率。2010年两国人口占拉美人口总量的53%,目前随着出生率低于地区平均水平,这一比例有望下降。

大多数欠发达国家城市化的快速发展与农村人口的增长相伴而生。农村人口向城市迁徙或许是最重要的,但城市通常不能吸收农村增长的所有人口。不断增长的人口仍然要在农村寻找新的工作机会。然而,许多拉美国家将城市化推至这样一种境地:农村人口向城市迁移导致农村人口的绝对下降,这与人口的增长率不相符。例如,自1980年以来巴西、阿根廷、委内瑞拉农村人口至少下降了三分之一,其他国家的农村人口也停止了增长。

相反,19世纪20年代拉丁美洲人口——并不比现在的墨西哥城人口多多少——绝大多数还生活在农村,劳动力集中在农业和矿业。这些部门所出产的自然资源使其与世界其他地区连接起来,劳动力和资本的国际流动直接或间接地与不断增长的可出口盈余相关,其中一些拉美商品(诸如蔗糖等)从独立战争至今仍不负盛名,其他许多产品(诸如咖啡)也从19世纪开始闻名世界。

① 主要的例外是巴西,其首都从里约热内卢迁到20世纪50年代新建的巴西利亚。尽管新首都本身就是一个重要城市,但在几乎所有的私营企业领域与里约热内卢和圣保罗相比还是相形见绌。

表 1.2　1970—2010 年人口指数

国家/地区	2010 年人口	2010 年城市化[a]	人口增长（%每年）			
			1970—1980 年	1980—1990 年	1990—2000 年	2000—2010 年
阿根廷	40,412,000	92.4	1.6	1.5	1.2	0.9
玻利维亚	9,929,000	66.5	2.4	2.2	2.2	1.8
巴西	195,000,000	86.5	2.4	2.1	1.5	1.1
智利	17,113,688	89.0	1.6	1.7	1.6	1.0
哥伦比亚	46,295,000	75.1	2.3	2.1	1.8	1.5
哥斯达黎加	4,659,000	64.3	2.6	2.7	2.5	1.7
古巴	11,258,000	75.7	1.2	0.7	0.5	0.1
多米尼加共和国	9,927,000	70.5	2.5	2.2	1.8	1.5
厄瓜多尔	14,465,000	66.9	2.9	2.6	1.9	1.6
萨尔瓦多	6,193,000	61.3	2.2	1.4	1.1	0.4
危地马拉	14,389,000	49.5	2.6	2.4	2.3	2.5
海地	9,993,000	49.6	1.9	2.3	2.0	1.5
洪都拉斯	7,600,000	48.8	3.0	3.0	2.4	2.0
墨西哥	113,000,000	77.8	2.9	2.1	1.7	1.3
尼加拉瓜	5,789,000	57.3	3.1	2.4	2.1	1.3
巴拿马	3,517,000	74.8	2.6	2.1	2.0	1.8
巴拉圭	6,454,000	61.5	2.6	2.9	2.3	1.9
秘鲁	29,076,000	71.6	2.7	2.3	1.8	1.2
乌拉圭	3,357,000	92.5	0.4	0.6	0.6	0.2
委内瑞拉	28,834,000	94.0	3.5	2.8	2.1	1.7
拉丁美洲	**577,260,688**	**79.6**	**2.4**	**2.1**	**1.7**	**1.3**

　　[a]城市化指的是 2010 年居住在城市的人口的百分比。城市人口的界定遵循国家定义。

　　资料来源：世界发展指数。

　　1980 年后，这些初级产品的重要性急速下降。实际上，在 2000 年前的 20 年中，它们在出口产品中减少了近一半的份额（参见表 1.3）。这种下降在很大程度上要归因于墨西哥——拉丁美洲的主要出口商——出口的加工产品（客户工业）已经变得非常重要。然而，在 21 世纪第一个 10 年中，初级产品变得更加重要，在出口商品中所占的份额上升到近 60%（参见表 1.3）。

　　这种现象出现的原因是复杂的，但这首先是拉丁美洲主要出口商品价格上涨的结果。反过来讲这也是由世界市场需求的增加，尤其是中国企业需求

表 1.3 1980—2010 年初级产品在出口商品中所占的比例(%)

国家/地区	1980 年	1990 年	2000 年	2010 年
阿根廷	76.9	70.9	67.9	67.8
玻利维亚	97.1	95.3	72.9	92.6
巴西	62.9	48.1	42.0	63.6
智利	88.7	89.1	84.0	89.6
哥伦比亚	80.3	74.9	65.9	77.9
哥斯达黎加	70.2	72.6	34.5	39.8
古巴	93.1	92.0	90.5	82.0
多米尼加共和国	76.4	35.9	59.9	33.4
厄瓜多尔	97.0	97.7	89.9	90.2
萨尔瓦多	64.6	64.5	51.6	38.0
危地马拉	75.6	75.5	68.0	65.3
海地	30.5	14.6	15.8	15.0
洪都拉斯	87.2	90.5	64.4	79.9
墨西哥	87.9	56.7	16.5	25.3
尼加拉瓜	81.9	91.8	92.5	93.7
巴拿马	91.1	83.0	84.1	86.8
巴拉圭	88.2	90.1	80.7	89.3
秘鲁	83.1	81.6	83.1	89.1
乌拉圭	61.8	61.5	58.5	74.3
委内瑞拉	98.5	89.1	90.9	95.7
拉丁美洲	**82.8**	**66.5**	**42.6**	**57.6**

资料来源:联合国拉丁美洲和加勒比经济委员会(2011)和(2012);古巴 2010 年的数据来自古巴(2011);多米尼加共和国 1990 年的数据为 1988 年的数据,2000 年的数据为 2001 年的数据;海地 1980 年的数据为 1981 年的数据,2000 年的数据为 1997 年的数据,而且 2010 年的数据为估算值。

的增加造成的。因此,中国已经成为许多拉美国家最大的贸易伙伴和包括巴西在内的一些国家的主要市场。初级产品出口再一次恢复其在拉丁美洲发展中的重要性。此外,许多拉丁美洲非传统工业制成品的出口——如纺织品、皮革制品和家具——也是建立在自然资源基础上的。因此,也可以说初级产品仍旧提供着连接拉美与世界其他地区的纽带。如果我们把诸如可卡因和大麻这类毒品列入出口清单的话,这种说法就更加准确。

拉丁美洲自然资源的开发利用和世界其他地区一样,其在开发的时候缺少对环境的关注,因而森林覆盖率已经大大降低了,河流湖泊已经受到污染,有毒的化学物质也进入了食物链。这些问题已经逐渐引起当地的关注,但是拉丁美洲面临着另外一个问题:亚马孙盆地——由巴西、哥伦比亚、厄瓜多尔、秘鲁、委内瑞拉、圭亚那共同拥有——拥有世界上最大和最重要的热带雨林自然保护区。对热带雨林的破坏被认为是全球变暖和温室效应产生的主要原因,所以拉丁美洲国家受到外部世界的压力,要求其采取富裕国家认可的环境标准。①

然而,环境破坏问题并不仅仅局限于自然资源。一些大国的快速城市化伴随着引人注目的工业增长,化工厂、钢铁厂、水泥厂以及汽车组装线由于政府所采取的支持工业发展的政策在本地区获得迅速发展。这一进程在19世纪末该地区的主要国家开始,1930年以后由于大萧条以及第二次世界大战给那些能够用本地产品替代进口工业品的工厂带来刺激而加速了这一进程。到1955年,制造业对国内实际生产总值的贡献已经超过农业;②到2010年,其贡献大约是以往的3倍。

在20世纪的大多数时间里,拉美国家工业增长迅速,但效率不是很高。由于受到了关税和其他进口壁垒的保护,包括跨国公司在内的工业企业用价高质劣的产品来开拓国内市场。大多数企业因此不能参与国际竞争,仍须依靠初级产品出口的利润来支付外国贷款。20世纪70年代,在两次石油危机过后,外债的快速增长使拉丁美洲陷于危险境地,而且80年代初级产品出口也不能提供足够的收入来偿还外债。因此,人们逐渐意识到必须提高工业的国际竞争力,企业也由于受到各个方面的压力而努力降低成本,提高质量。

从这种意义上说,拉丁美洲国家已经找到了成功的措施。得益于与欧盟、美国、加拿大和其他诸多国家的优惠贸易协定(PTAs)以及拉美国家的区

---

① 关于拉丁美洲环境问题的佳作,参见联合国环境规划署(2010)。

② 1970年的价格和净要素成本,参见拉美经委会(1978),表5。

域一体化,工业制成品出口在区域内外都有所增长。加之商品出口额的上升,拉丁美洲国家成功地扭转了贸易重要性下降的趋势,这一趋势是1930年以后本地区十分显著的特征。自1980年以来,商品出口与服务在国内生产总值中所占的比例稳步上升(参见表1.4),这种情况在阿根廷、智利、墨西哥、巴拉圭、乌拉圭的案例中更引人注目。

表1.4　1980—2010年货物出口和服务在国内生产总值中所占的比重(%) *11*

国家/地区	1980年	1990年	2000年	2010年
阿根廷	5.1	10.4	10.9	21.7
玻利维亚	24.5	22.8	18.3	41.2
巴西	9.1	8.2	10.0	11.2
智利	22.8	34.0	31.6	38.7
哥伦比亚	16.2	20.6	16.4	15.7
哥斯达黎加	26.5	30.2	48.6	38.1
古巴	32.8	30.2	14.1	19.6
多米尼加共和国	19.2	33.8	37.0	22.3
厄瓜多尔	25.0	33.0	37.1	32.9
萨尔瓦多	34.2	18.6	27.4	26.2
危地马拉	22.2	21.0	20.2	25.1
海地	21.3	7.1	12.7	12.1
洪都拉斯	37.2	37.2	54.0	43.9
墨西哥	10.7	18.6	30.9	30.3
尼加拉瓜	24.2	24.9	23.9	41.3
巴拿马	98.2	86.8	72.6	65.2
巴拉圭	15.3	33.2	38.2	57.1
乌拉圭	15.0	23.5	16.7	26.9
委内瑞拉	28.8	39.5	29.7	28.7
拉丁美洲	**14.6**	**17.3**	**21.4**	**23.6**

资料来源:世界发展指数,海地1980年和1990年的数据除外。海地1980年和1990年数据,参见布尔默-托马斯(2012)。

拉丁美洲自然资源的开发以及诸如铁路等社会基础设施的相关投资吸引着外国资本。19世纪的主要投资者是英国,到1930年,其地位在绝大多数国家被美国取代。随后国家逐渐增加对经济活动的参与,接管了先前由外国人控制的公共事业、铁路以及自然资源。然而,外国资本在一些初级产品中,尤其是在非石油矿产中,仍然占有重要地位;第二次世界大战后,外国资本更是被工业中的诸多新机遇吸引。

国家参与经济在 20 世纪六七十年代被广泛接受,但其未能改善大多数拉美国家在收入分配中所存在的严重不公平现象。这种不公平现象是从殖民地时期和独立后的前十几年继承的土地分配不公的产物。20 世纪工业与金融业的集中使拉丁美洲成为世界上收入分配最不公平的地区之一。的确,10% 的上层人士占有总收入的 40% 以上是司空见惯的,而处于底层的 20% 的人口所得却不足 4%。同样,基尼指数(一种被广泛应用的衡量收入不公平的指标)在拉丁美洲均很高。

12   拉丁美洲不平等的规模和普遍贫困使很多人认为这种现象的发生有一定的必然性,但事实恰与之相反。例如,被划分为贫困或极度贫困的人口(土著人)的比例往往随着宏观经济的状况而上升或下降,同时还受到针对国家最弱势群体的政策的影响。2010 年,有接近 1/3 的人口生活在贫困中,但是与 2000 年相比已有很大的下降,因为区域经济效益有了很大的提高。同样在 2010 年,许多国家收入不平等程度(用基尼系数来衡量)要比 2000 年低。

各个国家内部的差异较国别间差异要小。2010 年,人均国民总收入(参见表 1.5)在最富有国家的大约 10000 美元和最贫穷国家的大约 1000 美元之间变化。例如,智利人均富裕程度是尼加拉瓜人的差不多 10 倍;而北美人平均富裕程度是拉美人的 6 倍(参见表 1.1)。因此,拉丁美洲经济史不仅要解释拉丁美洲为什么没能成为一个发达地区,而且也要解释拉丁美洲各个国家间生活水准上的差别。

大多数经济发展理论倾向于强调一个方面的解释而忽略其他方面。例*13*   如,现在深受质疑的种族理论[①]曾被用来解释玻利维亚(土著居民占大多数)和海地(人口主要来源于非洲)的人均实际收入低下的情况,却不能解释那些主要以欧洲裔人口为主的国家,诸如哥斯达黎加和乌拉圭,为何无法跻身发

---

① 例如,参见布莱斯(1912),第 13 章。

表 1.5　1980—2010 年人均国民总收入（按现行美元计算）

国家/地区	1980 年	排名	1990 年	排名	2000 年	排名	2010 年	排名
阿根廷	2940	2	3180	1	7460	1	8620	6
玻利维亚	910	16	740	17	1000	17	1810	18
巴西	2190	6	2700	4	3860	6	9390	4
智利	2240	5	2250	8	4840	4	10120	3
哥伦比亚	1250	12	1260	10	2350	11	5510	10
哥斯达黎加	1980	8	2340	7	3710	8	6810	8
古巴	2150	7	2660	5	2620	9	5726	9
多米尼加共和国	1160	14	870	15	2620	10	5030	11
厄瓜多尔	1420	11	900	13	1330	16	3850	13
萨尔瓦多	750	17	890	14	2110	12	3380	14
危地马拉	1180	13	950	12	1730	14	2740	15
海地	257	20	402	19	449	20	727	20
洪都拉斯	690	18	700	18	940	18	1870	17
墨西哥	2480	4	2790	3	5010	3	8930	5
尼加拉瓜	600	19	310	20	730	19	1110	19
巴拿马	1610	9	2210	9	3730	7	6970	7
巴拉圭	1430	10	1190	11	1350	15	2720	16
秘鲁	1050	15	780	16	2060	13	4700	12
乌拉圭	2870	3	2840	2	7100	2	10230	2
委内瑞拉	4220	1	2570	6	4100	5	11590	1
拉丁美洲	**2124**		**2303**		**3888**		**7833**	

资料来源：世界发展指数，布尔默-托马斯(2012)，以及古巴(2011)。

达国家。同样，种族理论也不足以说明那些从成功转向失败的国家（例如阿根廷）和那些从失败转向成功的国家（例如委内瑞拉）。[①]

　　一些关于拉丁美洲的经济发展理论相当重视该地区制度与结构方面的特征。[②] 例如，从伊比利亚半岛继承而来的土地所有权制度被视为发展的一大障碍，从殖民地政权中继承而来的立法与行政机构被视作私营企业和公共

[①]　1956 年委内瑞拉人均实际国内生产总值（按 1970 年价格计算）超过阿根廷［参见拉美经委会 (1978)，表 2］。在 20 世纪 20 年代前的半个世纪里，阿根廷是拉丁美洲的主要成功案例，委内瑞拉则是最失败的国家之一。

[②]　例如，参见威廉姆森(2011)，罗宾逊(2008)，科茨沃斯(2005)，这些思想在附录 3 中做了更为详细的探讨。

部门制定有效决策的障碍。然而，这些理论表面上具有吸引力，但并不能掩饰其诸多缺陷。从殖民地时期继承下来的制度与结构并不是同质的，并且随着时间的推移发生了重大变化。

依附论强调"中心"（发达国家）与"外围"（拉丁美洲）之间的二分法以及二者之间不平等的交换关系。这一理论在最初解释拉丁美洲未能达到发达国家较高生活水准时似乎是合理的，但是对拉丁美洲的某一些国家为什么表现好于其他国家却不能给出合理解释。[1] 此外，依附论也不能解释像阿根廷这样的国家为什么在较短的时间会从成功走向失败。

14   依附论是一种长期以来认为拉丁美洲经济发展的主要障碍是其与外国列强间的不平等关系这一理论传统的组成部分，大量的旁证可以说明 19 世纪一些欧洲强国（主要是英国和法国）以及 20 世纪的美国对拉丁美洲持傲慢的态度。然而，那种认为与外国列强紧密联系和经济发展速度两者之间存在负相关性的观点是难以立足的。贫穷国家（例如玻利维亚）从来没有受到像相对富裕国家（例如阿根廷，其直到 20 世纪 40 年代都常被描绘为大英帝国的一个非正式成员）受到的那种重视。[2]

正统理论也没有更好的表现。大量的出口导向型增长理论认为那些最大限度地融入世界经济的国家将会取得高速的经济增长并最终会成为发达国家。[3] 然而，一些最贫穷的拉丁美洲国家，例如洪都拉斯，一直跻身于世界上最开放的经济队伍之中。而巴西在 20 世纪 20 年代到 70 年代从拉丁美洲最不发达国家阵营向拉丁美洲最富裕国家阵营的转变过程中却与世界经济鲜有联系。

正统理论的极端版本——新自由主义，在 20 世纪 80 年代债务危机后十

---

[1] 拉丁美洲依附论经典著作见卡多佐与法莱托(1979)。

[2] 参见布朗(2008)。对于非正式帝国和阿根廷局势的不同看法，见汤姆森(1992)和霍普金斯 (1994)。

[3] 关于这一观点的调查佳作见福斯(2006)，桑蒂索(2006)。

分盛行。新自由主义辩称拉丁美洲的实力因国家干预而受到削弱，它扭曲了相对价格，抑制了具有活力的私营部门的兴起，迫使许多人从事非正规的，往往是非法的活动。[①] 批评者很快指出这种论断不符合历史本质，如同世界其他国家一样，拉丁美洲的国家干预在很大程度上是对一种无监管的、"自由"环境下市场失灵的一种反应。事实上，在 20 世纪 30 年代以前的半个世纪里，拉丁美洲的主导思想是自由主义，其特征是强调温和的国家角色和私人的外国投资的重要性。即使国家干预并不总是处理市场失灵的得当方式，那也不能说明没有国家干预就必然导致资源的有效配置。

　　没有一种理论能够单独解释为什么拉丁美洲在世界人均收入规模上至今仍处于中等地位，以及拉丁美洲国家随着时间的推移而呈现出诸多的差异。然而，如果经济史不只想做描述的话，理论框架则是必不可少的。本书将重新使用三种基本思想来阐释拉美地区的总体地位以及地区内各个国家的状况：机遇性商品、出口导向型增长机制和经济环境政策。

15

　　拉丁美洲通过初级产品出口融入世界经济。就像我们看到的一样，这仍旧是拉丁美洲同世界其他地区联系的唯一最重要的方式。然而，初级产品并不是同质的，"商品机遇"这一短语意在让人注意商品间的差异。一些产品（例如牛）通过出口前的再加工，自然地前向关联。而另一些产品（例如香蕉）则没有多大的机会。具有前向关联效应的产品能够刺激工业和城市化，最明显的案例是 19 世纪阿根廷的肉类——但商品也根据其投入需求（后向关联）而不尽相同。那些仅靠利用劳动力从土地上获取的商品（例如鸟粪）[②]不会刺激有投入需求的工业发展。而其他商品（例如硝石）则在获利之前需要包括机械设备在内的一系列投入。

　　诸多商品因为其需求特性也各不相同。一些商品，例如肉类，已经具有并且现在仍然具有相对较高的需求收入弹性，因此，实际收入增加 5% 就会使

---

① 参见爱德华兹（2010）。这一观点最强有力的表述之一，参见德·索托（1987）。
② 鸟粪是天然肥料，由鸟的排泄物构成，大量发现于秘鲁海岸并于 19 世纪开始商业开采。

商品需求增加 5％以上。其他商品,例如咖啡,由于已经从奢侈品变成基本消费品,所以其收入弹性随着时间的推移而降低。一些商品(例如黄金)没有相似的替代品,而其他商品(例如棉花)则面临着人造产品的竞争,因而其需求价格弹性就高。一些产品(例如可卡因),拉丁美洲垄断了世界市场供应,而其他产品(例如糖)则面临激烈的国际竞争。

拉丁美洲地理和地质上的多样性意味着各个共和国在产品的出口上只有极其有限的选择权。智利,一个温带国家,可以出口小麦,但不能出口咖啡,铜储量丰富而鲜有石油。商品机遇性决定了智利融入世界经济的基本产品与哥伦比亚不同。哥伦比亚的热带气候和山脉众多的地形特别适宜咖啡的种植。毋庸置疑,不同国家间的商品专业化的差异对其长期发展有着重要意义。

商品的专业化引发出口部门劳动生产率的提升,随之造成出口导向型增长的景象。然而,出口导向型增长机制是关键所在。一部运转良好的机器可以把出口部门的生产率收益转移到其他经济部门,从而提高整体生活水平和人均实际收入;一部有缺陷的机器则会将生产率收益集中在出口部门,往往为外国公司而非国内生产要素所利用。因此,通过出口专业化可能产生的资本剩余就不能保证资本积累。

在出口导向型增长机器中有三种机制特别重要:资本(包括创新和技术转让)、劳动力和国家。一旦哪里这些机制不能有效运转,出口部门可能仍会增长,而非出口经济就会停滞或者衰退。其结果将会增加人均出口,也会增加出口在实际国内生产总值中的份额,但难以保证生活水平的快速提高。当然,随着出口的增加,实际国内生产总值的增长速度最终必然与出口增长速度相一致,但到那时出口专业化将会发展到极限,经济极易受到世界市场不利条件的影响,世界贸易周期引发的衰退将会深刻而持久。相反,哪里这三种机制运转有效,非出口经济就会和出口部门一起发展。尽管人均出口会上升,但出口在实际国内生产总值中所占的份额实际上会下降,生活水平必定会提高。那时非出口经济的活力将保护其免遭不利的外部环境的冲击,世界贸易周期所引发的衰退也会趋于短暂。

第一种机制——资本,包括转移一部分出口部门的剩余资本到非出口经济进行生产性投资。这种转移绝不是自动的。例如,哪里的剩余资本为外国投资者所占有,哪里缺少金融中介机构,哪里的国内市场狭小,那么那里的这种转移发生的概率就较小。哪里的剩余为当地生产要素所占有,哪里的金融中介机构分布广泛,哪里的国内市场广阔且不断壮大,那里发生这种转移的概率就较大。

国内市场规模的效用发挥不仅在于人口,也在于购买力。哪里出口部门劳动力——第二种机制——还在以实物支付,那么那里的国内市场就受到人为的限制。例如,巴西与古巴那种一直延续到 19 世纪 80 年代的建立在奴隶制基础上的劳动力就很难刺激出口部门的生产率收益转移到非出口经济。相反,基于雇佣劳动的熟练劳动力不仅表示非出口经济中的卖方购买力的汇集,同时也是未来企业家的来源之一,他们能够把知识与技能带到其他经济领域中去。

第三种机制包括国家。出口部门的扩张使进口得以增加,而在发展的初始阶段,对外贸易税收一直是政府收入的最重要来源。税收的多少及其支出方式是出口导向型增长成功与否的关键决定因素。哪个地方的资源少,并主要用来加强出口部门,那么其非出口部门就可能失去活力。哪个地方资源丰富,并被用来促进非出口经济,那么出口部门和非出口部门就都能获得迅速发展。然而,这种平衡是脆弱的,因为出口部门过重的税收负担将导致其发展停滞。

商品的机遇性及出口导向的增长机制一直是决定拉丁美洲自独立以来的经济发展成败的重要因素。经济政策环境也是一样,无法连贯的经济政策以及反复无常的政策执行状况给出口部门和非出口部门都造成了重大损失。而建立在广泛共识和以政治稳定为支持基础上的一贯的经济政策,则会为出

17

口部门生产率收益向非出口经济转移创造一种适宜的环境。随着拉丁美洲经济状况愈发复杂,经济政策环境也愈为重要,甚至在一些共和国成为其发展成功与否的重要决定性因素。

18   独立后第一个世纪的大部分时期内,拉丁美洲所有共和国都实行了一种建立在初级产品出口基础上的出口导向型增长政策。如果哪个国家中的商品机遇性、出口导向型增长机制和经济政策环境这三者协调得当,那么其发展结果就会引人瞩目。例如,尽管经济政策存在诸多问题,但阿根廷得益于商品机遇性以及出口导向型增长机制流畅运转,其在 20 世纪 20 年代人均实际收入上跻身世界最富裕的 12 个国家之列。然而,如果哪个国家对这三者处理不当,其结果就会令人极其失望,例如海地和玻利维亚。

大萧条后的半个世纪里,一些国家,主要是较大的共和国从出口导向型增长转向以进口替代工业化为基础的内向型发展模式。这些国家的出口部门失去了活力,商品机遇性也失去了意义,但其初级产品出口仍然是外汇收入的主要来源。新的具有活力的部门是进口替代工业,其存在的问题是如何使进口替代工业化部门的生产率收益转移到其他经济部门。因此,这一新的形势要求生产要素和产品市场运转流畅,经济政策环境较以往而言也更为重要,为错误埋单的成本也更大。[①]

20 世纪 60 年代末,一些国家开始从内向型发展模式转向一种基于非传统出口(包括制成品)以与世界经济融为一体的新型模式。20 世纪 80 年代和 90 年代,这一进程加速发展;到 21 世纪初,整个拉美都进入了一个出口导向型增长的新时代。随后,建立在需求上升,尤其是来自中国需求基础上的大宗商品热潮强化了这一进程。但随之而来的汇率上升也不时使得制造业出口商缺乏竞争力。

这个无论是左翼政府还是右翼政府都贯彻执行的新模式被寄予很大期

---

① 由于国际贸易壁垒使国内与国际市场价格发生脱节,国内经济政策就成为资源配置和经济增长速度的关键性决定因素。

望,但过去的教训不能忘记。经济政策环境仍是至关重要的:现在世界经济的全球性意味着国内生产要素越来越意识到区域外的机遇,所以政策失误会造成拉丁美洲资本外逃和熟练劳动力的流失。出口导向型增长机制变得越来越复杂,技术转移和扩散愈加重要,但将生产率收益从出口部门向非出口经济转移这一基本问题仍未解决。拉丁美洲经济历史的教训说明,就整体经济发展和人均实际收入而言,该地区现阶段的落后状态并非历史发展的必然结果。现如今,成功之术的获得并不比独立时候容易——没有什么灵丹妙药,国际竞争也比以往更加激烈。并非所有的拉丁美洲共和国都可以在 21 世纪成为发达国家,但如果有些国家不能取得成功的话,将会令人诧异。[①] 因此,即使现如今可以确定,所有拉丁美洲人的子孙都能够过上一种体面的生活,但过去的经验教训——成功的抑或失败的——也不能忘记。

19

---

① 智利与墨西哥是经济合作与发展组织成员国,该组织属于发达国家的俱乐部,但两国的人均收入仍在高收入国家门槛之下(参见表 1.1 和 1.5)。

第二章

争取民族独立而斗争：从独立到世纪中叶

19 世纪 20 年代初，拉丁美洲大部分国家经过较长时间的经济混乱和政治动荡，终于赢得了独立。可以确切地说，在这段较长的时期内，其生活水准急剧下降。自从 1796 年英国与西班牙战事爆发以来，拉丁美洲的外资，包括进口和出口，都受到了严重破坏。1808 年，拿破仑入侵伊比利亚半岛，将自己的兄长约瑟夫立为西班牙国王，迫使葡萄牙王室迁往巴西，使得英国与西班牙反拿破仑势力形成了短暂的联盟。拉丁美洲的出口受到不利的影响。同时，由于英国商人在大陆市场被封锁后寻求商品出路，大量的进口产品充斥拉丁美洲，从而抑制了拉丁美洲的内部贸易。[①]

拿破仑成功入侵西班牙，削弱了西班牙在拉丁美洲的权威，给尚处于起步状态的脆弱的独立运动带来了急需的推动力。当 1815 年拿破仑最终被打败时，独立运动已具有自身活力。西班牙和葡萄牙在伊比利亚半岛重申的权威已不能拓展到拉丁美洲。巴西自 1815 年以来就是一个独立王国，拒绝接受里斯本若昂六世的命令，并于 1822 年拥立其子唐·佩德罗为皇帝。[②] 新西班牙变成了墨西哥（一个在阿古斯丁·德·伊图尔维德统治下存在了 9 个月

---

① 英国向美洲（美国除外）出口的商品申报价值从 1805 年的 750 万英镑上升到 1809 年的 1800 万英镑。参见普拉特(1972)，第 28 页。

② 参见贝瑟尔(1985)，第 179—187 页。

的帝国)，其在兼并了中美洲之后，疆域曾短暂延伸至哥伦比亚北部边境。[1]　　21
西属南美洲殖民地在最初就选择了共和政体，到 19 世纪 20 年代中期，仅有
古巴和波多黎各还受制于西班牙。[2]　甚至位于伊斯帕尼奥拉岛东部的圣多
明各，也在 1822 年被海地(1804 年从法国获得独立)从西班牙手中夺走。[3]

　　独立战争并没有结束政治动荡。相反，从西班牙和葡萄牙继承而来的国
家边界常常引起争端。中美洲于 1823 年从墨西哥分离出来，并把帕恰斯省
给了墨西哥。作为一个联邦，中美洲运作十分艰难，于是在 1838 年分成了 5
个部分。[4]　1836 年，得克萨斯从墨西哥分离出去；[5]1839 年，尤卡坦半岛也从
墨西哥分裂出去(尽管它在 1843 年又并入墨西哥)。[6]　西蒙·玻利瓦尔建立
的委内瑞拉、墨西哥、厄瓜多尔联盟，即大哥伦比亚，在其死后于 1830 年最终
解体。[7]　19 世纪 30 年代，秘鲁和玻利维亚间短暂的联盟也因为智利入侵而
解体。[8]

　　即使是没有经过大的动荡而获得独立的巴西，也存在着边界争端。巴西
试图将拉普拉塔河东岸区(Banda Oriental)并入帝国的企图激怒了阿根廷，由
此引发的战争导致 1828 年作为缓冲国的巴拉圭的建立。[9]　巴西还得应付诸
多明显是分离主义分子引发的暴乱。[10]　阿根廷和智利忙于与土著居民的战　　22

---

[1]　参见安娜(1985)，第 86—93 页。

[2]　参见 F.奈特(1990)，第 6 章。

[3]　参见莫亚·庞斯(1985)，第 237—255 页。

[4]　5 个共和国分别为哥斯达黎加、萨尔瓦多、危地马拉、洪都拉斯和尼加拉瓜。然而，英国在 19
　　世纪通过伯利兹(英属洪都拉斯)、莫斯基蒂亚、海湾群岛的殖民地或者受保护领地正式和非
　　正式地对地峡的大西洋沿岸大部分地区实行控制。参见威廉姆斯(1916)。

[5]　得克萨斯于 1845 年并入美国，所以独立的孤星共和国持续不到 10 年时间。参见迈耶和谢尔
　　曼(1979)，第 335—342 页。

[6]　参见里德(1964)，第 4—32 页。

[7]　大哥伦比亚的解体使得玻利瓦尔在 1826 年巴拿马会议上提出的泛美联盟梦想最终破灭。
　　关于区域一体化早期实践的压力和紧张，参见布什内尔(1970)。

[8]　参见博尼利亚(1985)，第 564—570 页。

[9]　参见林奇(1985a)，第 688 页。

[10]　参见布什内尔和麦考利(1988)，第 167—175 页。

争——为了能够在那些未被西班牙人征服的土著居民的土地上开疆拓土。①
海地统治下的圣多明各在 1844 年建立多米尼亚共和国。② 而巴拉圭与邻国
的边界争端只是被推迟了，因为巴拉圭专制主义者何塞·加斯帕尔·罗德里
格斯·德·弗朗西亚实行了孤立主义政策。③

领土争端是伊比利亚权力衰退而引发的必然结果。特别是西班牙没有
理由去对那些只是为了管理方便而划分的边界给予特别的关注。此外，小规
模（参见表 2.1）和低密度的人口意味着边界线常常穿越那些人口稀少的地
区，而边界线的划分未能受到地区习俗的引导。外国势力大胆地利用拉丁美
洲新生国家的这个弱点：伯利兹和圭亚那两国（都是前英国殖民地）现在的
边界线就是在 19 世纪初期以损害邻国利益为代价而获得的，④墨西哥则因为
19 世纪中期的美墨战争而向美国割让了近一半的领土。⑤

政治动荡并不仅仅局限于共和国之间的冲突，政治精英们关于国家性
质、与天主教会的关系、关键部门组织上的争斗而引发的国内战争在大部分
情况下甚至是冲突的更主要原因。这些冲突和分歧比 18 世纪末影响美国的
那些冲突和分歧更为严重（美国的那些冲突和分歧在独立战争后不久便很快
得到了解决），其在一些情况下会延续数十年之久而无法解决。一个建立和
运行长达三个世纪之久的殖民制度不会在一夜之间瓦解，诸多的动荡可以被
看作是关于殖民制度哪些值得保留而哪些需要废除这一问题的争执。因此，
应该先简要地谈论下拉丁美洲各国继承而来的殖民地经济的主要特征。

---

① 然而，直到 19 世纪 80 年代，土著居民才最终被打败和征服。

② 参见莫亚·庞斯(1985)，第 255—268 页。

③ 直到 1865 年巴拉圭才与其邻国爆发战争，但对内陆共和国巴拉圭来说，这一样是灾难。阿
根廷、巴西和乌拉圭三国同盟与巴拉圭之间的战争使得巴拉圭丧失了近一半的人口和大片
国土。

④ 关于英国与危地马拉在伯利兹（前英属洪都拉斯）上的争论见汉弗莱斯(1961)。关于圭亚那
（前英属圭亚那）和委内瑞拉之间的边界争端，参见勒文(1965)，第 166—168 页。

⑤ 参见巴赞特(1985)，第 441—444 页。尽管墨西哥领土损失较大，但只有 2％的人口受到影响。

表 2.1 独立之前和之后拉丁美洲的人口状况

国家/地区	1810 年	年均增长率（%）1810—1830 年	1830 年	年均增长率（%）1830—1850 年	1850 年
阿根廷	618,003	1.42	820,063	1.66	1,139,254
玻利维亚	1,100,000	0.44	1,200,000	0.68	1,374,000
巴西	4,655,000	0.69	5,343,000	1.53	7,234,000
智利	743,798	1.72	1,045,402	1.62	1,443,021
哥伦比亚	962,800	1.60	1,323,300	1.65	1,834,600
哥斯达黎加	63,000	0.67	72,000	1.71	101,000
古巴	600,000	1.00	732,104	1.55	996,675
多米尼加共和国	100,000	(0.97)	82,362	2.90	145,830
厄瓜多尔	428,238	1.60	588,582	1.65	816,000
萨尔瓦多	248,000	0.44	271,000	1.51	366,000
危地马拉	595,000	0.60	670,000	1.18	847,000
海地	386,445	0.93	464,764	1.12	581,237
洪都拉斯	135,000	0.59	152,000	2.09	230,000
墨西哥	6,122,354	1.34	7,996,000	(0.32)	7,500,000
尼加拉瓜	186,000	0.84	220,000	1.10	274,000
巴拉圭	200,000	0.59	225,000	0.53	250,000
秘鲁	1,378,659	0.66	1,572,530	1.21	2,001,123
波多黎各	158,197	3.67	325,111	1.83	467,145
乌拉圭	44,600	3.04	81,116	2.51	133,275
委内瑞拉	802,000	0.47	880,059	1.29	1,137,185
拉丁美洲	**19,527,094**	**1.05**	**24,064,393**	**0.91**	**28,871,345**
美国	7,224,000	2.94	12,901,300	2.99	23,261,000

资料来源：1810 年中美洲使用的是 1820 年的数据，所有年份来自伍沃德（1985），第 478 页；玻利维亚 1830 年的数据基于人口调查，见菲弗和彭特兰（1974），第 178 页，而 1810 年的数据则是作者估计的；厄瓜多尔在 1810 年到 1830 年以及 1830 年到 1850 年假设与哥伦比亚人口增长率相同，沃克在其著作（1822）第 1 卷第 376 页给出了相似的数据；巴拉圭 1850 年的数据基于 1846 年的人口普查，见林奇（1895），第 668 页，而 1810 年和 1830 年的数据是作者估计的；加勒比国家（古巴、多米尼加共和国、海地、波多黎各）数据来自布尔默-托马斯（2012）；阿根廷、巴西、智利、哥伦比亚、墨西哥、秘鲁、乌拉圭和委内瑞拉的数据来自附录三；其他的 1850 年数据来自布尔默-托马斯（2003），表 2.4；美国的数据来自卡特（2006），第 1 卷。括号中的数字代表负数。

殖民遗产

殖民者到来之后,殖民地经济的组织形式经历了多次变化,但一直受
24 到重商主义诸多原则的指导。[①] 这一学说认为一个国家的繁荣与其资本积
累相关,这种资本通常被定义为贵金属。西班牙和葡萄牙两国因为没有大
量的金银可供使用,所以这一学说认为它们的金银(铸币)积累需要通过对
外贸易。

重商主义对殖民地时期的拉丁美洲和伊比利亚半岛国家之间的关系造
成了一系列特殊的后果。这一学说要求拉丁美洲从西班牙和葡萄牙购买一
切进口产品,并且在西班牙和葡萄牙两国市场上销售其出口品(贵金属除
外)。由此引发的有形贸易赤字将通过向伊比利亚半岛输送金银来弥补。
贸易赤字越大(理论上以拉丁美洲金银的物理储量为限),西班牙和葡萄牙
两国积累的贵金属就越多。

由于与其他国家的贸易将缩小拉丁美洲与伊比利亚半岛的贸易赤字,
所以重商主义要求对此加以抑制。因此,西班牙和葡萄牙对它们的殖民地
强制实行了贸易垄断和买方垄断。拉丁美洲的商品出口受到了鼓励,只要
它们不与母国竞争,且都卖往它们的母国。结果,拉丁美洲诸如烟草和糖一
类的热带商品很受欢迎。

有形贸易赤字不是西班牙和葡萄牙想方设法从殖民地攫取贵金属的唯
一途径。私人生产者、殖民当局和伊比利亚君主们关于矿产的分配也导致
大量的贵金属流向伊比利亚半岛,使得国际收支赤字进一步扩大。这种状
况只能通过贵金属不断流动来解决。除了矿业税收,一部分地方税收收益
也要送往伊比利亚半岛。

---

① 关于重商主义理论及其在当时欧洲的广泛影响,参见布劳格(1976),第1024页。

重商主义对伊比利亚和拉丁美洲之间的关系造成的影响归纳在表 2.2 中，表 2.2 的数据由假设其不与世界其他地区发生贸易得出。伊比利亚的商品出口（500 个单位）相当于拉丁美洲的商品进口，同样拉丁美洲的商品出口（300 个单位）相当于伊比利亚的商品进口；其结果是有利于伊比利亚半岛的有形贸易失衡（200 个单位）。官方净转移（100 个单位）——包括类似皇室矿产税的诸多项目——给经常账户收支带来 300 个单位差额。这种状况只能通过拉丁美洲向葡萄牙和西班牙出口贵金属来解决。

25

表 2.2　殖民地经济体系

	伊比利亚半岛		拉丁美洲		
	贷方	借方	贷方	借方	
有形商品出口	500			500	有形商品进口
有形商品进口		300	300		有形商品进口
贸易差额	200（顺差）		200（逆差）		贸易差额
政府净转移	100			100	政府净转移
金银的进口		300	300		金银的出口
总差额	0			0	总差额

贵金属的运量取决于矿业的生产能力，所以帝国里最受关注的就是那些金银贮藏量最多的地区：新西班牙、上秘鲁、智利和新格拉纳达。[1] 其他地区，例如危地马拉的检审法庭辖区，[2]是最不受重视的地区，只能依靠自身（有限的）资源。至于葡萄牙，由于 19 世纪在巴西中部（米纳斯吉拉斯）发现了黄金而将注意力转向这一地区，这也是巴西首府从巴伊亚转向里约热内卢的主要原因。[3]

重商主义也许一直指导着拉丁美洲的经济结构，但现实往往受到一些西班牙和葡萄牙所不能左右的事件的影响，所以西班牙和葡萄牙这两个帝

---

[1]　新西班牙矿业位于现在的墨西哥，上秘鲁矿业在现在的玻利维亚，新格拉纳达矿业在现在的哥伦比亚，参见坦德特尔（2006）。展示殖民地时期拉丁美洲和独立后的拉丁美洲之间相互关系的地图可以在汉弗莱斯（1946）中找到。

[2]　危地马拉检审法庭相当于现在的中美洲和恰帕斯地区（独立时期被墨西哥兼并）。洪都拉斯和危地马拉只生产少量的铸币，不足以引起皇室的兴趣。

[3]　参见洛克哈特和施瓦兹（1983），第 370—387 页。

26 国一直未能向其殖民地提供所需要的所有商品。通过向欧洲其他地区购买商品然后出口到拉丁美洲不仅会增加费用,也会导致贵金属从西班牙和葡萄牙流向其竞争对手。此外,拉丁美洲许多地区由于从帝国购买商品成本较高而引发了与英国、法国以及荷兰商人活跃的走私贸易。

在 1759 年开始的波旁改革中,西班牙竭力对西属美洲的内部贸易体系进行全面调整。[1] 尽管西班牙从未正式放弃对外贸易的垄断地位,但西属美洲的进出口贸易方便了很多。其商品输出也变得重要起来且更加多元化,特别是农产品出口增加了(参见表 2.3),这使得西属美洲不仅与西班牙联系起来,而且通过产品再出口和走私贸易,其也与欧洲的其他地区联系起来。相同的状况也出现在巴西,庞巴尔改革(根据葡萄牙庞巴尔侯爵命名)放宽了贸易限制,在米纳斯吉拉斯黄金产量下降的同时提高了商品的出口量。[2]

内部(地区间)贸易(参见表 2.3)也增加了。关于地区间商业的一些琐碎的限制被废除了,讲西班牙语的各个地区间关税与货币同盟的运行措施使得伊比利亚帝国内部诸多区域间的贸易活跃起来。区域间和区域外的农业贸易促进了效益提升,这不仅影响了种植园(通常为在世界市场上进行销售而致力于单一产品生产),同样也影响到了大庄园(一种大地产,其生产的诸多不同类型的产品主要用于满足自身消费、在当地市场销售和出口)。

16、17 世纪哈布斯堡王朝统治下在很大程度上被忽视的非出口经济,在波旁改革和庞巴尔改革中都受到了重视。在非出口经济中,农业占主导地位,但其中也包含着诸多手工业部门,这些手工业部门大部分分布在帝国的小城市中。尽管在拉丁美洲大部分地区,特别是在那些大量土著居民集体占有土地的地区,自给自足的经济仍占重要地位,但剩余农产品的市场需求仍然存在。这些需求来自城市高层、非农业工人(尤其是矿业中心)以及

---

[1]   有大量的关于波旁改革及其经济影响的著作,参见费希尔(1985),第一章。
[2]   关于庞巴尔改革,参见洛克哈特和施瓦兹(1983),第 383—397 页。

表 2.3 殖民时代末期拉丁美洲的区外和区内贸易

国家/地区	具体区域	产品	市场	
			区外	区内
墨西哥	中部	蔗糖,纺织品		√
	瓦哈卡	谷物	√	√
	尤卡坦	靛蓝	√	√
	北部	牛,纺织品		√
	北部	白银	√	
中美洲和加勒比	萨尔瓦多	靛蓝	√	√
	洪都拉斯	白银	√	
	哥斯达黎加	烟草		√
	安的列斯	蔗糖	√	
委内瑞拉	海岸地带	可可	√	√
	平原地带	皮革	√	√
哥伦比亚	东部高原	黄金,白银	√	
厄瓜多尔	高原地带	纺织品		√
	海岸地带	可可	√	√
秘鲁和玻利维亚	高原地带	白银	√	
	高原地带	水银		√
	北部海岸	蔗糖		√
	南部海岸	棉花		√
智利	北部	白银	√	
	中部	小麦	√	√
阿根廷、巴拉圭	北部和中部	手工艺品		√
和乌拉圭	库约	酒		√
	东北地区	巴拉圭茶,牛		√
	东北地区	蔗糖	√	
	拉普拉塔河	牛脂,皮革	√	
巴西	中部	黄金,钻石	√	
	南部	牛		√
	亚马孙地区	林业	√	

资料来源：卡多佐和布里诺利(1979a)，第 218—220 页。

种植园工人(通常是奴隶)。随着 18 世纪改革中这三种活动产能的扩大,对农产品的内部需求也增加了——受益者主要是大庄园。

那些受规章制度和封建行会网络约束的手工业部门,因为殖民当局的要求和当地居民适度的购买力而得到发展。由于受到禁止非伊比利亚工业品进口的立法保护,殖民地成本高、技术差的工业产品无法与走私品相抗衡。然而,一些手工业活动——尤其是新西班牙的纺织业[①]——发展起来,一部分产品进入了区内贸易(参见表 2.3)。

除了一部分皇家垄断产品(例如烟草和盐)外,大部分的生产活动掌握在私人手中。[②] 私人投资资金来源有限,许多企业依靠利润再投资,或者是依靠从伊比利亚半岛新来的人所携带的资金。其他资金主要来源是天主教会和规模较小的商人阶层。作为支付方式的物品(主要是铸币)常常供应不足,这主要是金银向母国的流动所造成的。

劳动力市场在西班牙人和葡萄牙人到来后持续发展,但总体上还是以强制劳动为特征,缺乏自由雇佣劳动力,即使在独立时期也是如此。[③] 在种植园,奴隶劳动仍然很普遍;事实上,在古巴和巴西,奴隶劳动直到 19 世纪 80 年代才被最终废除。大庄园的劳动力供应通常依靠债役奴——这一劳动合同使得许多工人几乎不可能在其他地方就业,反流浪法又通过强迫农村劳动力出示就业证明以增加劳动力供给。一些矿山依靠雇佣劳动力,其他的则继续依靠米达制——一种特别残忍的强制劳动形式,以保证矿主有足够的(通常而言)土著劳动力。[④]

这种财政制度旨在最大限度地向宗主国输入资源,力图将统治殖民地的

---

① 关于新西班牙的纺织业有大量的优秀著作。例如,参见汤姆森(1989),第 1 部分。也可以参见戈麦斯-加尔瓦里阿多(2006)。
② 关于殖民地时期拉丁美洲的商业垄断,参见马尔克斯(2006)。
③ 参见蒙泰罗(2006)。
④ 殖民地时期矿业的劳动组织形式被较好地研究过。贝克韦尔(1984)做了较好的调查,第123—131 页。

费用压缩到最低。实际上，这种限制通常使殖民地无力向西班牙或葡萄牙输送资金。收入主要来自外贸税收（主要是进口税）、矿业税（伍一税）、普遍的商业税（其实是一种销售税）、皇家垄断、教会什一税的份额、"印第安人"税收（人头税）、出售公职给半岛人（从西班牙和葡萄牙来的新到者，理论上来说所有较为重要的公职都会留给他们）。[1] 财政支出包括行政费用、军费支出和债务偿还，但在西属美洲一些较穷的地区，这三项财政支出超过了财政收入，这就迫使西班牙国王实施一项政策——从相对富裕的地区（例如新西班牙）拨款进行资金内部调整。这就导致所剩资金寥寥无几或者毫无盈余，即使是比较富裕的地区，也无力给西班牙输送资金，但巴西总能给葡萄牙输送一些资金。[2]

殖民地经济经历了一系列的周期变化，哈布斯堡王朝统治下的经济周期变化主要取决于采矿业的兴衰。然而，波旁改革和庞巴尔改革使 18 世纪下半叶的经济实现了持续增长，这不仅依靠采矿业，也依靠农业出口以及地区间的内部贸易。例如，西属美洲对西班牙的出口额从 1778 年至 1796 年增长了 11 倍，与英国的贸易也增长迅速。[3] 巴西的情况也是如此，直到 1808 年，这种贸易才遭到严重破坏。

这种贸易扩张由于 1796 年开始的西班牙、法国和英国之间的战争所引发的动荡而遭到削弱，又因 1810 年爆发的独立斗争而倍受破坏。19 世纪前 20 年所遭受的经济困难无疑严重削减了拉美的实际人均收入。[4] 外贸不振、资本流失以及许多半岛人回国，导致财政制度几乎崩溃。更为糟糕的是，矿产——王冠上的宝石——的生产力备受水淹和坍塌的影响；此外，外贸的停

---

[1] 出生于当地的克里奥尔人和出生于国外的半岛人之间的对比，以及他们之间固有的错综复杂的关系，是无数研究所关注的焦点。关于这一方面的概述，参见洛克哈特和施瓦兹（1983），第 9 章。

[2] 关于殖民地财政制度，参见普拉多斯·德·拉·艾斯克苏拉（2009），第 281—287 页，以及马里沙尔（2006）。

[3] 参见费希尔（1992），第 17 页，以及皮尔斯（2007），第 4—6 章。

[4] 更多细节见附录 3。

29

顿也带来了损害。

30

独立对经济的影响

政治独立使新兴国家具有了在多方面变革殖民地经济的权利。[①] 首当其冲的是外贸垄断。整个殖民时期列强对外贸的垄断令人十分愤怒,因其剥夺了拉丁美洲在最有利可图的市场上出售商品以及在最便宜市场上购买商品的机会。在拉丁美洲争取独立时期,自由贸易的前景引起了非伊比利亚列强的兴趣,尤其英国的兴趣特别浓厚,因为有多余的制成品可供出口,所以英国承认了这些新生国家。[②]

对外贸易垄断的终结是一次巨大的进步。波旁改革和庞巴尔改革所带来的影响以及随后的西班牙和葡萄牙权势的没落,使拉丁美洲在独立之前就获得了自由贸易的很多好处。例如,英国商人快速地填补了由拿破仑入侵伊比利亚半岛所带来的空白,并定居在里约热内卢、布宜诺斯艾利斯、瓦尔帕莱索和利马。

独立也给了拉丁美洲在国际市场上筹集资本的机会。实际上,这意味着伦敦证券交易所和英国投资者可以快速认购新兴国家所发行的公债。然而,进入国际市场被证明是一杯毒酒。诈骗、管理不善以及非生产性投资这些问题交融在一起,导致了在 19 世纪 20 年代末大多数发行债券的政府都

[①] 关于从殖民地变为独立国家的经济支出和收益,参见普拉多斯·德·拉·艾斯克苏拉 (2006)。

[②] 英国相对来说比较干脆地承认了西属美洲的独立,关于这方面的详述收集于韦伯斯特主编的著作(1938)中。由于英国与葡萄牙有着长期密切的关系,所以在承认巴西独立方面显得极为复杂。然而,贸易前景占了上风,英国于 1825 年承认了巴西的独立,参见曼彻斯特 (1933),第 186—219 页。其他国家对于承认拉美独立也深受贸易前景的影响。关于美国方面,参见葛雷吉塞斯(1992)。然而,海地于 1804 年宣布独立,直到 1825 年才获得法国承认,获得英国承认是在 1826 年,获得美国承认则是在 1862 年。

拖欠债款。①

　　此外，自由贸易和进入国际资本市场所带来的有利条件势必与殖民统治　*31*
的垮台所带来的不利条件发生冲突。第一，大量独立共和国和一个帝国（巴
西）的建立结束了拉丁美洲以往实际运转的关税和货币同盟。现在，所有进
口产品都得收税——不仅仅是地区之外的进口产品，其所带来的不可避免的
后果就是贸易转移，也就是用价格较高的国内产品代替合作伙伴的更为便宜
的进口产品。

　　第二，资本外逃对资本积累这个迫切任务来说是个严重的打击。这个问
题不仅仅是地区金融资本的流失，也在于内战和政治动乱所造成的现有企业
的非资本化。矿山的有形资本并没有得到维持或补充，许多大庄园也变得破
败不堪；这些反过来又导致了债务偿还问题——主要向教会偿还债务，这使
得独立后前几年国内资本市场大为受损。②

　　第三，财政制度的崩溃并不仅仅是因为独立战争。共和国政府难以继续征
收皇家赋税，出售官职也被禁止了；很多国家还都面临着废除人头税的巨大压
力。早期的税收减免被证实对财政制度危害重大，以致必须重新征收一些“殖
民地时期”的税，就像“印第安人”的人头税。在一些情况下，新的管理者缺乏收
取传统税收的权威，也不愿意新增赋税而使政治问题变得复杂。

　　第四，新独立的国家由于需要支出一些额外的费用，其财政平衡问题变
得更为严重。国家军队需要维持，独立战争的老兵需要退休金，边疆需要保
护。战争所带来的赔偿金额巨大，独立后一系列的地区争端又加重了这一
状况。

　　因此，独立带来了两大好处——自由贸易和进入国际资本市场，从长远
角度来看为经济发展创造了机遇，但从短期角度来看也带来了一系列弊端，

---

①　对于这段故事，道森做出了详细但有点夸张的描述(1990)。关于这次债务危机和后来债务
　　危机的对比可以参见马里沙尔(1989)。
②　天主教会、金融和资本积累之间的关系在墨西哥研究得最为透彻。例如，参见乔宁(1990)。

32 使得大多数共和国利益受损。哪个国家有相对安全的边界、稳定的政府和良好的税收状况（例如智利），其花费就可能降到最低，独立后的头十几年里就不可能不成功；哪个国家饱受领土争端、政局不稳和财政危机（就像墨西哥）困扰而加大了开销，其在 19 世纪前 20 年中经济下滑的趋势就难以逆转。

一些殖民地时期经济的重要成分在独立后的国家仍然有所保存。关于种植园、大庄园、小农庄①、公社土地的土地所有权制度鲜有变化。此外，一些新独立的国家大规模授予土地（例如胡安·曼努埃尔·德·罗萨斯将军统治下的阿根廷），还是倾向于殖民地时期的方式。一些服过兵役的老兵会得到一小块土地作为奖赏，但是这些不足以对传统土地所有制构成威胁。②

在经历了 19 世纪 20 年代的灾难以后，进入国际资本市场并没有对从殖民地时期继承而来的国内资本市场构成太大威胁。尽管自由党一直致力于降低教会的权力和削减其世俗财富，但教会却逐渐恢复了地位。商人——由于大批外国人开始进行商业活动，人数增加很大，继续在金融活动中起着主导作用。唯一较大的变革就是在墨西哥建立了一家国家银行，也是贷款银行，用来扩大进口。就像阿根廷和巴西初期的商业银行一样，这家银行也没能挺过 19 世纪中叶。③

劳动力市场对于独立国家的政治精英来说是一个比较大的问题。继续存在的土地所有权制度以及国内资本市场，意味着劳工关系和劳动力市场的运行难以发生太大改变，大规模的外来移民也难以指望。传统的劳动力短缺现象在殖民地时期就阻碍了很多活动的开展，而且短缺现象消失的可能性也不大。然而，很多政界精英，特别是那些深受法国大革命思想影响的人，热衷

---

① 典型的家庭所有和运营的小农庄在拉丁美洲经济史上相对来说比较容易被忽视。有一个例外，见布雷丁（1978）。

② 除了在海地南部，亚利桑德里·裴迪龙用小块土地奖励退伍军人，导致了大地产的崩溃；参见布尔默-托马斯（2012），第 7 章。

③ 关于墨西哥的贷款银行，参见波塔什（1983）。在阿根廷，商业银行开始于 19 世纪 20 年代，但是这马上导致了通货膨胀，进而损害了这个系统，参见伊里戈殷（2000）。关于巴西未能创建商业银行的原因，参见普拉多（1991），第 135—165 页。

于废除奴隶制和对印第安劳动力采取众多强制的政策。此外，那些为独立而 *33* 英勇奋斗的劳动阶层成员并不欢迎强制劳动的回归。

事实证明劳动力市场只是发生了些许改变。奴隶制于 19 世纪 20 年代在受其影响较小的国家中（例如中美洲和墨西哥）得以废除。但在那些奴隶制在生产中发挥重要作用的国家，其仍旧被保留了下来（例如巴西、古巴和秘鲁）。[①] 人头税最初被废除了，但当印第安劳动力对寻求雇佣工作没有以往的激情时，人头税通常又被恢复了。米达制终于被废除了，但债务劳役制和反流浪法却依然存在，甚至在那些边疆地区，就像阿根廷的潘帕斯地区，也开始实行起来。对于大多数生活在墨西哥、危地马拉、秘鲁和玻利维亚的印第安人来说，独立并未给他们的生活带来多大改变，奴隶在独立后的巴西的状况与在西班牙殖民地的古巴和波多黎各的境况相差不大。

殖民主义的持续性不仅体现在经济领域，也表现在政治机构中。一些政治精英主张进行大范围改革，而另一些更乐于建立一种基本政治权力不受影响的制度，巴西就是最鲜明的例子。这些殖民地只是简单宣称自己是一个独立的帝国，墨西哥独立后政治斗争的一个主要焦点便在于此。这些争议导致了——正如我们所见到的——经济组织和经济政策的争论，且阻碍了诸多国家高效的经济管理共识的形成。

自由贸易问题

国际贸易中帝国垄断的取消以及向自由贸易的过渡并不意味着自由放任。相反，国家独立后的前数十年里，争论最多的就是征收外贸关税以及对

[①] 奴隶制最早被法国于 1793 年在海地废除，但那时奴隶制已经随着 1791 年的奴隶起义而崩溃。秘鲁于 1854 年废除奴隶制，远远早于巴西和古巴，一个重要的原因是鸟粪开采业迅速发展，从而带来了大量收益，这让秘鲁政府能够补偿奴隶主。参见布什内尔和麦考利（1988），第 243—244 页。

34 其他方面限制的问题。精英们习惯于像殖民地时期一样,对商品和人员流动加以多方面的限制,难以全面接受李嘉图的贸易理论和比较优势学说。更为甚者,英国——这个世界上最强大的贸易国——也依然对其对外贸易加以多方面的限制,同时也实行有利于其殖民地的优惠关税政策。美国的亚历山大·汉密尔顿在其著作中已经建立了支持对进口制成品征税以促进工业化的理论。①

因此,自由贸易方面的争论并没有聚焦于是否要对贸易征税,而是在于征税的程度以及理想的资源配置。"自由贸易论者"希望对贸易的限制越少越好,他们的主张得到了外国商人强有力的支持,因为这些外国人自伊比利亚权力倾覆以来已经在拉美各地站稳脚跟,进口外国商品就是显示他们的存在感。这些外国商人通常得到本国政府支持,但是我们应该知道外债持有人(主要是英国人)具有相反的利益关系,因为在很多情况下,债务的偿还是用关税收入来担保的。

要求减少对外贸易限制的国内压力集团成员主要包括出口产品的生产商、进口商、出口商或兼有进出口业务的商人,以及一小部分知识分子,他们赞成以初级产品换取制成品的国际劳动分工。压力集团的反对者主要包括致力于本国商品经销的商人、地主、产品受到国外(包括拉丁美洲其他地区)进口产品威胁的农场主,以及集中在城市的、其手工业产品难以同进口产品竞争的手工业行会。

因此,泾渭分明的两个阵营使得最后的决策只能由政府出台。因为政府行政部门的组成人员通常由对自由贸易看法不同的两个阵营人员组成,所以,有时候政府的立场容易自相矛盾、前后不一、变化无常。然而,大多数拉丁美洲政府受一个主要因素的限制——预算,而预算往往又在关税政策中起决定性作用。

---

① 汉密尔顿这部影响力极大的著作出版于1791年——仅在亚当·斯密《国富论》出版15年之后,作者强烈主张国家干预最小化及自由贸易。

从殖民地到独立的过渡，事实上对贸易税的依赖程度是增加了而非减少。除贸易税以外的税收一般非常不受欢迎、难以管理且易于逃避。哥伦比亚于 1836 年废除了销售税，并逐步终止了烟草垄断。到 19 世纪中叶，政府总收入的 50％以上来自关税收入，仅仅是衣服、鞋、帽的关税收入就占了全部税收的 75％。这个例子绝不是独一无二的。①

如果贸易额增长迅速，那么公共财政对关税的依赖可能并不十分紧要，但这种情况并不常见。面对收入与支出之间的巨大差额，新独立的各国——孤立的巴拉圭除外——通过在国际资本市场上发行债券来增加收入来源。②几乎所有国家的结果都不能令人满意，贷款由于过高的佣金和过多的折扣而减少，最后都无力偿还。各国政府（巴西帝国除外）被迫拖延还款数年。

因此，到 19 世纪 20 年代末，外国贷款不再是一个选择，到 19 世纪 30 年代，贸易税在政府收入中所占的比例比 50 年前要高。政府可能意识到了关税的"保护"作用。但在财政危机时期，首先要考虑的便是收入。③ 而且一些国家已经使用征收出口税和进口关税的办法来进一步增加收入。

从贸易税中最大限度地获得政府收入并不意味着惩罚性税率。相反，高额税率将会排斥一切进口品，并刺激走私，这会让政府失去收入。因此，贸易条约通常被认为是容易被接受的妥协。英国非常愿意同这些独立的国家签订这些条约，因为这些条约能够保证一定比例关税的征收从而保证最大限度的收益。有一个例外是，1810 年英国与巴西之间的贸易条约，条约给予英国以低关税税率进入巴西市场的优惠条件，这引发了一种可以理解的抵制。该条约在 1827 年被勉强续订，但随后在 1844 年被废除了。英国失去了优惠地

① 关于 19 世纪哥伦比亚的关税，参见洪基多（2010）以及奥坎波（2010）。

② 巴拉圭在没有借贷的情况下如何筹集资金，详述于帕斯托雷（1997）。

③ 关于拉丁美洲 19 世纪的税收，参见科茨沃斯和威廉姆森（2004），以及科茨沃斯和威廉姆森（2004a）。

位,巴西的关税税率涨幅很大。[1]

36 收入最大化是一门艺术而不是科学。此外,对同国内竞争的产品设定多种类、不同等级的关税——一般在 15％至 100％——给特殊的要求留足了余地。例如秘鲁的保护主义集团于 19 世纪 30 年代能够提高一些商品的关税。[2] 阿根廷于 1835 年通过的关税法很明显带有保护主义色彩。在墨西哥,保守主义者卢卡斯·阿拉曼甚至禁止从英国进口棉花,尽全力来推动墨西哥纺织业的发展。[3]

  因此,在独立后的前几年里,当地利益集团能够从为实行保护主义而提高关税的政策中获益。然而,关税保护的组成要素——收入最大化的一种副产品——在两个方面易受到伤害。首先,当生活水准开始提升时,本地工业难以生产出能够跟进口产品相竞争的同质同量的产品,必然会引起不满,关税也会急剧下降。萨尔瓦多·卡马乔·罗尔丹提供了 1852 年哥伦比亚的一个很形象的例子:一个农民每年的收入可能是 300 比索,但是他购买布匹需要 50 比索,而且要交 20 比索的税(约占他收入的 7％)。与此同时,一个年收入为 6000 比索的富商购买价值 50 比索的进口丝织品时只需要 5 比索的关税(不到其收入的 0.1％)。[4]

  其次,收入最大化目标的实现是有条件的。如果财政危机开始缓解——例如由于外贸的增加——较低的关税税率就能够实现财政目标,因此出口表现对自由贸易争论的结果至关重要。现在,我们转向这一重要主题。

---

[1] 对于巴西和英国之间因为这一优惠关贸政策而引起矛盾的详细论述,参见曼彻斯特(1936),第 69—108 页。

[2] 保护主义集团及其影响政策的行为很好地详述于古登伯格(1989)的著作中,第 3 章。

[3] 独立后墨西哥纺织业的发展在那些不愿意接受自由贸易信条的人中引起了轰动。参见萨尔武奇(1987),第 166－176 页。

[4] 这一事例来自迪斯(1982)的著作,是详细研究 19 世纪哥伦比亚公共收入的一部分。

出口部门

18 世纪下半叶,波旁改革以及庞巴尔改革为拉美众多新型农业出口商品的兴起开辟了道路。但是对许多国家来说,出口经济的基础依然是采矿业。采矿业在 19 世纪头 20 年里遭到了严重的破坏:国外市场被拿破仑战争破坏,独立战争又迫使很多矿业主停止生产,这也导致了矿井水灾和坍塌。①

那些一直以来都依靠矿产品出口来发展经济的国家(墨西哥、哥伦比亚、秘鲁、玻利维亚以及智利)把恢复矿业生产能力作为优先考虑的事情。国内资本不足以使矿业生产东山再起,但外国资本家为一系列未被证实的关于拉丁美洲拥有巨大矿业财富的传闻所刺激,他们不但积极地致力于恢复传统矿区的生产能力,而且还努力地探索新的矿藏。1824 至 1825 年,英国在拉美经营着不下 25 家矿业公司,已付资本总额达 350 万英镑,其经营范围从墨西哥一直扩展到智利,只剩巴拉圭一个国家没有涉及。②

矿产公司境况与同时期发行的政府债券一样。实际上,所有的矿产公司都宣告失败,资本也都耗尽。因此,外国投资者对拉丁美洲产生了偏见,而就在几年前,外国投资者还把拉丁美洲视为贸易发展前途光明的地方。投入的资本不足,导致恢复矿业的任务难以完成;而在那些仍受政治不稳定所困扰的国家里,外国投资者恐怕还难以解决如何成功地进行经营活动这一问题。

然而,这种认为外国投资者失去兴趣而导致采矿业灾难的看法是错误的。大多数矿区的生产与出口从 19 世纪 40 年代开始便逐步恢复,有些矿区还要更早。秘鲁的白银产量在 19 世纪 30 年代翻了一番。19 世纪 20 年代,墨西哥的白银产量降到了最低,然后便开始慢慢恢复。而在同一时期,哥伦

---

① 普拉多斯·德·拉·艾斯克苏拉和阿马拉尔(1993)提供了独立时期几个国家的优秀案例研究。

② 关于这些外国矿业企业的失败,参见里庇(1959),第 23—25 页。

比亚的黄金出口一直没有起色。但是，墨西哥在 19 世纪 20 年代至 40 年代，黄金产量翻了一番——几乎恢复到了 18 世纪末期的水平。

在智利，矿业产量不仅得到了恢复，而且远远超过了殖民时期的生产水平。这主要是因为在查尼亚尔西略发现了壮观的银矿脉，以及在其他地方发现了比较容易开发的铜矿，这些发现让产量从独立前的年均 1500 吨上升至 1850 年的 12300 吨。[①] 新矿产的易开采性降低了资金成本，因此避免了诸如墨西哥对投资的大量需求而延缓了生产恢复这类问题的出现。

全球对铜的需求与欧洲和北美所进行的工业革命相关联。就商品机遇性来看（参见第一章），智利显然是非常幸运的，因其拥有世界需求量正迅速扩大的商品而得以进入国际市场，增加了市场份额，降低了生产成本。然而，拉丁美洲主要的矿业出口品仍然是白银，对其需求主要取决于白银被用作支付手段。随着英国金本位制的确立以及随后被其他国家相继采用，白银成为一种长期结构性下降的产业，因此难以在其部门中充当出口导向型增长模式的主角。

强加在非矿产经济上的限制一直延续至 18 世纪波旁改革，这意味着只有一部分农业出口商品能够被定义为"传统产品"。其中一些，例如墨西哥的靛蓝和中美洲的胭脂红，很快面临较为便宜的染料的竞争。另一种产品蔗糖则由于帝国列强对其殖民地的支持以及欧洲促进甜菜产业的发展而遭受不公平对待。

因此，在独立后的几年里，很多传统农业出口商品总量出现了相对、在一些情况下绝对的下降，也就不足为奇了。然而，一个例外是古巴的蔗糖产业发展特别兴盛，这种发展得益于附近的伊斯帕尼奥拉岛（该岛一直受太子港的控制，直到 1844 年才最终分治）蔗糖业的衰落，以及西班牙帝国和法兰西帝国崩溃后拉丁美洲其他地区的很多种植园主开始移居古巴。确实，古巴是

---

① 关于智利独立后铜和银的增产，详述于佩德森（1966）。

拉美第一个修建铁路的国家——一个对蔗糖产业迅速发展的直接回应，其第一条铁路线开通于 1838 年。[1]

　　然而，总的来说，传统出口商品的业绩是令人失望的。因此，农产品出口的增长要依赖于非传统产品的出口——18 世纪后半叶发展起来的农产品或者是以前没有出口过的新产品。巴西的咖啡一直处于领先地位，19 世纪中叶几乎占到总出口额的 50%；咖啡在委内瑞拉也发展迅速；哥伦比亚的咖啡开始建立稳固的基础；[2]哥斯达黎加在 19 世纪 30 年代开始出口咖啡，到 40 年代其咖啡拥有了显赫地位。可可，近乎传统的出口产品，其出口量随着欧洲对巧克力的需求增长而增长，委内瑞拉和厄瓜多尔的可可出口量都有大幅增长。[3]

　　阿根廷的牛及其副产品（牛皮、牛肉干、牛脂）的出口早在独立前就已经获得了重要地位。养牛业开始扩张并在 19 世纪 40 年代加速发展。尽管在拉丁美洲其他地方（尤其是委内瑞拉）牛的出口也在增长，但阿根廷养牛业的显著增长是前向关联的早期佐证。19 世纪中叶，许多腌肉厂——有些拥有几百名工人——在布宜诺斯艾利斯建立起来，为包括巴西在内的国外市场提供牛肉干。在巴西，牛肉干是种植园奴隶的主食。[4]

　　最引人注目的非传统出口品是秘鲁的鸟粪。鸟粪从 1840 年零产量上升到 19 世纪 50 年代年产量 35 万吨——几乎占了 50 年代 10 年间秘鲁总出口量的 60%。虽然秘鲁的"鸟粪时期"从 1850 年才开始，但一些明显的缺陷却早已出现。鸟粪的开采资本很小，使用廉价的无一技之长的进口劳动力，是一种创租活动，其盈余在国家和商人（主要是外商）之间分配。由于双方都未明确打算将其所得经济收益用来促进其他经济部门的生产性投资，因此，双

---

①　很多课题都研究了这一时期古巴蔗糖业的发展，例如，参见托马斯(1971)，第 109—127 页。

②　奥坎波的著作(1984)，第 301—346 页很好地描述了 19 世纪哥伦比亚咖啡出口的增长。尽管咖啡出口地位在 19 世纪上半叶就确立起来，但主要的发展还是在 1850 年后。

③　关于拉丁美洲以及其他地区的可可工业，参见克拉伦斯-斯密斯(2000)。

④　有不少佳作专门研究这一时期的阿根廷经济史，例如，参见布朗(1979)。

方在收益分配上的争执对秘鲁经济的长期增长影响不大。[1]

因此,19世纪中叶拉丁美洲总体出口业绩受三大趋势的影响。第一,该区域正在恢复19世纪前20年甚至前30年失去的出口。第二,出口表现由于一些传统活动的长期连续衰退而受到影响。第三,出口受到非传统产品发展和推广的影响。不足为奇的是,类似墨西哥和玻利维亚这些国家,由于受到前两大趋势的消极影响太强,其19世纪中叶的出口表现与18世纪中叶相比并没有多大发展。哪个国家最初出口下降不严重(就像阿根廷)或者非传统出口重要性迅速上升(就像智利),那么这个国家的出口就会在独立后前30年实现增长,其增长率也会超过该地区人口的增长率。这些在表2.4中得到证实,表2.4给1821—1850年十个拉丁美洲国家以美元计算的人均出口额提供了依据。表2.4中还显示了像巴西和秘鲁这样的国家在19世纪20年代独立初期所遇到的困难,从总体上看,这一时期拉丁美洲人均出口增长率实际为零。然而,对许多国家来说,这一情况出现在19世纪30年代和40年代的增长期以后。到1850年,除了哥伦比亚和海地,所有国家的人均出口额都要高于其先前的30年——这一时期出口价格普遍下降。

独立后的出口增长或许并不令人瞩目,但至少对大多数国家而言还是有所发展的,而且似乎在净易货贸易条件(NBTT)上得到了不断的改善。[2]虽然拉丁美洲的一些初级出口产品(牛皮、靛蓝、蔗糖、咖啡、香子兰)的价格下降了,但进口产品价格下降得更为显著(特别是纺织品和服装)。例如到19世纪50年代,有明显的证据显示巴西的净易货贸易条件有了实质性的改善。其他诸多拉丁美洲国家在研究他们同法国的贸易时也证实了这一观点。[3]

---

[1] 关于鸟粪微弱的后向关联和前向关联,利文(1960)的著作中有经典描述,比较正面的评价参见亨特(1985)。

[2] 净易货贸易条件为出口价格除以进口价格,参见普拉多斯·德·拉·艾斯克苏拉(2009),第289页。

[3] 关于在这一时期巴西的净易货贸易条件,参见莱夫(1982),第82页。关于法国和拉美之间的贸易,参见施奈德(1981)。

表 2.4　1821 年、1830 年、1840 年和 1850 年的人均出口额(以美元计)

国家/地区	1821 年	1830 年	1840 年	1850 年	1821—1830 年增长(%)	1830—1840 年增长(%)	1840—1850 年增长(%)
阿根廷	3.80	5.00	3.60	8.60	3.10	(3.23)	9.10
巴西	4.40	3.00	4.20	4.70	(4.17)	3.42	1.13
智利	3.30	3.90	5.20	7.50	1.87	2.92	3.73
哥伦比亚	2.30	2.00	1.60	1.70	(1.54)	(2.21)	0.61
古巴	19.70	21.90	29.60	34.40	1.18	3.06	1.51
多米尼加共和国	4.30	6.10	4.60	5.10	3.96	(2.78)	1.04
海地	15.60	7.30	8.00	6.80	(8.09)	0.92	(1.61)
秘鲁	3.20	3.10	2.90	3.80	(0.35)	(0.66)	2.74
波多黎各	3.50	9.40	15.20	13.10	11.60	4.92	(1.48)
委内瑞拉	2.40	1.80	4.20	3.20	(3.15)	8.84	(2.68)
拉丁美洲	**3.50**	**3.51**	**4.79**	**5.94**	**0.03**	**3.16**	**2.18**

说明：各年人均出口额为三年平均值。括号里的数字为负数。
来源：参见附录三。

这一时期拉丁美洲净易货贸易条件的提升一点也不令人惊奇。欧洲和北美洲现代工业的发展使得工业供应曲线向下移动,很多制成品的价格也有所下降,竞争又把这一实惠带给了全球的消费者。然而,大多数初级产品的生产还没有经历过技术革命,所以其价格多由世界需求曲线的波动所决定。世界对初级产品的需求增长将推动初级产品价格上涨以及初级产品生产者净易货贸易条件的改善。的确,19 世纪中叶著书立说的古典经济学家从未对从长远看初级产品生产者的净易货贸易条件将会改善这一盛行假设提出质疑。

净易货贸易条件的改善意味着尽管一些国家的出口部门存在问题,但其进口能力开始提升,关税收入开始增加,财政危机也开始变得没那么严重。关于关税的争论并没有消失,但是一些政府开始对保护主义政策有所放松,而且至少一个国家——秘鲁,在 19 世纪 50 年代早期就开始变得极其开放。[1]

---

[1]　自由贸易论者在与保护主义的对抗中获得最终的胜利的情况详见古登伯格(1991)。

即使是巴拉圭,也于 1840 年弗朗西亚去世以后,逐渐停止了自我孤立的政策,开始实行一种更大程度上的出口导向型增长发展战略。[①]

非出口经济

42　　拉丁美洲独立后采取的外向型战略引发了对出口部门大量的研究,这一点并不奇怪。而我们对非出口经济则了解甚少,尤其是独立后的前 50 年里——这是因为与对外贸易的统计资料相比,非出口经济的统计资料相对贫乏。拉丁美洲经济史研究在理论和实际工作中对非出口经济的忽视是很不幸的,这种状况有着诸多的原因。

　　拉丁美洲在独立后继承而来的非出口部门经济生产力水平极低,效率也很低,但仍然远远大于出口部门。18 世纪波旁改革和庞巴尔改革不能掩盖这样一个事实,那就是国际贸易水平和人均国际贸易水平很低。所以,在大多数国家里,出口部门仅占实际国内生产总值的很少一部分。在任何国家,出口所占国内生产总值的比重都不太可能超过 20%。在一些国家,这个比重甚至低于 10%。这一较小比例使人均进口额降低至较低水平,也迫使各国以国内的产品和服务来满足其大部分的消费需求。大量的进口商品——主要是英国货——在独立运动时期涌进拉丁美洲,可能暂时扭曲了消费和国内生产二者之间的关系,但是到 19 世纪 20 年代末期,就恢复了传统比例。[②]

　　小规模的出口部门意味着出口导向型增长模式不会产生红利,除非非出口部门的生产率有所提高。如果大部分非出口部门对其进行补充,这样的转变就很可能会出现。然而,在独立后的头几十年里,这方面表现得并不明显。出口部门与其他经济部门的后向和前向关联普通较弱,从要素收入支付中衍

---

①　参见林奇(1985b),第 668—670 页。关于弗朗西亚竭力捍卫孤立主义的情况,参见伯恩斯(1980)。

②　独立时期出口额与国内生产总值之间的定量关系,参见附录 3。

生出的对产品和服务的需求与当地生产一样可能刺激进口。

非出口经济极其混杂,既包括那些在理论上与进口商品(可交易)相竞争的活动,也包括那些理论上不与进口商品(不可交易)相竞争的活动。最重要的可以用来交易的商品是供国内消费的农产品、手工艺品和手工业产品,而一些服务业——主要是海岸航运业——也面临着外国的竞争。包括批发和零售的商业中,也到处存在着外国商人。但是,商业必须仍然被划为不可交易部门,因为进口商品难以满足商业本身的需求。其他不可交易的重要部门有建筑、交通以及个人服务业——主要是家政人员。相比而言,金融服务和公共管理部门(当今非常重要的部门)则很不发达。

43

国内农业集中于大庄园、小农庄(在墨西哥被称为"郎楚")以及一些国家的"印第安人"公社土地。18世纪末的经济增长引起了大庄园剩余商品的增加,小农庄也在那些矿业生产衰落的地区发展起来,例如巴西的米纳斯吉拉斯地区。在19世纪前20年里,国内农业面临的破坏比矿业要小,然而殖民地时期关税同盟的瓦解对农民来说是一个沉重的打击,例如智利中央谷地的农民,他们通常向帝国其他区域提供农产品。①

独立后的拉丁美洲迈向自由贸易时并没有对国内农业造成多大威胁。对许多食品的进口限制依然存在,较高的运输成本也阻碍着国际竞争。土地充足,营运资金也可以获得——至少对于大庄园来说,一旦独立运动引起的危机有所缓和,营运资金就可以通过教会和商人阶层这些传统渠道获得。

出口部门的增长对国内农业来说也不算一个威胁,除了一些由对短缺劳动力的竞争引发的工资上涨的孤立事件。更为严重的事情是大多数国家的内部运输体系不完善而引发的供应范围有限这一难题。例如,由于交通运输线路匮乏,尤卡坦半岛出口产品龙舌兰纤维的增长并没有给墨西哥巴希奥地

---

① 智利在19世纪中叶淘金热期间能够向澳大利亚和加利福尼亚出口小麦和面粉,参见加西亚(1989),第84—86页。

区剩余商品开辟一个较大的市场。① 沿海地区一些人口较多的国家,例如巴西,因为有沿海航运,可以更好地把握机会。智利具有同样的地理特征,它起初更进一步,将沿海航运限制在本地公司,尽管外国人(作为个人)在贸易中很突出。②

44　　可交易部门的最大问题是手工艺品或手工业产品的生产。那些被剥夺购买资格或无力购买进口商品的大量人群的消费需求促进了这一部门的发展。有些商品即使质量很好,但是单位生产成本较高,生产工艺也极其落后。此外,合适原材料的缺乏意味着尽管产品很精美,但也仅仅是所需物品的一种不甚完美的替代品。③

　　这个部门能够保护自己不受进口商品威胁的唯一有效的办法是,通过进口技术的转移使自身向现代制造业转型。这一过程被称为原始工业化,随着英国工业革命的爆发,美国和部分欧洲国家已开始出现了这种过程。然而,对拉丁美洲原始工业化的研究似乎认为原始工业化没有多少重要性。④ 相反,拉丁美洲现代制造业的发展是一个独立的过程,它和进口商品一样对手工业部门构成了威胁。

　　纺织业给这些紧张形势提供了最鲜明的例子。消费方面,除了最好的服饰外,传统上是通过采用简单的劳动密集型技术的工场或者作坊的产品来实现的。⑤ 独立后,纺织品进口增加,成为进口账单上最大的单项。进口商品的涌入,尤其是英国、美国和法国的现代工业制品,促使一些国家——特别是墨西哥——发展现代制造技术,从而同工场产品和进口商品相竞争。

---

① 哈伯(1992)意识到了交通这个瓶颈问题阻碍了 19 世纪上半叶墨西哥独立后的工业发展。

② 智利在 1835 年颁布的一条法规表示,要把国内沿海贸易只留给智利商船来做。然而到了 1850 年,这条歧视外国船只的法规被废除了。参见加西亚(1989),第 112—118 页。

③ 一个很好的例子就是在拉美产牛的地区皮革窗户广为使用,在那里没有玻璃或者玻璃价格让人望而却步。

④ 贝里(1987)对哥伦比亚原始工业化障碍有着详细论述。

⑤ 参见萨尔武奇(1987),以及汤姆森(1989)。关于秘鲁的纺织业,参见古登伯格(1989),第 46—48 页。

手工业部门未能适应新技术的传播而发展起来，这一点并没有立刻显现出来。在独立后的前几十年里，出口水平较低以及发展缓慢限制了进口商品的涌入，交通运输的不足也给内地手工业产品带来较高程度的保护。在某些情况下——例如危地马拉的玛雅传统服装——鉴于其国内设计的复杂性和多样性，进口商品永远不能成为完美的替代品。

独立后的前几十年里，现代制造业异常缓慢的发展也给手工业部门提供了保护。造成这种失败的原因不言自明。就像上文所强调的，向自由贸易的过渡并不意味着自由放任，关税和非关税壁垒为许多工业产品提供了很高程度的保护。市场较小，但人口一直增长，拉丁美洲一些地方人口概况跟工业革命开始扎根的欧洲国家并没有多大区别。[①]

墨西哥现代纺织业的建立可以显示其所取得的成果。以进口税为资金来源的国家支持的"贷款银行"将资金转移到新的生产活动中去，贸易政策甚至禁止特定种类竞争性产品的进口。技术转移通过进口机器以及引进必要的熟练劳动力来完成。[②]

其他国家没有支持这种已存在的现代制造业的共识，政策也一直在变。例如，秘鲁一直在自由进口政策和全面禁止政策之间徘徊，直到19世纪50年代才确立了一种开放的贸易制度。巴西在1844年废除了与英国之间的特惠贸易条约，而后又采取更具保护主义的立场，但未能采取其他方式来支持现代制造业的发展。[③] 即使是墨西哥也没有在发展现代制造业问题上保持一致：19世纪40年代，"贷款银行"被迫关闭，导致工业资本市场严重脱节。

不愿意发展现代制造业是可以理解的。例如，墨西哥的纺织业在生产上或许是成功的，但是单位成本依然很高，企业不能在出口市场上展开竞争。

45

---

① 例如，独立时期的巴西人口大致与葡萄牙、罗马尼亚以及瑞典一样，而且比丹麦、芬兰、希腊、挪威以及塞尔维亚要多得多。参见贝伦德(1982)，第46页。

② 关于墨西哥推进工业的概况，参见汤姆森(1985)，第113—142页。

③ 参见普拉多(1991)，第118—165页。

同时,进口制成品价格——包括纺织品——随着技术革新和国际航运成本下降引发的供应曲线的下降而持续下跌。这种以比较优势为依据的初级产品出口案例是很有说服力的。

结果是非出口部门中的很多分支部门难以利用出口增长这一优势。由于联系作用较弱,快速的经济增长需要卓越的出口业绩。然而就像我们所看到的,独立后的前几十年里出口增长并不显著。因此,向自由贸易的过渡给非出口部门中那些与进口商品竞争的分支部门带来了压力,除少数国家出口增长较快以外,非出口部门中的其他部门只受到一些轻微的刺激。

地区差异

19 世纪中叶,拉美各个国家在支持出口导向型增长上达成共识。然而,这种共识的达成并不是直截了当的,一些国家(例如墨西哥和巴西)所设计的用于支持出口导向型增长的政策并不能从一而终。此外,一些国家(例如中美洲国家、厄瓜多尔和玻利维亚)的政治长期处于动荡状态,即使实行出口导向型增长已成共识并获得支持,但政府仍缺乏执行这一政策的方法。

那些采取连贯政策支持出口导向型增长的往往是受惠于商品机遇性的国家。智利在保守的迭戈·波塔莱斯的严厉统治下,实行了一系列改革,加强了由铜和白银出口所带动的对外贸易的扩张。秘鲁在鸟粪业成功以后,采取了一种全面的出口导向型模式。古巴的殖民当局扫除了蔗糖出口方面存在的诸多障碍。

商品机遇性的主要受益者是那些最能够满足欧洲和美国因为经济持续扩张而带来的对食品和原材料不断增长的需求的那些国家。因为国际运输费用高昂,受益者通常是那些拥有发展良好的大西洋港口的国家,例如阿根廷和古巴。但是对于那些在国际市场上享有主导地位的国家,以秘鲁鸟粪为例,那么太平洋沿岸的地理位置也不是一个重要问题。此外,在矿产品案例中,例如智利的铜,其出口价格与运输费用的高比率同样意味着地理位置并不那么重要。而且,独立后的运输费用也的确有所下降——这惠及了所有的出口商。[①]

然而,对于特定产品来说,商品的机遇性优势很容易为传统出口商品数量的下降所抵消。哥伦比亚的例子就很能说明这一点,尽管奎宁、烟草以及(在较小程度上)咖啡的出口都在扩大,但这也只能部分弥补黄金出口的下降。巴西也是如此,其东北部棉花和蔗糖出口额的下降削弱了咖啡繁荣所带来的扩张性影响。在阿根廷,波托西银矿白银再出口的下降不得不用与养牛业相关的出口增长来弥补。[②]

47

在一些案例中,传统出口产品的下降或停滞并不等同于非传统出口产品的增长,总体出口表现极度令人失望。在海地,受独立战争的影响,蔗糖业的消亡给经济带来了巨大损失,但海地至少恢复了咖啡出口。在中美洲,除了哥斯达黎加出口咖啡外,其他国家都在努力寻求能够打入国际市场的新产品,玻利维亚也无法弥补其传统白银产业的衰落。

巴拉圭在19世纪40年代之前一直处于自我封闭状态,是最后一个采取出口导向型增长的国家,其直到19世纪中叶也未能取得成效。巴拉圭受地理位置的影响,商品出口主要通过拉普拉塔河,从而使其受到较为强大的太平洋沿岸邻国的控制。但是巴拉圭没有选择余地,在弗朗西亚统治的自我封闭的那段时间里,巴拉圭并没有取得物质繁荣,进口商品匮乏,也没有资本货物可以购买,这对几乎所有的新活动的开展都是一个严重的制约。[③]

出口表现是出口导向型增长的一个重要决定因素。然而,这不是唯

---

① 参见普拉多斯·德·拉·艾斯克苏拉(2009),第291页。

② 波旁改革后的殖民统治时期,上秘鲁(玻利维亚)的白银开始通过布宜诺斯艾利斯出口。独立以后这个可以获利的贸易产业衰落了。

③ 这是对弗朗西亚政权所持的一般看法,但伯恩斯(1980)对其提出了异议,在随后的著作中——例如,参见伯恩斯(1991)研究19世纪尼加拉瓜的著作——伯恩斯认为,对"大众"来说,公平的收入分配和物质繁荣与对外贸易的发展成反比。

一的决定因素,还必须考虑出口部门与其他经济部门之间的联系。这种联系由适度变为非常脆弱。在秘鲁出口飞速发展的同时,利马经济中的制造业和服务业的数量却在急剧收缩,[①]只有商业有显著发展。巴西和古巴使用奴隶劳动来扩大咖啡和蔗糖的出口,导致两国各自对消费品的需求降到了最低。

48　　　　出口部门与非出口部门之间的联系取决于多方面的考虑,"理想产品"通过深层次加工产生前向关联,通过国内生产投入产生后向关联,通过税收获得高额财政收入,通过支付收入要素来扩大国内生产消费品的需求。显而易见,没有产品能满足所有的这些要求,但一些产品的表现好于其他产品。因此,智利的铜经过简单的精炼工序产生前向关联,为国家赚取大量收入,又通过支付高额工资带动对消费品的需求。另一方面,秘鲁的鸟粪并没有产生前向关联或后向关联,仅仅是产生对消费品的适度需求,但它的确大大地增加了政府的收入。[②]

　　拉丁美洲诸国和美国的人均收入差距在前者独立前就已经存在了。的确,即使是在美国独立前,这个差距就已相当大了。[③] 19 世纪 20 年代早期,8个可被估算的拉丁美洲国家的人均国内生产总值仅约同时期美国的 40%(参见表 2.5)。只有一个国家的人均收入高于美国——这就是古巴,仍然是殖民地,但其以蔗糖为基础的出口专业化被推升到新的高度。其他拉丁美洲国家的人均国内生产总值在美国人均国内生产总值的 20% 至 50% 之间波动。

49　　　　19 世纪 20 年代,拉丁美洲国家和美国之间的差距越来越大,只有古巴能够领先美国,以致到 1830 年,拉丁美洲国家人均国内生产总值下降为美国同期水平的约三分之一(参见表 2.5)。然而,尽管美国的经济发展良好,

---

① 参见古登伯格(1989),表 2.1,第 165 页。
② 财政收入能使政府支出有所增加,这使亨特(1985)认为鸟粪的贡献远远大于通常人们所认为的那样。
③ 参见附录 3。

表 2.5 1821 年、1830 年、1840 年和 1850 年拉美八国与美国
人均国内生产总值的比率(美国＝100)

年份	阿根廷	巴西	智利	哥伦比亚	古巴	墨西哥	秘鲁	委内瑞拉	拉丁美洲
1821 年	50.1	34.5	22.4	30.4	122.0	39.5	48.2	20.0	**40.1**
1830 年	46.8	23.5	21.0	24.0	128.9	28.4	47.9	20.9	**32.1**
1840 年	35.0	36.0	21.9	23.2	130.8	28.0	46.3	33.3	**35.9**
1850 年	51.9	29.8	25.4	19.4	139.5	23.7	50.8	32.6	**34.5**

注：三年平均值。
资料来源：附录三。

在接下来的 20 年里这个差距依然未变。确实，一些国家，尤其是智利和委内瑞拉，在这个时期的人均国内生产总值增长速度高于美国。只有哥伦比亚和墨西哥的情况进一步恶化。[1]

因此，所有拉美国家在独立时都进入了持久的经济危机阶段这一传统观点是不够准确的。对于很多国家来说，与殖民主义结束相关联的动乱期在 19 世纪 20 年代末结束了，环境开始稳定下来，虽然不太明显，但随着净易货贸易条件的改善，出口增长翻了一番。即使是那些在较长时期都存在动乱的国家，例如中美洲和多米尼加共和国，也开始显露出口导向型增长的痕迹。[2] 然而，哥伦比亚和墨西哥确实表现很差，尤其是跟美国相比，但即使是墨西哥这个常常被认为在 1850 年以前表现最差的拉丁美洲国家，也出现了缓慢增长的迹象。[3]

---

[1] 阿根廷由于受法国封锁宜诺斯艾利斯的影响，到 1840 年与美国的差距再次变大，但到 1850 年，经过一段出口快速增长时期后，这一差距显著缩小了(参见表 2.5)。

[2] 在中美洲，整个 19 世纪 30 年代与 40 代向英帝国(主要市场)的出口一直在上升，参见伍德沃(1985)，第 498 页。多米尼加共和国直到 1844 年还被海地占领着，但出口也增长了，参见布尔默-托马斯(2012)，第 5 章。

[3] 参见科茨沃斯(2003)，第 502 页，以及普拉多斯·德·拉·艾斯克苏拉(2009)，第 293 页。

第三章

约 1850—1914 年的出口部门与世界经济

19 世纪中叶,世界经济的增长和国际贸易的长期扩张为有关拉美经济政策和经济发展的种种讨论提供了背景。整个拉美次大陆达成了广泛的共识:拉美经济快速增长的最好前景,在于通过商品出口和资本进口,以便更大程度地融入世界经济;一些国家还支持欧洲移民。替代理论相继出现,一种理论强调对国内进口竞争活动进行保护,另一种理论则侧重扩大制成品的出口(不太现实),但这两种可供选择的理论并未得到政界精英的支持。

正如独立后早期所显示的那样,不能把有利的外部刺激所引发的商品出口增长认为是理所当然的事情,供给方的障碍仍然值得考虑——许多新兴国家在政治上的孱弱就是主要障碍。显然,即使是强大的国家,比如胡安·曼努埃尔·德·罗萨斯将军统治(1829—1852)下的阿根廷,也缺乏成功实施一整套连续经济政策所必需的政治共识。

这个问题并没有因为外国列强的关注而变得稍稍容易,外国列强对拉美独立所表现出来的尊重有时是自相矛盾的。例如,西班牙就试图于 19 世纪 60 年代在多米尼加共和国和秘鲁海岸的太平洋岛屿重塑其权威统治。[①] 尽

管这一举动未能成功,但它却成功地镇压了古巴长达十年(1868—1878)的独

---

① 在这些插曲中,最为严重的是西班牙于 1861 年对圣多明各(多米尼加共和国)的兼并。历时四年,圣多明各才重获国家独立。参见莫亚·庞斯(1985),第 272—275 页。

立斗争。① 法国对墨西哥进行干涉(1861—1868),随后把哈布斯堡的马克西米利安强加给墨西哥,并以一种帝国主义的姿态支持其成为皇帝。尽管那时候美国已经发表了"门罗主义",却因为内战而在最初对此无力抵制。②

因为英国、法国和荷兰在美洲都有其要保护的殖民地,所以都被卷入了与独立的拉美国家发生的偶发性领土争端之中,但相对来说这些都是次要的。③ 更为严重的是与欧洲列强,总的来说是因为贸易,特别是因为投资而引发的摩擦。随着英国极力压制奴隶贸易,巴西遂与之断绝了外交关系。④ 法国于 1861 年干涉墨西哥,以此引发了其与英国和西班牙所形成的三方势力迫使墨西哥偿还债券。⑤ 1902 年,英国、德国和意大利被委内瑞拉不偿还债券利息的行为激怒,而对其进行了封锁。⑥

在委内瑞拉海岸出现的欧洲军舰,不仅是对加拉加斯政府,而且是对美国的一种挑战。美国正因为成功地帮助其将西班牙驱逐出古巴、波多黎各和　　*52*

---

① 这次为期十年而并未成功的独立战争是由古巴民族运动领导人何塞·马蒂发动的,参见福纳(1963),第 15 至 21 章。战争伊始(1895—1898),马蒂是民族运动的领导人,这场战争最终结束了西班牙在古巴的统治,但马蒂却于 1895 年被杀害。

② 发表于 19 世纪 20 年代的"门罗主义",是美国对所有想在美洲建立欧洲新殖民地的种种企图进行抵制所发出的警告。法国干涉墨西哥参见哈斯利普(1971)。

③ 19 世纪丹麦和瑞士在加勒比地区也有小块殖民地。只有英国(英属洪都拉斯,英属圭亚那)、法国(法属圭亚那)和荷兰(荷属圭亚那)在大陆拥有属地,这三个欧洲强国控制着加勒比地区的海岛。其中,英国还控制着南大西洋(马尔维纳斯群岛及其附属岛屿)。英国在 1860 年以后放弃了在巴亚群岛(洪都拉斯海岸)和中美洲莫斯基托海岸(洪都拉斯和尼加拉瓜)的所有领地。

④ 巴西把大西洋奴隶贸易视为维持其奴隶劳动力供给的必要条件。关于巴西和英国因奴隶贸易而产生的摩擦,参见贝瑟尔(1970)。

⑤ 1857 年宪法被采用后,贝尼托·华雷斯总统发动的自由改革激起了保守派的强烈反应,因而导致了内战。墨西哥无法偿还其债务,所以欧洲国家于 1861 年对其进行干涉,参见马里查尔(1989),第 65—77 页。

⑥ 在胡德(1975)书中对这次封锁有详细论述:这次封锁引起了两种非常不同的反应。一方面,拉美国家推崇"德拉戈主义",旨在确保无力偿还债务将永远不能成为外国军队干预的理由。另一方面,美国则迅速发表"罗斯福推理"来阐述"门罗主义",其目的就是通过更多地参与到"处于危险之中"的国家内部事务来减少欧洲国家干涉美洲的正当理由。

菲律宾而激动不已,[1]遂以一种事实上的殖民者的身份跻身于加勒比地区,[2]并于 1903 年煽动巴拿马从哥伦比亚分离出来,紧接着便立即着手开凿连接两大洋运河的工作。[3]

尼加拉瓜于 1912 年首次被占领,[4]几年后,美国舰队便开始进入海地和多米尼加共和国。[5] 波多黎各逃脱了被西班牙统治的命运,却又成了美国的领地,而古巴则勉强逃离了同样的命运。[6] 沿袭欧洲列强所创建的传统,美国控制了许多国家的海关,以确保其快速偿还外债和减少欧洲国家进一步干涉拉美的机会。[7]

这些帝国历史上的小插曲既是拉美国家政治孱弱和不稳定的原因,也是受其影响而产生的结果。拉美国家之间的许多领土争端也对政治稳定构成了威胁,这在少数情况下甚至会让一个国家陷入生死存亡的危险境地。其中,最残酷的事件莫过于三国同盟战争(1865—1870),这场战争让弗朗西斯科·索拉诺·洛佩斯统治下的巴拉圭陷入了一场与阿根廷、巴西和乌拉圭的致命冲突。最后,被打败的巴拉圭虽然被容许作为一个独立的国家而存在,

---

[1] 美国力量对其他国家的保护反映了 19 世纪最后 25 年里美国已成为一流经济强国,参见史密斯(1986)。

[2] 杰出的"知情者"蒙罗(1964)在他的著作中对美国在这一时期的扩张进行了精彩的描述,达纳·蒙罗是美国国务院官员,多年从事加勒比和中美洲事务。

[3] 关于美国在巴拿马独立方面所起作用的论著颇丰,例如,参见斯库诺弗(1991),第 6 章。

[4] 美国干涉尼加拉瓜的第一阶段是由记者丹尼(1929)记述的,而最终于 1933 年结束的整个军事干涉阶段,则参见布尔默-托马斯(1990b)。

[5] 美国对伊斯帕尼奥拉岛(名字由哥伦布所起,海地和多米尼加共和国共享的岛屿)的种种干涉在兰利(1983)的著作中有详细描述,第 10—12 章。

[6] 波多黎各从西班牙殖民地变成美国领地在卡尔(1984)的著作中有所描述。古巴独立最终于 1902 年得到美国正式承认,不过是在新共和国同意将《普拉特修正案》纳入宪法之后。这给古巴主权设置了无数限制,同时给予了美国在特定情况下干涉古巴的权利,也让美国得到了关塔那摩海湾的租赁权,这种特权只有在双方同意的情况下才能予以解除。《普拉特修正案》最终于 1934 年被废除,参见兰利(1968)。

[7] 这种做法就是著名的"金元外交"的一部分,参见蒙罗(1964)。

但部分领土已经被侵占,并且大量成年男性被残杀。[①]

玻利维亚也因为其军事力量薄弱而倍受煎熬。在太平洋战争(1879—1883)中,它与秘鲁联手共同抗击智利,但是战败让其失去了太平洋海岸线,以及与秘鲁一起失去了盛产硝石的沙漠地带。[②] 二十年后,玻利维亚在与巴西的冲突中痛失阿克里,这与墨西哥失去得克萨斯,厄瓜多尔在 19 世纪割让领土给哥伦比亚、秘鲁和巴西有惊人的相似之处。在这场领土转让的"零和游戏"之中,巴西受益最大,它交叉使用武力和外交手段来拓展其疆域,甚至超出了从葡萄牙那里所继承下来的领土。

19 世纪持续出现领土争端而引发的威胁迫使拉美国家政府保持武装力量,这不仅耗尽了拉美国家贫乏的财政资源,而且阻碍了建立强有力的文人控制的政治体制。[③] 到第一次世界大战爆发前,只有少数国家(阿根廷、巴西、哥伦比亚、哥斯达黎加、智利和乌拉圭)基本上建立了代议制政治体制,而且这些国家的代议制也远非完美,代表地主利益的少数精英继续在该地区的政治经济领域发挥着主导影响。

第一次世界大战爆发前的一个世纪里,除了西班牙殖民地,拉美国家选择以有限的公民权利为基础的选举,实行寡头统治或者独裁统治。后者可以带来暂时的稳定,正如安东尼奥·古斯曼·布兰科(1870—1888)统治下的委

[①] 对 19 世纪巴拉圭人口的估算有很大的差错,最可靠的估计认为巴拉圭人口从 1850 年的 25 万下滑到 1870 年的 22.1 万,参见附录 1。1850 年后的 20 年里,如果巴拉圭人口保持以年均 1.5% 的增长率,到 1870 年,就会达到 33.7 万。所以,1870 年的实际人口(22.1 万)表明了其人口的大幅度下降。

[②] 关于玻利维亚丧失太平洋海岸线及此事对国家发展的影响,博尼亚(1985)在其论著中进行了探讨。

[③] 参见森特诺(2002)。

54   内瑞拉[1];甚至还可能会出现经济增长,波菲里奥·迪亚斯[2]统治(1876—1911)下的墨西哥就是这样。但它并非基于广泛的共识,因此也只能代表少数人的利益。

从 19 世纪中叶到第一次世界大战,公众辩论的关键问题与其说是经济的,倒不如说是政治的问题:自由主义对传统主义,中心主义对联邦主义,教会与国家的关系,实证主义与社会组织、种族问题,宪法的性质,等等。[3] 在 20 世纪下半叶,经济问题在公众辩论中变得突出,而其在 19 世纪中叶以后所引起的争论则相对较少,这是因为自由贸易的议题已经得到确立,在一定程度上保护国内经济活动是可以被接受的,外国投资和外国移民通常也得到鼓励。

缺乏对经济政策的争论不应该误导我们对实施一整套经济政策这个问题避而不谈。政府知道,或者是自认为知道,怎样做才能促进初级产品的出口——包括适度的贸易税,对社会基础设施进行公共投资以及促进外国投资被视为最重要的部分。但政府对出口部门的增长如何改变其他经济部门则考虑甚少。然而,即使是在第一次世界大战伊始,后者依旧要比前者重要得多。

因此,经济政策主要考虑出口部门的需求,而它对其他经济部门的影响仍然不能确定。普遍的看法是,以一种不太流行的观点来说,如果出口增长能提高生产率或者促进整个经济结构的变革,那么扩大出口部门就是有必要的。事实上,出口增长被视同于出口导向型增长。

考虑到这一点,就不难将当时各种报告,尤其是在第一次世界大战前十

---

[1] 安东尼奥·古斯曼·布兰科对委内瑞拉政坛统治长达近 20 年,在此期间,委内瑞拉共和国才真正初尝了自独立以来政局稳定的滋味,跟拉美其他国家一样,委内瑞拉也采用了自由的现代化计划。然而,在古斯曼·布兰科的政治统治下,根本没有任何"自由"可言,参见迪斯(1985)和迪斯(1986)。

[2] 这一时期的经济成就,即著名的"波菲里奥新政",在罗森茨韦格·埃尔南德斯的论著(1989),第 4—6 章有所论述。这一时期的政治以及墨西哥革命的背景,在肯耐特(1986a)的著作中得到了很好的概括,参见第 1—3 章。

[3] 关于公众辩论的所有议题,参见黑尔(1986)。

年的报告中的乐观情绪,与我们将要看到的总体上不令人满意的经济表现相协调。同时代的外国人和拉美人都特别关注出口部门及其辅助的活动(例如修建铁路),他们认为良好的出口表现是成功的关键。假如出口部门扩张,其他经济部门也将得到发展。这种乐观主义在阿根廷的案例中或许得到过验证,那里出口部门的增长所带来的好处着实引起了国内农业、制造业和服务业的转变。但将乐观主义置于玻利维亚或者厄瓜多尔这类国家,则会出现明显的错位。在这些国家,即使是在出口急剧扩张时期,非出口经济部门低下的生产率也并未受到太大的影响。

接下来两章将会更为详尽地分析经济政策的背景。但首先必须分析出口导向型增长模式与世界经济扩张之间的逻辑关系,正是它为发展提供了刺激因素。我们也必须分析为什么整个拉美出口部门对这种刺激因素做出的反应不同,以及如何不同。这些是本章探讨的主题。

世界需求与出口导向型增长模式

从 1850 年至第一次世界大战,美国实际人均国内生产总值的年增长率接近 1.7%。[①] 相对于当时的标准来说,这个数字有点偏高。但是我们肯定可以接受将 1.5% 的增长率作为 1850 年以后拉美国家增长率的合理目标。如果他们想靠近美国所取得的巨大经济成功,就必须要达到这个指标。这个目标意味着,只需 50 年,生活水平就可以翻番。对于第二次世界大战后的高标准来说,这是一个十分合适的目标。[②]

---

① 数据来自卡特(2006),第三卷,以 1996 年的不变价格计算。我运用了三年的平均值,所以最后一年是 1912 年(1911 年—1913 年的平均数),1850 年—1912 年实际人均国内生产总值增长率为 1.66%。

② 普拉多斯·德·拉·艾斯克苏拉(2006)认为 1850 年以后美国人均国内生产总值增长率对拉美国家来说是一个不现实的目标。然而,几乎所有拉美国家在那个时期都实现了独立,可以自由地和任何国家进行贸易,并且在这一时期的大部分时段里享受到了净易货贸易条件改善。因此,实际人均国内生产总值增长的目标率为 1.5%(比美国低)看起来也并不算过分。

在同一时期,拉美人口以年均 1.6％的速度增长,但是各国之间存在很大差异。如果我们把这个数字向下舍入为 1.5％,则这一时期实际国内生产总值的目标增长率在整个拉美地区可以被认为是年均 3％(1.5％为人口增长,1.5％为劳动生产增长率)。尽管对于每个国家来说,这个数字明显需要或高或低的调整,这主要取决于其人口增长率高于还是低于地区人口增长率。

56   为了探讨出口导向型增长的逻辑,我们可以把现实经济看作由两部分组成:出口部门和非出口部门。出口部门包括所有出口活动的增加值,非出口部门由其他一切活动的增加值构成。所以,我们可以把目标增长率 $g(y)$ 表示为:

$$g(y) = w \cdot g(x) + (1-w) \cdot g(nx) \qquad (3.1)$$

w 表示出口部门占实际国内生产总值的份额,$g(x)$ 是出口部门增长率,$g(nx)$ 是非出口经济增长率(所有增长率都表示为年平均值)。与实际国内生产总值目标增长率相符合的出口部门增长率可以表示为:

$$g(x) = [g(y)/w] - [(1-w)/w]g(nx) \qquad (3.2)$$

如果给出国内生产总值目标增长率 $g(y)$,(3.2)这个等式就可以用来算出出口部门必要的增长率,并且可以对出口部门占国内生产总值份额(w)和非出口部门增长率 $g(nx)$ 做出种种假设。

19 世纪中叶,出口部门占实际国内生产总值的份额仍然较小(参见附录二),但是从此时至第一次世界大战,随着出口活动的增长超过非出口经济的增长,这一份额有所增加。如果我们假设出口部门占国内生产总值的比例(按净产量计算)和出口商品占国内生产总值的比例(按最终支出计算)是相同的话,那么就可以估计,这一时期,所有国家的出口部门占实际国内生产总值份额即 w 值大概在 10％到 40％之间(参见附录二)。在人均出口水平低的大国(例如哥伦比亚),出口部门占实际国内生产总值的份额最低;同时在人均出口水平高的小国(例如古巴),出口部门占实际国内生产总值的份额则是最高的。

非出口部门的增长较为复杂。我们可以考虑四种可能：其一，非出口经济的劳动生产率没有发生变化，所以价值增长与劳动力供给保持同步。然而，非出口部门的相对规模（$1-w$），大约占国内生产总值的 60% 至 90%，其占比如此之高，以至于劳动力供给可以被看作与全部人口增长率大体一致。因此，在第一种情况下，非出口部门的增加值只是与人口以相同的速率增长。其二，科技的进步使劳动生产率以每年 0.75% 的速率适度增长，所以非出口部门的增加值就是 0.75% 加上年均人口增长率。其三，劳动生产率以每年 1.25% 的速度增长，所以非出口部门的增加值就是以 1.25% 加上年均人口增长率这一速度增长。其四可能是，非出口部门的劳动生产率按 1.5% 的全部经济目标增长率提高，所以非出口部门的增加值就以 1.5% 加上年均人口增长率这一速度增长。然而，这是不大可能的，因为这表明出口部门与非出口部门以同样的速度增长，出口在国内生产总值中所占的比例并没有增长。尽管这可能是在实行长期出口导向型增长结束前非常想要得到的结果，但在正常情况下，它不可能是在一开始就期望得到的结果。

运用等式（3.2），我们现在就可以计算出拉丁美洲出口部门的增长率与实际国内生产总值的目标增长率 3%（1.5% 的人均实际国内生产总值加上 1.5% 的人口增长率）基本一致，并对出口部门占实际国内生产总值的比例（w），与非出口经济增长率做出了不同的假设。其结果形成了一个矩阵（图表 3.1），其中竖列记录了非出口部门年均增长的种种假设，横行则显示了出口部门占国内生产总值比例的种种设想，矩阵中的数字显示出以实际价值计算的出口部门增长率是在不同假设下必须实现的实际人均国内生产总值目标，也就是年增长率 1.5% 的要求。

图表 3.1 表明，整个拉美地区必要的年均出口增长率介于 3% 和 16.5% 之间，其主要取决于出口在国内生产总值中所占份额（w），以及非出口部门增长率 $g(nx)$ 所做出的假设。这是一个很宽的范围，但通过做一些附加（而且现实）的假设，就可以大大地缩小范围。第一，在这一时期内，w 在整个拉

57

58

美所占的比例会在 0.15 至 0.2 之间浮动(参见附录二)。这就排除了图表 3.1 中除了两行以外的其他行的数据。第二,我们可以大胆假设非出口部门劳动生产率会有一定提高,也就是每年小于 1.5%,这就排除了图表 3.1 竖列中的第一列和最后一列。结合这些附加的假设,1850 年至第一次世界大战期间,年均出口增长的相应范围为每年 4.0% 至 7.3%(参见阴影部分)。因此,要达到人均实际 GDP 每年增长率最少 1.5%,年均出口增长率以实际价值计算至少要达到 4.0%。

w	$g(nx)$			
	1.5	2.25	2.75	3.0
0.1	16.5	9.8	5.3	3.0
0.15	11.5	7.3	4.4	3.0
0.2	9.0	6.0	4.0	3.0
0.3	6.5	4.8	3.6	3.0
0.4	5.3	4.1	3.4	3.0

图表 3.1 为实现 **1.5%** 的人均实际国内生产总值的目标增长率所需要的出口增长率[$g(nx)$ = 非出口部门年均增长率(%),w = 出口部门占国内生产总值的份额,人口年增长率 = **1.5%**]

这是出口导向型增长模式所面临的挑战,判断它是否可行,我们必须分析世界需求的增长。在 19 世纪后半叶,工业革命创造了四个世界经济强国(英国、美国、法国和德国),它们在不同时段估算的实际国内生产总值增长率记录在表 3.1 中。[1] 这些增长率反过来产生了对进口品的需求(也记录在表 3.1 中),以当前价格来衡量时,除美国之外,其他国家的进口需求比国内生产总值增长都要快。[2]

---

[1]　因为我用了三年的平均值,最后一年即 1912 年(1911—1913 年的平均值)。这些时段分别是 1850—1870 年,1870—1890 年以及 1890—1912 年。所以,最后一个时段的增长率并没有受到第一次世界大战的影响。

[2]　1850 年以后,尤其是内战之后,美国从出口导向型增长模式转为以进口替代和国内市场为基础的内向型发展模式。因此,进口占国内生产总值的比例有所下降。

表 3.1 1850—1912 年英、美、法、德的国内生产总值
与进口商品年均增长率(%)

59

	英国	美国	法国	德国
国内生产总值(不变价格)				
1850—1870 年	2.43	4.11	1.66	2.30
1870—1890 年	1.68	4.64	1.22	2.47
1890—1912 年	1.80	3.38	1.88	2.96
1850—1912 年	1.96	4.02	1.54	2.59
国内生产总值(现行价格)				
1850—1870 年	3.30	6.09	2.74	3.83
1870—1890 年	1.20	2.99	0.81	2.95
1890—1912 年	2.15	3.93	2.39	3.66
1850—1912 年	2.21	4.32	1.99	3.48
进口商品(现行价格)				
1850—1870 年	5.57	4.97	7.45	n/a[a]
1870—1890 年	1.63	2.78	1.73	3.86[b]
1890—1912 年	2.47	3.44	2.78	4.30
1850—1912 年	3.19	3.72	3.92	4.16[b]

[a] "n/a"表示不适用,后面不再一一说明。——编者注
[b] 德国的数据从 1880 年开始算。
来源:米切尔(2007)和米切尔(1998),所有数据都是从开始到最后的三年平均值。

这四个国家在世界经济中的地位举足轻重,在 19 世纪最后 25 年里,它们几乎占了全世界进出口的 60%。[1] 而且它们在拉丁美洲对外贸易中起主导作用(参见表 3.7 和 3.8)。然而,正如表 3.1 清楚所示,1850—1912 年,除美国之外的其他国家,国内生产总值(使用现行价格常数)增长率远远低于拉美为实现实际国内生产总值的目标增长率(3%)所必需的最低出口增长率(4%)。而且,尽管是现行价格,进口商品增长率(德国的部分商品除外)也低于 4%。因为在 1850—1912 年,进口商品的价格有所上升,那么以实际价格计算的进口商品增长率肯定降低了,而且几乎可以肯定,即使是在德国也低

---

[1] 这四个国家在世界经济中的重要性,参见刘易斯(1978),也可以参见莱瑟姆(1978)和索洛莫(1990)。

于每年 4%。[1]

然而,这并不能推断出出口导向型增长模式就必然有缺陷。事实上,在我们所讨论的这段时期内,拉丁美洲出口比世界进口增长得快,主要有三个原因。第一,发达国家的进口结构正在改变,对特定原材料和食物(初级产品)的需求正在不成比例地快速增长。工业发展导致了对原材料前所未有的需求,而很多原材料是发达国家没有的,实际收入的增加,刺激了对食物的需求,其中有些是奢侈品,因此具有很高的收入弹性。

第二,发达国家的工业化促使对农业资源的需求转向了对工业资源的需求,并伴随着农村人口向城市的迁移。这引起了对保护农业的重新审视(尤其是在英国),而且关税和非关税也在逐渐降低。这进而导致了进口商品消费比例的提升。尽管在 19 世纪末期,在欧洲一些工业化较低的国家,农业保护主义有所抬头,[2]但这并不是对拉丁美洲最初的严重威胁,因为拉美只有小部分出口商品销往欧洲边缘地带。

第三,19 世纪向自由贸易的转变使欧洲殖民地享有的特权有所减少,拉丁美洲在欧洲市场所遭受的歧视开始消除,贸易创造进程开启,在以挤压其他国家市场份额为代价的情况下,拉丁美洲的市场份额得以提升。英国提供了这一进程最鲜明的例子。到 19 世纪中叶,英国殖民地在国际贸易中享有的优势已全部丧失。[3]

因此,表 3.1 所呈现出来的拉美最重要的四大贸易伙伴国进口和国内生产总值增长率必然要与图表 3.1 显示出来的拉美出口增长率相一致。从理论上看,拉美国家出口增长率可以达到几乎与美国生活水平提高一致的速率。然而这其中却存在着一个明显的困境。如果一味推进出口导向型增长

---

① 德国的进口系列数据开始于 1880 年,也就是在国家统一后的十年里。我们并不知道 1850 至 1880 年间的增长率,但是它肯定比 1880 至 1912 年间的每年 4.16% 要低。

② 欧洲边缘地带工业化的探讨,参见贝伦德(1982)。

③ 关键的决定是 1846 年《谷物法》的废除,其结束了英国对谷物种植农的保护。又经过了十年,才结束殖民地的特权。直到 19 世纪 70 年代中期才取消了几乎所有的关税。

而不考虑非出口部门生产率的提高,那么出口增长率(例如,参见图表3.1的第一竖列)只能在非常特殊的情况下才可能实现。另一方面,如果只是期望出口增长与工业化国家的进口增长保持同步,那么经济政策就必须克服那些阻碍非出口部门生产率较快提高的障碍。

此外,国际贸易要受许多因素的影响,这使保持长期快速的出口增长变得异常困难。第一个要面对的问题就是资本主义经济长期的易于波动性所导致的国际贸易周期性。尽管研究使人们不太相信康德拉季耶夫周期(Kondratieff waves,50年为一个周期)的存在,[①]但所有主要资本主义国家的证据都清楚显示了朱格拉经济周期(Juglar business cycle,9—10年)和库兹涅茨波动(Kuznets swings,大约20年)。[②] 不像20世纪20年代末的大萧条,这些周期并不会同时影响所有国家。因为那时的国际经济一体化水平并不像二战期间这么高,所以并非所有市场都会同时发生萧条。然而,哪怕是一个主要市场发生萧条,都是对追求长期稳定快速出口增长率的国家的严重打击。

第二,国际贸易经常受到外部冲击力量的影响。比如,美国内战使19世纪60年代的美国进口市场消沉了好几年。[③] 1870年的普法战争使法国在19世纪70年代前半期的进口中断。1890年英国爆发的金融危机给从其拉美最重要的贸易伙伴的进口带来了好几年的消极影响。[④] 每一次危机过后,贸易很快得到了恢复,但长期的出口增长率仍受到不利影响。

第三,第一次世界大战前,拉美国家的很多特定商品都居于市场支配地位。在一战前夕,巴西占世界咖啡产出量的70%以上,玻利维亚占世界锡产量的20%以上,厄瓜多尔占世界可可豆出口的15%以上。过去处于支配地位的产品有助于出口的快速增长,但是这使依靠增加市场份额来维持出口增

---

① 参见索洛莫(1990),第1章。
② 参见刘易斯(1978),第2章。
③ 美国进口商品价值从1860年的3.36亿美元降至1862年的1.92亿美元,参见米切尔(2007)。关于美国第一次世界大战前的外贸情况,参见利普西(2000)。
④ 参见普拉特(1972),附录2。

长率的策略变得异常困难。在这种市场下,出口商品充其量只是能够跟世界进口商品保持同步增长,而要保持出口总量增长与生活水平快速提高的速度相一致是不太可能的。因此,出口导向型增长理论指出,有必要实行商品多样化,以避免出口收入依赖于已取得国家支配地位的一两种商品的局面出现。

62   19 世纪末期工业化扩展到欧洲边缘地带及日本,制造部门的扩张带来了对原材料的新需求。在 1880 至 1913 年间,日本进口需求每 10 年就会翻番,俄国每 13 年翻番,瑞典每 17 年翻番;这比世界进口商品快得多,同期世界进口商品是每 20 年翻番。[①]

含义很清楚:在工业化国家,科技进步和结构变化导致了对进口原材料的更低收入弹性。[②] 在最发达国家,新兴工业活动对原材料的依赖性较小,减少农业保护的贸易创造效应开始结束。[③] 这样,出口导向型模式的逻辑就要求市场(还有商品)多样化,以支持欧洲新兴工业国家和日本。

因此,出口导向型模式需要极大的动力,需要引入新产品,需要建立新市场。假如出口部门的动力也反映出非出口部门劳动生产率的一定提高,在这些情况下,才可能实现生活水平的大幅提高。在非出口部门的生产率保持不变,或者像前面讨论过的墨西哥一样有所下降的情况下,世界经济的性质将会使其变得难以置信,通过地缘和商品多样化,出口商品可以实现维持人均实际收入的长期增长所需要的增长率。

最差的情况非常明显:出口集中于单一产品与单一市场,而且非出口部

---

① 参见斯特利(1944),第 8 章。

② 在 1850 至 1913 年间,以 1913 年固定价格计算,英国进口商品增长了 600%,然而,原材料进口只增长了 400%。增长最快的进口商品种类是制成品,拉美在这个领域没有竞争力,参见米切尔(1988)。

③ 一旦减少对欧洲农产品进口征收的关税而形成的贸易创造效应结束,市场就会伴随对食品需求的收入弹性的增长而扩张。例如,英国食品与牲畜的进口增加了其在 1850 至 1890 年间的进口份额,这时的贸易创造非常重要。然而在 1890 年至 1913 年间,这个比例有所下降,部分地反映了对食物需求的收入弹性相对较低。

门的生产率并未受到出口增长的影响。在这种情况下,出口导向型增长在很大程度上肯定会走向失败。就像我们所描述的那样,这种情况在拉美司空见惯,即使是在所谓的出口导向型增长的黄金时代。

出口实绩

从 19 世纪中叶至第一次世界大战期间,整个拉美增加了新的出口产品以满足工业革命所创造的需求。[①] 其结果是,仅仅依靠贵重金属的殖民出口模式最终消亡。在墨西哥和秘鲁,白银出口依然十分重要。尽管经历了革命,1913 年墨西哥的白银产量依然占世界总量的 30％以上,黄金仍然是哥伦比亚出口收入的重要来源。然而,到 1913 年,贵重金属的出口收入就从未超过 50％,即使是在墨西哥,贵重金属的出口收入比拉美其他任何地方都重要得多,其占比也从波菲里奥·迪亚斯执政之初的近 80％降至第一次世界大战前夕的 45％左右。这一下降在 19 世纪末以前就已经出现,而到 20 世纪初则随着墨西哥海湾重大油田的发现而强化。[②]

传统殖民出口模式的衰退并不意味着采矿业的衰落。19 世纪新的矿产品开始出现,并且在某些国家的出口结构中迅速占据主要地位。在秘鲁,1890 年以后,铜的重要性增强了,并且到 1913 年占出口商品的 20％以上(参见表 3.2)。在玻利维亚,1890 年以后白银出口量的减少与锡出口量的增加相伴相生。早在 1905 年,锡就占据了玻利维亚出口商品的 60％以上,到第一次世界大战,这个数字又上升到 70％以上,并且白银从 1891 年的 60％下降到了约 4％。智利自太平洋战争获取了北部沙漠地带的硝石矿之后,开始了硝石

---

① 关于这段时期的拉美经济史,在卡德纳斯、奥坎波、索普(2000)的书中有很好的概述。

② 墨西哥早期石油业的海盗式性质在斯彭德(1930)的书中有所描述,书中讲述了一个英国企业家威特曼·皮尔逊在波菲里奥统治时期在墨西哥发财并成为第一位"考德雷勋爵"的故事。也可参见杨(1966)、加纳(2011)。

64

表 3.2   1913 年前后的出口商品集中率

国家	第一产品	百分比	第二产品	百分比	总计
阿根廷	玉米	22.5	小麦	20.7	43.2
玻利维亚	锡	72.3	银	4.3	76.6
巴西	咖啡	62.3	橡胶	15.9	78.2
智利	硝酸盐	71.3	铜	7.0	78.3
哥伦比亚	咖啡	37.2	黄金	20.4	57.6
哥斯达黎加	香蕉	50.9	咖啡	35.2	86.1
古巴	蔗糖	72.0	烟草	19.5	91.5
多米尼加共和国	可可	39.2	蔗糖	34.8	74.0
厄瓜多尔	可可	64.1	咖啡	5.4	69.5
萨尔瓦多	咖啡	79.6	贵金属	15.9	95.5
危地马拉	咖啡	84.8	香蕉	5.7	90.5
海地	咖啡	64.0	可可	6.8	70.8
洪都拉斯	香蕉	50.1	贵金属	25.9	76.0
墨西哥	银	30.3	铜	10.3	40.6
尼加拉瓜	咖啡	64.9	贵金属	13.8	78.7
巴拿马	香蕉	65.0	椰子	7.0	72.0
巴拉圭	马黛茶	32.1	烟草	15.8	47.9
秘鲁	铜	22.0	蔗糖	15.4	37.4
波多黎各	蔗糖	47.0	咖啡	19.0	66.0
乌拉圭	羊毛	42.0	肉	24.0	66.0
委内瑞拉	咖啡	52.0	可可	21.4	73.4

资料来源：以上数据尽可能地选自米切尔(2007)，但除了玻利维亚(沃利,1914)，哥伦比亚(埃德,1912)，萨尔瓦多和危地马拉(杨,1925)，海地(伯努瓦,1954)，墨西哥(伊诺克,1919)，巴拿马(拉美公共局,1916—1917)，巴拉圭(科贝尔,1919)，波多黎各(迪茨,1986)，乌拉圭(芬奇,1981)和委内瑞拉(多尔顿,1916)。

繁荣,铜和银的出口便被挤了出来,到 1913 年,硝石占出口总量的比例不小于 70%。

在拉美其他国家,占据出口收入主要部分的新出口产品是农产品或者林产品,有一些产品是欧洲和美国工厂所需要的,比如橡胶(如巴西和秘鲁)和羊毛(如阿根廷和乌拉圭)。其他的产品因为北美大草原采用了新技术而有所增长,比如墨西哥的龙舌兰纤维。[1] 很多产品是为了满足工业革命所带来的食物消费需求,例如谷物和肉类。欧洲和北美收入的提高也催生了对热带"奢侈品"的需求,比如咖啡、可可和香蕉,对热带林产品的需求也很强盛,如奎宁、白坚木提取物[2]和秘鲁香脂[3],这些可以用于医用目的或用作工业原材料。

在某些情况下,主要的出口产品是波旁改革期间首次引入的代表性产品。古巴蔗糖持续快速增长,蔗糖业在经历了1880年的奴隶制废除和美国占领时期(1898—1902)独立战争的结束后得到幸存。至1913年,古巴的蔗糖产量占世界蔗糖产量的25%,甘蔗出口所占的比例更高。新产品的引入并不一定会带来出口多样化,相反,新出口产品的增长往往会伴随着传统产品的消退,所以出口的集中化程度仍然非常高。1913年,大多数国家(参见表3.2)的单一商品就占据了出口的50%以上。只有2个国家(阿根廷和秘鲁)主要出口商品所占比例不到25%,有18个国家两种最主要的商品占据了总额的50%以上,有13个国家所占比例超过了70%,还有3个国家所占比例高于90%。

无论按何种标准计算,这些集中率都很高,没有哪个出口初级产品的国家能够期望逃脱世界萧条的影响。但是高度的集中化使许多国家面对单一商品市场的周期时非常脆弱。例如,到1913年,咖啡是7个国家的主要出口商品。除哥伦比亚以外,咖啡占据了出口商品的50%以上(参见表3.2)。咖

---

[1] 墨西哥龙舌兰纤维工业中心位于尤卡坦半岛。对于北美机械化的谷物种植来说,这种原材料可以提供所需要的理想麻绳。在美国,规模宏大的国际收割机公司起了决定性作用,是墨西哥龙舌兰的主要购买者。参见约瑟夫(1982)。

[2] 奎宁具有医学价值,可以从安第斯山许多国家种植的金鸡纳树中提取。白坚木在巴拉圭和阿根廷最北省份十分丰富,可以从中提取具有染料价值的单宁酸。

[3] 尽管名字叫秘鲁香脂,却并非产自秘鲁,而是从萨尔瓦多的一种硬木树中提炼出来的,极富医学价值。参见布朗宁(1971),第61—62页。被称为秘鲁香脂,几乎可以肯定是因为殖民时期的贸易。与之相似的是,十九世纪产自哥伦比亚和厄瓜多尔的草帽被称为"巴拿马草帽",原因是在销往欧洲和北美之前需要经过巴拿马地峡。

啡也是另外三个国家(哥斯达黎加、厄瓜多尔和波多黎各)的第二大重要出口品,而且其在整个拉美出口总收入中占主导地位。[1]

商品出口多样化的成功例子很少,而且彼此之间差别很大。秘鲁在19世纪80年代鸟粪繁荣衰落后,通过多种产品扩大其出口收入,包括蔗糖、棉花、咖啡、白银、铜、橡胶、石油、羊毛和羊驼毛。[2] 巴拉圭的出口导向型模式最初被弗朗西亚统治时(1810—1840)实行的自我孤立政策,接着又被灾难性的三国同盟战争(1865—1870)延误,然后才以马黛茶、烟草、木材、皮革、肉类和白坚木提取物为基础逐渐融入地区和世界经济。

然而,出口商品多样化最成功的例子是阿根廷。新产品的引入并没有使旧产品消退,阿根廷只是拓展了其出口商品的范围。到1913年,外汇收入来自各种各样的谷物和畜牧产品。前者包括小麦、亚麻子、黑麦、大麦和玉米,后者包括冷藏和冷冻的牛肉、羊肉、羊毛和皮革。在第一次世界大战之前,没有哪个国家可以在出口商品的范围和质量上比得过阿根廷。确实,阿根廷出口商品极其广泛,以至于到1913年占据了整个拉美出口收入的近30%,尽管阿根廷的人口只占地区人口的9.5%。

出口增长是出口导向型模式成败的关键,正如前部分所阐述的,如果对非出口部门劳动生产率的提高和出口品相对重要性做出十分乐观的假设的话,一个地区长期的出口年均增长率至少应保持在4%。而且,出口增长需要按实际而非名义上的概念计算,以消除价格变动所带来的影响。这个可以以进口价格系数(参见附录二)来区分出口商品的价值,以便估算出口商品的购买力(PPE)。其结果表明了一种给定价值的出口商品所能获得的进口量。[3]

一个国家必要的出口增长率依其人口增长率而定。因此等式(3.2)被每

---

[1] 1911至1913年,咖啡占据整个拉美出口商品的18.6%,如果除去阿根廷,这个数字可升至26.5%;参见贝洛赫和伊特马德(1985),第77页。

[2] 参见索普和贝尔特兰(1978),表A.1.1和A.1.2。

[3] 因为出口购买力等于净易货贸易条件乘以出口量,所以也被认为是贸易收入条款。

个拉美国家用来估算假定（大体上）非出口部门的劳动生产率以每年1.25％增长，才能实现每年 1.5％的人均国内生产总值增长所需要的最低出口增长率。其所需要的信息包括：出口商品与 GDP 的比值（w），在表 3.3 中所呈现的 1912 年的估算值与出口购买力的年均增长率。[①]

67

正如表 3.3 所表明的，只有阿根廷、智利和乌拉圭三国在 1850 年至第一次世界大战这个长时段里，能够实现以出口购买力为计算标准的实际出口年均增长率超过最低增长率。阿根廷与乌拉圭的增长率（分别是 6.1％和5.6％）令人印象深刻，很少被打断，这是出口购买力持续增长的结果。这明显反映出了第一次世界大战之前，在世界经济扩张的前提下，出口导向型增长的可能性。智利的出口购买力增长率较低（3.7％），但是智利有比阿根廷或乌拉圭低得多的人口增长率（1.4％），这意味着智利的出口成绩也超过了最低目标。

68

然而，大多数国家的出口购买力增长率远远低于最低要求。巴西的最低目标是 4.6％，而长期的出口购买力增长率却只能达到 3.5％（参见表 3.3），这就造成为实现生活水平翻番的目标，大约需要 50 年的局面，而这并非巴西所能达到的。就算是在古巴，即使其在 1870 年以前的蔗糖工业非常成功，但出口购买力的长期增长率（2.1％）也远远落后于最低标准（3.5％）。

表 3.3 大体上为每个国家设定了最低出口增长率的标准。实际人均国内生产总值的目标增长率为每年 1.5％，低于美国（近 1.7％）已达到的水平。非出口部门的劳动生产增长率（1.25％）被认为是越高越好（只要稍微提高一点，拉美国家就会实现平衡增长而不是跟随出口导向型增长）。只有在实际人均国内生产总值增长目标降低了的情况下（比如人均下降 0.5％），才有可能

[①] 尽管 w 在 1850—1912 年这段时期内处于持续变化之中，除墨西哥外的其他国家，后期的 w 值都比前期要高（参见附录二）。w 值越高表明出口增长所需的值越低。所以，1912 年的 w 值至关重要。

表 3.3   约 1850—约 1912 年出口年均增长率

国家/地区	人口		最低出口商品目标增长率(%)	出口商品购买力增长率(%)	是否超出目标
	人口增长率(%)	w(1912 年)			
阿根廷	3.0	0.202	5.5	6.1	是
玻利维亚	0.6	0.207	3.1	2.2	否
巴西	1.9	0.170	4.6	3.5	否
智利	1.4	0.286	3.5	3.7	是
哥伦比亚	1.9	0.113	5.4	3.5	否
哥斯达黎加[a]	2.1	0.290	4.2	3.2	否
古巴	1.4	0.297	3.5	2.1	否
多米尼加共和国	2.6	0.199	5.1	4.2	否
厄瓜多尔	0.9	0.161	3.7	3.2	否
萨尔瓦多[a]	1.7	0.295	3.8	3.0	否
危地马拉[a]	1.2	0.162	4.0	3.3	否
海地	1.8	0.132	4.9	1.4	否
洪都拉斯[a]	1.5	0.243	3.8	1.1	否
墨西哥[c]	1.1	0.097	5.2	1.9	否
尼加拉瓜[a]	1.2	0.233	3.5	2.6	否
巴拉圭	1.5	0.145	4.5	3.6	否
秘鲁	1.2	0.148	4.1	2.6	否
波多黎各	1.5	0.253	3.7	3.0	否
乌拉圭[b]	3.1	0.306	5.2	5.6	是
委内瑞拉[a]	1.2	0.191	3.8	2.6	否
拉丁美洲	**1.6**	**0.187**	**4.2**	**3.3**	否

[a] 使用了 1921 年的三年平均值而非 1912 年。

[b] 1860—1912 年人口有所增长,但 1850 年的数据不能确定。

[c] 使用了 1908 年的三年平均值而非 1912 年。

资料来源:附录一和附录二,所有数据均取三年平均值。

宣称其他国家达到了最低要求。然而,这一低目标似乎是判断第一次世界大战前拉美出口导向型增长模式成败与否的非常容易达到的标准。

只有三个国家——阿根廷、智利和乌拉圭,在 1850—1912 年,成功实现了出口导向型增长的事实表明,尽管有相对较好的外部环境,但这种模式在拉美运行得并不太好。我们所获得的 8 个最大国家的人均国内生产总值数

表 3.4 1850 年、1870 年、1890 年和 1912 年拉美八国与美国人均
国内生产总值的比率(美国＝100)(％)

国家/地区	1850 年	1870 年	1890 年	1912 年
阿根廷	51.9	51.3	63.6	80.7
巴西	29.8	26.7	21.9	23.3
智利	25.4	27.6	26.8	29.1
哥伦比亚	19.4	18.1	17.4	13.2
古巴	139.5	128.3	82.1	60.0
墨西哥	23.7	19.0	19.3	19.2
秘鲁	50.8	98.4	19.0	20.3
委内瑞拉	32.6	20.2	26.4	19.3
拉丁美洲	**34.5**	**35.8**	**27.0**	**29.4**

注：三年平均值。
资料来源：附录三。

据也可以支持这个结论(参见附录三)。表 3.4 归纳了这些信息,在表中,每个
国家的人均国内生产总值和美国的比值被显示为 1850 年、1870 年、1890 年
和 1912 年的数据(三年平均值)。从这 8 个国家来看,只有阿根廷和智利在
1850 年和 1912 年成功地缩小了与美国的部分差距,其他 5 个国家是拉大了
差距;而古巴从 1850 年时的人均国内生产总值高于美国,一路下滑,乃至于
到 1912 年底与美国的比值低至 60％。在出口商品迅速增长方面,没有哪个
国家比得上阿根廷、智利和乌拉圭。但是有些国家至少曾经在某一时期的出
口购买力得到了快速发展,而且我们能够提供 12 个国家出口量的增长率(参
见表 3.5)。在大约 1850 至 1870 年的 20 年间,经历了美国内战,4 个国家(智
利、萨尔瓦多、秘鲁和乌拉圭)出口购买力的增长率高于表 3.3 中所示的最低
目标。阿根廷可能是因为其出口商品价值出奇的快速增长而不在这些国家
之列。然而,这个时期的进口价格在不停地增长(参见附录二)。所以,所有
国家(包括阿根廷)的出口购买力增长都低于按现行美元计算的出口商品价
值的增长。

表 3.5   1850—1912 年出口量和出口购买力的年均增长率(%)

国家/地区	1850—1870 年出口量	1850—1870 年出口购买力	1870—1890 年出口量	1870—1890 年出口购买力	1890—1912 年出口量	1890—1912 年出口购买力
阿根廷	3.8	3.9	5.4	7.2	6.2	6.7
玻利维亚		1.4		3.7		1.7
巴西	3.6	3.4	1.8	4.3	3.7	2.8
智利	4.1	3.8	5.0	4.0	2.5	3.1
哥伦比亚	4.1	3.1	1.8	6.6	5.3	1.1
哥斯达黎加ᵃ		2.9		7.2		0.0
古巴	3.5	1.7	−0.5	2.1	0.1	2.6
多米尼加共和国	3.7	1.7	5.6	5.6	6.6	5.3
厄瓜多尔		3.2		3.1		3.3
萨尔瓦多ᵃ	2.7	3.9	−0.1	3.4	2.8	2.0
危地马拉		1.5		8.5		0.6
海地	0.3	−1.4	2.2	6.5	0	−0.7
洪都拉斯ᵇ		−1.0		16.1		−0.8
墨西哥		−2.3	5.5	3.8	6.6	4.2
尼加拉瓜		−1.1		7.6		1.6
巴拉圭ᶜ		4.0		6.8		1.5
秘鲁	4.4	4.6	−4.2	−3.8	7.2	6.9
波多黎各	1.5	−1.3	1.2	3.8	4.6	6.3
乌拉圭		9.3		5.1		2.7
委内瑞拉	1.2	0.5	3.0	6.8	1.6	0.9
拉丁美洲		1.8		4.1		3.9

ᵃ 咖啡和靛蓝染料只有量的增长。

ᵇ 1870 年即指 1882 年。

ᶜ 1870 年即指 1879 年。

资料来源:附录二,所有的数据都取三年平均值。

在下一个时期(约 1870—1890 年),进口价格有所回落,有不少于 13 个国家(阿根廷、玻利维亚、智利、哥伦比亚、哥斯达黎加、多米尼加共和国、危地马拉、海地、洪都拉斯、尼加拉瓜、巴拉圭、波多黎各与委内瑞拉)的出口购买力增长率比最低目标要高,墨西哥在出口量方面超出了预期目标。[①] 就像前段时期的萨尔瓦多一样,哥伦比亚、危地马拉和尼加拉瓜的出口快速增长,这主要得益于咖啡的发展。[②] 墨西哥因为波菲里奥·迪亚斯独裁统治时的政局稳定,并通过扩大非传统矿产品的出口(如铜)、加强白银的出口以及继续保持尤卡坦半岛龙舌兰的出口繁荣,最终得以克服独立后半个世纪以来的令人失望的出口状况。[③] 海地、洪都拉斯、巴拉圭、波多黎各与委内瑞拉有低起点的优势,以至于中等的出口成绩就能够实现出口购买力的快速增长。

70

在最后一个次周期(大约 1890—1912 年),当进口价格再度上涨时,4个国家(阿根廷、多米尼加共和国、秘鲁和波多黎各)的出口购买力增长率超过了最低要求。秘鲁重新回到 1850—1870 年的高增长率,已不再单一地出口鸟粪,而是扩大了产品范围。确实,如果秘鲁能够避免 1870—1890 年的出口衰竭的话——在那段时间内增长率为负数——其长期的出口成绩也许能够与阿根廷相提并论。墨西哥的出口增长率在 20 世纪波菲里奥·迪亚斯统治之时有所提高。波多黎各的蔗糖业在 1898 年以后因美国投资而恢复生机,经历了出口的异常繁荣。

71

拉美国家出口部门的基本问题在表 3.5 中显示得非常清楚。第一,尽管少数国家能够在一个甚至是两个次周期内保持令人满意的出口增长率,但是没有哪个国家能够使出口购买力在整个时期都达到目标增长率,即使是阿根廷。第二,最不能令人满意的时期是最后一个次周期(约 1890—1912 年)。在这个时期,世界经济繁荣,对于拉美出口是个大好时机。然而,拉美出口增长模式在这个时期已日趋成熟,所以赢得世界市场份额变得

[①] 墨西哥遭受了自 1873 年后,其主要出口品(白银)的价格在世界市场急剧下跌的困境。

[②] 危地马拉的咖啡业得益于胡斯托·鲁菲诺·巴里奥斯总统所实行的自由主义改革的强力支持。参见麦克里里(1983)。

[③] 铁路在这次出口增长中扮演了重要角色,现在这个事实被普遍接受了。参见科茨沃斯(1981)。

更加困难。相对较小的几个国家(例如哥斯达黎加、危地马拉和尼加拉瓜)在前段次周期的出口成绩还是令人满意的,而这个时期在扩大其主要出口商品(咖啡)的出口时却遇到各种问题,其中包括巴西咖啡的过度扩展所引发的价格下跌,以及一旦它们的出口扩大,就会导致其他国家(例如洪都拉斯和巴拉圭)的出口难以为继。

事实上,大多数拉美国家的长期出口增长率是令人失望的。其中 8 个国家在 1850 年至第一次世界大战期间的 PPE 增长率每年不到 3%(参见表 3.3)。即使把目光集中在大约 1890—1912 年,这一时期来自世界经济的刺激对拉美出口非常有利,而且拉美也有足够的时间来克服出口部门供应方的问题,然而却有多达 13 个国家的出口购买力增长率低于每年 3%(参见表 3.5)。只有聚焦于第一次世界大战前的最后十年,我们才能发现大致使人满意的出口成绩。[①]

仅凭十年的出口成绩来判断出口导向型模式的成败是极具误导性的。事实是世界经济的发展给 1850 年后(而非 1850 年前)的初级产品出口提供了一个机遇之窗,这个机遇需要在早期阶段把握住,机遇之窗并不会永远开着。确实,第一次世界大战之后,它就再没有完全敞开。在一个次周期的成功(例如秘鲁的鸟粪时代)并不能保证长期的出口成绩:出口增长必须在很长时间内保持才能保证出口导向型增长模式获得真正成功的机会。

在第一次世界大战前夕,仍有 14 个国家的人均出口额低于 20 美元。其中,9 个国家的人均出口额甚至不到 10 美元(参见表 3.6)。确实,美国人均出口额为 24.7 美元,并没有比拉美的平均水平(19.8 美元)高出很多,但是美国早在 19 世纪中期就停止了追求一般意义上的出口导向型增长,转而关注其广阔的国内市场并迅速提高其非出口部门的劳动生产率。哥斯达黎加的人均出口额超过了 20 美元,智利和波多黎各将近 40 美元,乌拉圭则将近

---

① 在这段(特殊)的时期内,拉美出口以每年 6.8% 的速度增长。参见拜罗奇和伊特马德(1985),第 25 页。

表 3.6　1850 年、1870 年、1890 年和 1912 年的人均出口额(按美元计算)

国家/地区	1850 年	1870 年	1890 年	1912 年	年增长率(%) 1850—1912 年
阿根廷	7.7	15.3	27.2	59.3	3.4
玻利维亚	5.5	8.6	12.4	17.4	1.9
巴西	4.7	7.9	9.4	14.5	1.8
智利	7.5	13.8	19.4	39.5	2.7
哥伦比亚	1.7	3.2	5.9	5.4	1.9
哥斯达黎加	11.4	21.2	37.9	25.6	1.3
古巴	34.4	50.8	49.3	65.0	1.0
多米尼加共和国	5.1	7.7	10.0	15.7	1.8
厄瓜多尔	2.0	4.1	4.6	9.3	2.6
萨尔瓦多	3.2	7.3	6.8	9.0	1.7
危地马拉	1.7	2.5	7.5	7.3	2.4
海地	6.8	5.7	9.8	6.4	−0.1
洪都拉斯	4.9	3.6	8.1	4.7	−0.1
墨西哥	4.8	3.7	4.6	9.3	1.1
尼加拉瓜	3.7	3.5	10.1	10.8	1.7
巴拉圭	1.8	7.2	8.5	7.6	2.3
秘鲁	3.8	10.0	3.2	10.9	1.7
波多黎各	13.1	10.4	12.2	39.9	1.8
乌拉圭	12.3	34.6	39.1	47.0	2.2
委内瑞拉	3.2	4.2	9.0	9.5	1.8
拉丁美洲	**5.8**	**8.9**	**11.2**	**19.8**	**2.0**
美国	7.4	9.4	14.4	24.7	2.0

来源：附录一和卡特(2006)，第 3 卷,取三年平均值。

50 美元,阿根廷的人均出口额在 1912 年前就近 60 美元,而拉美最大的人均
出口额要属古巴,达到 65 美元,其蔗糖业的专业化达到了极高的程度。

　　第一次世界大战前,拉美具有较高人均出口额的 4 个国家中的 3 个(阿根
廷、智利和乌拉圭),成功地通过了出口导向型增长的测试。另一个国家古
巴,则没有通过测试。这是因为其在 1850 年前就开始拥有较高人均出口额,
而且人均 GDP 高于当时的美国。但是 1870 年以后古巴经济因受蔗糖价格
下跌及独立战争的影响而被压垮。

出口周期

只有两个国家(海地和洪都拉斯)1912 年的人均出口额低于 1850 年(参见表 3.6)。实际上,所有国家都经历了出口繁荣期,随后这种成绩又因出口衰落而被部分或全部抵消。这种经济周期的脆弱性正是拉美大多数国家在出口导向型增长的"黄金时代"出口成绩太差的主要原因之一。

秦鲁是出口繁荣过后出现衰退现象的国家中最典型的案例。秦鲁在 1870 至 1890 年间出现的出口衰落(参见表 3.5)是因为鸟粪这种(几乎)不可再生资源的枯竭,以及割让了硝石矿区给智利而导致了出口崩溃,所以,衰退的原因不能归咎于世界经济的贸易周期。秦鲁衰落的最主要原因是在太平洋战争中战败和丧失领土。出口衰落的其他案例还有墨西哥、尼加拉瓜和波多黎各(1850—1870),洪都拉斯(1850—1870 和 1890—1912)及海地(1850—1870 和 1890—1912)。在每一个案例中,出口购买力增长率均为负数(参见表 3.5),事实上,这排除了在最低目标范围内实现长期出口增长率的任何可能性。

多数国家避免了在每个次周期出口购买力的绝对下降,但是这并不意味着人均出口额在上升。如同表 3.6 所示,哥伦比亚(1890—1912)、哥斯达黎加(1890—1912)、萨尔瓦多(1870—1890)、危地马拉(1890—1912)、尼加拉瓜(1850—1870)、波多黎各(1850—1870)以及古巴(1870—1890)都遭受了人均美元出口额的下降,但这一下降并不一定就是灾难。澳大利亚、加拿大与新西兰都于 1870—1890 年遭受了人均出口额的下降,这都是其依赖发展缓慢的英国市场所致。① 然而,它们依然可以保持令人满意的长期出口增长率。②
无论如何,人均出口额的暂时下降意味着出口必须要在其他次周期取得超好
的成绩(正如在英国领土上所发生的)以保持所需要的长期增长率。

尽管前面论述了有关秘鲁的情况,但是把出口业绩较低仅仅归因于军事
或政治却是十分错误的。比如,巴西在帝制结束前的 20 年里(相对稳定),在
出口量上有一个非常适度的增长率(参见表 3.5)。③ 在这一时期(1870—
1890)其出口业绩主要靠咖啡推动,巴西的咖啡出口量占世界总出口量的
50％,到最后阶段,咖啡出口占巴西外汇收入的 60％以上。这理应带来快速
的出口增长,但因受到来自其他国家竞争的影响,棉花和蔗糖的出口却在下
降。结果导致了 1850—1870 年的出口成绩非常差,并使得巴西在这一时期
的末期过度依赖咖啡。④

而且,即使是在 1890—1912 年,当政局稳定在拉美已成为司空见惯的现象 75
时,许多国家的出口成绩仍然不尽如人意。在玻利维亚,这种现象很容易解释。
玻利维亚的锡出口量有显著增长,但是总的出口成绩受白银出口相对或绝对下
降的影响而被拉低。许多国家的矿石开采大致相同,唯一不同的是,采矿企
业现在集中开采锡矿而非银矿,而且一些新的锡矿也被发现了。

在某些情况下,气候和土壤显得尤其重要,不佳的出口成绩可以部分归

---

① 关于 1873 年后英国长期"萧条"的传统观念近期得到了改正。现在认为这一时期是价格下
　　跌而不是实际收入下滑或停滞。表 3.1 可以证实这一点,英国在 1870 至 1890 年的实际 GDP
　　增长率(1.68％),只比其他时期低了一点点。然而,因受价格下降的影响,进口额的年增长率
　　仅为 1％。进口价格下跌也反映在那些严重依赖英国市场的国家(比如澳大利亚)的出口
　　额上。

② 如果假定出口比例 w 处于 0.2 至 0.4 之间,三个国家的目标出口范围(见表 3.3)和长期出口
　　增长率(约 1850—1912 年)如下:澳大利亚出口目标范围为 5.3％—8.5％,其出口增长率为 5.
　　7％;加拿大的出口目标范围为 4.3％—7.5％,其出口增长率为 5.3％;新西兰的出口目标范围
　　为 8.5％—11.5％,其出口增长为 8.8％。因此,三个国家的长期出口成绩都超出了最低目标
　　范围,也与实际人均 GDP 的年增长率 1.5％保持了一致。

③ 1889 年,帝国向共和国转化,也是奴隶制最终被废除的第一年,并未引起太大的社会或政治
　　的剧变。参见维奥蒂·达·科斯塔(1986)。

④ 参见卡唐(1991),第 4 章。

咎于在经过几十年的出口扩张以后,适合种植出口作物的土地开始衰竭。哥斯达黎加、萨尔瓦多、危地马拉、海地和委内瑞拉从 19 世纪末开始在咖啡种植方面就面临这个问题。多米尼加共和国、厄瓜多尔和委内瑞拉在可可种植方面也面临同样的问题。缺乏合适土地的问题本来可以通过提高产量来加以解决,然而,很多面临这类问题的国家,其农作物亩产量非常低。

哥斯达黎加能够通过快速增加香蕉出口在一定程度上弥补咖啡出口的问题。香蕉于 19 世纪 70 年代开始出口,在第一次世界大战之前就已经代替咖啡成为最重要的出口商品。[①] 然而,就像其他香蕉出口国一样,哥斯达黎加的香蕉产量同样受没有药物可抑制的植物病毒传播的影响。即使是在第一次世界大战之后,香蕉出口国(哥斯达黎加、危地马拉、洪都拉斯与巴拿马)的出口收入在疾病与自然灾害面前仍显得很脆弱。[②]

世界贸易周期在抑制出口收入方面也发挥了作用。但是,战前的贸易萧条并没有在同一时间影响所有工业国。所以,地理多样化的出口国家(参见表 3.7)可以通过扩大其他市场的出口来弥补某个市场的萧条。然而,对于把大宗商品销往某一市场的国家来说,其补偿微乎其微。

贸易萧条最糟糕的例子就是 1870—1890 年,英国和法国进口额的停滞不前(参见表 3.1),反映在奥匈帝国、比利时、丹麦和意大利的进口上。这给严重依赖这些市场(目前为止,英国是最重要的一个)的国家带来了明显的威胁。从 19 世纪 70 年代开始就把出口商品的三分之一以上销往英国的哥伦比亚提高了对美国的出口,但这段时期总的出口成绩仍然不令人满意——至少在出口额方面。阿根廷则相反,尽管也依赖英国市场,但在 1870—1890 年实现了出口年均增长 6.1% 的好成绩,原因就是成功地做到了地理以及商品

76

---

① 香蕉出口开始是铁路的副产品。修建从大西洋海岸至首都圣何塞的铁路花费了大量资金,这就有必要找到一种能在铁轨旁边肥沃的土地上种植并很快产出的商品,用来资助修建一条从海岸线向前推进的铁路。参见斯图尔特(1964)为迈纳·库珀·基思所写的传记。库珀·基思是哥斯达黎加铁路建设和香蕉产业的关键性人物。

② 香蕉业的起源和有关其发展的种种问题在亚当斯(1914)的著作中有所论述。

的多样化。[①]

正如 1890 年的"巴林危机"所示,即便是在最成功的国家,外部冲击也会打断对外贸易扩张。巴林商业银行与许多拉美国家,尤其是阿根廷的私人和公共部门建立了密切而有利可图的联系,该公司的信誉主要依赖于南美投资的成功运作。当阿根廷总统米格尔·华雷斯·塞尔曼政府从国际资本市场上大举借贷,而又不能向巴林银行偿还其债务时,一场金融危机由此而发。这场经济危机不仅对阿根廷而且对其他拉美国家,尤其是乌拉圭,造成了严重影响,也对整个英国金融体系产生了影响。英格兰发起了一个挽救性行动,但是对阿根廷(和乌拉圭)的贷款却急剧缩减了。这两个国家不得不大幅削减进口,出口受影响较小。但即使是这样,阿根廷出口的英镑价值直到 1898 年才超过 1889 年的最高额,进口额则到 1904 年才得以超过。[②]

1850 年后,许多拉美国家的出口成绩呈现周期化特点的原因有很多,既包括内部原因也包括外部原因。第一次世界大战前的 60 年里,国际经济为初级产品出口的扩张提供了绝无仅有的机会,拉美出口成绩的周期性只是部分地受国际经济的外部冲击所致。正如我们所见,经济周期的出现有很多原因。一些原因,例如外部冲击,很少或者没有多少影响。而其他原因,比如商品的集中化和产量过低,则意味着出口成绩不好的大多数补救措施牢牢地掌握在国家手中。

外贸格局

在 19 世纪中叶至第一次世界大战前夕这一长时段内,欧洲和美国的工业化是初级产品出口增长的推动力。同时,工业化带来了过剩的制成品,为

---

① 因为进口价格在下降,阿根廷出口商品购买力在这一时期反而增长得更快(参见表 3.5)。
② 贸易数据参见弗恩斯(1960),第 492—493 页。关于巴林危机本身,参见弗恩斯(1992)。

此需要找到新的市场。拉丁美洲,因为薄弱的工业基础和相对开放的贸易体系,遂成为一个显而易见的市场。到这一时期结束时,主要工业国家之间争夺市场份额的竞争变得愈发激烈。

因此,总的贸易格局十分明显,但有少部分例外。一些拉美国家(例如厄瓜多尔和墨西哥)是食物的主要进口国,这一贸易的受益者是美国而非欧洲。少数国家主要通过与其他拉美国家而非"中心"进行大部分的贸易。巴拉圭的主要出口商品是马黛茶——一种只在南美消费的产品,主要依赖阿根廷市场,而且最终使其货币与阿根廷的比索挂钩。玻利维亚从邻国进口了大量商品。但是,对于很多这种"地区间"的贸易来说,原产国在绝大多数情况下几乎肯定是拉美之外的国家。

玻利维亚的例子表明,第一次世界大战前的贸易统计中存在着一个普遍问题。假设出口目的港是商品登陆港,而进口来源则是运输终极港。因此,英国货物需要经过布宜诺斯艾利斯运到玻利维亚,那么这批货物既会出现在玻利维亚的统计中,也会出现在阿根廷的贸易统计之中。同样,危地马拉出口咖啡经德国到法国,这批出口货物既会出现在危地马拉的贸易统计中,也会出现在对德国的出口贸易统计之中。因此我们需要谨慎对待这些贸易统计数据。[①]

78　19 世纪中叶,绝大部分拉美国家的主要出口市场仍然是英国。1913 年前,英国仍然位列拉美第一出口国。但其只是 4 个国家(阿根廷、玻利维亚、智利和秘鲁)的主要市场(参见表 3.7)。法国是 3 个国家(厄瓜多尔、海地和委内瑞拉)的主要市场,但这几乎可以肯定是一种统计假象(除海地之外),因为这些产品(肉类、羊毛、咖啡、可可)的最终消费地不只是在法国,还有欧洲的其他地方。德国也是 3 个国家(危地马拉、巴拉圭和乌拉圭)的主要市场;危地马拉是德国一块肥沃的殖民地(尤其是阿尔塔维拉帕斯的咖啡种植园),

---

① 关于 19 世纪贸易统计问题的详细阐述,参见普拉特(1971);关于强烈抵制使用这些数据,参见德玛·卢比奥和弗奥奇(2012)。

表 3.7　1913 年向主要市场的出口

国家/地区	出口值(按百万美元计算)	美国(%)	英国(%)	德国(%)	法国(%)	总计(%)
阿根廷	510.3	4.7	24.9	12.0	7.8	49.4
玻利维亚	36.5	0.6	80.8	8.5	4.9	94.8
巴西	315.7	32.2	13.1	14.0	12.2	71.5
智利	142.8	21.3	38.9	21.5	6.2	87.9
哥伦比亚	33.2	44.5	13.5	7.1	2.0	67.1
哥斯达黎加	10.5	49.1	41.3	4.8	0.9	96.1
古巴	164.6	79.7	11.2	2.8	1.0	94.7
多米尼加共和国	10.5	53.5	2.3	19.8	8.5	84.1
厄瓜多尔	15.8	24.3	10.3	16.6	34.1	85.3
萨尔瓦多	9.3	29.7	7.4	17.9	21.4	76.4
危地马拉	14.5	27.1	11.1	53.0	0.1	91.3
海地	11.3	8.8	7.1	37.2	44.2	97.3
洪都拉斯[a]	3.2	86.9	1.8	5.3	0.2	94.2
墨西哥[b]	148.0	75.2	13.5	3.5	2.8	95.0
尼加拉瓜	7.7	35.3	12.9	24.4	22.9	95.6
巴拿马	5.1	94.1	1.3	4.3	0.3	99.9
巴拉圭	5.5		n/a	22.0	0.6	28.1
秘鲁	43.6	33.2	37.2	6.7	3.5	80.6
波多黎各[c]	46.2	84.6	n/a	n/a	n/a	84.6
乌拉圭	71.8	4.0	11.2	19.5	17.4	52.1
委内瑞拉	28.3	29.4	7.6	19.3	34.7	91.0
拉丁美洲[d]	**1588.2**	**29.7**	**20.7**	**12.4**	**8.0**	**70.8**

[a] 1912—1913 年财政年度。
[b] 1912—1913 年财政年度。
[c] 此数据为 1910 年。
[d] 波多黎各除外。
资料来源：泛美联盟(1952)，迪茨(1986)。

因而这看起来似乎十分可信。

到 1913 年,多数拉美国家的主要出口市场其实是美国(参见表 3.7)。在这 21 个国家中至少 11 个国家宣称甚至在第一次世界大战之前美国就是它们的主要市场,而且根据出口记录,这些数据不太可能存在严重错误。[①]毫不奇怪,这些国家大部分在北半球,对于很多国家来说,美国市场绝对是最重要的。到 1913 年,洪都拉斯、巴拿马和波多黎各 80% 以上的出口货物销往美国,古巴和墨西哥也在 70% 以上。美国也是巴西与哥伦比亚的主要市场,主要是因为美国对咖啡有着强烈需求。[②]

少数国家把对美国的出口仍然看得不太重要。美国对羊毛和皮革的保护性关税破坏了其与阿根廷和乌拉圭的贸易。[③]海地几乎把所有的咖啡和可可销往欧洲。到 1913 年,阿根廷成为拉美最重要的出口国。然而,其与欧洲高水平的贸易是阻碍美国成为拉美出口主导市场最重要的原因。即便如此,与英国的 20.7% 相比(参见表 3.7),美国占了拉美总出口的 29.7%;即使是对于南美国家(巴拿马以南的所有国家)的出口而言,美国市场也比英国市场略微重要一点。在墨西哥、中美洲和加勒比国家,美国市场处于支配地位,在第一次世界大战前夕就占据了出口的 70%。

出口的地区分布集中度不能像商品出口集中度一样进行准确计算,但是这些数据明确显示出拉美商品出口对 4 个主要工业化国家(美国、英国、德国和法国)的高度依赖。到 1913 年,这 4 个市场占了拉美 10 个国家出口的 90% 以上,占了 18 个国家出口的 70% 以上(参见表 3.7)[④]。只有阿根廷、巴拉圭和乌拉圭避免了对这 4 个主要市场的高度依赖。然而,对巴拉圭而言并不意味着商品出口地区多样化,因为它主要依赖的是阿根廷市场。

因此,我们必须再次注意阿根廷十分有利的贸易地位。阿根廷既具有长期的快速出口增长率、在拉美出口总额中占有最高份额以及出口多样化的特

---

① 美国统计中关于从古巴进口烟草及部分再出口的数据最大误差,参见斯塔布斯(1985),第 1 章。

② 英国人更喜欢从亚洲进口茶叶,这对英国人均咖啡消费量的抑制作用延续至今,但是英国与其他消费国家之间的差距在 19 世纪更为突出。

③ 参见美洲共和国署(1982g),第 132 页。

④ 据表 3.7,应为 17 个国家。根据上下文,作者似乎是把哥伦比亚(67.1%)也算进去了。——编者注

点,还将其产品推广到广泛的市场。1913 年,英国大约占阿根廷出口总额的25%,其他另有 7 个国家分别占其出口的 3%以上。[①] 而在 1913 年以前已经实现出口商品多样化的其他国家(墨西哥、秘鲁和巴拉圭)几乎没有像阿根廷那样在避免地区集中方面做得如此成功。而像智利这种享有长期较高出口增长率的国家,在第一次世界大战前夕既受到出口商品集中化也受到出口地区缺乏多样化的重创。

初看进口模式(参见表 3.8),似乎也显示了同样的情况。实际上,具体情况比数据所揭示的要健康得多。第一,除了少数例外,进口地区分布类型比 19世纪中叶更加多样化。这时,英国是所有国家的主要供应者。第二,尽管在1913 年前 4 个主要国家主宰拉美的进口贸易,但它们之间的竞争常常是激烈的,垄断权力的使用(或滥用)相对较少。第三,正如我们前面所提到的,出于欧洲强国再出口的缘故,进口结构可能比这些数据所表明的情况更为多样化。

从英国向他国转移是工业革命扩散所带来的不可避免的结果。其他国家,尤其是法国、德国和美国,要给过剩制成品寻找海外市场。自然而然地,它们的出口目标集中于没有殖民关系的国家,可以自由买入最便宜货源的国家。

远离英国的进口结构的转换也反映了进口商品构成的转换。直至第一次世界大战的这段时期,英国对拉美的出口依然集中于纺织品和服装。在这个领域,竞争的工业强国还不足以对英国构成严重威胁,但是它们在其他领域取得的成功却超过了英国。在 19 世纪末期,拉美对美国的农业和矿业机械需求很大,德国的"花俏"商品备受推崇,法国则被认为是奢侈品的最好来源。随着纺织品和服装进口的重要性下降——例如在 19 世纪 50 年代的哥伦比亚它们依然占全部进口商品的 60%以上[②]——英国进口商品的份额也趋于下降。

---

① 参见米尔斯(未注明出版日期),第 159 页。
② 参见奥坎波(1984a),第 157 页。

表 3.8   1913 年从主要市场的进口占比

国家/地区	美国(%)	英国(%)	德国(%)	法国(%)	总计(%)
阿根廷	14.7	31.0	16.9	9.0	71.6
玻利维亚	7.4	20.3	36.7	3.8	68.2
巴西	15.7	24.5	17.5	9.8	67.5
智利	16.7	30.0	24.6	5.5	76.8
哥伦比亚	26.7	20.5	14.1	15.5	76.8
哥斯达黎加	50.7	14.6	15.2	4.4	84.9
古巴	53.7	12.3	6.9	5.2	78.1
多米尼加共和国	62.2	7.9	18.1	3.0	91.2
厄瓜多尔	31.9	29.6	17.8	4.9	84.2
萨尔瓦多	39.5	27.2	10.8	6.6	84.1
危地马拉	50.2	16.4	20.3	4.0	90.9
海地	73.0	7.3	6.6	10.1	97.0
洪都拉斯[a]	67.5	14.7	11.5	2.9	96.6
墨西哥[b]	53.9	11.8	13.1	8.6	87.4
尼加拉瓜	56.2	19.9	10.7	6.9	93.7
巴拿马	55.5	22.1	9.9	3.1	90.6
巴拉圭	6.0	28.6	27.6	6.6	74.8
秘鲁	28.8	26.3	17.3	4.6	77.0
波多黎各[c]	88.5	n/a	n/a	n/a	88.5
乌拉圭	12.7	24.5	15.5	8.1	60.8
委内瑞拉	32.8	25.5	16.5	9.1	83.9
拉丁美洲[d]	**25.5**	**24.8**	**16.5**	**8.3**	**75.1**

[a] 1912—1913 年财政年度。

[b] 1911—1912 年财政年度。

[c] 此为 1910 年的数据。

[d] 波多黎各除外。

资料来源:泛美联盟(1952),迪茨(1986)。

分析一下委内瑞拉在第一次世界大战前夕的情况。纺织品进口总额为
87.6016 万英镑,英国是其当时最大的进口国。然而在食物和机械进口方面,
美国居主导地位。法国和德国在"一般商品"类别中有很强的表现。因为纺

织品重要性的相对下降,19 世纪末,英国失去了在委内瑞拉进口贸易中的首要位置,从而让位给美国,但却依然位于德国和法国之前。[①]

1913 年以前,英国是拉美 7 个共和国的主要供应国,包括阿根廷、巴西、智利和乌拉圭。英国对拉美的出口品中有近乎一半销往阿根廷。[②] 由于英国在阿根廷市场中占主导地位——拉美的主要进口市场,所以英国能与向所有拉美国家出口的美国相媲美。1913 年,这两个国家分别占拉美进口的 25％左右(参见表 3.8)。毋庸赘言,英国在南部国家的进口份额比在北部国家要高得多;第一次世界大战前,北部国家对美国的进口比例已经增加到 54.1％,英国的份额则降低到适度的 12.3％(仍居第二位)。

在少数几个北部国家,美国的主导地位是一个严重的问题。洪都拉斯有近 70％的进口市场由美国占据,美国供应商一般通过香蕉公司运作,因而面临极少的竞争。同样的情况也存在于哥斯达黎加、尼加拉瓜、巴拿马、古巴、海地和多米尼加共和国。美国在墨西哥的进口份额上也占很大比重(50％以上),但是墨西哥广阔的市场使得供应者之间产生了激烈的竞争。[③]

工业化国家之间采用金本位制和实现货币的完全可兑换制意味着拉美国家——实行不可兑换纸币制——没有理由来平衡它们的双边贸易。巴西与美国的贸易盈余可以用来支付与英国和德国的贸易赤字。这是一个真正的多边体系,拥有许多双边贸易失衡的知名案例。1913 年,海地对美国的出口不足 10％,而从美国的进口高于 70％,并随后被美国军事占领。第一次世界大战前,哥伦比亚近 50％的出口商品销往美国,但仅有 25％的进口商品来自美国。毫不奇怪,巨大的双边贸易失衡导致的 1914 年货币可兑换制的崩溃使许多拉美国家产生了混乱。

83

---

① 参见多尔顿(1916),第 276—277 页。
② 参见普拉特(1972),附录 1。
③ 尽管美国表示接受英国在南锥体国家(阿根廷、智利和乌拉圭)的杰出贸易地位,同样,英国也接受美国在加勒比和中美洲方面的地位;但第一次世界大战前,英美在墨西哥市场的竞争常常十分激烈。参见卡茨(1981)。

贸易条件与国际运输费用

拉美对外贸易受初级产品换取制成品模式的支配,只有少数例外:一些出口商品(例如产自厄瓜多尔和哥伦比亚的草帽[1]、产自阿根廷和智利的面粉)可以被划分为制成品,一些进口商品(例如从墨西哥购入的小麦)则明显是初级产品。然而,这些产品并不能改变整体状况:拉美在世界经济中的地位依赖于初级产品的出口和制成品的进口。

在第一次世界大战前的很长一段时间里,初级产品的出口价格和制成品的进口价格都起伏不定,所以净易货贸易条件也变化莫测。[2] 这些起伏是资本主义经济发展自然规律的一部分,如果不是有作者声称通过数据可以看出自19世纪起拉美的净易货贸易条件在持续恶化的话,针对这些起伏变化几乎不值得发表评论。[3]

84 从19世纪20年代独立到19世纪中期,拉美的主要进口品是纺织品。然而,由于工业革命降低了出口国单位生产成本,纺织品的价格急剧下降。初级产品的价格也有所浮动,但大多数拉美国家在这一时期的净易货贸易条件都有所提高,例如巴西在1826—1830年和1851—1855年间的净易货贸易条件增加了一倍。[4] 净易货贸易条件的提高得益于国际运输费用的降低所导致的进口商品的价格下降,进而减少了像巴西这样的进口国所需支付的费用。[5]

---

[1] 第一次世界大战前夕,这些"巴拿马"草帽占哥伦比亚总出口的4%;参见奥坎波(1984),第100页。

[2] 净易货贸易条件被定义为出口价格 $p(x)$,除以进口价格 $p(m)$ 所得的值。因此,净易货贸易条件的上升(下降),意味着出口价格的相对上升(下降)。

[3] 这一假说在第9章将会更详细地探讨。

[4] 参见巴西国家地理与统计局(1987),表格11.11。

[5] 关于这一时期国际运输费用的变化情况,参见普拉多斯·德·拉·艾斯克苏拉(2009)。

从 19 世纪 50 年代至 1913 年,初级产品价格持续波动。咖啡、可可和蔗糖的价格周期早已形成。所以,以这些产品出口为主的国家必定要经历出口单位价值的巨大变化,而出口单位价值是用来计算净易货贸易条件的。进口价格也有所波动,在 1870 年后跌落,又在 1890 年后回升,而其并没有明显长期的趋势(参见附录二)。

就我们所了解的这 12 个国家而言,净易货贸易条件在整个时期经历了显著的波动(参见表 3.9)。1850—1870 年,当进口价格上升时,净易货贸易条件在除了 3 个国家以外的其他拉美国家中都有所降低。然而,1870—1890 年,当进口价格有所下降时,只有两个拉美国家的净易货贸易条件有所恶化。在最后一个时期,即 1890—1912 年,净易货贸易条件在大多数国家中都有所提高。总之,从 1850 至 1912 年这一长时段来看,有 8 个国家的净易货贸易条件有所提高,而只有 4 个国家的净易货贸易条件有所降低。值得强调的是,表 3.9 中所估计的净易货贸易条件考虑到了这个时期由扬帆船转向蒸汽船所带来的国际运输费用的急剧下降。[1] 这导致了由拉美国家所支付的进口商品价格急速下降。[2] 例如,拉美最重要的进口商品(纺织品)的价格也因此下降,这不仅源自工业生产率的提高,也得益于国际运输费用的降低。在这种情况下,如此多国家的净易货贸易条件都有所提高就不足为奇了。

我们可以通过取表 3.9 中 12 个国家的平均值(用 1912 年的出口份额),从而把拉丁美洲的净易货贸易条件看作是一个整体。正如图 3.2 中所显示的净易货贸易条件在 1850—1912 年呈现出一种急剧起伏的上升趋势。因受美国内战所带来的美国商品价格(用美元计算)急剧上升的影响,19 世纪 60 年代的净易货贸易条件有所下降,这导致了极度依赖美国进口商品的

85

---

[1] 这是因为表 3.9 中用以计算净易货贸易条件的进口价格是到岸价(包括成本、保险和运费)。早期计算拉美的净易货贸易条件时,比如,劳尔·普雷维什和汉斯·辛格就是用了英国的出口价格(离岸价格)近似代替拉美的进口价格。因此,其忽略了国际运输费用降低所带来的影响。参见斯博雷尔斯(1983)。

[2] 关于 1850 年以后的国际运输费用,参见朔勒(1951),以及奥瑞比·斯特莫尔(1989)。

表 3.9   1850—1870 年、1870—1890 年、1890—1912 年及 1850—1912 年

净易货贸易条件的年增长率(%)

年份	阿根廷	巴西	智利	哥伦比亚	古巴	多米尼加共和国
1850—1870	0.1	−0.2	−0.3	−1.9	−1.5	−0.5
1870—1890	1.8	2.6	−0.3	1.5	2.1	−0.3
1890—1912	0.3	−0.8	0.0	−0.2	1.5	−1.1
1850—1912	0.7	0.5	−0.2	−0.2	0.7	−0.7
年份	萨尔瓦多	海地	墨西哥	秘鲁	波多黎各	委内瑞拉
1850—1870	0.3	−1.9	−0.2	0.2	−2.8	−0.7
1870—1890	3.6	4.1	0.0	0.4	2.5	3.1
1890—1912	−0.4	−1.1	−2.0	−0.2	1.1	−1.7
1850—1912	1.1	0.3	−0.8	0.1	0.3	0.2

来源:附录二,所有数据均取三年平均值;墨西哥 1850—1870 年的数据来源于普拉多斯·德·拉·艾斯克苏拉(2009)。

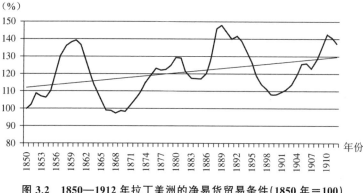

图 3.2   1850—1912 年拉丁美洲的净易货贸易条件(1850 年＝100)

资料来源:附录二。

拉美国家需要支付更高的价钱。第二个下降趋势出现在 19 世纪 90 年代,这时拉美十分重要的两种出口商品(咖啡和蔗糖)的价格急剧下降。然而,总的来说,净易货贸易条件还是提高了,净易货贸易条件长期恶化的情况直到第一次世界大战才出现。

因此,几乎可以肯定,所谓的第一次世界大战前拉丁美洲净易货贸易条件长期下降的言论只是一种妄想。即使有的话,这一长期趋势不利于这一时

期工业化国家的发展。然而,这两个地区净易货贸易条件变化的原因有所不同。例如,英国出口价格下降部分反映了其出口部门劳动生产率的提高。因此,英国净易货贸易条件的下降也是劳动生产率提高的反映,并不一定会导致购买力的下降。另一方面,拉美国家出口价格的下降,常常反映出该国无法控制世界供需平衡的变化。因此,净易货贸易条件的恶化会导致其购买力的急剧下降。[①]

巴西咖啡价格起伏不定和净易货贸易条件恶化的经历对圣保罗和其他产咖啡的州实行一项激进的、开拓性的咖啡价格稳定计划产生了影响。这个计划被称为"陶巴特咖啡价格稳定计划"(于 1906 年首次采用),利用巴西在世界咖啡市场的半垄断地位来稳定价格。通过增加或减少咖啡库存量,巴西能够调节进入世界市场的咖啡出口量,从而调节世界供给以达到与目标价格一致的需求水平。然而,目标价格越高,计划成本就越高,风险也越大。其他咖啡出口国会扩大出口,从而以牺牲巴西为代价赢得市场份额。因为咖啡树必须要经过五年才能成熟,此后才能收获咖啡豆,所以对于稳定咖啡价格的相关风险起初并不受重视。第一个咖啡价格稳定计划普遍被认为是成功的,尽管其在第一次世界大战爆发之时就走向了瓦解。[②]

咖啡并不是像教科书中所描述的那样,是第一次世界大战前夕完全缺乏竞争市场的商品。蔗糖仍然是高度的"政治化"作物,[③]并且香蕉的生产和销售被外国寡头公司控制,而温带产品由于与欧洲和北美的农产品相竞争而使关税甚至非关税壁垒变得越来越常见。英国抵制了迄今为止所有旨在结束其自由贸易政策的企图,但是英国市场对拉美国家而言的相对重要性在下

86

[①] 然而,有一些价格下降缘于生产力的提高。在 19 世纪很长一段时间里,这似乎都适用于古巴的糖价,机械化导致了劳动生产率的提高以及单位成本的降低;参见莫雷诺·弗拉基纳斯(1986)。

[②] 关于巴西第一个咖啡稳定计划,参见弗里奇(1988),第 13—18 页。

[③] 阿瑟·刘易斯经常留意一些商品市场的政治特征,这使得经济主义的优化行为变得十分困难。关于 1914 年以前蔗糖外交的简要概况,参见查尔明(1984)。

降。在世纪之交,约瑟夫·张伯伦支持英帝国特惠制的举动是改革即将到来的预兆。①

---

① 约瑟夫·张伯伦,一个脱离自由党的人,声称英国的自由贸易导致了其竞争性的丧失。他的民族主义的观点具有十分强大的号召力。尽管他在辩论中输了,但英国人民对自由贸易的信仰无疑受到了这场运动的影响而有所减弱。参见,布尔默-托马斯(1965),第 1 卷,第162—163 页。

第四章

出口导向型增长：供给方面

出口量的增加对于成功的出口导向型增长而言，是一个必要而非充分条件。然而，正如我们在第三章中所看到的，只有少数国家满足了这个基本条件。总的来说，问题不在于需求不足，更重要的是限制出口供应的扩大。出口快速增长的国家通常会克服供应方面的出口扩张障碍，然而，那些增长缓慢的国家却无法解决整个 19 世纪出口部门所面临的棘手难题。

扩大出口无论是快还是慢，都可能产生三种出口导向型模式之一：附加型、破坏型或变革型。在附加型模式中，出口部门被嫁接在现有的生产结构上，而非出口部门的经济几乎没有变化。在不减少其他部门产量的情况下，各种资源都被吸引到出口部门，而且非出口经济部门的要素生产率不受出口部门增长的影响。20 世纪初洪都拉斯香蕉出口的扩大提供了附加型增长的例子：以前闲置的土地为零机会成本，资本是外国的，劳动力则大部分由英属西印度群岛和萨尔瓦多外来务工人员提供。因而，其对其他经济部门的影响很小。[1]

在破坏型模式中，新出口的扩大是通过从经济的其他部分吸引资源来获得的——从出口部门本身或非出口经济中来。前者的一个很好的例子就是玻利维亚锡矿开采的扩张，在那里，大部分的土地、劳动力和资本均来自先前

---

[1] 关于早期香蕉业，不乏佳作。例如，参见凯普纳和苏西尔(1935)，第 1—2 章。

用于白银出口的资源。[1] 后者的例子就是 1873 年最终废除奴隶制的波多黎各咖啡出口，其通过放弃以前为国内市场投入的农业生产资源而实现。[2] 破坏型模式意味着资源向更高的生产要素回报（主要指资本和土地）转移，但大多数非出口经济仍不受影响。

在变革型模式中，出口部门的扩大是以非出口经济生产力（劳动力和资本）受到重要影响的方式来实现的。在这种模式下，出口部门所吸引的资源更有可能带来非零的机会成本（正如在破坏型模式中一样），但是这一次对整个经济的要素和产品市场的影响是相当大的。市场以一种有效的方式运作，资源被吸引到可以获得最高回报率的活动中，技术变革和生产力收益的好处都传递到经济的各个部门。阿根廷肉类和谷类的扩大就是第一次世界大战前出口导向增长变革型模式的范例。

在大多数国家，出口导向型增长都是来自这三种模式的要素。即使在阿根廷，一些次要的出口商品——如图库曼的糖增长，也是破坏型而非变革型的。[3] 从拉丁美洲经济发展的观点看，变革型模式远优于其他两种模式，并且具有明确的积极作用。附加型模式是积极的（从定义上看），但是它的总体影响通常微不足道。破坏型模式也有可能是积极的，因为它意味着向获得更高要素生产率转移，但是劳动生产率的总体水平取决于所有被释放的工人是否在新的活动中找到了充分就业的机会。在加勒比地区蔗糖种植园，工人每年都要停工长达八个月，这表明这种设想并不总是能实现。[4]

89　　无论出口导向型增长模式是附加型、破坏型还是变革型，某种程度上都取决于商品的机遇性。例如，肉类出口涉及许多独立的过程（如牲畜饲养、筑栏、肥育、屠宰和包装），如果不改变非出口经济的许多部门，就无法成功地进

① 关于从白银向锡的转变，参见克莱因(1982)，第 6 章。
② 参见贝尔加(1983)，第 3—4 章。
③ 参见洛克(1986)，第 406—407 页。
④ 参见莫雷诺·弗拉希纳尔斯(1986)，第 217—229 页，该书在制糖业方面做了精辟的论述。

行生产。相比之下，香蕉出口是有可能的，无论是在物质上还是在经济上都与经济的其他部分相分离。然而，增长模式也反映了要素市场运作的效率，这些市场的运作是决定出口增长本身快速还是缓慢的一个重要因素。因此，首先对第一次世界大战前拉丁美洲劳动力、土地和资本市场进行考察是适当的。

劳动力市场

出口导向型增长发生在人口膨胀的背景之下。人口自然增长率——每1000人的出生和死亡人数之差——在第一次世界大战之前的这段时间里，每年在1％—2％之间波动，除非发生战争之类的特殊情况。随着时间的推移，各个国家的毛出生率都非常稳定（参见表4.1），每1000人中约有40人。唯有乌拉圭，因为在1913年遭受了毛出生率的急剧下降，所以其城市和中产阶级人口比其他拉丁美洲国家都要多。

毛死亡率平均值接近每1000人30人，但是这掩盖了显著的差异。最初的变化是随机发生的，主要受传染病，如霍乱和黄热病，或战争的影响。但是，随着卫生和供水条件的改善以及现代医学的传播，毛死亡率逐步下降。19世纪中期，在墨西哥，每1000个新生婴儿中有300人在周岁生日前就已死亡，而到该世纪末，婴儿死亡率已经降低了；尽管按现代标准来衡量，预期寿命仍非常低，但是已经开始攀升。[①] 即便如此，在1914年以前，整个拉丁美洲每1000个婴儿中死亡数仍超过100人，而澳大利亚和新西兰的每1000个婴儿中死亡数则为72人和57人（参见表4.1）。

---

① 例如，1879年，巴西男性出生时的预期寿命为27.1岁——这在当时的拉丁美洲非常典型；到1920年，这一数字上升到了31.4岁。参见阿里亚加（1968），第29页和34页。1914年，只有阿根廷人的预期寿命达到了48岁，接近发达国家的水平；参见桑切斯-阿尔沃诺斯（1986），第142页。

表 4.1 约 1910—1914 年的社会人口概况

国家/地区	毛出生率[a]	毛死亡率[b]	婴儿死亡率[c]	城市化程度[d]（城市数目）	报纸[e]
阿根廷	40.3	17.7	121	31.2(9)	87
玻利维亚	45.1[i]	20.5[i]		4.3(1)	6
巴西	38.3[f]	25.5[f]		10.7(14)	9
智利	44.4	31.5	261	14.5(2)	44
哥伦比亚	44.1	26.0	177	7.1(8)	3
哥斯达黎加	43.0	23.7	191	9.0(1)	31
古巴	44.7	21.4	140	15.1(2)	9
多米尼加共和国	37.5	10.0		3.0(1)	9
厄瓜多尔	46.5[g]	30.2[g]	188[g]	9.1(2)	15
萨尔瓦多	44.7	31.1	169	6.3(1)	13
危地马拉	46.6	33.0	142	5.1(1)	
海地	45.0	25.0		5.6(1)	3
洪都拉斯	43.7	24.5	126	3.9(1)	5
墨西哥	43.2	46.6	228	7.6(11)	12
尼加拉瓜				7.0(1)	28
巴拿马	42.0	19.0	122	11.1(1)	53
巴拉圭				14.2(1)	20
秘鲁	44.5[i]	28.8[i]	128[j]	5.0(4)	20
波多黎各	35.9	21.8	153	4.3(1)	
乌拉圭	31.5	13.2	103[h]	28.7(1)	80
委内瑞拉	44.5	28.3	154	3.6(1)	16
拉丁美洲（人口加权）	**41.6**	**29.1**	**172.6**	**11.1n/a**	**20.5**
澳大利亚	27.8	10.7	72	37.6(7)	
加拿大	31.1	13.0	170	19.4(11)	
新西兰	26.2	8.5	57	26.6(3)	

说明：[a] 毛出生率（每 1000 人中活产数）。

　　　[b] 毛死亡率（每 1000 人中死亡人数）。

　　　[c] 婴儿死亡率（每 1000 个出生婴儿中不满周岁死亡数）。

　　　[d] 指居住在大城市的人口比例。括号内注明的是这类城市的数目。

　　　[e] 每 1000 人的日报发行量。

　　　[f] 根据圣保罗州 127 个城市统计得出。

　　　[g] 1915—1919 年的平均值。

　　　[h] 1921—1924 年的平均值。

    ⁱ 1940—1944 年的平均值。
    ^j 1940 年的数值。
    资料来源：毛出生率、毛死亡率和婴儿死亡率来自米切尔(2007)、布尔默-托马斯(2012)及统计总局(1916—1927)，第 1—3 卷；城市化的数据来自米切尔(2007)；日报发行量来自威尔科克斯和赖恩斯(1917)。

在整个研究时期(约 1850—1914 年)，按照国际标准来看，人口的自然增 *91* 长率是很高的，这或许是对拉丁美洲大多数国家极为有利的土地—人口比率的一种回馈，但出口部门雇主对劳动力短缺的抱怨仍很普遍。这一点在快速增长的出口行业尤为明显，例如巴西圣保罗州的咖啡。过去人口增加所带来的劳动力供给的年均增长，似乎永远不够满足出口部门对额外工人的需求，而其他经济部门对劳动力短缺的抱怨也不绝于耳。因此，出口部门不得不通过强迫劳动或从国内和国际吸引移民的混合方式来满足其劳动力供给。

在拉丁美洲殖民时期，强迫劳动被广泛使用。土著居民遭受多种形式的压迫。因为土著居民在反抗西班牙斗争的革命军队中表现得很好，特别是独立自然而然地带来了结束最极端的压迫方式的承诺，例如在采矿地区实行的米塔制。[1] 这些承诺通常都得到了遵守，但是土著居民仍受到各种形式的间接压迫(参见下文)。

奴隶也参加了解放军队，应该从同样的承诺中获益。的确，西蒙·玻利瓦尔在许多场合谴责了非洲奴隶制度，最著名的是他从海地的来信。[2] 然而，奴隶们往往在出口活动中扮演了重要的角色，因此，许多拉丁美洲国家的政府拖延履行承诺。前西班牙殖民地由于渴望与英国建立关系，的确立即结束了非洲奴隶贸易，但是他们不愿意结束奴隶制度。而巴西与西班牙在加勒比的殖民地，多年来一直坚持奴隶贸易。[3]

许多独立国家所做的是通过"子宫法"，宣布奴隶母亲的孩子是自由的。

---

[1] 关于米塔制，参见科尔(1985)。

[2] 参见林奇(2006)。

[3] 波多黎各最终止了奴隶贸易后不久，巴西于 1850 年最终结束了奴隶贸易。然而，古巴的非法奴隶贸易一直持续到 1873 年。参见布尔默-托马斯(2012)。

例如,智利早在 1811 年、阿根廷在 1813 年以及乌拉圭在 1825 年就引入了这类立法。[①] 这是迈向结束奴隶制的重要一步。海地在 1791 年奴隶起义成功后第一个废除了奴隶制。

1823 年,智利是下一个结束所有非洲奴隶制的拉丁美洲国家。[②] 紧接着,中美洲在 1824 年,墨西哥在 1829 年,乌拉圭在 1842 年,也相继废除了奴隶制。剩下的国家中,非洲的奴隶和他们的后代通常是出口部门劳动力的重要组成部分,多年来推迟了解放奴隶。例如,直到 19 世纪 50 年代,阿根廷、哥伦比亚、秘鲁和委内瑞拉才废除了奴隶制。1869 年,在三国同盟战争的最后阶段,巴拉圭结束了奴隶制。波多黎各和古巴分别在 1873 年和 1880 年终止了该制度。最后,1888 年,巴西废除奴隶制,导致君主制的终结,并在转年迎来了共和国。[③]

现在让我们来思考国内移民的情况。在 19 世纪的拉丁美洲,人口绝大多数都是农村人。除了阿根廷和乌拉圭,这种情况在所有国家中一直延续到了第一次世界大战(参见表 4.1)。因此,出口部门面临着从农村,主要是农业活动中撤出劳动力的任务。因为出口部门通常以高于平均水平的劳动生产率而享有高于平均水平的增长,所以出口部门很自然地应该提供增长的实际工资(按生活费用调整的名义工资),理由是劳动供给曲线的上升。

当然,这种情况确实发生在拉丁美洲一些地区。从智利中央山谷搬到北部硝石矿和其他矿山的移民们,便是为他们在现有的就业岗位上无法获得的高工资所吸引。[④] 从墨西哥中部搬到墨西哥北部和南部从事畜牧业和石油业(1900 年以后)的工人,也受到较高的实际工资预期的激励。一些来自巴西东北部的移民为圣保罗咖啡繁荣带来的更高工资的前景所吸引,因为他们家

---

① 参见贝尔托拉和奥坎波(2012),第 74 页。

② 此时,多米尼加共和国(后来才成立的)在 1822 年被海地吞并后,也已经结束了奴隶制。

③ 关于废除奴隶制的拉美国家完整列表及具体日期,参见安德鲁斯(2004),表 2.1。

④ 参见桑克尔(1982),第 82—86 页。

乡的棉花和糖都在减少。

然而，这种劳动力市场的正常运行在许多方面都遭到了阻挠。出口部门的实际工资往往在很长一段时间内保持不变，在某些情况下甚至下降了。雇主极不情愿提高工资来吸引工人。即使他们确实支付了较高的名义工资，但往往也能通过经营公司商店来降低实际成本，在这些商店里，工人们不得不以他们的工资兑换高价出售的商品。

因此，在第一次世界大战前夕，在拉丁美洲的许多地方依然可以发现强制性的劳动力市场——这是殖民时期劳动力市场的显著特征。在危地马拉和萨尔瓦多，咖啡生产商用固定或下降的实际成本来确保劳动力的方法常常是残酷的，[①]在巴西和秘鲁的橡胶繁荣时期雇佣的许多人也是如此。[②] 巴拉圭生产马黛茶的劳动力仅在名义上是自由的，[③]而阿根廷在图库曼生产蔗糖的工人的情况也好不到哪里去。[④]

在 19 世纪下半叶席卷次大陆许多地区的自由主义改革，目的之一就是缓解雇主所面临的劳动力短缺问题。印第安村社公有土地的转让将私有财产引入自给经济部门，并通过(和修改)反流浪法试图迫使那些没有财产的人将他们的劳动服务转移到资本主义经济部门。然而，在没有提高实际工资的情况下，只有强迫才能确保雇主得到充足的劳动力供应。[⑤]

雇主不愿意用高工资去清理劳动力市场的原因有很多。拉丁美洲大部分国家的初级产品出口在世界市场上与来自世界其他地区(包括拉美其他地区)的供应商相竞争。对于许多劳动密集型的出口而言，劳动力成本绝对是

---

① 关于危地马拉，参见琼斯(1940)，第 12 章。关于萨尔瓦多，参见门希瓦尔(1980)，第 87—112 页。

② 关于巴西橡胶繁荣，是迪安撰写的一部优秀专著(1987)的主题。秘鲁橡胶工人的待遇演变成一桩国际丑闻，参见维安(1914)，第 151—154 页。

③ 美洲共和国署(1892f，第 96—104 页)是由一位美国领事撰写的一部很有启发性的关于马黛茶的当代作品。

④ 参见鲍尔(1986)，第 182 页。

⑤ 这些问题是敦坎等人撰写的许多优秀论文的主题(1977)。

最大单项支出,高工资也被视为"零和游戏",其间若工人受益,便意味着较低
的租金和利润。一些雇主对供给曲线的斜率也持悲观态度,认为只有大幅度
提高工资才能自动地获得所需的额外劳动力。另一些人和大多数精英阶层
一样,普遍蔑视下层阶级,认为只有欧洲的国际移民才能解决劳动力短缺
问题。

事实上,在第一次世界大战前,移民拉丁美洲的趋势有两种:选择性移
民和大规模移民。[1] 选择性的国际移民并不意味着劳动力市场的自由,工人
是为特定的任务而引入的。例如,中国苦力在秘鲁的制糖和棉花行业[2]、古巴
的糖业[3]和哥斯达黎加的铁路建设中被广泛使用[4]。在墨西哥,来自韩国的
契约工加入了龙舌兰产业。[5] 来自英属西印度群岛的工人则普遍受雇于中
美洲的香蕉业、铁路修筑以及 1903 年后的巴拿马运河建设。[6] 古巴糖业使用
来自波多黎各的工人,多米尼加共和国的糖业甚至在第一次世界大战前仍传
统地依靠海地工人。[7] 许多拉美国家政府也鼓励建立由欧洲移民组成的农
业移民区。大多数移民区失败了,但是在南椎体国家[8],尤其在智利南部、巴
西南部和阿根廷南部,取得了相当大的成功。[9]

大规模移民并非受所有政府的青睐。因为选择性移民像一个能开能关
的"水龙头",可以适应当地劳动力市场条件,而大规模移民——外国人无限
制地进入,则会带来风险:移民不在劳动力匮乏的地区工作,会带来"危险

---

① 关于大规模移民,重点参见桑切斯·阿朗索(2006)。

② 参见冈萨雷斯(1989)。

③ 参见托马斯(1971),第 186 页。

④ 但是,这些工人的死亡率很高,并且为英属西印度群岛的工人所取代,参见埃切维里·肯特
(1985),第 1—3 章。

⑤ 参见鲍尔(1986),第 184 页。

⑥ 关于巴拿马的英属西印度群岛工人,参见康尼夫(1985),第 1—3 章。

⑦ 参见霍伊廷克(1986),第 293 页。

⑧ 南锥体国家是一个地理术语,专指阿根廷、智利和乌拉圭三国。

⑨ 许多不同国籍的移民出于不同的原因参与了这些农业移民区的建立。对于威尔士移民而
言,他们定居在巴塔哥尼亚高原的动机之一是保留他们的语言,参见威廉姆斯(1991),第 8
章。马歇尔编辑了一部很好的有关欧洲移民概况的文献目录(1991)。

的"社会和宗教思想,而且在经济萧条时期不会离开。此外,即使政府赞成大规模移民,也不能肯定实现。因为其所提供的激励措施必须与迁移到美国、加拿大和其他"近期定居地"的国家的吸引力相竞争。

　　事实上,拉丁美洲的大规模移民仅限于少数国家。突出的例子是阿根廷。大规模国际移民始于19世纪60年代,在三国同盟战争后的70年代加速,并且一直持续到第一次世界大战(只在19世纪90年代早期有过短暂中断)。到那时,外国出生的人口占总人口的30%,这一数字远高于美国。自1870年以来,移民占人口增长的一半,占劳动力增长的一半以上。虽然有很大一部分移民选择留在布宜诺斯艾利斯,导致城市人口膨胀,并使其成为拉丁美洲第一个人口超过100万的城市,①但是劳动力市场的效率相当高。劳动力短缺从未严重影响到出口的扩大,而且有证据表明,即使在1914年之前,农村地区的实际工资也在上涨。②

　　乌拉圭也支持大规模移民政策。与阿根廷一样,最大的移民团体是意大利人。但是与阿根廷人相比,他们对城市生活——这里指蒙得维的亚,表现出更大的偏好。直到20世纪初,不安定的政局环境限制了移民的流入,因此,在1908年的人口普查中,外国出生的人口"仅"占总人口的17%。③ 1888年废除奴隶制后,巴西也采取了大规模移民政策,吸引了大量意大利和葡萄牙移民来到圣保罗州。1907年后,圣保罗成为吸引日本移民的主要目的地。然而,外国出生的人口从未超过总人口的10%。

　　在西班牙战败后,古巴选择了大规模移民,以有意识地重建饱受战争蹂躏的国家,并解决制糖业劳动力短缺的结构性问题。然而,种族偏见一直限制了西印度群岛人的入境,直到20世纪20年代,劳动力短缺问题变得尤为

---

① 到1910年,该城市人口超过150万,其唯一强有力的对手是里约热内卢,拥有87万人口。参见米切尔(2007)。

② 参见科尔特斯·康德(1986),第340页。

③ 参见芬奇(1981),第25页。

严重,因此古巴移民政策的主要受益人是西班牙人(包括菲德尔·卡斯特罗和劳尔·卡斯特罗的父亲,他最初作为西班牙军队的一员来到古巴)。在其他地方,除了智利的部分例外,支持大规模移民的政策要么从未被采纳,要么没有成功。在墨西哥,革命爆发时,每200人中只有1人是在国外出生的,而在委内瑞拉,只有10%的移民真正留在国内。[①]

人口自然增长、国内移民、选择性移民和大规模移民的结合缓解了劳动力短缺问题,但通常并没有解决问题。对劳动力短缺的抱怨在第一次世界大战前一直存在于拉丁美洲的部分地区,劳动力市场运作的低效率无疑是一些共和国资本形成率低的原因之一。无论是外国还是国内的投资者,通常不愿意投资于那些利润可能因劳动力短缺而被破坏的活动。

只有少数几个国家的出口增长率没有受到劳动力短缺的影响。例如,阿根廷的移民规模,加之相对有效的劳动力市场,使得实际工资的涨跌与供需差距相符,从长远看如此可以解决劳动力短缺问题。[②] 然而,并非所有大规模移民国家都受到如此青睐。1888年和1898年废除奴隶制后的巴西和古巴,发现即使国际移民也不能畅通劳动力市场,原因在这两个国家都是一样的:雇主们操纵劳动力市场,以防止实际工资的增长。[③]

依赖矿产获得外汇收入的国家(如玻利维亚、智利和墨西哥)也普遍避免了出口部门的劳动力短缺。[④] 矿业部门对劳动力密集程度的要求比农业出口部门低,雇主更愿意把高工资作为吸引工人的手段。然而,把工人带到矿

[①] 参见桑切斯-阿尔沃诺斯(1986),第129页。

[②] 威廉姆森(1999)计算出1914年前6个拉美国家城市非技术性工人的实际工资,并与英国的实际工资相比较。就阿根廷来说,数据表明,实际工资在1873至1883年、1899至1903年间持续增长。数据参见威廉姆森(1998),同时参见威廉姆森(2011)。

[③] (大规模)国际移民是解决出口部门劳动力短缺的笨拙手段。首先,并非所有移民会留在国内;其次,许多人并不选择在出口部门工作。据统计,在巴西圣保罗州,1892—1895年,有79%的移民永久留了下来,而在1906—1910年到来的国外移民中,却只有9%留了下来。参见霍洛韦(1980),第179页。

[④] 即使如此,也几乎没有迹象表明实际工资的增长。关于墨西哥的详细研究,参见戈麦斯-加尔瓦里阿多(1998)。

场的强制性因素依然强劲，劳工动乱时有发生。[①]

最后一组是诸如海地和萨尔瓦多这样的国家，那里的出口增长如此温 *97*
和，以至于在 19 世纪末，人口的自然增长率导致了其向邻国的移民。巴西东
北部地区，而非整个国家，处于类似的境况。在这些情况下，出口部门的失败
不能归咎于劳动力市场的运作。

在其他地方，劳动力持续短缺，并导致出口增长缓慢。问题的根源在于
雇主不愿意用工资畅通市场。尽管有劳动力短缺的证据，但诸如古巴的甘蔗
收割工、巴西的咖啡种植者和厄瓜多尔的可可工人的实际工资，仍长期一成
不变。[②] 政府通过限制土地使用权来增加劳动力供给的努力可以缓解这个
基本问题，但无法根本解决。当局宁愿补贴国际移民费用（例如巴西）或向外
国人提供免费的土地（例如萨尔瓦多），也不愿意看见实际工资上涨。

为保证充足的劳动力，同时又不提高实际工资，许多大地主推广向工人
提供土地以换取他们劳动的做法（此方法自殖民时期已存在）。这些工人在
智利被称作"佃农"，在安第斯山脉被称为"垦殖农""契约农""佃户"，在墨西
哥则被称为"雇农"。他们几乎处于货币经济之外，因为他们的报酬是实物而
非现金。即使是全年受雇从事专门行业的日工也处在货币经济的不利地位。
贷款通常在模棱两可的情况下提前发放给工人，以换取其承担未来的义务。
预付款不一定因债务人的死亡而取消，相反，债务会传给子女，因此这种制度
通常被称为"债役农制"。[③]

雇主不愿看到实际工资上涨，有宏观经济和微观经济两层含义。特别是

---

① 最臭名昭著的例子是 1907 年对智利北部城市伊基克硝酸盐港口工人罢工的镇压，造成数百
人死亡。参见布莱克莫尔（1986），第 529 页。

② 例如有人认为巴西"这些条件似乎导致了一种扩张模式。在这一模式中，经济中的先进部门
可以在没有提高实际工资的情况下增长将近一个世纪"。参见莱夫（1982），第 69 页。同时参
见威廉姆森（1998 和 1999）。

③ 关于债役农制，出现一种修正的观点，认为劳动力短缺似乎有利于债务人，而非债权人。例
如，参见米勒（1990）。尽管有理由认为劳动力不足本应有利于债务人，但并不绝对。

98　　在出口部门,收入集中在土地和资本所有者手中。这也破坏了为响应提高实际工资而寻求节省劳动力的技术革新的努力。由此,其与澳大利亚、新西兰和加拿大形成了强烈对比——所有这些实行大规模移民的国家,有自由的劳动力市场(到 1914 年)和不断增长的实际工资。[①] 阿根廷最接近这种模式,其农业技术的改进和实际工资的提高成为直到第一次世界大战前出口部门值得注意的特征。

土地

19 世纪中叶之后——在一些情况下,甚至在此之前——农业出口的扩张需要获得新的土地。在 50 年内,假设产量没有变化,农业出口每年 5% 的增长率意味着土地的使用增加了 10 倍。即使考虑到产量的提高和大多数国家较温和的增长率,至少在以农业为基础的情况下,出口导向型增长仍然意味着土地投入的大幅增加。

无论在独立初期还是到第一次世界大战前夕,拉丁美洲国家,甚至包括人口稠密的萨尔瓦多和海地,都没有出现土地短缺的问题。这个地区以其有利的土地和人口比例闻名于世。1913 年,一些拉美大国(如阿根廷和巴西)每平方公里居民不足 3 人,甚至在萨尔瓦多和海地,也低于 70 人。

然而,要想获得土地却是另一回事。拉美受到两个难题的困扰。其一,交通不发达意味着在铁路到来之前,大片土地几乎无法进入。在当时,许多国家的部分地区仍与世隔绝,直到 20 世纪建立了广泛的公路网,才最终融入国家领土。其二,拉丁美洲延续了西班牙和葡萄牙的土地占有制度,使土地所有权高度集中。

总的来说,在独立后的一个世纪里,土地所有权的集中几乎没有改变。

---

① 澳大利亚尽管作为罪犯流放地有一个不祥的开始,但在 1841—1845 年和 1886—1890 年实际工资增加了 120%,而物价仅上涨 10%。参见特里加尔森(1897),第 421 页。

然而，像通常的做法，将这个问题完全归咎于承袭了伊比利亚半岛的土地所有制，则是错误的。[1] 事实上，在 19 世纪 20 年代，私人所有的土地面积只是其在 1914 年的一小部分。近一个世纪以来的增长是巨大的，如果私人所有的新土地能够得到较公平的分配，就会为改变土地高度集中的情况提供许多机会。而其之所以失败，更应归因于政治权力的平衡和经济危机，而非承袭了殖民时期的模式。最引人注目的证明是土地高度集中状况在那些长期为西班牙所忽视的国家——如阿根廷、萨尔瓦多和乌拉圭——的重现，而这一现象原本出现在西班牙所青睐的地区，如墨西哥和秘鲁。

　　私人手中土地面积的增加有着不同来源。在一些国家，一定程度上是征服的结果。19 世纪最后 25 年，在阿根廷、智利和墨西哥爆发的印第安人战争，极大地增加了国家财产，并为国家奖赏其追随者提供了机会。在少数情况下，这些新土地被用来鼓励由欧洲移民组成的农业垦殖区，但它们常常被分割成巨大的地产。在波菲里奥·迪亚斯时期的墨西哥，继北部雅基印第安人被击败后，一家公司就被赠予了 54.7 万公顷土地，相当于萨尔瓦多领土的 1/4。[2]

　　更常见的增加私人土地的方法是出售或者授予前西班牙王室的土地。每个共和国都继承了大片这样的土地，可以随着需求和环境的变化加以处置。分配这些公共土地为国家实现众多不同的目标提供了强有力的工具，包括——如果政府乐意这样做的话——降低土地所有权的集中程度。小地产偶尔也受到鼓励，但是通常的土地支配模式再现甚至加剧了承袭土地的集中。[3]

　　村社或者公共土地的转让也是如此。将私有财产引入到几个世纪以来

---

① 关于这类资料的详细回顾，参见弗兰克曼（2009），第 3 章。
② 这片土地被授予洛杉矶的理查德森建筑公司。参见奈特（1986a），第 111 页。
③ 在阿根廷，这种情况开始于 1822 年，随着永佃权的出现，政府允许个人租用大片公共土地。然而，在胡安·曼努埃尔·德·罗萨斯统治时期（1829—1852），土地被当作不动产出售。参见林奇（1985a）。

一直土地公有的村社,会产生像许多欧洲地区那样的小地产制和自耕农制。一些印第安村社得以幸免于这种转变,但是主要受益者往往是拥有声望和政治影响的大地产主。例如,萨尔瓦多和危地马拉的许多大庄园,都源于1870年后公有土地的转让,因当时自由派政府决心推广咖啡种植。

19世纪下半叶,对教会土地的征收为降低土地所有权的集中程度提供了进一步的机会。在墨西哥,1857年后贝尼托·华雷斯推行的自由主义改革,具体是通过将教会土地分配给农民的温和手段,来鼓励小地产农业的发展。然而,这场改革的目标几乎完全受到大地主的阻挠,进入20世纪,墨西哥作为土地所有权最集中的国家之一而闻名于世。[1] 在别处如哥伦比亚和厄瓜多尔,对教会土地处置的结果也一模一样。[2]

大地主阶级削弱墨西哥改革目标实现的能力,显示了19世纪拉丁美洲与土地所有制相关的政治权力。第一次世界大战前的50年里,大地主不时地行使政治霸权,他们在任何可能的情况下利用国家的权力来加强自身的特权地位,这是不足为奇的。事实上,在一些国家,比如1870年后的巴拉圭,国家与大地主阶级的联系如此密切,要将两者区分开来加以分析简直纯属徒劳。[3]

然而,若认为土地集中得以延续仅仅是土地精英政治权力的反映,则是错误的。整个19世纪持续存在的劳动力短缺为国家提供了进一步的理由来限制大多数公民获得农业土地所有权。不管劳动力短缺是不是人为所致(毕竟,它们反映了劳动力市场和其他方面的不完善和低效),其仍然被政治精英视为总体经济发展,特别是促进出口的主要障碍。因此,将公共土地转为私人拥有的家庭规模的土地的想法被认为是适得其反,因为农业劳动力几乎

---

[1] 1910年(革命前夕)人口普查表明,1.1万个大地产主(仅占总人口的0.1%)控制了57%的土地。参见辛格(1969),第49页。

[2] 在厄瓜多尔,19世纪末国家剥夺的教会土地并没有被分配,只有那些拥有相当多资源的人才有资格获得。参见迪斯(1986),第666—667页。

[3] 关于这一时期的巴拉圭经济史,参见阿本特(1989)。

没有寻求外部就业的动机。

101

有些出口作物确实适合大规模的农业技术。在 24 小时内加工甘蔗需要复杂的劳动分工，这在小型农业中是很难实现的。香蕉出口的情况也差不多。在中美洲，小规模农场主控制的扩大销售的早期努力，由于缺乏适当的运输设施而使农作物腐烂变坏，以致遭受了重大损失。[①]

出口农业的规模经济相对较少。像咖啡、烟草、可可豆和小麦之类的作物在规模上都能得到持久的回报，因此在小农场也能同样有效地提高产量。事实上，哥斯达黎加和哥伦比亚部分地区的咖啡生产提供了 19 世纪拉丁美洲小农农业出口的最好例证。独立的家庭农场——通常为国内市场生产谷物、水果和蔬菜，在智利、厄瓜多尔、墨西哥和秘鲁的一些地区生意兴隆。[②] 主要在南半球的少数几个成功的农业垦殖区提供了中型农场盈利能力的证据，而一部分中等规模的佃耕农场则在阿根廷潘帕斯大草原的部分地区非常繁荣。[③]

没有一个理由能够概括解释这些相对孤立的小地产获得的成功。在拉丁美洲的部分地区，有一些自耕农在那里发展起来，那里的劳动力短缺非常严重，以至于无论怎样调控劳动力市场都不可能产生足够的工资劳动力。整个 19 世纪哥斯达黎加的情况就是如此，许多家庭被迫仅耕种一块与家庭劳动力相符的土地。其他原因，像墨西哥巴希奥地区一样，是大地主面临财政问题之后，将庄园分割成家庭规模的农场的结果。[④]

然而从广义上讲，总体而言，农业，尤其是出口农业，仍以大型庄园为主。在边疆开拓新土地，在边疆内出售公共土地，以及对靠近村社的公有土地的处置，都迫使人们继承了殖民时期遗留下来的土地所有权的传统模式。即使

102

---

① 关于蔗糖经济，参见莫雷诺·弗拉希纳尔斯(1986)；关于香蕉业规模经济，参见卡恩斯(1978)，第 2 章。

② 参见索尔博里格(2006)。

③ 参见加洛(1986)，第 367 页；亦见泰勒(1948)，第 190—204 页。

④ 参见布拉丁(1978)，第 6 章；亦见奈特(1986a)，第 12 页。

是在日益透明和活跃的土地市场上出售大地产,也无法削弱土地集中在少数人手中的趋势,因为大地产通常是作为一个单位出售,而不进行细分。

增加私人手中土地数量的手段足以确保土地供应,而很少成为扩大出口的障碍。只有在对气候条件有特别高要求的地方,就像在可可、咖啡或烟草的例子中一样,可能会声称出口数量受到了缺乏合适土地的限制。更重要的是,在大庄园内经常会有大量的土地未开垦,这就提供了相当大的灵活性,可以根据市场情况的需要增加产量。我们必须承认,作为能够迅速而灵活地对瞬息万变的世界市场条件进行反应的制度,大庄园与小型或者中型庄园相比具有某些优势。

然而,大地产不应该与经济的其他部分隔绝开来看待。它所应对的劳动力短缺往往比实际情况更为明显,尤其是在 20 世纪初。政治庇护促进了大地产的发展,也影响了财政体系,并鼓励政府用(递减的)进口税来替代(可能累进的)土地税。地主阶级的政治霸权运动导致了其对要素市场和租金在国民收入中所占比重的操纵,从而使大部分劳动力在政治和经济方面被边缘化,而其唯有带来高速的资本积累,才能被认为是正确的。但正如我们即将发现的那样,情况往往并非如此。

资本市场

出口部门在出口导向型模式下的增长需要额外的土地和劳动力投入,它还需要资金,不论初级产品出口的是矿物还是农产品;但是,矿业的单位产出所需的资本一般高于农业。此外,通过采用往往体现在新资本设备中的技术创新,出口部门的劳动生产率得以提高。因此,在很大程度上,出口导向型模式的成功取决于出口部门的资本供应。

出口部门的盈利能力往往取决于对交通、公共事业、港口、通信和住房等相关活动的补充投资。因此,与出口导向型模式相关的资本需求总量相当大。成功地调动高资本积累率所需的资源并不能保证出口导向型增长模式的成功，但相当肯定的是，若不能实现必要的投资，将破坏该模式。只有在例外的情况下，如秘鲁的鸟粪，才可以认为出口导向型增长不受资本供给的限制。[①]

扩大出口部门直接和间接所需的有形资本，包括机器、工具、零配件、建筑工程、土地改良（包括灌溉）、牲畜、树木和灌木。它还包括对人力资本的投资：19世纪上半叶，一些拉美国家对人力资本投资的最重要形式是奴隶，但在该世纪末，它则泛指培训成本、公共教育和给予熟练劳动力补贴。

对出口部门的许多企业家而言，周转资金的供给也很重要。20世纪初，巴西的一个咖啡种植园不得不提前数月准备资金，用于工资、工具、运输和存储的开支，然后才能指望从咖啡销售中获得所支付的款项。如果不能获得足够的周转资金，可能会迫使农场主或矿主以低于市场价格的价格向出口公司出售产品，从而减少了利润，阻碍了扩张。

实物资本、人力资本和周转资本这三种资本都需要资金。因此，衡量资本市场效率的第一标准是看从潜在放贷者到潜在借贷者之间资金流动的渠道。一个特别依赖再投资利润的出口部门，不会发展得快到足以支撑一个成功的出口导向型增长模式。但出口部门并不是唯一的潜在借贷者。各级政府——中央、省和市，被指望对社会基础设施进行投资，而这些社会基础设施通常不可能获得经常收入以外的资助，新的私营公司不会对诸如铁路这样的项目投资，而这些项目对无法获得资金的出口部门的健康发展至关重要。

因此，潜在借贷者的身份特性就明确了。但是，如果没有将借贷者与放贷者相联系的体制，任何借贷都不可能发生。19世纪上半叶，主要的放贷者是教会、商人阶层和国外人员，但资本市场运作不佳。自由派政治家们对教会的经济实力感到不满，他们认为教会放贷对于促进出口导向型增长无

104

---

① 　鸟粪开采只需使用非熟练工人和最原始的工具（如铁铲）即可。参见莱文(1960)。

效。[1] 商人阶层多次向经济拮据的政府提供贷款,但这种资金很少有助于资本积累。不足为怪,寻租的商人要求各种各样的特权作为回报。最后,19 世纪 20 年代通过发行债券从国外获得的资金事实上不可能应用于所有项目,一般来说,由外国人投资的采矿业往往以失败告终。[2]

为了提高资本市场的效率,少数政府(尤其是阿根廷和巴西)建立了现代金融机构。这些机构迅速堕落成为替政府消除赤字和提供资金的机构,使拉美许多地区的纸币声名狼藉。[3] 然而,这种状况在 19 世纪中叶之后开始改变。成立于 1854 年的阿根廷银行和货币局,起初的作用类似商业银行,1863 年更名为"布宜诺斯艾利斯省银行",成为阿根廷最重要的金融机构之一。在巴西,毛阿男爵于 19 世纪 50 年代开始建立"金融帝国"来补充其在农业和矿业上的投资。19 世纪 60 年代和 70 年代,商业银行在其他许多国家纷纷建立。[4]

拉美商业银行的扩张得益于某些规则的改变,这些规则原本旨在限制英国将其特权延伸到金融机构。英国银行迅速抓住这一机会,到 1870 年,3 家这样的机构及其分支在拉美许多不同的国家建立起来。法国、德国和意大利银行纷纷效仿,但美国银行直到第一次世界大战前才被允许在拉美投资。[5] 这些欧洲银行是外来的金融机构,但它们吸收当地存款,为拉美借贷者提供资金,与当地金融机构展开竞争。到第一次世界大战爆发时,外国商业银行在拉美大多数国家建立起来(参见表 4.2),其中有些银行获利甚丰。[6] 的确,

105

---

[1]　关于墨西哥教会借贷,参见乔宁(1990)。

[2]　关于采矿业投资失败,参见里皮(1959),第 1 章。少有的例外是英国在巴西的圣约翰·德尔·雷伊采矿公司,参见埃金(1989)。关于早期债券违约,参见其第 2 章。

[3]　阿根廷的案例,参见伊里古安(2000)。

[4]　关于商业银行的发展,琼斯(1977a)有着精彩论述。关于 19 世纪墨西哥资本市场的详细研究,参见马里沙尔(1997)。

[5]　国家城市银行(即今花旗银行)是第一家利用美国法律变更的银行,于 1914 年 11 月在布宜诺斯艾利斯开设分行。参见斯托林斯(1987),第 64—66 页。

[6]　四大英国-拉美的银行的总资产,从 1870 年的 890 万英镑,增至 1890 年的 3260 万英镑,1910 年更是达到 6630 万英镑。参见琼斯(1977a),第 21 页。

1913 年英国在拉美商业银行的投资收益率估计为 13.4％[①]，远高于英国对这一地区其他投资的收益，而且远远超过英国本土投资的平均收益。[②]

商业银行为拉美资本积累调动资源做出了重要贡献，但它也存在两大缺陷。第一，到 1914 年，商业银行在大多数国家吸收的存款总额仍然不高。只有阿根廷和古巴广泛采用了银行惯例，但即使在这两个国家，人均存款也不过是澳大利亚和加拿大的一半（参见表 4.2）。此外，正如表 4.2 所示，商业银行的数量也仍然很少。1913 年，厄瓜多尔人均存款为 1.6 美元，而委内瑞拉只有 1.2 美元（此时它还未成为石油出口国）。

第二个缺陷是商业银行对总体资源配置，尤其是出口多元化的影响有限。因为事实上吸收的存款都是短期的（如同欧洲一样），而传统银行的规则也要求短期放贷。因此，许多银行将其放贷集中于出口部门需要贸易资金的现有项目上。这对已确立的出口项目是好消息（同时有助于银行本身的收益），但是对确立新项目和形成多元化的出口结构毫无助益。[③]

一些银行尝试非传统的放贷战略，对许多项目发放长期贷款。然而，这样的革新通常以失败告终。因为在周期性金融恐慌中——这是 19 世纪资本主义在世界各地的常见特征——借款方急于撤回资金，只有传统银行才有能力应对这样的需求。因为外资银行（特别是英国银行）最遵循传统金融纪律，所以它们往往能够比当地金融机构更好地渡过危机，在存款总额中所占的份额也相应上升。

106

为克服商业银行的这些弱点，一些国家尝试了其他类型的金融机构。例如，抵押银行发行长期抵押贷款债券，然后把钱借给农业企业进行长期投资，同时让其提供土地作为抵押。这些银行在那些土地所有权有明确规定且信

---

①　参见里皮(1959)，第 74 页。

②　外国(英国)资本生产性投资的平均收益率为 6％—7％，这比英国本土和殖民地政府发行的有价证券收益高出 3％—4％(即前者将近两倍于后者)。参见普莱特(1977)，第 12 页。

③　关于拉美的银行业，特别是巴西和墨西哥的银行业，参见哈伯(2012)。

表 4.2　1913 年前后拉丁美洲的银行

国家	银行数量	国际银行支行数量[a]	人均货币流通量（按美元计算）	人均银行存款（按美元计算）
阿根廷	13	76	45.6	75.7
玻利维亚	4	2	3.5	3.3
巴西	17	48	11.6	9.4
智利	11	23	11.8	26.0
哥伦比亚	6	2		6.1[e]
哥斯达黎加	5	0	5.9	
古巴	9	25		59.2[i]
多米尼加共和国	3	2		
厄瓜多尔	5	1	2.5	1.6
萨尔瓦多	4	2		2.3
危地马拉	5	0	2.9	0.9
海地	1	0	1.2[f]	
洪都拉斯	3	0	0.4[g]	
墨西哥	32	14	6.7[b]	
尼加拉瓜	5	1	4.8[h]	
巴拿马	6	1		
巴拉圭	4	0		
秘鲁	8	20		0.9
波多黎各	4	3	7.5[c]	5.6[d]
乌拉圭	7	9	16.4	29.5
委内瑞拉	3	1		1.2
澳大利亚[j]			10.6	150.3
加拿大			15.7	142.9
新西兰			16.4	108.5

说明：[a] 包括如下国际银行：英国-南美银行有限责任公司，法国-意大利-南美银行，西班牙美洲商业银行，南美英国银行，德国-南美银行股份制公司，德国海外银行，伦敦-普拉塔河银行有限责任公司，伦敦巴西银行有限责任公司，意大利-比利时银行，纽约国家城市银行和加拿大皇家银行。

[b] 此数字来自卡唐(1991)，第 241—245 页。

[c] 此数字来自卡罗尔(1975)，第 450 页，为 1898 年数据。

[d] 此数字来自克拉克等(1975)，第 376 页，为 1908 年数据。

[e] 此数字来自哥伦比亚央行(1990)，第 159 页，为 1925 年数据。

[f] 此数字来自海地共和国国家银行(1948)，为 1919/1920—1933/1934 年的平均数据。

[g] 此数字为 1918 年数据。

[h] 此数字为 1911 年数据。

[i] 此数字来自施罗德(1982)，第 529 页，为 1916 年数据。

[j] 以下三个国家作为对比项列出。——编者注

资料来源：关于银行和国际银行支行的资料来自威尔科特斯和赖恩斯(1917)。关于货币流通量和银行人均存款的资料来自国际联盟(1927)和杨(1925)，例外另注明。

用评级足以在国外市场提供抵押债券的国家运作得最好。显然，在阿根廷、智利和乌拉圭，这些银行最为兴旺，在其他地方，则影响比较有限。[①] 到 1914 年时，一些大国(例如阿根廷、智利、墨西哥和秘鲁)也建立了股票市场，但它们仍然只是交易政府债券的场所。[②]

将资金从贷方输送到借方的体制框架不足，意味着许多新的经济活动只能通过更为非正式的渠道进行。许多最成功的拉美企业依赖于家族网络，这使得现有公司的利润可以流向新的企业。这类例子如阿根廷的迪特利亚家族[③]、巴西的普拉多家族[④]、智利的爱德华兹家族[⑤]和墨西哥的戈麦斯家族[⑥]。这些名字在 20 世纪各国历史上的重现，归功于家族成员间建立的金融网络的成效。

促进资本积累的另一种流行方式是移民投资，而不是依赖金融机构。除了大规模移民国家之外(参见边码第 94—95 页)，小股的移民往往带来用于新活动投资的少量资本。第一次世界大战前制造业的增长(参见第五章)很大程度上要归功于这类金融转移。

108

[①] 在拉丁美洲 58 家金融、土地和投资公司中，不超过 19 家公司在阿根廷开展业务。参见威尔科特斯和赖恩斯(1917)，第 840—844 页。

[②] 关于巴西的案例研究，参见汉利(1998)。

[③] 刘易斯(1990)第 4 章，对迪特利亚家族和其他阿根廷成功的资本家有很好的描述。

[④] 安东尼奥·普拉多(1840—1929)是将以土地为基础的家族财富向工业和金融转移的先驱。参见利瓦伊(1987)。

[⑤] 奥古斯丁·爱德华兹在 19 世纪末以前就涉足了工业、金融、商业和农业。参见基尔施(1977)，第 102 页。

[⑥] 在第一次世界大战以前的一代人中，戈麦斯家族在工业和自由职业领域根深蒂固。参见龙尼茨和佩雷斯利绍尔(1987)，第 106 页。

这些策略非常有用,但不是令人完全满意的解决方案,也不能掩盖拉美大多数国家资本市场效率低下的本质。一方面,正式的融资体制易于加强出口导向型模式集中于数量有限的出口商品的趋势,并且阻碍出口部门内外的多样化。[①] 另一方面,非正式的融资渠道使放贷者与人数有限的借贷者接触(在移民中,两者互为一体),无论如何,这一力量太薄弱,无法对资源的整体配置产生太大的影响。

在拉美大多数国家,对人力资本投资的体制甚至更不完善。由于小学系统只对很小一部分儿童提供基本的训练,因此熟练甚或半熟练劳动力的供应受到了限制。在第一次世界大战前,高于80%的成人文盲率并非罕见。阿根廷在多明戈·福斯蒂诺·萨米恩托总统执政时,受美国榜样的鼓舞,早在19世纪60年代就推行大规模初等教育[②];智利也不甘落后,紧随其后[③];哥斯达黎加在19世纪90年代做出相同承诺[④];乌拉圭在随后的10年中也是如此[⑤]。

然而也有例外:巴西和墨西哥作为拉美最大的两个国家,初等教育制度落后到令人痛心的地步,迫使雇主依赖的劳动力毫无技术进步和创新所需的任何素质。[⑥]

出口导向型增长模式需要具备新技能的劳动力,为此人们为建立职业培训机构做出了努力。工学院,以及植物育种、农艺学和牲畜饲养的专业机构相继建立。[⑦] 然而,大学教育则落后甚远,课程和课程结构自殖民时期以来就

---

① 关于拉美的这些制度约束,参见戴伊(2006)。

② 早在1883年,大约13万阿根廷儿童(几乎占学龄儿童的1/4)接受初等教育。每个学生开支大体与英国相当,高于美国。参见马尔霍尔和马尔霍尔(1885),第67页。关于拉美更广泛的教育,参见赖默斯(2006)。

③ 到1914年,智利入学人数高达38万,推动识字率由1885年的不足30%提高到了1910年的50%以上。参见布莱克默(1986),第527页。

④ 关于哥斯达黎加教育制度和早期初等教育的承诺,菲谢尔(1991)做了很好的研究。也可以参考恩格曼和索阔罗夫(2012),第5章。

⑤ 乌拉圭对教育的执着与1903年选举后何塞·巴特列-奥多涅斯的上台有关。参见奥多内(1986),第466页。

⑥ 参见赖默斯(2006)。

⑦ 参见威尔科特斯和赖恩斯(1917),第31—39页。

毫无改变。①

外国投资

鉴于在调动国内资源用于资本积累方面所遇到的困难，各国政府都求助于外国人，寻求额外资金，这并不奇怪。拉美独立之时，英国是唯一一个拥有剩余资本用于出口的国家，但到了19世纪末，这个名单已经扩大到包括法国、德国和美国。虽然从其他发达国家也可以获得少量资本②，但外国资本的长期供应则主要依赖于从这四个国家吸引资金。③

外国投资可以是有价证券投资，也可以是直接投资，而管理这两种投资的条件截然不同。证券投资主要由在发达国家证券市场发行的债券组成。第一批债券于19世纪20年代在伦敦股市上市，发行所得被各国政府用于弥合收入和支出之间的差距。这一试验总体来说是失败的，然而各国政府逐渐对违约的债务进行了重新谈判，以便在1850年之后能够再次发行债券。④ 以很大折扣发行的这些债券所反映的风险报酬，却时常被证明是合理的。⑤ 例如，到1880年，英国债券持有者购买的1.23亿英镑中，大部分都处于违约状态，直到20世纪第一个十年拉美国家政府才开始定期偿还。⑥

少数政府，尤其是阿根廷、巴西、智利、墨西哥和乌拉圭，能够定期发行

110

---

① 由于对陈旧的课程和僵化的纪律的不满，1918年在阿根廷科尔多瓦爆发了大规模抗议，这为整个拉丁美洲高等教育改革铺平了道路。参见黑尔(1986)，第424—425页。

② 在拉美进行投资的其他发达国家包括：比利时、意大利和西班牙。

③ 关于更普遍的外国投资和拉美的外部环境，参见泰勒(2006)和德·派瓦迪·阿布雷乌(2006)。

④ 关于1850年以后拉美国家如何重返国际资本市场的情况，马瑞绍(1989)进行了很好的叙述。

⑤ 1870年，即解决1824年债务危机10年后，布宜诺斯艾利斯省仍然不得不接受在伦敦市场上以12%的折扣发行价值103.4万英镑的债券。参见里皮(1959)，第30页。

⑥ 然而，即使在1913年，即第一次世界大战前的最后一年，危地马拉和洪都拉斯仍在拖欠债务。参见里皮(1959)，第72页。

外国债券(至少在 1870 年以后),作为政府支出的一种融资方式。这些国家发行的债券通常受到外国人的欢迎。1913 年,投资于拉美政府债券的英国资本有 90％以上流向这 5 个国家(参见表 4.3),英国是这些债券最重要的购买者。然而,即使在这些受欢迎的国家,也会通过内部融资为政府过度开支提供一定数目的资金。因此,发行国外债券绝不是政府用以弥补赤字的唯一途径。[1] 然而,国外债券无疑对发行债券的政府是具有吸引力的:新债券融资的附加条件往往是松散的,政府可以用这笔资金直接支付经常开支,从而避免不得人心的增税,即使这对资本积累毫无作用。

在那些不太受欢迎的国家,政府债券融资是典型的再融资而非新投资。对拉美许多国家债务违约持续的不满情绪,导致债券持有人向政府施压,要求政府为偿债指定税收(通常是关税)。[2] 在一个极端的事例(秘鲁)中,英国债券持有人成立了秘鲁公司,该公司取消了未偿债务,以换取各种国营企业。[3] 美国担忧债券拖欠会引起欧洲势力干预拉美事务(无视“门罗主义”),因此试图用拉美欠美国投资者的贷款来替代欧洲债券(即“金元外交”)。在美国干涉的地方——古巴、多米尼加共和国、海地和尼加拉瓜,总是特别优先考虑把控海关收入以确保及时偿还债务。[4] 这些措施确保了第一次世界大战前几年的债务违约比 50 年前少见得多,但是这些国家的政府仍然不愿意利用外资来支付其全部开支的大部分。

在某些情况下,债券不是由政府发行的,而是由私营企业发行的。这些债券的发行是为支持那些从事铁路、公共事业、金融机构和其他生产活动的公司的经营。许多这类公司是通过外国直接投资而成立的,资本的所有者和

111

112

---

[1]　例如,在 1914 年之前的 5 年里,外国贷款占了巴西公共债务偿还的 70％。参见弗里奇(1988),表格 A.11 和 A.14。剩下的 30％为国内债务的偿付金。

[2]　例如,早在美国占领前的多米尼加共和国就发生过这类情况。参见霍廷(1986),第 300 页。

[3]　这份以格雷斯公司移民创始人的名字命名的合同于 1890 年生效。所有的外债都被取消了,作为交换条件,秘鲁向债券持有人(今后指定为秘鲁伦敦公司)转让了该国铁路 66 年的所有权、的的喀喀湖的自由通航权和高达 300 万吨的鸟粪。参见克拉伦(1986),第 598—599 页。

[4]　美国对这些国家外贸税收的控制,参见兰利(1983)。

表 4.3 1914 年前后英国、美国在拉美的直接投资和证券投资

国家(地区)/	公共外债			外国直接投资		
部门	百万美元	英国(%)	美国(%)	百万美元	英国(%)	美国(%)
国家						
阿根廷	784	50.8	2.4	3217	46.7	1.2
玻利维亚	15	0	20.0	44	38.6	4.5
巴西	717	83.4	0.7	1196	50.9	4.2
智利	174	73.6	0.6	494	43.1	45.5
哥伦比亚	23	69.6	21.7	54	57.4	38.9
哥斯达黎加	17	47.1	0	44	6.8	93.2
古巴	85	58.8	41.2	386	44.0	56.0
多米加共和国	5	0	100	11	0	100
厄瓜多尔	1	100	0	40	72.5	22.5
萨尔瓦多	4	100	0	15	40.0	46.7
危地马拉	7	100	0	92	47.8	39.1
海地	1	0	100	10	0	100
洪都拉斯	26	0	61.5	16	6.2	93.8
墨西哥	152	92.1	7.9	1177	54.0	46.0
尼加拉瓜	6	50.0	0	6	33.0	67.0
巴拿马	5	0	100	23	0	100
巴拉圭	4	100	0	23	78.3	21.7
秘鲁	17	47.1	11.8	180	67.2	32.2
波多黎各	44	0	100	176	0	100
乌拉圭	120	75.0	0	355	43.4	0
委内瑞拉	21	47.6	0	145	20.7	26.2
拉丁美洲	**2229**	**67.8**	**13.8**	**7569**	**47.4**	**18.4**
部门						
农业				255	4.7	93.7
矿业				530	19.1	78.3
石油				140	2.9	97.1
铁路				2342	71.2	13.0
公共事业				914	59.7	13.9
制造业				562	14.8	3.0
贸易				485	0.4	7.0
其他				2341	50.0	5.2

资料来源：拉丁美洲经济委员会(1965)，第 16—17 页；关于波多黎各数据，来自克拉克等(1975)，第 417 页,586 页和 597 页,为 1928 年数据。

控制者均非本地人。第一批这样的公司是 19 世纪 20 年代的英国矿业协会,但只有少数幸存下来,直到 19 世纪下半叶,外国直接投资才复苏。

外国直接投资被吸引到那些因技术壁垒和获得资本的途径受到限制的当地公司涉足的领域。因此大批投资流向了铁路、公共事业、矿业、银行业和航运业(参见表 4.3),其中前两项的投资活动最重要。到第一次世界大战时,美国也从加勒比地区的糖厂①和中美洲的香蕉业②获得重大利益,而英国资本则投资于阿根廷和乌拉圭的肉类加工厂③。

外资企业在这些领域非常重要,在某些情况下占支配地位,但是不公平竞争和滥用权力的事例比比皆是。④ 然而,在许多领域,尤其是国内市场的农业生产,外国直接投资在大多数国家扮演了次要的角色。而且,在新兴的制造业部门,外国直接投资依然影响甚微。在建筑业,一些外国公司纷纷成立,专门从事大规模的公共项目,例如墨西哥的威特曼·皮尔森公司⑤。但是,对城市住宅这类项目的大多数投资则是由国家完成的。

到第一次世界大战爆发时,外国直接投资受到的控制相对较少。盛行于政府部门的自由主义思想使决策者确信,外国直接投资是促进经济发展必不可少的辅助手段。特别是在社会基础设施方面的外国投资,被认为是出口导向型增长模式能够繁荣的关键条件。1870 年以后铁路网的发展,虽

113

---

① 参见莫雷诺·弗拉希纳尔斯(1986)。西班牙被赶走后,美国在波多黎各投资的蔗糖业有了惊人的增长。参见拉莫斯·马泰(1984)。
② 1899 年一些小公司组成"联合果品公司",这之后美国控制下的香蕉业增长得尤其迅速。参见凯普纳(1936),第 2 章。
③ 关于英国对阿根廷肉类工业的投资,参见汉森(1938),第 5 章。关于乌拉圭的则参见芬奇(1981),第 5 章。
④ 一个很好的例子是:由拉普拉塔河流域国家的出口商组成的"牛肉托拉斯",通过分配配额来限制竞争。参见史密斯(1969),第 3 章。
⑤ 皮尔森最终通过管道解决了将水由周围地区运至墨西哥城的工程问题。参见加纳(2011)。

然并非完全由外国公司控制，但无疑对扩大出口做出了重大贡献。[1]　然而，相对而言，按每千人计算，铁路长度仍然较低。只有阿根廷的铁路长度与澳大利亚、加拿大和新西兰的接近（参见表4.4）。公共事业的普及也大大提高了城市生活质量，提高了许多城市企业的生产率。[2]

外国直接投资集中在少数几个部门，其中大部分没有进入国际贸易，由此造成了一些问题。许多公司处于自然垄断地位（例如供水），其他则享有准垄断地位（例如铁路）。在某些情况下（例如保险业和航运业），外国公司以固定价格操纵卡特尔，这并不讨当地人的欢心。[3]　许多铁路倾向于加强出口专业化模式而非鼓励多样化，在某些情况下，铁路公司本身的价格歧视使情况更糟。[4]　在一些小国，外国公司可支配的资源，造成了与该国政府本身不平等的关系。许多合同——事后看来，对外国公司过于慷慨。[5]　这种情况在一些大国也存在，例如秘鲁，疲弱的财政状况让政府几乎没有回旋的余地。[6]

尽管存在这些问题，外国直接投资对经济发展的贡献仍是积极的，即使不像人们经常声称的那样引人注目。外国直接投资对于资本积累总量的贡

---

[1]　这一点在巴西的事例中已经得到证实，那里1887年铁路货运节约的社会成本（即相较其他运输方式，铁路使节约运输成本成为可能）估计为国内生产总值的10%。参见夏山（1998），同时参见夏山（2006）。

[2]　关于英国在拉美的公共事业公司，参见格林希尔（1977）。关于加拿大在巴西的公共事业公司，麦克道尔进行了详尽研究（1988）。

[3]　参见琼斯（1977b），第58—63页。这些定价安排在一定程度上促成了1890年后许多拉美国家通过的敌对立法浪潮，迫使外国保险公司购买政府证券并在当地存款。

[4]　最突出的例子是危地马拉联合果品公司的子公司中美洲国际铁路公司，它利用价格歧视把对外贸易转移到大西洋海岸的巴里奥斯港（由联合果品公司控制的港口），参见鲍尔·派兹（1956）。

[5]　这种不平等的关系不限于小国家。胡安·比森特·戈麦斯1908年上台后，向委内瑞拉的外国石油公司提供了大量土地和免税优惠，这无疑是一个恰当的例子。参见麦克白（1983），第1章。

[6]　脆弱的财政削弱了秘鲁偿还债务的能力，这也是臭名昭著的《格雷斯条约》签订的主要因素。参见第113页注④。

表 4.4 1913 年前后拉丁美洲的铁路

国家/地区	公司数目	长度(公里)	每千人铁路长度(公里)
阿根廷	18	31859	4.3
玻利维亚	2	1284	0.7
巴西	15	24737	1.0
智利	10	8069	2.4
哥伦比亚	11	1061	0.2
哥斯达黎加	1	878	2.5
古巴	6	3752	1.6
多米尼加共和国	2	644	0.9
厄瓜多尔	2	1049	0.6
萨尔瓦多	1	320	0.3
危地马拉	1	987	0.6
海地		180	0.1
洪都拉斯	6[a]	241	0.4
墨西哥	13	25600[b]	1.8
尼加拉瓜	1	322	0.6
巴拿马	4[a]	479	1.4
巴拉圭	1	410	0.7
秘鲁	9[a]	2970	0.7
波多黎各	3[c]	408[c]	0.4
乌拉圭	10	2576	2.3
委内瑞拉	4	1020	0.4
拉丁美洲		**83246**	**1.4**
澳大利亚[d]		31327	6.9
加拿大		49549	6.5
新西兰		4587	4.3

[a] 选自《南美洲手册》(1924)。

[b] 选自威尔科特斯和赖恩斯(1917)。

[c] 选自克拉克等(1975),第 371 页。

[d] 以下三个国家作为对比项列出。——编者注

资料来源:公司数目取自威尔科特斯和赖恩斯(1917),铁路长度取自国际联盟(1927)。

献目前尚不清楚。外资存量的数据(参见表4.3)给人留下深刻印象,英国在南美洲占据着霸权地位,美国则在哥伦比亚以北的许多国家扮演着类似的角色。然而,部分资金是通过利润的再投资和当地资金的筹集获得的。此外,在少数情况下,尤其是智利和秘鲁的铜矿开采,外国资本通过购买现有的当地企业来实现控制。这一非国有化的进程削弱了需要外国直接投资为新企业提供资金的主张。

因此,外国投资(包括发行债券)对资本积累融资的贡献可能不像人们通常认为的那样重要。对较大的共和国(阿根廷、巴西和墨西哥)——吸引了大量外国投资——的贸易统计数据的考察证实了这种怀疑。[1] 在所有这三种情况里,贸易顺差,而非逆差,是第一次世界大战前几年的正常情况。这一盈余为外国资本利息和利润的外流提供了资金,而这种外流降低了与规定的外国投资总流入有关的资源的净转移。

外国投资对资本积累金的贡献也许没有人们通常认为的那么大,但这并不意味着它没有发挥积极作用。作为转移技术、鼓励革新和提升新管理技术的工具,外国直接投资可能十分重要。然而,这确实意味着,外国直接投资不能被视为解决资本市场不足的灵丹妙药。拉丁美洲大多数国家的长期低出口率是低资本积累率的部分反映,而资本积累率低反映了国内资金流动的困难。外国投资可以是有益的补充,但它不能也没有解决过拉美许多国家资本市场的基本体制性弱点。

---

[1]　巴西已经编制了一个异常全面的国际收支统计表。除了1889—1914年间的一次例外,每年都是贸易顺差(出口减去进口)。这一盈余由于支付外债利息而减少了,但经常账户仍有盈余,除了某两年。在盈余的11年里,摊销的公共外债超过了新的资本流入。参见弗里奇(1988),表A.11。

政策环境

出口部门的扩大不仅仅是最初投入的影响,它还要受到出口利润率变化的严重影响,而出口利润率的变化又受到财政、货币和汇率政策(以及国际价格)相互作用的影响。政策环境在决定非出口部门增长率方面也非常重要(参见第五章)。

财政政策对出口部门的盈利能力既有直接影响,也有间接影响。直接影响来自出口税和进口税的征收,以及在很小程度上来自财产税。除其他外,间接影响是预算赤字对货币供应和汇率的影响。

尽管所有国家都从出口关税中获得了部分公共收入,但很少有哪个政府依靠这种税来获得高额收入。国际竞争意味着,大多数出口关税不可能转嫁给消费者而不损害市场份额;事实上,当国际价格下滑时,一些政府不得不降低出口税,而当价格再次上涨时,出口商往往能抵制补偿性的上涨。[1] 一些国家的部分地区(例如巴西圣保罗州),严重依赖出口关税来获得公共收入,但税收本身只占出口额的一小部分。[2]

例外的是,矿物出口税并不重要。[3] 出口矿物的公司往往面对下滑的(而非水平的)需求曲线,且无力轻易调整,因此为政府提供了以低成本增加公共收入的极好机会。在墨西哥波菲里奥·迪亚斯统治之初,金、银和铜的出口税是公共财政的一个重要组成部分,但是其重要性因革命而下降。[4]

117

---

[1] 例如,在秘鲁,出口税在鸟粪繁荣时期已被逐步取消,尽管政府收入匮乏,但由于出口商的政治影响力,后来并未重新征收出口税。参见索普和伯特伦(1978),第 30 页。

[2] 在第一次世界大战前,咖啡出口税约占圣保罗州全部税收的 70%。参见霍洛韦(1980),第 46 页。

[3] 然而,19 世纪晚期海地的出口税(主要依靠咖啡)占总收入的近 50%。参见布尔默-托马斯(2012),第 7 章。

[4] 出口税在 1876—1877 年占全部收入的 6%,而这一比例在 1910—1911 年下降至 0.5%。参见卡唐(1991),第 132 页,表格 IV.3.7。

出口税最惊人的例子是智利的硝酸盐，它在 1890—1914 年间提供了几乎所有公共收入的 50％，其中仅税收就占同期出口额的 10％。[①]

　　鉴于智利硝酸盐享有事实上的世界垄断地位，硝酸盐公司能够相对容易地把出口税转嫁给消费者，而且硝酸盐业仍是拉美最有利可图的产业之一。[②] 的确，第一次世界大战前，在拉美任何一个地方都很难找出按出口税而言无利可图的出口商品的有力证据（海地例外）。免税的例子比比皆是——往往是对外国公司免税，这也许毫无必要。[③]

　　拉美地区各国政府严重依赖进口税产生公共收入，即使在"自由贸易"时代，对某些商品征收的关税也可能会高达 100％。[④] 然而，与出口部门相关的货物（机器、设备等）的进口税通常很低，而且在许多情况下，政府根据定期合同向外国公司提供免税优惠。同出口关税一样，很难找到出口部门增长受到高关税严重限制的例子，但要找出慷慨免税的事例则十分容易。[⑤]

　　财政政策对出口部门的间接影响主要通过预算赤字发挥作用。公共财政出现赤字的趋势是许多拉美国家在独立后最初几十年里的一个显著特征。甚至到 19 世纪下半叶这仍然是一个问题，尽管外贸有所增加。[⑥] 税制改革废除了殖民时期遗留下来的许多税收，集中征收了外贸税；到第一次世界大战时，没有一个国家从关税中获得少于 50％ 的公共收入，很多情况下，这个比例超过了 70％。[⑦]

118

---

① 参见桑克尔和卡里奥拉(1985)，表格 20—22。

② 1913 年英国 11 家硝酸盐公司的资本回报率都超过了 15％，其中一家(利物浦公司)达到令人吃惊的 150％。参见里皮(1959)，第 73 页。英国工程师约翰·托马斯·诺斯，著名的"硝酸盐大王"，在 1896 年去世前创办了许多这样的公司。参见布莱克莫尔(1974)。

③ 例如，在《格雷斯条约》的条款下，秘鲁公司不必缴纳鸟粪出口税。参见第 113 页注④。

④ 关于第一次世界大战前拉丁美洲的关税，参见科茨沃斯和威廉姆森(2004)。

⑤ 加勒比和中美洲水果公司签订的香蕉合同几乎无一例外地规定所有进口商品，包括在公司商店出售的消费品，都免税。

⑥ 参见科尔特斯·孔德(2006)。

⑦ 关税(对外贸易)税基往往与国家的大小成反比。然而即使是相对于大多数国家而言，对外贸易的重要性要低一些的巴西，1913 年仅进口税仍占联邦政府总收入的 56％。参见弗里奇(1988)，表格 A.14。

重视关税产生了一些问题。第一,公共收入的变动与外贸保持一致。正如我们所看到的,许多国家的长期贸易增长率不高。第二,贸易呈周期性。贸易萧条带来的公共收入下降,很难通过削减开支来弥补,结果往往是出现赤字;而在经济繁荣时期,总是太轻易就花掉盈余。[①] 第三,关税通常是从量税。[②] 它们不会随着外国商品的国内价格(税前)而变动,所以来自关税的收入缺乏弹性。正如时常发生的那样,一旦国内价格上涨,它就成为一个严重的问题。[③]

119　　　基于上述种种理由,第一次世界大战前夕的人均收入(参见图 4.1)仍然非常低。只有少数国家例外,这些国家都是长期出口增长率可观(阿根廷、智利和乌拉圭)的,或者税基——对外贸易——相对较大(古巴)。然而,即使是大税基(按人均出口来衡量)也没有保证。例如,墨西哥和秘鲁因对外贸过度免税而遭受损失。而多米尼加共和国、尼加拉瓜和巴拿马的人均公共收入水平比许多其他更富有的国家还高,则是因为这三国的海关被美国管理者牢牢控制并全力以赴最大限度地征税。[④]

　　　第一次世界大战之前,人们对国家干预和公共部门最佳规模的期望与今天大不相同。过去期望私营部门从事许多今天留给公共部门的活动,在

---

① 1909—1912 年,咖啡价格大幅上涨,巴西联邦政府收入增长了近 40%。然而,政府支出增长更快,导致赤字不断扩大。参见弗里奇(1988),表格 A.12。在秘鲁,《吉布斯条约》(1849—1861)和《德雷福斯条约》(1869—1878)给予政府如此高额的利润,以致许多税收被取消或减少,所以除鸟粪外的其他收入在 19 世纪 70 年代中期比 19 世纪 40 年代中期要少。参见亨特(1985),表格 3 和表格 5。

② 从量税是按贸易量征收(例如每一米布 10 比索)的,而从价税则按价值征收(例如布匹进口额的 10%)。从量税曾经盛行一时,那时很难确定进口商是否对进口品正确估价。同时,也用以减少海关的腐败。这就解释了为什么 19 世纪进出口贸易要采取"官方"的贸易统计数据,其"价格"常常多年不变。

③ 例如,1890—1898 年间,巴西生活费用指数上升了 200%。英镑进口额(税基)实际上毫无改变,而来自进口税的收入增长了 120%。因此为提高从量税进行了一番努力,以便与国内通货膨胀保持一致,但是实际收入仍然大幅下降。

④ 美国海关管理者一旦设立,就很难撤除。例如,美国对尼加拉瓜海关的控制从 1911 年开始,直到 40 年后才最终结束。

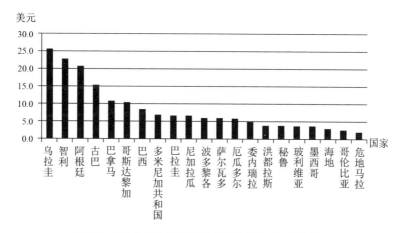

图 4.1　1912 年前后的人均公共收入（三年平均值）

资料来源：拉美八国取自附录三，其他源自布尔默-托马斯(2012)、威尔科特斯和赖恩斯(1917)，以及蒙得维的亚-牛津拉丁美洲经济数据库。

一个例子中(秘鲁)，甚至将征税也承包给私营公司。[1] 然而，国家有些基本的、不可逃避的职能要履行，偿还公共债务是一项额外的义务，经常迫使政府要么违约，要么进一步陷入赤字。事实上，偿还公共债务是第一次世界大战前大多数拉美国家公共开支中最重要的项目。[2]

　　赤字可以通过内部或外部来融资。然而，偿还外债的不良记录意味着只有少数几个国家能够通过定期发行新债券来获得弥补赤字的资金。直到 1913 年，只有阿根廷、巴西、智利和乌拉圭拥有强大的外部信贷——而墨西哥享有的地位因墨西哥革命而丧失[3]——但即使是这些国家也不得不依赖国内债至少满足部分融资需求。

120

---

[1]　参见索普和伯伦特(1978)，第 359 页，注释 59。

[2]　1890—1913 年，偿还公共债务占巴西所有政府支出的 24.7%(这是一个相当典型的例子)，占总收入的比例则更高，参见弗里奇(1988)，表格 A.14。这比固定资本构成重要得多，在 1898 年这一年甚至比所有无息的经常性支出更重要。

[3]　1910 年墨西哥革命爆发，逐渐演变成一场暴力革命，直到 1917 年贝努斯蒂亚诺·卡兰萨总统执政时才恢复一定的稳定。在此期间，社会、政治和金融动荡不断，包括 1913—1916 年的恶性通货膨胀。

　　因此,国内债务是公共财政的一个经常特征。在一些国家,尤其是阿根廷,资本市场已经足够成熟,可以发行国内债券,但是国内债务往往涉及无法兑换的纸币的发行,从而导致货币贬值。在 19 世纪的绝大部分时间里,巴西货币密尔雷斯对英镑稳步贬值,结果在 19 世纪 90 年代滥发纸币的狂潮中几乎崩溃。[①] 智利保守派政府在实行数年严格的财政纪律后,于 19 世纪 70 年代末开始屈从于不可兑换纸币的"诱人魅力"。甚至是阿根廷,其在 19 世纪的大部分时间里,在阻止纸币发行导致货币大幅贬值上也遇到很大的困难。[②]

　　事实上,为赤字而融资的问题往往非常严重。19 世纪末,在"千日战争"期间,哥伦比亚因没有储备支持而发行纸币(包括许多假币),经历了一场戏剧性的货币崩溃。[③] 1895 年后危地马拉比索崩溃,是由于历任暴君屈从于纸币发行的诱惑。[④] 同样的情况也发生在何塞·桑托斯·塞拉亚统治下的尼加拉瓜,直到 1909 年美国干涉为止。[⑤] 多米尼加共和国、海地和巴拉圭都在 19 世纪的不同时期因财政赤字而经历了货币崩溃。

　　即使在那些对纸币发行采取负责任政策的国家,货币贬值也无法避免。原因是,在美国回归金本位制,并且德国继续实行金本位制以后,白银的黄金价格在 19 世纪 70 年代开始下降,导致实行银本位制的国家的货币不断贬值

---

① 即著名的"货币腾飞时期",是继推翻君主制后的一个时期,巴西统治者将所有财政戒律抛置脑后。在 1889—1891 两年内,货币供应增长到 200%。

② 参见伊里古安(2000)。

③ 这场内战于 1899 年爆发,1902 年结束。战争期间,自由派和保守派都快速发行纸币,以致货币价值从含金 30 美分,降到 1900 年的 10 美分,1901 年的 2 美分和 1902 年的 0.4 美分。参见埃德尔(1912),第 75 页。同时参见伯奎斯特(1978),第 200—201 页。

④ 尽管这一过程始于何塞·玛利亚·雷纳·巴里奥斯总统(1895—1898),但真正的罪魁祸首是曼努埃尔·埃斯特拉达·卡夫雷拉(1898—1920),他发现不可兑换纸币和货币贬值是获取强大的咖啡阶层政治忠诚不可或缺的工具。参见扬(1925)。

⑤ 以塞拉亚总统(1893—1909)为例,其政权面临多次叛乱,为赤字而融资往往是增加军费开支的结果。参见扬(1925)。

以应对主要贸易伙伴。[①]

　　拉美承袭了宗主国一套各种金币和银币自由流通的货币制度。[②] 独立后，各国当局定期张贴表格，报告一种货币兑换另一种货币的比率(铸币或货币比率)。只要白银的黄金市价不是太偏离货币率，问题就不会太严重。然而，随着白银的黄金价格在 19 世纪 70 年代之后下跌，金币开始退出流通领域，许多拉美国家发现自己实际上是在使用银本位制。事实上，在少数国家(萨尔瓦多和洪都拉斯)就是正式地采用银本位制，强迫金融机构把纸币按固定汇率兑换为白银，就像在实行金本位制的国家将纸币兑换成黄金一样。[③]

　　大多数国家不可能维护一种正式的银本位制，在白银的黄金价格下降后 *122* 退回到不可兑换货币制。[④] 因此货币贬值成为常态，即使是在实行银本位制的国家。每个国家的输家很容易辨认出来。依靠进口的商人面临着对当地货币需求量的增加以便支付国外进口商品，更不用说面临着不确定因素的增加。货币风险与按一种汇率购买货物和数月后以另一种汇率出售货物有关。由于政府要以黄金计价来偿还外债，不得不进一步掏干本已匮乏的公共收入，以履行其外债义务。

　　货币贬值的赢家本该是出口商。由于出口商品以黄金结算出售，而支付按本地货币，只要国内价格不随货币贬值而上涨，出口部门就有望获得意外收益。这似乎是事实——表明存在着高度的货币幻觉，包括工资在内的许多

---

① 　白银的黄金价格于 1873 年开始下降，一直持续到 20 世纪初，到那时，纽约每一盎司纯白银的平均价格从 1.32 美元降至 53 美分。关于这对拉美的影响，参见萨尔武奇(2006)，第 254—266 页。

② 　混合型货币因缺乏硬币而往往更加混乱，这迫使各国在日常交易中使用进口硬币。例如秘鲁索尔在 19 世纪下半叶危地马拉的货币生活中发挥了重要作用，甚至进入了英属洪都拉斯(伯利兹)的金融系统。参见危地马拉银行(1989)，第 64—75 页。

③ 　1892 年萨尔瓦多试图采用金本位制，但黄金储备不足。因此当金币一进入流通就被囤积起来。该国被迫恢复银本位制，直到第一次世界大战爆发后宣布不可兑换为止。参见扬(1925)。

④ 　例如，玻利维亚和危地马拉就这样的例子，墨西哥也是，直到 1905 年采用金本位制为止。

国内价格,在面对货币贬值时似乎非常严峻。[1] 许多出口商从这一体制中获得了丰厚的收益,净易货贸易条件的反向运动可以通过汇率的运动来抵消。

然而,即使是出口部门也对货币贬值的观点持保留态度。首先,白银的黄金价格下跌并不稳定:的确,继 19 世纪 90 年代早期的大幅下降后,在 20 世纪初又经历了数年的升值。[2] 由于汇率变动的不确定性,狭小的外汇市场造成了买卖汇率的巨大价差。许多出口商被迫在一年中汇率低的时候卖出。[3] 事实上,大多数意外收益落入了少数拥有充足运转资本来等待买卖最佳时机到来的商人手中。最后,与不可兑换纸币相关的成本在一个逐渐习惯可兑换的世界里过于庞大,不确定性的增加严重地阻碍了大多数类型的投资。

普遍存在的货币幻觉虽然抑制了通胀压力,但也对公共财政产生了额外的不稳定影响。非贸易税的税基——近似于国内销售额,并没有随着货币贬值而上升,因此,非贸易税远谈不上上涨,收入只能靠定期调整汇率来维持。酒、烟草、盐和其他受政府垄断的商品的税收收入往往滞后于货币贬值,造成对公共收入的额外压力。[4]

因此,在 19 世纪最后几年,整个拉丁美洲出现了一种对稳定货币的强烈愿望。随着世界主要经济体都采用金本位制,拉美的货币稳定意味着一场脱离不可兑换纸币制的运动。银本位制朝着金本位制或本地货币与含金货币

---

[1]　货币幻觉的程度并不真正地令人吃惊。极少数国家编制了生活费用指数,在大多数成年人是文盲的社会中,指数的公布也不可能产生很大影响。劳工合同经常以实物和现金支付。货币贬值可能暗示了通货膨胀,但城市精英显然比农村大众更了解这种联系。

[2]　每盎司纯白银的平均价格在 1908 年降至 53 美分前,从 1902 年的 53 美分上涨到了 1906 年的 67 美分。

[3]　危地马拉出口商有时在同一年面临最高汇率和最低汇率的巨大价差。1899 年这一差价从每 1 美元 3 比索到 8.5 比索。1903 年差价从 12.15 涨到了 21。这一变化足以将咖啡销售的巨额利润转化为巨额亏损。

[4]　这些税往往是从量税,这就是它们不随货币贬值而上升的另一个原因。然而,公共外债支付按货币贬值的比例增加了。

(如美元或英镑)挂钩的金汇兑本位制方向发展。

在第一次世界大战前,几乎所有地方都尝试过这种转换,尽管它并非总是获得成功。金本位制要求黄金储备足够充沛,以保证纸币持有人可完全兑换。这往往超出了国家财力,一些国家发现新铸造的金币被囤积或出口,而不是进入流通领域。萨尔瓦多就是出于这个原因被迫于19世纪90年代放弃它的第一次尝试,停留在银本位制,直到第一次世界大战后才最终获得成功。[1]

"ABC"国家——阿根廷、巴西和智利,采取了一种新颖的方案以解决转向金本位制的问题。其成立了兑换基金,以保证建立在金本位制下的货币汇率,[2]公共收入的一部分被指定为按黄金支付提供必要的资金。因而,征税部分是以黄金的形式,部分是以纸币的形式征收,支出也以同样的方式分配。其结果是两种货币体系常常令人困惑,有时也难以操作。事实上,甚至在世纪之交之前,它在智利就已经崩溃了,该国又回到了不可兑换纸币的制度中。[3]

阿根廷、哥斯达黎加、厄瓜多尔、秘鲁和乌拉圭等少数国家,在20世纪初成功地过渡到金本位制,因而在第一次世界大战开始时可兑换制崩溃之前曾有一段短暂的货币稳定时期。其他国家——玻利维亚、哥伦比亚、墨西哥和委内瑞拉——过渡得太晚了,以至于这一制度在开始正常运行前就因战争或革命(以墨西哥为例)而遭到削弱。危地马拉和巴拉圭仍在遭受货币过度扩张的打击,它们别无选择,只能继续实行不可兑换的纸币制度。

许多中美洲和加勒比国家——它们的经济严重依赖美国——采用了以美元为基础的金汇兑本位制。多米尼加共和国和巴拿马甚至将美元定为法

---

[1]　萨尔瓦多最终于1919年成功地过渡到金本位制,当时白银的黄金价格很高。

[2]　1895年在智利、1899年在阿根廷以及1906年在巴西设立了兑换基金。威廉姆森(1920)和福特(1962)分别对阿根廷实行金本位制前后的金融制度做了经典论述。

[3]　1895年智利试验开展,1898年崩溃。参见赫希曼(1963),第171—172页。

定货币;①到第一次世界大战时,美元已在古巴、海地、洪都拉斯(北部海岸)和尼加拉瓜自由和广泛地流通。这些国家的金汇兑本位制带来了极大的货币稳定,甚至在第一次世界大战中也得以幸免,而且不要求政府保有高昂的黄金储备。

因此,在第一次世界大战前出口导向型增长的"黄金时代",拉美地区的货币和汇率状况不断变化。一些国家经历了长期的货币贬值,货币幻觉已经开始消失。巴西、智利和哥伦比亚的情况就是如此,这些国家的通货膨胀历史可追溯到 19 世纪。② 就连阿根廷这样一个在经济的许多方面都是典范的国家,在 19 世纪也曾严重滥用纸币,并且在实现货币稳定和完全可兑换制方面遇到了最大的困难。在另一些国家,白银的黄金价格下跌导致的货币贬值,再加上货币幻觉,无疑给出口部门带来了巨大的意外收益。最典型的例子是波菲里奥·迪亚斯统治下的墨西哥,而许多小国也获得了利益。

到 20 世纪初,出口部门的游戏规则已经开始改变。金本位制或美元制意味着贸易条件的损失不能通过货币贬值得到补偿。在控制成本方面需要更严格的纪律,而外国公司由于能以较低的利率获得资金,因此有时比国内公司占优势。然而,货币稳定消除了许多与出口有关的不稳定性,并鼓励了长期投资。可以肯定,出口增长最快时期恰好与第一次世界大战之前 10 年的货币稳定时期重合绝非偶然。

考虑到土地、劳动力和资本市场发现的问题,社会基础设施的缺乏,以及货币不稳定所带来的不确定性(特别是 1900 年前),许多国家的长期出口增长率如此令人不满也就不足为奇了。然而,这些问题的解决办法是可以找到的,阿根廷、智利和乌拉圭的例子表明,即使出口部门所面临的问题并未被完全克服,但也可以实现出口的迅速增长。

---

① 多米尼加共和国于 1900 年采用美元。巴拿马只有美元货币,当地巴波亚是一种有效的构想,目的是宣示国家主权。

② 第一次世界大战前智利的通货膨胀一直是众多研究的主题。例如,参见贾特(1931)。

　　所有国家在改善出口部门运作的条件方面都取得了一些进展，到 1914 年，出口导向型增长的基本框架已经建立。然而，时机是非常重要的。随着第一次世界大战的爆发，19 世纪为拉美初级产品出口打开的机遇之窗开始关闭。像玻利维亚或洪都拉斯这样的国家，一直到 20 世纪初才开始大规模扩大出口，却为错失 19 世纪世界贸易扩大所提供的良机付出了高昂的代价。

第五章

出口导向型增长与非出口经济

在第一次世界大战前的一个世纪里,拉美一直遵循出口导向型增长模式。[①]成功的出口导向型增长模式意味着出口和人均出口的迅速增长,并伴随着出口部门的劳动生产率的提高。然而,这只是人均实际收入大幅增长的首要条件(虽然非常重要)。第二个条件是将出口部门的生产率增长转移到非出口经济。因此,出口部门需要成为"增长引擎",刺激出口部门以外的投资。

出口部门可以用许多方式提供这样的刺激。例如,从后向关联的角度考虑,出口部门的增长可以促进对铁路的投资,铁路投资反过来又会增加对锯木厂(木材)、资本货物(例如火车头)以及修理与保养车辆的工场的投资。在前向关联方面,出口部门也可以促进投资率的增长。例如,针对出口的养牛业不仅产生对牛和牛肉提取物生产的投资,而且还产生了对皮革业、制鞋业,甚至化学工业的投资。[②]

非出口经济的某些部门的增长与出口部门的命运密切相关,以至于我们可以把它们看作是相辅相成的活动。例如商业(批发与零售)、铁路运输、公共事业、建筑和公共管理。这些服务部门直接依赖于出口部门(例如铁路运

---

① 　主要的例外是在弗朗西亚统治下的巴拉圭(参见边码第 47 页)。

② 　作为养牛业的副产品,肥皂和蜡烛是拉美化工业商品的早期实例。

输)、出口可能带来的进口和进口税(例如商业和公共管理),或者与出口增长有关的城市化(例如建筑和公共事业)。

然而,有些活动不一定能从出口部门的增长中获益,因为需求可以通过进口而不是国内生产来满足。其中一些部门提供的服务(例如沿海航运)可以为进口所取代。以智利航运业为例,在19世纪50年代以前,智利航运业由于一直受到保护壁垒的庇护,[1]在第一次世界大战前50年里并没有从出口扩张中受益;而随着保护措施逐渐取消,外国航运公司在沿海贸易中的份额有所增加。19世纪中叶以后的巴西也是如此。[2]

然而,最重要的与进口竞争的部门确实提供了商品,它们是本章论述的主题。19世纪初,每个拉美国家的大部分劳动力都受雇于农业或家庭手工业,为国内市场生产商品。由于人均出口水平极低,这些劳动力几乎没有面临来自进口的竞争,而且国内消费主要由国内生产来满足。随着人均出口的增加,进口也开始增加,为国内市场生产的企业面临更大的外国竞争。与进口竞争相关的部门因没能增加每个工人的资本存量,而使占总劳动力很大比例的人仍处于很低的生产率之中,以至于出口部门的增长不可能导致实际人均收入的大幅提高,除非在特殊情况下。[3] 因此与进口竞争相关的部门对出口增长的反应是出口导向型增长模式成功的关键。

就劳动力而言,最重要的与进口竞争相关的部门是国内消费农业。这个 *128* 农业部门雇用了该行业中不生产出口产品的人,包括大庄园主、大农场主、大牧场主、垦殖农和雇农;它包括大地产和小块土地、自耕农场和租佃田,以及

---

[1]　智利航运业于1835—1849年受到了高度的保护,从而免受竞争的影响。当时加利福尼亚淘金潮为智利出口商创造了新的机会,并导致对国内航运业的特惠权逐渐取消。参见贝利斯(1961)。

[2]　1862年以后,对巴西沿海贸易船只的保护逐步取消,最终于1873年确立了自由竞争。参见普拉多(1991),第196—198页。

[3]　当几乎所有的产出都出口,几乎所有消费都由进口来满足时,就会出现这些特殊情况。在这种情况下,出口和国内生产总值的增长率大致相同。然而,从来没有一个拉丁美洲国家达到如此高的出口专业化水平。参见附录二。

高产和低产的种植园。迟至 1913 年,国内消费农业中的劳动力实际上是各国经济活动人口的最大组成部分,占许多国家经济活动人口的大多数。国内消费农业是一个由不同成分组成的部门,尽管呈现多样性,但其产出大体上总能被进口品取代。

另一个主要的与进口竞争相关的部门是家庭手工业。工厂规模小,技术简单,主要投入是劳动力,所以不妨认为它是手工艺业或手工业。然而,由于其产品是由与制成品进口竞争的商品构成的,我们也可以把它看作制造业。它可以是农村的或者是城市的这两种,但是即使在 19 世纪初,大多数此类工人也仍受雇于城市地区。奴隶制并非鲜为人知,但工薪劳工更为常见。劳动者常常组成手工业行会,在独立时期享有一些特权,并受到高度的保护。

这两个与进口竞争相关的部门是本章的重点。在出口导向型增长的研究中,它们经常被忽视,但它们的表现可能至关重要。如果这两个部门不对出口的刺激做出积极反应,期望出口迅速增长会导致人均实际收入的显著增长就是不切实际的。正如上面所示,反应可能是积极的,但是也存在这样一些情况,即由于与进口竞争的相关部门表现不佳,各国失去了从出口导向型增长模式中获得的潜在收益。

国内消费农业

将生产率收益从出口部门转移到国内消费农业的任务往往非常困难。这个农业部门代表了它所有的非出口活动,传统上吸收了大部分的劳动力,因此,如果不改变国内消费农业状况,生活水平的普遍提高是难以想象的。作为出口部门发展和城市化的双重结果,虽然在 19 世纪国内消费农业吸收的劳动力比例缓慢下降,但是在第一次世界大战之前一直非常重要。

1914 年前国内消费农业的确切规模尚不可知。然而,我们掌握了一些国家全部农业——包括出口农业(EXA)——的劳动力比例,以及农业在国内

生产总值中所占份额的数据(参见表5.1)。由此可见,各国农业劳动力约占
全部经济活动人口的2/3或以上,除了那些人均出口水平高而引起重大的结
构性变革的国家(阿根廷、智利、古巴和乌拉圭)。在对出口农业雇佣的劳动
力比例做出有根据的推测之后,很可能在20世纪初,国内消费农业在许多共
和国的劳动力中所占比例达到了50%以上。[①]

　　大多数国家高比例的农业劳动力[②]是劳动生产率低下的反映。事实证
明,农业在国内生产总值中所占的比重远远小于其在劳动力中所占的比重
(参见表5.1)。在巴西和墨西哥,第一次世界大战期间农业占国内生产总值
的比重分别约为23%和24%,而在这两个国家,农业劳动力占总劳动力的比
重都超过了60%。考虑到出口农业的劳动生产率远远高于国内消费农业的
劳动生产率,可以自信地认为,在这两个大国(以及其他结构相似的国家),国
内消费农业劳动生产率在20世纪初不会超过全国平均值的1/5。[③]

　　因此,如果国内消费农业的规模一旦确定,那种使国内消费农业劳动生
产率一成不变的出口导向型增长模式几乎注定要失败。因此,重要的是考虑
出口部门的增长在何种情况下导致了国内消费农业(常常被错误地当作"自
给"部门[④])的转变。

---

① 国内消费农业中的经济活动人口等于农业部门经济活动人口减去出口部门经济活动人口
　　(E)。出口部门经济活动人口——L(E)/PEA——可以表示为:
$$(E/GDP) \cdot (GDP/PEA) \cdot [L(E)/E] = (E/GDP) \cdot [APL/APL(E)]$$
　　此处(E/GDP)是指出口占国内生产总值的比例,APL是平均劳动生产率,APL(E)是出口
　　部门平均劳动生产率。1914年前,拉美许多国家农业劳动力人口比例是70%,出口占国
　　内生产总值比例约为20%。因此,假如出口部门劳动生产率高于全国平均水平,即[APL/
　　APL(E)]<1,国内消费农业占经济活动人口的份额就会超过50%。

② 拉美从事农业的劳动力比例最低的国家是阿根廷、智利和乌拉圭,但是即使这三国的这一比
　　例也高于澳大利亚和新西兰。

③ 在巴西,农业约占国内生产总值的25%,然而出口(和出口农业)约占国内生产总值的15%。
　　因此,10%的国内生产总值是由50%从事国内消费农业的劳动力创造的。这意味着国内消
　　费农业劳动生产率相当于全国平均值的20%。

④ 自给部门消费它所生产的产品,因此市场上不存在过剩。这种情况在拉美农庄中很罕见,尽
　　管有时市场剩余只占总产量的很少部分。

表 5.1   1913 年前后农业与农业劳动力

国家	年份	农业劳动力			农业生产净值（按 1970 年价格）	
		人数（千）	占全部劳动力的百分比	百万美元	占 GDP 的百分比	人均净资产(美元)
阿根廷[a]	1914	1051	34.2	882	26.5	839
巴西[b]	1920	6377	66.7	835	22.9	131
智利[c]	1913	455	37.7	198	15.5	43.5
哥伦比亚[d]	1913	1270	70.5	307	54.6	241
古巴[e]	1919	462	48.9	n/a	n/a	n/a
多尼米加共和国	1920	138	67.7	n/a	n/a	n/a
墨西哥[f]	1910	3581	63.7	824	24.0	230
尼加拉瓜[g]	1920	170	83.7	55	55.8	322
乌拉圭[h]	1908	103	28.0	n/a	n/a	n/a
委内瑞拉[i]	1920	n/a	72.0	n/a	n/a	n/a
澳大利亚[e]	1911	481	24.8	n/a	n/a	n/a
加拿大[e]	1911	1011	37.1	n/a	n/a	n/a
新西兰[e]	1911	116	26.1	n/a	n/a	n/a

注：当地货币数据已按官方汇率换算。

[a] 劳动力数据来自迪亚斯-亚历杭德罗(1970)，第 428 页；生产数据来自拉丁美洲经济委员会(1978)。

[b] 劳动力数据来自 IBGE(1987)，生产数据来自拉丁美洲经济委员会(1978)。

[c] 1907 年的劳动力数据来自巴列斯特罗斯和戴维斯(1963)，由 1907 年数据推算到 1913 年，假设经济活动人口的结构与经济活动人口和总人口之比没有发生变化。1940 年的生产数据来自拉丁美洲经济委员会(1978)，其运用巴列斯特罗斯和戴维斯(1963)的指数推算出 1913 年的数据。

[d] 劳动力数据来自贝里(1983)，第 25 页，由 1918 年数据推算出 1913 的数据，假设劳动力增长率等于 1913—1918 年的人口增长率。生产数据来自拉丁美洲经济委员会(1978)，有关 1929 年的数据，运用麦迪孙(1991)的指数，并假设农业与 1913—1929 年的国内生产总值之比没有发生变化，来推算出 1913 年的数据。

[e] 劳动力数据来自米切尔(2007)。

[f] 劳动力数据来自米切尔(2007)。1920 年的生产数据来自拉丁美洲经济委员会(1978)，其运用索利斯(1987)的指数推算出了 1910 年的数据。

[g] 劳动力数据来自坎塔雷罗(1949)，第 61 页。生产数据来自布尔默-托马斯(1987)。

[h] 劳动力数据来自芬奇(1981)，第 76 页。

[i] 劳动力数据来自卡尔松(1975)，第 34 页。

第一，在一些国家，出口商品也是该国的主要食品。在这些情况下（例如阿根廷的小麦和乌拉圭的牛肉），技术变革在给出口农业带来生产率收益的同时，也不可避免地对国内消费农业带来同样的影响。例如，改进畜牧围栏技术和新的饲养方法，不可能不影响畜牧业的总产量，更不用说其最终用途了。

第二，国内消费农业劳动生产率可望从与出口部门增长相关的一些变化中获益。最重要的是由于铁路建设和其他运输方式改进而降低了运输成本。由于骡子或牛车运输时代运输成本高，基本谷物等大宗产品在国内消费农业的流通受到限制，因此有效市场往往局限于农场几英里内的地区。大农场主也期望从与出口部门有关的金融机构的增长中获益，而出口部门生产率的提高、更复杂的劳动分工和人口增长也扩大了国内消费农业的市场。

然而，在某些情况下，由于国内消费农业生产率的不利后果，出口农业增长与国内消费农业增长之间的关系可能是消极的。出口专业化走向极端，就会导致边疆地区土地的枯竭，最适合耕种的土地均被出口农业垄断，使得国内消费农业受到挤压，农民要么失业，要么被驱逐到贫瘠的土地上。同样，随着出口农业的增长而增加的地租可能使国内消费农业生产无利可图，也会导致进口粮食的增加。

这些案例不仅仅是理论上的可能性。在一些中美洲和加勒比国家，第一次世界大战前夕粮食进口占比高达 40％（参见表 5.2）。在波多黎各，19 世纪主要出口作物（咖啡、烟草和蔗糖）的增长使用于国内消费农业的耕地面积从1830 年的 71.1％下降到 1899 年的 31.6％。[1] 出口专业化削弱了国内消费农业，在某些情况下导致绝对下降，许多小农退回到以极低劳动生产率为基础的防卫性策略。

①　参见迪茨（1986），表 1.3，第 20 页。

表 5.2   1913 年前后人均粮食进口及其占总进口的百分比
（以现行美元价格计算）

国家	年份	粮食进口		
		千美元	占进口总额的百分比	人均进口（美元）
阿根廷	1913	60452	12.4	7.7
巴西	1913	45004	13.9	1.9
智利	1913	11183	9.3	3.2
哥伦比亚	1913	4928	17.9	0.9
哥斯达黎加	1913	2093[a]	23.8	5.5
古巴	1913	36279	25.9	15.0
厄瓜多尔	1913	1028	11.6	0.7
危地马拉	1913	962	9.6	0.8
洪都拉斯	1911—1912	492	15.1	0.9
墨西哥	1911—1912	9358	10.3	0.6
尼加拉瓜	1913	890	15.4	1.6
巴拿马	1913	3414[a]	30.1	9.4
巴拉圭	1913	1991[a]	25.3	3.1
秘鲁	1913	3648	12.6	0.9
波多黎各	1914	14818	40.7	12.9
乌拉圭	1907	6525	17.4	5.7
委内瑞拉	1909—1910	2218	19.8	0.9

[a] 包括饮料。

资料来源：泛美联盟(1952)，除了洪都拉斯的数据来自凯贝尔（年代不详）；波多黎各的数据来自克拉克等(1975)；乌拉圭的数据来自凯贝尔(1911)；委内瑞拉的数据来自道尔顿(1916)。

这类特殊情况值得注意。然而，总的来说，国内消费农业与需求增长保持同步。第一次世界大战前夕南美洲大多数国家粮食进口份额并没有高得过分，而且人均粮食进口（除去古巴和波多黎各）相当有限（参见表 5.2）。此外，食品的进口往往集中在少数必需品上。大约在 1870 年，在哥伦比亚，小麦、大米、蔗糖、猪油和玉米占食品进口的 66.7％；到 1905 年，这一比例上升到 91.3％。[①] 事实上，在哥伦比亚，大部分时间里，单是小麦就占了食品进口

---

① 参见奥坎波(1984)，表格 3.11，第 158 页。

的一半左右，小麦也是巴西和秘鲁的主要进口食品。

尽管在许多情况下，国内生产取代食品进口在实际上是可行的，但它未必有经济意义。机会成本——就所投入的土地、劳动力和占用的资本而言——需要比进口成本低。对 19 世纪大多数国家而言，劳动力和资本是稀缺的；一般来说，土地是丰富的，但是适合种植进口粮食（例如小麦）的土地并不总是有。因此，除了甘蔗岛国以外，粮食进口这一模式并不是一个令人关切的主要原因。从含义上来说，国内消费农业一般是随着粮食需求的增长而扩大的。

然而，令人满意的生产率并不能保证劳动生产率的上升。它是否能保证取决于生产技术对产量增加做何反应。如果所有投入增加 x 个百分点，产出就会增加 x 个百分点，显而易见，生产率不会受到影响。另一方面，如果劳动投入的增长速度低于产出，平均劳动生产率就会上升。

由于整个 19 世纪劳动力普遍匮乏，国内消费农业自然就会改进技术以节省劳动力。这就是说，非劳动力投入的增长必须快于劳动力投入。即使所有要素投入都有一定比例的增加，如果产出增长更为迅速，仍然可以提高劳动生产率——这也许是与出口部门增长有关的示范效应的结果，或者是国内消费农业生产的规模经济所致。

19 世纪拉美国家国内消费农业劳动生产率的提高确实有记录在案，但是它们往往集中在南锥体国家。要准确地测算国内消费农业的劳动生产率是不可能的，然而，如果我们用人均净产值测算农业劳动生产率（包括出口农业在内都向上倾斜），我们可能会注意到阿根廷的生产率水平与拉美其他国家的生产率水平之间的显著差异（参见表 5.1）。事实上，阿根廷的人均农业净产值是巴西的 6 倍多，是墨西哥的近 4 倍。

虽然土地生产率（每公顷产量）的统计数据并不是一个十分可靠的参数，但是它同样说明了在南锥体国家国内消费农业充满活力，而拉美其他国家产量则保持不变。此外，因为土地生产率的数据指的是单个农作物，因此其提

供了一幅远比从总劳动生产率中获得的更为详细的图景。在智利,所有主要
农作物的产量在第一次世界大战前的 40 年里翻了一番,玉米产量翻了五
番。[①] 的确,作为国内消费农业最重要的组成部分,智利的土地生产率(每公
顷产量)比美国高。相反,墨西哥国内许多农作物(例如玉米)产量则处在全
拉美最低之列,远低于澳大利亚、加拿大、新西兰和美国。[②]

因此,显而易见,一些国家能够相当成功地将生产率收益从出口部门转
移到国内消费农业。在阿根廷和乌拉圭,这种转移几乎毫不费力,因为产品
往往是一样的(例如牛肉)。智利的情况更令人印象深刻。尽管小麦出口很
成功,但是其外汇收入主要来自矿产。然而智利农业生产率仍然可以受益于
矿物生产,因为工人集中在智利贫瘠的北部的硝酸盐矿周围,那里粮食不能
生长,所以这对肥沃的中央山谷的产量、技术变革和劳动生产率的提高是一
个有力的刺激。[③]

基于种种原因,其他拉丁美洲共和国未能将生产率收益从出口部门转移
到国内消费农业。最重要的原因是长时期拖延对运输制度的改进,使得单位
运输成本过高,以至于许多农场主无法获得进入更广泛市场的好处。有力的
证据表明,一旦巴西铁路网络建立起来,国内消费农业的表现便会更具活力。
然而由于网络建立缓慢,所以表 5.1 中巴西的生产率数据是令人沮丧的。[④]

墨西哥进入铁路时代也花费了很长时间。只有在波菲里奥·迪亚斯保
证了政治稳定后,外国投资者才表示出对铁路建设的热情。即便如此,铁路

---

① 参见桑克尔(1982),表 43,第 158 页。

② 第一次世界大战前墨西哥玉米产量是每公顷 8.5 公担,相比之下,美国是 16.3 公担,澳大利
亚是 17.7 公担,新西兰是 31.2 公担,加拿大是 35.2 公担。参见国际联盟(1925),表 51。

③ 从智利北部硝酸盐开采到中央谷地的农业,这些后向关联在桑克尔和卡里奥拉(1985)的书
中得到了极为详细的探讨。在这种情况下,令人费解的是,智利农业劳动力所占比例远远高
于农业对国内生产总值的贡献(参见表 5.1)。这个问题可能反映出 1907 年人口普查的质量,
从人口普查中得出了劳动力数据,这促使一些人认为列举的方法"可能导致在人口普查时期
对农业活动人口的估计过高(相对于随后的人口普查而言)"。参见巴列斯特罗斯和戴维斯
(1963),第 159 页。

④ 参见莱夫(1982),第 146—149 页。

网络仍然大力支持出口产品的运输,在波菲里奥·迪亚斯统治期间,国内消费农业的增长甚至没能与人口增长保持一致。[1] 在这段时间内,农业实际工资的下降肯定没有导致粮食进口的大幅增长。[2]

波菲里奥·迪亚斯统治时期,墨西哥农业实际工资的下降似乎在许多其他共和国都有所响应。在劳动力明显稀缺时期,这种下降似乎是反常的;但政府和地主对劳动力市场的人为操纵(参见边码第 91—94 页),以及人口增长的稳定加速,减缓了劳动力市场的紧张程度。只有在阿根廷和乌拉圭,才能找到在第一次世界大战前的半个世纪里,非出口农业实际工资大幅上涨的大量证据。

面对实际工资的下降或停滞,农场主几乎没有动力依靠进口机械来替代劳动力。这种节省劳动力的技术进步,本可以大幅度提高劳动生产率,但其在阿根廷和乌拉圭之外的国内消费农业中是找不到的,甚至在阿根廷和乌拉圭也并不普遍。[3] 此外,由于关税负担和高昂的国内运输费用,机械的成本往往相当大,即便是大农场主也不一定总能获得贷款。因此,在拉丁美洲绝大部分地区,国内消费农业的技术仍然落后,这一事实必然会压低生产率水平。

农村地区缺少正规教育和高文盲率是阻碍国内消费农业劳动生产率提高的进一步障碍。高文盲率并没有阻止出口部门生产率的提高,但这首先是因为每个工人的人均资本存量增加。在缺乏机械的情况下,生产率仍然可以提高(例如,通过采用改良的农业方法),但是高文盲率是传播信息和知识的巨大障碍。

在拉丁美洲大部分地区,没有什么比畜牧业更能说明国内消费农业的糟糕状态了。由于拥有丰富的土地、优良的天然牧场和充足的水资源,大多数

---

① 参见科茨沃斯(1981),第 4 章。
② 参见罗森茨魏希(1989),表 16,第 250 页。
③ 在我们掌握投资结构数据的 9 个国家中,只有阿根廷在 1890—1930 年对农业机械的投入超过了 20%,其他国家均低于 10%。参见塔夫奈尔(2012),第 75 页。

拉丁美洲共和国享有在养牛方面潜在的比较优势,许多国家在养羊业方面也可以说是如此。然而,除了出口牛肉的主要国家以外,其他国家的牛肉质量普遍被认为是较差的,皮革也常常布满了瑕疵。只有三个共和国(阿根廷、巴拉圭和乌拉圭)拥有的牛的数量是 1914 年人口的两倍,而大多数国家人均拥有的牛不到一头。[1] 然而,该行业(例如养殖业)的改进并不是资本密集型的,最大的障碍是对现有最佳技术的无知。

人们很容易认为,拉丁美洲大部分地区国内消费农业生产率表现不佳在某种程度上或与土地所有制,或与农田集中在少数人手中有关,或者与两者都有关。在墨西哥,本已不平等的土地分配在波菲里奥·迪亚斯统治时期变得更加严重;在 1910 年革命前夕,一半以上的土地被不足 1% 的人口控制,97% 的墨西哥人没有土地。[2]

事实上,这两种主张都没有实证依据。在阿根廷,19 世纪 80 年代后随着租佃农的发展,自耕农比例急剧下降。到 1914 年,近 40% 的农场被租佃,这一数字在重要省份布宜诺斯艾利斯和圣菲都超过了 50%。[3] 同时代人对阿根廷自耕地和传统垦殖区比例的下降深表痛惜,但这似乎并没有对国内消费农业增长率或农业劳动生产率的提高产生消极影响。相反,哥斯达黎加和海地——绝大多数农场规模小而且是自耕地[4]——在第一次世界大战前的一段时期,国内消费农业劳动生产率都没有取得极大的提高。

大地产,1950 年后在拉美相当多著述中被视为"恶棍",在帮助国内消费农业改进方面,表现似乎并不比其他规模的农场差。对这些大地产的微观经济学研究表明,它们对 19 世纪的新机遇并非无动于衷,大地产的所有者或管

---

[1] 例如,尼加拉瓜从科迪勒拉一直延伸到加勒比海岸,拥有广阔的天然牧场,但在 1908 年只有 25.2 万头牛,而当时的人口超过了 50 万。

[2] 参见辛格(1969),第 49 页。

[3] 参见泰勒(1948),第 191 页。

[4] 关于 19 世纪哥斯达黎加土地集中程度的争论十分激烈,但是所有学者都认为,拥有自己土地的农业劳动力比例非常高;参见古德蒙松(1986),第 1—2 章。关于海地,参见布尔默-托马斯(2012),第 7 章。

理者常常处于最好的位置来源源不断地吸收市场、价格和生产技术的新信息。[1] 事实上,大地产产量的增加有助于解释为什么国内消费农业的供应没有远远落后于需求。然而,劳动力囤积现象频繁发生,生产仍然是劳动密集型的,因此劳动生产率增长还是受到了影响。

第一次世界大战后出现的劳动力剩余,意味着任何通过节省劳动力的技术进步来提高国内消费农业劳动生产率的建议,都要带来很高的社会成本。虽然留在该部门的人可以享受更高的生活水平,但流离失所的劳工可能没有其他就业来源。然而,在 19 世纪的大部分时间里,这种进退两难的困境并没有发展到如此尖锐的程度。劳动力稀缺意味着那些因提高生产率的技术而被迫离开国内消费农业的工人仍可以在其他地方找到工作。阿根廷人和外国人一样,可能会痛惜有趣的高乔人的消失,但是保护潘帕斯草原给国家带来的经济利益却是显而易见的。[2]

在美国,对劳动短缺的反应带来了对节省劳动力的农业技术的大规模投资——投资如此之多,以至于整个 19 世纪全球农场的许多创新均来源于美国。通过这种方式,美国不仅能够提高非出口部门的生产率和实际工资,而且能够建立起自己的专业技术和资本货物工业。[3] 19 世纪,在拉丁美洲大部分地区,对劳动力短缺的反应——实际上正如在殖民地时期——是人为操纵劳动力市场,强迫劳动力,以及限制对土地的获得。西半球两个地区做出不同反应的原因在这里无法讨论(部分原因可以追溯到独立后不同的政治制度),但是我们可以有把握地得出结论:大多数拉丁美洲国家,尤其是南锥体

---

① 例如,参见米勒(1990)有关墨西哥大地产的研究。

② 何塞·埃尔南德斯的诗歌《马丁·菲耶罗》对高乔人的死亡做了最生动的记录,随着阿根廷潘帕斯大草原采用有刺铁丝网,高乔人的经济重要性下降,因为其主要职能就是放牧在数英里土地上狂奔的牛群。

③ 早在 19 世纪 40 年代,美国就不只是生产农用机械,还出口。之后成为阿根廷总统的多明戈·萨米恩托,在 1847 年访美期间,对其采用机械进行农业生产留下了特别深刻的印象。参见罗克兰(1970)。

北部的国家,为拒绝承认劳动力相对匮乏在很长时间里付出了高昂的代价。[①]

制造业及其起源

出口部门的扩大促进了城市化,壮大了工薪阶层和领薪水的中产阶级,还拓宽了制成品市场。正如国内消费农业的情况,需求的增长既可以通过增加国内生产来满足,也可以由进口来满足。就前者而言,它创造了将生产率收益从出口部门转移到非出口经济的机会,从而推动现代制造业的出现。

在19世纪的前几十年里,整个拉丁美洲的人均实际收入很低,对制成品的需求也相应有限。然而,由于人均出口水平偏低(参见边码第63—73页),不可能通过进口来满足这一温和的需求。继取消殖民地时期对国际贸易的限制后出现的进口激增不可能持续,拉丁美洲国家又恢复到更为"正常的"状态——对制成品的低需求中的大部分事实上靠本地生产来满足。

这种本地生产几乎完全由手工业而不是现代制造业构成。城市和农村地区的手工业部门生产出了各种可以用来满足大众基本需求的简单制成品,加工食品(面包、饼干、面粉等)的需求则由家庭手工业来满足;纺织业生产出了简单的布料,在手工作坊完成制成品(参见边码第44—45页)。畜牧业的副产品被手工业部门用来提供多种简单消费品,例如鞋、蜡烛、肥皂和马具。小铸造厂能够制造比较简单的金属产品,例如马镫、餐具和手工工具。[②] 对更高质量且更复杂的产品的需求通常由进口满足,但是仅限于小部分人的消费。

家庭手工业在制造业中占主导地位的主要例外是出口部门。因此,那些出口前需要经过一定程度加工的原材料往往在被贴上了"工厂"标签的大规

---

① 关于这些美洲内的制度差异,参见戴伊(2006),恩格曼和索阔罗夫(2012),第2章和第3章,以及阿西莫格鲁、约翰逊和罗宾逊(2001,2002)。

② 关于这些工业生产的早期例子,刘易斯进行了详细论述(1986)。

模单位处理。主要出口国家(例如巴西和古巴)的糖厂就是这种类型,但是没有蔗糖出口的国家,它们的甘蔗加工就太粗糙,不能称之为现代制造业。[1] 拉普拉塔河流域的肉类加工厂,其生产出口的风干牛肉,具备工厂生产的所有特点,某些矿物(例如智利的铜)的提炼也达到了能称之为"制造业"的阶段。

然而,实际上,这些现代制造业单位仅限于出口部门范围内,这意味着国内对与出口扩大有关的制成品需求的增长主要由手工业来满足。类似的过程发生在欧洲部分地区,导致"原始工业化"。[2] 在原始工业化进程中,低生产率、小规模经营的手工业转变成以复杂劳动分工、高劳动生产率和使用现代机器为特征的现代制造业。不足为怪,拉美是否经历了这一进程,激发了学者们的极大兴趣。[3]

答案肯定是否定的。[4] 拉美在 19 世纪末没有一个国家出现现代工厂的事实可以直接追溯到 19 世纪初出现的手工业。相反,现代工厂往往是直接竞争者,对 1870 年以后手工业重要地位的下降产生了重要影响。第一次世界大战前夕,手工业仍然得以生存发展,并在一些特别的市场(例如墨西哥披巾、危地马拉女式无袖衫)[5]赢得了一定的地盘,但是,显而易见,手工业无法靠自身转变为生产效率高的现代制造业。

因此,拉美现代制造业的起源不可能追溯到"原始工业化"的进程。而手工业在独立后几十年里发挥着重要作用,尽管进口增长竞争加剧。虽然独立后头 50 年里靠进口满足的制造品国内消费份额几乎肯定在增长,但它与手

140

---

[1] 这些甘蔗加工单位有着各种名称(例如哥斯达黎加蔗糖厂),通常没有机械,而用马或骡来驱动。糖往往出售给家庭,但甘蔗汁往往卖给朗姆酒厂,有关案例参见桑佩尔(1990),第 63 页。

[2] 欧洲"原始工业化"的经典著作是门德尔斯(1972)这一作品。关于独立后的美国工业化进程,参见恩格曼和索科洛夫(2000)。

[3] 参见哈伯(2006)。

[4] 学者们对拉丁美洲"原始工业化"进行了多次调查。例如,参见贝里对哥伦比亚的调查(1987)、利比对巴西米纳斯吉拉斯的调查(1991)。巴托对拉美和中东早期工业化的种种努力进行了精彩的比较,有许多案例研究(1990、1991)。

[5] 这些女性服装过去和现在都很难在工厂条件下生产,因为它们往往牵涉到许多精美的手工刺绣。

工业的低增长保持相当的一致。高昂的运输费用提供的"自然"保护，直到 19 世纪最后 25 年里"铁路时代"的到来才最终消除，而关税总是提供另一道阻止进口的屏障。

手工业的存在意味着生产率低下，占用劳动力极大比例的生产部门得以延续。到 1900 年，除了南锥体国家以外，几乎所有共和国从事家庭手工业的人数比从事现代制造业的人数要多。即使到 20 世纪 20 年代中期，哥伦比亚大约仍有 80％在制造业从业的人员实际上是属于家庭手工业部门。[①] 因此，由于拉美原始工业化的缺失，出口部门生产收益向国内制造部门的转移，就只能通过向现代工厂投资来实现。

手工业自身无法向高生产率产业转换出于多种原因：第一，缺乏周转资金和固定资本费用是主要的问题。由于该行业没有进入壁垒，所以其利润率持续走低，为扩大而自筹资金就非常困难，并且现存的为数不多的金融机构对贷款给手工业部门构成的微型企业兴趣不大。第二，这一行业的企业家肯定不是社会或政治精英的一部分，他们缺乏讨价还价的能力，无法影响对他们有利的公共政策。第三，家庭劳动力是劳动力投入的重要组成部分，而且对家庭劳动力的依赖显然限制了每家企业的规模。

141　　　家庭手工业无法实现自身转型意味着，如果不能保持进口在消费中所占比例的持续上升，制造业产能的增长就只能不相称地落在新建的现代化工厂身上。然而，现代制造业本身面临许多障碍，唯有克服这些障碍才能开始大规模生产。

第一个问题是能源供应。[②] 欧洲和北美工业革命依靠煤和水力作为动力。拉美只有少数国家（巴西、智利、哥伦比亚和墨西哥）拥有煤矿，但是大部分煤矿的质量很差，而进口煤炭又很贵。所有拉美国家都有充足的水供应，但自然状态下的水力常常不稳定，因为雨季时水源过分充沛，而旱季时水源

---

① 参见贝里（1983），表 2.1，第 10 页。
② 关于水泥（非常依赖可靠能源的工业之一）案例的研究，参见塔夫奈尔（2007）。

又严重不足。随着 1880 年以后发电公共设施的建造（常常与城市引入电车有关联），能源供应问题变得不那么严重了。事实上，20 世纪初有些国家兴建水电厂，提供了不仅可靠而且廉价的能源。[①]

第二，现代制造业需要市场。独立的小城市和仅有少量现金收入的农村劳动力，并非开始大规模制造业的理想组合。然而，出口扩张逐渐扩大了市场，因为初级产品出口与城市化进程和城市实际收入的增长密切相关。到 1900 年，阿根廷——这个最成功的初级产品出口国——城市化程度非常高，而且布宜诺斯艾利斯成了世界的伟大城市之一；而不太成功的初级产品出口国（比如玻利维亚）往往城市化率则低得多。[②]

第三，现代制造业需要运输，不仅用来销售其产品，而且供应其中间产品和资本货物的投入。在铁路时代到来之前，现代工业道路上的障碍是难以克服的；即使在铁路时代，单位运输费用仍然高得足以产生地区性垄断[③]，高得足以鼓励某些远离国内主要生产中心的沿海地区去进口。无论如何，铁路发展经过漫长的跋涉才得以消除大规模制造商所面临的障碍。

142

第四，工厂体制需要资金。尽管金融机构对家庭手工业的需求不予理会，但有时它们愿意贷款给现代制造业部门。然而，银行规定不允许工业所需的长期贷款存在，并且许多银行继续支持主要出口商品，因为银行的财富与这些主要出口商品的增长密切相关。可以肯定的是，外国移民在拉美现代制造业早期历史上功劳卓著，这绝非偶然。移民均来自工业革命业已进行的国家，尽管面对高涨的地价，他们仍较当地同行更愿意将资本冒险性地投入

---

① 1910 年巴西总发电量为 3.74 亿千瓦时，其中 3.15 亿千瓦时来自水力发电。参见拜罗奇和图泰恩（1991），第 106 页。

② 玻利维亚 1990 年城市化程度仍然不如 1900 年的阿根廷，大量人口散居在农村众多的小村社，必定会对工业化的速度产生重大影响。

③ 例如，在墨西哥，即使在铁路时代也没有打破这些地区性垄断。参见哈伯（1989），第 84—86 页。

到新兴制造业当中。① 实际上,很多拉美国家的意大利移民社团因愿意建立以经营服务业为主的银行而独领风骚。②

最后,现代制造业需要稳定的原料供应。原料可以不必来自本国,因为如同英国纺织业所显示的那样,比较优势可以建立在进口原材料的基础上。然而,就进口而言,需要不断增加的外汇供应来支付所购买的进口商品,因此,扩大出口几乎是现代制造业早期增长的先决条件。③

克服所有障碍不足以保证现代制造业有利可图。然而,对于那些向本地市场出售产品的公司而言,总是存在这样的可能性,即运用相关政策工具(如关税)来影响价格,以对其公司有利。实际上,在以上障碍未克服之前,如果消费者愿意支付远高于世界市场的价格,相关政策的实行就可以使生产变得有利可图。这些问题将在下文(边码第148—158页)中论述。

关于19世纪阻碍现代制造业的种种障碍的描述,为我们了解拉美工厂生产的时间和地点提供了有用的见解。1870年以前,市场仍然十分狭小,能源供应太不可靠,运输成本太高,这些都不允许为数不多的大型工厂建起来服务于国内市场。这中间大部分的大型工厂都是为出口加工原料,所以国内市场的规模小并不是一个障碍。这些工厂(例如巴西和古巴的糖厂、智利的铜铸造厂和面粉厂、墨西哥的银厂和阿根廷的肉类腌制场)都致力于加工当地的原材料,因为这些原材料体积庞大或易腐烂,无法以未加工的形式出口。尽管国外制造业的效率更高,但工业化国家缺乏原料,而且进口未加工的原料又太昂贵。因此,制成品的增加值不得不在原产国完成,从而给拉丁美洲国家提供了现代工厂生产的第一次尝试机会。

纺织厂通常是立足本地市场的现代工厂的最早例子。现代纺织厂的兴

---

① 关于移民与制造业关系的佳作甚多。例如:参见迪安关于巴西圣保罗的著作(1969),莱维斯关于阿根廷的著作(1990)。

② 秘鲁“意大利银行”,建于1889年,为许多制造企业提供金融支持。参见索普和贝特伦(1978),第32页。

③ 这一相当明确的观点常常在依附学派关于拉美早期制造业的著述中被忽视。

起——尽管面临种种难以克服的障碍——与其说是由于原料获取十分容易（棉花或羊毛），不如说是因为存在着一个受保护的大市场和生产上的经济规模。人人都得穿衣服，整个 19 世纪的纺织品进口造成了相对较高的关税，为当地生产提供了一定程度的保护，使家庭手工业得以维持几十年，并弥补了工厂生产的诸多不足。自 19 世纪 30 年代初，墨西哥现代纺织业就得到了官方的支持，尽管"信贷银行"倒闭了，但在迪亚斯统治之前动荡的半个世纪里，纺锭和织布机的数量一直在稳步增长。[①]

　　然而，直到 19 世纪的最后 25 年，面向国内市场的工业生产才牢固地建立起来。即使在那时，也仅限于少数几个共和国。这些国家所拥有的市场规模（巴西和墨西哥）、迅速的出口增长（秘鲁）、人均收入（智利和乌拉圭），或集三者为一体（阿根廷），足以使其克服现代制造业面临的其他障碍。在一些较大的共和国中，出口扩张特别令人不满意（比如哥伦比亚和委内瑞拉），到 1914 年，其工厂生产才刚刚起步。[②] 在几乎所有的小共和国，即使是令人满意的出口成绩也无法弥补市场规模的不足。[③]

　　1870 年以后铁路网的迅速发展，1880 年以后发电公用事业的普及，以及出口购买力的稳步提高，都对消除工厂生产的障碍起到了一定的作用。然而，工厂的位置与市场密切相关。咖啡出口的增长使庞大的城市人口集中在里约热内卢和圣保罗，以致巴西纺织业从东北部（那里原为棉花产地）转移至南部。[④] 到 1913 年，布宜诺斯艾利斯的人口占阿根廷总人口的 20%，一直是

144

---

① 关于墨西哥纺织工业生产率的增长，参见拉佐和哈伯（1998）。关于墨西哥和巴西纺织业间的比较，参见哈伯（1997）。

② 有些迹象表明，哥伦比亚在 1905 年后开始经济"起飞"，参见麦格里维（1985）。然而，这太晚了，以致对 1914 年前的主要宏观经济指数没有产生太大影响。无论如何，工厂生产在第一次世界大战后相当长的时间里仍然不太重要。参见贝里（1983），表格 2.1，第 10 页；同时参见奥坎波（2000）。

③ 1870—1890 年间大多数中美洲共和国享有快速的出口增长，但没有任何证据表明其对现代制造业有重大投资。

④ 关于纺织业从东北地区迁移到南部，斯坦做了极好的描述（1957）。

现代制造业的首选地。蒙得维的亚和利马的吸引力对于乌拉圭和秘鲁的潜在工业企业家来说几乎是不可抗拒的。只有墨西哥的普埃布拉和蒙特雷在20世纪初都是重要的工业城市[1]，抵制了这种将工业集中在最大城市的趋势，[2]但即便如此，墨西哥工业生产的最大份额也位于首都。

145　　　　地点的选择可能主要由是否靠近市场决定，但生产水平却主要受人均实际收入的影响。阿根廷虽人口比巴西和墨西哥两国少得多，但一战前夕，其制造业增加值在拉美最高，尽管人均制造业净产值仍然比其他"新近拓居"的国家要低得多。巴西和墨西哥两国制造业净产值总额紧随其后，但人均增加值却非常小。实际上，即使到1920年，巴西的人均制造业净产值也不过16美元（按1970年的价格计算），相比之下，战前阿根廷的这一数字为84美元（参见表5.3）。

146　　　　巴西人均制造业增加值如此之低，与中美洲各共和国的数字相差无几，这可能会使那些一直以来认为巴西工业革命在1900年前进行得十分顺利的人大吃一惊。的确，巴西制造业的生产自1870年以来发展迅速，劳动生产率并不比与其相邻的阿根廷低太多（参见表5.3）；早在1919年，巴西就有75％的国内消费靠国内生产来满足。[3]　不过，巴西的人均实际收入低下，使面向国内市场的工业化水平受到极大限制。20世纪20年代初，只有3％的劳动力在现代工业工厂中就业[4]，大部分农业劳动力（几乎占全部劳动力的70％）极度贫穷，以致无法购买最基本的生活必需品。

---

① 普埃布拉以纺织业为主，其重要性相对下降，而蒙特雷作为新兴的富有活力的各种产业所在地，其重要性迅速提升。

② 然而，在战后时期，哥伦比亚纠转了将工业集中于首都的倾向，麦德林城作为重要工业中心兴起。

③ 参见菲什洛（1972），第323页。事实上，这个看似简单的数字的衡量充满了不少问题，如菲什洛所示。

④ 来自巴西国家地理与统计局（1987）表7.6和3.1。

表 5.3　1913 年前后制造业生产指数(按 1970 年价格计算)

国家	年份	增加值			
		百万美元 (美元)	占 GDP 百分 比(%)	就业工人 人均(美元)	人均 (美元)
阿根廷[a]	1913	619	16.6	977	84
巴西[b]	1920	440	12.1	744	16
智利[c]	1913	184	14.5	1061	53
哥伦比亚[d]	1925	58	6.7	142	8
哥斯达黎加[f]	1920	6.7	7.3	n/a	11.5
萨尔瓦多[f]	1920	13.5	10.2	n/a	11.5
危地马拉[f]	1920	33.5	14.2	n/a	26.3
洪都拉斯[f]	1920	9.2	6.7	n/a	12.8
墨西哥[e]	1910	371	12.3	713	24
尼加拉瓜[f]	1920	9	9.1	n/a	14.1

[a] 生产数据来自拉丁美洲经济委员会(1978),劳动力数据来自迪亚斯–亚历杭德罗(1970),第 428 页。

[b] 生产数据来自拉丁美洲经济委员会(1978),劳动力数据来自 IBGE(1987),包括矿业和建筑工人;这些数据是基于制造业就业人数占总就业人数的 75% 这一假设而推算出来的。

[c] 生产数据来自拉丁美洲经济委员会(1978)1940 年的数据,并采用巴列斯特罗斯–戴维斯(1963)的指数推算出 1913 年的数据。劳动力数据为 1907 年的,来自巴列斯特罗斯–戴维斯(1963),包括建筑工人;这些数据是基于制造业就业人数占总就业人数的 80% 这一假设,以及基于 1907—1913 年间劳动力和人口以同样速度增长的假设而推算出来的。

[d] 生产数据来自拉丁美洲经济委员会(1978),劳动力数据来自贝里(1983),第 10 页,采用了较低的就业数据。

[e] 生产数据来自拉丁美洲经济委员会(1978)1920 年的数据,并采用索利斯(1983)的数据推算出来的。劳动力数据来自米切尔(2007),包括建筑工人;这些数据是基于制造业就业人数占总就业人数的 80% 这一假设而推算出来的。

[f] 所有数据来自布尔默–托马斯(1987)。

　　拉美制造业发展缓慢还反映在工业生产结构上。以食品加工和饮料为主的生产结构(参见表 5.4)反映了"恩格尔定律"[①],但在阿根廷和乌拉圭由于*147*

① 恩格尔是 19 世纪一位德国统计学家,他建立了家庭收入水平与用于食品的收入比例之间的反向关系。这意味着食品需求是无弹性收入,因此,假如其他情况不变,当平均收入上升时,工业生产总额中的粮食生产份额就会下降。

表 5.4　制造业生产结构（按百分比计算）

国家	年份	食品和饮料	纺织品	服装	小计	金属
阿根廷[a]	1914	53.3	1.7	7.9	62.9	6.3
巴西[b]	1920	40.7	25.2	8.2	74.1	3.3
智利[c]	1914	53.8	6.0	14.4	74.2	3.6
哥伦比亚[d]	1925—1929	67.0	（……5.0……）		72.0	1.5
哥斯达黎加[e]	1929	65.1	（……4.0……）		69.1	3.3
墨西哥[f]	1930	37.7	23.4	6.1	66.9[j]	7.8
秘鲁[g]	1918	74.8	（……7.5……）		82.3	n/a
乌拉圭[h]	1930	51.9	3.8	7.5	63.2	4.5
委内瑞拉[i]	1913	33.1	4.3	14.1	51.5	0

　　[a] 来自拉丁美洲经济委员会(1959)。
　　[b] 来自巴西国家地理与统计局(1987)。
　　[c] 来自帕尔马(1979)。
　　[d] 来自奥坎波(1991)，第 227 页。
　　[e] 基于统计与人口普查总署的报告(1930)中有关企业数目的资料。
　　[f] 参见统计总署的报告(1933)，第 63—67 页。
　　[g] 基于企业数目，参见索普和贝尔特兰(1978)。
　　[h] 来自芬奇(1981)，第 165 页。
　　[i] 基于企业数目，参见卡尔松(1975)，表 A1。
　　[j] 据表内数据，小计应为 67.2。——编者注

包括加工食品出口，在制造业中的占比有所上升。第二重要的部门是纺织业和服装业，巴西到 1910 年纺锭数量已达 100 万枚，墨西哥则逊色一些[1]。然而，直到 20 世纪 30 年代，阿根廷的纺织业仍然极度不发达，这是受阿根廷精英阶层的意识形态观念所害，他们倾向于对比较优势法则的传统解读[2]。

　　在第一次世界大战之前的 30 年里，城市化的迅速发展为向建筑业销售非金属材料的公司提供了绝佳的机会（建筑业的国际运输成本往往高得令人望而却步，无法进口）。到 1914 年，水泥业已在巴西、智利、墨西哥、秘鲁、乌拉圭和委内瑞拉纷纷建立，在阿根廷，尽管具有市场的吸引力，但早期努力还

---

[1]　1910 年墨西哥纺锭数目为 72.6 万个。参见克拉克(1911)，第 4 部分，第 118 页。
[2]　所谓"比较优势法"，是指一国应出口那些具有最大相对成本差别的产品。以阿根廷为例，其比较优势显然是农工业出口商品。

是失败了。[①] 金属工业仍然非常落后,1910 年,只有墨西哥建立了一家现代钢铁联合企业。然而,鉴于这家公司无利可图,其他拉美国家推迟建立该工业也许是有道理的[②]。

因此,在第一次世界大战前夕,食品加工业、纺织业和服装业占拉丁美洲大部分地区制造业的 75% 左右。这种简单的结构大体上反映了该地区人均实际收入水平和消费模式。由于这些工业部门的发展,进口格局开始改变,在现代制造业开始扎根的国家,非耐用消费品所占的份额迅速下降。到 1913 年,拉美大国的进口以资本货物和中间产品为主,消费品进口份额减至 1/3 左右[③]。只有在那些还未建立现代制造业的国家,消费品所占份额超过 50%。

尽管近年来人们对拉丁美洲的早期工业化努力很感兴趣,但是很难不得出这样的结论,即第一次世界大战之前的成果并不显著。多数国家——甚至是一些大国——并没有对现代制造业进行任何重大的投资。就其收入和财富而言,最发达的国家阿根廷的工业结构却相对落后。尽管阿根廷的人均收入较高,但实际上,其工业劳动生产率比智利还低(参见表 5.3)。墨西哥的工业发展迅速,但据大家所说,它毫无利润可言,在革命前夕只占 GDP 的 12%。而秘鲁的工业化甚至在 1914 年以前就显示了停滞的迹象[④]。巴西制造业高速增长,但只有一小部分劳动力在现代工厂就业,这使得工业很难成为把出口部门生产收益转移到非出口经济的工具,人均实际收入依然很低。接下来,我们将探讨政策背景在多大程度

148

---

① 关于拉美水泥业的起源,参见科克-彼德森(1946),同时参见塔夫奈尔(2007)。

② 丰科力科罗拉·蒙特雷铸铁厂毫无利润可言,在第一次世界大战前从未公布过股息。参见哈伯(1989),第 7 章。

③ 早在 1900—1904 年,阿根廷消费品进口额就不到 40%。参见迪亚斯-亚历杭德罗(1970),第 15 页。

④ 索普和贝特伦(1978)认为,19 世纪 90 年代以本土公司为基础的工业活力,在第一次世界大战之前的 10 年里,其表现并不那么令人印象深刻。

上导致了这个令人失望的结果。

工业和相对价格

尽管人均实际收入水平和人口规模是人均制造业生产水平的最重要决定因素,[1]然而,任何特定时期的制造业增长率都受到所提供的激励措施的影响。在第一次世界大战前,拉丁美洲提供的最重要的激励措施之一就是与进口产品竞争有关的国内生产价格。

相对价格包括五个主要的变量。第一,每件制成品的价格受到实际收入增长率的影响,而这个增长率影响下的国内价格是一直变化的。第二是竞争性进口产品的外币价格和价格变动率。第三是国际运输成本下降的速度,因为在其他条件不变的情况下,它会使得具有竞争力的进口产品更加便宜。第四是名义汇率的影响,即购买一个单位外币所需的本国货币的数量。第五是名义关税率所体现的保护结构。

149   其中一些变量(例如国际运输成本)是拉丁美洲决策者无法控制的。然而,关税是国家政策的问题。纵观独立后的第一个世纪,关税的作用主要是增加收入。它是所有国家政府收入的主要来源,实际上是少数共和国的唯一来源(参见边码第 116—118 页)。这与美国和德国的情况大不相同,这些国家普遍征收关税,但明确表明采用关税是为了保护国内生产商。[2] 然而,即使保护性关税可能设定得太高而无法产生收入,但征收关税总会提供一些保护。因此可以说,拉丁美洲关税主要是为了增加收入,并不排除有一种次要

---

① 这一基本关系是由切纳里(1960)确立的,并且得到了很多细致的改进;例如,参见赛尔奎因(1988)。

② 自从 1791 年亚历山大·汉密尔顿关于制造业的大作发表以来,美国就认识到关税的保护作用。战前,随着 1890 年《麦金利关税法》将关税总水平从 38％提高到 49.5％,关税达到顶峰。事实上,美国的保护力度如此之大,以至于一位经济史学家写道:"我国商业政策的要点,从一开始就是为国内制造商保留市场,并排斥外国竞争。"博加特(1908),第 396 页。

的保护作用。事实上,到 1914 年,拉丁美洲关税中的保护性因素在一些共和国中已变得相当重要。①

关税结构是独立的拉丁美洲从其殖民统治者那里继承下来的,在独立之后的几十年中没有看到任何大的变化。② 主要的例外是巴西,帝国政府不得不履行 1810 年的英葡条约,给予英国在巴西市场上的优惠关税待遇(参见边码第 35 页)。该条约引起了很多巴西人的不满,其在 25 年之后到期,并为 1844 年的关税法所取代,该法大幅度提高了关税,并取消了对英国的优惠待遇。当时,拉丁美洲的平均关税水平为 25％到 30％,只有相对较少的产品可以免税。

独立的拉丁美洲国家不愿改变关税,不仅仅是因为它们依赖关税,而且因为手工业仍然非常重要,其行会仍有一定影响。对于手工业部门来说,关税具有保护作用,手工业者努力争取保留关税。尽管"自由贸易者"可能会要求降低关税,但他们的热情被政府必须以某种方式增加财政收入这一认识冲淡,而另一种明显的替代关税的选择——对土地征税——则被强大的大庄园主所憎恶。③

在 19 世纪的第三个 25 年,一些国家出现了关税自由化的趋势。1853 年的巴西法令和 1864 年的智利法令降低了一系列消费品的关税;在 19 世纪 60 年代,哥伦比亚的平均关税率下降到 20％。④ 这些变化与其说是由于手工业阶层的影响下降,不如说是人们越来越认识到,如果进口价格弹性大于 1,关

150

---

① 自 2003 年该书第二版出版以来,这一时期对拉丁美洲的关税研究取得了一些突出成果;具体参见科茨沃斯和威廉姆森(2004),科茨沃斯和威廉姆森(2004a),贝尔多拉和威廉姆森(2006),德尔·马尔·卢比奥(不详),以及威廉姆森(2010)。

② 例如在哥伦比亚,1820 年前的关税率是在 30％到 40％之间;参见麦克格瑞里(1971),34 页。平均关税在 19 世纪 40 年代早期是 27.9％;参见奥卡姆博和蒙特尼哥罗(1984),264 页。

③ 因此,不同于英国,拉丁美洲的"自由"贸易从不意味着零关税。事实上,"公平"贸易更准确地描述了 19 世纪的商业政策。

④ 参见奥卡姆博和蒙特尼哥罗(1984),第 265—266 页。其他资料显示,这一数据甚至更低;例如,参见麦克格瑞里(1971),第 170 页。

税削减就能够增加收入。[①] 此外,随着出口数量的扩大,一些共和国的进口额(税基)也开始急剧增加,使平均保护率有可能下降。[②]

19世纪的第三个25年是拉丁美洲最接近自由贸易的时期。然而,保护水平远未达到零。在19世纪60年代末,巴西纺织业的平均关税近乎50%,[③]哥伦比亚在1859年的纺织品关税高达88%。[④] 1877年,阿根廷对小麦和面粉征收关税,这显然是一种保护主义,并在几年内使该国从一个净进口国(主要从智利进口)变成了一个主要出口国。[⑤] 即使在以鸟粪收入为主要政府收入来源的秘鲁,19世纪60年代的平均关税也在20%左右。[⑥]

151　　在19世纪的最后25年,当进口价格普遍下降时,拉丁美洲各主要共和国的保护措施有所抬头。实现这一状况的方法是保持从量税不变,从而提高隐含的平均关税率(例如乌拉圭),以及增加关税税率的差额[⑦](例如智利和阿根廷),或者两者皆有(例如巴西)。因此,关税制度仍然是政府收入的主要来源,但在人均收入水平或人口规模使引进现代制造业成为可能的那些共和国,关税制度就与保护因素结合在一起了。到1913年,拉丁美洲征收的关税与进口额之比至少和澳大利亚(16.5%)、加拿大(17.1%)或美国(17.7%)旗鼓相当,而在一些国家,如巴西(39.7%)、乌拉圭(34.4%)或委内瑞拉(45.8%),

---

① 需求价格弹性是需求变化百分比和价格变化百分比的比率。因此,如果弹性大于1,则可以通过降低价格来增加总收入。

② 这种影响在净易货贸易条件改善的时期更为强烈。其他同等情况下,净易货贸易条件的增加就意味着出口购买力和进口能力的增加。

③ 参见贝西亚尼(1979),第19页。

④ 参见麦克格瑞里(1971),第80页。

⑤ 参见洛克(1987),第150页。

⑥ 参见索普和贝特伦(1978),第30页。另见汉特(1985),表13,显示了19世纪60年代以前,许多产品的从价税率下降。

⑦ 在平均水平未受影响的情况下,较高的差额仍然意味着保护措施的增强,因为较高的税率几乎总是适用于生产当地能够生产的产品。

则高得多。[①]

就墨西哥而言,我们有幸对其 1892 到 1909 年的关税保护进行了详细研究[②]。其表明了汇率变动推动了从价关税的降低。然而,这在一定程度上为非关税壁垒的增加所抵消。1905 年的货币改革为通过关税改革确立明确的保护政策提供了机会。

出于许多原因,这些数字只是粗略的汇率保护措施。首先,拉丁美洲国家经常使用官方的进口值,而这并不一定反映实际价值。这些官方价值是为了避免进口商逃税而引入的,经常被改变,所以公布的进口数据不一定考虑到进口价格的涨跌。因而如果官方价值高于实际价值,实际的保护率将会更高(反之亦然)。[③]

第二,不是所有的进口商品都需要缴纳关税。如果有很大比例的进口商品是免税进入的,那么对这些货物的保护率就会大大提高。在美国,进口商品的免税进入比例如此之高,当征收的税以应纳税进口商品的百分比来表示时,会使得隐含的保护率从 17.7％跃升至 40.1％。[④] 在拉丁美洲,相比之下,这种增长要平和得多(例如,阿根廷从 20.8％升至 25.8％,秘鲁从 25.4％升至 33％,巴拉圭从 32.2％升至 38.1％)。

152

第三,对于国内生产者至关重要的并不是名义保护率,而是有效保护率(ERP)。名义保护率仅指对形成竞争的进口产品征收的关税,而有效保护率在计算由于保护结构而增加的增值百分比时也会考虑到投入的关税。如果对形成竞争的进口商品征收高关税,而对原材料、中间产品、机器征收低关税,那么有效保护率就会超过名义保护率。

---

① 关于阿根廷、澳大利亚、加拿大和美国,参见迪亚斯-亚历杭德罗(1970),第 285 页;关于巴西,参见列夫(1982),第 175 页;关于乌拉圭,参见芬奇(1981),第 168 页;关于委内瑞拉,参见卡尔森(1975),第 64 页。

② 参见马尔克斯,1998。

③ 已经计算出阿根廷在 1910 到 1940 年的差别关税。见迪亚斯-亚历杭德罗(1970),第 282 页。

④ 参见迪亚斯-亚历杭德罗(1970),第 286 页。

要把所有其他影响保护率的因素都考虑在内是不可能的。尽管如此,还是可以进行一些观察。一般来说,英镑和美元的进口价格在 19 世纪最后 25 年中有所下降,但在 1913 年以前的十年内有所上升。对于那些没有经常调整官方进口值的国家来说,其实际效果可能是使"官方"的保护率略低于"实际"的保护率,而对于那些在世纪初就调整了官方进口值的国家(例如阿根廷)来说,情况正好相反。①

拉美国家对某些进口商品实行税收豁免,但豁免的比例从未高于 20%——远低于美国的水平——因为关税的主要功能仍然是征税。免税清单上最主要的项目是那些根据与外国公司签订的特殊合同可以免税的商品。例如,1907 年阿根廷颁布米特雷法以后,所有铁路公司(不仅仅是外资公司)都可以免税进口所需的大部分物资——人们普遍认为,这一优惠对后来铁路网的迅速扩张做出了重大贡献。②

在政策决策者看来,将收入和关税的保护性功能结合起来运用的复杂性日益增加,从而导致对一些消费品实行更高的有效保护率。早在 1864 年,智利的平均关税就降低了,但消费品关税的降低幅度要远小于中间产品或资本货物的关税降低的幅度,这导致了一些制成品的有效保护率的提高。③ 巴西对纺织业、制衣业以及制鞋业的态度提供了明确证据,表明巴西希望将对竞争性进口产品征收高关税与对投入物征收的低关税结合起来,因此,据估计,其对许多非耐用消费品的有效保护率已超过 100%。④ 在阿根廷,对家具、金属和建筑材料行业的原料所征收的关税要远低于同行业的竞争性进口商品

---

① 1913 年,阿根廷平均进口关税(基于官方进口值来计算)为 20.8%;当采用进口市场价值时,这个比例降至 17.7%。参见迪亚斯-亚历杭德罗(1970),第 280—286 页。

② 关于英国在阿根廷铁路部门的投资,参见里维斯(1983);关于法国的投资,参见雷加尔斯基(1989)。

③ 参见帕尔马(1979),第 2 章。

④ 然而,应该指出的是,巴西对特定的原材料征收了高关税,因此严重依赖这些投入的工业的有效保护率可能低于名义保护率;参见列夫(1982),第 176 页。

的关税。①

　　然而，相对价格不仅取决于关税，而且还取决于我们讨论过的其他变量。19世纪下半叶，外国进口价格的下降和国际运输费用的下降部分地被汇率贬值抵消。1873年以后，以白银为本位货币的国家，其货币贬值的幅度尤为显著，但以不可兑换的纸币为本位的国家（例如1878年以后的智利），其名义汇率也发生了贬值。尽管认为货币名义价值的变化代表着对稳定的实际汇率的有意识追求是错误的，但没有多少证据表明，那些可以自由改变平价的国家的国际竞争力受到了严重削弱。

　　只有那些采用金本位制的国家是不能自由改变汇率的。在这种情况下，外国进口价格或国际运费的下降可能对与进口相竞争的国内生产的盈利能力产生严重后果。然而，直到19世纪末，拉丁美洲才有第一批采用金本位制的国家，当时外国进口价格即将上涨。② 当然，国内价格仍然比国外价格上升得快，那么实行金本位制的国家就不能用汇率贬值的手段来恢复国际竞争力。1914年以前，这似乎确实是少数几个共和国（例如秘鲁）的问题，③但可以通过进一步提高关税加以抵消（例如巴西）。④

　　总的来说，拉丁美洲共和国的实际工业保护率要高于世界其他地区。然而，拉丁美洲制造业面临的不利条件是，保护措施几乎肯定比达到符合人均实际收入水平和人口规模的工业绩效所需要的少。的确，回归分析显示，在一些重要的情况下，拉丁美洲制造业人均净产出低于国际比较所预测的水平

154

---

① 参见迪亚斯-亚历杭德罗（1970），第290页。

② 参见赛尔伍西（2006）。

③ 参见索普和贝特伦（1978），第125页。

④ 参见贝希亚尼（1979），第18—23页。关于巴西的咖啡价格和工业关税之间的联系，参见阿布雷乌和百威拉瓜（2000）。

（参见表 5.3）。[①]

　　让人感到失望的主要是阿根廷。作为拉丁美洲最富裕的国家,阿根廷的人均制造业水平与许多人均实际收入较低、人口规模较小的欧洲国家相比并不理想。[②] 如果扣除对加工过的初级出口产品（例如牛肉、羔羊和面粉）制造业的贡献,这种对比甚至会更加显著。虽然阿根廷是所有拉丁美洲国家中工业化程度最高的国家,但它的制造业仍然可能比人们从国际比较中预测的要小。[③]

　　阿根廷工业化的突出弱点是纺织和服装部门。虽然食品加工、饮料、烟草制造、建筑材料、化学品,甚至金属行业都相当先进（得到了很好保护）,纺织和制衣业却发展得十分滞后,低于巴西和墨西哥的水平。实际上,如果阿根廷在 1914 年之前像巴西那样大力发展纺织业,那么阿根廷和其他同水平的国家在工业方面的差距将会消失。[④]

　　因此,阿根廷工业的弱点十分特殊,它并不是由该国土地所有者的某些

[①] 利用麦泽尔斯（1963）所提供的 13 个国家（不包括拉丁美洲的共和国）的数据,可以找到可比较的数字,得到 1913 年的方程式如下（使用 1955 年的价格）:

$$lnMAN(pc) = -2.57964 + 1.497379 lnGDP(pc) + 0.135668 lnPOP \quad R^2 = 0.72$$
$$\qquad\qquad\quad (0.290418) \qquad\qquad (0.16763)$$

其中,$lnMAN(pc)$ 为人均制造业净产值的对数,$lnGDP(pc)$ 为人均实际国内生产总值的对数,$lnPOP$ 为人口的对数。括号内的数字为系数的标准差。然后,用该方程式预测表 5.3 中各国的制造业净产出。在对 1955 年至 1970 年美元价格之间的差额（假定上涨了 50%）和官方税率与购买力平价汇率之间的差额进行调整之后（参见麦泽尔斯 1963 年的著作,表格 F.2,第 546 页）,此时 5 个国家制造业净产出的实际和预测值之比如下:阿根廷（0.55）,巴西（1.15）,智利（1.29）,哥伦比亚（0.68）和墨西哥（1.03）。这证实了一种观点,即鉴于阿根廷的人均收入水平和人口规模,它的工业化程度相对较低。

[②] 按照 1955 年的美元价格（按购买力平价汇率计算）,1913 年阿根廷人均制造业净产出为 70 美元。瑞典人口较少,人均收入较低,记录在案的这一数字为 145 美元;荷兰和挪威,有着同样的人均国内生产总值和较少的人口,这个数字分别为 105 美元和 120 美元。参见麦泽尔斯（1970）,表 B.2 和 B.4。

[③] 与此相关的是,阿根廷直到 1908 年才在第一次全国农业普查 20 年后进行第一次工业普查——而且直到 1937 年才进行第二次普查;参见特拉维斯（1990）。

[④] 如果阿根廷在纺织业取得了与巴西同等的价值（参见表 5.3 和表 5.4）,该国的人均制造业净产出会增长 15%。

阴谋造成的。然而,工业和工业家确实未能获得与农业出口同等的地位。其采取过促进工业发展的政策,但并没有贯穿始终。例如,阿根廷在纺织和服装部门采用差别关税,以使有效保护率高于名义保护率,但这种差别远远低于巴西和墨西哥,而且有效保护率远没有那么高。根据 1906 年的关税法案,进口布料关税仅略高于 20%,显然这并不足以刺激国内生产商,因为他们在许多种类的食品和饮料上享有 50% 以上的关税。[①]

尽管拉丁美洲的保护率足以刺激较大国家的一些国内制成品的生产,但这并不一定意味着关税政策是最佳的。拉丁美洲的关税在若干方面存在不足,对增长、分配和资源的配置造成了不利后果。对进口产品使用官方价值使实际保护率难以衡量,因此,在缺乏经常调整的情况下,保护率的变化几乎是垄断的,难以预测。保护的"被动"性质可能阻碍了那些政府不处于强势地位的共和国的工业投资。随着官方价值过时,对新进口商品的分类变得愈加困难——这为进口商和腐败官员按低关税类别来配置商品打开了方便之门。

采用官方价值也意味着,即使拉丁美洲的关税被描述为从价计征,它们实际上仍是从量关税。如果一件劣质商品的税率与同一进口类别的优质商品相同,它将会鼓励高价的"奢侈品"进口,而不是低价的、大批量生产的同类商品。在哥伦比亚,这一制度走向了极端。关税是根据进口商品的重量来计算的,这为进口奢侈品提供了强大的动力。另一方面,从量关税鼓励当地生产低质量的商品供大众消费,抑制了国内奢侈品的生产。1913 年以前,大多数国家的实际工资增长缓慢,收入集中在上层社会,因此,从量关税制度可能鼓励了不必要的进口快速增长。

156

到 1914 年,拉丁美洲的关税在较大共和国中具有保护主义的成分,但主要以税收为理由征收的税永远不会提供与税收相同的保护率。因此,美国的关税保护率似乎与阿根廷相同,但实际上美国的保护要高得多,因为关税集

---

① 　参见迪亚斯-亚历杭德罗(1970),第 291 页;也可以参见科尔特斯·孔德(2000)。

中在那些被认为需要保护的产品上,使其免受来自外国的竞争。此外,美国20%的保护率在本质上不同于拉丁美洲的类似的保护率,因为关税要克服的国内生产方面的缺点在次大陆要多得多。[①]

关税的收入功能的产生是由于缺乏政治上可以接受的政府收入的其他来源。在个别情况下,一旦找到这种替代品,关税就能以牺牲收入为代价被用来加强其保护作用。智利的情况似乎就是这样,1880 年以后硝酸盐出口增加,出口税的暴利随之而来。另一方面,不能保证关税是否会以这种方式使用。我们已经看到秘鲁在 1850 年以后的例子,该国的鸟粪收入可能导致关税自由化和保护率下降。

19 世纪最后 25 年里,关税政策转向更大程度的保护,并不是因为强大的工业协会的崛起。新的实业家绝大多数是移民、商人或矿主,他们在所有较重要的国家都成立了协会来维护自身利益,但其影响无法与地主和农业出口商相比。[②] 然而,我们已经看到,对于后者来说,关税收入是一种相对轻松的中央政府融资和偿还外债的方式。因为关税主要影响的是国内和进口消费品的价格,其费用主要由城市消费者——一个没有组织力量而且政治力量弱小的社会群体——承担。

这里我们会再次注意到阿根廷与其他拉美国家之间有趣的差异。阿根廷不仅是一个优秀的移民国家,而且移民主要集中在城市。在布宜诺斯艾利斯的意大利人、西班牙人和英国人首先考虑的是进口商品,以满足他们的消费需求,他们可能特别不愿意因为关税而支付高昂的价格,因为他们知道相同商品在国外的"真实"价格。因此,到 1914 年为止,纺织业和服装业如此不发达,其中一方面可能是由于移民集中在对国外市场了如指掌的阿根廷城市。

第一次世界大战前在工业化方面取得很大进展的拉丁美洲的 6 个国家

[①]　参见贝尔多拉和威廉姆森(2006)。

[②]　关于拉丁美洲第一批工业协会,参见里维斯(1986),第 310—319 页。

（阿根廷、巴西、智利、墨西哥、秘鲁和乌拉圭）都在消费品方面实现了高水平的进口替代。在这 6 个国家，国内生产的消费品满足了表面消费的 50％至 80％，有些商品的国内生产几乎取代了进口。然而，当我们审视非传统消费品（例如，不考虑牛肉和食糖等商品）出口时，我们发现它们的重要性微不足道。

考虑到第一次世界大战期间此类商品贸易的大幅增长，我们对 1914 年以前制造业出口的缺失深感惊讶（参见第六章）。一旦消除了来自欧洲和北美进口商品的竞争，拉丁美洲的实业家们就能够向邻国出口产品，取得明显的成功。因此，在和平时期无法与其他国家的出口产品竞争，一定是由于价格高或质量低，或者两者兼而有之。

我们已经看到拉丁美洲的关税制度有利于生产低质量的大众消费品。这些商品在拉丁美洲的低收入消费者中是可以被接受的，但在北美和欧洲更有眼光的市场上可能并不畅销。然而，几乎可以肯定，高价格问题比质量问题严重得多。

尽管国内关税可以抵消由于外国制造商在原材料、能源以及运输成本方面享有的一些优势，但在国外市场失去关税保护，会使拉丁美洲实业家只享有实际工资较低的优势。然而，实际工资的差异通常不足以补偿生产率的差异。[1]

158

1914 年之前，拉丁美洲最重要的非传统制成品出口是小麦粉和巴拿马帽子。两者都使用了拉丁美洲相对于发达国家拥有比较优势的原料，而且巴拿马帽子依赖于家庭劳动（妇女和儿童），其成本远远超过了任何实际生产率差异的补偿。然而，正如阿根廷通过对从智利进口的面粉征收保护性关税来发展其面粉工业一样，其他发达国家也会如法炮制，使面粉出口变得愈加困难。

---

[1] 哈波尔（1989）对墨西哥制成品出口商由于价格昂贵而面临的问题进行了出色的分析。

制成品出口还面临其他障碍。拉丁美洲单位生产成本如此之高的一个原因是未能利用规模经济和低水平的产能利用率。[①] 当然,拉丁美洲这些众所周知的工业化问题部分是由有效需求水平低造成的,但它们也是由国内贸易壁垒所致。巴西、哥伦比亚和墨西哥的省政府仍对州际交通关隘征税。这些税收往往助长区域垄断,从而破坏了充分利用能力和开发规模经济的机会。

拉丁美洲消费品生产商在正常条件下无法出口的事实,引发了关税是否过高的问题。关税保护在拉丁美洲确实需要,正如在澳大利亚、德国、美国那样,为工业投资提供刺激。在国内竞争和边干边学的情况下,单位成本应该会下降,工业会转向出口市场。1877 年以后,这一经典的幼稚工业理论在阿根廷面粉的案例中奏效,但在其他方面却没有取得多大成功。

尽管可能会争辩说巴西、乌拉圭和委内瑞拉的关税税率过高,但其他共和国肯定没有。国际竞争力的问题在很大程度上是由于国内竞争未能将价格压低到关税保护所允许的水平。准入壁垒相当高,市场又由于受到内部关税、高昂的运输成本和收入分配不公的限制而规模很小。少数公司太容易控制较大的共和国的当地市场,更不用说较小的共和国,因此,单位成本和价格仍然高于在竞争环境中可能占主导地位的水平。

第一次世界大战前夕的地区差异

到 1914 年,拉丁美洲已经实行了近一个世纪的以自由(不受限制的)贸易为基础的出口导向型增长模式。[②] 每一个共和国都更加紧密地融入了世

---

① 例如,墨西哥钢铁工业的开工率在 1905 年只有 4%。这是一个极端的数据,但即使在波菲里奥时期这个数字也从没有超过 40%;参见哈波尔(1989),第 33 页。
② 19 世纪的"自由贸易"应被解释为与所有国家进行不受限制的自由贸易,但并不一定是由于关税歧视和帝国特惠而享有平等的条件。

界商品市场、资本市场,甚至劳动力市场(通过国际移民),但地区差异却比 19
世纪初更加明显。出口导向型增长下的这些差异的产生可能有两个原因:
各共和国人均长期出口的增长率可能不同,出口部门的生产率收益向非出口
经济转移的速度也可能存在差异。其结果是生活水平的巨大差异。例如,阿
根廷的人均收入要比巴西高出六倍多(参见图 5.1)。[①]

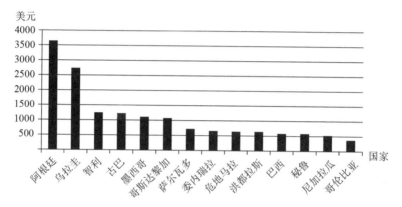

图 5.1　1912 年前后按美元计算(2000 年的价格)的人均国内生产总值

注释:所有国家皆采用三年平均数(中美洲五国的数据是指 1921 年的)。
资料来源:附录四。

出口增长所引起的地区差异已经得到了研究(参见第三章)。到 1914
年,就人均出口增长而言,最成功的国家是南椎体国家(阿根廷、智利和乌拉
圭),古巴的人均出口水平很高——得益于它在 19 世纪 70 年代之前和 1900
年之后的出色表现。在其他地方,经济表现参差不齐,一些国家(例如秘鲁)
出口周期如此明显,以至于长期增长率受到了影响;而另一些国家(例如墨
西哥)进入高速增长阶段太晚,无法完全扭转此前低迷的经济表现。

本章探讨了出口部门生产率收益向非出口经济转移所产生的地区差
异。显然,在出口部门的生产力微不足道的地方,几乎没有什么可以转移到

[①]　第一次世界大战前不平等的扩大和全球化之间的关系已经被很多作者研究过了,例如,参见
威廉姆森(2011)。

非出口经济。来自出口部门的刺激太弱,以至于其并不能促进国内消费农
业和制造业生产率收益的提高,而其他行业(例如商业)生产率的提高与出
口部门本身创造的财富密切相关。另一方面,成功的出口表现并不一定保
证非出口经济的快速增长。出口的刺激可能只会导致进口水平的提高,并
使非出口行业的许多部门的生产率水平保持不变。

　　因此,我们需要分清出现在图 5.1 中的三组国家。第一组包括那些有
着较高的出口增长且非出口部门的生产率也增长的国家,第二组是那些出
口增长快而非出口部门的生产率却没什么增长的国家,第三组是那些出口
增长一般且非出口部门生产率水平仍然低迷的国家。

　　只有阿根廷、智利和乌拉圭可以确定属于第一组国家。这 3 个国家不
仅享有长期的出口增长率,而且在将出口部门的生产率的收益转移到其他
经济部门方面也取得了一些成功。如果说阿根廷的工业发展和智利的出口
多样化还有许多不足之处的话,两国的生活水平的提高已经十分显著,而且
经常引起外国人的关注。因此,南锥体的 3 个国家是第一次世界大战前拉
丁美洲成功的典范。

　　尽管这 3 个共和国的长期表现可能比拉丁美洲其他国家要好,但它们
的成就只是相对的。根据国际标准,它们的表现并不突出。1913 年,即使
在阿根廷,人均出口也要低于澳大利亚、加拿大、新西兰、瑞典和挪威的水
平,而制造业人均净产出的差距更大。虽然阿根廷确实可以声称 1913 年该
国居世界最高人均实际收入水平的第 10 位①,但这种情形更多地归咎于许
多北半球国家庞大的农业部门因生产率十分低下而生活水平不高。例如,
法国在 1913 年的人均实际收入正好比阿根廷的低(尽管它是一个工业化程
度更高的国家),因为很高比例的劳动力仍从事低生产率的农业活动。当与
其他国家进行的"近期定居"比较时——这些国家的农业并非很重要——阿

---

① 参见麦迪逊,2001 年,第 185 页和第 195 页。

根廷的人均实际收入看上去就不那么令人印象深刻了。事实上,阿根廷的数据远低于 1913 年时澳大利亚、加拿大和新西兰的记录。[①]

图 5.1 中的第二组国家包括哥斯达黎加、古巴和墨西哥。[②] 人均出口的增长虽然有时相当迅速,但并没有导致非出口经济的转变。例如,1913 年古巴的人均实际收入只相当于阿根廷的三分之一,尽管古巴的人均出口水平在拉丁美洲是最高的。古巴并没有发展起现代制造业,国内消费农业严重下降,经济严重依赖食糖业。[③] 第二组中有两个小型经济体(哥斯达黎加和古巴),因此人们很容易认为,出口部门快速增长带来的微弱刺激是由经济规模所导致的。然而,乌拉圭尽管经济规模也很小,但仍然努力将出口部门的生产率收益向非出口经济转移。因此,必须记住,不能把第二组国家(包括墨西哥)令人失望的表现全部归因于经济规模。这些国家出口部门中强大的外国存在是更为重要的因素,这导致了大部分生产率收益被转移到国外。最后,1898 年以后古巴的半殖民地性质和墨西哥波菲里奥时期对外国投资者为该国继承下来的问题提供的解决办法的深信不疑,都阻碍了对有利于非出口经济的财政、货币以及汇率政策的采用。[④]

162

图 5.1 中的第三组国家包括其他所有共和国(总共 8 个),其人均国内生产总值明显低于其他国家。然而,这一组几乎肯定还包含 6 个在当时没有人均国内生产总值数据的国家(玻利维亚、多米尼加共和国、厄瓜多尔、海地、巴拿马和巴拉圭)。这个庞大群体的人均出口长期增长率非常令人失

---

① 以 1990 年价格的购买力汇率计算,麦迪逊(2001)估计阿根廷的人均国内生产总值为 3797 美元;与此相比,澳大利亚、加拿大和新西兰的数据分别为 5715 美元、4447 美元和 5152 美元。

② 第一次世界大战时的波多黎各可能可以属于这一组,但我们没有足够高质量的数据来衡量当时的人均国内生产总值。

③ 1913 年食糖出口占古巴国内生产总值的比例为近 40%,这使得国家经济非常容易受到国际食糖政策和食糖价格波动的影响;参见阿列内斯(1950)。

④ 墨西哥的科学家,就像波菲里奥时期被贴上标签的技术官僚们一样,在独立后的 50 年里,背上了国内资本家没能改变这个国家所带来的沉重负担;参见卡内尔(2011)对他们中最著名的人物(何塞·里曼托)的分析。

望,1913 年的人均出口水平很低。毫不奇怪,人均实际收入也是低迷的。

然而,在第一次世界大战前的最后几十年里,其中一些国家的表现有了显著改善。秘鲁(在太平洋战争以后)人均出口增长率的上升提高了生产率,刺激了投资和制造业的增长。多米尼加共和国在 1870 年以后的人均出口也得到了快速增长。因此,最重要的是,这两个国家出口导向型增长的失败反映了它们在过去几十年里无法实现持续的出口业绩。造成这种无能为力的部分原因是商品的机遇期(例如秘鲁鸟粪的兴衰),部分原因则是与民族国家的形成有关的社会和政治混乱(例如多米尼加共和国)。

第三组是迄今为止最庞大的群体。这 14 个共和国(如果我们不考虑巴拿马的特殊情况,就是 13 个共和国)的人均出口在第一次世界大战前的最后几十年里既没有取得令人满意的长期增长率,也没有显示出多少活力。这一组包括中等国家(例如哥伦比亚和委内瑞拉)和小国(例如尼加拉瓜)、矿产品出口国(例如玻利维亚)和农产品出口国(例如萨尔瓦多),以及半殖民地国家(例如多米尼加共和国和洪都拉斯)和坚决独立的共和国(例如巴拉圭)。

它还包括巴西,尽管其现代制造业在崛起,但 1913 年,巴西的出口和人均实际国内生产总值都很低。然而,巴西过去是——在某种程度上——现在仍旧是一个由两部分(南、北)组成的国家。在第一次世界大战前,南方在农产品出口(特别是咖啡)和面向国内市场的制造业(特别是纺织业)方面表现出相当大的活力。事实上,如果南方是一个独立国家,它的表现可能会和南椎体国家一样好。然而,北方却遭受出口部门,尤其是棉花和食糖下降的影响,制造业几乎没有得到任何投资。甚至它的橡胶繁荣持续的时间也相对短暂。因此,巴西的糟糕表现并不难解释。①

人均出口较低的国家往往人均实际收入较低,这一事实需要进行统计

———————————

① 许多学者在第一次世界大战以前就对巴西发展的地理因素发表过评论;参见拉夫(1982)、富尔塔多(1963)和普拉多(1967)。

比较。图 5.1 中,14 个国家的出口与人均收入之间的相互关系非常接近。简单的回归分析表明,人均出口的变化"解释"了 86% 的人均国内生产总值的变化。尽管这些数据存在着所有已知的不足(参见附录一至四),但很难否认出口业绩是第一次世界大战前拉丁美洲生活水平的一个重要决定因素。由于简单的回归分析没有考虑到许多因素,国家可能会"表现不佳"(例如古巴)或"表现过度"(例如阿根廷),但这两个变量之间的显著相关性是明显的。[①]

出口导向型模式在许多共和国收效甚微,这一事实导致一些学者质疑出口导向型增长本身是否明智。然而,很难不得出这样的结论,即第三组的14 个国家所采用的任何模式的回报率都很低。政治不稳定、交通系统不完善、资本匮乏、劳动力短缺,以及国内市场规模狭小(巴西除外),这一切都会导致产生各种各样的选项,以替代 19 世纪出口导向型增长模式。

164

其他共和国也面临同样的问题,但是出口部门的持续增长部分地解决了这些问题。事实上,第三组国家在解决这些问题上的进展往往与出口部门的演变有关。然而,从根本上说,铁路和银行系统是出口部门发展的结果,只有出口增长才能支付进口商品的关税——关税是政府税收的基础。

因此,"失败国家"的基本问题由人均出口增长缓慢所致。由于初级产品的世界市场在第一次世界大战前所受到的限制——尤其是 1850 年以后——要少于历史上的任何时期,失败必须归因于供给方面(参见第四章)。然而,失败的代价是高昂的。不仅第三组国家的居民谴责人均实际收入水平低,而且为初级产品出口提供的机遇窗口开始关闭。早在 1914 年以前,农业保护主义就已经在欧洲大陆抬头,而在英国,由约瑟夫·张伯伦领导的保守党的一个颇具影响力的派别已经将其色彩牢牢地钉在了帝国特惠的桅

---

① 可以用一个简单的普通最小二乘法回归系数来预测图 5.1 中 14 个国家的人均国内生产总值。"表现不佳"意味着预期的人均国内生产总值低于实际水平,而"表现过度"则意味着相反的情况。

杆上。在美国,国内竞争正让位于托拉斯和卡特尔的形成,由此削弱了销售原材料的生产商(包括拉丁美洲的出口商)的议价能力。到 20 世纪 20 年代,出口导向型增长的环境变得不那么有利,利用商品的机遇期获得成功的可能性开始降低。

第六章

第一次世界大战及其后果

1914 年 8 月 2 日,当欧洲爆发战争时,不仅国际力量的平衡遭到了破坏,而且自拿破仑战争结束以来缓慢发展起来的全球贸易和支付体系也陷入了困境。随着 1919 年停战协定的签署,有人摆出一副勇敢的面孔尝试重建战前体系。然而,旧的国际经济秩序已经消亡,新的国际经济秩序又极不稳定。当时人们几乎没有察觉到这种不稳定,使得拉丁美洲这样的外围地区极易受到 20 世纪 20 年代末国际贸易和资本流动崩溃的影响。

旧秩序的主要特征是存在相对不受限制的国际贸易,这反映了在 19 世纪占主导地位的经济大国(英国)的利益;贸易中实施的一些限制通常采取关税的形式,这对所有有关方面都有透明的好处。资本和劳动力都可以自由跨越国界,护照是例外而不是常规。最早由英国采用的金本位制在该世纪末已传播到所有主要的工业国家,并为国际收支调整提供了一个完善的机制。内部均衡(充分就业和零通货膨胀)被认为不如外部均衡重要,因此通常用价格紧缩和就业不足的方式来调整不利的冲击。

拉丁美洲国家在初级产品出口、资本流入,特别是阿根廷、巴西和乌拉圭在国际移民的基础上,相对容易地加入了这一机制。国际收支调整从来都不是一帆风顺的,资本流动通常又是顺周期的,往往在最需要的时候下降,但这些中断对世界经济增长的动力几乎没有影响,只有极少数例外(例如巴林危机)。国内调整受到生产效率低的大量非出口农业部门存在的缓冲,在劳动力需求下降时,许多工人可以分散到这一部门。

旧秩序的崩溃

英国居于战前国际经济体系的顶峰。尽管英国在制成品出口的主导地位及其在科学和技术方面的领导地位在 19 世纪末受到挑战,但它仍然是世界金融强国、外围国家的资本来源国和初级产品的主要进口国。英国的金融优势支撑着国际体系的规则,其海军随时准备阻止一切限制贸易和资本流动自由的企图。

第一次世界大战中首先受创的是金本位制和资本流动。交战国暂停了货币自由兑换,取消了新的资本发行,收回了旧贷款,以支撑欧洲金融机构的资产负债。阿根廷和巴西等严重依赖欧洲市场进行国际收支融资的拉丁美洲共和国受到的打击尤其严重,因为贷款被欧洲拥有的银行收回,并由此引发了各国内部的金融危机。例如,巴西得到的新的长期公共贷款在 1913 年达到了 1910 万美元,1914 年下降到 420 万美元,1915 年则为零,1914 年第四季度其货币供应缩减到 1910 年第三季度所记录的水平。[①]

欧洲的战争也结束了来自旧世界的外国直接投资的流入。而 1917 年以前在第一次世界大战中一直保持中立的美国,大幅增加了在拉丁美洲的直接投资,特别是在战略原材料的开采方面,但直到 20 世纪 20 年代美国也未能增加有价证券的贷款。然而,美国银行——1914 年之前被美国法律禁止投资外国子公司——开始在拉丁美洲设立分行。1919 年,美国第一家跨国银

167

---

① 参见弗里奇(1988),表 A.11 和表 A.16。

行花旗银行在 9 个拉丁美洲国家拥有 42 家分行。[①]

　　资本市场的动荡反映在大宗商品市场的混乱上，但其中短期影响与长期影响不同。战争开始时的航运能力不足，再加上贸易信贷的缺乏，扰乱了正常供应，但需求下降得更快，并拉低了许多市场的价格。短期出口收入和新资本流入的下降，减少了进口需求（无论如何，进口商品的供应也被运输短缺破坏了）。进口下降如此之快，整个拉丁美洲虽然到 1915 年估计还能保持经常账户的盈余[②]，但这种对外部不平衡的快速、短期调整导致了政府实际收入的大幅度下降，因为其依赖进口关税。例如，在智利，1911—1915 年政府收入下降了近三分之二。[③]

　　大宗商品市场的短期影响很快为主要工业国家转向战时经济的趋势所掩盖。对战略原料（例如铜和石油）的需求激增，而且盟国提供了航运空间。委内瑞拉的石油出口首次开启，外国公司带头寻找矿藏。[④] 战略原料的价格也急剧上升，那些出口战略原料比例较高的国家（例如墨西哥的石油、秘鲁的铜、玻利维亚的锡和智利的硝石）甚至享有净易货贸易条件的改善，尽管进口价格也在上涨。然而，虽然进口能力急剧增强，但在许多情况下，进口数量仍然受到限制。随之而来的进口价格上涨，加上贸易顺差[⑤]和预算赤字，引发了国内通货膨胀。这次通货膨胀对城市实际工资的影响是第一次世界大战期间及之后一些拉美国家政治动荡的原因之一。[⑥]

168

---

① 见斯托林斯（1987），第 66 页。关于整个 20 世纪拉丁美洲的外国投资的优秀研究，可以参见托梅（2000）和泰勒（2006）。关于美国的直接外国投资，参见威尔金斯（1974）和奥布莱恩（1996）。

② 参见斯托林斯（1987），第 174 页。

③ 参见桑克尔（1982），表 6，第 125 页。参见帕尔马（2000b）。

④ 胡安·比森特·戈麦斯在其长期独裁统治（1908—1935）初期，对委内瑞拉采矿的法律框架进行了彻底改革，外国公司很快就抓住了新机遇。参见麦克贝斯（1983），第 2 章。

⑤ 贸易顺差，如果它增加了国际储备，通常会导致货币供应（来自外部的货币）的增加，并会引发通货膨胀的压力。这一储备金流动的货币化在第 189 页注释①中有更详细的讨论。

⑥ 参见艾伯特（1988），第 6 章，其对阿根廷、巴西、智利和秘鲁的这些社会动乱做了优秀的研究。关于实际工资，参见贝尔托拉和威廉姆森（2006）。

出口非战略性原料(例如咖啡)的国家并未得到这样的好处。价格上升了,但贸易条件恶化了,出口量仍然受航运的严重制约。严重依赖咖啡出口的巴西已无法维持其首个咖啡价格稳定计划,并且其易货贸易在 1914 至 1918 年下降了 50%,尽管其出口总量保持不变。[①] 中美洲和加勒比地区的小国由于靠近美国而在一定程度上受到保护,但香蕉出口在战争结束前因航运能力不足而受到严重影响。[②]

欧洲爆发的战争并没有使传统市场完全丧失。英国依然严重依赖食品进口(例如肉和糖),并竭力维持其出口拉美商品的供给。协约国也几乎做了同样艰苦的努力来阻止德国获取拉丁美洲的原料。尽管地区大国(除了巴西)都在战争期间保持中立,但与德国的贸易变得越来越困难;同时,美国和英国都将它们认为处在德国控制之下的拉丁美洲公司列入黑名单。结果,德国在拉美进出口中所占的份额大幅缩水。

这一排挤行为的主要获益者是美国(参见表 6.1)。已经是墨西哥、中美洲和加勒比地区的主要供应国的美国,在一战期间,成了大多数拉丁美洲国家最重要的市场,它在南美洲进口份额中所占的比重达到了 25%,在加勒比盆地(包括墨西哥)占比近 80%。战争初期,当跨越大西洋的贸易变得越来越危险和困难时,巴拿马运河适时的通航,使得美国的出口品能够渗透到以前一直由欧洲特别是德国供应的南美洲市场。紧随这一贸易而来的美国各分行的新举措,加上支持美国企业的咄咄逼人的外交努力,[③]确保了美国在和平到来后依然在北部共和国中居霸主地位,并在其他地区处于强势地位。

德国作为贸易伙伴地位的丧失,不仅推动了美国重要性的提升,而且也减缓了英国重要性的下降。英国只有在与阿根廷的贸易中仍保持着主导地位,但这仍然是拉丁美洲最大的市场,阿根廷仍然是该地区最重要的出口国。

---

① 参见艾伯特(1988),第 56—57 页。
② 参见卡恩斯(1978)的第 4 章和诺顿(2012)。
③ 参见塔尔钦(1971),第 1 章。

表 6.1　1913 年、1918 年和 1929 年前后拉美与美国之间的
对外贸易（占总数的百分比）

169

国家/地区	对美国的出口			从美国的进口		
	1913 年前后	1918 年	1929 年	1913 年前后	1918 年	1929 年
拉丁美洲	29.7	45.4	34.0	24.5	41.8	38.6
墨西哥、中美洲和巴拿马	67.2	83.5	57.4	53.5	78.1	65.7
古巴、多米尼加共和国和海地	73.9	66.1	68.9	55.2	76.8	59.6
南美洲	16.7	34.9	25.1	16.9	25.9	31.4
阿根廷	4.7	29.3	8.3	14.7	21.6	23.2
巴西	32.2	34.0	45.5	15.7	22.7	26.7
智利	21.3	56.8	33.1	16.7	41.5	30.8
秘鲁	33.2	35.1	28.8	28.8	46.8	41.4
乌拉圭	4.0	25.9	10.7	12.7	13.2	30.2
委内瑞拉	28.3	60.0	26.5	32.8	46.7	57.5

　　资料来源：泛美联盟(1952)，威尔基(1974)；1913 年前后各国的数据来自本书表 3.7 和 3.8。

　　然而，阿根廷对英国的出口大大超过了它从英国的进口，这一贸易顺差与对美国的贸易逆差大致相当。这种对外贸易的三角关系——巴西的情况正好相反——只适用于可兑换货币和多边支付的世界体系，因此，20 世纪 20 年代，拉丁美洲主要共和国的对外贸易很容易受到任何背离金本位正统学说的影响。[①]

170

　　在《凡尔赛条约》签订后，恢复金本位制确实是一个优先事项，[②]但这花了数年时间才实现，而且就英国而言，由于采用了一种高估的英镑平价，这给恢复金本位带来了巨大的困难。[③] 英国经济在 20 世纪 20 年代的缓慢增

---

① 对外贸易的三角关系在许多文章里都有研究。例如，参见福多和奥康奈尔(1973)。

② 1919 年签署的《凡尔赛条约》要求德国支付巨额战争赔款。后来的国际会议都关注着在金本位制下重新建立多边支付体系。

③ 1925 年英国以战前平价 1 英镑等于 4.86 美元的比价恢复金本位制的决定现在被普遍认为是一个严重的错误。参见金德尔伯格(1987)，第 28—32 页。

长,[①]对于传统上将英国视为出口市场的拉丁美洲国家来说是一个打击;对
于那些在与美国农民竞争中销售商品的共和国来说,美国作为主导经济力量
的崛起也没有带来多少安慰。[②]1913—1929 年,美国与拉丁美洲的贸易增长
远远快于英国,但美国对该地区的出口远远超过了从该地区的进口。[③]因此,
在大战之前和战争期间,拉丁美洲对美国有着巨大的贸易顺差,但在 20 世纪
20 年代末二者却处于相反的地位。1929 年拉丁美洲对美国的出口占总出口
的 34％,而从美国的进口占总进口的近 40％(参见表 6.1)。

美国对拉丁美洲的商品和服务的贸易顺差反映了它作为一个资本输出
国的崛起。第一次世界大战结束之后,纽约取代伦敦成为国际金融中心,拉
丁美洲的共和国越来越多地向美国寻求债券、公共部门贷款和直接对外投
资。起初,在美国政府倡导的美元外交的支持下,[④]资本流动很快有了自己的
势头:外国投资(直接和间接)大量涌入拉丁美洲(参见表6.2),美国投资者控
制的股票份额以牺牲欧洲国家的份额为代价而稳步上升。英国和法国继续
在拉丁美洲部分地区投资,但新的投资数额不大,并且与两国国际收支状况
的不佳相称。[⑤]

美国在 20 世纪 20 年代作为外国资本主要来源的出现,对拉丁美洲来说
喜忧参半。鉴于从传统欧洲市场获得的资本盈余不断减少,在西半球出现有
活力的新资本市场显然是非常重要的,但是,新的借款是有代价的。在较小

---

① 参见布罗德贝里(1986),第 2 章。

② 美国作为一流世界经济大国的崛起并未导致其保护主义倾向的减弱。拉丁美洲出口温带产
品(例如牛肉)的国家在 20 世纪 20 年代尤其受到强加的新限制的影响。参见奥姆斯特德和
罗德(2000)。

③ 1913—1929 年,美国从拉美的进口上升了 110.6％,而拉美从美国的进口上升了 161.2％。英
国的相应数据分别为 45.5％和 34.5％。参见卡多索和布里尼奥利(1979b),第 5 章。

④ 到 20 世纪 20 年代中期,美元外交加上欧洲金融疲软,极大地加强了美国对拉丁美洲许多地
区的金融渗透。参见塔尔钦(1971),第 5 章。

⑤ 法国和英国被迫停止投资以帮助支付战争的费用,过了一段时间,正常的资本输出才恢复。
德国的资本输出因偿付赔款的需要而受阻。参见金德尔伯格(1987),第 2 章。

表 6.2　**1914 年和 1929 年美国在拉丁美洲的投资**　　*171*

地区和部门	直接		有价证券		总数	
	1914 年	1929 年	1914 年	1929 年	1914 年	1929 年
拉丁美洲（百万美元）	1275.8	3645.8	365.6	1723.9	1641.4	5369.7
按地区（百分比）						
墨西哥、中美洲和巴拿马	53.0	26.3	73.8	17.5	57.7	23.5
古巴、多米尼加共和国和海地	21.5	26.5	15.0	7.4	20.0	20.4
南美洲	25.5	47.2	11.2	75.1	22.3	56.1
按部门（百分比）						
农业	18.7	24.1				
矿业和熔炼业	43.3	22.0				
石油	10.2	20.1				
铁路	13.8	6.3				
公共设施	7.7	15.8				
制造业	2.9	6.3				
贸易	2.6	3.3				
其他	0.8	2.2				

　　资料来源：拉丁美洲经济委员会（1965）。

的共和国,新增贷款与美国的外交政策目标交织在一起,许多国家不得不屈 *172*
从于美国对其海关甚至铁路的控制以确保迅速偿付债务。[①] 在一些较大的
国家,新的贷款滚滚而来,形成了"亿万美元舞翩跹"之势。[②] 政府几乎没有做
任何努力来确保将这些资金有效地投资于能够保证用外汇偿还债务的项
目,[③]在少数情况下,腐败的规模达到了令人发指的程度。美国官员占据海关
以求得财政正常运转,但他们不能控制美国银行家发行债券以掩盖日益扩大
的公共部门的赤字。

　　拉丁美洲在 20 世纪 20 年代所要面对的问题并不仅仅是国际力量平衡

---

① 对于许多美国干预的出色调查,参见蒙罗（1964）。
② 据说这个著名的短语是由两个哥伦比亚人劳雷亚诺·戈麦斯和阿方索·洛佩斯·普马雷霍
　创造的,他们对贷款潮持高度批评的态度。参见共和国银行（1990）,第 219 页。
③ 虽然在 20 世纪 20 年代所有美国对拉丁美洲的贷款中,只有 4.7％被列为"用途不明",但至少
　有 50.3％的贷款用于重新筹集资本,12.1％用于"一般用途"。参见斯托林斯（1987）,表 10,
　第 131 页。

的变化和国际资本市场的转移,更严重的问题是商品市场的变化以及商品价格和收益不稳定性的增加。战争期间和战后的不稳定状况导致需求曲线的急剧变化,这可能对大宗商品价格造成严重破坏。1920—1921 年的世界大萧条就是一个很好的例子。出于战略目的的储备放松,造成了许多商品(特别是糖)的价格暴跌。[①] 主要国家中由文职人员以严刑峻法实施的战时价格控制被废除后,在多个市场先是引起了价格飙升,供给出现了动态反应,随后就出现了价格下跌。[②]

1920—1921 年的世界大萧条是短暂的,但大宗商品供应过剩的问题将持续更长时间。尽管中心国家对于初级产品出口需求的长期增长在减缓,这是人口数量变化、[③]恩格尔定律[④]和人工合成替代物出现[⑤]的结果,但是,长期的供给增长率却在加速上升,这是许多欧洲国家技术进步、对社会基础设施(包括交通)的新投资和农业保护的结果。

这些供应和需求的变化导致了长期均衡价格的变化,而这些变化本应成为拉丁美洲资源配置变化的信号。对许多国家来说,净易货贸易条件在 1913 年至 1929 年间恶化。然而,若干因素扭曲了价格信号所提供的信息,战争及其后果造成的不确定性使拉丁美洲的私营企业家和公共部门官员难以得出适当的结论。因此,拉丁美洲不仅未能调整其对外部门以适应 20 世纪 20 年代新的国际条件,甚至还大大增加了对初级产品出口的依赖。

173（页边）

---

① 世界咖啡储存量由 1917 年末的 1177 万袋下降到 1922 年末的 533 万袋。参见弗里奇(1988),表 A.6。关于食糖,参见布尔默-托马斯(2012),第 8 章和第 9 章。

② 到 1918 年,美国的批发价格(1913 年＝100)达到 188。随后在 1920 年迅速提高到 221,1921 年下降到 143,1922 年下降到 130。参见国际联盟(1928),表 102。在法国和英国也可以看到类似的情况,而在德国由于恶性通货膨胀无法控制,价格在 1920 年以后继续上升。

③ 到 20 世纪 20 年代,主要中心国家的出生率(CBR)(每一千人中的出生人口数)已经下降到 20 左右,死亡率下降到 12 至 17 之间。这意味着与战前相比,人口自然增长率出现了相当大的下降。

④ 恩格尔定律表明家庭收入和收入中用于食品支出比例之间的反比关系。尽管在短期内它对初级产品出口的影响可以忽略不计,但如果实际收入上升,它的长期影响必定是相当大的。

⑤ 新发明使得对棉花、橡胶、燃料、木材和硝酸盐之类的原材料的替代成为可能,世界化学工业在 20 年代有了巨大发展。

　　首要问题是商品价格的短期不稳定性掩盖了长期趋势。战前,这曾是拉丁美洲初级产品出口国面临的一个问题,但在 20 世纪 20 年代,这个问题要严重得多。在智利,出口价格的不稳定性是 1914 年前的两倍,出口价值的不稳定性几乎是 1914 年前的五倍。[①]　即使在出口更为多样化的阿根廷,20 世纪 20 年代的出口不稳定性也比共和国历史上任何时期都要严重。[②]

　　第二个问题是战后数年对于矿产的"战略"需求仍在继续。由于需要控制石油、铜、锡等的供应,美国官方鼓励企业在拉丁美洲大举投资。随着欧洲国家在它们的殖民地和自治领如法炮制,某些矿产品的世界性的供过于求的危险就出现了。此外,由于这些新投资在 20 世纪 20 年代后期开始流入,战略需求在很多情况下已经减弱,储备开始增加。当世界利率随着 1928 年股票市场的繁荣而上升时,持股成本急剧上升,抑制了额外购买。

174

　　第三个问题是一些关键市场的价格操纵。20 世纪 20 年代巴西恢复的咖啡稳定价格计划,减少了进入全球市场的巴西咖啡供应,提高了价格。然而,其他咖啡出口国(如哥伦比亚)通过增加种植来应对世界价格上涨。几年之后,这种增加产量的做法便打击了世界市场,早在 1926 年咖啡市场就饱和了。巴西试图对其橡胶也采取同样的措施,但其在世界市场上的份额太小,无法对价格产生重大影响。

　　最后一个问题在于许多拉美国家非出口部门的疲软。随着长期均衡价格的下降,资源会从初级产品出口部门顺利转移出来,这一观点是基于这样一种假设:不仅长期价格可以观测得到,而且资源也可以找到替代配置方式。在那些工业化已经取得良好开端的共和国(参见边码第 138—142 页),这是一个合理的假设。然而,到 20 世纪 20 年代,大多数拉丁美洲共和国只向工业化迈出了一小步,因此,只有长期均衡价格的大幅下跌——就像大萧条之后发生的情况——才有可能引发所需的资源转移。长期均衡价格的小

---

① 参见帕尔马(2000a),表 3.1,第 47 页。
② 参见奥康奈尔(2000),第 213 页,注释 3,也可参见柯尔特斯·孔德(2000)。

幅下跌——即使是可以观察到的——总是可以被汇率贬值、降低出口税率或更优惠的信贷条款抵消。事实上,正如第七章所示,一些较小的共和国甚至在 20 世纪 30 年代就准备诉诸这种政策,而不是促使资源从出口部门大规模转移出来。

贸易战略

1913 年后初级产品出口所面临的困难甚至在 20 世纪 20 年代末价格暴跌之前就已经非常严重了。除了与第一次世界大战有关的动荡之外,随着世界经济对和平时期的情况做出调整,在 1920—1921 年的萧条期间,拉丁美洲出口国经历了一次特别猛烈的价格下降。在接下来的几年里,价格和出口量都有所回升,但在 1913—1929 年的整个时期,只有少数几个国家的净易货贸易条件有了改善。[1]

主要问题是世界贸易增长缓慢。1913 年之后的 16 年里,每年以美元计算的世界出口值的增长几乎没有超过 3%。[2] 而这一微弱增长本质上多半还是因价格上涨形成的。确实,世界贸易量的增长每年略高于 1%。[3] 在正常情况下,对于那些实行出口导向型增长模式的国家来说,这一刺激力度不够。此外,许多商品的世界贸易的增长远远慢于世界生产的增长。这一差异———一些国家实行农业进口替代的明显标志——反映了欧洲和北美农业保护的

---

[1] 1920—1921 年萧条对初级产品生产国净易货贸易条件的影响在库丁顿和乌尔苏亚(1989)以及鲍威尔(1991)的书中有详细的研究。甚至当贸易条件由于出口量的增长而调整以提高实际购买力时,只有 5 个拉丁美洲国家(哥伦比亚、洪都拉斯、墨西哥、秘鲁和委内瑞拉)经历了快速增长(每年高于 5%)。参见索普(1986),表 5,第 68 页。

[2] 关于 1913 年世界贸易的美元价值的资料不同。这些差异使 1913—1929 年的年均增长值在 3.1% 至 3.7% 这个区间内。

[3] 按 1913 年的价格,工业国家的全部出口据估计在 1913 年为 111.01 亿美元,在 1929 年为 139.16 亿美元,年均增长率为 1.4%。见麦泽尔斯(1970),表 A.2。据估计,世界初级产品的出口量在同一时期也有相似的增长率。参见麦泽尔斯(1970),表 4.1,第 80 页。

增强,并对世界黑麦、大麦、亚麻、棉花和羊毛的出口产生了不利影响。

世界贸易总额的缓慢增长并不意味着世界对所有商品的需求都在缓慢增长。然而,在拉美出口占主要地位的 22 种大宗商品中(参见表 6.3),只有 3 种商品(石油、可可和橡胶)在 1913—1928 年的世界总量中年均增长率高于 5％,有 15 种商品的年均增长率低于 3％。的确,对于拉美来说具有重要意义的 6 种商品(白银、黄金、黑麦、大麦、棉花和羊毛),其世界生产或出口量的年增长率均未超过 1％。

面对如此困难的世界贸易条件,拉丁美洲共和国不得不从若干不同的贸易战略中做出选择。第一种选择是依赖大宗商品的机遇性。如果一个国家的主要出口商品是那些世界需求快速增长的商品中的一种,那么只要其市场份额没有下降,其出口价值就仍会快速增长。然而,拉丁美洲的可可和橡胶的市场份额却遭受了严重的损失,这两种商品曾是增长迅速的 3 种商品中的两种(参见表 6.3)。巴西和玻利维亚的野生橡胶出口由于面临来自远东的种植园橡胶的竞争而崩溃,而巴西、厄瓜多尔、委内瑞拉、多米尼加共和国和海地的市场份额都被大力促进可可出口的欧洲的许多非洲殖民地夺走了。只有在石油方面,大宗商品的机遇性才对拉丁美洲有利。石油出口的主要受益国是委内瑞拉,其在第一次世界大战时就开始出口石油,同时哥伦比亚、厄瓜多尔、秘鲁和阿根廷也都有所收益。[①]

第二种选择是增加那些世界需求增长缓慢的大宗商品的市场份额。几十年来,拉美国家一直在磨炼可供它们使用的各种工具以促进初级产品出口,所以这种战略并非不可取。国内价格和国际市场上商品贸易的资本回报率可以通过汇率、出口税、进口税等等的变化而加以改变,所以,外部(净易货)贸易条件的恶化并非一定意味着内部(乡村—城市)贸易条件的恶化或出

178

---

①　然而,墨西哥的石油生产和出口在 20 世纪 20 年代下降了,其单位生产成本远远高于委内瑞拉。

176

表 6.3　1913 年和 1928 年各地区商品的世界市场份额（百分比）

商品	世界增长率[a]	拉丁美洲 1913年	拉丁美洲 1928年	欧洲[b] 1913年	欧洲[b] 1928年	美国和加拿大 1913年	美国和加拿大 1928年	亚洲 1913年	亚洲 1928年	非洲 1913年	非洲 1928年	大洋洲 1913年	大洋洲 1928年
矿产品[c]													
石油	8.5	7.2	15.9	22.1	9.1	64.5	67.4	6.0	6.8	0	0.1	0	0
铜	3.7	9.3	21.3	18.6	9.2	60.6	58.0	6.5	4.1	0.8	6.8	4.3	0.7
锡	1.8	19.9	23.0	4.2	2.0	0	0	65.3	66.9	4.8	6.4	5.8	1.6
银	1.0	38.2	54.0	7.3	4.6	43.6	31.0	2.4	5.7	0.5	0.8	8.0	3.9
黄金	−1.6	16.5	6.2	6.1	0.8	20.6	21.9	5.9	6.5	40.5	61.2	10.4	3.4
铅	2.6	4.8	13.5	46.8	22.7	36.6	48.1	2.0	5.1	0	1.6	9.7	9.0
硝石	1.9	97.4	81.2	2.6	18.8	0	0	0	0	0	0	0	0
其他[d]													
小麦	1.5	14.7	25.6	48.4	4.4	20.3	59.0	8.6	1.4	1.1	2.1	6.8	7.5
面粉	2.6	5.7	5.4	28.4	17.2	51.6	56.1	4.9	7.5	1.1	0.7	6.2	12.0
黑麦	−2.1	0.4	12.2	98.5	44.4	0.9	43.1	0.3	0.2	0	0.1	0	0
大麦	−2.8	0.8	7.2	83.4	21.4	4.7	48.1	7.0	7.5	4.1	15.2	0	0.6
玉米	1.9	42.8	70.8	36.8	7.6	16.0	7.3	2.3	4.4	2.1	9.9	0	0.1
香蕉	4.4	49.2	65.5	12.1	7.0	0	0	0.5	4.2	0	0.4	0.3	0.2
糖	3.7	29.2	40.0	30.6	14.0	0.6	1.0	23.7	30.1	3.6	3.2	7.3	8.4
可可	5.1	41.5	23.0	10.1	2.6	0	0	2.3	0.9	31.3	61.4	0.3	0.5
咖啡	1.2	82.0	83.7	10.5	2.1	1.6	0.3	4.0	9.2	1.0	3.7	0.2	0.2
亚麻子	1.0	42.4	86.8	22.7	1.8	11.3	3.2	23.0	7.5	0.6	0.6	0	0
棉花	0.1	1.2	3.0	10.2	4.0	61.4	57.4	16.9	22.4	10.1	11.6	0	0.1

橡胶	13.5	33.8	2.5	39.3	13.9	0	1.0	12.9	78.5	12.2	0.8	0	0.1
牛	1.0	30.4	19.1	36.6	57.7	13.8	3.2	13.1	6.1	5.3	7.4	0.6	0.3
羊毛	0	20.3	18.0	33.1	22.6	0.1	0.4	4.7	7.2	7.4	13.5	34.1	38.1
牛肉	3.7	64.0	72.8	12.4	9.4	0.2	2.9	2.0	1.3	0.2	1.8	15.3	11.8

a 1913—1928 年的年均增长量。

b 包括苏联。

c 指世界生产的统计。

d 指世界出口的统计。

资料来源：国际联盟《统计年鉴》和国际联盟《国际农业统计年鉴》。

口收益的下降。①

在所研究的这一时期内,在对拉丁美洲十分重要的主要产品中,我们可以找出 61 种产品的出口从这一时期的开始(1913 年)到结束(1928 年)以高于世界总量 0.5% 的比例改变了它们在世界出口总量中的份额。在这 61 种产品中,有 41 种产品(高于 2/3)的市场份额增加了(参见表 6.4)。如果将可可排除在外,所有产品的市场份额增加了近 3/4。因此,这一贸易战略是一种普遍的选择。当然,只有 4 个国家(巴西、厄瓜多尔、海地和巴拉圭)未能增加其任何产品的市场份额。

市场份额战略影响了所有种类的初级产品。尽管在北半球,农业保护兴起,阿根廷还是成功地增加了其 8 种产品的市场份额(参见表 6.4)。英国肉类市场仍然对进口品开放,这足以弥补其他市场对肉类贸易施加的限制。由于欧洲的保护主义尚未扩展到玉米,阿根廷玉米的世界出口份额从第一次世界大战前的约 40% 增加到 1928 年的 70%。更引人注目的是阿根廷在小麦、黑麦、大麦、亚麻子等产品上获得的利润,而这些产品在北半球的一些国家是受到保护的。以亚麻子为例,阿根廷亚麻子的市场份额增加了一倍,到 20 世纪 20 年代末达到了世界出口量的 80% 以上。

市场份额战略也影响到了矿产品。这一战略引起了外国公司和拉美公司对于石油、铜、铅和锡等新矿藏的狂热探寻。委内瑞拉利用胡安·比森特·戈麦斯独裁政府时期以优惠合同吸引的英国和美国的投资,在石油开采方面领先一步;到 1928 年,委内瑞拉已经占据了世界市场约 10% 的份额,尽管其 1913 年才开始出口石油。在美国投资的刺激下,哥伦比亚和秘鲁也增加了石油出口的市场份额,厄瓜多尔和阿根廷也赢得了小小开端。而早在 1922 年,阿根廷的民族主义就相当强烈,导致了国家对石油工业的部分控制。

180

---

① 内部贸易条件通常用农产品的国内价格与工业品的国内价格的对比来衡量,它对于部门间的资源配置只是一个粗略的参考。不同部门的资本回报率是更好的衡量标准,但是这一时期的拉丁美洲没有可利用的资料。

表 6.4　1913—1928 年各国商品世界市场份额的变化

国家	份额的增加[a]	份额的减少[b]
阿根廷	小麦、黑麦、大麦、玉米、亚麻子、牛肉、石油、棉花	牛、羊毛
玻利维亚	锡、银	橡胶
巴西		咖啡、橡胶、可可
智利	铜、羊毛	硝石
哥伦比亚	石油、香蕉、咖啡	
哥斯达黎加	可可、咖啡	香蕉
古巴	糖	可可
多米尼加共和国	糖	可可
厄瓜多尔		可可
萨尔瓦多	咖啡	
危地马拉	咖啡、香蕉	
海地		可可
洪都拉斯	香蕉	
墨西哥	银、铅、香蕉、咖啡、棉花	石油、牛
尼加拉瓜	香蕉、咖啡	
巴拿马	香蕉、可可	
巴拉圭		
秘鲁	铜、银、石油、糖、棉花	
波多黎各	糖	咖啡
乌拉圭	亚麻子、小麦	牛、羊毛
委内瑞拉	石油	金、可可、咖啡
总数	**41**	**20**

[a] 小幅增加（少于 0.5%）被忽略不计。
[b] 小幅减少（少于 0.5%）被忽略不计。
资料来源：国际联盟《统计年鉴》和国际联盟《国际农业统计年鉴》。

委内瑞拉石油市场份额的上升，在一定程度上是以牺牲墨西哥为代价的，在第一次世界大战前的 10 年里，墨西哥的石油出口大幅增长。与其他行业相比，以坦皮科为基地的石油工业在与 1910 年革命相关的剧变中受到的冲击要小得多,生产和出口继续扩大。1917 年宪法招致了国有化的危险,[①]但是卡兰萨政府竭尽全力向美国石油公司保证他们的投资是安全的。1923年的《布卡雷利条约》旨在解决与美国的所有长期争端,为外国重新投资采矿业铺平道路。[②] 在某种程度上,这种做法成功了,墨西哥的白银和铅的市场份额明显增加,但是石油出口在 1921 年达到顶峰,此后稳步下降。墨西哥政府再多的甜言蜜语都补偿不了外国投资者在委内瑞拉石油业中享受到的特殊条件。[③]

帝国列强对殖民地的偏爱,使得热带产品有受到歧视的危险。我们已经注意到,非洲可可和亚洲橡胶产量的增加导致拉丁美洲的市场份额急剧下降(参见表 6.3)。然而,两种涉及美国投资的热带产品,使拉丁美洲的市场份额急剧增加。

第一种产品是香蕉。作为欧洲和北美餐桌上的新来者,香蕉的新奇性使得它的出口迅速增加。另外,几乎所有的拉美主要出口国都设法提高了市场份额,因此香蕉出口收入飙升。少数几个外国果品公司控制了香蕉出口,它们决定将生产集中于中美洲和哥伦比亚,是基于生产的平均成本较低和特别优惠的税收待遇。最鲜明的例子是洪都拉斯,该国在 19 世纪出口导向增长中几乎没有取得任何成效;但在 1913 年之后的 16 年里,几乎完全以香蕉为基础的出口额的增长速度超过了任何其他拉丁美洲国家。[④]

第二种产品是糖。尽管面对着帝国偏好的危险以及温带国家甜菜糖受到保护所带来的威胁,但许多拉丁美洲出口商的市场份额仍都有所增加。增长主要集中在古巴和波多黎各,这两个国家的糖(包括甜菜)出口占世界总出

---

① 1917 年墨西哥宪法将地下权利收归国有,因此石油生产需要政府的特许,并且石油公司占有的所有土地必须转为租赁形式。参见奈特(1986b),第 470 页。

② 关于《布卡雷利条约》,参见史密斯(1972)。

③ 在委内瑞拉,戈麦斯政府授予石油特许权的慷慨性在麦克贝思(1983)的书中有详细描述。

④ 出口从 1913 年的 320 万美元增加到 1929 年的 2460 万美元——年增长率为 13.6%。参见泛美联盟(1952)。

口的份额在 20 世纪 20 年代末上升到三分之一以上。对这些加勒比岛国进行投资的主要是美国公司，它们将产量推升至创纪录水平，并迫使古巴从 20 世纪 20 年代中期开始进行数量控制试验。然而，任何价格上涨都只会鼓励竞争对手增加出口。[①] 尽管古巴在关键的美国市场上享有特惠关税，但它的一些竞争对手——特别是波多黎各和夏威夷根本没有关税；同时，古巴对欧洲的出口在 20 世纪 20 年代后期日益受到欧洲甜菜糖业复苏的威胁。1927 年 1 月，糖的价格达到顶峰，但 1930 年之前，就已经开始其长期的下降态势。

在咖啡市场上，限制产量以调节价格的问题要容易得多。到 1913 年，巴西控制了全球 60％的咖啡出口。20 世纪 20 年代，当巴西重新采取稳定咖啡价格的措施后，引发了世界咖啡价格的上涨。然而，巴西对咖啡出口的限制并没有得到其他拉美国家的配合，它们在以牺牲巴西为代价的情况下增加了市场份额。哥伦比亚和中美洲国家在坐收巴西造就的价格暴利时尤其成功，在截至 1928 年的 15 年里，它们在世界出口中的份额翻了一番，达到 20％。它们市场份额的增加并不仅仅是以巴西为代价的（在 20 世纪 20 年代末巴西仍占世界咖啡出口的 55％），委内瑞拉也失去了市场份额，其高汇率正在破坏咖啡出口的获利能力，由此提供了臭名昭著的"荷兰病"[②]的一个早期范例。

182

增加市场份额的战略因此在拉丁美洲得到了广泛运用、流行，且都有利可图。它使大多数拉丁美洲国家[③]在所研究的这段时期（1913—1929 年）出口收入的增长速度超过了世界出口总值的增长速度，并强化了 19 世纪采用

---

① 这也是巴西在实行其（单边）咖啡稳定价格计划时所面临的同样问题。参见布尔默-托马斯（2012），第 9 章。

② "荷兰病"一词是用来描述 20 世纪 60 年代天然气的发现对荷兰收支平衡的影响。能源出口的增加导致实际汇率的上升，这削弱了传统（制造业）出口，同时使国际收支保持平衡。事后看来，很明显，许多国家都患上了某种形式的"荷兰病"；但就委内瑞拉而言，受强势汇率影响的传统出口活动是农业，而非工业活动。智利的情况，参见帕尔马（2000b）。

③ 在 21 个国家中（包括波多黎各和 20 个共和国），14 个国家（66％）的出口增长率超过了世界出口增长率。7 个失败国是玻利维亚、巴西、厄瓜多尔、海地、尼加拉瓜、巴拿马和乌拉圭，除了巴西，其他都是小国。

的出口导向型模式。外部贸易条件的恶化可以通过操纵有利于农业部门的内部贸易条件来弥补,许多国家在 20 世纪 20 年代都天真地以为第一次世界大战只不过是出口导向型增长长期过程的暂时挫折。

然而,这一战略充满了问题。尽管没人能够合理预测 20 世纪 20 年代末的衰退有多严重,但北半球国家农业保护的风险以及帝国对其殖民地的偏爱是有目共睹的。市场份额战略使许多拉丁美洲国家极易受到世界贸易条件变化的影响,而萧条的危险则强化了这种脆弱性。到 1928 年,阿根廷、玻利维亚、巴西、智利、古巴、洪都拉斯和墨西哥都至少在一种产品上占据了世界出口的 20% 以上,[①]而且,阿根廷在几乎所有出口产品方面都是世界市场的主要供应国。

在许多国家,出口繁荣还与国家对出口部门控制能力的严重丧失有关。1913—1929 年,在那些出口值以每年 5% 以上的速度增长的国家(哥伦比亚、多米尼加共和国、洪都拉斯、巴拉圭、秘鲁、波多黎各和委内瑞拉),外国资本对出口部门的渗透尤其明显。这些外资首先出现在那些世界需求在任何情况下都会相对快速增长的大宗商品中(例如石油、铜、香蕉和糖)。随着这些产品市场份额的增加,外国人拥有的飞地有时就获得了支配地位。当时对于外国投资者来说极其优惠的合同条款导致了低关税收益和高利润的外流,这降低了许多国家与出口增长相关的回报值,[②]削弱了与出口导向型增长模式相关的对非出口部门的刺激。

关于回报值的详细研究很少,但对秘鲁帕斯科山铜矿公司则有精确的研究。这家巨大的矿业公司是在 20 世纪头 10 年从秘鲁资本家手中收购的,在

---

① 供应国家及其商品如下:阿根廷(牛肉、亚麻子、玉米、小麦),玻利维亚(锡),巴西(咖啡),智利(硝石),古巴(糖),洪都拉斯(香蕉)和墨西哥(银)。

② 出口的"回报值"是指申报出口收入中留在国内的比例,这部分是用于工资和薪金、纳税和本地原料成本的支出的。因此,从理论上(和实践上)来说,出口的申报价值和出口的回报值有可能在中短期内向相反的方向发展。回报值的概念最早是由雷诺斯(1965)在其对智利的铜业研究成果中提出的。

20 世纪 20 年代从秘鲁业务中每年大约可获得的总收入为 2000 万美元。[①]
在秘鲁境内支付给工人、供应商和政府(税收)的款项平均为 1000 万美元,所
以回报值是账上收入的 50％。其余部分用于进口和利润外流。这一案例并
非典型。事实上,在委内瑞拉的石油工业中,回报值在出口总额中所占的比
例要低得多。[②]

市场份额战略也面临报复风险。除了在拉美收益与亏损几乎相当的咖
啡之外,如此多的国家加强出口意味着整个地区正在从其他大陆赢得各种初
级产品的市场份额(参见表 6.3)。在 1913 年之后脆弱的地缘政治环境下,鉴
于保护威胁的日益加强,期待其他地区不进行报复是不现实的,它们或是通
过对来自拉美的进口品实行歧视性政策,或是通过支持本国的初级产品工业
来进行报复。[③]

市场份额战略并非在所有情况下都是成功的。事实上,在 1929 年之前 *184*
的 16 年里,一些拉丁美洲共和国甚至没有按照世界贸易增长的速度提高出
口收入——这进一步证实了在第一次世界大战之后建立的新的国际经济秩
序中,出口导向型模式存在潜在危险。商品价格的不稳定性、病虫害的风险
以及来自人工合成产品的竞争都可能对出口收入造成严重破坏,即使在政策
主要由出口部门的需要决定的国家也是如此。

出口价格的不稳定是玻利维亚出口收益表现不佳的主要原因,同时也是
古巴贸易绩效并不突出的原因。在这两个共和国,出口量都迅速增长:玻利
维亚凭借其出口产品锡、古巴凭借糖赢得了市场份额。然而,到 20 世纪 20

---

① 参见索普和伯特伦(1978),第 87 页。

② 参见麦克贝思(1983),第 117—118 页。

③ 市场份额损失最大的一些商品(如大麦、黑麦和小麦)是由苏联记录的(在表 6.3 中与欧洲其
他部分整合在一起)。这本身并不会招致报复,因为苏联正慎重地从国际贸易中撤出。然
而,欧洲其他国家也在此类商品上(主要的例外是大麦)丧失了市场份额,因此报复具有非常
现实的可能性。

年代末,它们的价格仅略高于第一次世界大战前夕的水平,①出口额仅略有增长。尽管古巴出口收入的增长速度接近世界平均水平,但随着欧洲对甜菜糖的保护、帝国的偏好以及美国大陆从波多黎各和夏威夷进口糖,到20世纪20年代末,古巴处于十分脆弱的地位。另一方面,在玻利维亚,锡业巨头西蒙·巴蒂尼奥垄断着锡的出口,他精明地对英国下游的冶炼工厂进行投资,②锡的出口也随之下降。由此玻利维亚资本在加工和生产锡方面都获取了利润,但是,随着巴蒂尼奥在20世纪20年代越来越多地将商业利益转向欧洲,玻利维亚经济的利益开始萎缩。③

病虫害在摧毁支持出口导向型增长的努力方面也发挥了一定作用。20世纪20年代,哥斯达黎加香蕉业受到巴拿马病虫害蔓延的打击,其世界市场份额从1913年的15.6%暴跌到1928年的6%。对于果品公司来说,对付病虫害蔓延最简单的"解决方法"就是在未开垦的土地上建立新的种植园,即使这意味着将生产转移到其他国家。幸运的是,哥斯达黎加咖啡收益的增长速度之快足以弥补香蕉业的暴跌,并且总出口收入也超过了世界平均水平。厄瓜多尔却没有如此幸运:病虫害在可可种植园的蔓延使该国沦为一个小出口国,④并且其他出口品(包括咖啡、黄金和石油)的增长不足以阻止外汇收入的下降。

受合成材料竞争影响最大的国家是智利。在第一次世界大战期间,英国

---

① 1913年原糖每磅平均3.5美分,1929年每磅的平均价格是3.77美分。参见国际联盟(1930),表204。

② 到20世纪20年代,玻利维亚的锡工业落入三个本地资本家的控制之中。西蒙·巴蒂尼奥,三者中最重要的一人,于1916年在英国获得了世界上最大的锡熔炼厂。参见克莱因(1982),第165页;也可以参见冈特雷拉斯(2000)。

③ 到20年代末,巴蒂尼奥实际上已经变成外国资本家,因为他从玻利维亚矿业运营中得到的大部分利润都被投资于欧洲的新经济活动。

④ 可可作物受到两种病虫害的侵袭,其中较严重的是丛枝病。参见林克(1962),第135页。结果,厄瓜多尔在世界可可出口中所占的份额从1913年的16.4%下降到1928年的4.2%。也可以参见克拉伦斯-史密斯(2000)。

资本在硝石产业中发挥了很大的作用[1]，硝石价格高昂，其出口占出口总额的 70% 左右。战争结束，需求迅速下降，促使英国投资者将他们的权益出售给其他（主要是智利）资本家；20 世纪 20 年代，在这些资本家的带领下，硝石产业开始复苏。[2] 然而，德国化学工业的技术进步使得具有价格竞争力的人工合成硝石有生产的可能，智利硝石工业最终被两次世界大战之间的大萧条扼杀。1913 年之后铜业的巨大增长对智利硝石出口活力的丧失做出了长期补偿，但之后的 15 年里，智利出口收入的增长仍然低于世界平均水平。

　　巴西和乌拉圭的出口收入增长也远低于世界平均水平，但在 1913—1928 年，这两个国家的净易货贸易条件有所改善。此期间的出口收益表现不佳，毫无疑问，是由于商品出口实际上停滞不前。因此，这两个国家在一定程度上是拉丁美洲在 20 世纪 30 年代以前追求出口导向型增长模式的例外。

　　巴西出口的停滞，既是因为远东种植园竞争导致橡胶产量下降，也是因为咖啡定价。然而，圣保罗政府采取各种措施限制咖啡出口[3]进入世界市场，对咖啡价格产生了显著影响，来自咖啡的实际收入稳步攀升。因此圣保罗州——巴西大部分工业所在地——经历了出口部门有效需求的上升，并制定政策鼓励资源从咖啡生产转移到非出口经济。这种强劲的合力对于这一时期巴西的工业化是一个重要的解释。[4]

　　尽管乌拉圭出口商品（主要是肉类、肉汁、皮革和羊毛）价格较高，但 1913 年之后的 15 年里出口量几乎没有变化。战时的运输问题是部分原因，20 世纪 20 年代中期，出口量确实短暂增长，但肉类行业的卡特尔化对产量的增长

---

[1]　尽管硝石大王约翰·托马斯·诺思于 1896 年去世了，但英国对硝酸盐产业的兴趣依然浓厚，直到第一次世界大战前夕还在建立新公司。参见里庇(1959)，第 57—65 页。

[2]　出口额在第一次世界大战结束时急剧下降，到 1928 年已恢复到战时水平。参见桑克尔 (1982)，表 8，第 127 页。

[3]　20 世纪 20 年代，稳定咖啡价格的责任在圣保罗州和里约热内卢的联邦政府之间转换。这一双重责任反映了咖啡的不同作用：对州种植园主来说，它是收入的关键性来源；对联邦政府来说，它对于汇率、财政和货币政策有重要影响。参见弗里奇(1988)。

[4]　关于 20 世纪 20 年代巴西工业化更详细的讨论参见边码第 204—205 页。

起到了抑制作用。由外国资本控制的冷冻厂与阿根廷同行联手创建了一种肉类联营,占据了通往伦敦(主要市场)的货运路线。[①] 联营使得加工公司在同农场主进行价格谈判时处于有利地位,对农场主来说,"20 世纪 20 年代是幻想破灭和对外国拥有的冷冻业深恶痛绝的 10 年"。[②]

要对乌拉圭的情况进行深入研究,就要了解巴特列主义的思想。何塞·巴特列-奥多涅斯在 20 世纪初曾两度当选乌拉圭总统,直到 1929 年去世,其一直是主要的公众人物,是城市中产阶级的代表。为了给城市福利国家制度提供资金,他不怕向农业征税。尽管没有证据表明农业出口受到巴特列主义的影响,但该国的税率明显高于其他追求出口导向型增长的国家,而且巴特列主义思想的确鼓励了非出口的城市活动。再加上肉类联营的运行,巴特列领导下的乌拉圭尽管其面积小,却是最早摆脱传统出口导向型增长模式的拉美国家之一,或许也就不足为奇了。[③]

汇率、金融和财政改革

强调出口值增长的出口导向型模式受制于反映出口部门自身机遇性的强劲周期。财政和金融制度远非以反周期的方式运行,而是强化了出口部门产生的周期性,加剧了汇率、价格和名义收入的不稳定性。

财政制度是典型的顺周期的,进口值的变动往往与出口值一致。因为政府收入的很大部分来自关税,因此政府的收入和支出往往与对外贸易同步。与此同时,外贸值的任何上升(下降)都与依赖进出口活动的部门(如商业和运输等部门)净产出的上升(下降)有关。因此,实体经济也通常随着名义出口值的变化而顺周期地变动。

---

① 参见汉森(1938),第 62—67 页。
② 参见芬奇(1981),第 140 页。
③ 关于巴特列主义和乌拉圭福利国家的建立,参见奥多内(1986)。

出口值的变化也与货币供应的变化紧密相关。随着出口增加(减少),外汇就流入(流出)这个国家。由于"外源性"货币在出口导向型增长国家的货币供应总额中所占比例往往较高,因此很难通过预算赤字和国内信贷的建立等"内源性"货币的减少(增加)来抵消。[①]

货币政策的顺周期性在采用金本位制的拉丁美洲国家尤其突出,因为金本位制的目的就是自动调整国际收支平衡。由信贷过度而导致国际收支赤字的工业化国家将会经历黄金外流及货币供应和价格的下降,为了赢得新的国际收支平衡,随后它们会增加出口、减少进口。尽管后来人们对金本位制提出了种种批评,但战前的金本位制对工业化国家的效果要好得多,[②]因而拉丁美洲国家也采用金本位制就是很自然的事了。

不幸的是,这一论点是基于两个错误观念的。第一,拉丁美洲的国际收支问题通常来自世界初级产品市场的不稳定;一般而言,它们不是国内金融混乱的结果。例如,黄金外流并不一定会通过其对价格的影响导致出口的增加,因此必须几乎完全通过减少进口来实现国际收支的调整,从而对实际经济活动产生破坏性影响。第二,金本位制不是为那些出口值受世界价格水平波动影响的国家设计的。例如,黄金流入会带来价格的(短暂)上涨,只会将进口提高到出口价格下跌时无法维持的水平。

188

或许正是出于这些原因,拉丁美洲的共和国在第一次世界大战之前面对金本位制时十分谨慎。那些采用金本位制的国家设立了外汇局,往往在黄金外流期间暂停兑换,从而减轻国际收支赤字的通缩效应,并将一些调整的任

---

① 因为货币供应代表了统一银行系统(货币)的义务,所以它也可以表示为银行的国外和国内资本的总和。因此,货币供应的变化既可以表示为净国外资本(外源性货币)的变化,也可以表示为净国内资本(内源性货币)的变化。这一有用的区分现在已在许多关于发展中国家货币系统的教科书中得到了承认,并且在20世纪40年代由罗伯特·特里芬首先明确使用。参见索普(1994)。

② 关于金本位制在工业化国家的应用已经出了很多好作品。例如,参见麦克洛斯基和塞克(1981),第184—208页,以及艾辰格林(2000)。

务交给了汇率。① 在黄金流入的繁荣时期,有些国家准备继续奉行正统的金本位制,但在经济不景气的时候,却不愿意完全依赖黄金外流来恢复国际收支平衡。此外,国际压力并不是这种对金本位制游戏规则进行相当不对称解释的严重障碍。

1914 年金本位制中止,给遵循出口导向型模式的国家带来了一段非常不稳定的时期。随着运输空间根据欧洲战争的需要而被重新分配后,进口量下降,进口价格飙升。在大多数国家,政府收入随着进口量的下降而减少,从而引起了一场严重的财政危机,预算赤字十分普遍。在缺少外国贷款的情况下,赤字只能通过国内财政来弥补,由此造成价格上涨,且超过进口价格上涨所带来的通货膨胀。② 墨西哥在 1913—1916 年的革命性剧变造成纸币在没有金银做后盾的情况下大量发行,通货膨胀的压力达到了极端的程度。③

另一个不稳定性因素来自货币波动。随着金本位制的暂停,只有那些与美元挂钩国家(例如古巴)的货币有望避免货币的不稳定;在其他地方,与出口部门的问题一致,货币先是对美元贬值,随后根据它们增加出口收入的能力升值或贬值。具有战略出口商品的国家(例如智利和秘鲁)在战争结束时货币正在升值,而具有非必需出口产品的国家(例如巴西和哥斯达黎加)则货币进一步贬值(参见表 6.5)。

输入型通货膨胀、国内财政预算赤字和(一些情况下的)货币贬值共同造成了国内价格水平的高涨。尽管这一现象也在欧洲和北美发生,但它在拉丁美洲造成了更大的社会影响。包括城市中产阶级在内的工人们,无力捍卫他们实际工资的价值,对战时奉献的呼吁也少有效果。社会动荡往往伴随着暴

---

① 参见特里芬(1944),第 94—96 页。
② 例如,在巴西,零售价在 1913 至 1918 年之间上涨了 158%,年增长率为 20.9%。这远远超出了仅凭进口商品的美元价值加以调整的比例。
③ 墨西哥通货膨胀的压力大到汇率从 1913 年 1 月的 2.01 比索兑换 1 美元暴跌到 1916 年 12 月的 217.4 比索兑换 1 美元。参见卡德纳斯和曼斯(1989),第 68 页。

力，在阿根廷"悲惨的一周"①期间尤为突出，在战争结束时，整个地区弥漫着政治不稳定的气氛。

对欧洲战争的结束将消除突出的经济问题的希望都由于1920—1921年的大萧条而破灭了。尽管幸运的是，这种贸易引发的衰退期较短，但它有力地提醒人们，出口导向型模式具有顺周期性的特征。世界市场上初级产品价格的崩溃再次导致了外汇外流、货币供应下降、进口减少和政府收入下降。②最引人注目的是，几乎所有与美元没有固定联系的共和国的货币贬值（参见表6.5）。例如，巴西和厄瓜多尔的名义货币价值在1918—1923年贬值了一半。

1913年以后，出口的极端不稳定性使得拉丁美洲各国政府更正面地看待金融和财政改革，后者能够消除出口导向型模式中一些最糟糕的过激行为。货币不稳定性被视为最大的问题之一，恢复（或采用）固定汇率成为新正统学说的象征。由于新成立的国际联盟③对金本位制的重视，拉美国家面临着加入这一制度并遵守游戏规则的压力。

然而，货币的稳定并不一定符合各方的利益。众所周知，出口商和国内债务人从货币贬值中获益，这经常被认为是一些共和国（如智利④和危地马拉⑤）未能在战前加入金本位制的原因之一。然而，货币的不稳定性可以带来升值和贬值，1913年以后货币运动的不确定性降低了许多国家对采用固定汇

190

191

---

① 1919年1月在大规模的抗议后，阿根廷爆发了镇压工人罢工事件，在罗克（1986）的书中有描写。

② 这种恶性循环最极端的例子之一是古巴对外贸易开放而导致的结果。参见沃利奇（1950）。

③ 在战争结束时建立的国际联盟早在1920年就召开了一次会议，讨论了国际金融方面的各种问题，其中恢复金本位制被认为是至关重要的。参见金德尔伯格（1987），第46—48页。

④ 在第一次世界大战之前的40年里，智利为恢复货币稳定性进行了种种尝试，但是都以失败告终。在一部有影响的著作中，费特将这一失败归因于大地产主对政府政策的影响。而现在认为这只是导致货币贬值的诸多影响因素之一。参见赫希曼（1963）。

⑤ 埃斯特拉达·卡夫雷拉从1898年到1920年作为危地马拉的独裁者，无疑得益于货币贬值为强大的咖啡寡头带来的意外之财。

表 6.5　1913 年、1918 年、1923 年和 1928 年每美元的汇率

国家	单位	1913 年	1918 年	1923 年	1928 年
阿根廷	纸比索	2.38	2.27	2.86	2.38
玻利维亚	玻利维亚诺	2.57	2.44	3.23	2.86
巴西	密尔雷斯	3.09	4.00	10.00	8.30
智利	纸比索	4.50	3.45	8.33	8.33
哥伦比亚	比索	1.00	0.94	1.05	1.02
哥斯达黎加	科隆	2.15	4.55	4.55	4.00
古巴	比索	1.00	1.00	1.00	1.00
多米尼加共和国	比索	1.00	1.00	1.00	1.00
厄瓜多尔	苏克雷	2.05	2.56	4.76	5.00
萨尔瓦多	科隆	2.43[a]	2.43[a]	2.04	2.00
危地马拉	比索	20.00	35.00	60.00	1.00[b]
海地	古尔德	5.00	5.00	5.00	5.00
洪都拉斯	比索	2.50	2.00	2.00	2.00[c]
墨西哥	金比索	2.00[d]	2.00	2.04	2.08
尼加拉瓜	科尔多瓦	1.00	1.00	1.00	1.00
巴拿马	巴尔博亚	1.00	1.00	1.00	1.00
巴拉圭	比索	1.43[e]	1.00	1.27	1.04
秘鲁	利布拉	0.21	0.19	0.24	0.25
乌拉圭	比索	0.96	0.83	1.27	0.97
委内瑞拉	玻利瓦尔	5.27	4.55	5.26	5.26

[a] 银比索。
[b] 格查尔(1 格查尔等于 60 旧比索)。
[c] 伦皮拉。
[d] 1911—1912 年的数据。
[e] 1910 年的数据。
资料来源:关于 1913 年,参见密尔斯(无日期)、杨(1925)和泛美联盟(1952);关于 1918 年、1923 年和 1928 年,见威尔基(1974)。

率的阻力。此外,城市中产阶级——拉美正在兴起的社会力量——明确支持货币稳定;[①]当 20 世纪 20 年代拉美政府开始考虑这个阶级的利益时,赞成正

[①] 这一社会阶级的收入来自工资和薪金,当货币贬值提高了进口商品的国内货币成本时,这一社会群体首先受到影响。如果没有物价指数和强大的工会,就无法确定薪酬是否会与物价同步上涨。

统汇率管理的共识开始出现。[①]

对于加勒比盆地的小国来说,美国对固定汇率的偏爱是导致它们采用货币稳定性政策的最主要因素。美国从战争中崛起后,其世界经济和金融地位大大加强。它在中美洲和加勒比的影响力,甚至在战前就相当大,现在更是无可争议。然而,即使在墨西哥和南美洲,也有充分的理由留意到美国倾向于稳定汇率。美国正迅速成为所有拉丁美洲国家的主要资本——包括有价证券和直接投资——的供应国,而通过改革实现汇率稳定,被视为向美国资本流入敞开大门的一种相对轻松的方式。由于对外国资本的需求不断上升,而来自传统渠道特别是英国、法国和德国的供应,受到战后经济困境的限制,没有哪个国家能够无视美国对金融和财政改革的偏好。

在少数几个共和国(参见表 6.5),货币稳定在战争年代得以维持,并在整个 20 世纪 20 年代得以延续。然而,这些国家(古巴、多米尼加共和国、海地、尼加拉瓜和巴拿马)无一例外都是美国的半殖民地,[②]美元在这些国家自由流通,它们的货币政策完全是被动的。在其他地方,向稳定汇率的转变在战后才被采用,而且多数情况下是在 1920—1921 年的大萧条之后。在一些共和国(特别是阿根廷、玻利维亚、巴西、厄瓜多尔和秘鲁),货币稳定被推迟到 1927—1928 年,但到 1929 年初所有拉丁美洲国家都已固定了它们与美元的汇率。[③]

汇率的稳定通常与采用金汇兑本位制有关。这比外围国家的金本位要求低得多,因为不再需要保证用本国货币兑换黄金。相反,金汇兑本位制允

---

① 在第一次世界大战期间和之后,许多可以说是代表这一新的社会力量的政府开始掌权。典型的例子是伊波利托·伊里戈延(1916—1930)控制下的阿根廷激进派政府和阿图罗·亚历山德里(1920—1925)控制下的智利自由党。

② 对这些国家与美国之间的密切关系的研究产生了许多关于经济状况和财政政策的详细专著。例如,参见坎伯兰(1928)。

③ 在某些情况下,货币并没有明确地与美元挂钩。例如,巴拉圭比索与阿根廷货币挂钩,玻利维亚比索与英镑挂钩。然而,金本位制的实施为所有这些货币提供了与美元的间接联系。

许各国将本国货币兑换成美元等外币,而美元又完全可以兑换成黄金。[1] 即便如此,金汇兑本位制也并非没有问题。出于历史原因,在洪都拉斯和墨西哥等国,银币是首选的交换媒介。随着 20 世纪 20 年代白银的黄金价格开始上升,它们经受了白银贬值之苦。这导致了黄金货币从流通领域撤出,而这只能通过增加黄金的铸币量和减少白银的铸币量才能抵消。[2]

由于外汇管理局暂停了黄金外流,拉丁美洲战前的金本位制经常崩溃。为了在战后新环境中降低这一风险,汇率稳定得到了金融改革的支持,建立了新的银行机构、金融监管和银行监管,货币稳定性被强化了。这种变化最显著的例子是安第斯国家中央银行的建立,[3]这其中的许多国家在 1914 年之前汇率管理最不规范。

在创建这些中央银行之前,美国货币经济学专家、学者 E.W.凯默勒通常会先造访,他是美国货币经济学的教授和专家。凯默勒考察团独立于美国国务院和财政部,但双方都看好凯默勒和他的团队提出的金融和财政改革举措。的确,凯默勒的到访通常被视为未来美国贷款——甚至来自私营部门——的一个必要先决条件,凯默勒有时还竭力游说,希望私营部门向采纳了他的一整套改革方案的国家提供贷款。[4]

凯默勒考察团之所以成功,是因为其建议与那些可能发生的变化是一致的。而凯默勒考察团未到访的国家(例如巴西)也进行了类似的改革。整个拉丁美洲的自由银行业消失了,[5]一个银行(如果有一个的话就是中央银行)垄断了纸币的发行,政府通过印刷来弥补预算赤字的能力也降低了。

---

[1] 金汇兑本位制在金德尔伯格(1987)的书中有描写,第 46—49 页。

[2] 洪都拉斯的这一过程在杨(1925)的书中有很好的描述。至于墨西哥,参见卡德纳斯(2000)。

[3] 受影响的安第斯国家是玻利维亚、智利、哥伦比亚、厄瓜多尔和秘鲁。

[4] 对于凯默勒到南美去的任务以及通过外资流入来支持他的改革提案的努力,德雷克(1989)做了很好的描述。

[5] "自由银行"是指商业银行按照正常、审慎的银行要求,"自由"发行自己货币的过程。实际上,为了支持将纸币发行垄断权授予单独一家银行,它已经在世界范围内消失了,尽管它的一种形式在苏格兰还存在。

20 世纪 20 年代的金融改革是极其规范的,它的主要目的是提供一个能够巩固汇率稳定和金汇兑本位制的制度框架。实际上,它不允许政府实行反周期的货币政策,而且冲销外资流入对货币供应和国内价格水平的影响的技术也是极其缺乏的。尽管英国和美国在 1920—1921 年的大萧条后享受了近 10 年的价格稳定,但许多拉美国家即使在货币稳定之后仍然遭受严重的价格波动影响。[①]

汇率目标的采用不仅对金融体系而且对财政政策也有影响。由通货膨胀方法支撑的预算赤字会破坏货币稳定,因此增加收入的压力很大。然而,收入对贸易周期的严重依赖意味着需要扩大税基,以增加政府收入的稳定性。因此,需要财政改革来补充金融和货币改革。

194

所有这些论点都表明,有必要开征与进出口无关的新税。收入、财产和销售税是显而易见的候选者,但大多数国家在这一方面没有什么进展。到 20 世纪 20 年代末,整个地区的贸易税仍然很高(参见表 6.6)。所得税仅在少数情况下占政府收入的 5％以上。乌拉圭和委内瑞拉都从直接税中获得了高收益——前者依靠与巴特列主义相关的累进税(主要针对不动产),而后者是与石油出口相关的巨额租金中的一小部分。即便如此,以人均收入(参见表 6.6)衡量的财政努力仍然不大,许多国家的人均收入为 10 美元或更少。只有阿根廷、智利和乌拉圭人均公共收入超过了 25 美元。然而,在 1915 年国会激烈辩论之后,阿根廷拒绝征收所得税,转而征收出口税。[②] 在其他许多国家,所得税的免征额由于许多免税而受到影响。

195

财政改革之路的另一个障碍是由外债还本付息。在战前、战争期间和战后紧张的国际环境下,未能偿还债务——主要是欠欧洲国家的——可以被当作欧洲干涉西半球的借口。"门罗主义"面临的这一潜在挑战,说服了世纪之

---

① 例如,尽管美国和阿根廷的批发价格实际上在 1927 年几乎与 1922 年相同,但这一时期阿根廷的标准偏差更高,一年之内价格上升或下降多达 10％。

② 参见艾伯特(1988),第 145 页。

表 6.6　1929 年前后的公共收入

国家	总计		结构（百分比）			
	总数 （百万美元）	人均 （美元）	进口税	出口税	直接税[b]	所得税
阿根廷	308.3	27.5	45.7	2.4	3.6	0
玻利维亚	17.8	5.9	32.3	13.7	9.0	n/a
巴西[a]	282.1	7.2	43.9	0	4.0	3.1
智利	148.1	34.0	30.0	24.3	17.7	12.6
哥伦比亚	73.2	9.2	54.0	0.5	4.9	3.6
哥斯达黎加	8.9	18.0	56.8	7.9	2.8	0
古巴	79.3	22.1	50.3	4.5	5.7	5.5
多米尼加共和国	15.4	15.0	32.5	n/a	n/a	n/a
厄瓜多尔	12.1	6.1	32.9	6.4	6.6	1.8
萨尔瓦多	13.5	7.8	50.7	11.9	5.2	0
危地马拉	15.4	7.2	47.4	13.6	1.3	0
海地	8.5	3.4	59.5	23.1	1.9	1.2
洪都拉斯	6.9	9.8	58.6	1.3	0	0
墨西哥	146.0	9.7	37.7	3.5	6.7	6.7
尼加拉瓜	6.6	10.1	58.6	1.2	0	0
巴拿马	6.5	13.0	48.8	1.6	4.7	0
巴拉圭	5.8	6.9	49.3	10.0	6.9	0
秘鲁	56.2	9.1	27.7	6.5	10.3	6.0
乌拉圭	61.3	34.1	（……40.8……）		19.2	1.2
委内瑞拉	44.5	14.4	51.1	0	20.1	0

[a] 包括所得税。

[b] 联邦政府。

资料来源：外国债券持有人委员会(1931)，国际联盟(1938)。

交以来的历届美国政府，利用自己的影响力，确保美国能够偿还债务。做到这一点的最有效方法就是坚持拉丁美洲各共和国以其对外贸易的收入作为偿还外债的抵押；因此，为了防止任何倒退，许多拉美国家的海关都被安插了美国官员。的确，到 20 世纪 20 年代中期，美国官员在 20 个国家中的 10 个国家"曾经或正在以某种监管的身份"任职。[①]

---

① 参见塔尔钦(1971)，第 80 页。

对偿债能力的重视使得政府更难减少对贸易税的依赖——因为与大多数其他税种不同，贸易税可以用黄金支付。[①] 尽管战时通货膨胀使进口税在总收入中所占的比例急剧下降，但这一比例在 20 世纪 20 年代迅速恢复。到 20 年代末，贸易税对政府总收入的贡献并不比 1913 年低多少，因此，收入依然容易受到出口价值波动的影响。因此，财政改革力度很小，政府推行反周期性的财政政策仍然极其困难。

196

财政改革畏缩不前的原因之一是拉丁美洲各国政府日益认识到，可以利用外国贷款以非通货膨胀的方式为预算赤字提供资金。美国作为资本盈余国家的出现，导致大量资源以贷款的形式转移到拉丁美洲国家、州和市政府。其他资本输出国无法与美国对拉丁美洲国家贷款的爆炸式增长相媲美，到 1929 年，美国成为除了阿根廷、巴西、巴拉圭和乌拉圭之外的所有拉美国家的最重要的外国投资者。

有时，这种资源的流入，即臭名昭著的"亿万美元舞翩跹"，超出了受援国的接受能力，贪污和腐败的例子数不胜数。1927 年，秘鲁接受了一笔相当于出口总收入 50％以上的有价证券资本。[②] 1926—1928 年，仅美国就向拉丁美洲输入了超过 10 亿美元（净值），其中大部分是以政府贷款的形式输入的。[③] 依靠外国贷款避免痛苦的财政改革的必要性这一诱惑很大，甚至在哥伦比亚等利用资本流入投资生产性资产（例如社会基础设施）的国家也是如此。[④]

规范的汇率管理、保守的金融改革和瞻前顾后的财政政策的结合，并不是对世界初级产品市场日益不稳定性的恰当反应。尽管它鼓励外国资本——尤其是美国资本——流入，但却使该地区极易受到外部冲击。这一

---

① 外债要用与黄金挂钩的货币结算，因此财政部长们也倾向于税款可以用黄金来征收，这是可以理解的。贸易税是最明显不过的选择。

② 参见索普（2000），第 72 页。

③ 参见斯托林斯（1987），表 1A。

④ 哥伦比亚和秘鲁利用外资的对比是索普（1991）的重要主题之一，参见第 1—2 章。

点在 1920—1921 年得到了清楚的证明,而 1929 年以后,这种经历将以更具灾难性的后果重演。此外,在对外贸易条件恶化的时候,大多数国家的金融和财政改革过于小心翼翼,以致无法使资源从经济的出口部门大量转移到非出口部门。在进入 20 世纪 30 年代的萧条时,小国发现它们的非出口部门太弱,无法充当"增长引擎",而大国的非出口部门则由于资金匮乏、基础设施落后和支持初级产品出口的政治氛围而受到阻碍。

外部冲击、相对价格和制造业部门

当战争在欧洲爆发的时候,现代制造业已经在阿根廷、巴西、智利、墨西哥、秘鲁和乌拉圭站稳了脚跟,在哥伦比亚和委内瑞拉也初现雏形。许多因素促成了面向国内市场的国内工业的出现。在需求方面,作为出口导向型增长的副产品,城市集中化导致了基于雇佣劳动力和不断壮大的中产阶级的市场的扩大。随着市场的扩大,单位生产成本下降,因此本地公司可以更容易地与进口的可贸易商品竞争。小国的城市集中程度不高,处于不利地位,现代工厂生产(不包括为出口加工原料的工厂)在战前极为有限。乌拉圭是个例外,该国人均出口水平高,经济政策倾向于城市,因此产生了一个拥有足够大的市场和生产很多制成品的都市化社会。①

社会基础设施的发展对促进现代制造业也很重要。随着国内交通网络的改善,现代工厂的产品可以更容易地与传统上满足农村人口需求的工匠和手工艺品竞争。哥伦比亚未现代化的运输系统是战前现代制造业发展的一个主要障碍,而墨西哥工业则从波菲里奥时代铁路网的扩展中获益良多。公用事业和金融机构的发展也在现代工厂的崛起中发挥了重要作用。

---

① 到 20 世纪 20 年代末,危地马拉和乌拉圭的人口大致相同(170 万人)。然而,乌拉圭首都蒙得维的亚是一个拥有近 50 万居民的城市,平均收入相对较高;相反,危地马拉城则是一个只有 12 万居民的小城市中心。

工业崛起的第三个关键因素是相对价格。由于产出主要面向国内市场,盈利能力对与之竞争的进口产品在国内的任何价格变化都很敏感。当进口商品变得便宜时——例如,通过降低关税、汇率上升或世界价格下降——国内生产就会受到不利影响,资源就从工业中流出。相反,当进口品的实际国内价格上升时,国内生产受到鼓励,工业从其他经济部门吸引资源。

第一次世界大战打破了1914年前现代制造业兴起的"正常"环境。第一个巨大的变化是,由于运输和其他困难,进口减少了。由于没有与之竞争的进口商品,当地工业不再像以往那样担心相对价格。事实上,进口关税已经被配额取代,国内价格可以自由上涨,市场没有了干扰。然而,所有产品都受到进口限制,公司经常被拒绝进口资本货物,因而无法扩大其生产能力;因此,在很多情况下,需求只能通过更密集地使用现有生产能力来满足,而这并不总是能够做到。

需求也受到战争的影响。在几乎所有的共和国,战争即刻引起了出口值的下降;这种下降由于乘数效应而加剧了,导致国内对制成品需求下降。人们很容易设想——这造成了制造业产出的下降,但情况并非如此。我们必须区分现代制造业的三个分支。第一种为加工初级产品(例如阿根廷和乌拉圭的冷冻厂),这显然受到出口值下降的不利影响。第二种是生产的非贸易产品(例如面包和砖)或是在国内市场上已经取代进口的商品,因此实际上也是非贸易品(例如火柴和烟草)。由于产出不与进口竞争,因此国内需求的下降必然意味着生产的下降。第三种是与进口商品(例如纺织品和鞋子)竞争的可贸易产品。如果进口下降的速度快于需求,那么这个部门的产出有望增加。因此,制造业产出变化的方向不能仅仅通过出口值下降这一方面来预测。此外,进口限制并不适用于其他拉美国家,因此,通过向邻国出口,产出可以自由扩大。

随着欧洲战争的加剧,对战略物资的需求也在增加。价格飙升,一些拉丁美洲国家的出口收入和净易货贸易条件出现了极大的改善。加上对产生竞争的进口产品的持续限制,这对于那些不需要大的投资就有充足的工业能力扩大产出的国家来说是个强有力的刺激。但是,在没有强大制造能力的小国,国内产出无法扩大,这种刺激只是引致了更高的价格。

由于靠近美国,情况更加复杂。从欧洲获得大部分供应的国家对进口的减少感受得最为深刻。中美洲和加勒比的小国受进口限制的影响较小,因为美国在战前已经是它们的主要供应商,能够轻易地取代欧洲的进口。因此,这些小国仍然有可能从国外购买资本设备,但它们失去了与竞争性进口下降相关的工业生产刺激。尽管美国对所有国家的出口都增加了,但对那些之前从美国进口不多的国家(例如阿根廷)来说,这种增加无法弥补从欧洲进口的减少。因此,进口限制对国内制造业的刺激作用在南美国家更为重要。

我们现在可以转到拉美制造业部门在战争期间的表现,这是一个引起很大关注和激烈辩论的问题。[1] 首先需要注意的是,几乎所有人都承认,制造业产能非常低的参战国几乎没有取得什么进展。这些中美洲和加勒比的小国,加上玻利维亚、厄瓜多尔和巴拉圭,继续遵循传统的出口导向型增长模式,其经济命运的变化与出口表现相一致。凭借战前对纺织品、鞋类、水泥和食品加工业的投资,哥伦比亚和委内瑞拉的产出出现了一些增长,但制造业的进展仍然不大。[2] 墨西哥工业的表现绝大部分是受革命动荡的影响,而不是受第一次世界大战本身的影响。到目前为止,纺织业是墨西哥最重要的行业,1913—1918 年,纺织业的产量下降了 38%,到 1921 年制造业的产量仍然比其 1910 年的水平低 9%。[3] 内战带来的需求下降,1913—

---

[1] 这场特别的辩论是由依附学派的观点引发的。该派认为拉美的工业受益于经济的外部震荡,因为此后制造业公司受到的国际竞争减少。参见弗兰克(1969)。

[2] 关于哥伦比亚,参见奥坎波斯和蒙特内格罗(1984),第一部分;关于委内瑞拉,参见卡尔松(1975),第 2 章。

[3] 参见哈伯(1989),第 8 章。

1916 年恶性通货膨胀时期实际工资的暴跌,以及对该国社会基础设施(特别是铁路)的破坏,使进口限制可能带来的任何积极刺激都相形见绌。[1]

面临出口和进口双重限制的国家在提高制造业绩效方面处于特别有利的地位。在这种情况下,战争不仅为与进口竞争的公司,而且为那些与出口直接挂钩的企业和在国内市场销售非贸易品的企业提供了积极的刺激。智利和秘鲁曾处于这样的境地,但在战争开始时,两国都面临出口的短期下滑。工业产出的统计数据并不十分可靠,但所有指标都表明,1914 年后智利的产出迅速增长,尽管存在资本设备的进口问题,但其还是建立了许多新的工厂。[2] 秘鲁的数据更加不足,但与进口竞争的部门(特别是纺织业和制鞋业)确实扩大了,一些证据表明,即使在战争年代,秘鲁也建立了一些新的工厂。新工厂的数量在 1905—1918 年期间翻了一番,而令人难以置信的是,所有这些扩张发生在 1914 年以前。[3]

阿根廷和乌拉圭的情况则不那么令人振奋。尽管由于航运限制,这两个国家的进口都大幅下降,但制造业附加值很大一部分(10％—20％)直接与出口业绩挂钩。[4] 由于战争期间出口值下降,贸易条件恶化,对制成品的需求受到不利影响。一些与进口竞争的部门(例如纺织业)迅速扩大,但其他部门(例如阿根廷的金属业)并没有足够的能力对进口限制的刺激做出反应,因此,产出实际上下降了。[5] 一些新的工厂建立了(特别是在乌拉圭),[6]但整个工业的表现是不景气的。阿根廷的制造业指数表明,1913 年的产出

---

[1]　这些年严峻的社会和经济状况在奈特(1986b)的书中第 406—420 页有很好的描述。

[2]　参见基尔希(1977),第 45—48 页;也参见帕尔马(1979)。

[3]　参见索普和伯特伦(1978),第 6 章。

[4]　关于阿根廷,迪亚斯-亚历杭德罗(1970)的著作仍是关于这一时期的经典著作。关于乌拉圭,参见芬奇(1981)。

[5]　参见艾伯特(1988),第 3 章。

[6]　参见芬奇(1981),第 164 页。

水平直到1919年都没有被超越。[1]

　　战争确实也对这两个国家的工业产生了一些有益的影响。这两个共和国都设法增加了对邻国的制成品出口,例如,阿根廷向巴西出口面粉,乌拉圭向阿根廷出口帽子。阿根廷的化学工业由于硫酸铝的首次生产而得到了极大的推动,汽车装配业也在1916年兴起。[2] 尽管如此,需求下降对许多工业的消极影响是严重的,同时,阿根廷在实际收入下降时,平衡预算的努力导致了依赖于公共工程合同的建材业的严重衰退。最后,阿根廷对资本货物和中间产品(不易被国内工业取代)的进口限制似乎比对消费品(可以被取代)的限制严格得多,因为消费品占进口总额的比例实际上从战前的不足40%上升到1915—1919年的近50%。[3]

　　巴西的经历与阿根廷和乌拉圭形成鲜明的对比。尽管出口量下降和贸易条件恶化,但国内需求并没有下降到同样的程度,因为巴西通过实行宽松的财政和货币政策来"适应"预算赤字,由此引发的通货膨胀加快了货币贬值的速度,降低了实际工资,但也增加了名义需求,鼓励企业减少进口、扩大生产。巴西的工业产出与出口(由咖啡主导)的直接联系也要少得多,因此,与进口竞争的部门也相应地比阿根廷或乌拉圭显得更为重要。

　　因此,发现下述事实是不足为奇的,即所有可利用的统计资料指明:在1914年最初的急剧下降之后的战争年代,工业是发展的。[4] 1912—1920年,产业工人的数量几乎翻了一番,尽管资本设备进口受限,许多工厂仍得以建立。[5] 事实上,与阿根廷相反,随着美国进入原先由欧洲供应商品的投

202

---

[1]　直到1917年,制造业净产出(按1970年的价格计算)仍然比1913年的水平低16.9%。参见拉丁美洲经济委员会(1978),表12。更详细的研究可见拉丁美洲经济委员会(1959)。

[2]　参见威思(1945),第83页。

[3]　参见艾伯特(1988),第72—75页。

[4]　参见艾伯特(1988),第183—198页。关于棉纺织业,参见哈珀(1997)。

[5]　1912—1920年,工业企业的数量从9475家增加到13336家。参见IBGE(1987),表7.2和表7.6。

资市场,巴西在战争年代整个进口中的消费品份额下降了。[1] 生铁产量飙升,甚至巴西开始在拉美其他国家寻找出口市场;由于 1918 年烧碱开始生产,化学工业得到了迅猛发展。

巴西在战争期间的反周期财政和货币政策是极不正统的,其在 20 世纪 20 年代被更传统的经济管理技术取代。它们在战争期间取得成功的事实,在很大程度上是由于对进口的限制,以及由于战前的投资,许多工业部门存在着闲置的产能。在其他国家(例如危地马拉),非正统的财政和货币政策造成了严重的通货膨胀,而不是工业扩张。因此,巴西的案例不能普遍适用于所有国家,但它很可能在阿根廷和乌拉圭取得成功。

正如战争年代减少了进口一样,恢复和平时期的状况也给拉美主要市场带来了大量商品。竞争性进口商品的增加不仅仅反映了回到战前的情况——由于关税下降,进口商品的相对价格也急剧下降。拉丁美洲国家国内的通货膨胀破坏了该地区从量关税所提供的保护,到 1919 年,阿根廷征收的关税只占进口额的 7.5％,秘鲁为 9.6％,乌拉圭为 11.2％。[2] 国内公司无法与廉价的进口商品竞争。许多国家的纺织业产出下降,而受进口竞争的部门的处境竟被 1920—1921 年的世界经济大萧条挽救,因为其迫使拉美国家通过汇率贬值来维持国际收支。价格水平的急剧下降也改善了关税保护,因为现在对外汇价格下降的进口商品征收同样的从量关税。[3]

拉丁美洲的出口收入在 1921 年后迅速恢复,这种增长不仅由世界需求复苏推动,而且受市场份额增加(参见边码第 174—185 页)的推动。对制成品的需求是通过在出口导向型增长模式下运行的常用机制来刺激的,国内工业现在可以自由进口资本设备来扩大生产。出口增长迅速的哥伦比亚和

203

---

[1] 消费品占进口的份额在 1913 年是 30.1％,在 1914 年是 34％,到 1918 年降到 23.1％,见艾伯特(1988),表 5.3,第 189 页。

[2] 参见芬奇(1981),表 6.8,第 168 页。

[3] 1919—1922 年,阿根廷、秘鲁的关税保护上升了 50％以上,乌拉圭的关税保护上升了 40％以上。参见芬奇(1981),表 6.8,第 168 页。

委内瑞拉都能够在工业化第一阶段取得实质性进展,纺织业、制鞋业、制帽业、家具业和造纸业处于领先地位。在 20 世纪 20 年代,阿根廷几乎每年都享有强劲的工业增长,以牺牲竞争性进口商品为代价,耐用消费品和非耐用消费品(特别是纺织品)迅速扩大,全部进口商品中的消费品份额回落到战前的水平。诸如石油冶炼、化工和金属之类的中间产品工业也蓬勃发展,只有建材业仍低于战前水平。

在智利,铜取代硝石成为主导出口产品,其密集的采矿活动促成了一个小资本货物工业的兴起。到 20 世纪 20 年代末,由当地生产满足的对中间产品、资本货物和耐用品的需求份额达到了 30%(1914 年为 16.6%),对非耐用品的需求,80% 以上都由当地来满足。[①] 这一令人印象深刻的表现使一些人认为,甚至在萧条之前,工业就已经成为智利的主导产业了,[②]其运行不再依赖于出口部门的命运。然而,这种断言并不能被充分证实;[③]外部贸易条件仍然是智利工业运行的一个极为重要的决定因素,并且小型资本货物部门无法适应矿业公司日益复杂的产品设计要求,这些矿业公司大部分为美国人所有,其所需资本也来自国外。[④]

尽管 20 世纪 20 年代的工业取得了一些成功,但也有许多令人失望之处。小国——甚至是比较富裕的国家——一般来说甚至无法迈出工业化的第一步。在 20 世纪 20 年代后半期,古巴、海地和多米尼加共和国都提高了关税,但主要受益者是非出口的农业部门,它能够以牺牲粮食进口为代价快速扩张。[⑤] 1925 年后墨西哥出口收入下降,加上严重的货币紧缩,导致工业

---

① 参见帕尔马(1979)。

② 这一断言在帕尔马(2000a)第 9—53 页得到了最有力的证明。

③ 回归分析考查了从 1914 到 1929 年间制造业净产出与不变价格出口收入之间的对数线性关系,结果表明只是微弱的相关性。参见帕尔马(2000a),第 59 页。然而,在智利,鉴于贸易条件对购买力和有效工业需求的巨大影响,尚不能确定不变价格出口就是做出正确说明的变数。

④ 参见奥尔特加(1990),第 22—23 页。

⑤ 参见威思(1945),第 324—343 页。

生产停滞和 1926 年后纺织业生产的下降。① 从返回值的角度看,秘鲁出口业的惊人增长就显得更加微不足道了,②并且税率因未能恢复到战前水平而进一步削弱了对国内生产的刺激。③

巴西再次成为难解之谜,它在 20 世纪 20 年代的工业表现最为引人注目。④ 1920—1921 年大萧条之后,巴西稳定咖啡价格的方案最终稳定了出口收入,对(咖啡)出口限制政策鼓励资源转向其他活动。巴西的关税保护仍然很高,但没有达到战前水平,⑤外国公司被其国内垄断市场(阿根廷、智利和墨西哥也是如此)充分吸引,在汽车、缝纫机、纸张和轮胎等产品上建立了分厂。⑥ 然而,对巴西工业统计资料的肤浅阅读会给人这样的印象:其工业表现非常没有活力,特别是 1922 年后棉纺织业生产的下降。

毫无疑问,在 1920—1921 年大萧条之后,巴西的工业产出并没有迅速增长。在 20 年代中期,巴西继续遵循正统政策以为重新采用金本位制做准备,结果导致了货币紧缩,并在一定程度上抵消了贸易条件的有利刺激。⑦ 尽管如此,得出巴西的工业是没有活力的这一结论是错误的。巴西工业产出在 1921—1923 年和 1926—1928 年迅速扩大;除了由于激烈的国际竞争而受到损害的棉纺织业外,1920—1929 年,巴西的工业产量增加了 55%——年增长率为 5%。20 世纪 20 年代,巴西建立了许多新的工业企业,包括一些生产资本货物的公司,钢铁工业也取得了一些进展。或许最重要的是,工业设备的

205

---

① 参见哈伯(1989),第 9 章。

② 例如,秘鲁的国际石油公司在 1916—1929 年总销售额(主要是出口)为 3,056 亿美元。但是只有 0.439 亿美元是返回值(当地货币支出)。参见索普和伯特伦(1978),表 5.8,第 104 页。

③ 由于价格紧缩,战争结束时隐性关税保护的提高仍然不足以补偿战时通货膨胀对关税保护的破坏。即使在 1928 年,平均关税(进口收入占进口额的百分比)仍然只有 20.4%——低于1910 年估计的 25.4%。参见芬奇(1981),表 6.8,第 168 页。

④ 韦尔西安尼(2000)对这一辩论有极好的回顾。

⑤ 参见莱夫(1982),表 8.8,第 175 页。

⑥ 参见费尔普斯(1936)。

⑦ 参见弗里奇(1988),第 6 章。

进口在 20 年代大幅度上涨,创造了新的工业产能,并使现有工厂现代化。事实上,工业机械的进口在 1929 年(大萧条前一年)达到最高点。[1]

到 20 世纪 20 年代末,整个拉丁美洲的工业部门仍然是出口导向型模式里的小伙伴。工业产出在很大程度上依赖国内市场——战争期间短暂的出口激增,随着 20 年代来自欧洲和北美的廉价进口商品的重新进入而逆转了,而国内需求依然与出口部门的命运紧密相连。此外,工业成熟度与过去的出口增长率和人均出口水平明显相关。阿根廷,这个最富有的共和国,仍然是拉美工业最先进的国家,在 20 世纪 20 年代末,其制造业占国内生产总值的近 20%,按 1970 年的价格计算,人均制造业净产出为 112 美元(参见表 6.7)。排在第二等级的国家包括智利和乌拉圭,两国的制造业占国内生产总值的比重分别为 12.6% 和 15.6%,人均制造业净产出分别是 65 美元和 93 美元。排在第三等级的国家包括巴西、墨西哥和秘鲁,它们的人均制造业净产出低于30 美元。在其他地方,甚至在哥伦比亚和委内瑞拉,现代制造业部门规模依然很小。

尽管阿根廷的人均制造业产出净额很高,但在国内制成品满足总需求所占的份额上远不如邻国。这一比例低于巴西、智利,甚至是乌拉圭。[2] 这并不意味着阿根廷的工业化程度低于那些国家——尽管很多人有这样的错误认识——但它确实意味着阿根廷工业在满足由出口快速增长导致的对制成品的巨大需求方面还是不太成功的。在像阿根廷这样的富裕国家,纺织业、资本货物和耐用消费品等工业均不如人意。尽管对工业品的需求很大,但微弱的关税保护、服务于农产品出口的社会基础设施、一批有权有势的农村精英及与英国的紧密联系(英国的出口首先受到阿根廷与进口竞争的工业产出增

---

[1] 参见韦尔西安尼(2000),表 7.4,第 148 页。

[2] 这一比例,即国内需求在工业总需求中所占的份额,是一个非常令人困惑的主题。除了计量方面的问题[参见菲什罗(1972)],确认一个与更高的工业化水平相连的更高的比例是不可能的。值得记住的是,鉴于其制成品进口的低水平,巴拉圭在 1840 年——几乎不是一个工业化社会——确实有一个很高的比例。

表 6.7　1928 年前后制造业净产出（按 1970 年的美元计算）

国家	年份	总数[a]（百万美元）	人均（美元）	占国内生产总值的比重（百分比）
阿根廷	1928	1279	112	19.5
巴西	1928	660	20	12.5
智利	1929	280	65	12.6
哥伦比亚	1928	65	9	5.7
哥斯达黎加	1928	10	20	9.0
洪都拉斯	1928	10	11	4.9
墨西哥	1928	469	29	11.8
尼加拉瓜	1928	7	10	5.0
秘鲁	1933	107	18	7.7
乌拉圭	1930	160	93	15.6
委内瑞拉	1928	64	21	10.7

　　[a] 按照 1970 年的官方汇率将当地货币值转换成美元。参见布尔默-托马斯（1994），表 A.3.1。

　　资料来源：阿根廷、巴西、哥伦比亚、洪都拉斯和墨西哥的资料基本来源于拉丁美洲经济委员会（1978）。但是，拉丁美洲经济委员会（1978）对许多国家的记载开始于1930 年之后。因此，关于更早年份的指数则来源于其他资料（如果可用），并与拉丁美洲经济委员会（1978）最早的年份连接在一起：关于智利，参见巴列斯特罗斯和戴维斯（1963）；关于哥斯达黎加和尼加拉瓜，参见布尔默-托马斯（1987），其中有从购买力平价向官方汇率调整的资料；关于秘鲁，参见博洛尼亚，表 6.1 和 6.3；关于乌拉圭，参见米洛特、席尔瓦和席尔瓦（1973）；关于委内瑞拉，参见兰赫尔（1970）。

加的冲击）等剥夺了出口导向型增长为阿根廷工业家可能带来的潜在益　　*207*
处。[①] 另外，单位生产成本过高而无法在正常情况下生产可供出口的制成品，使得工业缺乏竞争力（同拉美其他国家一样）。少数几家公司控制着大多数市场的销售，几乎没有动力去改进生产技术或在产品设计和管理方法上进行创新。因此，全要素生产率的增长仍然不大，产出的增长基本上是通过增加所有要素的投入来实现的。工业如果要具有国际竞争力，就必须降低单位生产成本，而这不是实现这一目标的最佳途径。

---

① 关于 1930 年之前阿根廷的工业未能与该国的增长和繁荣相配这一明显失败背后的原因，有很多研究著作。对这一问题的出色研究，参见科罗尔和萨瓦托（1997）。

第七章

20 世纪 30 年代的政策、绩效和结构变革

第一次世界大战后的头十年,拉丁美洲主要经济体的资源进一步转向结构变革、工业化和非出口经济的多样化。此外,随着各国政府在战后回归正统的汇率和金本位制,[1]许多共和国的金融和货币体系都进行了彻底革新——在某些情况下,改革是由 E.W.凯默勒领导的使团推动的。不过,毫无例外,经济表现依然严重依赖出口部门的命运。到 20 世纪 20 年代末(参见表 7.1),出口在国内生产总值中仍然占有很大的比重,经济的开放度——由出口和进口之和占国内生产总值的比例来衡量——从巴西的近 40%到哥斯达黎加的 100%以上不等。[2]

20 世纪 20 年代的结构变革并没有带来出口部门内部的多样化。相反,到 20 年代末,出口构成与第一次世界大战前夕的构成非常相似,依然高度集中。三种主要出口产品在所有共和国的外汇收入中所占比例都至少为 50%,其中在 10 个国家(玻利维亚、巴西、哥伦比亚、古巴、多米尼加共和国、萨尔瓦多、洪都拉斯、危地马拉、尼加拉瓜和委内瑞拉)均有一种产品占出口的 50%

---

① 20 世纪 20 年代的金融改革和正统汇率在边码第 186—196 页进行了讨论。

② 这段时期有 14 个拉丁美洲共和国的国内生产总值的数据(质量不一),参见附录 4。

表 7.1　拉丁美洲的对外部门在 1928 年和 1938 年的贸易比率

（1970 年价格，百分比）

国家	出口／国内生产总值		（出口＋进口）／国内生产总值	
	1928 年	1938 年	1928 年	1938 年
阿根廷	29.8	15.7	59.7	35.7
巴西	17.0	21.2	38.8	33.3
智利	25.5	20.1	48.2	32.9
哥伦比亚	24.8	24.1	62.8	43.5
哥斯达黎加	56.5	47.3	109.6	80.7
古巴	34.5	24.4	71.6	49.4
萨尔瓦多	48.7	45.9	81.0	62.4
危地马拉	22.7	17.5	51.2	29.5
洪都拉斯	52.1	22.1	69.8	39.5
墨西哥	31.4	13.9	47.7	25.5
尼加拉瓜	25.1	23.9	54.9	42.3
秘鲁	23.7	21.1	37.8[a]	33.7[a]
乌拉圭	21.0	17.3	41.8[a]	34.5[a]
委内瑞拉	57.5	69.7	66.0	79.5

[a] 假设 1928—1938 年，进口额与出口额保持一致。

资料来源：关于智利，参见布劳恩-勒奥纳等（2000），使用 1995 年的价格；关于古巴，参见布尔默-托马斯（2012），使用 1930 年价格；关于委内瑞拉，参见巴布蒂斯塔（2006），使用 1984 年价格。其余参见 MOxLAD，均使用 1970 年的价格和官方汇率。

以上。[①] 事实上，所有出口收入均来自初级产品，并且近 70％的对外贸易只与 4 个国家（美国、英国、法国和德国）进行。[②]

因此，在大萧条前夕，拉丁美洲经济继续奉行一种使它们在世界市场对初级产品不利时处于高度脆弱状态的发展模式。即使是阿根廷，这个 20 世纪 20 年代后期拉丁美洲最发达的国家，人均国内生产总值是该地区平均水

---

①　这 10 个国家中的 5 个国家（巴西、哥伦比亚、萨尔瓦多、危地马拉和尼加拉瓜）的主要产品是咖啡，2 个国家（古巴和多米尼加共和国）是蔗糖，其他的国家则是香蕉（洪都拉斯）、锡（玻利维亚）和石油（委内瑞拉）。

②　这 4 个工业国在拉丁美洲的贸易中所占的份额在过去几十年里一直相当稳定，尽管美国以牺牲其他国家为代价赢得了市场份额。

210 平的 3 倍、巴西的 5 倍，[①]也无法打破这种联系：出口收入的下降会削减进口和政府收入，导致开支削减和国内需求下降。

1929 年的大萧条

大萧条的爆发通常与 1929 年 10 月华尔街的股市崩盘有关，但对拉丁美洲来说，一些预警来得更早。随着供应（战时中断后恢复的供应）往往超过需求，商品价格在许多情况下于 1929 年之前达到最高点。巴西咖啡的价格在 1929 年 3 月达到最高点，[②]古巴的糖在 1928 年 3 月，而阿根廷小麦则在 1927 年 5 月。华尔街崩盘前的股市繁荣导致信贷需求过剩和全球利率上升，提高了持有库存的成本，减少了拉美出口的许多初级产品的需求。

利率的上升——纽约商业票据的贴现率在股市崩盘前的 18 个月里猛涨了 50%——通过资本市场对拉美施加了额外的压力。外逃资本——被该地区之外更高的利率吸引——有所增加，与此同时，外国投资者利用伦敦、巴黎和纽约更具吸引力的回报率，造成资本流入也在减少。[③]

1929 年 10 月的股市崩盘引发了拉美主要市场的一系列事件。金融资产价值的下降通过所谓的财富效应拉低了消费者需求。债务拖欠导致新信贷和货币紧缩，并且整个金融体系处于严重压力之下。1929 年的第 4 个季度利率开始下跌，但进口商无法或不愿意在面对信贷紧缩和需求下降时恢复初级产品的库存。

随后初级产品价格的下降的确富于戏剧性。每个拉丁美洲国家都受到了影响。1928 至 1932 年（参见表 7.2），在 11 个有资料可考的国家中，出口单

---

① 按 2000 美元计算，1928 年阿根廷人均实际收入为 4068 美元，巴西为 752 美元，参见附录 4。

② 然而，即便如咖啡这样看似同质的商品也受到市场分割的影响。参见卡拉伦斯-史密斯和托皮克的论文（2003）。因此，拉美一些商品的价格早在 1927 年第一季度就达到了最大值。

③ 例如，1926 年智利中央银行的贴现率几乎是美国联邦储备银行贴现率的 2 倍。1929 年上半年的情况几乎相同。参见国际联盟（1931），第 252 页。

表 7.2　1932 年(1928 年＝100)的出口价格和数量变化、净易货
贸易条件及出口购买力

国家	出口价格	出口量	纯易货贸易条件	出口购买力
阿根廷	37	88	68	60
玻利维亚	79[a]	48[a]	n/a	n/a
巴西	43	86	65	56
智利	47	31	57	17
哥伦比亚	48	102	63	65
哥斯达黎加	54	81	78	65
古巴	41	72	69	49
多米尼加共和国	35	111	59	66
厄瓜多尔	51	83	74	60
萨尔瓦多	30	75	52	38
危地马拉	37	101	54	55
海地	46	69	78	54
洪都拉斯	91	101	130	133
墨西哥	49	58	64	37
尼加拉瓜	50	78	71	59
秘鲁	39	76	62	43
乌拉圭	82	70	n/a	n/a
委内瑞拉	73	100	86	86

[a] 1929 年＝100。

资料来源：蒙得维的亚-牛津拉丁美洲经济数据库,但除了下列以外：关于委内瑞拉,参见巴布蒂斯塔(2006)；关于古巴、多米尼加共和国和海地,参见布尔默-托马斯(2012)。

位价值下降了 50％以上；出口单位价值略有下降的国家是那些初级产品价格由外国公司控制的国家(例如洪都拉斯),但这种情况并非市场力量的正确反映。

由于世界需求和成本的下降对销往拉丁美洲的单位价值产品产生了双重挤压,进口价格也随之下降。然而,进口价格下降的速度一般没有出口价格下降得快,也没有出口价格下降得多,除了两个国家外,其他拉美国家的净易货贸易条件(参见表 7.2)在 1928—1932 年均急剧下降。委内瑞拉和洪都拉斯例外,前者石油价格(主要出口产品)下降的速度仅略快于进口价格,

而后者由果品公司设定的香蕉出口"价格"只是为了抵消当地的货币成本，因而在那些年仅下降了 9％，导致净易货贸易大幅增长。[1]

212　　　所有拉美国家的初级产品出口都面临价格下降，但它们的出口销售额却大不相同。受影响最重的是那些出口价格和数量都大幅度下降（参见表 7.2）的共和国——包括玻利维亚、智利和墨西哥。值得注意的是，这三个国家的出口都以矿产品为主，而进口国的公司对大萧条的反应是减少现有的库存，而不是下新订单。[2] 毫不奇怪，这些国家的出口购买力（因出口量变化而进行的净易货贸易条件的调整）经历了最大幅度的下滑。智利（参见表 7.2）的出口购买力下降 83％，这是拉丁美洲在如此短的时间内出现的最大降幅，而智利也成为世界上受影响最严重的国家之一。[3]

古巴虽然不是矿产品出口国，但也应列入这第一组。以蔗糖为主的出口在 1929 之后迅速下降，因为该岛受蔗糖的专门化所累和对美国的严重依赖。一个由与古巴糖业利益有关的纽约律师托马斯·查德伯恩领导的委员会，在 1930 年以一种旨在急剧削减古巴蔗糖出口的方式分割了美国市场；[4]次年，主要生产国和消费国签订了一个《国际糖业协定》，对古巴蔗糖出口施加了进一步的限制。[5]

第二组国家较多，它们的出口额略有下降（不到 25％）。这一组国家——阿根廷、巴西、厄瓜多尔、秘鲁和 3 个中美洲共和国（哥斯达黎加、萨

---

[1]　管理出口价格被用于香蕉以达到国际收支平衡的目的，一直到 1947 年。果品公司用当地货币计算国内成本，并为出口产品设定履行国内义务的美元价格（按照官方汇率）。

[2]　墨西哥石油产量的下降意味着，铜、铅和锌——所有进口国库存水平较高的商品——在 20 世纪 20 年代末是该国的领先出口商品。

[3]　智利对硝石和铜的依赖被证明是一个最突难性的组合：硝石开始受到世界化学工业生产的廉价合成替代品的挑战，铜出口与保护势力强大的美国国内生产形成竞争。

[4]　该委员会尽管一再声称"我们在这里所建议的并不是要干涉永恒的供求规律"，但仍将古巴 1931 年的出口限制在了 1928 年的水平——这是 1922—1930 年间的最低水平。参见斯威尔林（1949），第 42—43 页。

[5]　1934 年，美国通过了《琼斯-科斯蒂根法案》，减少了从古巴进口蔗糖的配额，使该岛问题进一步复杂化，参见黑斯顿（1987）。

尔瓦多和尼加拉瓜),生产了一些难以从现有库存来满足需求的粮食和农业原材料。[①] 例如,英国在 1929 年 8 月持有的进口小麦港口库存仅相当于每年小麦进口的 2%。[②] 同样,尽管进口国的实际收入下降,但在某些情况下,价格的暴跌足够维持消费者需求。例如,1932 年世界咖啡进口量仍处于其 1929 年的水平。

　　第三组国家在 1928—1932 年期间,要么出口量没有下降,要么出口量有小幅下降(不足 10%)。哥伦比亚利用巴西咖啡价格稳定计划造成的混乱,[③]设法小幅增加了咖啡出口。委内瑞拉在 1929 年后遭受了石油出口的下降,但这只是抵消了 1928—1929 年的大幅增长。多米尼加共和国以蔗糖为主的出口在大萧条最严重的那几年稳步上升,因为蔗糖出口商先是利用了托马斯·查德伯恩领导的委员会,后是 1937 年《国际糖业协定》对古巴蔗糖出口施加了限制,而多米尼加共和国(或巴西)并没有签署这一协定。[④]

　　所有国家出口价格下降和大多数国家出口量下降的共同作用,导致了大萧条最严重的那几年出口购买力的锐减(参见表 7.2)。只有洪都拉斯逃过了这一劫,因为果品公司决定将全球生产集中在低成本的洪都拉斯种植园。在其他地方,大萧条对出口购买力的影响是严重的,它影响了矿产品生产国(例如墨西哥)、温带农产品生产国(例如阿根廷)和热带农产品生产国(例如萨尔瓦多)。

　　1929 年后,尽管进出口价格不断下降,但有一个"价格"保持不变,即公共和私人外债的固定名义利率。当其他价格下降时,这种债务(主要是政府债券)的实际利率上升,加重了那些急于通过即时债务偿付来维持其在国际资本市场上信用的政府的财政和国际收支平衡负担。

---

① 秘鲁的主要出口品是矿产,但最重要的是石油,它的储量并没那么重要,而且石油价格在大萧条中受到的冲击比其他矿产品要小。
② 参见国际联盟(1933),第 577 页。
③ 巴西的咖啡保护在 1929 年失败了。参见弗里奇(1988),第 152—153 页。
④ 参见斯威尔林(1949),第 40—50 页。

实际债务负担的增加意味着整个出口增加(或减少)的比例不得不被用
来安排偿付债务。例如,阿根廷在 1929 年整个出口收入为 21.68 亿比索,
214 其中要拿 9120 万比索用于偿还外债。到 1932 年,出口额下降到 12.88 亿比
索,但仍须偿付外债 9360 万比索,这意味着实际债务负担增加了一倍。[①]

债务偿付保持不变,出口收入下降,这些因素共同对进口产生了强烈的
挤压。由于进口的数量和价值下降,各国政府不得不面对财政收入过于依
赖外贸税所造成的新问题。随着进口的崩溃,政府收入的主要来源(进口关
税)无法维持。以巴西为例,1928 年,其进口税收占政府总收入的 42.4%;
到 1930 年,进口税减少了 1/3,政府收入减少了 1/4。[②] 那些严重依赖出口
税的国家(例如智利),其政府收入也受到了特别严重的削减。[③]

实际债务负担的增加,以其影响国际收支的同一方式影响着财政状况。
政府收入下降和固定名义利率的债务偿付的综合作用,给政府开支带来了
巨大压力。有人创新性地提出核算方法(如洪都拉斯公务员曾一度以邮票
来支付),但这并不能掩盖潜在的危机。大多数拉丁美洲共和国在大萧条最
严重的时期见证了政府的更迭,在华尔街崩盘时,钟摆摆向了政府以外的政
党和个人。[④] 最重要的例外是委内瑞拉和墨西哥。在委内瑞拉,1908 年上
台的胡安·比森特·戈麦斯独裁政府一直持续到 1935 年戈麦斯去世。[⑤]
215 在墨西哥,由新近成立的国民革命党(后称为革命制度党)控制了一个饱受

[①] 作为公共支出的一部分,实际债务负担也急剧上升。参见阿尔海德夫(1986),第 101 页。

[②] 参见巴西国家地理与统计局,表 12.1 和表 12.2。

[③] 在 20 世纪 20 年代的某些年份里,智利的出口税甚至比进口税更重要。因为边际出口税高
于平均出口税,随着出口价格暴跌,收入就会快速下降。

[④] 早在 1930 年,许多政府就倒台了。例如,一场军事政变让热图利奥·瓦加斯在巴西掌握
了政权,阿根廷总统伊波利托·伊里戈延被推翻。在智利,政治不稳定性十分严重,一个
军官甚至在 1932 年建立了一个社会主义共和国,但只持续了 12 天。参见贝瑟尔(1991)的
相关章节。

[⑤] 1928 年爆发了一场反对戈麦斯的政变,尽管石油价格和产量下降,但这位独裁者在大萧条
年代的权威并没有受到重大挑战。参见尤厄尔(1991),第 728—729 页。

革命动荡和内战摧残的国家。①

在一个更加稳定的国际环境下，拉丁美洲政府可能有通过国际贷款来走出困境的希望。然而，流向拉丁美洲的新贷款——甚至在华尔街崩盘之前就已经在减少——到 1931 年就停止了。那一年，对美国有价证券资本的偿付自 1920 年以来首次超过了新的美国有价证券投资，并且直到 1954 年资本净流入一直是负数（1938 年是个例外）。② 即使是用任何标准衡量都享有拉丁美洲最高信用等级的阿根廷，也无法在大萧条的第一年获得重要的新贷款。

任何拉丁美洲国家都没逃脱大萧条，但大萧条对一些国家的影响要比对其他国家的影响严重得多。最大的一组灾难是高度开放性、出口价格的大幅下跌和出口量的急剧下降。因此，受影响最严重的共和国是智利和古巴就不足为奇了，这两个国家受到的外部冲击最强烈。事实上，对古巴战争年代的国民收入估计显示，1928—1932 年间的国民人均实际收入下降了 1/3，③而智利实际国内生产总值在 1929—1932 年间估计下降了 35.7%。④

外部冲击的影响在特殊情况下可以减轻，但不能避免。因此，依赖糖出口的多米尼加共和国得以利用其作为 1929 年之后《国际糖业协定》非签署国的地位。委内瑞拉利用了其在拉丁美洲以最低单位成本生产石油的生产国地位。由外国公司控制出口的国家（例如秘鲁），通过减少利润流出和按出口比例所得的回报值的增加，将部分负担转移到了外部世界。然而，外部冲击普遍是严重的，采取稳定措施来恢复内外平衡刻不容缓。 *216*

---

① 墨西哥在 20 世纪第二个十年经历了一场旷日持久的革命，到 20 年代也没有停止。军队两次反叛，反对取缔教会的叛乱引发了新的流血事件，再次当选总统的阿尔瓦罗·奥夫雷贡在 1928 年 7 月遇刺身亡。然而，到 20 年代末，其现代国家的基础已经奠定，制度统治开始取代个人统治。随着拉萨罗·卡德纳斯当选为总统（1934—1940），墨西哥革命成熟了。参见 A.奈特（1990），第 4—7 页。

② 参见斯托林斯（1987）附录 I 和泰勒（2006）。

③ 参见布尔默-托马斯（2012），图 10.1。

④ 参见布劳恩-勒奥纳等（2000）。

短期稳定

与大萧条相关的外部冲击导致了两种失衡,因此各国的政策制定者都必须将其作为当务之急加以解决。首先是出口收入暴跌和资本流入下降造成的外部失衡;第二是政府收入下降造成的内部失衡,这导致预算赤字,由此无法再从国外筹措资金。

20世纪20年代,拉丁美洲各共和国要么是第一次采用金汇兑本位制(例如玻利维亚),要么是重新恢复金汇兑本位制(例如阿根廷[①])。在金汇兑本位制下,对外部失衡的调整应该是自动的——事实上,这是它的主要吸引点之一。随着出口下降,黄金和外汇将流出本国,从而降低货币供给、信贷和进口需求;同时,货币紧缩将拉低物价水平,使出口更具竞争力、进口更加昂贵。因此,进口将通过消耗性削减和开支转换而下降,这一过程将一直持续,直到恢复外部均衡。

然而,1929年之后,出口值的下降如此严重,以至于根本不清楚外部均衡能否自动恢复。此外,资本流入的下降和偿还外债的初步决定意味着,进口的下降需要进一步削减国际收支赤字。例如,阿根廷出口额从1929年的15.37亿美元下降到1932年的5.61亿美元——而这绝不是最严重的情况。而1929年阿根廷的进口值为13.88亿美元,如果它希望在1932年保持1929年的债务偿付条件,就需要将国外采购削减70%。[②]

那些试图按照金汇兑本位制标准行事的国家,其持有的黄金和外汇储备迅速下降。在英国暂停金本位制(1931年9月21日)4天后,哥伦比亚的

217

---

① 阿根廷也许在20世纪20年代已经回归了正统的汇率制度,但是,像巴西一样,它仍缺少一个中央银行。此外,通过兑换局,黄金支付直到1927年8月才恢复。参见德雅·包雷拉和泰勒(2001)。

② 进口实际上下降了74%——从1929年的13.88亿美元下降到1932年的3.64亿美元。参见拉丁美洲经济委员会(1976),第27页。

国际储备下降了 65％。① 然而,大多数国家要么正式放弃了这一制度(例如阿根廷在 1929 年 12 月②),要么通过各种银行和其他限制措施来限制黄金和外汇的外流(例如哥斯达黎加③)。这需要旨在减少进口和重建外部平衡的稳定政策,但这确实意味着这一进程将不再是自动的。

在英国决定停止按需出售黄金和外汇之前,三个国家(阿根廷、墨西哥和乌拉圭)就暂停了金本位制,尽管秘鲁——拉美只此一国——两次引入新的黄金平价。④ 大多数国家也都采取了这样或那样形式的外汇管制,并建立了进口配额制度。只有加勒比盆地的小共和国没有利用外汇管制,⑤它们或正式(巴拿马和多米尼加共和国)或非正式(古巴和洪都拉斯)地使用美元作为支付手段。

坚持国际游戏规则的意愿意味着首先慎用贬值——货币贬值。没人预料到大萧条会像事实证明的那样严重。上一次世界大萧条(1920—1921)迅速过去了,并没有长期扰乱国际金融体系。此外,许多拉美国家在 20 世纪 20 年代彻底改革了它们的金融体系,建立了中央银行,并为建立货币秩序进行了斗争。1929 年的大萧条被视为对这些机构的第一次真正考验,它们不愿承认货币贬值导致的失败是自然的。

218

---

① 哥伦比亚新建立的中央银行对大萧条最初的迹象做出了极端正统的反应。因此,贴现率高于萧条前的水平,在价格大幅下跌时平均为 8％至 9％。参见奥坎波(2000),第 112 页。因此,实际贴现率上升到 20％以上,尽管这并非哥伦比亚独有的情况。参见格朗德(1988),第 182 页,注释 16。

② 因此阿根廷恢复了 1927 年 8 月以前实行的不可兑换货币制度。不过,这起初这并不意味着货币贬值。参见奥康奈尔(2000),第 179 页。

③ 在哥斯达黎加,兑换局设定汇率,管理局(成立于 1932 年 1 月)限制了申请的规模。因此,外汇需求是由管理下的价格和数量来定量配给的。参见布尔默-托马斯(1987),第 54 页。

④ 在金本位制崩溃之前,新的黄金平价是正统国际金融规则下进行贬值的唯一方法。秘鲁还利用 1930 年黄金平价变化的机会用索尔(该国传统的货币单位)取代镑,每纸币镑等于 10 索尔。关于更普遍的金本位制,参见艾辰格林(1992)。

⑤ 古巴在 1934 年 6 月实行外汇管制,但是一个月后因为没有效果就废止了。洪都拉斯在 1934 年 3 月实行外汇管制,但是由于香蕉种植区美元的广泛使用,它实际上没起任何作用。

　　到 1930 年末,只有 5 个国家(阿根廷、巴西、巴拉圭、秘鲁和乌拉圭)的货币自前一年末以来对美元贬值 5％以上。然而,秘鲁改变了其黄金平价。巴拉圭比索,已正式同阿根廷金比索挂钩,这一汇率政策也意想不到地出现了对美元的贬值。英国暂停使用金本位制和随后的英镑贬值意味着那些与英镑挂钩的拉美货币——阿根廷、玻利维亚、巴拉圭(通过阿根廷比索)和乌拉圭——在 1931 年 9 月之后对美元急剧贬值,直到 1933 年 4 月美国暂停使用金本位制后,才同样出现急剧的升值。[①]

　　英国和美国放弃金本位制,最终迫使拉美各国关注汇率管理问题。在整个 20 世纪 30 年代,6 个小国(古巴、多米尼加共和国、危地马拉、海地、洪都拉斯和巴拿马)的货币都与美元挂钩。其他 3 个小国(哥斯达黎加、萨尔瓦多和尼加拉瓜)也试图这样做,但最终被迫贬值。[②] 即使南美洲那些大的共和国,也做了很多尝试,以使本国货币与英镑或美元挂钩。巴拉圭坚持与阿根廷比索挂钩的政策(成效甚微),而阿根廷(取得一定成效)和玻利维亚(毫无成效)分别在 1934 年 1 月和 1935 年 1 月之后试图将本国货币与英镑挂钩。巴西(1937 年 12 月)、智利(1936 年 9 月)、哥伦比亚(1935 年 3 月)、厄瓜多尔(1932 年 5 月)和墨西哥(1933 年 7 月)都试图将它们的货币与美元挂钩。[③]

　　真正实行浮动货币的例子很少见。委内瑞拉的玻利瓦尔是浮动的,在

<hr>

[①] 美元对黄金的贬值速度很快。到 1933 年第四季度,美元已跌到 1929 年黄金平价的 60％。这一情况能否转变为对其他货币的贬值,取决于它们相对于黄金平价的走势。因此,这一情况在工业国家引发了一系列的竞争性贬值,导致了第二次世界大战之前国际金融制度的不稳定。参见金德尔伯格(1987)第 9—11 章和特敏(2000)。

[②] 哥斯达黎加和萨尔瓦多的贬值相对都很小,并没有引发恶性通货膨胀。然而,在尼加拉瓜,安纳斯塔西奥·索摩查(1936 年"当选"总统)发现货币贬值是从农业出口集团利益方面削弱政治反对派的最方便的办法。参见布尔默-托马斯(1990b),第 335 页。

[③] 在墨西哥,货币稳定由于 1932 年阿尔贝托·帕尼采取的扩张性货币政策而变得复杂。帕尼在 1931 年 12 月取代了正统的路德斯·蒙特斯·德·奥卡成为财政部长。因此最初稳定货币的尝试不得不放弃。第二次尝试很成功,并且从 1933 年 11 月到 1938 年 3 月,比索对美元的汇率没有发生变化。参见卡德纳斯(2000),第 201—204 页。

1932 年末至 1937 年末对美元迅速升值了 50％。[1] 几个南美洲国家（阿根廷、玻利维亚、巴西、智利、厄瓜多尔和乌拉圭）在美国暂停使用金本位制后采用了双重汇率制，允许非官方的自由浮动汇率。这一自由汇率用于各种交易，包括资本输出、利润汇出、非传统出口和非必需进口。这种经验——在许多情况下是公共部门汇率利润的来源[2]——在第二次世界大战后被证明对汇率管理是非常宝贵的。

由于不愿采用真正自由浮动的汇率制度，大多数共和国被迫依靠其他技术来实现外部均衡。最常用的方法是外汇管制和非价格进口配给制，这一技术并不局限于大国，一些小国（玻利维亚、哥斯达黎加、厄瓜多尔、洪都拉斯、尼加拉瓜、巴拉圭和乌拉圭）也积极采用了这种制度。在大多数国家，关税是在进口商品的到岸价（成本、保险和运费）下降时提高的，这大大提高了进口商品的实际成本，并鼓励支出转向国内替代品。甚至在关税税率没有被正式提高的地方，进口的实际成本也因为从量关税的广泛应用而增加。[3]

220

在少数案例中，外部均衡是在没有外汇管制和非价格进口配额的情况下通过类似金本位制的机制来实现的：经常账户赤字是通过国际储备的外溢来融资的，这使得货币供应急剧减少，名义需求下降与所需的名义进口减少相一致。在古巴、多米尼加共和国、海地和巴拿马可以找到这种对外部均衡进行自动调整的最明显例子。墨西哥在大萧条的头几年也经历了名义货

---

[1]　因为石油产量上升和石油出口的回报值的增加，外汇收入增加了。同时，石油公司削减了（进口密集型）投资支出，并且委内瑞拉也无须偿还任何外债。在此情况下，玻利瓦尔的升值就不足为怪了。参见麦克贝思（1983），第 4 章。

[2]　正如拉美政府在战后发现的那样，多重汇率制度既能带来损失，也可以产生利润。然而，在 20 世纪 30 年代，多重汇率制度的目的是使几乎所有的进口商品变得更加昂贵，因此汇率利润是惯例而不是例外。

[3]　1932 年，进口价格平均比 1929 年低 1/3 左右。因此，在 1929 年花费 1 美元并征收 20 美分从量税的一米进口布，可能在 3 年后只需要花费 70 美分。如果从量关税不变，隐性税率将从 20％上升到 28.6％——增幅达 40％以上。

币供应量的急剧下降,这是由于其独特的货币制度,在该制度中,银币和金币是主要流通货币。[1]

到 1932 年底,几乎所有共和国的外部均衡都在很低的名义进出口水平和略低的名义债务偿付水平的基础上得到了恢复。拉丁美洲 1929 年的贸易顺差为 5.7 亿美元,到 1932 年增至 6.09 亿美元,尽管名义出口从 46.83 亿美元降至 16.63 亿美元,下降了 2/3。[2] 1929 年有贸易逆差记录的 8 个国家,到 1930 年减少到 6 个,1931 年减少到 5 个,1932 年减少到 4 个。但是,这 4 个国家(古巴、多米尼加共和国、海地和巴拿马)并未采用这一规则:它们都是美元可以自由流通、外汇不受管控的经济体,因此,贸易赤字和外汇流出是使名义需求与出口购买力赖以保持一致的机制。

实现外部均衡虽很痛苦,但不可避免。大多数共和国无法用本国货币支付进口,因此一旦国际储备耗尽,外汇供应就对可获得的进口设了限制。内部均衡则不同,因为政府总是可以发行本国货币以弥补预算赤字。只有在像巴拿马这样的国家,那里美元可以自由流动、没有中央银行,人民才能确信:外部均衡的实现也意味着内部均衡的实现。[3]

在大多数共和国,暂停金本位制和采用外汇管制在外部和内部调节之间造成了障碍。如果预算赤字持续存在,并由国内提供资金,名义货币的供应就不会与名义进口的减少相一致。这将导致国内信贷与进口之比上升,造成货币供应过剩,进而刺激名义上的国内支出。不管名义支出的增长是反映在价格上,还是反映在数量上,对于一个国家成功摆脱大萧条的速度和程度都至关重要。

---

[1] 参见卡德纳斯(2000),第 197—198 页。

[2] 拉丁美洲传统上一直是贸易顺差,即商品出口超过商品的进口。参见霍恩和比斯(1949),第 103 页。然而,盈余的规模变化很大,其在 20 世纪 20 年代末下降,30 年代上升。

[3] 尽管巴拿马本地货币过去(和现在)被称作巴尔博亚,但这只是一个法律上的称呼,因为美元是事实上的记账单位。因此,巴拿马政府无法在没有外国借款的情况下实行预算赤字,而外国借款在 20 世纪 30 年代几乎是不可能的。

货币过剩的观点在许多国家得到了实证支持。1929—1933年,尽管美国的名义商业银行存款下降了近40%(见表7.3),但一些拉丁美洲共和国(例如玻利维亚、巴西、厄瓜多尔和乌拉圭)商业银行存款的名义价值上升,而其他国家(例如阿根廷、智利和哥伦比亚)的名义价值仅略有下降。从实际情况来看(即物价水平的调整变化),表现甚至更加引人注目:1929—1933年,所有有物价数据的拉丁美洲共和国(智利除外)的物价都出现了下降。[1]

表 7.3　1930—1936 年商业银行的货币供应和需求储备
(现行价格:1929 年=100)

国家	1930 年	1931 年	1932 年	1933 年	1934 年	1935 年	1936 年
阿根廷	101	90	90	89	88	86	94
玻利维亚	84	78	133	144	322	520	547
巴西	97	101	115	109	125	131	141
智利	84	68	82	96	110	124	143
哥伦比亚	87	78	90	94	102	110	120
古巴	65	50	31	25	25	27	32
厄瓜多尔	98	59	92	145	187	187	215
萨尔瓦多[a]	74	68	64	57	42	44	37
墨西哥[b]	111	67	74	107	108	136	143
巴拉圭	100[c]	76	64	72	125	191	170
秘鲁	69	63	62	78	100	116	137
乌拉圭	114	115	126	114	116	124	139
委内瑞拉	49	68	69	76	85	106	89
美国	101	92	71	63	72	81	92

[a] 包括美元储备。

[b] 1932 年和 1935 年的数据是在不同的基础上编制的,因此该数据系列不太一致。

[c] 1930 年=100。

资料来源:国际联盟,《统计年鉴》;古巴资料来源于沃里奇(1950)。

[1]　智利的价格(批发和零售)在 1930 年和 1931 年确实下降了。但随后的货币贬值反映在短期延迟后的价格上升上——这也许是智利由于长期汇率下降而确立预期通货膨胀的结果。参见赫希曼(1963),第 3 章。

　　出于几个原因,名义货币供给相对活跃。首先,许多共和国实行外汇管制的决定限制了黄金和外汇的外流,因此限制了外源性货币供给的减少。乌拉圭是最早实行外汇管制的国家之一,但其国际储备仅略有下降。没有外汇管制的墨西哥,其在货币储备中占比相当大的金银币被消耗殆尽。

　　其次,尽管政府为增加收入和削减开支做出了巨大努力,但预算赤字依然存在。尽管实际国内生产总值出现萎缩,但巴西仍在 1929—1933 年设法从直接所得税中增加了 24% 的收入,而由于对外贸易税的极端重要性,财政收入被迫与进出口贸易同步下降。[①] 此外,偿还公共债务(内部的和外部的)的最初决定以及与大幅度削减公职人员名义工资和薪金的困难,使削减开支几乎不可能达到足以消除预算赤字的程度。在缺乏新的外部贷款的情况下,赤字不得不依靠银行系统来弥补,使得货币供应产生了扩张。

　　第三,鉴于银行体系与出口部门的紧密联系,私人国内信贷的下降绝不像人们可能预期的那样急剧。为数不多的银行——例如,墨西哥只有 11 家银行——以及它们的高公众知名度为避免银行倒闭创造了强大动力。银行家和出口商的密切关系(他们有时是同一个人),使得债务重新安排的灵活性比在竞争更激烈的环境中更大。在 20 世纪 20 年代,银行也倾向于在现金储备远远高于法定最低限度的情况下经营,从而对 1929 年之后的困难时期起了一定的缓冲作用。在实行外汇管制之后,外国银行无法再汇出利润,因而它们有额外的资源来支撑自己度过大萧条时期。[②]

　　因此,在大萧条最严重时期,许多共和国的货币政策相对宽松,因此,与外部均衡不同,国内均衡到 1932 年底还没有恢复。事实证明,提高税收(包括关税)的努力是不够的,而进一步增税注定会引向自我毁灭。20 世纪 30

---

① 巴西的财政问题在 1932 年由于圣保罗州的叛乱而更复杂了,迫使联邦政府大幅增加支出。参见施奈德(1991),第 118—125 页。

② 英国拥有的伦敦和南美银行就是一个很好的例子,它在大多数分行保持较高的现金比率,以避免信誉的丧失。参见乔斯林(1963),第 250 页。

年代初动荡的政治环境使得削减公共部门工资和薪金变得更加困难,因此,逐步减少预算赤字的政策开始把重点放在偿债上。

债务拖欠在拉美经济史上并不新鲜;事实上,一些小共和国(例如尼加拉瓜)的海关仍然挤满了美国官员,他们被任命来征收外贸税,以避免过去债务拖欠的重演。起初,所有共和国都做出了艰辛的努力来维持偿债,以期保住它们能够进入国际资本市场的机会。这造成了一个进退两难的困境:就国际债券的存量而言,主要债权国仍是英国,其证券交易所规定,拖欠债务的国家不可能发行新债券;与此同时,每年流入拉美的新资本越来越依赖美国,而美国对债务拖欠的惩罚并不明确。显然,拉丁美洲总体上不再指望英国提供更多资金,因此,拖欠债务的诱惑几乎变得势不可当。

墨西哥,仍在革命的余波中挣扎,并早在 1928 年就已经拖欠债务。一般来说,停止偿付始于1931 年,并在接下来的几年里加快了步伐。债务拖欠是单方面的,但没有国家拒绝偿还外债,并且债券的处理并不相同。例如,巴西在 1934 年发行了 7 个等级的债券,对利息和本金的处理从完全偿付到部分拖欠各不相同。[1] 因此,即使在债务拖欠的国家,对政府开支的影响也大不相同,但是随着时间的推移,各国用于偿还债务的资金往往在减少。

并不是所有国家都拖欠外债,并且拖欠外债并不一定意味着也拖欠内债(反之亦然)。委内瑞拉在戈麦斯执政时期于 1930 年完成了外债偿付——15 年之前开始拖欠的。[2] 洪都拉斯拖欠了内债,却偿还了全部外债[3](多米尼加共和国和海地也是如此)。在主要国家(除了委内瑞拉)中,

224

---

[1] 参见艾辰格林和波蒂斯(1988),第 25—31 页。

[2] 少量外债仍记在账面上,因为当局无法追查到债主。不过,出于同样的原因,也不用支付利息。

[3] 洪都拉斯对外债持正统观念归因于这一事实:该国 19 世纪的债务,包括 19 世纪 60 年代向国有铁路公司发放的欺诈性贷款,该笔贷款直到 1926 年才最终得到解决。解决条件很慷慨,包括取消所有的积欠利息和削减本金。参见莱昂·戈麦斯(1978),第 177—181 页。

只有阿根廷全部偿还了其内债和外债,其理由仍有争议——它与英国的特殊关系、密切的贸易联系和继续贷款的前景,是促使阿根廷政策制定者偿还债务的一些因素,其债务主要是欠英国的。此外,20世纪30年代保守的阿根廷政府正统的金融理论也为偿付外债提供了强大支持。[①]

债务拖欠缓解了大多数国家预算赤字的压力,并且(在有外债的情况下)使外汇可以被用于其他目的。债务偿付的下降也减轻了财政政策的一些压力,因为它避免了进一步增税和削减开支。因此,预算赤字仍普遍存在,并且在大多数共和国实现内部均衡依然是一个遥远的目标。外部均衡和内部不均衡之间的紧张关系在一些共和国(例如玻利维亚)引起了严重的金融和经济不稳定,[②]但它有助于这样一些国家更快地恢复经济,即实行紧缩的财政和货币政策,导致非出口部门的需求不足,无法对相对价格的新矢量做出反应的国家。

从萧条中复苏

为了应对萧条,各国采取的稳定经济的政策计划旨在短时间内恢复内外均衡。然而,不可避免的是,它们也会对那些长久影响相对价格的国家产生较长期的影响。

1929年之后出口价格的暴跌、净易货贸易条件的恶化和名义关税的上升,对非出口部门(非贸易和可进口的)[③]比对出口部门更为有利。在实际贬值发生的地方(即名义贬值比国内外价格之差的扩大更迅速),出口产品

[①] 关于阿根廷在20世纪30年代持正统观念的原因的研究著作很多。例如,参见罗克(1991)、阿布雷乌(2000)以及德拉·包雷拉和泰勒(2003)。

[②] 玻利维亚的财政失衡由于1932年与巴拉圭的战争爆发需要增加军事开支而加剧。1932年至1933年间,国防开支增长了8倍,而收入只能支付总开支的25%。

[③] 可进口商品是那些本地生产、与进口商品竞争的商品;非贸易品是那些不用出口,也不需面对进口品竞争的产品和服务。关于20世纪30年代的相对价格变动,参见格朗德(1988)。

和进口产品相对于非贸易产品都获得了价格优势。因此,在任何情况下,相对于出口产品和非贸易产品,与进口竞争的部门的价格有所改善;而非贸易部门的价格相对于出口部门有所提高,除非发生实际贬值(在这种情况下,结果是不确定的)。

这些相对价格的短期变动能否持续,在很大程度上取决于进出口价格的变动。对于整个拉丁美洲来说,直到 1934 年,出口价格一直在稳步下降。那时,一个新的周期开始了,导致 1936 年和 1937 年的价格大幅回升,随后是两年的出口价格下跌。然而,进口价格仍然低迷,因此,从 1933 至 1937年,净易货贸易条件得到了改善,甚至在 1939 年,仍比 1933 年的水平高出36%,与 1930 年的水平持平。因此,对整个地区来说,与进口竞争部门的相对价格的永久改善更少地依赖于净易货贸易条件的变动,而更多地取决于关税增加和实际贬值。

与进口竞争的部门包括所有可以替代进口的活动。鉴于制成品在进口单上的重要性,传统上将其与进口替代工业化等同起来。然而,20 世纪 20年代许多国家进口了大量原则上可由国内生产的农产品。因此,有必要把进口替代农业作为进口竞争部门的一部分来考虑。①

相对价格的变化鼓励了资源转移,并以一种从萧条中复苏的机制起着作用。不过,这仅仅是故事的一部分。例如,出口部门的产出下降,而与进口竞争的部门的产出上升,并不一定会带来实际国内生产总值的复苏,尽管它会带来结构性变化。只有与进口竞争的部门在出口部门没有下降的情况下完成生产,或者与进口竞争的部门发展的速度足以弥补出口下降的影响,复苏才有保证。第一种可能性指向出口部门在 20 世纪 30 年代表现的重要性,这是一个经常被忽视的话题;第二种要求考虑名义需求的增长。

我们已经表明,到 1932 年,稳定计划在恢复几乎所有国家的外部均衡

---

① 从理论上讲,也有必要考虑服务的进口替代。然而,20 世纪 30 年代,国际服务贸易十分有限,因此在实践中可以忽略。

方面都非常成功,但许多国家在消除预算赤字方面却没那么成功。一些国家赤字的持续,甚至在债务偿付通过拖欠而削减之后,也刺激了名义需求;在某些情况下,可能会产生实际的(凯恩斯主义)影响。这些条件包括在与进口竞争的部门中存在闲置产能和价格弹性供给反应,以及能够以较低的实际利率为流动资本提供资金的金融体系。在不存在这些条件的地方(例如玻利维亚),预算赤字和名义需求增长的结果仅仅是通货膨胀和名义汇率的崩溃;[1]在存在这些条件的地方(例如巴西),宽松的财政和货币政策可以促进复苏。因此,对一些共和国来说,1929 年以后为实现内部均衡而采取不完全稳定措施的后果绝不是不利的。相反,一些"良性"国家(例如阿根廷)则面临这样一种悖论:为追求预算平衡而实行正统的财政和货币政策可能降低了 20 世纪 30 年代的经济增长率。

227   只有两个小国(洪都拉斯和尼加拉瓜)例外[2],从实际国内生产总值的角度来说,其从萧条中恢复是在 1931—1932 年之后开始的。在 20 世纪 30 年代的其余年份里,除了古巴、洪都拉斯和尼加拉瓜,所有有资料可考的国家[3]都实现了正增长,实际国内生产总值都超过了大萧条前的峰值。然而,恢复的速度差别很大,恢复机制也是如此。尤其是,几乎没有一个国家完全依赖进口替代工业化实现复苏,有些国家仅仅依赖出口市场更为有利的条件来恢复。

根据钱纳里的研究,[4]我们可以通过增长核算方程来探讨 20 世纪 30 年代拉美的复苏;该方程把实际国内生产总值的变化分解为几个主要组成部

---

[1] 玻利维亚的零售价格在 1931—1937 年间上涨了 300%。强大的采矿业要求货币贬值,补偿当地成本的上升,因此恶性循环很快就占了上风。参见怀特黑德(1991),第 520—521 页。

[2] 洪都拉斯的经济命运与香蕉业的命运紧密相关,其因 1931 年以后的病虫害在香蕉种植园蔓延而受创。尼加拉瓜也受出口部门脆弱的影响,此外,还必须处理 1933 年 1 月美国海军陆战队全面撤离所造成的经济问题。

[3] 有 14 个国家保存了 20 世纪 30 年代国内生产总值增长的一些估计数。参见附录四。

[4] 参见钱纳里(1960),也参见赛尔昆(1988),其中讨论了对原始方法论的许多改进。

分：进口替代、出口促进和国内最终需求的增长。① 这样就有可能确定一些恢复机制，这些机制与增长核算方程里的条目松散地对应。这在表 7.4 中展现出来，其中有国内生产总值数据的 14 个共和国分为三类复苏：快速、中速和慢速。

快速复苏组由 7 个共和国组成，这些共和国的实际国内生产总值在低谷年（1931 年或 1932 年）至 1939 年期间增长超过 50%。2 个国家（巴西和墨西哥）可以被视为大国；3 个国家（智利、秘鲁和委内瑞拉）是中等国家；2 个国家（哥斯达黎加和危地马拉）是小国。因此，国家规模和恢复速度之间不存在相关性。进口替代工业化在该组大多数国家都是一种重要的恢复机制，但在危地马拉和委内瑞拉则不然。委内瑞拉的复苏主要归因于石油产量的增长，危地马拉的恢复主要依赖进口替代农业。

中速复苏组是由实际国内生产总值在低谷年至 1939 年期间增长 20% 以上的国家组成。只有 4 个共和国（阿根廷、哥伦比亚、古巴和萨尔瓦多）可以被很肯定地归于这一组；虽然一些其他的共和国（玻利维亚、厄瓜多尔、多米尼加共和国和海地），在这一时期的国民账户并不存在，但有 1932 年后出口量显著增长的记录，这表明它们的国内生产总值可能有了增长，据此可将它们归入这个组别。进口替代工业化作为阿根廷和哥伦比亚的复苏机制很重要，但其出口增长并不显著。 *228*

最后一组是那些成绩最差的共和国。只有 3 个国家（洪都拉斯、尼加拉瓜和乌拉圭）被列入表 7.4 中，但是巴拉圭和巴拿马（没有它们的国民账户数据）灾难性的出口业绩表明，它们也应包括在内。这 5 个国家都是小型经济体，因此几乎不可能通过增加与进口竞争的活动来抵消出口疲软的影响（乌 *229* 拉圭除外）。乌拉圭确实经历了工业产出的增长，进口替代工业化也很重要，

---

① 增长源方程通常应用于一个特殊部门（例如工业），其产出的变化可以被分解为进口替代、出口促进、中间消费和国内最终需求。而这一方程所需的 20 世纪 30 年代的数据一般无法得到。

表 7.4　20 世纪 30 年代增长源的定性分析

国家	进口替代工业化	进口替代农业	出口增长
快速复苏国家			
巴西	*		$
智利	*		$
哥斯达黎加	*	♯	
危地马拉		♯	
墨西哥	*	♯	
秘鲁	*	$	
委内瑞拉			$
中速复苏国家			
阿根廷	*	♯	
哥伦比亚	*		
古巴		♯	$
萨尔瓦多		♯	$
慢速复苏国家			
洪都拉斯		♯	
尼加拉瓜		♯	
乌拉圭	*		

注释：假设快速复苏国家实际国内生产总值从低谷年到 1939 年期间增长了 50%
以上,中速复苏国家增长了 20%—50%,低速复苏国家增长了 20% 以下。

* ＝假设制造业净产出与国内生产总值的比率显著增加；♯ ＝假设面向国内的农
业与国内生产总值的比率显著增加；$ ＝假设出口与国内生产总值的比率在按名义价
值计算和实际价值计算的情况下都显著增加。

但这不足以弥补关键的畜牧业的停滞。在巴拿马,服务出口十分重要,世界
贸易量的下降导致 20 世纪 30 年代使用运河的船只数量减少,这对总体经济
表现产生了不利影响。[1] 巴拉圭,尽管在与玻利维亚的查科战争(1932—1935
年)中获胜,但遭受了严重的损失,名义出口值一直下降到 1940 年。

---

[1]　出于经济目的,巴拿马运河区在 1979 年以前一直被视为美国领土。巴拿马政府从美国领取
年金,但这只占政府总支出的一小部分。1936 年,巴拿马与美国签订了一项新条约,使巴拿
马在与运河区打交道时具有一定的商业优势；然而,在实践中,这些优势大多被忽略了。参
见马霍尔(1990),第 657 页。

如果我们将自己的研究限定在 1932—1939 年这一时期,拉丁美洲复苏势头最强劲的时候,12 个国家[1]提供的足量国民核算数据足以制作一个有限的计算增长的方程,其中实际国内生产总值的变化分解为因国内最终需求增长(进口系数没有发生变化)、因进口系数发生变化的部分和因出口复苏的部分(参见表 7.5)。到目前为止,在所有情况中,贡献最大的是国内最终需求的恢复,其次是促进出口;进口系数的变化所带来的影响一般为负面的,因为 1932 年以后进口系数趋于上升而不是下降。

表 7.5　1932—1939 年和 1929—1939 年增长源的定量分析(百分比)

国家	1932—1939 年			1929—1939 年		
	(1)	(2)	(3)	(1)	(2)	(3)
阿根廷	102	6	—8	51	84	—36
巴西	74	—11	37	39	31	31
智利	71	—24	53	67[a]	28[a]	5[a]
哥伦比亚	117	—35	18	61	24	15
哥斯达黎加	96	—21	25	36	64	0
萨尔瓦多	39	—4	65	31[b]	11[b]	58[b]
危地马拉	92	2	6	64	30	6
洪都拉斯[c]	c	c	c	55[b]	17[b]	28[b]
墨西哥	108	1	—9	113	61	—74
尼加拉瓜	98	—1	3	64[d]	47[d]	—11[d]
秘鲁	85	—2	17	68	30	2
委内瑞拉	80	—1	21	19	67	14

说明:(1)假定进口系数不变,国内最终需求对实际国内生产总值增长的贡献率;(2)进口系数变化对实际国内生产总值增长的贡献率;(3)出口促进对实际国内生产总值增长的贡献率。

[a] 1925—1939 年的数据。

[b] 1920—1939 年的数据。

[c] 由于 1932—1939 年国内最终需求下降,增长源方程无法应用。

[d] 1926—1939 年的数据。

资料来源:作者运用蒙得维的亚-牛津拉丁美洲经济数据库、拉丁美洲经济委员会(1976 年,1978 年)、布尔默-托马斯(1987)、布劳恩-勒奥纳(2000)、帕尔马(2000a)和巴普蒂斯塔(2006)的数据进行计算。

———————————

[1]　这 12 个国家都在表 7.1 中(除古巴和乌拉圭)。

如果将 20 世纪 20 年代的某一年而非 1932 年作为起点,那么情况会发生很大的变化(参见表 7.5),因为 1939 年的进口系数无不低于 10 年前的水平。然而,在大多数情况下,促进出口仍是增长的一个积极来源,在除了阿根廷之外的所有主要国家,国内最终需求的贡献(假设进口系数不变)比进口替代更为重要。这些结果并不意味着工业上的进口替代不重要,因为仅仅是应用于制造业部门的增长源方程就可以产生不同的结果。但是,用一个更长的时期(1929—1950 年)来看的话,进口替代对较大国家(阿根廷、巴西、智利、哥伦比亚和墨西哥)工业增长的贡献估计为平均 39%;这意味着国内最终需求的增长(工业出口产品的贡献可以被忽略)对于制造业部门也同样重要。[1]

国内最终需求的回升反映了上述宽松的财政和货币政策。预算赤字很普遍,而且在没有外国借款的情况下,通常由银行系统提供资金,从而对货币供应产生扩张性影响。一些国家(例如阿根廷[2]和萨尔瓦多)的中央银行的建立或者 20 世纪 20 年代的货币改革,加强了金融机构的实力,从而能够通过这种新的、有利可图的借款方式来弥补出口部门借款的丧失。鉴于产能利用率下降的极限情况,货币供应的增长不只是轻度通货膨胀,并且具有实际的和价格的影响。[3]

国内最终需求不仅包括政府支出,还包括投资和私人消费。1929—1932 年间,公共投资大幅削减,几乎所有共和国的道路建设项目都刺激了公共投资,因为政府抓住了一种进口花销较小的投资支出形式。[4] 在一些共和国,公

231

---

① 见格伦沃尔德和马斯格雷夫(1970),表 A.4,第 16—17 页。

② 阿根廷中央银行建立于 1935 年,劳尔·普雷维什任总经理。参见多斯曼(2008)。然而,在 20 世纪 30 年代,普雷维什的经济思想仍然是完全正统的。参见洛夫(1994)。

③ 1931—1932 年之后,物价开始上涨,但是涨幅一般不大。例如,以 1929 年为基数(100),迟至 1939 年,阿根廷的批发价格为 112,巴西为 101,墨西哥为 122,秘鲁为 116。主要例外(玻利维亚和智利)已经提到过。参见第 222 页注释①和第 227 页注释①。

④ 20 世纪 30 年代的优先事项是建设简易的公路(通常是未铺的路面),这可以被用来满足交通工具数量迅速增加的需要。公路建设是劳动密集型的,因此,往往只需要在工具和设备上投入少量的资金。典型例子是豪尔赫·乌维科执政时的危地马拉,其《道路网法律》为该国提供了几乎免费的劳动力。参见格里夫(1979),第 9 章。

路网络的发展确实令人印象深刻,[①]并且间接地促进了国内市场制造业和农业的发展。即使是私人投资,尽管其进口量很高,也能够在 1932 年以后随着国际收支约束开始放松而复苏。[②]

私人消费的增加——国内最终需求中最重要的因素——是 20 世纪 30 年代工业增长的必要条件。出口部门的复苏及宽松的财政和货币政策促进了私人消费。随着国内需求的恢复,国内企业得到了一个极好的机会来满足进口商品相对价格上涨的市场。几乎没有金融机构——即使是 20 世纪 30 年代建立的新机构——主要关心的是提供消费信贷,因此对昂贵的耐用消费品(例如摩托车)的需求仍然不大;然而,诸如饮料和纺织品之类的非耐用消费品的需求出现了大幅增长。

有人推测,20 世纪 30 年代消费需求的增长,可能是受到了收入职能性分配变化的推动。[③] 没有资料可以证实或否认这一假设,但很明显,在某些部门,相对于资本,劳动力报酬发生了重大变化。例如,在出口部门,大萧条的冲击以一种比实际工资下降更剧烈的实际回报率减少的方式,最沉重地落在了资本所有者身上。1932 年后该部门的恢复有助于恢复利润率,但资本利润率不太可能恢复到 1929 年之前的水平。因此,在出口部门,谈论收入的职能性分配向有利于劳动力转变是现实的。

232

另一方面,在与进口竞争的部门,更有可能出现相反的情况。在汇率贬值和较高名义税率的推动下,该部门的增长造成了相对价格的转移,资本所有者本会成为这种变化的主要受益者。与此同时,货币贬值国家的名义工资对物价的轻微上涨反应迟缓,而向利润的进一步转移或许已经发生了。在非

---

① 阿根廷公路网络的扩展尤其迅速。促使政府这样做的动机十分强烈,因为——除了较低的进口量——公路建设项目为农民提供了一个替代铁路(主要由外国拥有的)的选择。

② 例如,巴西工业机械进口(按照 1913 年的不变价格)到 1938 年回到了大萧条前的峰值水平。参见 IBGE(1987),第 345 页。

③ 职能分配是指将收入分为工资、租金和利润。不应将其与收入的规模分配混为一谈,后者是指人口中特定的 1/10 或 1/5 所得到的收入份额。

贸易部门,大萧条和随后的复苏很可能使职能性分配基本保持不变,所以收入的职能性分配的总体变化不可能很大。① 因此,20 世纪 30 年代消费需求的增长可归因于收入分配的急剧变化的说法是不可信的。

国际环境和出口部门

出口部门在数量和价格方面的复苏,促进了 1932 年以后进口能力的增加和积极的经济增长率的回升。然而,这种出口复苏不仅仅是回到 1929 年前的世界贸易体系。在 20 世纪 30 年代的国际经济环境下发生了一系列的变化,这些变化对各个国家的命运产生了重要的影响。

233　　　世界贸易体系的主要变化是保护主义的抬头。1930 年臭名昭著的《斯穆特-霍利关税法案》②提高了拉美出口国在美国市场面临的壁垒,而 1932 年美国对铜进口实施的一项特别关税③对智利的打击尤为严重。在 1932 年渥太华会议上,英国退出帝国特惠制,这使得拉丁美洲在其第二大市场上面临更大的歧视性关税。阿道夫·希特勒在德国的崛起催生了索价马克,这是一种支付给出口商的只能用来购买德国进口品的不可兑换货币。一些主要产品(特别是糖)则受到对主要生产国(如古巴)设定出口配额的国际协定的制约,玻利维亚的锡矿出口受《国际锡矿协定》的控制。④

尽管退回到了保护主义,但 1932 年以后,以美元计算的世界贸易稳步增

---

① 总体变化是指可出口部门、可进口部门和非贸易部门这三个部门变化的加权平均值。在与进口竞争的部门不重要或只被限定在(劳动密集型的)农业部门的地方,因调整的主要负担由出口部门的利润承担了,20 世纪 30 年代的收入分配也许得到了改善。
② 《斯穆特-霍利关税法案》于 1930 年 6 月成为法律。随着增加关税在 20 世纪 20 年代末期被应用于许多国家,《斯穆特-霍利关税法案》于 1929 年 5 月在众议院获得了通过——甚至在股市崩盘前。不用说,该法案为许多政府在 20 世纪 30 年代进一步增加关税提供了"正当理由"。这些报复性关税变化加剧了这 10 年的贸易萧条。
③ 参见麦迪逊(1985),第 28 页。
④ 参见希尔曼(1988),第 83—110 页。

长——至少直到1938年美国新一轮大萧条限制美国进口和世界贸易之前是如此。1932年至1934年，主要工业化国家的进口达到了转折点（只有法国的复苏被推迟到1935年以后）。在关键的美国市场，1932—1937年期间，进口回升到137％——这在一定程度上是由于国务卿科德尔·赫尔通过包括相互削减关税在内的双边贸易协定淡化了《斯穆特-霍利关税法案》的影响。[①]

从拉丁美洲整体来看，1932年以后的出口表现乍一看并不出色。在第二次世界大战爆发前的7年里，出口额几乎没有变化，出口量仅增长了19.6％。然而，这一切是很具误导性的，因为这些数据深受阿根廷的影响——阿根廷是当时拉丁美洲最重要的出口国，占该地区出口总额的近30％。除阿根廷之外，1932—1939年，出口量增长了36％。如果墨西哥也被排除在外，其余18个共和国的出口量增长为53％——年增长率为6.3％。

234

墨西哥经济表现不佳的原因不难解释：事实上，1932—1937年，其出口迅速增长——只是在1938年石油国有化时才急剧下降。[②]金本位制崩溃以后，较高的黄金和白银价格并不能弥补贸易禁运，禁运是针对其没收外国石油公司而进行的报复，1937—1939年出口下降了58％。

阿根廷的出口是一个需要更多分析的话题。就数量而言，其1932年以后稳步下降的局面直到1952年才有了逆转。然而，这一趋势为阿根廷在20世纪30年代大部分时间里所享有的优惠价格和有利的净易货贸易条件所掩盖。例如，1933—1937年，由于北美一系列歉收推高了谷物和肉类价格，净易货贸易条件改善了71％。

然而，阿根廷对英国市场的依赖是其扩大出口的主要障碍。1933年签

---

① 科德尔·赫尔谴责了20世纪30年代报复性关税的增加，并曾试图在1933年的世界经济会议上扭转这一趋势，却没有成功。在30年代后半期，他在美国与许多拉美国家签订的双边贸易协定上取得了更大的成功。

② 石油国有化起因于外资公司与其墨西哥工人之间的争执。这一举措非常受欢迎，但是当公司组织国际抵制时，也给卡德纳斯政府带来了严重问题。见A.奈特（1990），第42—47页。

订的《罗加-朗西曼条约》[1]或许给了阿根廷向英国市场出口其主要初级产品的配额，但根据这一安排，阿根廷能指望的最好结果是进口市场份额的保留。另一方面，由于对阿根廷出口商品的歧视性关税，英国农民获得了一种价格刺激来扩大生产以减少进口。因此，即使维持进口市场份额，也不能阻止阿根廷向英国出口的小幅下降。

235

阿根廷出口也受到实际汇率变动的影响。许多拉丁美洲共和国的传统出口具有长期实际贬值的特点，但阿根廷出口商在 20 世纪 30 年代却面临着实际汇率升值的趋势。例如，在 1929 年之后的 10 年里，英国的批发价格下降了 20％，而阿根廷的批发价格上涨了 12％，若要保持阿根廷对英国的出口竞争力，比索对英镑的名义贬值至少是 32％。这远远超过了过去 10 年官方汇率的实际贬值幅度，明显的年复一年的波动对提振出口部门的信心没有起到多大作用。相比之下，同期巴西出口商的实际汇率按官方汇率计算贬值了49％，按自由市场汇率计算，贬值了 80％。[2]

其他拉美国家在 1932 年以后的出口表现却出人意料的强劲（参见表 7.6）。在提供出口量数据的 18 个国家中，只有古巴和洪都拉斯——除了阿根廷和墨西哥——在 1932 年至 1939 年间出现了下降。此外，如果以 1929 年为基数，那么被研究的半数国家都经历了出口量的增长，尽管整个 20 世纪 30 年代的环境异常困难。

出口表现相对强劲的原因有三个。首先是当局承诺通过从实际汇率贬值到暂停债务的一系列政策保护传统出口部门（出口导向型模式中的增长引擎）。其次是 1932 年以后净易货贸易条件的变动。第三是商品的机遇性，它

---

① 《罗加-朗西曼条约》(官方称之为《伦敦条约》)是对英国采用帝国特惠制的合乎情理的反应，因为该协定允许阿根廷的牛肉和谷物继续进入英国市场。然而，贸易条约的议定书要求阿根廷降低对许多英国进口商品的关税，并允许英国公司通过减少阿根廷对英国出口商品的方式支付汇款。因此，英国从其谈判立场中获得最大优势，而阿根廷的屈辱所付出的长期代价是极其高的。参见罗克（1991），第 21—24 页。英国也与乌拉圭达成了类似的协定。

② 作者的计算基于巴西和外国（英国和美国）的批发价格的差异而进行的名义汇率的调整。

表 7.6　1932—1939 年年均增长率(百分比)

国家	国内生产总值	出口量	进口量	净易货贸易条件
阿根廷	4.4	−1.4	4.6	2.1
玻利维亚		2.4		
巴西	4.8	10.2	9.4	−5.6
智利	9.9	16.2	13.3	0.2
哥伦比亚	4.8	3.8	16.1	1.6
哥斯达黎加	6.4	3.4	14.0	−5.4
古巴	4.5	−0.6	7.6	6.4
多米尼加共和国		2.1	2.6	1.9
厄瓜多尔		9.7		
萨尔瓦多	4.7	6.7	4.2	1.9
危地马拉	10.9	3.4	11.2	2.0
海地		3.6	−1.6	−6.3
洪都拉斯	−1.2	−9.4	0.8	−0.3
墨西哥	6.2	−3.1	7.8	5.7
尼加拉瓜	3.7	0.1	5.6	5.5
秘鲁	5.9	5.4	5.0	7.2
乌拉圭	2.3	3.5	3.0	1.4
委内瑞拉	5.0	6.2	10.4	−3.4

资料来源：蒙得维的亚-牛津拉丁美洲经济数据库，下列除外：关于智利，参见布劳恩-勒奥纳主编(2000)；关于古巴，参见德弗罗和沃德(2012)以及布尔默-托马斯(2012)；关于多米尼加共和国和海地，参见布尔默-托马斯(2012)。

使30年代的拉美出口商品名单中出现了一批胜利者。

在20世纪30年代早期，很少有国家(如果有的话)能够承担忽视传统出口部门的后果。较小的共和国尤其如此：在小国中，传统出口部门仍然是就业、资本积累和政治权力的主要来源。即便是在较大的共和国，由于出口部门和非出口部门之间的直接和间接联系，出口部门的衰落也可能破坏非出口部门。值得注意的是，大多数拥有20世纪30年代实际国内生产总值和出口数据的国家，在同一时期经历了实际出口和实际国内生产总值的增长。主要的例外是阿根廷，正如我们已经看到的，该国的出口量未能得到恢复。

阿根廷虽是个例外，但也证明了这一规律。到目前为止，阿根廷是20世纪 30 年代早期拉丁美洲最富有的国家(就人均收入来说,它唯一的对手是乌拉圭),拥有最多样化的经济结构和最强大的工业基础。在 20 世纪 30 年代,其非出口部门强大到足以成为增长的新引擎,因此实际国内生产总值和实际出口走向了相反的方向。与此同时,必须记住的是,阿根廷的净易货贸易条件得到了显著改善,推动了 1932 年后的国内最终需求和私人消费。因此,即使是阿根廷也不能完全摆脱其传统的对出口部门的依赖。

拉美维持和推进出口部门的措施多样且复杂,而且往往是非正统的。在 20 个共和国中,只有 6 个(古巴、多米尼加共和国、危地马拉、海地、洪都拉斯和巴拿马)避开了所有形式的外汇管制,宁愿保持 1929 年之前与美元的挂钩。在其他国家,名义贬值是频繁的,多重汇率也是常见的。正如阿根廷的例子所示,名义贬值并不一定意味着实际贬值,但是国内价格的上涨一般是小幅度的,并且只有玻利维亚陷入了国内高通货膨胀和汇率贬值的恶性循环——它是查科战争及其后果造成的混乱的财政状况的受害者。

237

1929 年以后出口部门从国内和国外获得信贷的减少,使得许多公司受到了银行取消抵押品赎回权的威胁。绝大多数政府为了防止出口受损而对债务延期偿付进行干预。[1] 在某些情况下,在国家支持或政府参与下设立了新的金融机构,以便向出口部门调拨更多的资源。代表出口利益的压力集团得到加强或首次建立,并且出口税经常被下调。[2]

1932 年以后,净易货贸易条件的改善进一步促进了出口部门的发展。在 16 个国家中(参见表 7.6),只有 5 个国家在 1932 年至 1939 年期间出现了净易货贸易条件的恶化。其中两个国家(哥斯达黎加和洪都拉斯)是主要的香蕉出口国,由于果品公司巨头在其全球业务中操纵香蕉价格下调而深受其

---

[1] 债务延期偿付阻止了银行通过出售抵押品换取未偿付的债务以取消客户的赎买权。但获悉财产价格正在下降,而且如果银行不得不抛售其不想要的财产以保持其流通性的话,价格将下降更快,因此银行不愿采用这种非正统的手段。

[2] 此外,阿根廷建立了一系列的国家购销管理局,向农民提供高于世界价格的国内价格。委员会的隐性损失由从多重汇率管理制度所得的利润弥补。参见格拉维尔(1970)。

害;因为这些价格是高度人为的,所以净易货贸易条件的恶化实际上并不严重。委内瑞拉的情况也是如此,世界石油价格依然低迷,导致净易货贸易条件的恶化;不过,在戈麦斯政府倒台之后,委内瑞拉通过修改合同和增加税收,开始从外国石油公司获取更高的返回价值,因此出口购买力稳步增长。[①]

其他经历净易货贸易条件恶化的国家只有巴西和海地。1929 年之后,咖啡价格的暴跌对两国都造成了沉重打击。一个部分由咖啡出口税收收入和政府信贷提供财政支持的新的咖啡援助计划[②]为摧毁一些作物提供了资金。这个计划减少了对世界市场的咖啡供给,使巴西能够以更高的美元价格出售咖啡。与此同时,货币贬值提高了咖啡出口的当地货币价格,因此咖啡收入的下降远没有净易货贸易条件的恶化所暗示的那么严重。然而,对现有工具再怎么进行修修补补,也无法掩盖咖啡部门深陷危机的事实。20 世纪 30 年代,随着棉花相对于咖啡价格的上涨,资源得到了重新配置,巴西棉花产量和出口飙升。从 1932 年到 1939 年,棉花种植面积增长了近 4 倍,产量增长了近 6 倍;出口增长如此之快,以至于巴西的出口量的增长比任何其他共和国(智利除外)都要快(见表 7.6)。以美元计算,巴西的出口收入或许仍然疲软,但是出口量和以本币计算的增长令人印象深刻。[③]

商品的机遇性在拉丁美洲造就了一系列的成功者和失败者。主要失败者是阿根廷,其传统出口由于对英国市场的依赖而受到损害。包括雪茄在内的古巴的烟草出口也出现亏损,因为它们受到美国市场采取的保护主义措施的严重影响。[④] 主要的成功者是黄金和白银出口国,因为黄金和白银价格在

238

---

① 参见麦克贝思(1983),第 5 章。

② 这一资助计划的宏观经济影响一直是许多争论的主题。例如,参见富尔塔多(1963)和佩拉埃斯(1972)。菲什洛(1972)对争论进行了很好的调查,总体上支持富尔塔多的解释,认为这一计划是扩张性的。

③ 佩拉埃斯(1972)第 3 章,对 20 世纪 30 年代圣保罗州棉花产量增长做了极好的解释,并将注意力转向大萧条前州政府资助的棉花投资研究。

④ 被避免交进口税的机会吸引,美国烟草公司在 1932 年将其业务从古巴转移到新泽西州。参见斯塔布斯(1985),第 4 章。

20 世纪 30 年代急剧上涨。这种机遇性的意外幸运使生产黄金的哥伦比亚和尼加拉瓜、生产白银的墨西哥大为受益。玻利维亚受益于 1931 年后国际锡委员会争取的锡价上涨,20 世纪 30 年代末重整军备也进一步推高了锡价。[①]多米尼加共和国利用其置身于《国际糖业协定》之外的身份享受到较高的价格,并增加了蔗糖销售量。

传统出口部门的复苏是 1932 年之后出口量增长的主要原因。出口多样化(巴西棉花是例外)的重要性有限,因为只付出了少数零星的努力——例如萨尔瓦多、尼加拉瓜的棉花和哥斯达黎加的可可(在废弃的香蕉种植园)[②]。然而,对于纳粹德国的崛起及其基于索价马克的侵略性贸易政策而言,这意味着外贸的地理构成发生了相当大的变化。到 1938 年,即未受战争影响的最后一年,德国占拉美出口的 10.3%,进口的 17.1%;相比之下,在 1930 年,其分别占出口的 7.7% 和进口的 10.9%。[③] 德国所占份额的增加造成的主要受害者是英国,但是美国占拉美出口的份额也下降了(从 1930 年的 33.4% 下降到 1938 年的 31.5%)。[④]

德国市场重要性的加强很大程度上归因于第三帝国的商业政策。诱使拉美国家接受不可兑换的索价马克的诱饵是向它们的传统出口产品提供更高的价格。例如,都在寻找咖啡新市场的巴西、哥伦比亚和哥斯达黎加,在德国市场的重要性急剧上升,而在战争的爆发后失去德国市场将导致严重问题。面临进入英国市场受阻问题的乌拉圭,到 1938 年,该国向德国的出口上

---

① 然而,与巴拉圭的查科战争的结束带来的混乱使得玻利维亚无法满足国际卡特尔协定所规定的配额。参见希尔曼(1988),第 101—103 页。

② 联合果品公司在 20 世纪 30 年代初开始将香蕉生产从哥斯达黎加的大西洋沿岸转移到太平洋沿岸。因为联合果品公司与哥斯达黎加政府之间的合同禁止许多黑人工人在大西洋沿岸的种植园自由流动,因此失业成了利蒙港地区的一个严重问题。政府将在联合果品公司废弃的土地上种植可可作为解决这一困境的方案。参见哈佩尔(1993)。

③ 当想到在 1920 年,就在第一次世界大战刚刚结束之后,德国只占拉丁美洲出口的 1.8% 和进口的 3.4% 时,德国所占的份额就更加引人注目了。

④ 参见霍恩和比斯(1949),第 5 章。

升到整个出口的 23.5％。相反,科德尔·赫尔倡导的互惠贸易协定虽然没有提高美国的市场份额,却促进了贸易绝对值的增长。[①]

到 30 年代末期,出口部门还没有完全恢复其早期的重要性,但它对 1932 年以后实际国内生产总值的复苏做出了不小的贡献。1928 年与 1938 年相比(参见表 7.1),大多数被研究国家的实际出口与实际国内生产总值之比出现下降。但只有在墨西哥、洪都拉斯和阿根廷——已经被验证的特殊案例——下降幅度最大,巴西和委内瑞拉甚至上升了。

大多数拉丁美洲国家出口量的恢复有助于解释 1932 年以后进口量的急剧增加(参见表 7.6)。然而,这并不是事情的全部,因为在所有被研究的国家,包括那四个出口量下降的国家,进口都恢复了。进口变动的补充解释是净易货贸易条件的变化、由债务拖欠导致的生产要素支付的减少、外汇管制和利润外流的减少。因此即使是在及时偿付外债和出口总量下降的阿根廷,净易货贸易条件的有利变化和利润汇出的减少,仍使得进口量在 1932—1939 年年均增长 4.6％成为可能。

1932 年以后,每个共和国进口量的增长都如此突出,以至于有必要考察一下实际进口与实际国内生产总值变化之间的关系。在可以得到数据的 12 个国家中[②],其具有很强的正相关性:最小二乘相关系数 0.75,达到 1％意义就更重大了。鉴于对 20 世纪 30 年代的标准观点是基于进口替代工业化和进口紧缩的经济复苏时期,因此这一结果是一个有益的提醒:即使是在大萧条以后,对外部门和对外贸易仍具有压倒一切的重要性。

这一点值得进一步探讨,因为标准观点如此根深蒂固。正如下一部分所示,工业的进口替代确实很重要,在 1928 年至 1938 年的十年间,实际进口与

---

① 与美国贸易值的增加在 1937 年后被美国的大萧条打断。1938 年,美国进口大幅下降,除了委内瑞拉之外,主要拉美国家都受到严重影响。然而,这次美国大萧条不像上一次那么严重,对世界其他地区的影响也更有限,因此对拉美的总体影响没有那么严重。

② 参见表 7.1(除古巴和乌拉圭)。选择的时期是 1932—1939 年。

实际国内生产总值的比率确实下降了。然而，进口紧缩在大萧条最糟糕的年代（1930—1932 年）最为严重，导致消费进口受到强烈挤压。1932 年以后，工业增长能够满足消费者的大部分需求，而这些需求以前是靠进口来满足的。但与此同时，实际进口几乎在所有情况下，都比实际国内生产总值增长得快，因为边际进口倾向依然非常高。进口商品的构成已从消费品（特别是非耐用消费品）转移，但经济表现仍然对进口增长高度敏感和依赖，如果没有出口复苏，或者至少是净易货贸易条件的改善，拉丁美洲在 20 世纪 30 年代要想成功实施进口替代工业化将会困难得多。

非出口经济的复苏

出口部门的复苏，数量、价格，或者在许多情况下两者都有助于促进 20 世纪 30 年代拉丁美洲经济的增长。出口部门的复苏，加上宽松的货币和财政政策，带来了名义国内最终需求的扩大。由于大多数共和国的价格增长都保持在适当的水平，这与实际国内最终需求的扩大相一致，从而使非出口部门在某些情况下得以迅速扩大。尽管国内应用农业的增长和一些非贸易活动（如建筑业和运输）增长显著，但主要受益者是制造业。

阿根廷是唯一一个实际国内生产总值的复苏与出口部门的复苏没有联系的国家。相反，阿根廷的名义和实际出口值在 1932 年实际国内生产总值触底后的几年里持续下降。然而，阿根廷在 20 年代末拥有拉美最庞大和最复杂的工业结构（纺织业是例外），这一工业成熟度使制造业得以引导阿根廷经济走出因大萧条引起的国内外商品相对价格突然变化而发生的衰退。

相对价格的变化——影响所有可进口商品，而不仅仅是制成品——有三个原因。首先，从量关税在拉丁美洲的广泛使用意味着，随着进口价格下降，关税税率开始上升。即使没有国家干预，从量关税——在价格上升时的一个严重不利措施——在价格下跌时带来了越来越多的保护。然而，大多数共和国对衰退的反应是提高关税,从而进一步扭曲了名义上的保护。① 增加关税的初衷往往主要是提高政府的收入,但是同往常一样,它们也对进口起了保护壁垒的作用。例如,委内瑞拉的平均税率从 20 世纪 20 年代末的 25％上升到 30 年代末的 40％以上。②

相对价格变化的第二个原因是汇率下跌。在 20 世纪 30 年代早期,当物价在几乎所有地方都在降低时,一种名义上的汇率下跌是对实际贬值的合理保证。到 20 世纪 30 年代中期,随着一些国家物价的小幅上涨,只有在名义上的贬值超过国内和国外物价变动之间的差额时,才能确保实际贬值。许多国家,特别是较大的国家,满足了这些条件,汇率政策成为改变相对价格,以有利于与进口商品竞争的国内产品的有力工具。在那些使用多种汇率的共和国(多数是南美国家),这为提高当地企业最适合生产的进口消费品的本国货币成本提供了机会。

外汇管制是相对价格变化的第三个原因。即使没有货币贬值,对非必需进口商品的外汇配给也有效地推高了它们的本币成本。因此,由于外汇管制,一些将其汇率与美元挂钩的共和国实际上仍然在贬值。突出的例外是委内瑞拉,玻利瓦尔对美元大幅升值,抵消了关税上调带来的大部分优势。

相对价格的变化,加上许多情况下的外汇控制,为那些工业已经扎根的国家的制造商提供了极好的机会。对那些制造业在 1929 年之前已经有闲置产能的国家来说更有利。在这些国家,生产可以立即对国内需求的复苏和相对价格的变化做出反应,而不需要依赖进口资本货物的昂贵投资。

一些拉美国家确实满足了这些条件。阿根廷已在前面提到。巴西虽然比阿根廷穷得多,但一直在稳步发展其工业基础,并利用 20 世纪 20 年代的

---

① 正如格朗德(1988)第 193 页所争论的那样,他认为"关税并没有被用来缓解对大萧条进行的调整"。然而,这一结论可以用他自己书中表 7 的关税数据来进行反驳,甚至使用其他计算方法更是如此。例如,见迪亚斯-亚历杭德罗(1970),第 282 页。

② 参见卡尔森(1975),第 220 页。

有利环境增强其制造能力。墨西哥在波菲里奥时期出现了一波工业投资浪潮,在革命动荡之后又重新开始了小规模的投资。在中等大小的国家中,智利甚至在第一次世界大战之前就成功地建立了一个相对复杂的工业基础;秘鲁在19世纪90年代就出现了工业投资的繁荣,此后这只在相对价格有利的时期才能得以维持;哥伦比亚在19世纪未能建立起强大的国内市场,工业发展受到拖延,但最终在20世纪20年代开始建立重要的工业基础。在小共和国中,只有乌拉圭堪称已经建立了现代制造业,因为蒙得维的亚的人口集中和高收入吸引了许多企业。

243   在国内需求开始复苏之后,这7个共和国最能利用制造业所面临的特殊情况。确实,在少数国家,制造业净产出的年均增长率超过了10%(参见表7.7)。虽然最初使用闲置产能来满足需求的增加,但到30年代中期已开始消耗殆尽。墨西哥蒙特雷的巨型钢铁厂——在该世纪的大部分时间里没有盈利——当产能的使用率在1936年达到80%时,才最终能够支付有保障的股息。[1] 此后,需求只能通过购买进口资本货物的新投资来满足。因此,工业化开始改变进口的结构:消费品所占份额下降,中间产品和资本货物所占份额增加。

    就制造业在国内生产总值所占份额和人均制造业净产出两方面来说(见表7.7),阿根廷仍然是工业化程度最高的国家。然而,巴西制造业部门在20
244 世纪30年代取得了相当大的进步。尽管世界咖啡价格在下降,但由于咖啡支援计划,来源于咖啡的本币收入下降幅度很小,而棉花出口则提供了一个充满活力的新收入来源。与此同时,实际贬值、关税上涨和外汇管制三者的结合,给了消费者从进口商品转向本地产品的强烈动力。这一刺激措施在其他国家也发挥了作用,但是产能的限制常常阻碍企业做出更积极的反应。然而,在巴西,由于20世纪20年代进口高水平的资本设备,制造业能力因而得到显著增强。因此,巴西公司不仅能在诸如纺织、鞋帽等传统行业,而且在生

---

① 参见哈伯(1989),第177页。

表 7.7　20 世纪 30 年代工业部门指数

国家	A	B	C	D
阿根廷	7.3	22.7	122	12.7
巴西	7.6	14.5	24	20.2
智利	7.7	18.0[a]	79	25.1
哥伦比亚	11.8	9.1	17	32.1
墨西哥	11.9	16.0	39	20.1
秘鲁	6.4[b]	10.0[c]	29	n/a
乌拉圭	5.3[d]	15.9	84	7.0

说明：A：1932—1939 年制造业净产出的年均增长率；B：1939 年制造业与国内生产总值的比率（1970 年价格，百分比）；C：1939 年左右人均制造业净产出（按 1970 年美元计算，换算成官方汇率）；D：1939 年左右每个企业的平均工人数。

[a] 1940 年的数据。

[b] 1933—1938 年的数据。

[c] 1938 年的数据。

[d] 1930—1939 年的数据。

资料来源：作者计算所使用的数据来自威思（1945），兰赫尔（1970），米洛特、席瓦尔和席尔瓦（1973），拉丁美洲经济委员会（1976，1978），博洛尼亚（1981），芬奇（1981），帕尔马（2000a）和麦迪逊（1991）。数据在必要时被转换成以 1970 年的价格为基础，并且始终使用官方汇率。关于购买力平价汇率的数据，参见索普（1998）统计附录，其中也包括分别来自佩雷斯-洛佩斯（1977）和巴蒂斯塔（1997）对古巴和委内瑞拉的估计数。

产耐用消费品和中间产品的新兴工业方面均能满足需求。

甚至巴西的资本货物行业在 20 世纪 30 年代也取得了进步。然而，其附加值份额在 1939 年仍然仅占 4.9%。[①] 巴西工业化仍然严重依赖进口资本货物，因此在 20 世纪 30 年代后期，产能限制开始在一些部门重新出现。与其他拉丁美洲大国一样，这些产能的限制鼓励了劳动密集型生产和在可能的情况下用劳动替代资本。巴西的制造业就业增长迅速，特别是在圣保罗，1932 年以后，其年均增长率超过 10%。事实上，劳动投入"解释"了 20 世纪 30 年代巴西工业增长的主要原因，因此生产率的增长是微小的。这种工业化的效率和企业在国际上的竞争力因而可能受到质疑。

———————————

[①]　参见菲什洛（1972），表 7。也可参见莱夫（1968）。

20 世纪 30 年代的工业化使主要国家的工业产出构成发生了重要转变。尽管食品加工和纺织业仍然是制造业最重要的分支行业,但几个新部门第一次开始变得重要起来。这些新部门包括耐用消费品、化学品(包括制药)、金属业和造纸业。工业产品市场也变得更加多样化。虽然大多数公司继续向家庭出售消费品(耐用品和非耐用品),但随着一些企业提供以前从国外购买的投入,工业内部关系现在更为复杂。

这些变化是重要的,但它们不应该被夸大。例如,到 20 世纪 30 年代末,*245* 工业占国内生产总值的比重仍然很低(参见表 7.7)。只有在阿根廷,这一比例超过了 20%,但即便是在阿根廷,农业依然更重要。尽管哥伦比亚工业后期大发展,但是到 1939 年,其制造业占实际国内生产总值的比重还不到 10%。巴西和墨西哥在工业化方面取得了重要进展,但两国人均制造业净产出仍然远远低于阿根廷、智利和乌拉圭的水平。

20 世纪 30 年代,工业部门还面临着其他问题。由于受到高度保护的国内市场的吸引,它没有动力去克服许多效率低下的问题和开始出现在出口市场上的竞争。到 20 世纪 30 年代末,工业部门的规模仍然很小,每个企业的平均雇员人数从乌拉圭的 7 人到哥伦比亚的 32.1 人(参见表 7.7)不等。劳动力的生产效率也很低,即便是在阿根廷,人均附加值只有美国的 1/4,而且在大多数共和国,一半以上的劳动力受雇于食品加工业和纺织业。

工业部门生产率低下的问题可以溯源到电力短缺、熟练工人缺乏、信贷受限和使用设备陈旧。到 20 世纪 30 年代末,几个共和国的政府已接受有必要为工业部门进行间接的国家干预,并成立国家机构,以推动形成具有规模经济和现代机械的新的制造业活动。最典型的例子是智利生产促进公司,阿根廷、巴西、墨西哥、玻利维亚、秘鲁、哥伦比亚和委内瑞拉也建立了类似的开发公司。[①] 其中,大多数公司都出现得太晚,对 20 世纪 30 年代的工业发展没

———————————

① 参见休利特(1946),第 7—13 页。

有太大的影响——智利的公司成立于 1939 年——但它们的影响在 20 世纪 40 年代就显现出来了。

在有些国家,国家干预是直接的而非间接的。1938 年,墨西哥石油业国有化,将炼油厂收归国家所有。[①] 在社会民主主义的乌拉圭,国家所有权扩展到肉类包装和水泥制造。然而,一般来说,工业是由国内私人利益集团控制的,新近来自西班牙、意大利和德国的移民扮演了重要角色。只有在阿根廷、巴西和墨西哥,海外公司的外资子公司才占有重要地位,但即便是在这些国家,它们对工业总产值的贡献也仍然很小。[②]

246

国内外商品相对价格的变化不仅有利于进口替代农业化,也有利于进口替代工业化。1929 年以前,出口导向型模式带来了专业化,以至于需要进口许多食品和原材料来满足国内需求。相对价格的变化提供了扭转这一局面的机会,并鼓励了国内消费农业的生产。

在加勒比盆地,为国内市场而扩大的农业尤其令人印象深刻。这些缺乏重要工业基础的小共和国,在进口替代农业化中找到了一种弥补缺乏机遇的进口替代工业化的简单方法。到 20 世纪 20 年代末,出口专业化和大量外国拥有的飞地的存在,形成了对进口食品的大量需求,以养活农村无产阶级和城市中心日益增长的人口。剩余土地和剩余劳动力,加上相对价格变化所提供的动力——以牺牲进口为代价来扩大国内生产由此成为一件相对简单的事情。[③]

尽管进口替代农业化在中美洲和加勒比地区的较小共和国是最重要的,但它也影响了南美洲。许多农产品的情况都很明显:大萧条期间,随着购买

---

① 墨西哥并不是第一个实行石油国有化的。随着查科战争结束后民众主义的爆发,玻利维亚的标准石油公司在 1937 年被没收。参见怀特黑德(1991),第 522 页。然而,首先实行国有化的是 1922 年阿根廷的国家石油公司。

② 然而,20 世纪 30 年代对制造业的投资被认为重要到足以写一部不错的专著。参见费尔普斯(1936)。

③ 关于中美洲 5 个共和国,进口替代工业化的可能性非常有限,参见布尔默-托马斯(1987),第 79—82 页。

力的崩溃,进口大幅下降;然后,随着国内食品和原材料生产的扩大,农产品进口未能恢复到其大萧条前的峰值。主要的例外(例如棉花和大麻)都是那些迅速扩大的工业部门所需要的原材料,因此进口仍然很重要。

国内外商品相对价格的变化是国内消费农业和工业扩张的重要原因。然而,非贸易商品和服务也随着实体经济的增长和国内最终需求的复苏而增长。例如,资源向工业部门的转移以及与之相关的城市化进程的加快推动了对能源的需求,并刺激了对电力供给(包括水电站大坝)、石油勘探和炼油厂的新投资。在 20 世纪 30 年代的大部分时间里,供给和需求之间的差距仍然是个问题,但是,过度需求的存在对公用事业和建筑业的增长都是一个有力的刺激。

247

建筑业也是交通系统进行新投资的受益者。到 20 世纪 30 年代,拉丁美洲的铁路繁荣已经结束,但是该地区几乎没有开始发展公路系统,以满足卡车、公共汽车和轿车的需求。公路建设——绝大多数资金由国家提供——具有利用劳动力和当地原材料,而不是严重依赖互补进口的一大优点。20 世纪 30 年代公路系统扩展到整个拉美,阿根廷的公路扩展尤其令人印象深刻,并且这种扩展为吸收许多农村地区的失业劳动力提供了机会。

公路系统的扩大需要增加政府开支,这进一步对国家有限的财政资源造成了压力。一些威权政府,特别是豪尔赫·乌维科领导下的危地马拉政府,依靠强制手段获得扩张道路所需要的劳动力投入。然而,公路网络一旦建立,就允许偏远地区向市场出售农业剩余产品,从而有助于国内消费农业的发展。这一点在巴西的案例中得到了清楚的证明。[①]

航空运输系统在 20 世纪 30 年代也迅速扩张,但它的起点如此之低,以至于其运载乘客和货物的能力在 30 年代末依然十分有限。然而,在那些其地形使得不可能乘火车旅行而乘汽车又很困难的国家,航空运输系统的建立

---

① 参见莱夫(1982),第 181 页。

是迈向现代化和国家一体化的重要一步。例如,在洪都拉斯,图布尔西奥·
卡里亚斯·安迪诺总统授予一位新西兰企业家垄断权,以奖励他在 1932 年
内战期间将民用飞机改造成轰炸机时发挥的作用。新成立的中美洲航空公
司在连接其偏远的东部省份与首都中扮演了重要角色。哥伦比亚的航空公
司在 1939 年的飞行里程超过了一百万英里。①

　　尽管欧洲和北美的大萧条通常通过存款挤兑和银行倒闭而使发达国家
金融体系破坏无遗,但拉丁美洲的金融体系在大萧条最严重的年代只遭受了
轻微破坏。此外,20 世纪 30 年代见证了新的中央银行的建立、保险业的扩张
和二级银行的发展(包括国有开发公司)。

　　鉴于许多银行与出口部门之间的密切联系,金融体系的稳定性更加引人
注目。随着 1929 年以后出口收入价值的暴跌,许多出口国无法兑现其财务
承诺,而当一些政府宣布停止还款时,银行的处境更加糟糕。

　　有几个因素有助于这一情况的缓解和银行体系的生存。20 世纪 20 年代
主要由凯默勒推动的大规模金融改革,导致到大萧条时催生了一个更加强大
的金融体系,其规则也得到了明确界定。该体系新颖之处意味着,在许多国
家,储备金率远远高于法定限度,因此更易于承受不可避免的储蓄下降。

　　第二个原因是外汇管制。拉丁美洲银行与外国金融机构之间的密切联
系导致了对外资的高度依赖。由于外汇管制的存在,许多银行得以免于向外
国债权人支付会使银行破产的利益或本金。

　　或许,银行体系得以存续的最重要原因,是它在 20 世纪 30 年代为预算
赤字提供资金方面所扮演的角色。银行为政府发行的国内债券做出了巨大
贡献,并获得了稳定的利息回报。银行为赤字提供的资金可能是 20 世纪 30
年代初以后拉丁美洲物价上涨的原因之一,但通货膨胀不太严重,因为银行
的利息收入成了一种有用的收入来源。此外,由于出口部门开始复苏,各银

248

---

① 参见科利尔(1986),第 255 页。

行得以恢复与许多传统客户的正常关系,一些银行开始利用开放出口部门的新机会。

20 世纪 30 年代实际国内生产总值的恢复是迅速的(参见表 7.6)。到 1932 年,大萧条影响相对轻微的哥伦比亚,实际国内生产总值已经超过了大萧条前的峰值。此后,巴西在 1933 年,墨西哥在 1934 年,阿根廷、萨尔瓦多、危地马拉在 1935 年,也先后超过了其大萧条前实际国内生产总值的峰值。萧条尤其严重的智利,直到 1937 年实际国内生产总值才超过了其萧条前的峰值;而不幸的洪都拉斯——严重依赖香蕉出口——直到 1945 年才超过了萧条前的峰值。随着人口以每年 2% 左右的速度增长,到 20 世纪 30 年代末期,大多数共和国的人均实际国内生产总值已恢复到大萧条前的水平——最突出的例外是古巴、洪都拉斯和尼加拉瓜。

朝内向型发展转变

20 世纪 20 年代末开始的世界大萧条是通过对外部门传播到拉丁美洲的。几乎在所有情况下,大萧条后的复苏都与对外部门的复苏有关。出口的增长,加上债务的违约、利润外流的减少和净易货贸易条件的改善,使得进口量有了大幅度的增长,而这与 20 世纪 30 年代实际国内生产总值的增长高度相关。宽松的财政和货币政策、有利于国内生产与进口商品竞争的相对价格的变化,以及由于国际收支限制的放松而获得的补充性进口商品,导致 20 世纪 30 年代产生重大结构变革,这种变革特别有利于大国的制造业部门和小国的国内消费农业。

因此,拉丁美洲经济体在 20 世纪 30 年代的表现和政策不应被视为像人们经常声称的那样是一个转折点。[①] 虽然工业部门的确充满活力,几乎所有

---

① 支持内向型发展的具有拉美经委会传统的结构主义者和反对内向型发展的具有自由放任传统的新保守派同样积极地提出了这一主张。

国家的工业增长都快于实际国内生产总值,但在 20 世纪 20 年代情况就已是如此。只有在阿根廷,制造业部门引领着该国从萧条中复苏,才能宣称到 30 年代初,该国经济已经达到了足够先进的水平,其运行不会受到出口量下降的严重影响。在其他国家,没有证据表明拥有广泛工业基础的大国比实际上没有现代制造业的小国经济表现得要好。在这两种情况中,经济表现皆高度依赖进口能力的恢复,即使在阿根廷,经济表现对于 1933 年后净易货贸易条件的显著改善也是很敏感的。

然而,到 30 年代末,可以说工业增长带来了大国经济结构的质变和量 *250* 变。在 20 世纪 40 年代和 50 年代(参见第八章),这些变化已经成熟到了许多国家的工业和实际国内生产总值能够向初级产品出口相反的方向发展,因此出口导向型增长模式已不再是对其表现的准确描述。因此,20 世纪 30 年代的变化可以被看作是向纯进口替代模式——这种模式在 50 年代和 60 年代达到了最极端的形式——过渡的基础。巴西、智利和墨西哥的情况确实如此,它们在 30 年代末加入阿根廷的行列,成为那种已经把工业化和结构改革发展到国内需求不再主要由出口部门决定的国家。

20 世纪 30 年代最重要的变化,是从自我调节的经济政策转向必须由当局操纵的政策工具。到 20 世纪 20 年代末,对金本位制的依附使得大多数拉美共和国没有独立的汇率政策。金本位制的运行也意味着货币政策在很大程度上是被动的,黄金的流入和流出构成货币供应的变动,从而实现对外部和内部均衡的自动调节。甚至财政政策也失去了其大部分的重要性。在小国,金元外交和许多情况下的高度限制使外国控制了对外贸易税——政府收入的主要来源,而在大国,"亿万美元舞翩跹"使得通过外债融资比通过财政改革融资要容易得多。

金本位制的崩溃迫使所有共和国都必须解决汇率政策的问题。一些(较小)共和国倾向于盯住美元,因此放弃了汇率作为一种积极工具的地位。大多数共和国,包括一些小国,选择了管理汇率制。在高度开放的经济体中,汇率对许多商品的价格有直接而有力的影响,因此,它是决定相对价格和资源配置的唯一最重要因素。独立的汇率政策还鼓励形成压力集团,游说当局支持汇率变化,以维护他们的利益。毫不奇怪,在 20 世纪 30 年代,许多拉丁美洲共和国选择了多种汇率制,作为应对这些竞争压力的一种方式。这就是为什么在布雷顿森林会议之后,1945 年新成立的国际货币基金组织发现世界上实行多种汇率制的 14 个国家里有 13 个在拉丁美洲。[①]

　　20 世纪 30 年代国际收支的限制,加上外汇管制,意味着国际储备——外来货币——的流动不再是货币供应的主要决定因素。相反,基础货币更多地由政府的预算赤字和中央银行的再贴现政策推动,货币乘数受到储备金率变化的影响。因此,货币供应的变化更多地是由国内货币的变化引起的,这意味着几乎所有共和国都采取了更为积极的货币政策。主要例外是那些没有中央银行,因而无法通过基础货币的变化影响货币供应的国家,例如古巴和巴拿马。

　　出口部门和进口能力的恢复并不一定意味着外贸值的增加。因此,政府从贸易税中获得的收入受到严重影响,并且这种减少不能通过违约而只能通过减少公共外债服务的开支得到充分弥补。这场危机引发了所有共和国的财政改革和更为积极的财政政策。一个主要的候选方案是上调关税税率,但进一步适度转向直接税——所得税和财产税——这一点可以在 20 世纪 30 年代被觉察到,同时也开始引入针对家庭消费的各种间接税。到 30 年代末,外贸值和政府收入的关联已经松散起来,从而破坏了出口导向型增长模式运作中的一个关键环节。

　　对更积极的汇率、货币和财政政策的采用如此普遍,以致很难维持这样一种论点,即拉丁美洲各共和国可分为实行"积极"政策的大国和采取"消极"政策的小国。所有大国确实都奉行积极的政策,但许多小国也这样做,包括玻利

---

① 　参见德维里埃(1986),第 21 页。

维亚、哥斯达黎加、厄瓜多尔、萨尔瓦多、尼加拉瓜和乌拉圭。[①] 采取消极政策的最典型的国家(古巴、海地、洪都拉斯和巴拿马),在20世纪30年代都是美国的半殖民地,但并非所有的半殖民地(例如尼加拉瓜)的政策都可以被描述为消极。

经济政策关键工具管理的这些变化并不构成一场思想革命。相反,内向型发展理论仍处于萌芽阶段,出口部门仍占主导地位,其支持者在政治上仍有强大的势力。然而,20世纪30年代,迫使当局在汇率、货币和财政政策上做出的这些选择,确实是向思想革命迈出的重要一步;这一思想革命与联合国拉丁美洲经济委员会(以下简称拉美经委会)和40年代末进口替代模式的显著发展有关(见第8章)。20世纪30年代的政策管理显示出资源配置对于相对价格的敏感性,同时大国制造业部门的反应是对于经济政策如何才能有效实施的一个有益提醒。

252

20世纪30年代的经济政策管理确实相当成功,而且与战后经历相比,效果还算不错。当局缺乏经验的方面通过许多方式得到了补偿。首先,负责财政和货币政策的官员(例如阿根廷中央银行的劳尔·普雷维什)往往是有能力的技术官僚,他们得益于公众对经济学的无知,能够在一种相对无关政治的环境下做出决策。第二,完美的远见和完全的信息——对于政府政策的无能做出合理预期的结论所需要的两个条件——在20世纪30年代明显缺乏,因此推进经济政策改革的计划受到私营部门全力阻挠的危险小了很多。第三,战后经济政策灾难的根源——通货膨胀的加速——在20世纪30年代不再是什么问题。货币幻觉(部分基于缺乏价格的统计)、世界经济中下降的物价和国内经济中的闲置产能意味着扩张性的经济政策在预算赤字和通货膨胀的恶性循环中不太可能崩溃。

20世纪30年代宽松的财政和货币政策支撑着国内最终需求的增长。如

---

① 参见迪亚斯-亚历杭德罗(2000),第19—31页。

表 7.5 所示,这对使各共和国摆脱大萧条以及为可进口商品和非贸易性产品及服务的增长提供所需的刺激具有重大意义。与这一增长相关的是城市化水平的提高,因此一些国家在 30 年代末可以被认为是以城市为主的国家;所有共和国被划分为农村人口的比例都大幅度下降。

253
　　尽管 20 世纪 30 年代经济表现总体令人满意——至少在 1932 年以后——但也有一些国家背离了地区模式。一些共和国(表 7.4 中"缓慢复苏"的国家)的特点是经济活动停滞甚至减少。基本问题存在于出口部门,出于超出当局控制的一些原因,在 20 世纪 30 年代的大部分时间里,其出口部门一直处于萧条状态。在洪都拉斯,香蕉出口由于病虫害而在 1931 年之后暴跌,其出口的实际价值直到 1965 年才恢复到 1931 年的峰值。由于出口低迷,复苏的最大希望在于与进口竞争的部门(进口替代农业化和进口替代工业化),但市场规模狭小,很难弥补出口部门的下降。

　　虽然有阿根廷和哥伦比亚这两个重要例外,但中速复苏国家仍主要依靠出口部门从萧条中复苏。因此,20 世纪 30 年代的经济增长并不意味着重大的结构变革,并且出口构成也没有什么变化。玻利维亚的复苏关键取决于 1931 年国际锡卡特尔组织的成立,该组织为锡出口国带来了更高的价格,从而为政府带来了更高的出口税收收入。

　　哥伦比亚的出口部门确实扩大了,但其增长被制造业部门的惊人增长掩盖了;其中,纺织业的增长尤其令人印象深刻。在阿根廷,出口部门实际上停滞不前,因此复苏主要依赖于非出口部门——无论是在工业、运输、建筑还是金融,总的来说表现都令人满意,因此很难断定阿根廷经济的长期衰退可以追溯到 20 世纪 30 年代。[①]

254
　　快速复苏国家包括受大萧条影响相对较小的共和国(例如巴西),但也包括受影响严重的国家(例如智利)。因此,后者的快速增长,主要包括大萧

---

① 关于阿根廷经济长期衰退起源的文献很多。例如,参见科尔特斯·孔德(2007)。

条最严重时期实际产出损失的"复苏",而智利也得益于相当可观的新的进口替代工业化。另一方面,在巴西,快速增长主要是因为实际产出的增加。尽管出口复苏对巴西很重要,但其经济结构开始向有利于工业的方向转变。然而,巴西仍然极其贫困,1939 年的实际人均国内生产总值仅为阿根廷的 1/4,仅为拉丁美洲平均水平的 60%。墨西哥也经历了重大的结构性变革:拉萨罗·卡德纳斯总统时期(1934—1940 年)实行的土地改革加强了非出口农业,[1]国家成为投资的主要来源,许多工业和建筑业部门的公司开始依赖于公共部门的合同。[2]

254

在拉美,20 世纪 30 年代或许并不代表着与过去彻底决裂,但这十年也不代表失去了机会。面对充满敌意的外部环境,大多数共和国在重建其出口部门方面做得很好。在可行的情况下,除了少数例外,各共和国扩大了可进口商品的生产,增加了非贸易产品和服务的供应。这些变化为区域间贸易在 20世纪 40 年代初的大幅增长奠定了基础,因为当时从世界其他地方进口的机会被切断(参见第八章)。20 世纪 30 年代的经济政策变化总的来说是合理的。大规模退出出口部门和半封闭经济的建立,将会导致低效状况的大量出现;对出口导向型增长模式的盲目遵从将使该地区的资源配置不再符合长期动态的比较优势。这些变化范围很广,以至于 20 世纪 30 年代被描述为从出口导向型增长向内向型发展转变的标志——尽管大多数国家在 30 年代末还没有完成这一过渡。

---

① 自 1917 年宪法颁布后,土地改革就被提上议事日程,但是直到卡德纳斯总统上台后才被强力实施。大约 1800 万公顷的土地被分给 80 万受益者,这使得村社的重要性大大提高。参见A.奈特(1990),第 20 页。
② 20 世纪 30 年代的墨西哥政府也积极创建金融机构,以开发新的储蓄资源,并引导资源用于新的活动。最著名的例子是 1934 年建立的国家金融公司。参见布拉泽斯和索利斯(1966),第 12—20 页。

第八章

战争和国际经济新秩序

　　1939 年 9 月在欧洲爆发的第二次世界大战是 25 年来对拉丁美洲的第三次重大外部冲击。[①] 尽管第一次世界大战和 1929 年大萧条的影响有许多相似之处,但第二次世界大战对拉丁美洲的影响从质和量上都不同于早期的冲击。

　　首先,这场战争对拉丁美洲传统市场的破坏要严重得多。到 1940 年,轴心国[②]控制了从挪威北部到地中海的欧洲大部分海岸线;由此而来的英国封锁剥夺了拉丁美洲各共和国进入欧洲市场的机会,尽管它们在战争中最初处于中立地位。[③] 此外,英国市场——对阿根廷和乌拉圭非常重要——由于英国退回到战时经济,只允许进口最基本的商品,而开始萎缩。

　　其次,战争爆发在人们对拉丁美洲传统出口导向型模式日益失望的十年之后。20 世纪 30 年代,世界贸易已经复苏,但它越来越受到"管制",常常

---

① 前两次冲击是第一次世界大战(见第六章)和 1929 年的大萧条(见第七章)。此外,拉丁美洲还受 1920 到 1921 年之间短暂的世界贸易暴跌,大宗商品价格崩溃,以及 1937 到 1939 年间(主要是美国)经济萧条,世界贸易量下降的不利影响。

② 1940 年轴心国是德国和意大利。1941 年 12 月,日本在夏威夷珍珠港袭击美国海军后加入了他们的阵营。

③ 在 1941 年 12 月日本袭击美国之前,所有拉丁美洲国家都持中立态度。之后,赤道以北的所有国家要么向轴心国宣战,要么与之断绝外交关系。然而,赤道以南的国家,情况就完全不同:阿根廷和智利直到战争即将结束都一直保持中立。参见汉弗莱斯(1982)。

是双边的,并被更高的关税和过多的非关税壁垒严重扭曲。大国常常行事不负责任(例如《斯穆特-霍利关税法案》)或自私(例如《罗加-朗西曼条约》)。其结果是,一些拉丁美洲共和国的民族主义意识日益增强,并做出了最大承诺——用内向型发展及工业化来替代传统的出口导向型增长模式(尽管没有明确指出)。

思想和政策环境的这些变化在 20 世纪 30 年代就开始显现出来。民族主义的上升表现在玻利维亚(1937 年)[①]和墨西哥(1938 年)对外国石油股份的没收,以及建立新机构(例如智利生产促进公司)来推动制造业的投资以发展工业。而战争年代加速了这一进程。国家在支持工业方面的干预,特别是在大国,现在变得直接,其对基本商品和用于支撑更为复杂的工业体系的基础设施进行了重大投资。

美国甚至在参战之前即 1941 年 9 月时就鼓励这一变化。随着绝大多数共和国加入反对轴心国[②]的战争,这一变化变得更加明显。由于航运能力和进口不足,以及价格管控和非关税壁垒,资源配置越来越多地由同盟国的战争努力和国家对工业化的偏好所决定。在一些共和国,新工业建筑拔地而起,场面是惊人的,但是制造业部门的效率值得怀疑。狭小的市场和长期投资资金的短缺阻碍了经济规模的扩大,以及受到战时进口的短缺与和平时期高关税和非关税壁垒的保护而免于外国竞争,导致新兴工业基础十分薄弱;正是在这种基础上,战后时期建立起了一种不同于出口导向型增长的发展模式。

---

① 查科战争后,玻利维亚的民族主义与欧洲的国家社会主义有相似之处。赫尔曼·布什总统对轴心国的同情使美国和英国深感忧虑。1939 年 8 月,他不明原因的自杀为玻利维亚在战争刚开始时加入泛美体系铺平了道路。参见邓克利(1984),第 28—29 页。

② 正式宣战并不代表要参与战争。墨西哥与美国在石油国有化问题上的分歧在珍珠港事件之前得到了妥善解决。早在 1942 年 1 月,墨西哥就向美国军方开放了港口和机场;但直到 5 月,德国潜艇击沉墨西哥油轮后,墨西哥才向轴心国宣战。参见汉弗莱斯(1981),第 118—119 页。

第二次世界大战中的贸易和工业

20 世纪 30 年代,拉丁美洲对外贸易的复苏伴随着其地理分布的改变。这种变化增加了德国、意大利和日本市场的重要性,减弱了英国市场的重要性,美国市场(参见表 8.1)也略有受损。到 1938 年,欧洲购买了拉美近 55% 的出口商品,供给了近 45% 的进口商品——这种情况显然使拉丁美洲极易受到欧洲爆发战争和英国实行封锁的影响。

257

表 8.1　1938—1948 年拉丁美洲的贸易份额(百分比)

国家/地区	1938 年	1941 年	1945 年	1948 年
出口				
美国	31.5	54.0	49.2	38.2
英国	15.9	13.1	11.8	13.3
法国	4.0	0.1	—	2.9
德国	10.3	0.3	—	2.1
日本	1.3	2.7	—	0.9
**　拉丁美洲**	**6.1**	**n/a**	**16.6**	**9.3**
所有其他国家	30.9	n/a	22.4	33.3
进口				
美国	35.8	62.4	58.5	52.0
英国	12.2	7.8	3.6	8.1
法国	3.5	0.1	—	1.9
德国	17.1	0.5	—	0.7
日本	2.7	2.6	—	0.1
**　拉丁美洲**	**9.2**	**n/a**	**25.6**	**10.9**
所有其他国家	19.5	n/a	12.3	26.3

注:"—"表示可忽略不计。

资料来源:霍恩和比奇(1949),表 7,第 112 页;泛美联盟(1952)。

258

1940 年,英国竭尽全力从拉丁美洲购买尽可能多的产品,这既是为了供给自己,也是为了防止基本商品落入敌人手中①。然而,英国经济的危险状态使其完全不可能弥补拉丁美洲失去的大陆市场。美国必然是唯一一个足够大的经济体,能够吸收之前运往欧洲的大宗商品。

与前任相比,罗斯福政府——比它的前任们对拉丁美洲的需求更为敏感——敏锐地意识到避免该地区经济崩溃的重要性。20 世纪 30 年代,由于某些政治团体公开拥护法西斯主义——甚至国家社会主义,倘若发生战争,拉丁美洲和美国的稳固关系就会得不到保证。与此同时,美国需要确保原材料和战略物资的供应,以防拉丁美洲以外的传统来源被切断。

其结果是泛美经济合作体系的形成,它的基础是 1939 年 9 月巴拿马泛美会议奠定的——仅在欧洲战争爆发②三个星期后。1940 年,泛美金融和经济咨询委员会创建,其又设立了一个泛美发展委员会,在所有的 21 个共和国(包括美国)都有附属机构。委员会的任务就是刺激拉丁美洲和美国之间的非竞争性商品的贸易,促进拉丁美洲内部的贸易,并鼓励工业化。不久之后,纳尔逊·洛克菲勒被任命为美洲各共和国间商业和文化关系合作署的主任。③

美国优先考虑的重点是确保获得战略物资。因此,1940 年,罗斯福政府设立了金属储备公司和橡胶储备公司来储藏重要的供给品。尽管这些商品在任何地方都能买到,但由于拉美是唯一出口原材料不受敌对国直接影响的主要地区,因此就成为主要的受益者。日本占领亚洲许多地区后,美国开始

259

---

① 这些努力主要集中在购买多米尼加共和国的蔗糖、委内瑞拉的石油以及玻利维亚的锡等产品。这些购买活动在战争最初的几个月维持了英国与拉美的贸易水平。事实上,在 1940 年 10 月与德国冲突最为激烈的时期,一个英国贸易官方使团被派遣至南美,然而,当使团返回时,英国的贸易重点已转移到英联邦国家及其殖民地。参见汉弗莱斯(1981 年),第 52—53 页。也参见米勒(1993),第 9 章。

② 尽管巴拿马会议为战时合作铺平了道路,但也反映了在罗斯福总统的睦邻政策的背景下美拉关系的改善。美国的新政策在 1933 年蒙得维的亚召开的第七届泛美会议上受到热烈拥护;参见梅查姆(1961),第 116—121 页。

③ 参见康奈尔-史密斯(1966),第 119 页。

疯狂寻找其他供给来源,而拉丁美洲各共和国则通力合作,提供了如马尼拉麻、槿麻、奎宁和橡胶等的替代商品。① 美国在拉美的外国直接投资,大部分为战略物资,在战争期间飙升到 20 世纪 20 年代末以来的最高水平,而美国政府通过进出口银行和租借法案规定②的官方贷款——尽管没有限定获取战略原料——也变得越来越重要了。③

泛美合作不仅限于战略物资。由于认识到咖啡出口在十几个共和国中所起的关键作用,美国促成了《泛美咖啡协定》,该协定规定了配额、有利的价格和有保证的市场。④ 这个协定设立于 1941 年,是那些小共和国的生命线,对大共和国来说也是一大福音——其中,许多大国在 20 世纪 30 年代严重依赖德国市场。然而,美国的慷慨并没有扩展到南锥体国家的温带产品,这些国家仍与英国市场有着特殊的联系。

美国购买量的增加导致美国市场对拉丁美洲出口的重要性大大增加,但它并不能完全补偿日本、欧洲大陆和萎缩的英国市场的损失(参见表 8.1)。因此,拉美将注意力转向了内部地区间贸易以维持出口量,这种贸易自独立以来从不重要,1938 年仅占该地区出口的 6.1%。只有内陆的巴拉圭向其邻国出口木材、马黛茶和白坚木提取物,并严重依赖拉丁美洲市场。此外,许多共和国同欧洲和美国的交通联系状况比它们相互之间的要好。⑤

出于战争和美洲国家间经济合作体系的原因,这一切都发生了变化。早

①　这些"国外生产的"热带产品在战时具有特殊的重要性。槿麻和马尼拉麻都用于制造绳索,奎宁是治疗疟疾药物的一种主要成分,而橡胶是制造靴子和轮胎的必备品。

②　进出口银行是根据罗斯福 1934 年的新政建立的;但直到战争爆发,它对美洲国家间的贸易关系几乎没有影响。1941 年 3 月,美国通过了租借法案,主要是为了帮助英国;然而,到战争结束时,几乎所有的拉丁美洲共和国(阿根廷是主要的例外)都得到了租借法案的援助。

③　美国政府给予拉美的贷款在 1938 年之前几乎为零,战争头几年平均为 1500 万美元。参见斯托林斯(1987),表 1.A。

④　参见威基泽(1943),第 233—239 页。

⑤　很多国家之间的交通系统很不完善,以至于在 1933 年第七届泛美会议上首次提出的泛美高速公路最终得到了重视。到战争结束时,终于可以从美国经由陆路到达巴拿马运河。参见詹姆斯(1945),第 609—618 页。

在 1940 年,阿根廷财政部长费德里科·皮内多就提出了一个南方国家建立关税联盟的计划①;1941 年 1 月,5 个拉普拉塔河流域国家在蒙得维的亚开会采纳了这一建议。②但最后,拉丁美洲的贸易通过许多邻国之间的关税和非关税减让的双边协定得以推动。结果,出口到其他拉丁美洲共和国的份额在 1945 年增加到 16.6%(参见表 8.1),区域间贸易值在总进口中的比值不少于 25.6%(这一数字尚未被超越),因为受战时短缺和航运问题的影响,从国外购买的总额远低于出口总额。

美洲国家间合作关系——各共和国和美国之间——是防止 1939 年以后出口崩溃的主要因素。1945 年出口量仅仅超过 1939 年的水平,然而,许多重要国家(特别是阿根廷和巴西)在战争结束前仍没有达到战前实际的出口水平(参见表 8.2)。美洲国家的合作并不能完全弥补阿根廷和乌拉圭因英国市场的萎缩而受到的损失,而且《泛美咖啡协定》并不能真正弥补巴西咖啡销售的全部损失。在战争年代,只有少数几个国家的出口量有了显著增加:玻利维亚受益于美国决定购买所有不打算在英国熔炼的剩余的锡③——这一决定之所以成为可能是因为战前在得克萨斯投资了一家锡冶炼厂;委内瑞拉则因英国和美国决心从可靠来源获得石油供应而大获丰收。④

不像出口量,出口值在所有共和国中均快速增长(参见表 8.2),这得益于较高的美元价格——反映了战时美元通货膨胀。然而,进口价格和国内的生活成本也大幅上涨,因此,出口部门的发展对大多数共和国实际消费的刺激是很小的。1946 年,在阿根廷,家庭在制成品上的实际支出仍低于 1937 年的水平。⑤

---

① 皮内多计划和阿根廷政府的"全民和谐一致"纲领一起推动了战争初期的工业发展。尽管该计划被议会否决,但它促使阿根廷与其邻国之间建立关税同盟,为工业化发展所带来的制成品出口提供了出路。参见克拉默(1998),第 519—550 页。
② 这 5 个国家是阿根廷、玻利维亚、巴西、巴拉圭和乌拉圭。见克拉默斯(1944),第 212—214 页。
③ 参见希尔曼(1990),第 304—309 页。
④ 参见纳普(1987),第 279—290 页。
⑤ 参见拉丁美洲经济委员会(1959),第 1 卷,第 252 页。

表 8.2　1939—1945 年各部门的年均增长率(百分比)

国家/地区	出口值[a]	出口量[b]	国内生产总值[c]	农业[d]	工业[e]
阿根廷	8.0	−2.9	2.1	0.2	3.6
玻利维亚	15.7	6.0			
巴西	13.6	−2.0	2.4	0	5.3
智利	7.1	3.4	4.0[f]	0[f]	9.3[f]
哥伦比亚	10.4	3.4	2.6	2.2	5.1
哥斯达黎加	5.6	−2.2	−0.1	0	−3.5
古巴	18.5	8.6	1.8	n/a	4.3
多米尼加共和国	15.4	−1.4			
厄瓜多尔	20.1	2.5	4.2	2.7	5.2
萨尔瓦多	9.8	−1.1	2.2	1.4	3.9
危地马拉	8.5	3.7	0.9	−6.3	4.4
海地	15.2	1.5			
洪都拉斯	3.5	2.1	3.5	2.4	4.7
墨西哥	9.4	1.3	6.2	2.3	9.4
尼加拉瓜	6.2	−4.9	3.9	−2.6	7.9
巴拿马	4.7	−9.3			
巴拉圭	21.6	8.0	0.4	−1.7	1.0
秘鲁	6.6	−1.8	4.8[f]	n/a	4.8
乌拉圭	11.7	1.8	1.7	−1.0	3.5
委内瑞拉	13.6	8.9	5.3	0	9.2
拉丁美洲	**10.5**	**0.5**	**3.4**	**0.8**	**5.7**

[a] 基于当时价格的美元值。

[b] 基于(1963 年)不变价格。

[c] 基于 1970 年的价格。

[d] 农业净产出(1970 年价格)。

[e] 制造业净产出(1970 年价格)。

[f] 1940—1945 年的数据。

资料来源:佩雷斯-洛佩斯(1974),拉美经委会(1976,1978),博洛尼亚(1981),布尔默-托马斯(1987),布尔默-托马斯(2012)。

　　早期出口部门的停滞不前和实际消费甚至使大国的工业增长都几乎没有任何前景。然而,战争年代不同,尽管实际家庭可支配收入增长缓慢——甚至下降——但一些共和国还是设法迅速提高了工业产量。有三个因素解释了明显的悖论。

　　首先,正如第一次世界大战所经历的,1939 年以后进口量的急剧下降使国内制造商得以在实际消费水平不变的情况下扩大生产。20 世纪 30 年代后半期工业进口的恢复,甚至使那些多年奉行进口替代工业化的共和国得以在战争年代通过进口替代减轻所受的压力。尽管由于缺乏进口设备和机器,很难增强制造能力,但进口替代工业化得益于美国人通过泛美发展委员会[①]网络对拉美国家提供的技术帮助。此外,阿根廷、巴西、智利、墨西哥的工业日益复杂,形成了能够满足制造业投资需求的小型资本货物工业。[②]

其次,与 20 世纪 30 年代形成鲜明对比的是,拉丁美洲内部贸易的增长使制造商有可能将产品销往邻国。巴西纺织品出口飙升,[③]阿根廷在 1943 年出口了其全部制造业产量的 20％。事实上,拉丁美洲的制造业出口甚至渗透到该地区以外的外部市场。南非由于传统的英国供给被切断,因此购买了大量的拉美出口制成品;而美国和墨西哥在制造业上的合资企业则导致非传统工业品流向格兰德河以北的美国。[④]

大国工业增长的第三个因素是不依赖消费者需求的企业的兴起。这些以生产中间产品为主,有时也生产资本货物的工厂,与其说是面向家庭,不如说是面向生产部门和政府为他们寻找的市场。一个引人注目的例子是,有美国的部分投资的巴西沃尔塔雷东达联合钢铁厂;[⑤]其部分资金由美国提供,主要向建筑公司和制造企业出售其产品从而取代了以前进口的商品。其他的例子还有水泥厂、基本化工厂、炼油厂、塑料厂、人造丝厂和机器制造厂。这些工业——主要限于阿根廷、巴西、智利和墨西哥——代表进口替代

263

---

① 参见休利特(1946),第 10 页;也可参见索普(1994)。

② 然而,这一点不应被夸大。即使在资本货物生产有了良好开端的巴西,也难以维持该行业的增长,因为资本货物仍是进口密集型产品。直到 1949 年,该行业仍仅占工业增加值的 5.2％。参见费希洛(1972),表 9,第 344 页。也可参见古普塔(1989)。

③ 巴西的纺织品出口非常成功,一度占出口总收入的 20％。参见贝尔(1983),第 47 页。

④ 参见威斯(1945),第 296 页。

⑤ 战前,热图里奥·瓦加斯政权正要与德国军火制造商克虏伯签署一项协议,让后者协助其建造一座钢铁厂。战争爆发后,美国迅速安排了一笔贷款,以取代德国的参与。这个钢铁厂于 1941 年开始兴建,1944 年建成。参见贝尔(1969)。

工业化的新的(第二)阶段:它改变了制造业结构,降低了消费品,特别是非耐用品的相对重要性。[①] 到 1946 年,阿根廷的所有工业产出的一小半用于家庭——比 1947 年的近 75% 有所下降——而且其中的近 1/3 中间产品销售给了生产部门。[②]

　　工业结构的变化与新产业的出现,同拉丁美洲越来越强的干预主义政府的兴起密切相关。在战争年代,即使非常保守的政府也不能避免国家责任感的加强,因为自由市场不能解决美元通货膨胀、进口匮乏和农产品供过于求引起的问题。价格不能作为独有的规范市场的手段,价格控制是普遍现象,并且国家在外汇、进口许可证和许多基本商品的分配上实行国家定量配给政策是必不可少的。战争和美洲国家间合作体系通过改善基础设施和公共工程对国家提出了进一步的要求。旨在连接阿拉斯加到火地岛的泛美高速公路早就于 1933 年在蒙得维的亚召开的泛美会议上达成一致,但只有在战时的战略考虑和美国的慷慨资助下才取得实际进展。

264　　没收轴心国国民财产是国家干预展开的一个额外因素。特别是德国资本,在 20 世纪 30 年代已经从其农业和银行业的传统基地扩展到了运输与保险业。许多战前涌现出来的航空公司都为德国所有,并有着十分明确的目标,以至于有些航空公司甚至在东道国对德国宣战前就被接管了。并非所有新获得的财产都归国家所有,但即便是出售给私人企业,也让国家进入了一个相对陌生的领域。[③]

　　有些国家的干预力度更大。随着 1943 年军事政变的爆发,阿根廷政府——不久由胡安·庇隆将军主导——不再反对干预经济活动,并直接投

---

① 在战争期间,巴西增长最快的工业部门(如非金属矿物、金属和橡胶制品)都生产中间产品。参见贝尔(1983),表 10,第 47 页。

② 参见拉丁美洲经济委员会(1959),第 1 卷,第 252 页。

③ 不可避免的是,轴心国资产的转移为该地区比较腐败的领导人提供了贪污受贿的机会。例如,安纳斯塔西奥·索摩查能够以荒谬的价格在尼加拉瓜得到德国的资产。参见迪德里奇(1982),第 22 页。

资于生产性资产。[①] 巴西的国家直接干预不仅限于沃尔塔雷东达钢铁厂，还包括矿业、化工和重型机械。[②] 各地政府都更积极地参与发电、建筑和交通运输产业，努力提供基础设施，这不仅有助于战时急需的新资源的分配，而且还消除了工业部门面临的一些障碍。

鉴于国家干预带来的刺激，一些非贸易部门在战争年代迅速增长就不足为奇了。1939 年至 1945 年，整个地区的建筑业以 6.6％的年增长率增长，其中，智利、哥伦比亚、厄瓜多尔、洪都拉斯、墨西哥和委内瑞拉的增幅超过 7％。大多数共和国的交通运输、公用事业和公共行政也迅速增长。

非贸易部门的扩大直接刺激了制造业，并有助于解释大多数国家工业的良性增长（参见表 8.2）。智利、墨西哥和委内瑞拉表现更为突出；但是除了几个小共和国（它们的国内需求几乎完全依赖于实际可支配家庭收入）以外，所有被研究国家的增长率都远远超过了人口增长率。与此相反，农业表现糟糕（参见表 8.2）。它的出口受战时条件下扩大产量的问题所限，面向国内消费的农业则受到实际消费增长缓慢的限制——国内销售严重依赖家庭购买——并且进口替代农业实施十年后留给替代进口的机会有限。

只有少数几个国家设法扩大了农业产量。其中，最重要的国家是墨西哥，在那里，拉萨罗·卡德纳斯领导下的大规模土地改革在 20 世纪 30 年代后半期开始结出果实。在国家对公路与灌溉投资、私人对运输投资，以及研发使小麦产量增加成为可能等因素的支持下，[③]农业产量与人口保持同步增长。[④] 厄瓜多尔（尽管可可产业有些丛枝病问题）和哥伦比亚也使它们的农产品行业略有发展。但是，这两个国家都具有扩大出口规模的优势：这

265

---

① 然而，这种直接干预大多发生在 1946 年以后。参见刘易斯（1990），第 9 章。

② 参见特雷巴特（1983），第 3 章。

③ 参见休伊特·德·阿尔坎塔拉（1976），第 3 章。

④ 1939—1945 年，墨西哥的人口以每年 2.3％的速度增长——这与农业净产出的增长率完全相同。

一条件维持了实际可供支配的收入和对农产品的需求。[1]

由于各地（除了个别例外[2]）工业增长超过农业增长，因此经济的综合表现首先取决于这两个部门的权重。在中美洲各小国和古巴，尽管制造业有一些发展，但农业的主导地位拖低了国内生产总值的增长率。在阿根廷、巴西和智利，尽管农业生产停滞，但工业增长支撑了国内生产总值的小幅上涨。国内生产总值增长在墨西哥和委内瑞拉更为明显：在整个战争年代，墨西哥因与美国为邻而得到许多益处；而在委内瑞拉，伊萨亚斯·梅迪纳·安加里塔政府利用其战时强大的议价能力，与外资企业获得了更公平的石油租金分配。[3]

这场战争标志着从传统的出口导向型增长模式向以进口替代工业化为基础的内向型发展模式的转变。即使在大国，这一转变也要到 20 世纪 50 年代才能完成。由于结构性变化增强了非出口部门的重要性，又使工业产出的构成转向中间产品和资本货物，因此逐渐削弱了对外部门与总体经济表现之间的联系。

尽管外部环境不利，战争年代还是建立了很多新的制造企业。来自欧洲的难民把他们的技能和资本带到阿根廷、巴西、智利和乌拉圭；许多高素质的西班牙人逃到墨西哥，以逃避在佛朗哥统治的西班牙生活。然而，总的来说，这些新企业建立在脆弱的基础上。由于资金的缺乏，这些新企业的规模往往比老企业还要小。在阿根廷，战争结束时存有的企业近 30% 是在 1941 年到 1946 年之间建立的；然而，这些新企业仅占生产总值的 11.4%[4]。在国际竞争因进口短缺而被排除的年代，没有能力发展规模经济关系不大；但是在和

---

① 作为美洲国家间战时合作的一部分，厄瓜多尔对美国的大米出口大幅增加，这直接促进了农业增长，增加了实际收入，其中大部分当时用于食品支出。参见林克(1962)，第 137—138 页。

② 哥斯达黎加是个例外，该国的实际国内生产总值在战争年代有所下降，对工业的不利影响比农业更大。

③ 参见纳普(1987)，第 284—289 页。

④ 参见刘易斯(1990)，第 40 页。

平年代,这不是开展工业化计划的恰当基础。太多新企业——包括许多在 20 世纪 30 年代建立的企业——的繁荣仅仅是因为高保护、进口限制和国家的间接补贴等人为条件的作用才成为可能。

贸易顺差、财政政策和通货膨胀

随着世界转向战时经济,20 世纪 30 年代的价格通胀代替了价格紧缩。在主要工业化国家,政府开支的大量增加,加上消费品供应的减少,造成了过剩的购买力,即使是严厉的价格管制立法也无法阻止高价格的出现。随着 1945 年战争的结束,消费品供应增加,财政赤字得到了控制。主要发达国家的通货膨胀大幅下降,但事实证明完全消除通货膨胀是不可能的。[1]

因此,战争年代对发达国家来说是价格上的反常。然而,在一些比较重要的拉美国家,战争年代的价格通胀是一种战后时期一直努力却从未成功摆脱的顽疾。因此,对这些共和国来说——包括阿根廷、巴西、智利、哥伦比亚和乌拉圭——战争年代的物价通胀远非反常,而是长期通货膨胀的开始,这种趋势每年的增长远高于其主要贸易伙伴的平均水平。

甚至在 20 世纪 40 年代以前,拉丁美洲就已对通货膨胀并不陌生,但早期的通货膨胀往往是针对特定的国家,并与政策和货币混乱有关。世纪之交的哥伦比亚和革命时期的墨西哥,物价的大幅上涨是由内战期间纸币的爆炸式增长引起的。随着社会秩序恢复正常,货币供应得到控制,价格便趋于稳定。同样,巴西在 19 世纪 90 年代初的重建时期、危地马拉在曼努埃尔·埃斯特拉达·卡夫雷拉总统任期(1898—1920)内,以及尼加拉瓜在 20 世纪的第一个十年,其生活成本的上涨都与不可兑换纸币的过度发行有关。[2]

_267_

---

[1] 尽管和平的到来减轻了通货膨胀的压力,但废除价格管制为公司抬高价格提供了契机。主要发达国家直到 1947—1948 年才恢复价格稳定。参见斯卡梅尔(1980),表 5.8,第 70 页。

[2] 关于这些通货膨胀的事件,参见边码第 120—122 页。

20 世纪 30 年代,拉丁美洲几个共和国的生活成本也大幅度增加——与主要工业化国家正在发生的情况形成了对比。然而,几乎所有这些通货膨胀事件的解释都很简单。玻利维亚和巴拉圭之间的查科战争,刺激了政府通过印制钞票来资助的开支大幅度增加。在巴西和哥伦比亚,价格的小幅上涨明显与货币贬值、关税上涨和宽松的货币政策有关。在汇率固定的国家(例如洪都拉斯)或升值的国家(例如委内瑞拉),价格紧缩是正常的情况。只有在智利,生活成本指数自 19 世纪 70 年代以来就稳步上升,价格在 20 世纪 30 年代几乎翻了一番,通胀成了流行病——即使在那里,价格水平也偶尔下降。[1]

268

战争年代并没有导致拉丁美洲出口量的大幅增长,却推高了出口价格。虽然美国的垄断力限制了这一上涨,但整个地区的出口价格事实上以每年 9.8% 的速度增加(参见表格 8.3),其中多米尼加共和国(它的糖仍为英国所收购)[2]和厄瓜多尔的增长率最高,洪都拉斯(联合果品公司仍控制其香蕉价格)增长率最低。对于那些出口产品被当地消费的国家(例如阿根廷),出口价格的上涨对生活费用产生了直接和间接的影响。

主要贸易伙伴(主要是美国)的通货膨胀,加上航运能力不足,推高了进口商品的美元价格。就整个地区而言,进口价格的上涨速度低于出口价格,但是作为单个国家支付价格又有明显不同。之前依赖美国进口和运输成本小的国家(例如墨西哥)价格增长最少,而那些距离遥远并之前依赖欧洲供给的国家(例如阿根廷)则增长最大。

在异常的战争条件下,以美元计价的进口商品价格上涨,对拉美的通货膨胀有不良影响。这是由于工业化国家之间的战争和国际航运的短缺导致进口供应下降。因此进口需求远远超过了现有的供应,为那些有幸获得许可证的人提供了无数获得暴利的机会。1939—1942 年,拉丁美洲的进口量下降

---

[1] 关于 20 世纪 30 年代的价格变动,参见边码第 225—229 页。

[2] 据表 8.3,出口价格增长率最高的是厄瓜多尔,其次是巴西,而非多米尼加共和国,此结论疑误。——编者注

了三分之一。同样,传统上由欧洲供应的共和国遭受的冲击最大,阿根廷在
1939 年至 1943 年间的进口量下降了三分之二。另一方面,墨西哥利用其有
利的地理位置和与美国关系的改善,迅速增加了进口量(参见表 8.3)。

表 8.3　1939—1945 年货币、价格和国际储备的年均增长率(百分比)

国家/地区	出口价格[a]	进口量[b]	货币供应[c]	零售价格	批发价格	外汇储备[d]
阿根廷	11.1	−16.0	17.7	5.0	12.3	22.8
玻利维亚	9.3	2.1	26.9	20.5		37.7
巴西	15.9	0.3	23.2	10.7	17.1[e]	
智利	3.5	−3.7	20.9	14.9	19.3[f]	22.0
哥伦比亚	6.8	−2.1	21.6	8.1		39.5
哥斯达黎加	7.0	−2.5	19.6	9.8	11.4	30.9
古巴	9.2	4.2	28.8	12.8		49.0
多米尼加共和国	15.2	−2.0	29.1	16.0	19.1	52.2
厄瓜多尔	17.1	2.7	27.0	17.7		50.5
萨尔瓦多	10.6	2.0	23.4	15.3		27.6
危地马拉	5.0	−3.1	21.3	10.0		33.3
海地	14.0	−1.6	14.9	9.7		n/a
洪都拉斯	1.3	0	20.9	20.4		51.8
墨西哥	7.9	13.8	25.5	13.4		30.6
尼加拉瓜	11.4	0	28.0[g]	27.3		34.6
巴拿马	14.5	0.8	49.0	8.4		17.3
巴拉圭	12.2	n/a	25.8	11.9		69.2
秘鲁	8.5	0.6	24.2	10.5	12.9	24.2
乌拉圭	9.6	−2.4	18.1	4.8		23.1
委内瑞拉	4.3	2.4	16.4	4.7	6.3	26.0
拉丁美洲	**9.8**	**−0.7**	**19.6**	**12.6[h]**	**14.1[h]**	**29.6**

[a] 基于出口单位价值。

[b] 基于进口份额。

[c] 通货和储备货币。

[d] 央行持有的黄金和外汇(等值美元)。

[e] 只有圣保罗。

[f] 制造业的工资。

[g] 1940—1945 年的数据。

[h] 未加权的数字。

资料来源:拉美经委会(1976);国际货币基金组织,《国际金融统计年鉴》(1946—1951 年的各种问题);海地共和国家银行(1948);布尔默-托马斯(2012)。

以美元结算的进出口价格的大幅上涨,造成了拉丁美洲生活成本的增加。然而实际情况却是,战争年代通货膨胀的主要原因来自货币方面。由于进口量的下降(参见表 8.3),出口额的上升与进口额的上升不相匹配(尽管进口价格上升)。整个拉丁美洲以及 20 个国家中的每个国家,都出现了贸易剩余;这种剩余涵盖了要素支付(例如利润汇出)和服务进口(例如航运)。美国为直接投资、军事支出和社会基础设施提供资金的资本收入增加了黄金和外汇的净流入。

其结果是大量的外汇储备,这与 20 世纪 30 年代的资源匮乏形成了鲜明的对比。部分由美国持有的国际储备以疯狂的速度增长。1939 年至 1945 年(参见表 8.3),几个共和国设法使其外汇储备的美元价值以每年超过 50% 的速度增长。每个共和国(除了巴拿马以外)的年增长率都超过了 20%。的确,在 1939 年末,仅阿根廷一国增加的外国资产就比整个拉美持有的外汇储备还要多。但是对于那些仍然同英国进行贸易的国家(包括阿根廷)来说,增加的外汇有一部分是被冻结在伦敦的英镑存款。[①]

当出口商通过金融体系将外汇收入兑换成当地货币,货币供应量就开始上升。"外源货币"的增加推动了货币供应的增加,并且名义需求的增长远远超过了实际的商品供应(商品本身受到进口数量的限制)。因此,战时通货膨胀是不可避免的。[②] 一些国家的财政政策加剧了这一问题,该政策增加了国内通胀压力,并将物价推到危险的高位。

若干国家出现巨额赤字的财政问题是由若干原因造成的。在税收方面,进口数量的下降导致海关关税的降低。尽管自 20 世纪 20 年代以来,进口关税的重要性有所下降,但在 1939 年,它仍占有大国政府收入的 25% 左右,占小国的 50% 以上。许多国家在战争时期提高关税,但税基(进口量)下降往往

---

① 随着战争的爆发,英镑已经不可兑换。像阿根廷这样与英国有贸易顺差的国家,被迫在伦敦积累了很难动用的英镑余额。参见福多尔(1986),第 154—170 页。
② 关于战时的通胀问题,哈里斯(1944)第 6、7 章进行了很好的讨论。

很大(参见表 8.3),以至于到战争结束时三个最大的共和国(阿根廷、巴西和墨西哥)的关税收入已降至总收入的 10%,其他国家也有很大降幅。因此,各国政府被迫转向其他增加收入的方法。

在战时条件下使用的最合适税种是直接税。其有两方面的优势:它们不一定会引发价格上涨,而且会降低可支配收入和购买力,从而使名义需求和实际供应更加一致。然而,直接税在拉丁美洲仍然是一种新生事物;甚至那些在战前就引入了直接税的国家,因为税基太小(能付税的个人和公司),也只能从直接税获得微薄的收益。只有对石油公司征税的委内瑞拉从直接税中获得了很高的国家收入;但在哥伦比亚,广泛使用利润税使税收在战争初期就占了政府总收入的近 20%。[1]

许多国家为提高直接税做出了重大努力,但效果并不明显。巴西瓦加斯政府将直接税从 1939 年的占总税入的 8.5% 提高到 1945 年的 26.5%。[2] 然而,由于直接税税基不大,迫使政府不可避免地转向其他形式的税收来增加收入。一个流行的、几乎看不见的来源是实施多种汇率制而得到的利润:政府可以通过以最低(官方)的汇率从出口商手中购买外汇,然后以最高(免费)的汇率卖给进口商来得到可观的利润。然而,这种疯狂的增长带来的后果就是通胀,因为它们提高了进口商品的国内货币成本。政府对消费者和其他商品普遍采用的较高的间接税也是如此。因此,尽管进口下降,但战时政府收入——至少名义上是如此——确实增加了。而间接税的增加,尤其是消费品间接税的增加,给通胀带来了进一步的扭曲。实际上,在战时条件下,可以相当有把握地假设:企业会通过提高价格把任何间接税的增加转嫁给消费者。

271

---

[1] 关于战争年代的财政问题,参见沃里奇(1944)。

[2] 巴西是拉丁美洲第一批被迫不再依赖进口关税的国家。在 20 世纪 40 年代初,贸易比率急剧下降,消费品占进口总额的比例降至 20% 以下。与此同时,当时致力于工业化的瓦加斯政府,并不希望通过对中间产品和资本货物进口征收高额关税来破坏制造业。所以新政府——1937 年后瓦加斯用这一词语来描述其独裁政权——只能进行广泛的财政改革。参见比列拉和苏西甘(1977),第 220—225 页。

如果政府开支得到严格控制,那么财政状况仍然是可控的。的确,较为保守的共和国(例如萨尔瓦多和危地马拉)继续严格控制公共开支,避免了巨额预算赤字;而委内瑞拉由于其激进的石油政策,开始从外国公司获得大笔收益。然而,一般说来,出于各种原因,各国政府选择在战争年代扩大活动,即使这意味着名义需求的进一步增加和通胀压力的增大。

哥伦比亚明确采用增加公共支出这一举措的一个原因是出于反周期的目的。战争的头几个月就给出口部门的一些行业带来了实际困难,而且失业也很普遍。公共工程,通常以农村地区为目标,被视为一种回应正在全球受到青睐的新凯恩斯主义正统学说的政策。然而,随着出口部门的复苏和进口供应的下降,政府开支的扩大所带来的额外购买力也就完全不合时宜了。

增加支出更合理的理由是需要对社会基础设施进行投资,以增加国内供应。随着进口的下降,增加国内供应的需求是至关重要的。然而,由于交通运输、能源和港口设施的不足,国内生产商往往无法扩大产量。一方面是制造业,另一方面是区内贸易,都受到了 20 世纪 30 年代遗留的社会基础设施问题的严重影响。如果没有公共投入——即使这确实意味着政府借债——就很难增加国内供应。

许多共和国选择战争年代和与轴心国作战来增加军费开支。尽管美国的军事援助慷慨,且涵盖了增加的部分支出,但它不可能满足所有需求。一些国家增加军费的理由更为平淡无奇。厄瓜多尔和秘鲁因亚马孙丛林尚未解决的边界争端而发生冲突。[1] 许多加勒比盆地的独裁者(例如尼加拉瓜的安纳斯塔西奥·索摩查)将战争作为其加强国内镇压机制的借口。[2] 在阿根廷,庇隆对武装部队的奖励并不慢,因为武装部队的干预使他有可能在 1943

---

[1] 1941 年战争爆发,成为泛美运动的一个重大障碍。在美国的强大压力下,一项使秘鲁获得大片领土的和平条约于 1942 年 1 月被接受。但 1960 年厄瓜多尔宣布废除这一条约,直到 20 世纪 90 年代后期这一问题才最终得到解决。参见汉弗莱斯(1981),第 125—126 页。

[2] 威廉姆·克雷姆在写到 20 世纪 40 年代时,很好地描述了有多少加勒比盆地的独裁者们试图利用战争来提升自身地位。参见克雷姆(1984)。

年以后掌权。[1]

　　政府开支模式也对战争年代的政治变化很敏感。美国和苏联的联盟使共产党和工会在许多拉丁美洲共和国崭露头角。对这些组织"负责的"行为的回报往往是采取进步的劳工立法和增加社会保障计划的形式。尽管并不完全是新的——乌拉圭早在 1896 年就通过了其第一个公共部门养老金计划[2]，战时立法仍显著增加了社会支出，而受益者通常是城市地区少数相关的特权阶层。一项精心设计的社会保险计划应该首先使政府的收入增加大于支出（就像 20 世纪 40 年代智利所发生的那样），但这种制度通常会被滥用，从一开始就消耗了政府的资源。[3]

　　政府开支的增长速度比收入的增长速度快，这就造成了战时预算赤字。少数国家的赤字并非通货膨胀型。阿根廷拥有发达的国内资本市场，能够向非银行的私人部门发行债券来弥补大部分赤字。1942 年以后，哥伦比亚通过立法迫使企业将超额利润投资于政府债券，也取得了同样的结果。[4] 然而，大多数共和国依赖从银行体系借款，从而导致赤字货币化。1939—1949 年，巴西、厄瓜多尔、墨西哥、巴拉圭和秘鲁的央行给政府的贷款每年增长 20% 以上。那些有幸获得国外借贷以弥补预算赤字的政府，仍面临着通胀压力，因为这些收益不能完全用于进口。

　　飙升的国际储备和不断上升的预算赤字导致了货币膨胀（参见表 8.3）。即使那些有保守财政政策的国家（例如萨尔瓦多、危地马拉和委内瑞拉）也遭受了损失，因为它们往往是最开放的经济，因此最有可能积累外来资金。尽

273

---

[1]　庇隆的上台是与他在有组织的劳工运动中的支配地位紧密相连的。然而，军队也是 1943 年军事政变的主要受益者。见波塔什（1980），第 3 章。

[2]　这是一笔给教师的养老基金。在何塞·巴特列-奥多涅斯总统时期（1903—1907，1911—1915），养老金制度得到了相当大的扩展；但在 20 世纪 30 年代以前，已经为意外保险和失业救济做出了规定。参见梅萨-拉戈（1991），表 1-2。

[3]　20 世纪 40 年代是 20 世纪开始新的社会保障方案最活跃的十年。参见梅萨-拉戈（1991），表 1-2。

[4]　参见特里芬（1944），第 105—107 页。

管货币供应的增加大部分来自外部（尤其是加勒比盆地的小国），但少数共和国（特别是巴西、智利和秘鲁）的增加主要来自国内。哥斯达黎加也是如此，拉斐尔·安赫尔·卡尔德隆·瓜迪亚改革派政府为了支持其雄心勃勃的社会计划而采取巨额预算赤字。[①]

274   战争年代货币供应的迅速增长推高了所有共和国的生活成本指数。大多数共和国的增长远远超过了美国的通货膨胀率，也大大超过了进口价格的上涨。然而，生活成本指数并不总是通胀压力的最佳指标，其在一定程度上反映出偏重城市（有些则局限于首都）和有限的覆盖率（它没有覆盖所有类型的家庭）。更重要的是由政府多次试图控制物价，这些尝试在许多情况下得到了美国价格管理署的技术援助，虽然不能消除通货膨胀，但的确有助于抑制通货膨胀。因此，零售价格的年均增长（参见表 8.3）一般远低于货币供应的增长——这一差异不能用实际产出的增长来解释。批发价格提供了更准确的通货膨胀指标，因为批发价格不受同样程度的价格管制。在公布这两套价格变动的共和国，批发价格皆超过零售价格（参见表 8.3）。

价格管制并不是为降低通胀而采取的唯一措施，但却是最有效的。哥伦比亚停止外汇流入和以非通胀方式来弥补预算赤字的措施，也就是我们之前提到过的这样一个措施，在其他地方被认为过于激进。少数国家，特别是实行多重汇率的国家，愿意看到本国货币对美元升值（例如乌拉圭）[②]，以竭力降低进口商品的国内货币成本，但是货币升值遭到出口商的强烈抵制和工业家的反对。它也不受财政部长的欢迎，对他们来说，这可能意味着名义税收收入的减少。值得注意的是，尽管外汇储备不断积累，但没有一个共和国愿意看到其官方汇率重新估值。同样，没有哪个共和国准备大幅度提高央行贴现率，以抑制商业银行的货币增长。货币政策不仅被动，而且极其灵活。

---

① 参见罗森堡（1983），第 3 章。
② 乌拉圭的自由汇率从 1939 年的每美元 2.775 比索上升至 1945 年的 1.9 比索——升值了 31.5%。但官方汇率保持在 1.899 左右。

　　快速的货币增长所带来的过剩购买力影响了商品和服务等资产。尽管那些只有一种汇率的国家其股票市场的指数上升了，但狭小的市场和买进与卖出之间的比率过大，未能使投资者对股票市场产生兴趣。[1] 具有更大利益的是城市房地产市场。在战争年代，许多城市的土地价格上涨了十倍或更多。[2]

　　甚至在战前，拉丁美洲各主要共和国就已在迅速城市化。[3] 人口的过快增长[4]，加上农业部门的问题，开始将 19 世纪农村劳动力的短缺变成 20 世纪后期的劳动力剩余。20 世纪 30 年代内向政策鼓励了以城市为基础的活动，促进了城乡之间的人口流动，而 40 年代的制造业、服务业和公共部门的增长又提供了另一个主要的推动力。城市中心及周边的土地和房产所有者从房地产价格的暴涨中得到一笔意外收获，战后的许多财富都可以追溯到这一现象。

　　通货膨胀的另一面是收入分配不平等的加剧。尽管资本（包括土地）所有者明显受益于资产价格的迅速上涨，但只有少数工薪阶层能够保护他们的实际收入免受通货膨胀的破坏。在一些国家，政府若想延续下去，必须仰赖包含了武装部队的特权阶层的意愿，甚至一些制造业工人的意愿——这些工人所在的制造业中，企业决定价格，而不再与进口商品竞争相关。然而，总体而言，大多数工人群体的实际工资和薪水受到生活成本指数上涨的影响，从

275

---

① 金融资产所提供的范围比较狭窄，例如智利、秘鲁和委内瑞拉的工业份额指数仅仅建立在 10 种或 11 种股票的基础上。参见国际联盟（1945），表 103。

② 巴西城市化的快速发展受到土地价格上涨的影响特别严重。到了 20 世纪 40 年代末，里约热内卢和圣保罗的人口超过了 200 万；但拉丁美洲最大的城市仍是布宜诺斯艾利斯。关于拉丁美洲城市增长的一些情况可参见吉尔伯特（1982）。

③ 1950 年以前整个拉丁美洲城市化的准确程度由于每次全国人口普查所使用的概念不同而有相当大的误差。然而，据估计，农村人口从 1940 年占总人口的 67％下降到 1950 年的 63％；那时，只有阿根廷、智利和乌拉圭可以被视为城市人口占主流的国家。参见威尔基（1990），表 644，第 137 页。

④ 该地区的人口年均增长率从 20 世纪 30 年代的 1.9％升至 40 年代的 2.5％，少数几个国家（例如哥斯达黎加、墨西哥和委内瑞拉）甚至达到或超过 3％。参见桑切斯-阿尔伯诺斯（1977），第 203 页。

而在战争的最后几个月引发了社会动荡。[1]

276

战后的困境

对于多数拉美国家来说,西半球对战时条件的适应以及美国对其南部邻国经济需要的优先考虑意味着,和平到来未必是一件绝对的好事。随着亚洲供应重返市场,美国逐步减少了从拉丁美洲购买的一些初级产品,在泛美经济合作的赞助下建立的从美国输出货物、技术援助和资本的复杂机制也受到不利影响。在1945年墨西哥查普尔特佩科举行的泛美会议上,美国向持怀疑态度的拉丁美洲重申了它对自由贸易的理念;所有战时的大宗商品协定,比如咖啡协定,也宣告结束。[2] 美国的主要优先事项是重建欧洲;1947年冷战爆发后,这一目标变得更加重要。美国的官方资本现在流向西欧,使拉美国家清醒地认识到,美国的金融支持将不得不来自私人贷款。[3]

因此,拉丁美洲在美国进口市场的份额下降的同时,美国在拉丁美洲出口市场的份额也随之下降(参见表8.1)。这种下降与第一次世界大战之后发生的情况类似:既可以预见,也无法避免。和平的到来也抹去了拉丁美洲的出口商在其他拉美国家赚取的许多收入:随着从欧洲和美国进口的制成品排挤了拉丁美洲产品,拉丁美洲出口到其他拉美国家的份额在战后迅速下降(参见表8.1)。

拉丁美洲国家之间的贸易不可避免地下降了,但汇率政策使情况变得更糟。战后,拉丁美洲的通货膨胀率远远高于欧洲和北美;货币被严重高估。包括制造业工资在内的当地成本急剧上升,但名义汇率实际上却未改变。这

---

[1] 有关战争结束之际的社会政治运动,参见贝瑟尔和罗克斯勒(1988);还可参见贝瑟尔和罗克斯勒(1992)。

[2] 查普尔特佩科会议使很多拉美国家感到失望。它们希望与美国的战时合作能够得到回报,即能在美洲国家间的事务中出现新的经济秩序。参见索普(1992)。

[3] 参见拉比(1988),第2章。

一政策——在战争期间贬值无效时具有保护作用——1945 年后仍继续着，　　*277*
所以到 1948 年官方汇率仍然几乎不变。在这种情况下，因拉丁美洲的通货
膨胀率仍远远高于其主要贸易伙伴的水平，所以制成品出口商无法进行价格
上的竞争；而价格竞争是弥补品质低劣的重要手段。

拉美对美国出口下降的同时，对欧洲的出口却上升了。但欧洲的经济重
建一开始就问题重重，限制了从拉丁美洲购买商品的数量。德国依然满目疮
痍，法国努力修复战时被破坏的工厂，英国不得不在 1947 年匆忙放弃了让英
镑可兑换的错误计划。[①] 只有在 1948 年[②]美国马歇尔计划出台，导致美国大
量转移财政资源时，欧洲的复苏才指日可待——不过，当时的冷战在一定程
度上限制了西欧的重建。[③]

在这种情况下，拉丁美洲的出口量在战后头几年里只以温和速度增长就
不足为奇了。1945—1948 年(参见表 8.4)，在拉美大国中，只有巴西和委内瑞
拉的年增长率超过 5％，而矿产品出口国(玻利维亚、智利、墨西哥和秘鲁)的
表现尤其糟糕。乌拉圭也未能利用欧洲市场对其传统产品重新开放的大好
时机，甚至连阿根廷也未能取得多大进展——其在战争中丧失了很多欧洲
市场。

如果出口量的增长成问题的话，那么价格的上涨也是与此相关的另一问
题。商品的价格在战时被人为地抑制了，但随着贸易条件的恢复，商品价格
飞涨。一些共和国(参见表 8.4)在战争头三年的出口价格翻了一番，并且几
乎所有国家都有 50％以上的增长。进口价格也在上涨，但总体上没有出口价
格上涨快。因此，大多数国家的净易货贸易条件有所改善。

[①]　美国急于恢复较为正常的国际金融秩序，以迫使英国恢复英镑的可兑换性。但这并不成熟，
　　因而最终放弃了。参见霍斯菲尔德(1969)，第 186—187 页。
[②]　马歇尔计划出台应是在 1947 年。——编者注
[③]　苏联最初打算成为马歇尔计划援助的受益者，但 1947 年后美苏关系的彻底恶化改变了这一
　　情况。关于马歇尔计划，参见斯卡梅尔(1980)，第 30—34 页。

表 8.4　1945—1948 年的外贸指数（1945 年＝100）

国家/地区	出口量[a]	出口值[b]	进口量[c]	净易货贸易条件	出口购买力
阿根廷	103	213	400	160	164
玻利维亚	87	122	118	94	80
巴西	121	179	165	96	116
智利	100	160	139	119	118
哥伦比亚	101	197	136	132	134
哥斯达黎加	167	397	110[d]	166	282
古巴	117	173	184	124	144
多米尼加共和国	101	190	300	157	158
厄瓜多尔	98	196	162	159	157
萨尔瓦多	118	214	158	88	107
危地马拉	100	170	191	109	108
海地	97	180	203	155	150
洪都拉斯	146	196	176	84	127
墨西哥	79	143	90	112	90
尼加拉瓜	217	380	148	129	267
巴拿马	175	254	95	99	176
巴拉圭	48	126	n/a	n/a	n/a
秘鲁	82	153	121	111	94
乌拉圭	70	147	130	115	88
委内瑞拉	155	313	314	157	235
拉丁美洲	**110**	**199**	**175**	**117**	**128**

[a] 以不变价格计算的出口值。
[b] 基于出口的美元值。
[c] 基于进口量。
[d] 受 1948 年内战的影响。
来源：拉美经委会（1976），布尔默-托马斯（2012）。

　　这种净易货贸易条件的改善显然是一种例外，因为它是基于从战争向和
平的调整。可以料想，其他地区的初级产品供应恢复正常后，情况会略有恶
化。然而，朝鲜战争的爆发又造成一段时期的异常情况。[①] 由于预期战时物
资会短缺而增大了库存，导致出口价格再次上涨；除了阿根廷以外，每个拉美
国家的净易货贸易条件在 20 世纪 50 年代初期都达到峰值。矿产品出口国

---

① 朝鲜战争（1950—1953）是美苏之间通过朝鲜的两部分发生的间接冲突，它提高了对第三次
　　世界大战的预期；发达国家对战略物资的储备就是其直接的反应。

在战争开始时面临产品的需求迅速增加,导致其在战争前期获利甚丰。咖啡出口无论在价格还是在净易货贸易条件方面都得到了稳定增长,且两者皆于1954年达到了顶峰。

出口价格和净易货贸易条件的快速增长是对出口业绩不佳的部分补偿。其结果是国际储备地位——在战争年代曾经如此强大——暂时保持上升。但无论多么短暂,每个共和国都有一段外汇充裕的时期,在此期间,国际收支对经济增长没有约束力。再者,1945年后各国的外汇积累提出了一个迫切需要做出决定的问题:如何在其实际价值被通货膨胀损耗之前消费掉积累的外汇余额。这成为战后的一大难题。

一种选择是用外汇来解决公共外债问题。那些在30年代拖欠债务的国家——大多数国家——从未拒付债务。尽管20世纪30年代的外汇限制排除了任何永久性的解决方案,但与美国和英国债券持有人委员会的讨论仍在继续。随着外汇储备的积累,务实谈判的条件日趋成熟。与此同时,20世纪40年代的全球通货膨胀和大宗商品价格的上涨正在迅速减轻债务的实际负担。

之所以与债券所有人谈判,并不是害怕政府的报复。相反,20世纪30年代,外国政府并不是特别积极地为债券持有人代言;第二次世界大战期间,美国政府并未考虑拉美国家的公共外债状况,仍将官方资本转向那里。然而,1945年后,恢复正常国际资本流动的愿景对那些仍未与外国债权人达成协议的政府来说,既是"胡萝卜"又是"大棒"。尤其是智利,当清楚了清偿债务是从新建立的国际复兴和开发银行(世界银行)获得贷款的前提条件时,其很快就达成了协议。[①]

达成清偿的协定并不意味着全部偿付外债。那些没有支付的利息从未变成任何协议中的资本,本金在一些特殊情况下也被削减了。一般来说,那些拖欠债务的国家同意重新偿还债务本金,但名义利率却很低,并且偿还期

---

① 1946年9月,世界银行拒绝向智利提供4000万美元的贷款。在智利宣布与其债权人达成协议后,世界银行于1948年3月提供了一笔1600万美元的贷款。参见乔根森和萨希(1989)。

限延长多年。这些协议并未给任何一个共和国带来重大负担;而且无论如何,世界性的通货膨胀逐步减轻了偿还债务的实际负担。

阿根廷再次成为一个例外。它做出了相当大的自我牺牲,在 20 世纪 30 年代偿还了全部外债,但并未换来明显的新资本的流入。民族主义的浪潮曾导致 1943 年的军事政变,并使庇隆以压倒性的多数选票赢得了 1946 年的第一届总统选举,也说服了阿根廷的决策者还清所有外债以换取国内的安全:战前中央、各省、市政府的外债到 1949 年时已经全部还清。这需要阿根廷动用所积累的外汇储备的一大部分,与其他国家相比,这就限制了阿根廷的选择。[1]

阿根廷还将其国际储备的相当一部分用以外国拥有资产的国有化,最主要的是对铁路网络的收购。这些铁路自第一次世界大战建成以来,大部分都掌控在英国人手里,(一小部分)由法国人控制。1948 年,阿根廷花费了一大笔钱——1.5 亿英镑(约合 6 亿美元)来收购英国铁路公司。现在人们普遍认为这笔钱太多了,但要知道,阿根廷是通过它在伦敦积累的、一直无法兑现的英镑来支付的。因此,当时双方都认为自己得到了一个最低价格。[2]

对外国资产的国有化并不仅仅局限于阿根廷。那些大国,甚至一些小国,都收购了很多基础设施、运输公司和金融机构;一些矿业公司也被政府接管。墨西哥利用外汇与外国公司就 1938 年没收石油工业的补偿条件达成了协议。在拉美的很多地方,增加的国际储备以及日益上涨的民族主义情绪共同成了私人部门和公共部门之间平衡转变的理想催化剂;外国资本家并非唯一受此影响的群体。[3]

---

[1] 参见乔根森和萨希(1989)。

[2] 有某种推测,庇隆确信英国很快就会放弃它的英镑地位,而这会给阿根廷留下没有价值的资产。阿根廷也无法期望从美国得到任何实惠,因后者在最初几年对庇隆政权充满敌意。参见麦克唐纳(1990),第 137—143 页。

[3] 国有化也涉及国内的资本家。为此,庇隆创建了阿根廷贸易促进会——拥有对外贸易的实际垄断权,取代了很多本土公司。它还使庇隆主义政府得以在农产品出口价和国内消费价之间进行区分,并将利润引入工业化计划。参见托尔(1991),第 80—81 页。

　　债务清偿和国有化,部分地说明了 1945 年后外汇储备的流失,但主要的原因还在于进口的增加。在战争年代,所有共和国获得进口商品的努力都遭受了挫折,存在着大量被抑制的需求。家庭需要获取那些曾经得不到的消费品,或者购买使用过其劣质替代品的消费品;公司需要资本货物以用来增强生产能力和改进质量;此外,从农业向工业的转变正在产生一波对进口原料的强烈需求。

　　起初,政府本以为那些积累起来的外汇储备足以满足对各类进口推迟了的需求;但事实证明,战后立即出现的增长是过度的。在战争结束后的 3 年内,拉丁美洲的进口量增长高达 75%(参见表 8.4),进口值增长到了难以持续的 170%;而战争期间进口急剧下降的阿根廷,其进口量增加了 300%。[①] 在大国中,只有墨西哥的进口量下降;该国在 1945 年以前受进口短缺的影响最小,并早在 1947 年就出现了严重的国际收支问题。

　　更令决策者们烦恼的是,进口的增长率并未出现任何下降的迹象,但又不得不做出艰难的抉择。如果让进口继续增长,除非外汇储备能通过出口的扩大和外国资本的流入得到补充,否则很快就会枯竭。如若其不容易实现或表现不理想,那唯一的选择便只有限制进口增长。这一基本选择将每个共和国都置于战后最大困境之中。

　　限制进口在拉丁美洲并不罕见。自 1929 年以来,这项政策就因该地区 *282* 的现实状况而被采用,进而引起了广泛的结构变革和工业增长。那些把内向型发展视为次优选择的政府实施了这项政策,但他们却缺乏理论和思想基础。罗马尼亚经济学家米哈伊尔·曼诺伊列斯库所著的支持工业保护主义的最主要著作被译成西班牙文和葡萄牙文,但作者的思想和他对法西斯主义的支持使其在战争末期备受质疑。[②]

---

① 阿根廷曾遭受美国对其战时中立的不满所带来的后果,这一政策导致了 1942 年 2 月部分经济抵制和很多进口供给的严重削减。参见埃斯库德(1990),第 63—68 页。

② 参见洛夫(1994)。

战后初期,拉美大部分地区的政策辩论发生了重大转变,促使一些政府(但绝不是所有政府)采取内向型发展和进口限制作为最佳政策。引发这一变化的原因既有内部和外部的,也有思想和政治层面的。在它们的共同作用下,该地区大多数国家基于初级产品出口导向型增长的理论基础逐渐瓦解。

自20世纪20年代以来,一个急剧变化的因素就是民族主义。20世纪30年代的经验教训是,在国际贸易和支付体系崩溃,以及发达国家在与拉美国家发展关系的过程中谋求经济、政治甚至军事力量最大化的共同作用下,产生了一种对外国商品和资本开放的发展模式的抵触情绪。那种在战时与美国合作,并幻想形成一种新的、更为公正的战后劳动分工的希望很快就破灭了;而美国与阿根廷之间战时的紧张关系导致了民族主义的浪潮,进而诱发了减少对外国的依赖的发展模式。[1]

第二个因素是出口悲观主义。大多数拉美国家认为,战后欧洲所面临的问题证明,若想旧大陆重新成为进口初级产品的消费者,需要很多年。最初,欧洲快速增加实际收入的失败不仅限制了需求的增长,而且使欧洲更加难以拆除对农业的保护主义之网。冷战进一步瓦解了早已支离破碎的国际贸易和支付体系,带来了第三次世界大战的真正威胁。

出口悲观主义也体现在1948年建立的[2],自20世纪50年代由劳尔·普雷维什主持的拉美经委会的工作中[3]。作为第一个关心拉美问题胜于泛美问题的区域性组织,拉美经委会自其第一份文件起就与下列思想紧密联系在一起,即:拉美的净易货贸易条件遭受了长期衰退;拉美更适合内向型发展;

---

① 这有助于解释工业化在阿根廷的吸引力。庇隆认为这是一种奖励其城市支持者的方式,同时也减少对外国势力的依赖。

② 最初,拉美经委会主要关心拉美共和国的问题。随着加勒比地区的非殖民化,一些前英国殖民地加入这一组织。

③ 拉美经委会的首位主任是墨西哥的古斯塔沃·马丁内斯·卡瓦尼亚斯(1949—1950)。这一位置最初是想交给普雷维什的,但普雷维什为了撰写拉美经委会第一部《拉美经济概览》的序言而于1948年搬去了圣地亚哥。参见拉美经委会(1949)。普雷维什于1950—1963年担任执行秘书。参见多斯曼(2008),第12章。

为了推行工业化,需要提高进口壁垒。尽管拉美经委会模式的理论和实践基础薄弱[1],但它依然有助于一些国家将政策辩论的重心从出口导向型增长转向进口限制。

但是,限制进口最有说服力的论据是外汇短缺。到 1948 年底,阿根廷已经消耗了其大多数黄金储备和外汇储备。巴西早在 1947 年就被迫采用了进口许可证制度以便分配外汇的使用。[2] 在墨西哥,国际收支的形势变得十分严重,以至于汇率在 1948 年急剧下降,并在 1949 年再次下降:仅在一年多的时间内,其货币与美元的比价就几乎下降了一半。[3]

所以,各种因素作用在一起使得基于内向型发展的模式更具吸引力。但拉美国家的反应却不一致。少数共和国——阿根廷、巴西、智利和乌拉圭——十分积极地采用了新的发展模式,但其他国家——包括哥伦比亚和墨西哥——试图将内向型模式与促进出口政策相结合。一些小国和盛产石油的委内瑞拉都没有受到出口悲观主义的影响,而且起初,它们认为没有理由背离以初级产品为基础的传统出口导向型增长模式。最后,玻利维亚、巴拉圭和秘鲁在战后初期实行了设计不佳的政策,阻碍出口,而又未能发展与进口相竞争的部门,最终转向了以出口多样化为基础的外向型政策。波多黎各也采用了外向型政策,其经济开发署积极鼓励美国公司建立制造子公司,其所生产的产品后来被免税重新进口到美国大陆。[4]

新的内向型模式意味着对进口的限制。其通过以下措施得以实现:进口许可证、高关税和一套复杂的汇率制度——对重要的进口商品保留最低汇率及对奢侈品实行最高汇率。在实行内向型发展的共和国,最高和最低汇率

284

---

[1]　关于这个问题的文献很多,例如,参见斯普劳斯(1983)、迪亚科萨瓦斯和斯坎狄索(1991)以及鲍威尔(1991)。

[2]　参见卡希尔(1973),第 250—258 页。

[3]　参见戈尔德(1988),第 1128—1130 页。

[4]　经济开发署改变了波多黎各的生产结构,工业取代了农业,成为最主要的部门。参见迪特斯(1986),第 4 章。

之间的差价很大,并且越来越大。在阿根廷,1945 年的差价是 34％,到 1951
年变成了 452％,当时至少存在 7 种汇率。[1] 类似的现象也出现在玻利维亚、
巴西、智利、巴拉圭和乌拉圭。相比之下,哥伦比亚和墨西哥——急于避免本
国出口部门遭到损害——在 50 年代初让汇率贬值,基本统一了汇率。[2]

在内向型模式下实行的进口限制极为有效。尽管净易货贸易条件有所
改善,以及朝鲜战争对商品价格有所影响,但早在 1947 年的墨西哥、1948 年
的阿根廷、1949 年的智利、1951 年的巴西和乌拉圭进口量就已达峰值。此
外,限制进口产生了改变有利于资本货物的进口商品结构这一预期效果。到
20 世纪 60 年代初,所有内向型国家的消费品进口比例急剧下降,阿根廷和巴
西则降到了 10％以下。[3]

285   尽管外向型发展模式保存下来了,但仅局限于不是很重要的国家。在
这类国家中,进口限制不太严重,多重汇率的情况较少,汇率普遍较为稳定。
最初,随着净易货贸易条件和出口购买力的改善,进口额稳步增长。但在朝
鲜战争后,净易货贸易条件开始恶化,对内向型模式的抵制开始减弱。到 20
世纪 60 年代中期,每一个拉丁美洲共和国——甚至那些促进出口的国
家——都集中一切力量来限制进口,并鼓励那些与进口相竞争的部门(参见
第九章)。

国际经济新秩序

主要的盟国——特别是英国和美国——从战争早期就开始为战后时期
制定计划。所有各方都希望避免两次世界大战期间的缺点、失误和以邻为壑

---

[1]　关于庇隆主义经济政策,参见赫尔楚诺夫(1989)。

[2]　关于墨西哥汇率政策,参见索利斯(1983),第 118—122 页。关于哥伦比亚,参见奥坎波
(1987),第 252—262 页。

[3]　参见格伦尔德和马思格罗夫(1970),第 20 页。

的政策。人们普遍认识到有必要对国际收支状况进行国际监督,有必要建立推动汇率稳定的机制,有必要建立促进国际资本流动的新机构,有必要建立一个全球组织来监督消除国际贸易壁垒。人们还普遍认识到,至少在战争期间,需要促进初级产品市场的有序发展,避免商品价格破坏性的波动。

迈向建立国际经济新秩序的第一次进展是 1944 年 7 月召开的布雷顿森林会议,[①]作为世界上最大的债权国和其经济实力因战时生产的增加而得到极大加强的美国,在会议上处于唯一发号施令的地位。尽管近半数的参与国是拉美国家,但其几乎无法影响最后的结果。即便是英国,由于受到债务和战争的拖累,也无法赢得对约翰·梅纳德·凯恩斯所提出的激进思想的支持。[②]

因此,布雷顿森林会议反映了美国的偏好和优先事项,包括建立两个在联合国主持下运作的新国际组织:国际货币基金组织(IMF)以及国际复兴和开发银行(IBRD 或世界银行)。与国际联盟的许多组织设立在中立国瑞士不同,这些新组织(后来被称为"天生的孪生子")将以华盛顿为大本营——反映了新的全球力量平衡。美国认为贸易问题,包括商品协定和价格控制是次要的问题,因此将其推迟到以后的会议上讨论。[③]

286

贸易问题的推迟并没有引起布雷顿森林会议拉美与会者的过度关注,他们一般都是新组织的热心支持者。事实上,所有共和国几乎都是以创始成员国的身份加入了"天生的孪生子"(只有海地和阿根廷除外,它们是在 1953 年和 1956 年分别加入的[④])。最初,国际货币基金组织在拉美得到了广泛支持,

---

① 参见范·道尔梅尔(1978),第 16 章。

② 参见哈罗德(1951),第 13—14 章。作为国际收支地位十分脆弱的债权国的代表,凯恩斯主张建立国际储蓄货币 BANCO,这种货币可以受命发行,还可以缓解赤字国家的清偿问题。

③ 然而,凯恩斯对初级产品出口所面临的问题十分关注。在布雷顿森林会议上,他主张一项稳定初级产品价格的计划。

④ 由于布雷顿森林会议仅限于那些支持同盟国的独立国家参加,因此只有 45 个国家的代表团参加了这次至关重要的会议,其中 19 个国家来自拉丁美洲。阿根廷没有参加,其获取成员国身份不得不拖延到庇隆被推翻。海地与布雷顿森林会议的协定基于"技术"原因而延迟。参见霍斯菲尔德(1969),第 117 页。

因为来自该基金组织的借款可以自动上升到一定水平,并且布雷顿森林会议没有对附加借款的条件有规定。有了借款的权利,就可以不必每次都在国际收支的外部冲击发生后做痛苦的调整了,也避免了维持巨额外汇储备以赚取实际负利率的需要。[①]

　　尽管拉美地区的经济学家对国际货币基金组织坚持固定汇率持保留意见,但拉丁美洲各共和国却对世界银行表现出毫无保留的热情。在债券金融业已崩溃和欧洲的直接投资因旧大陆的重建而被排除的战后环境下,一个真正致力于项目贷款的多边组织的建立,似乎为拉丁美洲提供了一个与完全依赖美国资本相抗衡的力量。事实上,1948—1949 年,世界银行的首批贷款中有一部分贷给了拉丁美洲共和国(智利和哥伦比亚),世界银行对那些优先考虑公共投资的国家进行了一系列高端的研究。[②]

　　然而,结果却是令人失望的。国际货币基金组织和世界银行的投票权都是由份额的多少来决定的,[③]这使得欧洲具有比拉美更大的优先权,因此,在实践中,它们对美国资本的依赖程度并不高。此外,从冷战一开始就很清楚,拉丁美洲不会是美国官方资本流动的优先事项,该地区不得不寻求美国私人资本来满足发展和国际收支的要求。因此,拉美的注意力不可避免地开始转向在布雷顿森林会议中被搁置的国际贸易问题。

　　国际经济新秩序的第三根支柱,即国际贸易组织创建的第一步,是在瑞士签署的关税及贸易总协定——作为更广泛探讨所有与贸易政策相关问题的前奏。这些重要的会议于 1947 年 11 月到 1948 年 3 月在哈瓦那举行,有很多拉丁美洲共和国参加。智利、巴西与澳大利亚和印度联合起来,要求对发

---

① 由于 1939 年后美元价格不断上升,加之国际储备的名义回报率为 0,实际利率必然是负的。即使在 20 世纪 40 年代末美元通货膨胀降到了很低水平,外汇储备的实际购买率损失也不容忽视。

② 其中最著名的是由劳齐林·柯里撰写的关于哥伦比亚的报告,参见世界银行(1950),该报告得益于作者与各届哥伦比亚政府之间的长期联系。参见桑迪兹(1990)。

③ 投票权视份额的比例而定。19 个拉美共和国(不包括阿根廷)的原始份额占整个份额的7.9%,而美国占了 31.25%,英国占了 14.8%。参见霍斯菲尔德(1969),第 96 页。

展中国家在国际贸易和投资方面给予特殊优惠——这一集团的特殊利益现在首次得到承认。[①]

　　由 56 个与会国中的 53 个国家所签署的《哈瓦那宪章》，在一定程度上解决了拉丁美洲对国际贸易，特别是对初级产品的关切。[②] 然而，美国一直没有批准这个宪章，英国也将其决定推迟到美国下定决心之后，而国际贸易组织的想法很快就被淡忘了。世界上仅保留了关税及贸易总协定（简称关贸总协定），它最初引起的兴趣很小，只有 23 个国家——其中 3 个是拉美国家（巴西、智利和古巴）——勉强批准了该条约。20 世纪 50 年代初，其他少数拉丁美洲共和国（尼加拉瓜、多米尼加共和国、海地、秘鲁和乌拉圭）加入了关贸总协定；但大多数共和国，包括那些已经加入的国家，认为该组织无关紧要，也无力解决拉丁美洲主要关心的贸易问题。

　　关贸总协定被认为是无关紧要的，是源于其无力解决拉丁美洲初级产品的贸易问题。农业被排除在其职权范围之外，因此，它无力解决初级产品出口商面临的众多关税和非关税壁垒问题。相比之下，制造业贸易被关贸总协定作为紧急事项处理，大多数成员国都采取了大幅度削减贸易壁垒的措施。[③]

　　关贸总协定未能解决初级产品的国际贸易问题，由此使那些致力于内向型发展的拉丁美洲共和国坚定了决心。经过一个多世纪的出口导向型增长后，最重要的几个共和国对国际市场为增长和发展提供必要刺激的能力失去了信心。然而，就在拉丁美洲许多国家转向内向型模式之际，世界进入了一个非凡的 25 年（1948—1973 年）的上升时期，重新确立了国际贸易作为大多数发达国家和许多发展中国家增长引擎的地位。

---

① 与发展中国家作为一个独立集团的概念相一致的是，发展经济学被承认为一个独立的分支学科。参见阿恩特（1985），第 151—159 页，而且迈耶的个人著述中也有很多关于发展经济学的先驱的描述（1984、1987）。

② 参见斯卡梅尔（1980），第 45 页。

③ 农业从关贸总协定的条款中移除出于很多原因。最主要的是当时的不安全形势，这使发达国家很不情愿在食品供给方面实行自由贸易。见温特斯（1990），第 1288—1303 页。

有几个因素激发了战后时期国际贸易的活力。到 20 世纪 40 年代末,马歇尔计划已经缓解了欧洲的国际收支问题,帮助提高了资本积累率,加速了重建进程。德国的货币改革和英法两国的货币贬值消除了汇率比价的不平衡,为欧洲恢复出口以支付从美国大量购买的制成品铺平了道路。在亚洲,商品供应和购买力逐渐恢复正常,而日本的防御开支现在受到宪法的限制,因此就以前所未有的速度将资源投入生产性投资。[①]

关贸总协定由于其条款无法处理初级产品贸易和服务问题,所以就把精力都放在了减少制成品所面临的贸易壁垒上。在一系列的"回合"中,被关贸总协定成员国认为十分重要的制成品的关税和非关税壁垒被逐渐消除。由于拉丁美洲的明哲保身,[②]关贸总协定的谈判反映了主导该组织的发达国家的利益,发展中国家特别感兴趣的制成品贸易壁垒不是下降缓慢(例如加工食品)就是在增加(例如纺织品)。

关贸总协定主张不歧视、多边主义和最惠国待遇。但是,在自由贸易区和关税同盟的情况下允许例外。西欧国家决心创造条件以避免另一场战争的爆发,就利用这个机会通过欧洲经济共同体和欧洲自由贸易区[③]来推动地区一体化。苏联尽管不是关贸总协定的成员国,但也通过经济互助委员会促进了自身模式的地区一体化,结果东欧国家之间的贸易迅速增长。

贸易壁垒的减少导致世界进出口的空前增长。1948—1973 年,国际贸易值以每年 9.7% 的速度增长,而量的增长仅略微低一些。然而,贸易越来越集中在少数几个专门从事制成品出口的发达国家。尽管迟至 1955 年,发达国

---

① 关于战后发达国家的重建可见斯卡梅尔(1980),第 5 章。

② 许多拉丁美洲共和国(如哥斯达黎加、墨西哥和委内瑞拉)直到 20 世纪 80 年代甚至更晚才加入关贸总协定。

③ 欧洲经济共同体是由 6 个国家——比利时、法国、德国(西德)、意大利、卢森堡与荷兰——通过 1957 年的《罗马条约》建立的,20 世纪 80 年代发展成为欧洲共同体,90 年代又发展成为欧洲联盟。英国最早认为它在帝国范围内承担的义务与欧共体成员国身份不符,便于 1960 年与奥地利、丹麦、挪威、瑞典和瑞士(应该还有葡萄牙。——编者注)组建了欧洲自由贸易联盟。

家之间的制成品贸易占世界贸易的三分之一,但是到 20 世纪 60 年代末已上升到将近一半。此外,发达国家初级产品出口的总值也超过了发展中国家,到 1969 年,它们在世界贸易中已经占到了 80％以上的份额。①

因此,国际经济新秩序主要有利于发达国家。只有像一些东南亚国家从 20 世纪 50 年代末开始做的那样,参与制造业出口的惊人增长,发展中国家才有希望从世界贸易的扩张中获得利益。然而,初级产品贸易并未停滞。尽管初级产品在国际贸易的扩张中处于次要地位,但在 1950 到 1970 年间仍以每年 6％的速度增长。在历史上看,这是令人难以忘怀的;这也保证了那些发展中国家从世界贸易的扩张中保住一些有利的市场份额。 *290*

一些发展中国家的确从初级产品出口的扩张中取得了一定的收获,但拉丁美洲各主要共和国却选择了不同道路。结果,拉丁美洲占世界总出口的份额稳步下降(参见表 8.5)。拉丁美洲人口占世界人口的 6.5％,1946 年拉丁美洲出口占世界总出口的 13.5％,但到 1955 年这一份额下降到 10％以下,1960 年又降至 7％。事实上,到 1965 年该地区在世界总出口中所占的份额已降至其人口占比之下——这可能是自独立以来的首次。随着拉丁美洲在世界总进口中份额也出现了类似的下降,该地区正日益脱离国际贸易体系。 *291*

拉丁美洲的世界贸易份额的下降并非全部由内向政策引起,而且在任何情况下,都不是所有共和国皆放弃出口导向型增长(参见第九章)。部分问题在于,拉美全力出口初级产品之时恰逢初级产品贸易的增长大大低于世界贸易的增长。朝鲜战争之后,当该地区的贸易条件达到峰值时,初级产品的价格相对于制成品价格下降。净易货贸易条件的下降为那些接受拉美经委会积极拥护的理论的人提供了支持,即初级产品出口国的净易货贸易条件呈长期下降之势,这种净易货贸易条件的下降在 20 世纪 70 年代大宗商品价格

① 参见斯卡梅尔(1980),表格,第 128 页。

表 8.5 1946—1975 年拉美国家在世界和地区出口中的份额(%)

年份	占世界总出口的份额			各国占拉美总出口的份额				
	整个拉美	主要国家[a]	其他国家	阿根廷	巴西	古巴	墨西哥	委内瑞拉
1946	13.5	8.9	4.6	25.5	21.2	11.6	6.9	11.1
1948	12.1	7.3	4.8	24.5	18.2	11.2	5.7	17.2
1950	10.7	6.7	4.0	18.4	21.2	10.4	8.3	14.5
1955	8.9	4.9	4.0	11.8	18.0	7.7	9.9	23.0
1960	7.0	3.5	3.5	12.8	15.0	7.2	9.0	27.2
1965	6.2	3.2	3.0	13.9	14.9	6.4	10.4	22.8
1970	5.1	2.8	2.3	12.0	18.5	7.1	9.5	17.7
1975	4.4	2.2	2.2	8.2	24.0	8.1	8.0	24.3

[a] 包括阿根廷、巴西、智利、哥伦比亚、墨西哥和委内瑞拉。

来源:国际货币基金组织《国际金融统计年鉴》,拉美经委会(1976)。

繁荣之前是问题的症结所在。[1]

拉美初级产品出口面临的另一个问题是发达国家对农业的保护和欧洲列强对前殖民地的偏爱。这两方面都不足为奇,但欧洲经济共同体的共同农业政策[2]对拉丁美洲温带产品出口国来说是另一个沉重打击,而针对美国和日本农民的保护是另一件令人困扰的事。[3] 欧洲帝国特惠制被摒弃,取而代之的是欧洲经济共同体采取的一种给予一些与拉美竞争的发展中国家的出口在关税和其他方面特惠的方案。《洛美协定》,正如其最终被称呼的那样,

---

[1] 关于初级产品与制成品价格之比长期缓慢下降的理论——仍有争议——必须和几乎所有初级产品出口国在 20 世纪 50 年代初之后的 20 年所面临的价格下降相区分。朝鲜战争引发初级产品价格上涨,这不足为奇,但随后净易货贸易条件的下降不可避免地对国际收支构成了压力。拉美经委会在许多出版物中使用这一点作为长期假设有效性的初步证据。例如,参见拉美经委会(1970),第 3—31 页。

[2] 共同农业政策是根据 1957 年的《罗马条约》制定的。当时,欧共体是食品净进口国,所以共同农业政策的高支持价格对国内农民的最初影响是进口替代农业和贸易转移。但是,共同农业政策是如此有效,以至于欧共体迅速地从食品净进口国变为食品净出口国。其在世界市场上对许多拉丁美洲的商品(如糖、牛肉和小麦)产生了重大影响。关于共同农业政策,参见平德(1991),第 5 章。

[3] 在罗斯福新政下,美国农民得到了极大的保护,支付不足的结构保留到战后时期。日本稻农受到高度保护,当地价格常常比世界价格高出 4 或 5 倍。参见世界银行(1986),第 6 章。

排除了所有拉丁美洲国家,直到 1989 年海地和多米尼加共和国被允许 *292*

加入。①

　　尽管初级产品贸易的全球障碍十分重要,但它并不足以解释拉美出口的不良表现。该地区的出口增速不仅远低于世界贸易的增速,而且低于所有发展中国家的增速,甚至低于所有西半球发展中国家的增速。② 尽管许多初级产品(如棉花)的世界贸易仍相对自由,但该地区保留了对一部分初级产品的依赖,而事实证明这不可能维持——更不用说增加——市场份额。

　　在 20 世纪 30 年代后期(参见表 8.6),仅仅 20 种商品就占了拉美出口的 80%——而这一数字在近 30 年后几乎没有变化。事实上,商品的集中度比这些数字所暗示的还要高,因为前 10 种商品占出口的近 70%,而前 5 种则占近 50%。因此,在没有实行出口多样化的情况下,拉美国家出口的增长取决于一小部分商品的业绩。

　　这些商品中的一部分(例如糖和玉米)由于保护和歧视,在世界市场上面临着无法克服的障碍,但其他商品(例如石油和棉花)享有有利的收入弹性,相对不受贸易壁垒的影响。然而,如果我们考察拉丁美洲在 20 世纪 30 年代后期的 10 种主要产品的世界市场份额,就会发现只有两种产品(棉花和铜)在 1934—1938 年之后的 30 年里有增长,而咖啡、石油、糖、小麦、牛肉、羊毛、玉米和皮革的市场份额都减少了。

　　在某些情况下,市场份额的损失是巨大的。因此,尽管 20 世纪 50 年代委内瑞拉的石油收入有所增长,但由于中东的廉价石油生产源源不断,拉丁美洲在世界石油出口中所占的份额在不到 30 年的时间里从 53% 下降到 29%。

---

① 　《洛美协定》是在英国(以及丹麦和爱尔兰共和国)1973 年加入欧共体后不久制定的。它产生于《雅温得协定》,该协定允许法国与其殖民地通过欧共体以一种有利的安排保持联系。参见平德(1991),第 177—181 页。由于许多加勒比国家通过《洛美协定》与欧洲联系在一起,欧共体最终接受了多米尼加共和国和海地为其成员国。

② 　这之所以成为可能是因为一些加勒比国家(如特立尼达和多巴哥)被列为西半球发展中国家的一部分而不是拉丁美洲的一部分。

表 8.6　拉美出口中的商品份额(百分比)和排名[a]

商品	1934—1938 年	排名	1946—1951 年	排名	1963—1964 年	排名
咖啡	12.8	2	17.4	1	15.0	2
石油	18.2	1	17.3	2	26.4	1
蔗糖	6.1	4	10.2	3	8.6	3
棉花	4.5	8	4.7	4	4.3	6
铜	4.7	7	3.4	8	4.9	4
小麦和面粉	5.1	6	4.2	6	1.7	
牛肉和牛	5.7	5	4.4	5	4.4	5
羊毛	4.3	9	3.7	7	2.0	9
玉米	6.3	3	2.0		2.0	10
鱼和鱼粉	0		0.1		2.4	8
皮革	3.5	10	3.2	9	0.5	
铁矿石	0		0.1		2.8	7
林业产品	1.0		2.3	10	1.0	
小计	72.2		73.0		76.0	
20 种产品[b]	80.4		79.3		81.8	

[a] 每个时期只有前 10 种产品有排名。
[b] 列出的产品加上可可、香蕉、铅、锌、锡、油/植物油和硝酸盐。
资料来源:引自格伦沃尔德和马雷夫(1970),表 A.6,第 21 页。

激进的内向型政策将该地区——特别是南椎体国家——的小麦、牛肉和羊毛的市场份额降低到了无法仅用贸易歧视来解释的水平。事实上,在庇隆领导下,阿根廷感到有必要通过法律禁止在某些日子里肉类的国内消费,孤注一掷地——并未成功——试图阻止产品从世界市场转向国内市场。[①]

　　有一些国家获得了市场份额,但它们主要是小国,其出口情况对地区总体影响不大。出口多样化也遇到了这种情况,主要的成功案例是中美洲、多米尼加共和国、厄瓜多尔和秘鲁。在许多情况下,拉美一国之所得即为另一国之所失。中美洲、厄瓜多尔、多米尼加共和国和墨西哥在世界市场上赢得的咖啡份额,部分地抵消了巴西的巨大损失,但非洲出口国也因此分得一杯

羹。20 世纪 60 年代的蔗糖所得则是菲德尔·卡斯特罗上台后美国对古巴进

---

① 此外,还给予出口商税收优惠和其他优惠。参见赫尔楚诺夫(1989),第 71—78 页。

口配额重新配置的直接反应。[①]

世界贸易的长期繁荣并不能长久持续,并在 1973 年的第一次石油危机后增长速度大幅度下降。然而,在 1945 年后的几乎每一年,世界贸易的增长都快于世界国内生产总值的增长,为那些出口结构已经适应了新的需求模式的国家提供了机会。世界贸易中最具活力的部门是制成品,而拉丁美洲国家却对新的现实认识缓慢。即使是那些战后出口业绩令人满意的共和国,仍专门生产初级产品。

波多黎各利用其与美国的独特关系,到 20 世纪 50 年代,已经将制造业出口变成一个新的增长引擎。但是,美国市场的免税准入和几乎不受限制的资本供给,导致大多数决策者打消了采用波多黎各模式的想法。20 世纪 60年代,墨西哥从北部边境的客户工业(组装厂)向美国出口制成品取得了相当大的成功后,[②]其他拉美国家的政策制定者也开始认真考虑促进出口。依靠制成品出口成功地取得增长和公平的东南亚经济体为政策改革[③]提供了又一范例。但是,直到 20 世纪 80 年代的债务危机才最终使该地区的所有共和国相信,必须做出积极努力,打破出口对少数初级产品的依赖(参见第十一章)。

因此,拉美失去了战后长期的国际贸易繁荣所创造的机会。少数几个较小的国家在促进初级产品出口方面取得的有限成功不能掩盖整个地区已经逐渐失去市场份额的事实。恰如拉美在 20 世纪 20 年代推动了出口专业化一样,当时将一些资源转向非出口部门是明智的。1945 年后该地区又撤出了世界市场,而这时出口增长提供了大量的机会。每一次,"市场"展现出对资

295

---

① 1960 年美国将古巴的蔗糖配额重新分配给其他拉美国家,这是古巴革命后两国关系恶化、美国首先采取的报复性措施之一。由于许多拉美国家从中受益,美国认为这是在 1962 年美洲国家组织会议上确保获得所需投票以排斥古巴的有效手段。见多明各斯(1989),第 23—26 页。

② 关于工业的早期增长,参见斯克莱尔(1989),第 3 章。

③ 以衡量收入分配不均的最主要指标即基尼系数来看,亚洲四小龙在 20 世纪 50 年代的基尼系数明显低于拉丁美洲。这种不平衡在之后进一步扩大。参见菲尔兹(1980),第 5 章,以及斯则克里和蒙特斯(2006)。

源配置难以捉摸的导向,决策者要善于填补真空,并通过干预将相对价格向期望的方向转变。[1] 在 20 世纪 40 年代后期的不确定环境下,内向型发展的理由是可信的,但在 10 年后,这个理由就不那么可信了,到 20 世纪 60 年代这个理由几乎站不住脚了。该地区为未能更快地调整政策付出了高昂的代价。

---

[1]   到 20 世纪 40 年代后期,许多国家的多重汇率、关税、配额以及许可证的复杂结构——更不必说阿根廷的国家销售委员会了——使得国内政策工具的变化对出口国来说比世界市场价格的变化更重要。例如,决定商品采用另一种汇率,就可以轻易消除世界市场价格哪怕是微小的变化所产生的影响。

第九章

战后时期的内向型发展

到 20 世纪 50 年代初,尤其是朝鲜战争后,拉丁美洲各共和国面临着一个抉择:是明确地选择内向型发展模式从而降低其受外部冲击的脆弱性,还是在出口强化和出口多样化结合的基础上推进出口导向型增长模式。[①]

这一选择并非是凭空想象的。每种选择都有利于不同的社会群体,从而使经济上的争论带来政治上的转折。与此同时,国际和地区组织也对其结果施加了巨大的影响。虽然国际货币基金组织赞成将外向型政策作为解决收支平衡问题的办法,但拉美经委会在劳尔·普雷维什的有力领导下捍卫内向型政策。随着朝鲜战争后净易货贸易条件的恶化(这是拉美经委会内向型发展分析中的一个关键特征),思想的钟摆开始向进口替代工业化摆动。然而,由于认识到出口部门在经济、社会和政治方面仍发挥着关键作用,许多政府仍不愿意完全放弃出口导向型增长模式。

对于那些已经建立了重要工业基础的共和国(阿根廷、巴西、智利、哥伦比亚、墨西哥和乌拉圭),其答案很简单。自 20 世纪 20 年代后期以来,出口 297 部门屡受冲击——部分有利,大多是不利的,导致了这些国家对出口导向型增长的强烈反对,并广泛地采取了支持工业化的各项政策。拉美经委会似乎

---

① "出口强化"是指强调传统商品的出口,以提高其在国内生产总值和(在有些情况下)出口总值中所占的份额;"出口多样化"是指促进非传统商品的出口。

为这些政策提供了理论依据,进口替代工业化已经证明了它有能力在制造业部门促进产出和就业的快速增长。事实上,进口替代工业化的"容易"阶段已经在这些共和国完成,其抑制进口的政策已经将消费品在进口总额中所占的比例降至最低水平。[①]

其他共和国面临更大的困境。一些国家(玻利维亚、巴拉圭和秘鲁)在第二次世界大战的头几年里也倾向于采用内向型发展政策,但结果却是灾难性的——外汇储备枯竭、供应的瓶颈效应突出以及通货膨胀压力巨大。秘鲁在1948年的一场军事政变后,满怀热情地采取了出口导向型增长模式,但玻利维亚和巴拉圭回归正统却是一件漫长而痛苦的事情。在其他国家,缺乏重要的工业基础被视为内向型发展的关键障碍,因而出口导向型模式在有关共和国得到了不同程度的保留。委内瑞拉(商品机遇期的赢家)和古巴(输家)都依赖出口强化(分别是石油和蔗糖)来维持外汇收入的增长率,而其他大多数共和国则寻求出口多样化。

上述两组国家中的许多成员国的国内生产总值以及人均国内生产总值的增长率都是令人瞩目的。但在20世纪60年代,令人不快的问题随处可见。内向型发展的那组国家受到国内收支危机、通胀压力和风起云涌的劳资冲突的折磨。外向型发展那组国家也受到了国际收支问题以及外部不利条件的影响。因此,两组国家都认为地区一体化可以部分地解决它们的问题。对于内向型发展国家而言,地区一体化提供了一个促进出口的机会,而且还不会受到国际竞争的全面冲击;对于外向型发展国家来说,这为通过地区性的进口替代来实现工业化提供了机会。

每组国家都有一个共同的特征,即收入和财富分配的不平衡。很早之前,收入分配就未能得到显著改善,在有些国家甚至进一步恶化了。有关收入和财富集中的新资料揭示了许多人长期以来的看法——拉丁美洲的不平

298

[①]　在1948—1949年,消费品占进口总额的比例,在阿根廷为13%,巴西为16%,智利为12%,哥伦比亚为20%,墨西哥为17%。参见格林沃尔德和马思格罗夫(1970),第20页。

等比起世界其他地方更为明显。收入水平较低的阶层不能为许多商品和服务提供有效的市场,这被一些人视为阻碍拉美进一步增长和发展的障碍;但是,大多数改善财富和收入分配的努力都没有效果。只有古巴在 1958 年以后实行革命的社会主义政策,最穷的阶层所获得的收入份额发生了天翻地覆的变化,然而其代价——家庭消费的停滞和与美国的对抗——是高昂的。

内向型模式

1929 年后的 20 年,拉美各国被迫采取一系列措施维持国际收支平衡,从而用来为工业增长提供新的机会。那些在大萧条之前就已经建立了现代制造业的共和国抓住了机会,使工业增长率迅速提升。到 20 世纪 50 年代初,在拉美六国(阿根廷、巴西、智利、哥伦比亚、墨西哥和乌拉圭),工业部门已经成为或将要成为主导部门,需求不再主要取决于出口部门的兴衰。这种相对的自主性为基于国内市场实施明确的工业化政策创造了条件。

几乎所有完成工业化前期阶段的国家都采用了内向型模式。然而,秘鲁尽管具备了起码的工业生产能力,但是其工业活力却因 20 世纪上半叶的大部分时间里的一系列不适当的政策而受到抑制;1948 年以后,秘鲁仍然选择了出口导向型增长模式。委内瑞拉也有若干的面向国内市场的现代制造业部门,并依靠石油收入的增长维持其需求,但工业在战后发展模式中仍然只是一个次要的角色,各届政府都在充分利用建立在廉价石油基础上的世界经济所创造的无穷机会。因此,完全的内向型模式最初主要局限于拉美六国——这是本节论证的核心。

内向型模式依赖于制造业。与国内市场有关的其他活动,如建筑、运输和金融并未被忽视,但这一金字塔的底部被认为是稳固地依赖于在排除进口的市场中成长起来的工业体系。然而,对工业提供的保护却是个别的、断断续续的,其目的是保护国际收支平衡,而不是工业的需要。除了关税以外,还

299

包括多重汇率、进口配额和许可证,以及偶尔的全面禁止进口。因此,决策者的首要任务是为工业保护提供更多的合理性。

为工业提供明确保护的政策转变未能使其免受外部压力,作为国际货币基金组织的成员国(1956 年阿根廷最后加入),这些内向型国家受到了取消配额和多重汇率的压力。一些国家进行了抵制。墨西哥将其 1947 年引入的进口配额制度保持到 20 世纪 80 年代。巴西在 20 世纪 50 年代不仅维持其多重汇率制度,还增加了每周的外汇拍卖,以确定许多进口商品的成本。[①] 但一般而言,国际压力还是发挥了作用,保护主要依赖于更正统的手段。

最重要的是关税。在关贸总协定主持之下的连续几轮谈判,正在迅速降低发达国家所实施的关税的时候,许多拉丁美洲共和国——不仅仅是内向型国家——却反其道而行。此外,一些国家还采取了预付进口保障金的形式,从而导致了强烈的保护主义倾向,因为进口商品在其后的销售过程中以当地货币计算的价格大大提高。

表 9.1 表明了拉美六国到 20 世纪 60 年代初的关税保护的程度。这些名义关税率的高低在一定程度上反映出多重汇率和配额正在被逐步淘汰。例如,墨西哥和乌拉圭采用比其他拉美国家更低的税率,这是因为他们对大部分的进口产品仍实行配额制度。此外,汇率通常不能随世界通货膨胀率与国内通货膨胀率之间的差额而变动,导致各国采用关税"偿付"工业资本家由于货币的高估而蒙受的损失。然而,无论用什么标准进行衡量,名义税率都很高——不但高于拉美国家以往所采用的税率,还远高于发达国家任何时候的税率。实际上,正如表 9.1 所示,欧洲经济共同体任何一种商品的名义保护都远低于拉美国家。

300

---

① 参见伯格斯曼(1970),第 30—32 页,表 3.1 表明,消费品进口商还必须在官方汇率以外支付大量额外费用。

表 9.1　1960 年前后拉丁美洲的名义保护率（百分比）

国家/组织	非耐用消费品	耐用消费品	半成品	工业原料	资本货物	平均
阿根廷	176	266	95	55	98	131
巴西	260	328	80	106	84	168
智利	328	90	98	111	45	138
哥伦比亚	247	108	28	57	18	112
墨西哥	114	147	28	38	14	61
乌拉圭	23	24	23	14	27	21
欧洲经济共同体	17	19	7	1	13	13

说明：名义保护率按照关税和费用（以从价税计算）的简单算术平均数计算。以乌拉圭为例，它的计算方法是计算取进口商品到岸价格的理论值（不包括附加费和定金）的简单算术平均数。

来源：马卡里奥（1964），表 5，第 75 页；乌拉圭的情况，参见马卡里奥（1964），表 3，第 70 页。

高名义税率相当于在世界市场价格和国内市场价格之间插入了一个楔子，给消费者带来了沉重的负担。而对生产者来说，高税率只是保护措施的部分内容。对生产者进行保护的关键措施在于保护制度所创造的每个单位产出附加值的变化——不仅要考虑竞争性进口产品的名义关税，还要考虑到关税和其他形式的保护对投入品成本的影响。这一措施被称为有效保护率（ERP）[1]，其更能说明保护工业政策的性质。一般来说，有效保护率对许多种类商品的保护甚至高于名义保护，对于消费品尤其突出。实际上，如果有效保护率为 100％——这种情况并不稀奇——则意味着，在保护制度下，每单位产出的附加值是自由贸易条件下的两倍。[2]

面对如此高的保护率（名义的和有效的），似乎可以认为，国内的私人部门有足够的活力而不必求助于外资。然而，1950 年国内私人部门使制造业的

301

---

[1]　有效保护率（ERP）的定义是：与自由贸易相比，保护措施所带来的附加值（每单位产出）的比例变化。参见科登（1971），第 3 章。

[2]　准确衡量有效保护率是很难的。因为它不仅要考虑关税，还要考虑配额、许可证和多重汇率提供的保护。因此，即使是在同一个国家里，各种估计也有很大差异。但各种估计都一直认为，20 世纪 50 年代和 60 年代制造业的有效保护率很高。参见卡多佐和赫尔维兹（1992），第 94—96 页，例如，其中表 4.9 显示乌拉圭制造业的平均有效保护率达到了 384％。

生产力得到较大的提高,但在战后时期却面临着两大局限:无法获得对新工业进行大规模投资所需的额外资金,也缺乏日益成熟的工业企业所需的技术。

当工业在进口替代的刺激下开始生产非耐用消费品时,上述两大难题并未造成严重影响。进口替代工业化的"容易"阶段并不要求个别企业的大规模投资,所需技术也包含在进口的资本货物中。然而,工业结构向耐用消费品、中间产品和资本货物的转变增大了投资的最低规模,提高了获取在开放市场中所无法轻易获取的技术的要求。

因此,采用内向型模式的国家(有些国家是十分勉强的)不得不修改本国关于外国直接投资的立法,并创造适当的条件吸引跨国公司。阿根廷在1955年胡安·庇隆下台之前就改变了对外国投资的看法,但直到1959年,新的立法框架才被正式采纳。[1] 墨西哥在将很多部门(例如石油、银行、保险和交通等)留给国家资本的同时,鼓励跨国公司对制造业进行投资——起初这是一项困难的任务,源于1938年石油国有化给外资带来的反感情绪。在工业化计划被认为是最伟大的理念而得到采纳的巴西,为了吸引跨国公司,甚至通过了在某些方面对外国投资者比对国内投资者更有利的立法。[2]

跨国公司(最初主要是美国公司)因为自身的技术、市场渠道、管理技术 *302* 和资金来源而受邀来到拉丁美洲。但吸引跨国公司的却是拉美曾是其出口商品的垄断市场。过高的关税壁垒可能阻止了进口,但一旦进入壁垒,外国投资者就会受到保护,免受外国竞争。最有利可图的往往是消费品生产,而不是政府希望建立的中间产品和资本货物工业。因此,外资股权并不限于较

---

① 1959年12月,外资被赋予与国家资本同等的权利。参见彼得雷克拉(1989),第110页,也可以参见科特兹和科萨科夫(2000),第289—291页。

② 在巴西实行的严厉的外汇管制度下,国内公司往往难以获得进口资本货物所需的外汇。然而,1955年,货币当局(SUMOC)颁布了113号令,允许外国公司进口设备时无须进行外汇交易。据估计,享受这种优惠的进口在没有113号指令的情况下其成本会高出45%。参见伯格斯曼(1970),第73—75页。

新的产业部门,许多外资只是购买现成的国内公司。[①] 所以,政府和跨国公司的目标之间产生了一些冲突。这些冲突,加上跨国公司用转移价格来尽量减少税收负担,[②]到 20 世纪 60 年代末,造成了某种紧张局势。此外,政府对外国公司的一系列指令,特别是在汽车工业领域增加本国商品比重的措施,[③]妨碍了两者关系的改善。

在国内私营部门投资不足的情况下,一批国有企业建立起来以支持工业化计划。尽管公共投资主要发生在诸如能源、交通以及通信等社会基础设施领域,但也有一些工业部门适用于公共投资,主要是因为在这些部门,国内私营部门不能或不愿意提供资金,况且由于其产品的敏感性,这些部门也不便由外资控制。1953 年,巴西成立了巴西石油公司,以控制石油工业,并补充制造业的公共投资。[④] 到 20 世纪 60 年代,由跨国公司主导的巴西汽车工业的盈利能力主要取决于国有企业的投入价格(例如钢铁和电力),以及巴西政府的石油政策。钢铁工业也是所有内向型国家国有企业青睐的目标。

由于拉美六国对制造业的重视,制造业快速增长也就不足为奇。作为主导部门,制造业增速超过了国内生产总值,从而推高了制造业在总净产出中的比重。到 20 世纪 60 年代末,内向型国家的制造业占国内生产总值的比重已上升到与发达国家相当的水平。此外,工业生产结构现在已经从食品加工

303

---

① 外资在工业生产中所占份额很大,甚至在历史悠久的行业中也有这种情况。到 20 世纪 60 年代末,外资在主要国家的食品部门占 15%—42%,在纺织业占 14%—62%。而最受外资欢迎的烟草工业,其份额在阿根廷、巴西、智利和墨西哥均占 90% 以上。参见詹金斯(1984),第 34 页,表 2.4。

② 由于跨国公司的子公司之间相互购买和出售,它们常常可以选择非市场价格进行交易,从而将其全球的税务负担降到最低。在边际税率高的国家,这些"转移价格"可被用来提高进口投入品的成本,降低出口的价值。参见威特索斯(1974)。关于公司内部交易一般情况,参见格罗斯(1989),第 10 章。

③ 在 20 世纪 20 年代,当巴西装配第一批汽车的时候,唯一使用的国内材料是座位填充物所用的黄麻。参见唐斯(1992),第 570 页。到 1970 年,遵循 20 世纪 50 年代提高本地成分的立法措施,进口投入仅占产出价值的 4%。参见詹金斯(1987),第 4 章和表 5.2,第 72 页。

④ 关于巴西石油公司的起源,参见菲利普(1982),第 11 章。

和纺织转向了金属消耗工业和化工。拉美最大的国家——阿根廷、巴西和墨西哥——现在被贴上了"半工业化"的标签,而国内市场较小的智利和哥伦比亚紧随其后。只有乌拉圭,在经历了战后第一个十年迅速的工业增长后,却发现自己无法凭借狭小的国内市场来维持制造业的活力。

这一工业上的成功所付出的代价是高昂的。与国际竞争的隔绝导致很多制造业部门在任何意义上都是高成本和低效益。单位成本的偏高不仅是由于可贸易的投入品价格高于世界市场的价格,还由于狭小的国内市场难以支撑最佳规模的企业。① 低效率源于要素价格的扭曲、国内市场缺乏竞争,以及进口壁垒提升所形成的垄断结构。市场的主导力量——包括跨国公司——可以把价格定在高于边际成本的水平,随后其他工业部门纷纷效仿。不可避免的是,受到保护的工业部门的利润率远高于正常水平。②

工业生产的高成本使制成品难以进入国际贸易领域。汇率高估以及整个 20 世纪 50 年代的出口悲观主义,使这一问题变得更加复杂。此外,很多跨国公司的子公司在进入拉丁美洲时签署的合同排除了向第三国出口的可能性(因为跨国公司的子公司有可能在第三国与同一公司的子公司相竞争)。到 20 世纪 60 年代中期,制造业产出的出口比例以及制造业对出口的贡献率仍然很小。只有墨西哥在 1948 年、1949 年和 1954 年通过货币贬值消除了货币高估,才能在制造业出口方面取得重大进展。但即使是在墨西哥——尽管靠近美国市场,还享有边境工业的增长③——工业对外汇收入的贡献仍然很小。

由于工业无法打入世界市场,出口收入只能依赖初级产品,但墨西哥至

304

---

① 制成品一般受制于经济规模,所以生产单位成本随着工厂规模的扩大而降低。卡诺伊(1972)说明了局限于国内市场生产流程的一系列工业商品的超额成本。

② 在 1967—1973 年,巴西的 10 家主要跨国公司的回报率(纯利润与资本和储备的比率)从 9.3%到 26.5%不等。见埃文斯(1979),表 4.4。按照国际标准,这个比率是很高的。

③ 考察墨西哥在 1990 年以前的边境工业的影响是较为复杂的,因为国际收支统计将客户工业排除在贸易账户之外,但其净出口却包括在经常账户中。到 1970 年,这些净出口额达 8100 万美元,而商品出口则为 13.48 亿美元。

少能够通过不断增长的旅游收入来补充其不足。[1] 然而,内向型国家的初级产品出口受到了一系列因素的消极影响。除了朝鲜战争后净易货贸易条件的日益恶化以外,传统出口部门还受到新的工业保护结构所暗含的出口歧视的影响。[2] 高关税迫使初级产品出口商以高于世界市场的价格购入投入品,同时在世界市场上又必须用国际价格销售其产品。在庇隆当政时期的阿根廷,国家市场委员会付给农民的价格甚至低于世界市场价格。[3] 而且,在拉美六国的任何地方,货币高估都阻碍了初级产品出口的增长。[4] 出口多样化的效果有限,出口收入还是依赖于为数不多的几种传统产品。在乌拉圭,强烈的出口歧视导致 20 世纪 50 年代出口量急剧下降,70 年代初期的出口值仍低于 20 年前的水平。[5]

如果内向型模式成功地消除了对进口的需求,那么出口乏力或许并不重要——但它没有成功。虽然部分新的工业产出的确是为了取代进口,但工业本身却是强化了进口。即使能够消除消费品进口,但中间产品和资本货物也必须进口。即使不算利润的汇出,许可证、特许证和技术转移也需要外汇来支付。而且,许多非贸易型货物和服务,例如交通和电信,也是进口密集型

305

---

[1] 墨西哥的旅游业增长显著,游客主要来自美国。到 1970 年,游客人数已达到 200 万——接近拉美总数的一半。虽然墨西哥人本身有很大的出国旅游倾向,但旅游业对国际收支的贡献仍然很重要——1960 年为 2.6 亿美元,1970 年为 4.16 亿美元。参见拉美经委会(1989),表 258,第 466 页。

[2] 出口歧视偏差表示受保护的国内市场和世界市场之间单位产出增加值的比例变化。所以对于同一产品其保护程度比有效保护率更强。关于巴西 20 世纪 60 年代的出口歧视的状况,参见伯格斯曼(1970),表 3.9,第 52 页。

[3] 关于阿根廷贸易促进会的情况,参见第八章,第 280 页,注释[1]。又可参见科尔特斯·孔德(2007),第 4 章。

[4] "货币高估"一词有两种不同的用法。第一种是指与国际收支平衡不一致的汇率,因此当局被迫采取其他限制进口的措施。第二种是指在实行挤压进口的保护制度之后,汇率发生了变化(升值)。除了墨西哥,战后的货币贬值消除了 20 世纪 50 年代大部分时间里的第一种高估,拉美六国在 20 世纪 50 年代和 60 年代经历了以上两种意义的货币高估。

[5] 结果,乌拉圭占世界出口的份额从 1946 年的 0.45% 降至 1970 年的 0.08%,1975 年又降至 0.047%,即 30 年下降到了原来的 1/10。

的。抑制进口以保证国际收支平衡的需要造成了严重的扭曲,几乎每一项取代进口的计划——无论其效率多么低下——都会得到官方支持。巴西通过了一部咄咄逼人的相似产品法,鼓励国内厂家生产进口商品,却对效益置若罔闻。[①] 实际上,由于这些计划本身就是进口密集型的,一些计划所节省的净外汇经常几乎为零。[②]

出口缺乏活力,加上进口需要的增加,造成内向型国家产生没完没了的国际收支问题。消除国际收支不平衡的稳定方案往往代价高昂,因为只有减少中间产品和资本货物的采购才能减少进口,而这会对生产和生产能力造成不利影响。此外,严格的国际收支限制意味着货币供应的过度增长并不能对消费品进口产生溢出效应,所以货币的扩张(例如,通过预算赤字)与国内商品的过度需求和高通货膨胀率有关。由于拉美六国货币管制的松弛以及国内供应(特别是农产品)相对缺乏弹性,大多数内向型国家都遭受了严重的汇率动荡和通货膨胀的压力(参见表9.2)。

国际收支的限制、预算赤字和供应方面的瓶颈问题引发了结构主义学派和货币主义学派对通货膨胀原因的激烈争论。货币主义学派强调不负责任的财政政策导致预算赤字巨大、货币供应扩张和国内通货膨胀。在货币主义的模式下,供应方面的瓶颈是由价格控制(例如农产品)和价格扭曲(例如汇率高估)所引起的,因而它是通货膨胀的结果而非原因。结构主义者并不否认过度的货币发行与通货膨胀有关,而是认为货币供给在很大程度上是被动的,通货膨胀的根本原因在于财政、农业和国际收支的瓶颈。[③]

---

① 相似产品法允许巴西制造商要求禁止任何他们认为可以在当地生产的产品的进口。直到1967年,巴西才正式采纳国内生产价格作为政府决策的主要依据。参见伯格斯曼(1970),第34—35页。

② 外汇总节余可以用被替代的进口商品的到岸价格来衡量。然而,需要考虑进口零部件、进口机械、许可证、专利使用费、利润汇出等因素的净节余。即使净节余为正,数量仍然有限。

③ 关于货币主义和结构主义争论的资料卷帙浩繁,参见索普(1971),瓦赫特尔(1976),希恩(1987)第5章,以及洛夫(1994)。

表 9.2　1950—1970 年的汇率和通货膨胀率

国家	汇率(1960 年＝100)[a]			年均通货膨胀率(％)			
	1950 年	1960 年	1970 年	1950—1955 年	1955—1960 年	1960—1965 年	1965—1970 年
拉美六国							
阿根廷	17	100	482	17	38	27	20
巴西	10	100	2439	18	28	62	48
智利	3	100	1109	47	24	29	29
哥伦比亚	28	100	269	4	10	14	11
墨西哥	69	100	100	10	6	2	3
乌拉圭	17	100	2237	13	25	35	44
拉美十四国							
玻利维亚	1	100	100	108[b]	6[c]	5	6
哥斯达黎加	100	100	118	2	2	1	2
古巴	100	100	100	0	1[d]	6	0
多米尼加共和国	100	100	100	0	0	3	2
厄瓜多尔	100	100	166	2	0	0	5
萨尔瓦多	100	100	100	4	0	0	1
危地马拉	100	100	100	3	−1	0	1
海地	100	100	100	1	1	4	3
洪都拉斯	100	100	100	5	1	4	2
尼加拉瓜	100	100	100	11	−2	2	3
巴拿马	100	100	100	0	0	1	1
巴拉圭	4	100	100	47	11	5	3
秘鲁	56	100	144	6	8	10	9
委内瑞拉	100	100	138	1	2	0	1

[a] 名义汇率(每美元)。

[b] 1950—1956 年的资料。

[c] 1957—1960 年的资料。

[d] 1955—1958 年的资料。

来源：索普(1971)；威尔基(1974 和 1990)；世界银行(1983)，第 1 卷；国际货币基金组织(1987)；布尔默-托马斯(2012)。

结构主义学派把财政瓶颈归因于税收缺乏弹性以及政府为支持进口替代工业化计划而增加开支所带来的持续的压力。随着关税政策由增加收入变为提供保护，关税收入占支出的比例不断下降，因此必须引进新的征税来源。然而，税收缺乏弹性归根结底是税收体制过度依赖间接税收的反映，而这种间接税实际上加重了贫困阶层的负担。直接税的收益令人失望,而且高通货膨胀率会鼓励纳税人尽可能拖延纳税时间。甚至臭名昭著的通货膨胀税——反映了价格上涨导致货币余额损失——也日益失去效用,因为人们学会有效利用货币余额来抵御通货膨胀。[①]

最初,结构主义学派似乎在食品供应瓶颈问题上有更强的理由,他们认为这是拉丁美洲过时的把土地划分为小农和大地产所有的土地所有制造成的。然而,像阿根廷这样的国家发生食品供应的问题,只能归因于价格控制以及农民所面临的国内和国外贸易条件的恶化,因为直到 20 世纪 30 年代,阿根廷仍拥有世界上最具有活力的农业部门。直到 20 世纪 60 年代中期,墨西哥农业产量的增长速度都一直令人印象深刻,结构主义学派将其归因于 20 世纪 30 年代的土地改革,但是,墨西哥的农民从未面临阿根廷、智利和乌拉圭存在的价格扭曲问题,而且 20 世纪 50 年代大部分时段里所实行的具有竞争力的汇率,使农业出口有利可图。[②]

国际收支平衡和通货膨胀问题迫使内向型国家与国际货币基金组织签订了一些备用协议。国际货币基金组织坚持货币主义的做法,将这些计划的失败归咎于各国政府不愿坚持那些不受欢迎的政策,而许多评论家则归因于国际货币基金组织的货币主义政策。[③] 事实上,这个问题的根源在于国际货币基金组织对外向型的青睐与拉丁美洲六国采纳的内向型发展模式之间的冲突。国际货币基金组织的所有计划都倾向于强调通过扩大出口来克服国际收支失衡的政策。但是,拉美六国政府坚持通过抑制进口来消除这一问题的政策。毫不奇怪,对国际货币基金组织鼓吹的政策,拉美六国只

---

① 如果实际国内生产总值没有增长,通货膨胀税等于铸币税。参见卡多佐和赫尔维兹(1992),第 150—154 页。

② 关于食品供应的瓶颈,参见易德尔(1969)。还可以参见卡多佐(1981),他就食品供应瓶颈如何导向通货膨胀问题做了理论上的说明。帕金(1991,第 5 章)以此模式为基础,对巴西的通货膨胀问题做了实证研究。

③ 雷默(1986)分析了国际货币基金组织的拉美资金备用计划,第 1—24 页。

是表面应付,而且短期内,这些政策带来的实际工资、产出和就业的下降常常使通过贬值带来的出口增长丧失殆尽。[①]

内向型模式,特别是在 20 世纪 50 年代,被视为一种畸形的发展模式——遭到拉丁美洲领导人和国际组织的一致谴责。人们对这一发展模式的畸变已经很熟悉,其成就却被忽略了。有些扭曲是不可避免的。旨在促进工业化的内向型模式必然会在国内和国际价格之间插入一个楔子。然而,许多价格扭曲远远超出了所需。阿根廷和乌拉圭对农业和出口造成的损害不能完全用工业化计划来解释。墨西哥也有大量的激励工业的措施,但通过明智地使用公共投资政策(例如灌溉)和避免(至少到 20 世纪 60 年代)货币高估,其在这一时期的大部分时段里仍然能够取得令人满意的农业、出口,甚至是价格方面的业绩。[②]

尽管这些过激行为往往是不必要的,但是这一模式——即便是在不太扭曲的形式下——仍然无法得到维护。在半工业化的国家,抑制进口毫无意义;出口必须要扩大,以支付为保持生产设备的效率和技术更新所需的额外进口。半封闭的经济加大了通货膨胀压力,这是内向型国家自第二次世界大战开始以来一直面临的问题。另外,明确采用这一模式的时期正值世界经济和国际贸易开始延续时间最长和发展速度最快的扩张时期。这一模式的选择时机再糟糕不过了。

309

外向型国家

尽管其他的拉丁美洲国家(拉美十四国)不反对工业化,但认为基于完

---

① 国际货币基金计划失败的例子表现在 1958 年以后的阿根廷所实施的计划中。见迪亚斯-亚历杭德罗(1965),第 145—153 页。

② 根据贸易和增长理论的最新发展,支持和反对进口替代工业化的理由得到了很好的调查,参见福特兹·格拉德(2000)。

全内向型发展的模式在 20 世纪 40 年代末是行不通的。自 20 世纪 20 年代以来,结构变化一直不大。这十四个国家都仍然具有出口导向型经济增长的典型特征,其产出、收入、就业及公共收入与少数几种农产品出口的兴衰密切相关。

这些共和国的工业部门基础特别薄弱。由于没能够抓住两次世界大战和 20 世纪 30 年代限制进口带来的机遇,20 世纪 40 年代工业部门太过脆弱,无法为一种新的内向型模式充当跳板。社会基础设施仍然主要针对出口部门的需要,能源供应不足以支持第二产业的大规模扩张。虽然人口增长率的提高,加上城乡人口的流动,使早期的劳动力短缺变成了劳动力过剩,但现代制造业所需的技术劳动力仍然匮乏。

此外,许多国家的经济精英在政治上仍然很强大。他们虽然愿意增加对第二产业和第三产业的投资,但不愿公开支持对初级产品出口部门不利的政策,因为初级产品出口部门是他们的传统根基。这种对战后出现的机会采取务实方法的主要例子是多米尼加共和国的特鲁希略家族和尼加拉瓜的索摩查王朝,他们投资的领域广泛,但仍以出口部门为核心。[1]

310

在三个共和国(玻利维亚、巴拉圭和秘鲁),战后经济精英失去了政治权力,曾一度采取内向型政策,却导致了灾难性后果,这三个国家的经历强化了其他国家实行出口导向型增长的决心。玻利维亚半个多世纪的政治和经济都与锡矿密切相关。所以"罗斯卡"——操控玻利维亚锡矿工业的三大企业——影响力的下降,必然预示着不利于出口部门政策的到来。[2] 然而,玻利维亚 1946 年之后进行的内向型发展的尝试,在很大程度上造成了经济的混乱,进而导致了 1952 年的革命。革命后决定对锡矿工业实行国有化,并在管理上忽视经济效益,由此使其后的十年出口收入和经济增长遭受到严

---

[1] 关于索摩查在尼加拉瓜的商业利益,参见布思(1982),第 4、5 章。关于特鲁希略在多米尼加共和国的利益,参见拜加(2010)。

[2] 参见怀特海德(1991),第 535—539 页。

重破坏。[①] 1956 年恶性通货膨胀的惨痛经历终于使新的政治精英们认识到，在经济决策方面需要更加理性，包括鼓励出口部门的政策。[②]

在 1954 年阿尔弗雷多·斯特罗斯纳将军夺取政权之前的十年里，巴拉圭面临着与玻利维亚一样的政治动荡形势。在整个 20 世纪上半叶，巴拉圭非正式地依附于阿根廷，庇隆时期阿根廷方向的转变也使巴拉圭深受其害。出口收益受到打击，汇率政策受到损害，而采用的一系列不连贯的内向政策将巴拉圭推向了恶性通货膨胀的边缘。[③] 斯特罗斯纳的统治为出口导向型增长的回归奠定了基础，但巴拉圭具有走私贸易的传统——走私贸易得到了与斯特罗斯纳亲近的军事小集团的公然支持——这使得无法将官方贸易数据作为衡量出口的绩效的依据。[④]

311

更让人惊讶的是，战后秘鲁短暂的内向政策的失败。与玻利维亚和巴拉圭不同，秘鲁至少有一个多样化的工业部门，并且满足了拉美经委会所支持的工业化计划的许多先决条件。然而，1945 年以后何塞·路易斯·布斯塔曼特政府将资源从出口部门转向国内市场的努力，其结果却是灾难性的。国际收支经常项目急剧恶化，外汇储备枯竭，年通货膨胀率高涨。1948 年曼努埃尔·奥德里亚将军发动军事政变，为其后 20 年积极的出口导向型增长铺平了道路。1968 年，又一次军事干预促使政策发生了同样剧烈的转变——这次支持的是内向型发展模式。[⑤]

随着玻利维亚（缓慢地）、巴拉圭和秘鲁回归正统，拉美十四国形成了一

---

① 革命后对组成"罗斯卡"的三大矿业公司实行了国有化，组建了一家庞大的国有企业——玻利维亚矿业公司（COMIBOL）。该公司的决策长期以政治考量为主，且该公司以经济效率低下闻名于世。参见克莱因（1992），第 233—245 页。

② 1956 年的恶性通货膨胀与 1985 年的灾难性事件有着惊人的相似之处，当时的年通货膨胀达到了 60000%。直到在美国经济学家乔治·杰克逊·艾德的帮助下设计的一项稳定计划实施，才结束了 1956 年的通货膨胀。参见艾德（1968）。

③ 参见刘易斯（1991），第 251 页，以及勒特和萨克斯（1991），第 63 页。

④ 斯特罗斯纳领导的军队积极参与走私贸易是公开的秘密。参见尼克森（1989）。

⑤ 索普和博特伦（1978）详尽地讨论了秘鲁经济模式的曲折历程，第 10—13 章。

个集团,其出口业绩与其他拉美国家形成了鲜明对比。拉美六国占世界贸易的份额从 1946 年的 8.9% 下降到 1960 年的 3.5%,而拉美十四国下降幅度很小——这一下降几乎完全可以用其初级产品的专门化来解释,因为这一时期初级产品贸易增长率低于世界贸易的增长率。到 1960 年,拉美十四国所占世界贸易的份额与拉美六国的份额相同,占拉丁美洲贸易总额的份额已经从 1/3 上升到 1/2(参见表 8.5)。5 个共和国(哥斯达黎加、厄瓜多尔、萨尔瓦多、尼加拉瓜和委内瑞拉)在战后最初的 15 年里甚至设法提高了其在世界贸易中的份额。

在某些情况下,出口导向型增长仅仅意味着出口的强化;也就是说,出口收益几乎完全依赖于长期形成的传统初级产品。在 20 世纪 50 年代末巩固民主的前后,石油几乎是委内瑞拉所有出口收入的来源。[1] 尽管中东石油生产单位成本较低,但由于委内瑞拉邻近美国,并且对跨国石油公司采取优惠待遇(在 20 世纪 70 年代中期国有化之前),为 20 世纪 50 年代出口的快速增长奠定了基础。[2] 玻利维亚直到 20 世纪 70 年代才摆脱对锡矿的依赖,那时天然气开始得到大量的开采;所以 60 年代出口的恢复需要对玻利维亚矿业公司(庞大的国有企业,负责矿业国有化后的全部矿产品出口业务)进行全面的改革。[3] 古巴在 1959 年菲德尔·卡斯特罗掌权前后,几乎全部依赖蔗糖的出口收入。[4] 由于出口对国内生产总值的贡献还是很高的,蔗糖的出口量和价格一直是古巴经济业绩的关键因素。[5]

312

---

[1] 委内瑞拉在第二次世界大战后短暂的民主尝试以军人干预告终。1958 年 12 月大选后,民主制度最终得以确立。参见尤厄尔(1991)。

[2] 参见兰德尔(1987),第 3 章。

[3] 1960 年以后,玻利维亚矿业公司得到了美国和德国(西德)的官方技术和资金支持。这在一定程度上提高了效率,但亏损仍很常见。参见邓克力(1984),第 105 页。

[4] 世界银行第一次对古巴进行国别研究,该研究强调了岛国经济对蔗糖的依赖。参见特拉斯洛(1951)。

[5] 尽管世界银行使团建议古巴应减少对蔗糖的依赖,但在革命前夕,该作物仍占国民收入的 30%——与 1913 年的比例相同。参见布伦登尼尔斯(1984),表 A2.2。

　　然而,在大多数情况下,外向型政策往往伴随着出口多样化。通常而言,这意味着鼓励新的初级产品或者是大力发展次要出口产品。秘鲁在这方面走在了前面,它利用外国公司对铅、锌、铜和铁的矿藏进行开采,并利用鱼类产品的迅速增长。鱼粉作为发达国家家禽养殖和养猪业需要进口的饲料,出口尤其兴旺。[①] 到 1970 年,秘鲁近 1/3 的出口收益来自鱼类产品,而在 1945 年它不足 1%。厄瓜多尔则得益于寻找适合香蕉生长的处女地的大果品公司。到 1960 年,香蕉的出口收益成为外汇收入的主要来源,并且厄瓜多尔已经在世界香蕉出口总值中占 1/4 以上。[②] 巴拉圭开始开发其巨大的农业潜力,出口棉花,种植大豆等作物,并将其转化为植物油出口。[③]

　　在中美洲,出口收益和经济业绩几十年来一直依赖于咖啡和香蕉。随　*313*
着疟疾的控制和社会基础设施的发展,太平洋沿岸的肥沃平原在 1945 年后得到开发,棉花种植园得以扩张;几年后,又建立了新的养牛场,畜牧业技术也得到了改进。美国将给予古巴的蔗糖配额重新分配给其他拉美国家,极大地促进了 20 世纪 50 年代已经取得稳步发展的蔗糖业;[④]到 20 世纪 60 年代中期,来自棉花、蔗糖和牛肉收入的总和开始得以与来自咖啡和香蕉的收入相匹敌。[⑤] 20 世纪 60 年代末,危地马拉农业出口商开始用小豆蔻做尝试,结果在十年内其出口已占世界该产品出口总额的 80%。[⑥]

　　尽管出口多样化主要影响初级产品,但在少数情况下出口多样化也会涉及第二甚至第三产业。海地在扩大农产品供给方面面临着几乎不可克服

---

① 秘鲁鱼粉业的兴起是一项精彩专题研究的主题。参见罗莫(1970)。
② 梅和普拉索描述了厄瓜多尔的香蕉繁荣(1958),第 169—175 页。普拉索在 1948 到 1952 年任厄瓜多尔总统,当时经济开始繁荣。
③ 参见勒特和萨克斯(1991),第 4 章。
④ 1960 年 7 月,古巴的蔗糖配额遭到削减。具有讽刺意味的是,迟至 1959 年 12 月配额仍在增加(升至 312 万吨)。参见多明各斯(1989),第 23—25 页。
⑤ 参见布尔默-托马斯(1987),第 185—190 页。
⑥ 小豆蔻是一种香料,在中东国家经常被添加到咖啡里。关于其在危地马拉的增长,参见格拉·博尔赫斯(1981),第 256—258 页。

的问题,于是在 20 世纪 60 年代转向了轻工业,以维持出口收入,但收效不大。[①] 甚至在 1977 年的《卡特-托里霍斯条约》签订之前,巴拿马的收入就已随运河的运作而增加,[②]在科隆港建立自由贸易区是转口贸易活动的主要收入来源。船舶登记量也稳步上升。来自银行、金融和保险的收入使巴拿马成为世界重要的离岸金融中心之一,并且日益成为该大陆毒贩洗钱的诱人场所。到 1970 年,其只有 1/3 的出口收入来自商品,其余部分则来自服务业。[③]

314　　　战后时期的出口导向型增长并非没有其优点,它帮助了一些小的国家避免采取内向型国家的一些过分行为。出口商品的增长,加上资本的适度流入,保障了汇率的稳定。名义上的汇率贬值在这些国家很少见,在 20 世纪 60 年代,14 个拉丁美洲国家中有 10 个保持了对美元汇率的不变——这与拉丁美洲六国的汇率表现形成鲜明对比(参见表 9.2)。由于外向型国家相对开放,[④]汇率稳定带来了价格稳定。事实上,在玻利维亚和巴拉圭于 20 世纪 50 年代克服了高通胀以后,没有一个国家——可能除了秘鲁——存在严重通货膨胀问题(参见表 9.2)。因此,固定汇率并不一定意味着汇率被高估,这些国家在保持平价以使出口商品有利可图方面并没有什么困难。[⑤]

价格稳定并不意味着货币和财政政策就总是正统的。一些共和国——例如萨尔瓦多和危地马拉——的国内政策的确非常保守,但是许多其他国家

---

① 伦达尔(1992)第 5 章分析了海地主要出口产品的危机,其部分原因可以追溯到土壤退化。海地取得的唯一有成效的出口制成品是棒球。

② 《卡特-托里霍斯条约》恢复了巴拿马对运河区的主权,并大幅度增加了运河运营的租金收入。而运河带来的直接附加值从 1950 年的 4410 万美元升至 1970 年的 1.52 亿美元。参见威克斯和津巴利斯特(1991),第 51 页。

③ 矛盾的是,《卡特-托里霍斯条约》生效后,如果科隆自由贸易区的出口被视作巴拿马的商品而出口,那么这个份额就会下降,正如有些人所料想的那样。关于 1979 年(美国批准条约的年份)以来巴拿马国际收支的变化情况,参见国际货币基金(1986),第 507—508 页。

④ 1960 年,拉美六国出口加上进口与国内生产总值的比率(未经加权)为 25.3%。其他国家(不包括古巴)未加权平均数为 43%。参见世界银行(1980),表 3,第 387 页。

⑤ 鉴于拉丁美洲货币贬值的历史,因此要强调某些国家货币稳定的特殊性。巴拿马从未改变其汇率,海地在一战之前到 1991 年一直实行固定汇率。到 20 世纪 80 年代债务危机前,多米尼加共和国、洪都拉斯和危地马拉分别保持了 80 年、70 年和 60 年的货币稳定。

宽松的货币和财政政策与在内向型国家造成诸多问题的政策并无不同。①
公共收入制度常常陈旧过时,逃税现象普遍,国内资本市场不发达。毫不奇
怪,预算赤字相当普遍,而且经常靠印钞来融资。然而,对这种慷慨行为的惩
罚在外向型发展国家却截然不同。货币的过度发行反映在通过增加进
口——出口与之不能匹敌——带来的国际收支问题上,而不是通过国内价格
的上涨。②

　　国际收支问题在这组国家实际上相当普遍,因此通常不可避免地都采用
国际货币基金组织提出的稳定计划。③　然而,稳定计划——主要是为了解决
对外部门的失衡——在经济外向型国家要容易实行得多。首先,经济的相对
开放意味着生活消费品仍占进口总额相当大的比重,削减这部分进口不至于
对经济生产能力造成不必要的损害。④　其次,所有的这 14 个国家已经致力于
采取某种形式的出口导向型增长的措施,国际货币基金组织改善国际收支的
正统措施实行起来就可以有更适合的土壤。所以在 20 世纪 50 年代和 60 年
代,国际货币基金组织几乎所有稳定政策"成功"的例子都可以在拉美十四国
中找到。⑤

　　然而,在 20 世纪 60 年代,与出口导向型增长相关的许多问题,已经在拉
美十四国引发了越来越多的不满情绪。拉丁美洲经济委员会及其政策基石
强调一个问题,就是净易货贸易条件的恶化。虽然人们不可能期待朝鲜战争

315

---

① 哥斯达黎加自 1940 年以来一直按照社会民主的路线建立福利国家,但经常出现预算赤字问
　 题,并于 1961 年被迫寻求国际货币基金组织的援助。

② 1961 年特鲁希略遇刺后,多米尼加共和国放松了货币政策,财政赤字增加,但价格增长幅度
　 并不大,汇率保持稳定,货币增长主要反映了进口的增加。

③ 很多关于这种计划的详尽分析,参见雷默(1986),第 1—24 页。

④ 直到 1970 年,拉美十四国(古巴除外)的消费品占进口总额的比重为 20.2%,而拉美六国为
　 7.8%,参见拉美经委会(1989),第 522、526 页。

⑤ 1956 年的玻利维亚稳定计划、1961 年的哥斯达黎加计划和 1964 年的多米尼加计划是由国际
　 货币基金组织发起的消除内外失衡计划的几个例子。甚至在 1959 年,当秘鲁共和国仍在实
　 施某种出口导向型增长时,开启了秘鲁稳定计划,尽管实现了外部平衡,但也不乏批评者。
　 参见索普(1967)。

期间较高的商品价格能够长期持续下去,但净易货贸易条件随后的恶化给许多国家造成了国际收支问题。[①] 随着发达国家实行一系列产品配额制(例如牛肉)和国际商品协定(例如蔗糖、可可、咖啡和锡)[②]以抵消世界商品价格的不稳定性,可以自由贸易的商品数量持续减少。甚至在石油输出国组织成立之前,[③]石油也不能幸免,因为美国为保护其国内生产者,于1959年实行配额制度,这一措施影响到了委内瑞拉。[④] 由于在初级产品生产中缺乏对环境的考虑,初级产品的供应开始受到限制。到20世纪70年代,秘鲁的鱼类资源明显减少,[⑤]而海地无力扩大农业出口则与土壤侵蚀有关。[⑥]在许多国家,破坏热带雨林以建造农牧场扰乱了气候条件,甚至巴拿马运河船闸的水位(主要靠河流蒸发降雨)也开始受到影响。[⑦]

在许多共和国,出口导向型增长也见证了外国势力渗透的加强,但这并不总是受欢迎的。除了玻利维亚以外,外国公司控制着所有地方的矿产出口,并且在很多具有活力的农业出口部门根基牢固,比如香蕉、糖类。即使在它们没有控制生产的部门(例如棉花),外国集团也通常控制着加工、分配和市场,而且在原材料加工各阶段的投入品供应中享有特权地位。[⑧] 国内集团通常在回报率较低的部门占主导地位,从而限制了出口部门内外的资本积累机会。

最重要的是,对出口导向型增长的不满源自长期维持出口快速增长的极端困难。1960—1970年,只有玻利维亚——它对出口部门的敌意当时已经改

---

① 整个地区的净易货贸易条件在1954年达到了峰值,在之后8年,下降了近30%。参见拉美经委会(1976),第25页。

② 罗(1965),第155—183页,探讨了国际商品协定的问题。又可参见麦克贝恩和恩古意安(1987)。

③ 石油输出国组织成立于1961年,委内瑞拉发挥了主要作用。参见兰德尔(1987),第35页。厄瓜多尔于1973年加入,1992年退出,2007年重新加入(2020又退出了。——编者注),但其他拉美石油生产国却不是该组织的成员国。

④ 参见格林瓦尔德和马思格罗夫(1970),第249页。

⑤ 参见罗默(1970),第87—88页。

⑥ 伦达尔(1979)对土壤侵蚀和海地经济衰退的其他原因进行了详细的探讨。

⑦ 参见沃兹沃斯(1982),第167—171页。

⑧ 威廉斯(1986)对这一时期中美洲的棉花和养牛业中的外国渗透做了精彩的描述。

变——能够增加它在世界出口中的份额。[1] 1950—1970 年,只有尼加拉瓜和秘鲁能够这样做。即使设定较低的目标,结果仍旧让人失望。在 1950 年之后的 20 年里,只有哥斯达黎加、尼加拉瓜和秘鲁的初级产品增长速度能够至少与世界贸易的增长速度持平。[2] 出口的增长一次又一次地遇到几乎所有热带雨林国家所面临的这样或那样的巨大问题。20 世纪 50 年代,古巴的蔗糖出口受到《国际糖业协定》条款和条件的限制。[3] 厄瓜多尔在 20 世纪 50 年代(60 年代形势逆转)香蕉业的惊人增长,简直就要取代中美洲的出口。[4] 秘鲁的矿业投资回报率下降。[5] 委内瑞拉开始遭受来自中东低成本石油的竞争。[6] 玻利维亚仍然是主要出口国中锡生产成本最高的国家,只有当世界价格处于高位时,玻利维亚国营矿业公司才能够避免亏损。[7]

只有在少数情况下,出口业绩不佳可能归因于故意的出口歧视政策。1961 年特鲁希略被暗杀后,多米尼加共和国曾一度尝试转变对蔗糖的依赖,但后来又改变了这一方案。[8] 革命的古巴一开始就为了使经济多样化而限制蔗糖的出口,但不久就随着苏联取代美国成为其主要市场,而被迫恢复了对蔗糖的依赖。[9] 20 世纪 60 年代上半期,秘鲁的货币几乎肯定是被高估

---

[1] 然而,玻利维亚所占份额的增加几乎无法弥补其在 1946—1960 年所占份额的下降。

[2] 1950—1970 年,世界初级产品贸易(以当前美元计算)年增长率为 6%,参见斯卡梅尔(1980),第 127 页。

[3] 参见托马斯(1971),第 1142 页。在 1952 年后的 6 年里,古巴在世界蔗糖生产中所占的份额由 19.4%降至 12.6%,但其在"自由"世界的配额实际上没有发生变化。

[4] 在 20 世纪 50 年代和 60 年代,虽然国别份额变化很大,但拉美占世界香蕉出口的份额(近70%)几乎没有变化。参见格林瓦尔德和马思格罗夫(1970),表 13.3,第 372 页。

[5] 参见多尔(1988),第 155—159 页。

[6] 参见格林瓦尔德和马思格罗夫(1970),表 8.5,第 275—277 页。

[7] 参见拉丁美洲局(1987)。

[8] 对蔗糖的依赖与美国提供的蔗糖配额的大小密切相关。参见莫亚·庞斯(1990b),第 530—532 页。

[9] 苏联在古巴蔗糖出口中所占的份额(1959 年为 2%)在 1961 年达到 49%,1978 年为 80%。参见布伦登尼尔斯(1984),表 3.9,第 76 页。

的。[1] 不过,总的来说,政策是有利于出口商的——这与内向型国家的状况形成了鲜明的对比。

因此,外向型国家开始以不同的热情,逐一重新评估它们对工业部门的政策。人们认真地研究了邻国内向型政策的经验,恭敬地听取了 20 世纪 50 年代后期处于影响力高峰期的拉美经委会的意见。在不放弃出口部门的情况下,拉美十四国探索了如何将促进工业嫁接到出口导向型增长上。关键的手段通常是实行工业促进法,给予新的制造部门特权,以鼓励工业投资;允许企业以低税率或者零税率来进口机械和零部件,对交易利润免税;[2]建立开发银行使制造业部门获得廉价信贷通道,[3]但也要同样注意确保出口部门的融资需要仍能完全得到满足。[4]

其结果是成本高、效率低下的工业企业大量涌现,尽管如此,它们的利润仍然很高。这些新工业企业主要集中在消费品领域,关税保护它们不受进口的影响——关税通常低于内向型国家,但是仍然高得足以产生严重扭曲。在这些共和国,例如委内瑞拉,它的出口盈利扩大了国内对制成品的需求,而高关税阻碍了消费品进口,从而使得其工业产出的增长率十分迅速。确实,在 20 世纪 50 年代,委内瑞拉的工业产出以每年 13% 的速度增长。

因此,虽然拒绝全面采用内向型模式,但是进口替代工业化最终还是在这些小国取得了重要地位。但是,新工业甚至比大国更具有强化进口的性质,因此,外汇的净节余不多。市场规模小降低了许多部门利用规模经济的可能性,而且即使没有关税带来的价格扭曲,其单位成本也远高于世界价格。

---

[1] 1959 年的稳定计划没有将通货膨胀降至国际水平,在 1967 年贬值之前实际汇率稳步上升。

[2] 关于中美洲 5 个共和国的经济政策的转变,参见布尔默-托马斯(1987),第 9 章。

[3] 很多开发银行是在多边机构,包括美洲开发银行(建于 1961 年)的帮助下建立起来的。

[4] 在中美洲,尽管工业增长迅速,但农业(包括畜牧业)在 1970 年获得的商业银行贷款在总额中所占的份额与 1961 年大致相同。参见布尔默-托马斯(1987),表 9.3,第 186 页。

区域一体化

到 20 世纪 50 年代末,所有的拉丁美洲共和国都已经开始了工业化的第一阶段。有些甚至已经进入半工业化阶段。然而,即使有大量廉价的非熟练劳动力,工业的成本通常仍很高,效率也很低。生产经营规模小,工厂规模不够理想,而富有活力的新工业部门的单位成本——甚至对一些大的公司来说——按国际标准衡量十分高昂。结果,制成品没有进入出口名单,外汇收入仍然依赖少数初级产品。在战争时期发展的区内贸易(包括制成品贸易)大幅下滑,工业生产绝大多数局限于国内市场。市场的狭小,以及收入集中在上层阶级(参见边码第 330—338 页),造成了少数几家公司来满足许多产品需求的局面,因此大多数行业的结构近似于商品供应的垄断。①

较大的国家通过建立工厂生产耐用消费品和中间产品(包括基础产品),把工业生产扩大到非耐用消费品以外。② 然而,即使在较大的国家,工业也是进口密集型的,因此快速的经济增长往往与国际收支问题交织在一起。资本货物工业受市场规模的阻碍而发展缓慢,因此进口账单中机械和设备的比例越来越大。此外,由于大量的技术都体现在资本货物中,该地区严重依赖于国外的进口技术,而这些技术却是适合发达国家市场需求的技术。

其他发展中国家和地区的工业化项目也面临着同样的问题。然而,尽管亚洲一些国家和地区——尤其是新加坡、韩国以及中国香港和台湾地区——选择抓住这一时机(20 世纪 50 年代末)来改变政策,有利于促进制成品向其他国家出口,但是拉丁美洲确信其工业出口道路上的阻碍仍然难以克服。直

①　生产流程的狭窄与商品供应的垄断结构的结合使拉美具备了两方面最坏的情况。前者提高了单位成本,后者排除了市场竞争。由于市场分散,拉美工业的集中比例(即 3 或 4 个主要公司在总销售额中的比例)要低于发达国家。例如,参见詹金斯(1984)关于制药业的论述,表4.2,第 83 页。

②　"基础产品"指的是普遍用于工业部门的中间投入品(例如钢铁、化学制成品和加工燃料)。

到 1967 年,拉美经委会的一份文件指出:"发展中国家既没有资源也没有技术能力与其他国家竞争,甚至是那些在发展中地区的,更不要说在工业化地区的了。如果它们有能力这样做,经验表明它们仍将会遇到非常强烈的反对。"[①]

320 这种出口悲观主义多年来一直是拉美经委会思想的一个特征,而且确实在世界其他组织中产生了共鸣。劳尔·普雷维什在国际贸易政策中强调非对称性的需要,其于 1963 年离开拉美经委会,领导新的联合国贸易和发展会议,倡导发达国家为发展中国家的制成品出口提供优惠的准入条件,但这一长期的努力成效不大。[②]

对于影响力遍及整个拉丁美洲的拉美经委会来说,解决的办法就是区域一体化。受到《罗马条约》的启发——该条约促使 1958 年欧洲经济共同体的形成——拉美经委会将拉美内部取消国家间的关税和非关税壁垒作为扩大内部市场的手段,在保护国内市场免受第三国进口竞争的同时,达到规模经济效益和降低单位成本。在拉美经委会看来,区域一体化将会推动整个地区的工业化,并为大国建立一个拥有自主技术的成熟资本货物工业提供机遇。区内出口的扩大会使区内进口增加,从而可以缓解发展过程中国际收支限制问题。而且还认为区内贸易受到的不稳定因素比区外贸易少得多,因此外部冲击就会有所减轻。[③]

如果没有其他方面的支持,拉美经委会的方案本身在 20 世纪 60 年代还不足以推进拉美的区域一体化。事实上,进口替代工业化已经产生了一批有影响力的集团,其中有些集团会因为拉丁美洲内部的自由贸易而遭受损失,

---

① 拉美经委会(1970),第 140 页。

② 创建于 1964 年的联合国贸易和发展会议(United Nations Conference on Trade and Development)于 1971 年成功建立了普惠制(generalized system of preferences),根据该制度,发展中国家许多制成品和农业加工品享受到单方面的关税减免。但这些关税减免的限制条件和例外条款十分苛刻,因此,从普惠制中获得的净收益非常有限。参见多斯曼(2008),第 17 章。关于普惠制,参见维斯顿(1982)。

③ 关于区内贸易的拉美经委会的关键文件是拉美经委会(1956)和(1959)。

而且民族主义仍然是一股强大的政治势力,他们不愿意与邻国保持过于密切的关系。然而,一种与拉美经委会预想的规模不同、范围有限的方案在一些国家获得了支持。

第一组国家恰恰是南椎体国家(阿根廷、智利、乌拉圭和巴西),它们自从第二次世界大战以来深受区内贸易的缩减之害。迟至 20 世纪 50 年代上半期,这组国家之间通过利用一切可以利用的贸易歧视手段,在初级和次级产品上保持了一定的区内贸易。这些鼓励贸易的机制与国际机构(包括关贸总协定)倡导的最惠国待遇原则——规定针对一国的贸易优惠应该惠及每一个国家——背道而驰。如果这些国家取消它们的做法,其区域内进口贸易将在平等条件下与区域外进口竞争,这将对前者造成严重影响。对于这组国家,区域一体化被视为将区内贸易恢复到以前水平的一种手段。[①]

第二组国家主要包括中美洲各共和国,它们的现代制造业刚刚起步。尽管在整个 20 世纪 50 年代,出口导向型增长一直处于主导地位,但是,朝鲜战争后净易货贸易条件的恶化,以及人们普遍认识到国内市场太小,无法在没有价格扭曲的情况下支持更大规模的工业生产,使精英们决定在不破坏传统的和非传统初级产品出口的情况下进行某种区域一体化的尝试。因此,区域一体化将继续一种在不取消出口农业所享有的优势下给予工业特权的模式。[②]

然而,无论认为区域一体化多么有远见,都无法掩盖其在拉丁美洲所面临的巨大问题。首先,即使没有人认真考虑建立拉丁美洲共同市场——这意味着劳动力和资本的自由流动,但是必须在关税联盟(拥有共同对外关税)和自由贸易区(各国可以自行决定对第三国的关税)之间做出选择。而且,拉丁美洲建立同盟前的关税虽然很高,但国与国之间的差异很大(例如,参见表 9.1),因此,取消区内贸易关税仍然意味着不同国家调整的幅度也不一样。甚

---

① 参见德尔(1966),第 25—29 页。
② 参见布尔默-托马斯(1987),第 185—190 页。

至更令人担忧的且在当时又未被意识到的是,各国在汇率、财政和货币政策
方面完全缺乏协调。

第二个问题是区内贸易的非关税壁垒范围。虽然对进口的限制正在被
逐步取消(墨西哥除外),但拉丁美洲各国之间的商品运输仍困难重重。而对
欧洲和北美的传统市场的运费则要低廉得多,运输路线也四通八达。货物运
输的国别限制意味着货物在边境由于卸货载货和重装而长时间地耽搁,而且
区内贸易无法逃脱为普遍限制进口而制定的一系列官僚程序。

第三个问题是来自区域一体化的预期收益问题。对于这一问题的传统
态度认为,收益等于贸易创造超过贸易转移的差额,其中贸易创造表示来自
贸易伙伴低廉的进口商品取代高成本的国内产品,而贸易转移表示来自贸易
伙伴较为昂贵的进口商品取代第三国家较为廉价的进口商品。[1] 虽然将净
收益等同于贸易创造超过贸易转移的差额是基于有力的假设,[2]但人们担心
在拉丁美洲语境下贸易转移可能超过贸易创造。其原因并不在于本国工业
家会反对关闭成本很高的工厂(尽管这是可以预料到的);更重要的是,区域
一体化被视为继续推进进口替代的一个工具——使进口替代从一国扩大到
一个地区——通过取消区内贸易的关税,本地区产品能够取代来自其他地区
的进口商品。[3]

即使可以假定在贸易转移超过贸易创造的情况下净收益会得到改善,但
收益在各成员国的分配也是个问题。理由很简单,能从这种拉美区域一体化
模式受益的是那些成功地以国内生产和区内出口取代区外进口的国家。那
些简单地用地区内伙伴的高成本进口商品取代世界其他国家的廉价进口商

---

[1]　参见埃尔-阿格拉(1997),第35—44页。

[2]　其中的一个假设是充分就业,所以贸易造成的闲置资源可以转移到其他领域。但如果贸易
　　创造的结局是增加失业,那么收益就会不确定。

[3]　这一点在中美洲表现得最为明显,由于当地工业基础薄弱,在新的关税制度下,生产可以贸
　　易的商品的新制造业企业会取代世界其他地区的进口。参见布尔默-托马斯(1988),第75—
　　100页。

品的国家,情况会更糟。这样,收益一般与抢占新产业和争取区内贸易盈余 *323*
有关,而亏损则与区内贸易赤字有关。因此,一个成功的区域一体化计划需
要找到某种补偿受损国家的方法,或者是不顾市场的力量,将这些新产业在
所有成员国中重新分配。[1]

最后一个问题,与收益分配相关,涉及区域内支付制度。虽然区内出口
和进口必须相等,但这对任何一个国家都不适用。由于进口大于出口,区内
贸易赤字的国家的资金会流入盈余国家。如果用硬通货支付,则区内贸易平
衡的结算将使赤字国家的国际收支问题加剧,而缓解这种国际收支问题是当
初推进区域一体化的原因之一。

拉美经委会的技术官僚和各国的政策制定者在 20 世纪 60 年代设计一
体化方案时对许多问题就有了很清醒的认识,然而,提出来的解决办法远远
不够。第一个正式采用的方案是拉美自由贸易协会(Latin American Free
Trade Association),其通过 1960 年 2 月的《蒙得维的亚条约》确立,最终接纳
了十个南美洲国家和墨西哥。[2] 拉美自由贸易协会给自己设定的目标是通
过定期谈判,到 1971 年取消区内贸易的所有关税。这包括每年进行国家清
单谈判,各国承诺削减经双边谈判达成协议的一系列商品的关税,并且每三
年进行一次共同清单的谈判,列出将逐步建立自由贸易的商品清单。[3]

最初国家清单方面的进展很显著,在头两年(1961—1962)里,达成 7593
项关税减让协议。然而,这些谈判的容易程度具有欺骗性,因为大部分的"关
税减让"是那些没有列入区内贸易的商品,或者是对税率过高关税的削减。
在接下来的岁月里,国家清单的关税谈判变得更加困难。到 20 世纪 60 年代
末,其就已经完全停滞下来了。同时,共同清单的谈判也仅仅是进行了 1964 *324*

---

[1] 克莱因(1978)对该问题进行了精彩分析,第 59—115 页。
[2] 有许多关于拉美自由贸易协会的成果,例如,参见布尔默-托马斯(1997)以及德夫林和吉尔
达诺(2004)。韦特索斯(1978)对发展中国家的地区一体化,包括拉美自由贸易协会做了比
较研究。
[3] 参见芬奇(1988),第 243—248 页。

年的第一轮。当时在少数初级产品的自由贸易"原则"上达成了一致,但实施日期却逐步推迟。①

因此,拉美自由贸易协会从未实现其取消区内关税的目标,而在拉美的语境下,要顺利解决区域一体化所面临的问题则难上加难。1965 年以后建立起来的支付制度,包括一家多边清算行,使得到 1970 年 1/3 的区内贸易可以自动结算,到 1980 年达到 2/3②——这是一个不小的成就——但是对提升不发达国家(玻利维亚、厄瓜多尔和巴拉圭)的利益所做的行动很少③,且没有创立可以把资源流向较弱成员国的地区开发银行。虽然达成了一项关于工业互补制度的协议,允许一小部分国家在某一特定行业进行关税削减,但是这一制度——在 20 世纪 70 年代被广泛使用——的主要受益者是在拉丁美洲各国建立子公司的跨国公司。④

鉴于拉美自由贸易协会的进展缓慢,安第斯国家于 1969 年成立了安第斯条约组织(Andean Pact),它的目标更为宏伟。⑤ 这一次的目标是成立一个拥有共同对外关税的关税联盟,并以立法的手段确保区域一体化的利益归于国内生产要素而不是跨国公司。⑥ 为了使外部资金流向地区基础设施建设,尤其考虑到了最不发达国家(玻利维亚和厄瓜多尔)的需要,安第斯开发公司

---

① 这些商品包括香蕉、可可、咖啡和棉花——都是拉美出口的传统初级产品,与拉美自由贸易协会的设计师们希望推广的制成品相悖。

② 参见美洲开发银行(1984a),表 1.1,第 56 页。

③ 唯一重要的让步是不发达国家可以较慢的速度实现贸易自由化。然而,这并不能确保它们在区域一体化中创建的新产业中获得"公平"的份额。关于所提供的正式让步,不考虑其相关性如何,参见美洲开发银行(1984a),第 70 页。

④ 美洲开发银行(1984a)提供了互补性协议所涉及的产品列表,第 156 页,注释 8。该名单包含了一些跨国公司在过去乃至现在都很感兴趣的商品。

⑤ 安第斯条约组织初始成国为玻利维亚、智利、哥伦比亚、厄瓜多尔和秘鲁,1973 年委内瑞拉加入,1976 年智利退出。20 世纪 90 年代,安第斯条约组织发展为安第斯共同体,其成员不变,但委内瑞拉于 2006 年退出。

⑥ 新政策中最激进的一项是第 24 号决议,它规定了利润汇出的最高限额,确定了外国公司占多数所有权的最终年限。第 24 号决议的实施不可避免地引起了许多摩擦,其激进性质也逐步消失。参见埃尔-阿格拉和霍一曼(1988),第 262—263 页。

被组建,[1]并明确将区域一体化视为促进工业化计划的手段。[2]　然而,安第斯 *325*
条约组织在第一关就被淘汰了：最低的对外统一关税原则上被接受了,但从
未被执行;而智利由于其在关税削减和外国投资方面(参见第十章)的新自由
主义政策与安第斯条约组织成员国身份不符,在 1976 年退出了该组织。[3]

　　与安第斯条约组织一样,中美洲共同市场(Central American Commom
Market)于 1960 年底启动——旨在建立一个对外统一关税的关税联盟。[4]　然
而,与拉美自由贸易协会和安第斯条约组织不同的是,中美洲共同市场不需
要面对那些反对区内关税让步的现代制造业的老牌集团的压力。1960 年以
前低水平的工业化使得区内自由贸易化相对容易实施,而且对外统一关税在
1965 年就已经存在了。中美洲共同市场建立了一套支付制度,到 1970 年实
现了 80% 以上的区内贸易自动清算。中美洲经济一体化银行(Central Amer-
ican Bank for Economic Integration)使得用于区域基础设施建设的资金流向所
有的国家,较落后的成员国(洪都拉斯和尼加拉瓜)获得的贷款的份额更大。
然而,中美洲经济一体化银行是唯一可以补偿较落后成员国的有效机制,因
为其他类似手段要么被废除,要么被搁置。[5]　结果是区域一体化方案无疑产 *326*
生了净收益,但各成员国之间的收益分配是不平等的。特别是洪都拉斯,其

---

①　提供给玻利维亚和厄瓜多尔的让步清单,包括在安第斯开发公司内部的特殊待遇,参见美洲
　　开发银行(1984a),第 74—75 页。尽管如此,还是很难反驳美洲开发银行的评述,即"对安第
　　斯最不发达国家的特殊制度收效甚微,没有达到最初的预期"(同上)。

②　这将通过工业开发部门计划(SPID)来实现,其目标是：根据在平衡的发展条件下的最佳效益
　　来决定工厂的配置,实现合理的工业化[参见埃尔-阿格拉和霍一曼(1988),第 264 页]。在实
　　践中,工业开发部门几乎没有阻止此次优效益的工厂普遍建立。

③　智利的退出常常被错误地归因为奥古斯托·皮诺切特·乌加特将军的右翼独裁统治与安第
　　斯其他国家左翼政府之间的政治分歧。毫无疑问,这些政治分歧对于安第斯条约的顺利实
　　施毫无益处,但它们是次要的,主要是因为智利希望实施与安第斯成员国身份不符的新自由
　　主义经济计划。

④　关于中美洲一体化从其产生到 20 世纪 90 年代重新开始的概况,参见布尔默-托马斯(1998)。

⑤　最能引起争议的是工业一体化计划,在那些重视规模经济的企业中,该计划给予某个公司免
　　税特权。只有两个公司被赋予了这种特权,实际上形成了区域性垄断。但由于私人部门(以
　　及美国政府)的反对,其垄断地位最终崩溃。参见拉姆塞特(1969)。

区内贸易赤字越来越大,贸易转移远远超过贸易创造,而且不得不每年两次以区外出口所得的硬通货冲销赤字。① 萨尔瓦多和洪都拉斯在 1969 年爆发了战争,洪都拉斯退出了中美洲共同市场。② 两国的贸易直到 1980 年都处于瘫痪状态。

在某种程度上,除中美洲共同市场以外,拉丁美洲这些早期的为促进区域一体化创建组织架构的努力并非十分成功。尤其是拉美自由贸易协会的区内贸易增长很有限,这可归咎于官方措施。甚至到 20 世纪 70 年代末,拉美自由贸易协会减让措施涉及的商品还不到区内贸易的一半,而拉美自由贸易协会所包括的优惠商品贸易的增长速度也不如非优惠商品贸易的增长速度快。③ 区内贸易占中美洲共同市场贸易总额的比重在 1970 年达到峰值,此后稳步下降。④ 在安第斯条约签订后十年,区内贸易仍不到其总贸易的 5%。⑤

然而,完全忽视拉丁美洲在区域一体化上的初次尝试也是错误的。即使存在着体制上的失败,在 1960 年后的 20 年间,区内贸易不仅绝对值迅速增长,而且就整个地区而言,到 20 世纪 70 年代后期,甚至其相对值也有所增加(例如占总出口的比例)。如表 9.3 所示,到 1965 年,区内贸易占总出口的比例已达到两位数,十年后已接近 18%。此外,尽管区内贸易在 20 世纪 60 年代初以初级产品为主,但重要性有所下降。到 1975 年,制成品贸易几乎占区

---

① 洪都拉斯面临的问题是其决定离开中美洲共同市场的主要因素,充分说明了拉美一体化所面临的困境。作为中美洲共同市场最弱的成员国,洪都拉斯实际上被要求用区内高成本的进口商品来取代世界其他地区的进口商品。而洪都拉斯对中美洲共同市场的出口主要是食品,但一直以世界市场价格出售。因此,洪都拉斯的贸易条件有所恶化——这与一体化计划中应该发生的情况背道而驰。

② 两国之间的战争起因于萨尔瓦多人向洪都拉斯移民造成的紧张局势。参见布尔默-托马斯(1990a)。洪都拉斯在 1990 年后再次加入。

③ 参见美洲开发银行(1990),第 10—11 页。

④ 在其高峰期,区内出口占出口总额的 26%。其后的下降只是相对的,在 1981 年之前贸易的绝对值持续增长。

⑤ 参见埃尔-阿格拉和霍一曼(1988),表 11.1(a),第 261 页。

表 9.3　**1965 年、1970 年和 1975 年按产品类别划分的** *327*
区内出口额占出口总额的百分比

出口产品	1965 年	1970 年	1975 年
基本食品和原材料			
食品和牲畜	8.8(27.1)	8.0(22.2)	10.0(17.1)
饮料和烟草	7.6(0.3)	12.2(0.5)	8.5(0.4)
非食用的原料	9.4(12.2)	9.9(10.3)	8.2(6.2)
燃料和矿物燃料	13.9(31.5)	14.0(22.9)	16.7(29.3)
动植物油脂	13.3(1.8)	14.6(1.7)	16.6(1.2)
小计	(72.9)	(57.6)	(54.2)
制成品			
化学品与合成品	36.1(5.6)	48.2(7.4)	53.9(8.2)
制成品(按材料分类)	15.6(13.3)	18.0(19.6)	27.1(16.3)
机器和运输设备	70.2(4.1)	51.0(9.2)	52.6(15.4)
其他制成品	70.0(3.7)	55.2(5.5)	38.5(5.3)
小计	(26.7)	(41.7)	(45.2)
其他产品	27.5(0.4)	38.9(0.7)	16.4(0.6)
总计	12.6(100)	14.0(100)	17.9(100)

　　说明：括号内的数字是指区内出口产品的百分比。根据美洲开发银行成员国提供的贸易数据计算。因此,统计数据不包括古巴,但包括巴巴多斯、圭亚那、牙买加、特立尼达和多巴哥。

　　资料来源：图米(1989),表 4,第 10 页,表 5,第 12 页。

内出口总额的一半(参见表 9.3)——这与区外出口形成鲜明对比,在区外出口中,制成品相对来说并不重要。[①]

　　区内制造业出口贸易中机械设备的增长尤为迅速。这支持了拉美经委会的观点,即区域一体化可作为建立区域性资本货物工业的基础,并在 1965 *328* 年以后的十年间(参见表 9.3),其份额从 4% 上升到 15%。事实上,在 20 世纪 60 年代,复杂制造业出口主要依赖地区市场,所有出口的机械运输设备以及其他制成品中,有 70% 都出口到其他拉美国家。这些比重后来下降了,因为大国的公司在 20 世纪 70 年代开始向世界其他地方出口同样的产品,因此可

---

① 　1975 年,这些出口仍只占区外出口的 16%。参见图米(1989),表 5,第 13 页。

以说地区市场是高科技产品向区外出口的跳板。[①]

鉴于20世纪60年代末这些体制的明显瘫痪,区内贸易的增长开始依赖私营部门而不是公共部门。事实上,区域性的私营部门组织——在1960年几乎不存在——变得越来越重要;而且20世纪70年代,贸易的增长几乎完全靠它们的努力。工业互补制度所提供的机会被充分利用,地区服务贸易(包括咨询、金融、保险和建筑)也变得很重要。[②] 为了配合私营部门的贡献,该地区的各国政府开始了为时已晚的努力,于1975年创立了其成员国包括加勒比海英语国家在内的拉美经济体系(SELA)。[③] 当1980年《蒙得维的亚条约》到期时,拉美自由贸易协会就被拉美一体化协会(LAIA)取代了,由此工业互补和私营部门的倡议受到了更多的重视。[④]

私营部门在区内出口中的优势反映在贸易的地理格局上。最重要的贸易流动发生在地理临近的国家集团之间。因此,在拉丁美洲自由贸易协会中,阿根廷、玻利维亚、巴西、巴拉圭和乌拉圭组成的集团,主导了拉丁美洲自由贸易协会的区内贸易;这对于三个小国(玻利维亚、巴拉圭和乌拉圭)如此重要,以至于到20世纪70年代末它们的区内出口占出口总额的40%。[⑤] 在安第斯条约组织中,哥伦比亚和委内瑞拉主导了贸易总量,[⑥]而萨尔瓦多和

---

① 1965年,机械运输设备出口到地区市场的是出口到世界市场的两倍。在20世纪70年代,这两个市场的重要性大致相当,但在20世纪80年代,世界市场变得重要得多。大部分出口来自设在巴西和墨西哥的跨国公司。参见布罗姆斯特罗姆(1990)。

② 这个重要领域几乎完全被忽略了。例外的情况,参见美洲开发银行(1984a),第156—169页。

③ 总部设在加拉加斯的拉美经济体系,也包括那些不属于任何一个一体化组织的拉美国家(古巴、多米尼加共和国、海地和巴拿马),以及加勒比自由贸易区(即后来的加勒比共同体,或者CARICOM)的成员国。

④ 拉美一体化协会能否在拉美自由贸易协会失败的地方取得成功是值得怀疑的。但是,由于1982年爆发了债务危机,拉美一体化协会以及区内贸易实际上都陷于崩溃。

⑤ 在这三个国家中,区内出口绝大多数流向阿根廷和巴西。参见图米(1989),表14,第33页。

⑥ 然而,到20世纪70年代末,这种贸易主要由哥伦比亚对委内瑞拉的出口构成,因此易受委内瑞拉实施的进口限制的影响。

危地马拉之间的贸易则占中美洲共同市场所有贸易的一半以上。① 区内贸易高度集中，因而许多国家之间根本没有贸易发生。② 因此，拉美经委会预测的市场扩大幅度相当有限。而这一进程主要是靠私营部门推动的，它们利用对邻国市场的了解，在不怎么改变工厂规模和生产运作的情况下，建立了更多的生产网点。③

　　私营部门不愿意根据拉美市场做出投资决定是可以理解的。公共部门为消除区内贸易的关税和非关税壁垒而建立适当框架的倡议一再失败，并且贸易在地理上的集中程度也使其易受外部冲击的影响。事实上，区内贸易变得比区外贸易更加不稳定。几乎所有受区域一体化计划影响的共和国，区内出口的不稳定系数都很高，而且高于区外出口。④

　　区内贸易也具有顺周期性。它倾向于随着区外贸易的变化而变化，但其波动幅度更大。因此，尽管总贸易价值在 20 世纪 60 年代和 70 年代有所增长，但区内贸易值增长更快。另一方面，1981 年以后，当进口总额下降时，区内贸易陷入崩溃；只有到 80 年代末，当进口总额开始增加时，区内贸易才扭转局面。对于那些希望在面对外部冲击时区域一体化会提高地区自主性的人来说，区内贸易的顺周期性是令人失望的。然而，这并不令人意外。区内和区外出口商品的组成是不同的，通常不可能在短期内将出口从一个市场转到另一个市场。⑤

330

---

①　到 20 世纪 70 年代末，萨尔瓦多 60％的区内出口销往危地马拉，而危地马拉区内出口的近一半销往萨尔瓦多。

②　例如，尽管四个国家都是拉美自由贸易协会的成员国，但墨西哥几乎没有向玻利维亚、巴拉圭或乌拉圭出售任何商品。同样，中美洲共同市场与拉美自由贸易协会之间的贸易联系也微乎其微。

③　商业联系的扩大导致大批区域和次区域商业协会的激增。从 1960 年的 3 个增加到 1971 年的 14 个，1983 年增至 41 个。参见美洲开发银行(1984a)，第 159 页。

④　参见图米(1989)，表 25，第 80 页。唯一的例外是洪都拉斯，1960 到 1982 年，其区外出口的不稳定系数更高。

⑤　即使在可能的情况下，在一些领域诸如机械和运输设备，区内出口易受到通常在外部冲击后所实行的进口限制的影响。

增长、收入分配和贫困

在第二次世界大战之前,关于拉丁美洲共和国的统计资料很少。有些国家(例如玻利维亚和巴拉圭)甚至不能提供关于其人口规模的准确信息,而且也没有国家统计资料。然而,到 20 世纪 50 年代,情况有所改善。[1] 虽然仍有很多不足之处,但所有国家现在都定期提供统计数据,而且参与国际机构确保了国家间的相当程度的可比性。尤其是拉美经委会,不遗余力地收集和准备不仅仅是战后时期而且也有早期的资料。因此,才有可能在一个一致的框架内比较所有这些共和国的增长和发展,在许多情况下,首次有可能衡量收入分配和贫困状况。

衡量增长最常用的标准是以不变价格计算的国内生产总值。1940 年以后的 30 年里,该地区的增长率逐年提高,这是一个令人满意的表现;到 20 世纪 60 年代,该地区的年均增长率为 5.4%(参见表 9.4)。只有海地、乌拉圭、委内瑞拉和多米尼加共和国的增长率在三个十年里都下降了,但后两个国家的增长率在 20 世纪 60 年代仍然很高。拉丁美洲的增长率相对于其他发展中国家来说是比较快的——20 世纪 50 年代甚至高于东亚——而且快于发达国家。

331

然而,大部分时期人口增长也在加快。与其他发展中国家一样,由于出生率的小幅上升和死亡率的大幅下降,拉丁美洲各共和国处于人口爆炸时期。[2] 1900—1930 年,只有阿根廷、洪都拉斯和古巴,人口每年以超过 2.5%

332
的速度增长,而到了 20 世纪 50 年代,达到这一增长率的国家有 13 个。此

---

[1] 20 世纪 40 年代,这些国家的情况有了很大改善,在泛美合作下,各国共同努力做出了涵盖整个地区的主要社会和经济指标。1950 年所发生的惊人奇迹是,几乎所有共和国都进行了人口普查,很多国家还进行了农业普查。参见特拉维斯(1990)。

[2] 20 世纪 30 年代初,除了阿根廷、古巴、巴拿马和乌拉圭,所有国家的总死亡率(CDR)均高于千分之二十,参见威尔基(1990),表 710。到 20 世纪 60 年代初,除了玻利维亚和海地,所有国家都低于千分之二十。到 20 世纪 60 年代,拉丁美洲人口(1970 年为 2.76 亿)以每年 2.8% 的速度增长,而在 20 世纪 30 年代人口增长率为 1.9%,40 年代为 2.5%。

表 9.4　**1950—1970 年国内生产总值的增长率和人均值**

国家/地区	增长率(%)		人均值(美元,1970 年价格)			
	1950—1960 年	1961—1970 年	1950 年	1960 年	1970 年	排名(1970 年)
阿根廷	2.8	4.4	753	812	1055	1
玻利维亚	0.4	5.0	189	151	201	19
巴西	6.9	5.4	187	268	364	12
智利	4.0	4.3	561	631	829	3
哥伦比亚	4.6	5.2	224	261	313	14
哥斯达黎加	7.1	6.0	318	394	515	8
古巴	1.5	4.2	615	593	713	5
多米尼加共和国	5.8	5.1	252	324	403	11
厄瓜多尔	4.9	5.2	184	221	256	17
萨尔瓦多	4.4	5.8	218	237	294	15
危地马拉	3.8	5.5	271	288	361	13
海地	1.9	0.8	95	99	84	20
洪都拉斯	3.1	5.3	190	231	259	16
墨西哥	5.6	7.1	362	467	656	7
尼加拉瓜	5.2	6.9	249	311	436	10
巴拿马	4.9	8.1	358	443	708	6
巴拉圭	2.7	4.6	203	212	243	18
秘鲁	4.9	5.5	278	364	446	9
乌拉圭	1.7	1.6	770	820	828	4
委内瑞拉	8.0	6.3	485	723	942	2
拉丁美洲	**5.3**	**5.4**	**306**	**396**	**513**	

　　资料来源：威尔基(1974)，世界银行(1980)，美洲开发银行(1990)，布尔默-托马斯(2012)。以购买力平价汇率计算的国内生产总值的数据，参见索普(1998)，附录 IX。

外,1930 年以前人口的快速增长意味着国际移民——带来了有技能的工人,有时还带来了资本——的高比例,而在 20 世纪 50 年代,拉丁美洲国际移民的输入实际上已经停止,所以新增的人口都是年轻的受养人。[1]

　　在根据人口增长调整国内生产总值以得出人均国内生产总值(参见表 9.4)时,这一情况大体依然令人满意。只有海地在 1950 年到 1970 年间生

---

[1]　不仅向拉美的大规模移民停止了,而且其向美国的移民在加快。到 20 世纪 70 年代,美国的拉美裔人口虽然以墨西哥裔移民为主,但整体来自很多国家。

活水平有所下降,大多数共和国的人均国内生产总值每十年都有所增长。
就整个地区而言,同其他发展中国家相比,其绩效相当不错,而与人口增长
较为缓慢的发达国家相比,差距并不大。到20世纪60年代末,拉丁美洲的
人均国内生产总值水平使除海地以外的所有拉丁美洲国家都被世界银行称
为"中等收入国家",排名前6位的国家被称为"中上收入国家"。①

　　人均国内生产总值的水平是按特定年份的价格计算的。由于净产出价
值远远超过了其以世界市场价格计算的价值,与进口取代工业化相关的扭
曲使国内生产总值中的制造业部分向上偏误。然而,因为购买力平价汇率
通常较低,因此使用官方汇率把本国货币转换成美元又会使数据向下偏
误。② 上述两种统计偏差并不一定相互抵消。但也没有理由忽视国内生产
总值和人均国内生产总值的数据,认为它们毫无意义——或者比无意义更
糟——甚至具有误导性。此外,无论是遵循内向型发展的国家,还是追求外
向型的国家,其业绩都是令人满意的,而且后者在1950年以后的二十年里
又有了更大的改善。③

_333_ 　　收集的资料延伸到社会指标,其中许多也是令人鼓舞的。预期寿命在
提高,婴儿和儿童的死亡率在下降。就入学人数的绝对值和适龄儿童的入
学比例来说,小学和初中入学率快速上升,文盲比例在下降。所有的健康指
数正在好转。拉丁美洲正在日益成为城市社会。到20世纪60年代末,近
60％的地区人口被划为城市人口(例如,居住在人口为1000—3000人甚至
更多的城镇里)。而在1940年,这一比例还不到40％。在较小国家,农村
人口仍占多数,但在所有地方农村人口比例都在下降。④

---

① 参见世界银行(1984),表1,该表利用20世纪80年代初期的数据,并将巴西包括在这一组
　　内,但不包括古巴。
② 例如,1970年,墨西哥的官方汇率是12.5比索兑1美元,但购买力平价率[见拉美经委会
　　(1978),第8页]为8.88。也可参见索普(1998),附录,表Ⅱ.Ⅰ,第317页。
③ 20世纪50年代,两组的实际国内生产总值的平均年增长率(没有加权)相同(4.3％)。20
　　世纪60年代,拉美六国为4.7％,而拉美十四国为5.1％。
④ 参见威尔基(1990),表644,第137页。也可参见舍克里和蒙特斯(2006)。

拉丁美洲的快速城市化反映了人口增长、城乡人口流动以及许多国家强调以城市为基础的活动。主要城市以惊人的速度增长，城市扩张、工业污染和不合格住房随处可见。墨西哥城、布宜诺斯艾利斯和圣保罗现在都已跻身世界最大城市之列。[①] 事实上，各国主要城市的吸引力往往如此之大，以至于移民主要来自其他城镇而不是乡村。[②]

在这种情况下，发现劳动力市场运行中的主要问题，尤其在城市地区，也就不足为奇了。十年的人口快速增长总会增加接下来几十年的劳动力供应。[③]城乡迁移也直接增加了城市的劳动力供应。而且，在农村和城市地区，女性的参与率（想要工作的成年女性人口的比例）在上升。[④] 诚然，实际国内生产总值的增长可能会增加对劳动力的需求，但是向城市活动的转变伴随着生产率和资本产出率的上升，势必会限制劳动力的吸纳。[⑤]

尽管存在这些问题，但拉丁美洲在这段时期的失业率和就业不足的迹象很不明显。事实上，根据拉美和加勒比地区就业项目（Programa Regional del Empleo para América Latina y el Caribe），即国际劳工组织（International Labour Organisation）的分支机构所做的一系列历史研究，在 1950 年以后的 30 年间其所考察的大多数国家，就业不足的现象在减少（参见表 9.5）。在所有的国家中，非农业人口就业不足的比例有所上升，但这通常被农业人口就业不足的下降抵消。因此农村人口向城市人口的迁移降低了就业不足的

① 到 1970 年，拉美四大城市（墨西哥城、圣保罗、布宜诺斯艾利斯和里约热内卢）的人口已经超过 700 万（与纽约或伦敦基本持平）。参见威尔基（1990），表 634，第 129 页。

② 关于拉美移民的精彩个案研究，可以参见皮克和坦丁（1982）。

③ 因此，经济活动人口（PEA）的增长率从 20 世纪 50 年代的 2.1％增长到 60 年代的 2.5％和 70 年代的 3.2％。这甚至比人口增长（减慢的）的速度还要快，因为女性加入了经济活动，参见迪斯（1991），表 14.1，第 219 页。

④ 因此，女性劳动力的增长十分迅速，在 20 世纪 70 年代达到每年增长 4.7％。参见迪斯（1991），表 14.1，第 219 页。

⑤ 农业的特点是其资本产出率最低。所以，从农业活动向非农业活动的转变（相当于从农村部门向城市部门的转变）意味着在一定投资水平上劳动力吸收的减少。因此投资水平需要大幅度提高，以避免失业率上升。

表 9.5　1950 年、1970 年和 1980 年就业不足人口占
从事经济活动人口的百分比

国家/地区	1950 年	1970 年	1980 年
阿根廷	22.8(7.6)	22.3(6.7)	28.2(6.8)
玻利维亚	68.7(53.7)	73.1(53.5)	74.1(50.9)
巴西	48.3(37.6)	48.3(33.4)	35.4(18.9)
智利	31.0(8.9)	26.0(9.3)	29.1(7.4)
哥伦比亚	48.3(33.0)	40.0(22.3)	41.0(18.7)
哥斯达黎加	32.7(20.4)	31.5(18.6)	25.1(9.8)
厄瓜多尔	50.7(39.0)	64.9(41.2)	62.0(33.4)
萨尔瓦多	48.7(35.0)	44.6(28.0)	49.0(30.1)
危地马拉	62.7(48.7)	59.0(43.0)	56.7(37.8)
墨西哥	56.9(44.0)	43.1(24.9)	40.4(18.4)
巴拿马	58.8(47.0)	47.5(31.7)	36.8(22.0)
秘鲁	56.3(39.4)	58.4(37.7)	51.6(31.8)
乌拉圭	19.3(4.8)	23.7(6.9)	27.0(8.0)
委内瑞拉	38.9(22.5)	42.3(19.9)	31.1(12.6)
拉丁美洲(十四国)	**46.1(32.5)**	**43.8(26.9)**	**38.3(18.9)**

说明：括号里的数字是农业半失业人口占农业劳动力的比例。
来源：威尔斯(1987)，表 2.1，第 96—97 页，根据拉美和加勒比地区就业计划的估算。

总体影响,但同时也使这一问题变得更加明显,因为它正日益成为一个城市问题,而不是农村问题。

城市地区日益严重的就业不足现象提醒人们,增长和发展不是一码事。同样令人不安的是财富和收入分配问题。在 1930 年以前的一个世纪里,大多数共和国都出现了出口导向型增长,强化了它们的不平等分配格局这一殖民遗产。有部分证据表明,最富有的 1/5 的人获得收入的比例要高于世界其他地区,而最贫穷的 1/5 这一比例则要低于世界其他地区。

第二次世界大战后更全面的研究证实了这一点。更令人担忧的是收入分配的趋势。世界其他地区收入最贫穷的 1/5 的人所占收入份额有些许改善,但在许多拉美国家这一状况却进一步恶化(参见表 9.6)。因此,到 1970年,拉丁美洲的平均水平仅为 3.4%,而所有发展中国家为 4.9%,发达国家为

表 9.6　约 1960—约 1970 年的收入分配与贫困状况

| 国家/地区 | 收入份额（%） | | | | 基尼系数 | 贫困指数[a] |
| | 最贫穷的 20% | | 最富有的 20% | | | |
	约 1960 年	约 1970 年	约 1960 年	约 1970 年	约 1970 年	约 1970 年
阿根廷	6.9	4.4	52.0	50.3	0.425	8
玻利维亚		4.0		59.0		
巴西	3.8	3.2	58.6	66.6	0.574	49
智利		4.4		51.4	0.503	17
哥伦比亚	2.1	3.5	62.6	58.5	0.520	45
哥斯达黎加	5.7	3.0		54.8	0.466	24
古巴	2.1	7.8	59.0	35.0	0.250	
多米尼加			60.0		0.493	
厄瓜多尔		2.9		69.5	0.625	
萨尔瓦多	5.5				0.539	
危地马拉		5.0	61.4	60.0		
洪都拉斯		2.3		67.8	0.612	65
墨西哥	3.5	3.4		57.7	0.567	34
尼加拉瓜		3.1	61.0	65.0		
巴拿马		2.5		60.6	0.558	39
巴拉圭		4.0				
秘鲁	2.5	1.9		61.0	0.591	50
乌拉圭		4.0			0.449	
委内瑞拉	3.0	3.0	59.0	54.0	0.531	25
拉丁美洲	3.7	3.4				39

[a] 指的是生活在贫困线以下的人口比例。

资料来源：世界银行(1980、1983、1990)，布伦登尼尔斯(1984)，希恩(1987)，威尔基(1990)，以及卡多佐和赫尔维兹(1992)。

6.2%。基尼系数广泛用于衡量收入分配不公（参见表 9.6）[①]，其表明拉美的收入集中度极高——远远高于发达国家同等发展阶段的水平——而在那些最具活力的国家（例如巴西和墨西哥），收入集中度正变得越来越糟。[②] 在整个拉丁美洲，最富有的 1/5 的人获得了大约 60% 的收入（见表 9.6）——这一

[①] 在完全平等的情况下，假设基尼系数为零（例如，当每个人的收入都相同的时候）；而在完全不平等的情况下，数值为 1（例如，当所有收入流向一个人的时候）。西欧的基尼系数一般在 0.3 到 0.4 之间。韩国和中国台湾地区的数据与此类似。关于收入不平等的测算，参见考威尔(1977)，第 121—129 页。

[②] 1960 年至 1970 年，巴西的基尼系数从 0.5 跃升至 0.6。参见卡多佐和赫尔维兹(1992)，表 9.10，第 241 页。

比例一直居高不下,远远高于发达国家(45％左右)。

收入分配的不平等和较高的基尼系数反映了资产——土地、实物和金融资本,以及人力资本的基本分配。土地分配甚至比收入分配更不平等,拉丁美洲传统上划分的小农场和大庄园的农业资产,使土地高度集中在少数人手中。① 只有哥斯达黎加,以其引以为豪的自耕农传统,享有家庭农场的优势;但即使在这个国家,自独立以来,土地分配也越来越集中。②

城市财富占有也是高度倾斜的。由于股份极少在金融市场上交易,新兴活动的所有权高度集中在少数几个拥有连锁董事会的大家族手中。③ 对这一群体霸权的主要挑战与其说是来自拥有财产的中产阶级,不如说是来自跨国公司。20 世纪 60 年代末,跨国公司在许多最具活力的部门占据强有力的地位。④ 然而,这并没有减少国内生产要素中收入和财富的集中。

工资和薪金的状况也表明,最高收入和最低收入之间的差距远远高于发达国家。⑤ 这种扩大在很大程度上反映了人力资本——首先是教育——的不平等分配,使很大比例的劳动力几乎或完全没有接受过教育。因此,尽管教育的入学率有所增加,但到 1970 年,14 个共和国 40％以上的劳动力所受教育不超过 3 年。⑥ 不可避免的是,在这种情况下,教育的个人回报率肯定很高,所以劳动力中接受过初等教育或者是职业教育的人,相对于那些大量的

---

① 20 世纪 50 年代,随着许多农业普查的公布,土地集中程度变得十分明显。1954 年,在厄瓜多尔,超过 100 公顷的农场(占所有农场的 2.2％)控制了 64.4％的土地,而大量的小农场(占73.1％)只占农场面积的 7.2％。参见苏维卡斯和卢苏里雅各(1983),表 4.1,第 54 页。

② 直到 1973 年,哥斯达黎加的承租农场仅占其农场总数的 5％。然而,超过 500 公顷的农场(占总数的 1％)却占用了农村用地的 40％。参见统计和普查总局(1974),表 29。

③ 在没有公布的资产负债表和公司账目的情况下,很难对家族控制的程度进行量化,但已经进行了一些研究。尼加拉瓜的情况,参见斯特罗恩(1976)。

④ 到 20 世纪 60 年代末,跨国公司对制造业的渗透尤为明显,几乎在所有地方,外国公司占其生产的份额至少达 30％,而在巴西、哥伦比亚和秘鲁,这一比例已经超过了 40％。参见詹金斯(1984),表 2.2,第 32 页,以及表 2.4,第 34 页。

⑤ 关于拉美的工资差别,包括了职业和产业方面的状况,参见萨拉萨尔-卡里略(1982)。也可参见艾利亚斯(1992),第 6 章。

⑥ 参见拉美经委会(1989),表 31,第 57 页。

非熟练工人和未受教育的人提供的服务[1]，前者可以领取更高的工资。

　　财产（包括人力资本）分配不平等的后果之一是，拉丁美洲的发展过程把增长的利益集中在上层人手中。倒不是说穷人越来越穷了——有时确实会发生这种情况——因为即使是底层的人，通常他们的实际收入也会增长。[2]这个问题很大程度上与增长带来的利益分配不均有关。而且，虽然底层人的生活水平略有提高，但人口的迅速增长增加了贫困人口的绝对值和被列为赤贫的人数，因此，贫困程度的相对下降与总人口中众多的贫困人口数量并不矛盾（参见表 9.6）。

　　20 世纪 40 年代末，低水平的城市化几乎不可避免地意味着大多数穷人将生活在农村地区。农村平均收入低于城市，而且许多农业工人由于农业工作的季节性而处于就业不足状态。一个极端的例子就是古巴。那里的制糖工业只需要砍蔗工人一年工作 3 个月，并设法在余下的 9 个月里剥夺工人使用土地的机会，以确保在收获的季节可以有充足的劳动力。[3]其他国家由于当地地主的垄断力量经常把劳动力需求压低到竞争激烈的市场水平以下，并且许多国家地主阶级的政治力量足以阻止最低工资立法和工会组织向农村地区的扩散。[4]

　　农村人口向城市的流动为部分农村劳动力提供了出路，也改善了留在农村的劳动力的状况。在各国，农业劳动力的比例都有所下降——有时下降得

339

---

[1]　在墨西哥，20 世纪 60 年代中期，高级管理人员的工资大约是非熟练产业工人的 10 倍，中层管理人员的工资则约为后者的 4 倍。参见萨拉萨尔-卡里略(1982)，第 166 页。

[2]　20 世纪 60 年代，收入不平等的急剧扩大在巴西很能说明问题。下层的 40% 的人均收入仍有小幅增长，但其在总收入中的份额却大幅下降。参见卡多佐和赫尔维兹(1992)，第 240 页。

[3]　古巴糖业就业不足的问题在革命前几年因蔗糖公司决定缩短收成的时间，以降低成本保持国际竞争力而更加严重。参见托马斯(1971)，第 94 章。

[4]　萨尔瓦多的地主阶级势力十分强大，在 1965 年之前，他们成功地阻止了农村最低工资制度的引进。同时，农村工会仍被禁止。参见怀特(1973)，第 106、120 页。

很快。在阿根廷、智利和乌拉圭,1960 年以后,甚至农村人口的绝对数也有所下降。[①] 就业不足和贫困既是城市问题也是农村问题,以至于到 20 世纪 70 年代末,快速的城市化意味着穷人均匀地分布在城市和农村,即便城市中被划为穷人的比例要比农村低。[②]

城市地区的贫穷和就业不足反映了快速增长的劳动力和现代或正规部门创造就业的相对缓慢。其结果是城市非正规部门的爆炸式增加,在这些部门,全职雇员的生产率和工资通常很低,而且就业不足现象——隐性的和显性的——普遍存在。[③] 一些经济学家把现代部门创造就业机会的缓慢归咎于扭曲的要素价格,这种价格人为地降低了资本的成本,鼓励了工业采用资本密集型的技术。[④] 另一些人将其归咎于繁文缛节和立法设置的门槛。[⑤]这两个指控都有一定的道理,但现代工业部门就业岗位的缓慢增长被国家官僚机构的扩张部分地抵消了。各地创造就业最快的是服务业,其中,非正规部门在城市就业中所占比例不断上升。[⑥]

城市就业不足的增加,加上增长带来的利益分配不均,对那些十分注重选民的需求,以及以少数精英名义进行统治的政府带来了挑战。与此同时,整个地区的各国政府——出于政治和经济的原因——被迫进行社会改革。

经济改革的原因由拉美经委会强烈提出。它认为收入的分配不均缩小

[①] 1960 到 1970 年,拉丁美洲城市人口增加了 5000 多万,而农村人口仅增加了 1000 万。参见美洲开发银行(1991),表 A.2,第 262 页。

[②] 1970 年,农村地区的贫困率(被划为穷人的人占总人口的比重)为 54%,城市则为 29%。10 年之后,数据分别为 51% 和 21%。参见迪斯(1991),表 14.3,第 224 页。

[③] 因此,虽然总就业不足由于农业比重的下降而减少(见表 9.5),但非农业活动(主要在城市)就业不足占经济活动人口的比重从 1950 年的 13.6% 升至 1970 年的 16.9%,1980 年又升至 19.4%,参见威尔斯(1987),第 97 页。

[④] 该学派的口号是"理顺要素价格",这也是 1970 年以后世界银行最喜欢的信条。参见世界银行(1987),第 2 部分。

[⑤] 德索托(1987)根据秘鲁的大量数据,对这一立场做了最有力的说明。

[⑥] 据估计,20 世纪 80 年代初,城市非正规部门的就业占劳动力就业的比重约为 10.9%(哥斯达黎加)到 44%(玻利维亚),这是在债务危机之前,但债务危机极大地加强了非正规部门的相对重要性。参见托马斯(1992),表 4.2,第 68 页。

340

了工业品的有效市场，也缩小了进口取代工业化的范围。① 拉美经委会认为收入的重新分配可以为许多进口或以高单位成本生产的商品提供更加广阔的市场，从而为工业化进程注入新的活力。20 世纪 60 年代，人们开始认真研究东亚新兴工业化国家和地区的成功经验，韩国和中国台湾地区的工业化进程始于广泛的土地改革——尽管始于日本占领时期——并非偶然，因为土地改革提高了能够购买消费品的居民家庭的比例。②

改革的政治原因来自对古巴革命的反应。菲德尔·卡斯特罗的革命运动——于 1959 年 1 月 1 日夺取了政权——其成功在很大程度上归功于许多古巴人所面临的恶劣的社会经济条件，尽管古巴曾是拉丁美洲经济较为繁荣的国家之一。③ 伴随着美洲各国领导人改革主义的强大声势，1961 年争取进步联盟（Alliance for Progress）开始实行。④ 而且由于美洲开发银行（Inter-American Development Bank）的成立，官方的资本流入与实施社会和经济改革联系起来。⑤

因此，出于种种原因，改革在 20 世纪 60 年代初就被提上日程，在有些国家甚至更早。改革的目的和手段引起了很大的争议，并进行了试验，取得了 *341* 不同程度的成功。短期内最成功的事例在长期内常常是最不成功的，正如阿根廷的经验已经证明的：庇隆的第一届任期期间，城市实际工资的大幅度提高，导致其后几十年间分配比例问题的激烈斗争，造成了宏观经济的不稳定，

---

① 例如，参见载于拉美经委会的劳尔·普雷维什文章（1970），第 257—278 页。

② 关于中国台湾地区收入分配的个案研究，参见费、拉尼斯和郭（1979）。

③ 1950 年，古巴实际人均国内生产总值在拉美排第三。如表 9.4 所示。

④ 争取进步联盟基本上是美国对古巴革命所造成的西半球威胁的反应。它向拉丁美洲转移官方和私人资本的远大目标从未实现，但与 20 世纪 50 年代相比有了大幅度的增加。到 60 年代末，争取进步联盟实际上已经崩溃，因为它强调资本流动与改革联系起来，这让拉美精英和美国的尼克松政府都很反感。

⑤ 美洲开发银行向所有拉美国家（古巴除外）发放贷款。在加勒比地区实现非殖民化后，其成员国数量又有所增加，包括了其他国家。美洲开发银行在成立之时就是地区一体化的积极倡导者，并建立了拉美经济一体化研究所（Instituto para la Integración Econômica de la América Latina），以促进区内贸易。

加剧了通货膨胀问题。① 智利在阿连德社会主义政府的头两年（1970—1973），实际工资的急剧增长也是如此。②

解决收入分配的一个更间接的方法是通过财政政策。整个地区的税收制度严重依赖间接税，而间接税通常是累退的，所以转向直接税——特别是收入累进税——可望改善收入的税后分配。③ 同时，政府将支出投向低收入阶层中，也可望改善收入的社会分配（即根据政府支出影响调节后的收入分配）。

在某种程度上哥伦比亚和哥斯达黎加除外，上述两方面的结果都很令人失望。④ 虽然开征了新的所得税，但是逃税现象普遍存在，通常只有一小部分成年人缴纳所得税。⑤ 在支出方面，最低阶层在初级教育和医疗健康支付方面受益，但是中上层阶级是中等教育和高等教育的主要受益者。最低阶层没有享受公共事业补贴利益，因为他们根本没有国有企业提供的电力和供水设施。⑥ 即使在财政政策发挥积极作用的国家，通常也不足以抵消累退的间接税对分配的消极影响，而累退的间接税仍然是政府最重要的收入来源。⑦

342

---

① 工资占国民生产总值的比例从 1943—1944 年的 36.8％ 猛增至 1950—1952 年的 43.7％。如果把社会保障的分担额考虑在内，其增加的幅度会更为显著。参见迪亚斯-亚历杭德罗（1970），表 2.20，第 122 页。

② 在 1970 和 1971 年，实际工资分别增长了 8.5％ 和 22.3％，之后两年由于通货膨胀率的增长快于名义工资的增长，实际工资分别下降了 11.3％ 和 38.6％，见拉兰和赛罗斯基（1991），表 7.11，第 200 页。

③ 累退税更多是由穷人而非富人来承担。例如，对食品征收的销售税，因为食品支出在穷人收入中所占的比重比富人高得多。与此相对的是，所得税却可能是累进性质的，只要边际税率高于平均税率，富人纳的税占其收入的比重就要大于穷人。有关哥伦比亚的财政制度的处理问题的个案研究，参见麦克卢尔等（1990）。

④ 这两个国家较好的表现几乎肯定与其民主制度有关，因为民主制度使得政府对选民的需求更为敏感。

⑤ 最极端的例子当然是尼加拉瓜，它在 20 世纪 60 年代，缴纳所得税的居民只占总人口的 0.2％（每 500 人中有 1 人），参见瓦特金斯（1967），第 405 页。

⑥ 事实证明，在认真对待改革的哥伦比亚，社会中最富有的 20％ 的人在教育和健康方面享受的人均补贴是最多的，因为这一群体在国家支持高等教育方面获益最多。参见赛罗斯基（1979），表 1.6，第 22 页。

⑦ 参见美洲开发银行（1984a），表 29，第 436 页。

从长远看,教育支出被视为改善收入分配的一个重要手段,而且所有国家的小学学龄人口比例都出现了可喜的增长。然而,中等和高等教育的私人投资回报率通常高于小学教育,而这些领域的入学率增幅最大。因此,教育支出的大幅度增加对最低阶层有所帮助,但对中间阶层的人的福利贡献更大。长期以致力于教育而自豪的哥斯达黎加,虽然 20 世纪 60 年代底层人群的收入份额下降,但是其基尼系数也在下降,意味着其平等程度进一步提高。[①]

解决分配问题的一个更激进的方案是由那些主张土地改革(即对物质财产的重新分配)的人提出来的。拉丁美洲对土地改革并不陌生,早在 1917 年墨西哥宪法就承认了土地的社会功能。然而,土地改革的早期尝试——20 世纪 30 年代的墨西哥[②],1952 年革命后的玻利维亚[③],以及危地马拉阿本斯政府执政的最后两年(1951—1954)[④]——主要是出于政治原因。土地改革的新论点源于农场规模与其每公顷产量之间存在一种反向关系。大量的研究表明,每单位土地使用更多劳动力的小农场比每单位土地使用更多资本的大农场产量更高。[⑤] 因此,根据这一"反比产量定律",新观点声称大农场被重新分配为小农场会带来更大的产量和更多的就业机会。[⑥]

343

20 世纪 60 年代,许多国家进行了土地改革,但对于大多数政府来说,这只是应付争取进步联盟的表面文章。其不愿意尝试更激进的做法,不仅是因为地主阶级的政治影响力,还有对重新分配会损害出口收入的担心,因为农

---

① 参见菲尔兹(1980),第 185—194 页。
② 关于土地改革后墨西哥农业的变化,参见桑德森(1981)。
③ 1953 年的土地改革法最终导致玻利维亚大约四分之一的可耕地被重新分配。参见希斯、伊拉斯摩斯和布埃施勒(1969)。
④ 阿本斯总统在危地马拉革命最激进的时期实施土地改革,在 1954 年反革命取得胜利后形势随即恶化。关于土地改革方面的情况,参见格雷黑塞斯(1991),第 8 章。
⑤ 参见巴勒克拉夫(1973)提出证据证明了这一反比产量定律。
⑥ 贝里与克莱因(1979)提出了关于这一论点的最精彩的解读。

业出口主要来自大地产。^①确实,这些担心在那些 20 世纪 60 年代就开始进行土地改革的国家(例如智利和秘鲁)被证明是有道理的。^②此外,墨西哥极力避免土地改革对农业出口带来的负面影响,以至于公共支出(例如灌溉)和信贷主要集中在最大的农场主上——这使得最大农场主在农业收入中所占份额也相应增加。^③具有讽刺意味的是,对土地改革的恐惧常常足以说服大农场主采用先进技术,包括与绿色革命有关的新品种种子,因此使反比产量定律不再具有以前那样的效力。^④到 20 世纪 70 年代末,土地改革的经济理由已大为削弱,但在一些较小的共和国(例如危地马拉),政治理由仍然很充分,因为地主阶级的垄断权力是社会和经济现代化的主要障碍。^⑤

无论有无补偿,对非土地财产的没收为改变收入分配提供了另一种方式,甚至可以说是更激进的方式。虽然国有化在拉丁美洲并非罕见,但是主要影响的是外国公司。阿连德统治下的智利(1970—1973)和卡斯特罗统治下的古巴是两个最主要的例外,但也有许多私营公司被庇隆国有化,玻利维亚革命政府没收了主要是玻利维亚人拥有的锡矿企业。通过剥夺上层阶级的财富,这些国家的国有化直接影响到了收入分配。以古巴为例,在 20 世纪 60 年代初期大规模的国有化之后,最富有的 1/10 的收入比例从近 40% 下降到 23%。^⑥

国有化也许有效,但它与政治动荡密切相关,而且对于大多数拉丁美洲国家来说过于激进。尽管在 1959 年后古巴迅速转变为拉丁美洲收入分配最

344

---

① 这一点在洪都拉斯被认为十分重要,所以许多公共倡议被采纳以确保即使是改革后的部门也能继续生产出口产品。参见布罗凯特(1988),第 6 章。

② 参见希森霍森(1989),第 5 章和第 7 章。

③ 参见德·简弗利(1990),第 123—131 页。

④ 参见格林德尔(1986),第 4 章。

⑤ 由于农村地区的劳动力占多数,而且是土地所有权最集中的国家之一,如果不实行某种程度上的土地改革,危地马拉社会是不可能轻易改变的。

⑥ 这个比例在 20 世纪 70 年代进一步下降。参见布伦登尼尔斯(1984),表 5.6 和图 5.1,第 116 页。

平等的国家,但其模式并没有太大的吸引力。关于古巴人均收入的统计极具争议性,但人们一致认为,20 世纪 60 年代它的表现乏善可陈。[1] 尽管教育和健康的支出发生了改变,但是由于缺乏消费品,许多基本需求无法得到充分满足。[2] 古巴也许证明了在拉丁美洲这个大的环境中重新分配收入是可行的,但是,该地区其他政府认为其所付出的代价过于高昂。

结果是,除古巴外,收入分配仍然不平等。尽管进行了多次改革的尝试,但经济的增长使中上阶层受益得更多,而最贫穷的 1/5 却获益甚少。改革不力的原因有很多,其中之一就是 20 世纪 80 年代以前许多拉美国家缺乏民主,政府对最贫穷群体的需要并不关注,甚至较为进步的政府所掌握的政策工具的效力也很有限。由于激进的土地改革和国有化被排除在外,短期的再分配战略主要依赖于财政和工资政策——这两种政策都无法产生多大影响。[3]

通货膨胀使内向型国家的问题变得更为严重。低收入阶层在经济繁荣时期所取得的微薄收益经常被遏制通胀所实行的稳定计划抵消。人们通常认为,旨在恢复外部均衡而设计的货币贬值能否成功,往往被认为取决于实际工资的下降,而对于那些无法通过强大工会保护自己的低收入工人而言,后果尤其严重。[4]

改革不力也与向以城市为基础的活动转移有关。虽然农村的人均收入总是低于城市,但至少在最底层,农村的平均收入往往更平等。[5] 虽然农村收

----

① 即使是古巴当局自己使用的社会总产值(SPG),在 1962 年至 1966 年间也几乎没有增加。参见佩雷斯-洛佩斯(1991),表 1,第 11 页。

② 布伦登尼尔斯对古巴人均基本需求(食品和饮料、服装、住房、教育和健康)的开支进行估计,结果显示,到 1970 年,与革命前相比,古巴人均需求几乎没有改善。只随后的十年里情况才有大幅度改善。参见布伦登尼尔斯(1984),表 2.28,第 178 页。

③ 工资政策在短期内可能是非常有效的,但其长期效果却不明显。

④ 迪亚斯-亚历杭德罗(1965)对阿根廷的个案研究明确论述了货币贬值对于实际工资的影响。

⑤ 这一点在巴西表现得最明显。巴西农业中收入最低的 20% 人口所获农业收入份额是非农业部门该比例人口的 2 倍,而收入最高的 20% 人口的情况正好相反。参见拉美经委会(1971),表 9,第 114 页。

入不平等的根本原因是土地分配不平等,但在城市经济中,这个问题是由非熟练工人为主体的劳动力供应迅速增长而引起的。最终,人口结构转变(导致出生率下降)以及教育机会的普及有可能会使这一状况得以改善,但这需要很多年才能奏效。与此同时,经济活动向城市地区的转移,导致很多改革计划无法扭转。因此,1950 年以后的 20 年里,拉美经济的迅速增长只给所有低收入阶层带来微乎其微的利益。

第十章

贸易新战略和负债增长

20 世纪 60 年代初,人们普遍认为,地区一体化会恢复一些拉美大国内向型发展模式的活力,并为较小国家的工业化提供一个平台。然而,到 60 年代末,这种想法发生了变化。地区一体化——至少在南美——并没有带来预期收益,而且内向型模式似乎受到收益递减的影响。尽管拉美经委会坚持内向型发展和地区一体化,并且尽最大努力来修正其推进工业化的方法,但拉美经委会的声望却下降了,[①]而且拉丁美洲的决策精英开始更多地关注其他贸易和发展的思想。[②]

内向型发展模式的阿喀琉斯之踵仍然是国际收支方面的限制。1929 年以后,持续存在的国际收支问题使越来越多的国家放弃了以初级产品为基础的出口导向型增长模式,转而采用一种新的模式,以期降低外部冲击对其脆弱性带来的影响。然而,由于采取了有利于工业的政策,削弱了出口部门,进口结构转向了辅助性商品——其需求随着工业增长而迅速扩大,因而国际收支问题在内向型发展的情况下继续存在。

因此,正如 1970 年以后的形势所表明的那样,新的模式仍然很容易受到外部冲击。随着美国政府无法保持美元以固定价格兑换黄金,1971 年布雷顿

① 例如,参见拉美经委会(1963),这篇文章认识到有必要促进区域外和区域内的制成品出口。
② 关于 20 世纪 60 年代出现的强调促进出口和市场力量的贸易和发展的其他思想,洛夫做了有益的探讨(1994)。

森林体系瓦解,以及主要工业国家实施浮动汇率政策,拉美国家难以维持稳定的贸易加权实际汇率。[1] 1973 年阿以战争之后,石油输出国组织得以对其成员国实施严格的出口配额,油价因此涨了 3 倍。对于那些当时是石油净进口的拉丁美洲共和国来说——除了玻利维亚、哥伦比亚、厄瓜多尔和委内瑞拉[2]——第一次石油危机使它们深切认识到,国际收支的限制可能会制约经济发展。同样的教训在 1978 年后的第二次石油危机中得到了更有力的印证。[3]

内向型发展模式植根于出口悲观主义。结果,发展出口部门的动力——至少在一些大国——减少了,而且几乎所有国家在世界贸易中的份额都减少了。然而,到 20 世纪 70 年代初,世界经济和国际贸易政策发生了一些变化,迫使拉丁美洲重新审视出口壁垒。

首先,发达国家实际工资的持续上涨以及发达国家与发展中国家之间工资的巨大差异,鼓励许多跨国公司实行一种新的国际劳动分工,把那些更简单、更劳动密集型的产业放到发达国家之外。这种只有资本可以自由流动的投入来源,促进了制成品国际贸易的迅速增长,并为那些有能力和意愿满足跨国公司要求的发展中国家提供了机会。

其次,东南亚一些国家和地区以制成品出口为基础的出口导向型增长模式取得了显著的成功。亚洲的经验起初被拉美国家视为与其关联不大的"特例",但最终却给出口悲观主义者带来了重大挑战。虽然可以从亚洲新兴工业化国家和地区的经验中得到许多——且往往是相互矛盾的——教训,但随着亚洲国家和地区出口和国内生产总值的增长开始加速,拉丁美洲逐渐密切

348

---

[1] 关于布雷顿森林体系的瓦解,参见斯卡梅尔(1980),第 12 章。

[2] 尽管墨西哥和秘鲁生产原油,但其分别到 1977 年和 1978 年仍是石油净输入国。见美洲开发银行(1982),表 66—67。

[3] 1973 年的第一次石油危机导致每桶石油的平均价格从 3 美元升至 12 美元,1979 年的第二次石油危机又使价格从 12 美元升至 30 美元。因此,石油进口国被迫在不到十年的时间里承受 9 倍价格的涨幅。

关注它们所取得的成绩。亚洲国家和地区在面对外部冲击时——例如两次石油危机——所表现出来的恢复力也尤为世人所瞩目。①

第三，联合国贸易和发展会议及其他为欠发达国家争取贸易特权的国际组织的工作为欠发达国家出口获得特殊待遇展现了前景。20 世纪 70 年代初，大多数发达国家采用普惠制。事实证明，它承诺的为欠发达国家的非传统商品免税进入发达国家市场的做法远没有最初预期的那么慷慨，但这确实为随后的几轮谈判以进一步打开市场提供了机会。② 与此同时，美国——直到 1976 年才采用普惠制——在 1962 年修改了其关税法，允许对含美国投入品的进口货物只征收增值税。③ 虽然这些修正案显然是为了美国跨国公司的利益，但也为拉美国家吸引投资到其装配生产线提供了机会。

最后，20 世纪 70 年代的大宗商品价格的暴涨进一步削弱了出口悲观主义。1971 年布雷顿森林体系的瓦解导致固定汇率体系的终结，并动摇了主要工业国家的货币纪律。由于维护汇率平价的义务被免除，发达国家的货币政策变得宽松起来，货币的世界流动性——由美国为越南战争提供资金所需的巨额预算赤字所推动——空前高涨。结果，初级产品价格——不仅是石油——达到有史以来的最高纪录，许多拉美国家（包括一些石油进口国）的净易货贸易条件在 20 世纪 70 年代大幅改善。④

拉丁美洲不能不承认国际环境的上述变化。它们提出三种不同的对

349

① 参见萨克斯(1985)，第 523—573 页。亚洲新兴工业化国家和地区通过制成品的出口增长实现了经济转型，20 世纪 70 年代人均国内生产总值的年增长率超过了 5%。参见拉尼斯和奥洛克(1985)，表 4.3，第 55 页。

② 普惠制的问题之一是，由于广泛采用配额制度，欠发达国家无法充分利用关税优惠。例如，在 1980 年，欠发达国家可以享受普惠制的进口总额为 554 亿美元，但实际享受到的普惠待遇却不到一半，仅仅占来自欠发达国家进口总额的 8.2%。参见凯利等(1988)，表 A25，第 133 页。

③ 参见斯克莱尔(1989)，第 8—9 页。第 807 项条款是关键的，因为它允许货物输入美国时的课税价值以最终商品中美国投入品的净值来计算。

④ 以 1970 年为基础时期，10 年内拉美的净易货贸易条件增长了 50%，而石油输出国的增幅为 176%。参见拉美经委会(1989)，表 276，第 506—507 页。

策——促进出口、出口替代和初级产品出口发展,每一种对策都对出口部门重视有加,并标志着传统的进口替代工业化的转变。促进出口政策试图将制成品出口嫁接到内向型模式上,出口替代旨在把资源转移出那些受保护的部门,初级产品出口发展模式则寻求利用世界商品价格的上涨。然而,这三种模式都没有取得显著的成效:在世界贸易中份额的下降趋势未能得到扭转,[①]而且该地区变得更加依赖外部借贷来推动经济增长。出口部门规模小,加上债务负担的增加,最终在 1982 年债务危机爆发时引发了一场灾难。

促进出口

促进出口战略的基础是认识到国内市场不够大,无法支持许多工业部门中具有最佳规模的公司。与此同时,该战略还致力于保护制造业免受国际竞争。因而,它试图将一套新的鼓励政策嫁接到进口替代工业化中,使制成品出口成为可能。因此,促进出口的战略是一种工业化战略,它鼓励企业既要利用受保护的国内市场,也要利用世界贸易增长所提供的机遇。

从 20 世纪 60 年代开始,六个国家(阿根廷、巴西、哥伦比亚、墨西哥、海地和多米尼加共和国)遵循促进出口战略,但并未一贯始终。阿根廷在 20 世纪 70 年代放弃了这项政策,转而实行出口替代(参见边码第 358—364 页)。海地和多米尼加共和国试图利用新的国际劳动分工,鼓励外国公司在出口加工区组装制成品。墨西哥借助北部边境的客户工业鼓励组装业务,而且鉴于其较先进的工业基础,还促进了其他种类的制成品出口。

巴西促进出口战略始于 1964 年军事政变之后。然而,在头三年里,经济政策主要是根据稳定计划的需要制定的,该计划为未来的增长奠定了基础,

---

① 拉丁美洲占世界出口的份额从 1970 年的 4.9% 下降至 1980 年的 4.6%。参见威尔基(1990),表 2600,第 674 页。

但经济的增长却是以实际工资的锐减和收入分配的恶化为代价的。[①] 这一时期的快速增长,通常被称为巴西奇迹(始于 1967 年),其宏观经济指标(包括出口)都远远超过其他拉美国家,并与亚洲新兴工业化国家和地区相媲美。[②] 然而,尽管促进出口是巴西奇迹的重要组成部分,但并没有其他政策那样重要,尤其是收入集中在社会上层,[③]加之新的信贷便利,为耐用消费品工业的迅速发展提供了必要条件,并使拉丁美洲第一次能够大规模生产汽车。[④]

进口替代工业化战略借由保护措施提升了国内市场单位产出的工业增加值。同时,由于对汇率和进口品关税的高估,制成品出口商受到了惩罚。因此,对大多数制成品来说,世界市场上每一单位产出的增加值远远低于国内市场所能获得的增加值。[⑤] 促进出口战略如果要有任何成功的可能,就必须消除或者至少减少这种反出口的偏向。

当局控制了所有可以用来减少反出口偏向的手段。汇率是最重要的,因为真正有效的贬值将增加所有出口商品的单位产出增加值。然而,实际贬值也会提高与之竞争的进口产品的价格,从而促使厂家更愿意在国内市场出售产品。因此,促进出口战略需要采用财政和信贷政策,只为出口商提供更多优惠。这些可用的手段,包括有选择地降低关税和退税,以及对出口商的特别信贷便利和其他补贴。[⑥]

通过汇率政策实施促进出口战略的国家的经验好坏参半。海地和多米

351

[①] 费世罗探讨了稳定计划及其对分配的影响(1973)。也可以参见巴沙(1977)。

[②] 在巴西奇迹的年代(1967—1973),实际国内生产总值的年增长率是 10%。参见威尔斯 (1979),第 228—233 页。

[③] 收益主要集中在最富有的 5% 的人手中,其所占收入比重从 1960 年的 27.4% 上升至 1970 年 的 36.3%。参见贝尔(1983),表 27,第 105 页。由于巴西人口在 1970 年时接近 1 亿,这一精 英群体仍然代表着一个相当大的市场。

[④] 汽车的年生产量从 1960 年的 57300 辆猛增至 1975 年的 550700 辆。这与许多欧洲国家的生 产水平相当。

[⑤] 1967 年,巴西的反出口偏向(国内销售的增加值/出口增加值－1)在 21 个制造业部门中的 18 个部门中超过了 50%。参见伯格斯曼(1970),第 51 页。

[⑥] 这些措施的范围及其对反出口偏向的影响见布尔默-托马斯(1988),第 105—115 页。

尼加共和国与美元之间仍保持着名义上的固定汇率,排除了实际上贬值的可能性。另一方面,在 20 世纪 70 年代的大部分时间里,这两个国家都避免了高通胀率,因此最初其汇率并未被严重高估。1954 年货币贬值后,墨西哥也保持了固定的美元汇率;但是,其通胀率高于美国(墨西哥的主要贸易伙伴),因此其币值实际上在稳步上升,这等于破坏了促进出口战略,直到 1976 年,墨西哥才又实行了大幅度的货币贬值政策。此后不久,墨西哥发现了巨大的新增石油储量,因此为了促进石油出口,其放弃了促进出口战略。[①]

其他三个国家都实行了一种被称为"爬行钉住制"的汇率策略,即在货币初次调整后,通过频繁的小规模贬值保持货币的实际价值。这项政策于 1964 年在阿根廷,1967 年在哥伦比亚,1968 年在巴西相继被采用。虽然"爬行钉住制"对出口商有吸引力,却鼓励了通胀预期,因此阿根廷在 1967 年将之放弃转而采用固定汇率,却很快导致币值高估。20 世纪 70 年代中期的巴西也是如此。[②] 在哥伦比亚,1975 年以后咖啡价格的上涨将汇率推高到损害制成品出口的水平。[③] 因此,汇率政策远非前后一致,但在"爬行钉住制"实施期间,这三个国家制成品出口业绩的改善是显著的。

即使在官方汇率被高估的国家,当局仍可以利用平行汇率来促进出口。此外,双重汇率制可以将出口企业与进口企业区别开来进行奖励,从而减少反出口偏向。在多米尼加共和国广泛使用的一种方法是,允许出口商在平行市场上出售一定比例的外汇,其余部分则按照官方汇率上交。当局可以通过比例的变化来影响促进出口战略下的优惠政策。[④] 为避免央行的汇率损失,其不得不对进口实行了类似的计划,对必需品实现低汇率,而对奢侈品则实行高汇率。这将不可避免地引起一些进口商的反对,而且各类进口品的分配

352

---

① 参见鲁尼(1985),第 5—6 章。
② 巴西没有尝试钉住名义汇率,但其贬值率落后于国内外通货膨胀之差。参见贝尔(1983),第166 页。
③ 参见索普(1991),第 167—171 页。也可参见爱德华兹(1984)。
④ 参见维多瓦托(1986),第 163 页,对美元的官方贬值发生在 1985 年。

还会滋生腐败。[1]

促进出口战略与其说是降低对国内市场销售厂家的保护,不如说是提高对厂家出口其产品的鼓励。尽管各国都进行了关税改革,但其主要目的是降低进入生产的进口投入品的关税,之后将制成品再出口。一些国家实行了普遍的关税减让,尤其是在 20 世纪 60 年代后半期的巴西,但贸易自由化从未严重威胁到与进口商品竞争部门的利润,而且在 20 世纪 70 年代一些国家在第一次石油危机之后重新提高了关税。

对出口产品所需进口投入品的退税(有时称作退税计划)得到广泛采用,而且哥伦比亚采取的巴列霍计划非常成功。[2] 然而,在墨西哥,在 20 世纪 60 年代,其广泛地和越来越多地使用进口配额和许可证破坏了退税计划的效力,因为投入品价格过高的原因在于配额而非关税。[3] 只有在客户工业这一极端特殊的情况下,由于进口投入品没有关税和配额限制,关税政策才明确地有利于促进出口。海地和多米尼加共和国的出口加工区也是如此,它们给予投资者极其慷慨的税收优惠。[4]

353

提供给制成品出口的其他主要激励措施包括退税和补贴性信贷。减轻非传统出口税收负担的典型办法是发放证书,规定出口产品离岸价格的固定比例可以用来抵消未来的税收负担。这些税收抵免证书(CAT)通常很慷慨,而且在促进出口方面也很成功。因而不足为奇,它们给相关政府带来了相当大的财政负担,而且补贴性信贷的采用使这一问题进一步恶化。采取这一政策最为极端的国家巴西,到 20 世纪 70 年代初,总补贴占其制成品出口离岸

---

[1] 关于拉丁美洲的汇率问题,整体方面的看法参见爱德华兹(1989)。

[2] 关于作为哥伦比亚促进出口政策基础的巴列霍计划的细节,参见迪亚斯-亚历杭德罗(1976)。也可参见托马斯(1985),第 26—29 页。

[3] 关于墨西哥的进口配额以及使用的日益复杂的方法,参见凯特和华莱士(1980),第 43—45 页。

[4] 关于发展中国家出口加工区的普及,参见巴拉素布拉马尼亚姆(1988)。

价格的比例约为 25％。①

在促进出口战略中广泛运用补贴政策也与关贸总协定的规则相违背。尽管墨西哥、海地和哥伦比亚直到 20 世纪 80 年代才加入关贸总协定（阿根廷在 1967 年加入），但非成员国并没有提供针对报复性措施的保护，因为进口国仍然有权对被认为受到不公平补贴的商品征收反补贴税或反倾销税。② 事实上，非成员国更可能遭到报复，因为它们没有上诉仲裁的权利。然而，实行促进出口政策的国家并没有占领多大的世界市场份额——主要的例外是巴西——所以大多数国家都逃过了报复措施的打击。

从表面上看，促进出口战略取得了成功。各国的制成品在总出口中的比例急剧上升（参见表 10.1），这一比例的上升与促进出口战略实施的时间密切相关。阿根廷在实施某种形式的促进出口战略的年代里，能够将制成品出口在总出口中的占比提高到 25％左右。到 20 世纪 70 年代后期，海地把这一比例提高到 50％以上——这在拉美国家尚属首次——但与新的出口（主要是装配业）相关的国内附加值仍然不大。在多米尼加共和国，20 世纪 70 年代的增长与出口加工区的早期发展密切相关。③

通过改变价格易变的初级产品出口结构，促进出口战略降低了出口收入的不稳定性。由于制成品出口市场不同于初级产品的出口市场，出口商品的地理集中程度也有所降低。除海地以外，出口到美国和欧共体（1973 年把欧洲经济共同体改为这个新名字）的份额都有所下降，并出现了许多新的非传统市场，巴西尤其成功地赢得了其他发展中国家的市场。到 20 世纪 80 年代

354

355

---

① 参见泰勒(1983)，第 97—107 页。

② 根据关贸总协定的规则，在出口商被认定接受非法补贴的情况下，可以对其征收反补贴税；如果出口商被认定以低于全部成本价格销售产品，可以对其征收反倾销税。参见凯利等(1988)。

③ 多米尼加共和国的贸易统计数据有时不包括出口加工区的出口。如果把它们排除在外，制成品在出口总额中的占比就比表 10.1 中所示的要小得多。参见马西森(1988)，第41—63 页。

表 10.1 1960—1980 年实行出口促进战略国家的制成品出口状况

国家	年份	制成品出口		出口占国内生产总值的百分比[a]
		价值（百万美元）	占总额的百分比	
阿根廷	1960	44.3	4.1	7.9
	1970	245.9	13.9	9.2
	1975[b]	717.9	24.4	7.2
巴西	1960	28.4	2.2	6.7
	1970	420.5	15.4	6.5
	1980	7491.9	37.2	5.6
哥伦比亚	1960	6.9	1.5	17.5
	1970	78.5	10.7	14.2
	1980	775.3	19.7	15.8
多米尼加共和国	1970[c]	5.9	2.8	17.2
	1980	166.1	23.6	18.4
海地	1960	3.6[d]	8.0[d]	15.8
	1970	18.2	37.8	12.3
	1980	199.7	58.6	17.6
墨西哥	1960	122.3	16.0	8.4
	1970	391.3	32.5	7.7
	1975[e]	929.4	31.1	8.8

[a] 1980 年的价格。

[b] 被认为在 1975 年以后实行出口替代政策（见表 10.2）。

[c] 出口替代政策被认为仅在 1970 年以后才开始。

[d] 1962 年的数据。

[e] 被认为在 1975 年以后实行初级产品出口发展。

资料来源：美洲开发银行(1982)，表 3，第 351 页，以及表 6，第 353 页；拉美经委会(1989)，表 281，第 520 页，以及表 70，第 105 页；世界银行(1989)；法斯(1990)，表 1.8，第 40 页。

初，中东——其对进口的需求因第二轮石油价格的大幅上涨而膨胀；并且，非洲占了巴西全部出口的 10％以上，且在其制成品出口中占比更高。[①]

促进出口战略在使各国经济向对外贸易开放，并使出口部门重新成为经济增长引擎之一方面并不十分成功。出口占国内生产总值的比例（见表 10.1）

[①] 参见威尔基(1990)，表 2614，第 696 页。

几乎没有增加。尽管外汇收入现在很大程度上来自那些在国际贸易中增长最快的商品(制成品出口),但拉美六国还没有一个国家能够永久地扭转其在世界出口中的下降趋势。因此,促进出口未能充分弥补初级产品出口的不良业绩,初级产品出口继续受到反出口偏向的影响。只有在特殊时期,例如在20世纪70年代后期的哥伦比亚咖啡繁荣和墨西哥的石油繁荣时期,这些国家在世界贸易中的占比才有所增加,而且在多数情况下,这一改善主要是由于初级产品出口价格的上升。

因此,实行促进出口战略的主要国家(阿根廷、巴西、哥伦比亚和墨西哥)的经济发展继续依赖国内市场,其需求格局受到收入分配的严重影响。收入集中在最富有的十分之一的人手中,这在巴西1964年以后变得更加集中,但并未导致拉美经委会所说的那种工业停滞;而它也确实鼓励促成了另一种生产结构,它往往倾向于为富人提供资本密集型的耐用消费品,忽视为穷人提供劳动密集型的基本消费品。因为促进出口战略发展的是现有工业而不是创建新的企业,所以不能肯定新的出口是否属于劳动密集型产品。事实上,巴西和墨西哥的制成品出口一般都是资本密集型的,公然违背了被普遍接受的国际贸易格局的经济原理,[①]只有哥伦比亚能够建立起一种劳动密集型的制成品出口模式,这有利于20世纪70年代前半期的就业状况和收入分配的改善。[②]

促进出口战略是一项大胆的尝试,它在不牺牲仍然被认为对工业必不可少的保护的情况下,拯救了内向型发展模式。这一措施还是有成效的。工业企业家们已经表明,他们对价格和其他激励措施反应迅速,并且能够打入世界市场,而出口悲观主义被认为是没有道理的——至少在制成品方面是这

[①] 赫克歇尔-俄林定理指出,各国会出口那些大量使用相对丰富的生产要素的产品。因此,在拉丁美洲,这个定理意味着劳动密集型产品的出口。然而,大量的研究已经关注新的制成品出口的资本密集性质。例如,参见泰勒(1976)。

[②] 参见乌鲁蒂亚(1985),第117—122页。莫拉威茨(1981)提供了哥伦比亚纺织业,即一种劳动密集型产品出口的精彩个案分析。

样。然而,这一战略在任何国家都不能被视为完全的成功,甚至在巴西,而阿根廷在20世纪70年代中期就放弃了这一战略。

失败的原因不止一个,但有一种解释特别突出,即实际有效汇率的波动。虽然人们认识到具有竞争力的汇率的重要性——实际有效汇率应该是保持不变或不断下降的(例如贬值)——但在许多国家,由于汇率上升,促进出口战略偏离了轨道。我们已经提到了哥伦比亚在20世纪70年代后半期咖啡繁荣对汇率的影响,哥伦比亚也经历了20世纪60年代以后由于毒品销售(大麻和可卡因)而加速了外汇的流入,人们普遍认为这是对实际有效汇率的破坏。[①]在多米尼加共和国和墨西哥,尽管国内和世界各国的通货膨胀率不同,但决心捍卫固定汇率的做法,导致了严重的货币高估问题,最终引发了大规模的贬值。

第二个问题是短期和长期政策之间的冲突。促进出口战略所需的长期汇率政策常常与稳定计划的短期需要相冲突,因为在稳定计划中,固定汇率被视为抵御通货膨胀压力的手段。阿根廷特别容易受到这种冲突的影响;1964年以后实行的"爬行钉住制"在促进非传统出口方面十分成功,但在1967年被一项大幅度的贬值措施替代,以长久地固定货币的名义价值。

阿根廷稳定计划的半永久性使得追求促进出口战略与长期汇率政策无 *357* 法一致,即便有可能,也是十分困难的;[②]但是,阿根廷并不是遇到这一困难的唯一国家。在第一次石油危机以后,巴西的石油进口占到其总额的25%,为了缓解通货膨胀的压力,巴西将实际有效汇率上调(即升值)。与此同时,1973年以后的国际收支限制促使巴西决策者重新重视进口替代计划,以减少

---

① 关于汇率升值,参见托马斯(1985),第2章。奥尔兰多·麦林(1998)考察了哥伦比亚毒品业的经济影响。

② 关于阿根廷在短期的稳定计划中试图促进出口所面临的困难,参见瓜达尼(1989)和梅娜德(1989)。

共和国对进口能源的依赖。[1] 因此,虽然补贴力度的加大仍然能够使制成品出口迅速增长,但外部冲击对巴西促进出口战略的根基造成了威胁(参见表 10.1)。

事实证明,发达国家对发展中国家制成品出口设置的壁垒,并没有许多人所认为的那么严重,尽管拉美经委会强调了该问题的重要性。巴西在 20 世纪 70 年代末经历了最大的困难,因为它对一些制成品出口实行了自动出口限制措施。[2] 无论如何,这是巴西成功的一个标志,因为其他不那么成功的国家并没有遇到相同的问题。此外,这些障碍至少在一定程度上是对巴西大量补贴的回应。相比之下,哥伦比亚能够扩大劳动密集型制成品的出口(例如纺织品)——尽管是在非关税壁垒成为惯例而非例外的情况下取得的[3]——而且还确立了儿童读物世界最重要出口国的地位。墨西哥的制成品出口,特别是来自客户工业的出口,对美国的商业周期十分敏感,并且深受 1974 年美国经济衰退的不利影响,但这与所有制成品出口国面临的情况没有什么不同。因此,虽然发达国家的商业政策中存在保护主义倾向,但促进出口政策的缺陷并不能简单地归咎于发达国家。

出口替代

促进出口战略至少表明拉美国家能够出口制成品。然而,这并未消除由于排除国际竞争所实行的高度保护而造成的国内工业的低效率问题。它为

---

[1] 其中最重要的计划是酒精计划,该计划将蔗糖转化为燃料,从而降低了对进口石油的需求。参见贝尔(1983),第 146—147 页。

[2] 发达国家越来越多地采用自动出口限制,作为保护其工业不受进口竞争影响的手段。因为自动出口限制提高了进口商品销售的最终价格,因此一些出口商可以大幅度提高每单位销售额的利润。关于一般意义的自动出口限制,参见凯利等(1988)。

[3] 国际纺织品贸易受 1962 年建立的《多边纤维协定》管制,其中规定了所有参与国的进出口配额。参见法兰德斯(1982)。

工业出口提供了新的刺激措施，同时仍然鼓励与进口商品竞争的生产。因此，促进出口伴随着持续的工业上的进口替代，并且制成品出口只能在大幅度补贴的基础上在世界市场上竞争。

出口替代战略是促进出口战略的一个更激进的替代方案。出口替代背后的基本理念是，拉丁美洲的经济发展受到进口替代工业化、国家干预和法团主义的严重扭曲；而解决的办法是转向一个更加面向市场和较少受保护的环境，从而消除反出口歧视。经济体将变得更加开放，更加融入世界市场，国内价格也会与国际价格更加接近。减少保护和消除反出口偏向将鼓励出口，同时打击进口。因此，出口替代战略会使出口和进口在国内生产总值中的比例大幅增加，并可能导致消极的进口替代工业化；也就是说，用廉价的进口商品代替高成本的本地工业产品。

20世纪70年代，三个南椎体国家（阿根廷、智利和乌拉圭）执行了出口替代战略，秘鲁也进行了一次比较温和的尝试。在1973年9月萨尔瓦多·阿连德社会主义政府被推翻，奥古斯托·皮诺切特实行独裁统治之后，智利第一个实行该战略。1973年民主制度崩溃后，乌拉圭紧跟其后。阿根廷于1976年军事干预庇隆主义政权后，也开始实施这一战略。因此，出口替代战略是由南椎体国家的军事独裁政权所实施的。向自由市场经济的转变伴随着政治压迫，使得其很难摆脱威权政治对经济政策的影响。[①] 与此相反，秘鲁在1978年实施该项政策时正值从军事统治向文官政府过渡的时期。

上述四国都愿意采用一种与大多数拉美国家普遍接受的观点截然相反的战略，这反映出它们对其他政策选择的失败而深感沮丧。出口在国内生产总值所占比重已经下降到很低的水平，以至于国际收支的限制排除了进口需求旺盛所能产生的快速增长的可能性。四个国家的人均国内生产总值大大

[①] 关于这方面的大胆尝试，参见汉德尔曼和贝尔（1989），第2—3章。迪亚斯-亚历杭德罗分析了南椎体国家经济计划支持稳定的情况（1981）。

落后于其他拉美国家,而且自 1950 年以来,整个南椎体的人均出口量也下降了。[①] 智利和乌拉圭从未偏离进口替代工业化的道路。20 世纪 70 年代前半期实施的一系列稳定计划冲垮了 20 世纪 60 年代进行的促进出口尝试。秘鲁直到 20 世纪 60 年代中期仍维持传统的出口导向型模式,但 1968 年以后,军政府大力推行内向型发展,使该国在世界贸易中的份额在十年内下降了三分之二。

上述四国的国际收支问题引发了通胀压力,而通胀则打击了人们对金融工具的信心,因此金融抑制较为普遍。[②] 阶级斗争进一步加剧了通货膨胀,因为不同的社会群体力图通过增加名义收入来维护他们的实际生活水平。加之不负责任的财政政策,结果加速了通货膨胀,这在很大程度上导致了南椎体国家文官政府的垮台和秘鲁军政府的倾覆。阿连德统治下的智利(1970—1973)是最糟糕的。不负责任的财政和货币政策,加之资本流动的急剧下降,导致通货膨胀率从 1970 年的 33% 上升至 1973 年的 354%。尽管外国势力(尤其是美国机构)在颠覆阿连德政权中起了很大作用,但未能遏制住通胀压力可能是阿连德政权垮台的唯一最重要因素。[③]

因此,出口替代战略(实际上是一项调整计划)是在经济混乱而又需要强有力的稳定措施的背景下实施的。虽然理论上可以同时采取稳定和调整计划,但在实践中却非常困难——正如许多拉美国家的政府所发现的那样,这对他们是有害的。[④] 用来支持调整计划的手段(例如竞争性汇率和相对价格

---

① 从 1950 年到 1975 年,阿根廷、智利和乌拉圭的人均出口量分别以每年 0.2%、2.3%、1.2% 的速度下降。在拉美其他国家,同期的年增长率为 1.3%。参见拉莫斯(1986),表 1.1,第 2 页。

② 金融抑制有时也称作影子金融,是用来描述金融资产与实际资产比例较低,金融工具选择有限的经济。这种情况通常与负的实际利率相关(即通货膨胀率大于名义利率)。关于金融抑制的经典著作参见麦金农(1973)和肖(1973)。

③ 有关阿连德时代的情况的文献很丰富。关于政治情况,参见考夫曼(1988);关于经济情况,参见德·沃尔德(1976)。

④ 稳定计划和调整计划的主要区别在于时机不同。稳定计划用于应对短期的失衡(例如国际收支危机),而不一定带来经济结构的任何变化;而调整计划则需要长期生产要素转向资源配置,而这更符合该国的动态比较优势。由此调整计划会加剧稳定方面的问题,反之亦然。参见卡勒(1990)。

的变化)会破坏稳定,反之亦然。在采取出口替代战略的国家,这两项计划之间的冲突十分严重,并最终导致二者都失败了。

出口替代的基石是贸易自由化。最初实行了一项大规模的贬值政策以使实际有效汇率大幅度降低,然后定期调整货币以抵消国内和世界通货膨胀的差额。其目的是在贬值后稳定实际有效汇率。然而,南椎体国家的政治压迫十分严重,导致实际工资的下降要快于贬值的速度。这意味着提供给出口商的刺激措施比实际有效汇率变化的结果更为优厚。

鉴于实际贬值鼓励了出口,关税削减和逐步取消非关税壁垒则被用来促进进口。这与拉丁美洲其他国家的既定做法大相径庭,甚至在实行出口替代战略的国家中也饱受争议。智利在这方面最为突出,到 1979 年,其把平均名义关税减至 10%;实际上,智利决定降低关税是其退出安第斯条约组织的原因之一,因为单方面降低关税与安第斯条约组织所宣称的共同对外关税目标不符。阿根廷和秘鲁在 20 世纪 80 年代初分别把平均关税降至 35% 和 32%。*361* 乌拉圭主要致力于取消配额和进口许可证,而在削减关税方面的作为并不大。[1]

贸易自由化在最初是成功的。出口迅速增长,各经济体的开放度都有所提高(参见表 10.2)。进口也在增长,但在自由化的初级阶段其增长速度还没有快到使国际收支平衡问题恶化的地步。更令人鼓舞的是出口构成的变化,非传统出口商品(阿根廷除外)的重要性急剧上升(参见表 10.2)。这些新产品,无论来自农业还是工业,都能在价格上与世界市场上的其他商品竞争。由于国内市场受到进口增加和实际工资下降所造成的经济衰退的影响,当地企业转而进行出口商品的生产。因此,消极的进口替代 *362* (以进口商品取代高成本的国内产品)与出口增长相辅相成——这是出口替代战略的实质所在。

---

[1]　参见拉莫斯(1986),第 125—134 页。

表 10.2　约 1970—1980 年出口替代国家的对外贸易结构

国家	年份	A	B	C	D	E
阿根廷	1975	7.2	16.4	24.4[a]	3.1	1287
	1980	11.2	26.2	23.1[a]	14.2	4774
智利	1970	12.4	32.8	8.1[b]	8.1[c]	91
	1975	16.9	35.3	19.9	4.5	490
	1980	22.8	48.6	27.3	22.6[d]	4733[d]
秘鲁	1978	15.8	25.2	3.9[a]	8.7[e]	192
	1980	14.0	27.4	14.1[a]	16.0[d]	1728[d]
乌拉圭	1970	14.9	31.8	19.8[c]	7.1[c]	45
	1975	18.3	35.0	34.5	4.1	190
	1980	21.6	42.5	42.1	12.3[d]	709

　　说明：A：出口与国内生产总值的比率，按 1980 年的价格；B：出口加进口与国内生产总值的比率，按 1980 年的价格；C：非传统出口产品与出口总值的比率；D：进口消费品与进口总值的比率；E：国际收支经常账户赤字，百万美元。

[a] 非传统出口商品指的是制成品。

[b] 1971 年的数据。

[c] 1973 年的数据。

[d] 1981 年的数据。

[e] 1975 年的数据。

　　资料来源：美洲开发银行(1981)，表 3，第 400 页，以及表 8—9，第 403 页；美洲开发银行(1982)，表 3，第 351 页，表 6—7，第 353 页；拉莫斯(1986)，表 7.7—7.9；拉美经委会(1989)，表 70，第 105 页，表 281—283，第 520—577 页；世界银行(1991)。

　　与其他国家相比，秘鲁的贸易自由化的成效十分有限，这在一定程度上反映了一个事实——它采纳该战略太晚而放弃得太快。1978 年以后大部分出口收入的改善实际上是由于净易货贸易条件的上升，因此，出口绩效继续以传统产品(主要是矿产品)为主。进口商品对关税削减的反应十分强烈，以至于 1980 年以后，随着贸易条件的恶化，贸易赤字大得令人无法接受。秘鲁短暂的贸易自由化和出口替代战略的尝试因而走向反面，甚至在 1982 年债务危机爆发之前，为维护国际收支而采取一些措施——包括提高关税。[①]

――――――――

① 　参见贝克尔曼(1989)，第 122—126 页。

与通货膨胀的斗争——实行出口替代的国家,尤其是南椎体国家的一项主要任务——是受货币主义观点的启发。财政赤字主要是通过削减开支来解决的——加之实际工资下降——以降低货币供应的增长率。一系列金融自由化措施加强了国内资本市场:利率自由化,取消对信贷的定量控制,降低新金融机构的准入门槛,放松银行监管。其结果是金融中介的急剧增加,金融资产与国内生产总值的比率在所有国家都在上升。

因此,货币供应的增长受制于两股相反的力量。财政赤字的下降减少了政府对依靠中央银行借款的需要,但金融自由化增加了公众希望持有的定期和定额存款。第二股力量大于第一股力量,而且货币供应增长得很快,以至于当局开始担心通货膨胀的影响。此外,许多支持调整的措施——汇率贬值、利率自由化、取消价格管制等等——都加重了通胀的压力,破坏了稳定计划。

金融自由化和财政赤字的下降意味着南椎体国家当局丧失了通过传统手段控制货币供应的能力。然而,贸易自由化已经导致了经济的大幅度开放,货币主义认为货币供求的失衡都将在国际收支中有所反映。这种对待国际收支的货币方法意味着,货币供应是内生的而非外源的,它将通过国际储蓄的变化,并按照公众所希望保持的任何水平来进行调整。[①]

因此,当局认为,通胀的稳定最好是通过国际收支——尤其是资本账户——的进一步自由化来实现,这样,国际资本流动就可以提供平衡货币供应和需求的机制。与此同时,贸易自由化有望消除地方和世界的价格差距,从而使国内通胀下降至与伙伴国家同等的水平。

在上述所有观点中,汇率都被看作是关键性角色——它是将国外价格转化为国内价格的工具,是通货膨胀预期的主要决定因素,也是国际收支的平衡机制。因此,南椎体国家发生了变化,从旨在鼓励出口转向旨在抑制通胀的汇率政策。此后,名义上的货币贬值按照低于国内外通货膨胀差额的程度

363

---

① 关于南椎体国家处理国际收支问题所采用的货币主义方式,参见福克斯利(1983),第114—125页。

提前宣布,以打破通货膨胀的预期,并迫使企业按国际价格出售其产品。[1]
1976 年以后,智利开始实行新政策,两年以后阿根廷和乌拉圭开始实行。到
1979 年,智利的决策者对这一战略的正确性充满信心,以至于将名义汇率与
美元挂钩——这在智利经济史上几乎是不为人知的经历。

　　事实证明,无论是南椎体国家的汇率政策,还是金融自由化的尝试,都是
灾难性的。通货膨胀率确实下降了,但下降的幅度和速度都不够大,所以实
际有效汇率稳步上升。进口激增,而出口因汇率高估而受到损害。国际收支
中的经常项目账户赤字加速增长,并主要依靠来自国外的商业贷款来支撑。
这种不受监管的信贷方式催生了消费信贷泡沫,因此,进口商品构成从生产
物资转向了消费商品(参见表 10.2)。尽管有资本在流入,但国内实际利率仍
然极高,生产性投资受到严重削弱。[2] 金融机构选择通过向陷入困境的公司
增加贷款来掩盖其许多贷款的不良性质。随着外国借贷者意识到这些政策
不可持续的本质,资本流入开始减少,从而迫使当局采取紧急措施维持国际
收支,进而引发了金融危机。

　　出口替代战略的失败激起了一些社会集团对新保守经济学的强烈反对。
在某种程度上,这是合理的。事实证明,金融自由化的尝试代价高昂,一些市
场的反应明显有悖常理。它所基于的假设显然是不恰当的,在一些市场中造
成了适得其反的结果。[3] 贸易自由化比较成功,特别是非传统产品的出口成
就证实了促进出口战略的教训,即实际有效汇率的重要性。然而,向汇率高
估的转变——伴随较低的关税——刺激了对进口的强劲要求,以至于国际收
支仍然具有约束力,只有通过大规模的资本流入才能缓解这种约束,而这是

---

① 这项汇率政策以"目录"著称,因为汇率表是定期发布的,给出了货币的远期币值。关于它在
　　阿根廷所发挥的作用,参见肖斯塔(1989),第 259—264 页。
② 在整个金融自由化阶段,实际利率保持在 10% 以上,并经常超过 20%。参见拉莫斯(1986),
　　表 8.11,第 154—155 页。
③ 尽管有较高的实际利率,但国内储蓄率(国内总储蓄与国内生产总值的比率)还是很低的,甚
　　至有所下降。参见拉莫斯(1986),第 141—158 页。

十分危险的。

那种认为可以利用货币方法维持国际收支和高估的汇率从而抑制通货膨胀的设想是欠考虑的。贸易自由化初级阶段可出口商品重要性的增加并未导致可进口商品的大幅度减少,因此,可贸易品在国内生产总值中所占的份额最初有所上升。[①] 这促使当局相信,经济中所有价格都可以参照世界价格、关税和汇率来决定,然而,高估的汇率不仅排斥出口,而且还由于进口取代了国内制成品生产而产生了广泛的非工业化。其结果是可贸易品的重要性下降,而非贸易品在国内生产总值中比重上升——非贸易品的价格是由国内供求决定的,而不是世界市场条件决定的。

因此,南椎体经济甚至进一步偏离了通货膨胀稳定计划所依据的假设。随着1981—1982年维持国际收支平衡所采取的严厉措施的实行(包括汇率贬值),在产出大幅下降的同时,通货膨胀率再次开始加速上升。实际国内生产总值的下降十分严重,使实际人均收入降到了出口替代战略开始实施时的水平。[②]

出口替代战略在南锥体抑或在秘鲁均未能实现其目标。通货膨胀仍挥之不去,国际收支平衡仍悬而未决,而且也未保持住出口增长率。此外,即使在经济增长的年份,收入分配却在恶化,实际工资在下降。然而,在战略实施的第一阶段,这一战略强化了促进出口战略的经验教训,使得非传统出口能够在适当的激励下繁荣起来。

初级产品出口的发展

其他的11个拉丁美洲共和国——南美的玻利维亚、厄瓜多尔、巴拉圭和

---

①　可贸易品由出口商品和进口商品组成。前者包括净出口为正值的部门,后者包括净进口为正值的部门。关于南椎体国家贸易份额的下降,参见拉莫斯(1986),表7.15,第133页。
②　在实施出口替代战略最为积极的智利,这种下降相当严重。参见福尔廷和安格拉德(1985),第191—195页。

委内瑞拉,5 个中美洲国家,加上巴拿马和古巴——并没有实行出口替代战略。同时,它们脆弱的工业基础被认为过于薄弱,不足以支撑基于制成品出口的促进出口战略。

在整个战后时期——甚至在革命的古巴——其基本模式仍然是出口导向型增长,并辅之以进口替代工业化。这类国家希望地区一体化能够使进口替代工业化在地区范围内而不是在国家范围内进行,从而使工业化有一个更坚实的基础,但在 20 世纪 70 年代初,人们对这一模式的幻想开始广泛破灭。这些国家的制造业是资本密集型、进口密集型的,并严重依赖外国资本和技术。另一方面,以固定的名义汇率为基础的价格稳定是其准则而非例外,因此通过实际汇率贬值的手段来促进非传统出口品,尤其是制成品的出口,自然是不受欢迎的。

虽然排除了出口替代和促进出口战略,但 20 世纪 70 年代商品价格的暴涨却提供了另一种替代模式。大多数初级产品价格的上涨为这些国家创造了空前的机会——没有一个国家完全放弃以矿产或者农产品出口为基础的传统出口导向型增长模式。这种战略,我们称之为初级产品出口发展,强调初级产品的外汇收入(巴拿马以服务换取外汇),而很少重视制成品出口。[①]

初级产品出口发展战略力图利用国际市场的有利条件。有时这是以出口数量增加的形式出现(例如中美洲的棉花);[②]其他国家则仅仅满足于价格上涨所带来的意外收入。委内瑞拉的石油业及玻利维亚的天然气和锡的情况就是如此,它们的价格而不是数量成为出口收入急剧增长的主要原因。[③]1973 年后世界食糖价格的上涨也迫使苏联提高了付给古巴的食糖价格,因

① 在实行初级产品出口发展战略的 11 个国家中,制成品在区域外出口中所占比例很低。但是,中美洲国家发展了区域内以工业生产为基础的重要贸易。

② 威廉斯(1986)描述了中美洲棉花繁荣的状况,第一部分。

③ 委内瑞拉受石油输出国组织约定的出口配额的限制。玻利维亚生产锡的单位成本相对较高,而且石油储备几乎耗尽,如果没有重大的新投资,就无法增加产出。然而,20 世纪 70 年代初,玻利维亚第一家锡冶炼厂投入使用,因此该国最终开始获得与锡生产相关的更高份额的附加值。

此,虽然在增加出口量方面存在困难,但在 1980 年食糖仍占这个岛国出口总额的 80％以上。[①] 然而,收获最大的是那些在价格大幅上涨时期能增加出口量的国家。1975 年巴西遭受霜冻以及《国际咖啡协定》规定的出口配额制度瓦解之后,中美洲的咖啡就发生了这样的情况。[②]

初级产品出口发展战略还包括开发新的初级产品。1972 年以后,玻利维亚越来越依赖于圣塔·克鲁斯天然气的出口,并铺设可通往阿根廷的管道。到 20 世纪 70 年代末,玻利维亚一半以上的出口都是销往拉美其他国家,而且近 20％是出口到其南椎体邻国。[③] 1972 年,厄瓜多尔新的石油产品大幅度增加,不久就占出口总值的绝大部分。[④] 巴拉圭从出口肉类和木材转向棉花和大豆。危地马拉于 1980 年开始出口原油。

并非所有的新出口产品都有记录。主要出口到哥伦比亚加工厂的古柯膏在玻利维亚和厄瓜多尔迅速增长,提供了大量的"毒品美元"——这有助于解释玻利维亚稳定汇率和国内高通胀并存的原因。[⑤] 走私在巴拉圭十分兴盛,与阿尔弗雷多·斯特罗斯纳总统关系密切的商界人士(包括军方)利用该国的地理位置和与美元的固定汇率,从货币波动的邻国买进和卖出。

当我们考察那些公布出来的统计数据时,必须牢记这些没有记录在案的

367

[①] 自 1961 年以来,苏联定期购买古巴的食糖,并以高于世界市场的价格进口。1974 年,世界市场价格暴涨,苏联被迫用更高的价格来支付;但在世界市场的价格回落后,苏联却没有随之降低价格。因此,到 20 世纪 70 年代末,古巴从苏联得到的价格大约是世界市场价格的 5 倍。参见布伦登尼尔斯(1984),表 3.9,第 76 页。

[②] 1963 年签订的《国际咖啡协定》旨在通过采用(可变的)出口配额使价格变化保持在一定的范围之内,但是巴西所遭受的霜冻灾害导致全世界的咖啡产量大幅度下降,因此出口配额被迫取消。即使这样,世界其他国家也无法弥补巴西下降的产量,因而咖啡价格迅速上涨——远远超过《国际咖啡协定》最初设定的上限。

[③] 参见拉美经委会(1989),表 289,第 564—565 页。

[④] 对于厄瓜多尔的石油繁荣及其对经济的影响,博科在其研究中进行了全面的分析。

[⑤] 关于使用可计算的一般均衡模式对古柯之于玻利维亚的经济影响进行的实证性评估,参见德弗朗哥和戈多伊(1992)。

活动的存在。[①] 然而,就连官方数据也显示,出口部门的命运出现了显著改善。出口单位价值在 1970 年以后的十年里大幅提高,猛增 500％到 1000％[②],而且出口购买力也急剧上升(参见表 10.3)[③]。尽管 1973 年和 1978 年之后两次石油价格的飙升有利于主要能源出口国(玻利维亚、厄瓜多尔和委内瑞拉),但由于主要初级产品出口价格的高企和不断上涨,石油净进口国的表现也同样令人印象深刻。

表 10.3　1970 年和 1980 年实施初级产品出口发展战略国家的
出口单位价值和购买力

国家	1980 年出口单位价值	1980 年出口购买力	出口/国内生产总值(1980 年的价格,百分比)	
	(1970 年＝100)	(1970 年＝100)	1970 年	1980 年
玻利维亚	585	196	36.9	23.6
哥斯达黎加	299	150	38.2	33.9
古巴	425	188	18.1[a]	9.0[a]
厄瓜多尔	278	350	15.6	25.0
萨尔瓦多	292	157	28.8	34.8
危地马拉	275	185	21.1	22.2
洪都拉斯	321	146	41.6	37.8
尼加拉瓜	282	165[b]	29.5	23.9
巴拿马	238	455	38.9	45.4
巴拉圭	303	167	15.8	13.9
委内瑞拉	1234	263	65.4	39.4

[a] 2000 年的价格。
[b] 由于 1979 年革命严重影响了 1980 年的出口,因此选择 1978 年作为参考年份。
资料来源:拉美经委会(1989),表 275,第 504 页,表 279,第 512 页,表 4.3,第 70 页;布尔默-托马斯(2012)关于古巴的内容。

在布雷顿森林体系崩溃之前,大量的外汇收入支撑了与美元挂钩的汇率。在 1970 年以后的十年里,这 11 个国家对美元只贬值了 4 次,其中 9 个国

---

① 这些非法活动对整个拉丁美洲的影响已经有了很多推测。关于毒品贸易对拉丁美洲影响的清醒和客观的评价,参见乔伊斯和马拉穆德(1998)的相关章节。

② 据表内数据,增长范围应在 100％—1000％。——编者注

③ 出口购买力是用来衡量出口值能够购买的进口量。其计算方法是用出口价值除以进口单位价值,或者用净易货贸易计算的贸易条件乘以出口量。

家根本就没有出现贬值。[①] 国际货币基金组织的备用协定比较少,附带条件的程度也比较温和。

但初级产品出口发展战略总的来说并不成功。只有厄瓜多尔和委内瑞拉——两个石油出口国——在 1970—1980 年提高了它们在世界出口中所占的份额;其中在委内瑞拉,这完全是因为价格而不是数量的变化。几乎没有几个国家出口收入的增长赶得上外债积累的速度。它们应对外部冲击的脆弱程度一如既往,而疲弱的国内经济恢复能力不足以提供任何实际的补偿。稳定的汇率并没有成功抵御由货币扩张和进口商品美元价格高昂所导致的通货膨胀压力,因此,许多国家的收入分配进一步恶化,[②]且实际汇率逐渐被高估。

369

对于三个能源出口国(玻利维亚、厄瓜多尔和委内瑞拉)来说,初级产品出口发展战略的失败尤其令人失望。1973 年以后,这三国的石油收入是从消费国到生产国的大规模重新分配中得到的。作为石油输出国组织的创始成员国,委内瑞拉长期以来一直认为高价格的出口配额政策比低价格的自由市场更可取。厄瓜多尔在 1972 年实行军事统治后,与委内瑞拉持有同样的观点,并于 1973 年 11 月加入石油输出国组织——尽管这给厄瓜多尔与美国的关系带来了压力。

最初,上述三个国家的能源出口发展严重依赖外国投资。即便是在标准石油公司于 1937 年被国有化的玻利维亚,也在 20 世纪 50 年代向海湾石油公司提供了特别优厚的政策以促进出口。[③] 为了使资源流向非出口部门,三国

[①] 在以浮动汇率为特征的后布雷顿森林时代,与美元挂钩并不排除对其他货币贬值的可能性。然而,对于大多数实施初级产品出口发展战略的国家来说,美国是主要的贸易伙伴。因此,对美元的固定汇率等同于稳定的有效(贸易加权)汇率。

[②] 尽管在指数化的经济中,稳定的通货膨胀率不一定会导致收入不平等的加剧,但通货膨胀的加剧几乎必然会导致收入不平等的加剧。这是因为最低收入阶层通常只能对通货膨胀率的上升做出滞后的反应。

[③] 参见菲利普(1982),第 455—460 页。

政府认为它们的首要任务就是获取更多的与不可再生自然产品有关的经济租金。这通过参考价格[①]、税收与合资企业来实现,使政府的收入更加依赖于能源部门。

这种"寻租"方式有很多好处,但它仍然让外国公司负责有关投资、生产和出口的关键战略决策。日益高涨的国有化浪潮是不可阻挡的,这三个国家的能源部门最终都被国有企业控制。1969年,玻利维亚没收了海湾石油公司,[②]使得国家石油矿藏管理局成为能源领域的主要经营者。1976年厄瓜多尔也将海湾石油公司国有化了——这是外国公司寻求收回其产权的罕见例子。[③] 1983年,外国公司的石油合同到期,委内瑞拉政府在1975年底对自20世纪20年代初就由外国公司控制的石油工业实行了国有化。[④]

能源部门是厄瓜多尔经济增长的唯一动力。1970—1980年,其实际国内生产总值的年增长率为9.7%,而人均国内生产总值的增长率也高达6.5%。但石油财富导致该国的军政府推迟了早该实行的财政改革,石油导致的货币高估排除了扩大非传统出口的可能。在玻利维亚和委内瑞拉,国有化只带来了有限的增长。这两个国家矿业部门的净产出几乎没有增长,委内瑞拉的实际人均国内生产总值在1970年以后几乎没有增长。[⑤] 这两个国家只是由于净易货贸易条件的大幅度改善才实现实际国内总收入迅速上升,并呈现一种暂时繁荣的假象。[⑥]

---

① 参考价格的目标是减小石油公司通过税收最小化战略利用转移价格的可能性。参考价格被用来计算税负的价格。

② 参见菲利普(1982),第13章。

③ 参见布洛根(1984),第5—6页。

④ 参见列文(1985),第209—215页。

⑤ 委内瑞拉的人均国内生产总值(以1988年的价格计算)从1970年的4941美元增加到1980年的5225美元,幅度并不算大。尽管低于盛产石油的特立尼达和多巴哥,但在拉丁美洲仍是最高的。参见美洲开发银行(1989),表B-1,第463页。

⑥ 国内总收入是根据贸易条件的变化而调整的国内生产总值。因此,它对基准年的选择十分敏感。然而,如果选择1970年为基准年,那么在1980年之前的10年间,能源出口国净易货贸易条件的改善将导致国内总收入的快速增长。

能源价格上涨所带来的意外收获被三个国家用来推动能源部门以外的新活动。委内瑞拉率先实现铁矿工业的国有化,在金属工业建立合资企业,并促进汽车生产。厄瓜多尔激进的军政府在医疗、教育和住房方面进行了大规模的社会投资。玻利维亚甚至尝试发展进口替代农业,以扭转其对进口食品的依赖。这三个国家的雄心壮志远远超过了贸易条件(暂时)的改善所能承受的程度。其进口增长如此之快,以至于在能源价格高涨的大部分年份,[①]每个国家国际收支的经常项目账户都出现了赤字,这使它们极易受到随后贸易条件恶化的影响。

五个中美洲国家面临着不同的问题。作为石油净进口国,该地区在20世纪70年代的石油冲击中蒙受了损失。然而,1970年以后,传统出口商品(咖啡、香蕉、棉花、牛肉和蔗糖)的价格在各个节点上急剧上涨,因此,贸易条件并非总是不利的。此外,第一次石油危机和进口投入品价格的上涨挤压了工业利润空间,这促使资源从制造业和中美洲共同市场转移到初级产品出口。[②] 但是中美洲共同市场的衰落只是相对的——区域内贸易总额继续增长[③]——对区外的出口又一次成为增长的引擎,尤其是传统产品的出口。[④]

在中美洲,初级产品出口发展战略大大增加了外汇收入。土地租金的上涨,使为国内市场生产粮食的小规模农户受到挤压。由于进口投入品的成本上升,在城市地区也出现了类似的对小规模工业的挤压。其结果是,农村和城市无产阶级的急剧增加,同时越来越多的劳动力依靠工资生存。[⑤]

371

---

① 到 1975 年,玻利维亚和厄瓜多尔国际收支的经常项目账户出现赤字(委内瑞拉是在 1977 年)。参见世界银行(1991)。

② 参见威尔斯(1985),第 147—150 页。

③ 在 1971 和 1975 年,区内进口较前一年有所下降,但在 1981 年之前的其他所有年份都继续增长。

④ 1970 年,5 种传统的出口商品(咖啡、香蕉、棉花、蔗糖和牛肉)占区外出口的 84%。到 1979 年,在经历了近十年惊人的出口增长后,这 5 种产品在总出口中所占的份额几乎没变。参见布尔默-托马斯(1987),第 204 页。

⑤ 参见布尔默-托马斯(1987),第 218—224 页。

尽管中美洲的经济在 20 世纪 70 年代似乎蓬勃发展，但收益分配不均。20 世纪 50 年代和 60 年代鲜为人知的国内通货膨胀——世界价格上涨和国际储备增加带来的货币膨胀——开始加剧这一状况。由于缺乏防御机制和强大的工会，工人运动不能保护工人自己，实际工资在 20 世纪 70 年代的前半期下降了。① 哥斯达黎加和洪都拉斯，这两个工会最强大的共和国，后来扭转了下降的趋势，但萨尔瓦多、危地马拉和尼加拉瓜持续下降，并加剧了这三个国家日益紧张的社会和政治形势。

在尼加拉瓜，反对索摩查王朝的力量不仅仅局限于劳工组织，一场广泛的群众运动——由桑地诺民族解放阵线所领导——最终在 1979 年 7 月成功地推翻了独裁政权。② 联合执政时期是短暂的，尼加拉瓜不久陷于内战和与美国的对抗，这在几年之内就摧毁了该国的经济。③ 萨尔瓦多④和危地马拉⑤的内战开始于 20 世纪 70 年代末，内战加剧了中美洲的痛苦，并且中美洲共同市场成了早期的牺牲品。到 1981 年，区内贸易的绝对值下降，这种趋势持续了若干年。⑥

另外三个国家——古巴、巴拿马和巴拉圭——是初级产品出口发展的三个不同类型的国家。古巴在 20 世纪 60 年代中期改变了那种对单一经营和依赖蔗糖的敌视政策，而且在苏联及其东欧盟国的帮助下，依靠特惠价格和其他形式的援助建立了社会主义经济。由于古巴在世界市场上的糖产量相对较少，因此，古巴外汇短缺的问题依然严重。然而，苏联允许古巴在自由市场上出售其国内并不需要的苏联石油，鼓励了古巴采取节能措施，且使得古

---

① 参见布尔默-托马斯(1987)，表 10.7，第 219 页。

② 参见布斯(1982)，第 8 章。

③ 参见布尔默-托马斯(1990b)，第 353—365 页。

④ 关于萨尔瓦多内战的起源，参见邓克力(1982)。

⑤ 自 1960 年以来，危地马拉一直在打游击战，但在 20 世纪 70 年代末安全局势明显恶化。参见麦克林托克(1985)，第三部分。

⑥ 到 1968 年，60 年代末占出口总值 25% 以上的区内出口下降很严重，已跌至 10% 以下。

372

巴在短期内收获了一笔可观的美元收入。[1] 由于规划技术的改进和道德鼓励转向物质刺激,古巴经济在 20 世纪 70 年代和 80 年代上半期获得了可观的增长率。[2]

巴拿马的统治者早就认识到其比较优势在于地理位置而非初级产品的出口。尽管香蕉、虾、蔗糖和精炼油的出口持续增长,但在 20 世纪 70 年代,增长的真正引擎是服务出口。因此,巴拿马初级产品出口发展战略指的是促进第三产业的出口。[3] 其作为离岸金融中心声名鹊起。到 20 世纪 80 年代初,有 120 多家银行参与,1982 年存款总额达到了 435 亿美元的最高点。[4] 科隆自由贸易区成为运往拉丁美洲所有地区货物的重要中转站,[5]一条横穿地峡的输油管道使巴拿马重新获得了由于超级油轮不能使用运河而失去的部分收入。[6] 悬挂巴拿马旗帜的船只数目稳步增加,[7]保险业成为金融业和航运业成功的副产品。[8]

373

---

[1] 这一政策上的变化直到 1981 年才被采用,但它恰逢石油价格高企的时期。到 1985 年,石油再出口的美元收入是向世界市场出口蔗糖所获得可兑换货币收入的 3 倍。参见多明各斯 (1989),第 90、207—208 页。

[2] 所有评论人士都认为,1970 年之后的古巴经济表现优于前 10 年。参见佩雷斯–洛佩斯 (1991)和梅萨–拉戈(2000)。

[3] 第三产业的出口为服务业的出口(例如银行、保险和航运)。因此,巴拿马传统上在贸易账户中有巨额的赤字,但在国际收支的服务业账户中却有大量的盈余。例如,1980 年,前者为 9.59亿美元,后者为 6.49 亿美元。参见美洲开发银行(1983),表 42,第 369 页,以及表 43,第 370 页。

[4] 关于巴拿马国际银行中心的崛起(以及随后的衰落),参见威克斯和津巴利斯特(1991),第 68—83 页。

[5] 在其巅峰时期,来自自由贸易区的增加值(即再出口减去进口)达到国内生产总值的 10.3%。参见威克斯和津巴利斯特(1991),第 67 页。

[6] 修建这条输油管道的灵感来自找到一条有效途径的需求——使 20 世纪 70 年代发现的阿拉斯加原油能够通过这条途径进入美国东海岸的炼油厂。

[7] 悬挂巴拿马旗帜的现象很普遍,以至于该国似乎是世界上拥有最大船队的国家之一(1980 年其吨位达到 3710 万吨)。但几乎所有船只都为外国人所拥有,而悬挂巴拿马旗帜只是为了税收和就业方便。

[8] 最初巴拿马的服务部门形成了良性循环,某一部门的扩张促进了其他部门的增长,并鼓励了新活动的出现(与离岸金融中心的兴起有关的洗钱活动,也成了服务经济中越来越重要的一部分)。但也存在相反的情况,如 20 世纪 80 年代后半期发生的有损于巴拿马的情况。

尽管运河本身从巴拿马共和国成立的第一天起就成为该国经济发展的关键,但其控制权和所有权却牢牢掌握在美国手中。1977 年《卡特-托里霍斯条约》的签署和 1979 年美国参议院的批准预示着新的曙光。运河区的主权归还给了巴拿马,并最终在 2000 年取得了巴拿马的控制权。① 从运河作业所取得的收入急剧增加,与运河区的交易不再被当作对外贸易,科隆自由贸易区的出口最终记入巴拿马账户。②

374   在巴拉圭,初级产品出口发展涉及寻找新的初级产品(棉花和大豆),这导致了加工出口(工业)重要性的下降。③ 然而,巴拉圭的增长引擎不仅仅局限于初级产品出口(或走私),还包括建筑业。巴拉圭决定分别与巴西和阿根廷联合建造两座巨型水电站(伊泰普和雅西雷塔),这不仅促进了建筑业的发展,也促进了向建筑公司和劳动大军提供投入品的所有活动的发展。④ 其结果是,实际国内生产总值在 20 世纪 70 年代以每年 8.7% 的速度增长——无论以什么标准来衡量,这都是一个值得高度赞扬的业绩。

初级产品出口发展战略有其成功之处,但在太多的国家,大宗商品价格的暴涨似乎反映了一种新的长期均衡。20 世纪 70 年代商品价格的不稳定性使得私营部门和公共部门无法区分外部环境的暂时改善和长期改善。资源转到初级产品出口部门,作为不易扭转的趋势,是在短期价格变化的基础上实施的——这与 20 世纪 20 年代许多国家的政策相呼应。当大宗商品价格开始下降以及贸易条件恶化时,许多国家被置于危险的境地。

———————

① 梅杰在其运河区历史的精彩叙述中提供了条约的细节(1990)。

② 1979 年(国际货币基金组织旧的会计制度实行的最后一年),巴拿马的商品出口约为 3.56 亿美元;1980 年(在国际货币基金组织新的会计制度下),由于包括了自由贸易区的再出口,这一数据猛增至 22.67 亿美元。然而这两年的经常项目账户的赤字几乎相同。但统计数字的使用者应注意,并非所有国际机构都使用同样的方法。

③ 出口商品结构这一变化在很大程度上是巴拉圭东部土地价格低廉的反映,这鼓励了已经积极从事棉花和大豆生产的巴西人向这个邻国投资,参见贝尔和博奇(1984)。

④ 在 20 世纪 70 年代的最后 3 年里,经济繁荣使建筑部门的净产出年均增长 30% 以上。同一时期,工商业也以每年 10% 以上的速度增长。参见贝尔和博奇(1984),第 790 页。

　　大宗商品价格的上涨被普遍解释为反映了平均或长期实际价格的上涨。实施初级产品出口发展战略的国家利用有利的外部条件大量增加进口,因此即使在出口繁荣的年份,经常项目账户也经常出现赤字。公共部门与私营部门一样目光短浅。由极高的贸易税而增加的预算被认为是正常的,而开支迅速增加则耗尽了盈余。[①]

　　实行初级产品出口发展的国家面对外部冲击的脆弱性可以通过初级产品出口部门以外的生产性投资来抵消。一些国家做了努力,在国际资本市场上借了大量资金。然而,大多数投资未能及时到账来增强抵御外部冲击的能力,大量资金被浪费了,一些国家因资本外逃而遭受严重的投资损失。

　　即使是能源出口国——玻利维亚、厄瓜多尔和委内瑞拉——也与那些不那么幸运的国家有着同样的命运。在 20 世纪 70 年代后半期,发现新的石油储藏的墨西哥也是如此。尽管能源出口国的净易货贸易条件的改善持续了较长时间,但也不是持久不变的。基于长期的高能源价格的战略并不可行,而风险最小化战略要求采取调整计划,以应对不太有利的外部条件。与能源生产相关的巨额经济租金本可以为相对不是那么痛苦的调整提供润滑剂,但资源却被用于对家庭和私营部门的转移和补贴。调整所需的投入由外国借款提供,但其利率只有在贸易条件的改善持久不变的情况下才能维持。

国家、公营企业与资本积累

　　20 世纪 30 年代之前的一百年里,拉丁美洲经济发展的驱动力一直是私营部门。虽然国内资产阶级有时在外国投资者面前起着次要作用,但毫无疑问,私营部门在决定生产、投资甚至分配的决策中起着支配作用。国家处于明显的次要角色,提供了一个有利于出口导向型增长的监管框架,但很多私

[①]　以委内瑞拉为例,即使在 1981 年石油繁荣时期,还有大量的中央政府预算赤字。

营部门仍为争取由国家调控所产生的租金份额而激烈竞争。

从传统的出口导向型增长到进口替代工业化的转变使公共政策管理的任务复杂化。除了分配特权和提供涉及国民收入再分配新监管框架外,还要求国家进行大量的公共投资,以使新模式有利可图。

任务的复杂性和争夺国家权力的新社会团体的崛起,导致了私营部门和各个部门之间的摩擦,有时还破坏了政治和经济稳定。然而,除了少数例外,国家继续认为它的一般职能是支持私营企业,但再也不可能支持所有私营部门。在阿根廷,传统的农业出口商反对庇隆主义和国家对制造业私人投资的支持并不矛盾,而 20 世纪 30 年代墨西哥对私人地产的没收,几乎没有削弱国家与新兴工业资产阶级之间正在形成的纽带。

在国家对私营部门深怀敌意或者严格限制对私营企业开放活动范围的少数情况下,不可避免的反叛通常会取得胜利。在智利,阿连德总统在 1970 年以后进行的短暂的社会主义试验①——在经济的各个部门都成立了公营企业,私人投资随之崩溃——在 1973 年 9 月的军事独裁统治中结束,其后的自由市场制度大有矫枉过正之势。早期致力于扩大国家作用的例子还包括危地马拉的雅克布·阿本斯政府(1951—1954),②秘鲁的胡安·贝拉斯科·阿尔瓦拉多政府(1968—1975),③或者之后尼加拉瓜的桑地诺政府(1979—1990),④但这些都很短暂。私营部门在重新夺取国家权力后恢复了其经济霸权。在菲德尔·卡斯特罗领导下,古巴是唯一一个既削弱了私人部门又挫败

---

① 德沃尔德(1976)描述了阿连德统治下的国家所有制的扩张状况,关于国家在拉丁美洲的一般作用,参见布尔默-托马斯(2000)。

② 虽然阿本斯担任总统期间共产主义的影响力相当大,但国家在生产中的作用基本上仍然是间接的,而非直接的。尽管如此,在 1954 年后,私人部门迅速行动收回了国家干预的阵地。

③ 菲茨杰拉德(1976)对秘鲁军事统治下国家干预的扩大进行了深入分析。索普(1991)分析了国家干预减弱的情况,第 5 章。

④ 科尔伯恩对桑地诺统治时期的尼加拉瓜国有企业进行了考察(1990)。

了反叛势力的共和国,使国家成为几乎所有投资以及控制生产与分配的唯一来源。①

尽管国内资产阶级一些派别有抱怨,但公共部门和私营部门之间的关系总体上还是和谐的。后者向前者寻求特权、保护以及补偿性投资,而且国家干预的范围随着现行发展模式的每一次转变而变得更广泛、更复杂。然而,国家可用于行使这些功能的资源是十分有限的。财政收入与国内生产总值的比率——税收工作的粗略衡量——以国际标准衡量是比较低的。唯一的例外是委内瑞拉,即使在国有化之前,国家也已经攫取了较高比重的石油租金。②

拉美大多数国家税收的低效有多种解释。19 世纪,农业利益集团成功地抵制了土地税,使财政负担转到了累退的间接税上。私营部门在 20 世纪无法阻止所得税的实施,而且税率结构名义上通常是累进性质的,边际税率要远高于平均税率,但税收豁免和逃税(漏税)现象普遍存在。战后时期,发达国家担心"财政拖累"(过高的边际税率导致通货膨胀增加实际税收),但拉美国家担心奥利维拉-坦茨效应(即通货膨胀减少税收的实际价值)。此外,城市非正规部门的扩大——其中许多活动没有被财政当局发现——减少了国内销售税收入。

税收可以通过借贷来补充,但国内资本市场的疲软和获得外国信贷的渠道有限,严格限制了可以在不造成重大通胀影响的情况下融资的赤字规模。其结果是,以国际标准来衡量,中央政府支出与国内生产总值的比率是较低的。事实上,直到 1975 年,只有 4 个共和国(智利、巴拿马、乌拉圭和委内瑞

377

---

① 古巴的国家控制范围远远超过已经在东欧确立的范围。例如,革命政府虽然继承了一个小业主发挥主要作用的分配制度,但仍坚持商业部门 100% 的国家所有制。参见梅萨-拉戈(1981),表 1,第 15 页。

② 1975 年,也就是石油国有化的前一年,委内瑞拉中央政府的收入占国内生产总值的 34.6%。这一比例大约是巴西或墨西哥的 3 倍。参见美洲开发银行(1983),表 19,第 356 页。

拉)①的这一比率超过了所有发展中国家的平均比率(22.4％),而且只有两个共和国(智利和巴拿马)超过了工业国家的水平(28.6％)。② 甚至经常被认为是挥霍无度之源的国防开支,在 20 世纪 70 年代中期也只占国内生产总值的一小部分(除了智利和古巴,这两国的国防开支超过国内生产总值的 3％)。③

378　　　整个战后时期大多数国家的中央政府可用资源极度有限,而私营部门对国家的要求越来越高,两者由此出现了冲突。公共投资率受到了特殊的重视,因为国家的资本积累被视为高私人投资率的关键。与缺乏公共投资导致私人部门丧失获利机会相比,人们认为公共支出对私人投资的"挤出"效应的危害要小得多。此外,在 20 世纪 40 年代期间和之后,国家干预通过拉美经委会的影响和世界银行以及其他国际金融组织对其公共部门的贷款计划的影响而获得了重要地位。

　　上述冲突很大程度上通过国有企业的扩张来解决。虽然间接的国家干预手段,包括省级甚至市级政府的发展都没有被忽视,但国有企业的扩张被视为增加资本积累的关键。事实上,如果将国有企业的支出包括在其他政府部门(中央、省级和市级)之内,公共支出在国内生产总值中的比重(新保守主义的智利除外)在 1970 年后急剧上升(参见表 10.4)。

　　尽管第一批国有企业要追溯至殖民时期,利润可观的烟草和酒精垄断为王室(之后的国家)提供了有用的收入来源,但出于种种原因,它们在第一次世界大战之后变得越来越重要。首先,外国人拥有的公共设施在整个拉丁美洲都被收归国有,到 20 世纪 70 年代,只有很少的一部分仍处在外国控制之下。20 世纪初,乌拉圭的何塞·巴特列-奥多涅斯政府是这一领域的先驱,④

379

---

① 如果包括古巴在内,就有 5 个国家。

② 参见国际货币基金组织(1986),第 78—79 页。

③ 在两个拉美共和国(哥斯达黎加和墨西哥),国防开支率是世界上最低的。前者在 1948 年取消了军队;后者根本无法达到在美国入侵的情况下所需要的国防开支水平,所以其开支仅供满足国内安全的需要。

④ 参见芬奇(1981),第 7 章。

表 10.4　1970—1980 年部分国家的公共部门支出状况

国家	非金融公共部门开支总和占国内生产总值的百分比			国有企业经常性支出和投资开支占国内生产总值的百分比		
	1970 年	1975 年	1980 年	1970—1973 年	1974—1978 年	1979—1981 年
阿根廷	38.6	46.4	49.1	12.5	17.0	19.5
巴西	35.9	42.7	52.7	10.4	18.6	25.6
智利	41.3	40.4	31.6	21.8	31.3	26.1
哥伦比亚	25.9	27.6	29.4	6.4	6.0	8.4
墨西哥	22.3	31.9	35.0	11.9	16.4	20.7
秘鲁	24.5	46.1	60.1	10.1	24.3	32.1
委内瑞拉	28.7	38.9	53.3	19.3	21.1	28.2

资料来源：除了哥伦比亚之外的所有国家，参见拉拉因和塞罗斯基(1991)，表 1.1，第 2 页，表 8.1，第 308—309 页；哥伦比亚的数据根据美洲开发银行的统计 (1984b)，表 1，第 148、171 页。

其甚至建立公共设施来削弱外国公司享有的垄断地位，而第二次世界大战末期的国有化浪潮最终摧毁了外国拥有公共设施的权力。这包括外国拥有的铁路，20 世纪 50 年代以来大多数国家的政府成了铁路网的主要投资者。

第二，矿业——很长一段时间里是外资的主要来源——是民族主义政府所无法抵抗的活动领域。20 世纪 40 年代，巴西创建了开采铁矿的国有企业，[①]随后在 20 世纪 50 年代，玻利维亚将锡业收归国有，[②]以及 1968 年以后，在军事统治下，国有企业遍布秘鲁的矿业部门。[③] 智利的阿连德政府没收了外国拥有的铜矿公司，而新保守主义的皮诺切特政府并未加以改变；[④]委内瑞拉的第一届卡洛斯·安德烈斯·佩雷斯政府(1974—1978)建立了国家对

① 该企业，即淡水河谷公司，加上沃尔塔雷东达钢铁厂，使国家能够有力控制工业化进程所需要的基本投入品。

② 1952 年以后，玻利维亚革命政府的主要目标是矿业寡头(即罗斯卡)的政治权力。由于罗斯卡控制着锡矿生产，国有化被视为唯一的解决方案。其他(较小的)矿业公司没有受到影响。参见邓克力(1984)，第 56—60 页。

③ 矿业部门的新国有企业是秘鲁石油公司、秘鲁矿业公司和中部矿业公司。此外，国家还创建了蔗糖出口、食品销售、渔业、能源供应、运输、住房和金融等行业的企业。参见菲茨杰拉德(1976)，第 47—48 页。

④ 将国家铜业公司保持在公共部门手中的决定反映了铜业对经济的重要贡献。此外，部分的军事预算来自国家铜业公司的收入，使武装部队反对工业私有化的建议。

铁矿和铝土矿生产的控制,成为其摆脱对石油的单纯依赖并实现经济多样化的伟大目标的一部分。①

石油,包括原油和精炼油,也是国有企业青睐的目标。事实上,阿根廷在20世纪20年代率先成立了国家石油矿藏管理局,②玻利维亚和墨西哥在20世纪30年代没收了外国所有的石油公司。到20世纪70年代末,政府已经成为所有产油国的积极投资者,即使在石油进口国,石油冶炼也掌握在国家手中。③ 石油国有企业,例如墨西哥石油公司、巴西石油公司以及委内瑞拉石油公司都是拉美最大的公司,它们甚至还登上《财富》杂志的全球最大公司榜单。④

长期开发融资也是国有企业进入的热门领域。由于金融抑制几乎无处不在,许多国家的通货膨胀率居高不下,私人金融机构将短期贷款优先发放给偏爱的客户,而不是向高风险企业发放长期贷款。20世纪30年代以来,国有企业开始弥补这一缺陷,墨西哥的国家金融公司⑤和智利生产促进公司⑥成为很多国家学习的榜样。虽然有时国家会接管私人商业银行,但却是为了避免破产或倒闭。实际上,在20世纪80年代前,只有哥斯达黎加和古巴对银行存款实行了国家垄断。⑦

在进口替代工业化战略指导下建立的消费品工业由私营企业主导,但并非所有的中间产品和资本货物行业都是如此。许多国家在这些工业部门建

---

① 铝土是生产铝的原材料。由于转化过程是能源密集型的,委内瑞拉廉价而丰富的电力资源似乎使这一产业适合多样化计划。参见罗德里格斯(1991),第249—252页。

② 参见刘易斯(1990),第53—55页。

③ 例如1968年哥斯达黎加石油精炼实行了国有化,但石油分配仍控制在私人部门手中。

④ 关于国有企业在拉美石油工业中的分布,参见弗农(1981),第98—102页。

⑤ 成立于1934年的国家金融公司迅速扩张,弥补了私营部门不愿意为开发项目提供长期贷款所留下的缺陷。参见布拉泽斯和索利斯(1966),第26—28页。

⑥ 成立于1939年的智利生产促进公司,在阿连德上台前就已经投资了46家公司,其中在31家中拥有多数股份。参见拉拉因和赛罗斯基(1991),第93页。

⑦ 银行国有化是革命政府在1948年哥斯达黎加内战中胜利后所颁布的首批法令之一。控制信贷被认为对长期发展计划至关重要,但这与打击内战中失利的寡头政治经济核心的愿望不无关系。参见塞尔达斯·克鲁斯(1990),第386—387页。

立了国有企业,以填补私营部门缺乏兴趣所留下的空白。钢铁工业是国有企业青睐的部门。公共部门的资本在大国发挥了主导作用,钢铁生产对于其工业化的活力至关重要。[1] 类似的观点也被用于石化部门建立的国有企业,国有企业经常援引"国家安全"作为造船和武器生产的理由。[2]

国有企业的扩张在巴西得到了很好的体现,在 1964 年军事干预之前和 *381* 之后,一个充满活力的私营部门都欢迎公营企业的建立。国内私营部门、跨国公司以及政府形成了一个三方联盟,公共投资旨在提高私营部门的盈利能力,并鼓励新建私营部门的积极性。到 20 世纪 70 年代末,巴西建立了 654 家国有企业,其中 198 家是联邦一级的;[3]后者遍布各个经济领域,有很多是巴西最大的公司。事实上,1979 年 30 家最大的公司中有 28 家是国有企业——比起 1962 年的 12 家有了大幅增长。[4]

巴西国有企业在决定国内外私营企业的利润率方面发挥了关键作用。在外国公司主导的汽车行业,企业必须从国有企业购买所需的全部电力和大部分钢铁,而且对汽车的需求在一定程度上取决于由其他公共部门公司规定的燃料价格(汽油和酒精),也部分地取决于国家有关消费信贷的规定。只要国有企业采取与私营部门利润率相一致的价格和投资政策,其存在就会受到国内外资产阶级的欢迎。

然而,有时国有企业的形成与私营部门的利益相抵触。政府以补贴穷人消费需要为由,对食品生产和分配实行国家干预,通常会引起私营部门的不满。国家航空公司通常是出于信誉原因而由国家经营,在该领域中,私人投

---

[1] 卡茨(1987)的部分章节(即第 5—7 章)提到了拉美的钢铁企业,包括巴西和墨西哥的国有企业以及阿根廷的一家私人公司。

[2] 阿根廷和巴西还援引国家安全作为在其境内建立国家核电站的理由。参见塞拉诺(1992),第 51—65 页。墨西哥也在 20 世纪 70 年代末开始建立核电站,但这更多地反映了石油繁荣带来的无限雄心。

[3] 各级政府的大多数企业是服务业部门,很多从事研究和开发,为私营部门服务。参见特里贝特(1983),表 3.2。

[4] 参见埃文斯(1979),第 5 章。

资是可以盈利的。很难向多疑的私营部门解释为何旅游业甚至一些国家的夜总会需要由国有企业来管理。此外，拉丁美洲和西欧一样，也无法避免棘轮效应①，即使公司被没收的最初原因早已不复存在，但仍保持在公有制度之下。

然而，在 20 世纪 80 年代之前，私营部门对拉丁美洲公有制的不满是有限的。即使在那些强调市场力量、私人企业和外国投资的出口替代国家，也不准备将国家干预的范围大幅度缩小。智利在 20 世纪 70 年代实行了一项私有化计划，但其中大部分是将阿连德社会主义政府短暂实行公有化活动的重新私有化。② 事实上，在皮诺切特统治下，智利将许多工业（包括铜业）保留在公共部门，其利润上升，投资下降，并利用盈余为私营部门降低税率。③

尽管国有企业的数量通常很大，但其对实际国内生产总值的贡献往往不大（古巴除外）。只有在以石油为经济支柱的委内瑞拉，国有企业在 20 世纪 70 年代末的净产出比例达到 15％以上。④ 此外，如果将委内瑞拉排除在外，拉丁美洲的平均数字低于发展中国家和发达国家的平均数字。大部分的附加值是由私营部门——国外和国内的——创造的，这使得资产阶级（在没有高的直接税有效税率的情况下）对国民收入分配产生了巨大的影响。

然而，国有企业在资本积累过程中发挥了极其重要的作用。尽管浪费和低效投资的例子时有发生，但国有企业在资本密集部门（例如矿业和能源）的存在，加上私人部门选择那些资本产出比例低、周期短的活动，足以解释这种失衡问题。国有企业对固定投资总额的贡献往往超过其对净产出的贡献。

---

① 棘轮效应指的是，当某种状况迫于暂时的压力而发生，后来当压力消失时，这种状况会仍旧存在，并不会回到当初。——编者注
② 关于智利 20 世纪 70 年代的私有化，参见爱德华兹（1987），第 4 章。也可参见尤托普洛斯（1989）。
③ 然而，这并不排除国有企业部门（包括铜业）的外国投资的增长。事实上，在皮诺切特统治下，外国投资环境特别有利。
④ 按要素成本计算，委内瑞拉国有企业占国内生产总值的比重高达 27.5％。参见肖特（1984），第 118 页。

实际上,拉丁美洲国有企业在资本开支中所占的比重要远高于欠发达国家,甚至高于发达国家。[①]

尽管存在大量对社会有利的投资机会,而且没有私营部门的反对,但公共部门的资本积累最初受到资金短缺的限制。公共部门经常账户的微薄盈余远远不足以为公共管理各部门雄心勃勃的投资计划提供资金。国有企业的利润往往会受到价格控制,有时还会受到成本螺旋式上升的影响,而且即使是利润的再投资,也可能被转移到中央政府的法定要求阻碍。

随着国际银行借贷的增长,这种金融限制终于在 20 世纪 70 年代得到了缓解。事实上,对外国银行来说,向公共部门——包括政府部门和国有企业——提供贷款,要比向私营部门提供贷款更具吸引力,因为前者总是有政府担保偿还。主要拉美国家的大型国有企业是最受欢迎的客户;在墨西哥,墨西哥石油公司得到了所有新贷款中的很大一部分。国有企业的开销占国内生产总值的比重稳步上升(参见表 10.4)。随着金融限制的缓解,公共部门对总固定资本构成的贡献猛增。只有在 20 世纪 70 年代前半期的智利,国家几乎负责所有新投资,公共部门对资本形成的贡献有所下降。[②]

其结果是,20 世纪 70 年代,拉美总的固定资本形成率令人瞩目。虽然在 20 世纪 50 年代,只有委内瑞拉的投资率(占国内生产总值的比重)经常超过 20%,但在 20 世纪 70 年代,拉丁美洲的平均投资率从未低于 21%,并在 1974 至 1981 年间每年均超过 23%。[③] 其常常逊色于其他地区的投资率,终于开始达到人均实际国内生产总值长期快速增长所需要的水平。然而,这个投资率是不可持续的;事实证明,根植于国际银行贷款流动的基础,是极其脆弱的,并在 20 世纪 80 年代瓦解了。此外,银行借贷的下降不仅缩小了公共投

---

① 20 世纪 70 年代末,拉美国家的国有企业占国内总投资的份额(经加权)平均数为 29%,美国为 4%,日本是 11%,英国是 17%。参见库辛斯基(1988),表 3.8,第 54 页。

② 参见肖特(1984)的第 115—122 页中关于个别国家的数据。

③ 参见威尔基(1990),表 3437,第 1057 页。

资的范围,而且也破坏了拉丁美洲发展所依赖的整个资本积累模式。

负债增长

20 世纪 30 年代的债务违约实际上切断了拉丁美洲与国际私人债券市场的联系,而该地区的外国融资很大程度上依赖国际私人债券市场。虽然 20 世纪 40 年代以后,国际资本市场的范围越来越大,复杂程度越来越高,但拉美债券市场仍无足轻重。二战后初期,一些私人资本已经进入了拉丁美洲,但主要以商业利率的短期贸易信贷的形式。

20 世纪 40 年代以后,拉丁美洲的外国直接投资有所增长,而且起初也受到了东道国政府的广泛欢迎,因为东道国政府急于获得更多的外国资本。但是,跨国公司对拉美的融资贡献却令人失望。资本通常是在当地筹集的,许多投资是对现有公司的收购,而且无法保证卖方将所得资金在当地再投资。此外,每年以汇出利润和偿付特许权使用费形式累计流出的外汇常常超过了流入的外国直接投资。

作为一个资本匮乏的地区,拉丁美洲希望从国外借款,以补充国内储蓄,为资本积累提供资金。只要可以通过自主(和自愿)资本流入来弥补,国际收支经常账户中的赤字就能够被合理地认为是"正常"状况。然而,在第二次世界大战后的头二十年里,增加私人资本——证券或直接投资——的净流入十分困难,使拉丁美洲严重依赖于官方的外国借贷资源。直到 1968 年,官方资本资源还占该地区公共外债的 60%。[①]

官方借款可以是双边的,也可以是多边的。前者指从一个国家(例如,进出口银行或美国国际开发署)借款,后者指从不同国家控制来源处借款。当国际货币基金组织和世界银行在布雷顿森林会议上成立时,多边来源已经变

---

① 参见美洲开发银行(1983),表 58,第 383 页。

得非常重要,1961 年美洲开发银行的创立又增加了对拉丁美洲极为重要的第三个国际金融机构。

在 20 世纪 60 年代,争取进步联盟促进了官方资本流入拉丁美洲,特别是国际金融机构也增加了业务量。但是,双边流动(主要是来自美国)仍然是最重要的,因此林登·约翰逊和理查德·尼克松政府对争取进步联盟失去兴趣,可能对拉丁美洲的外国融资需要产生了严重影响。

然而,国际金融体系的变化——使外国银行向拉丁美洲提供贷款从 20 世纪 60 年代末期开始变得具有吸引力——避免了这些影响。这一政策改变的原因是欧洲美元市场的形成,[①]国际银行界控制了巨额的国际流动资本,需要找到新的借贷者。起初由于美国贸易赤字,后来因越南战争导致的美国巨额预算赤字,欧洲货币存款存量猛增,从 1964 年底的 120 亿美金上升到 1970 年底的 570 亿美元。[②]

欧洲货币市场的扩大只是银行向拉丁美洲借款转型的第一步。第二步是国际银行在拉丁美洲市场广泛设立分支机构和代表处。起初是在美国金融机构(特别是花旗集团)的带领下,在长期缺席后,分支银行重新回到了拉丁美洲,使外国银行得以为该地区的跨国公司客户提供服务。[③] 它还为拉丁美洲和银行总部之间提供了一个宝贵的渠道,以便了解当地的情况和有利可图的贷款机会。

然而,由于 20 世纪 30 年代普遍存在的违约现象,对银行贷款给拉丁美洲是否可取仍顾虑重重。20 世纪 60 年代末由于贷款惯例的两次变化,这些阻力终于被克服了。第一次涉及联合贷款的使用,它允许银行通过大量的(在某些情况下高达 500 家)借贷机构向外国借款以分散风险。第二次是向

385

---

① "欧洲美元"一词可能具有误导性,因为它经常被用来描述发行国以外持有的货币。因此它可以包括在巴拿马国际银行中心的日元存款,这和在伦敦金融机构的美元存款一样。

② 参见格里菲斯-琼斯(1984),表 5.3,第 42 页。

③ 参见斯塔林斯(1987),第 94—102 页。

灵活利率的转变。从今以后,债务合同将要求借款者在根据市场条件变化的参考利率之上支付固定的保险费(例如纽约优惠利率)。

联合贷款、灵活的利率以及巨额保险金,使贷款给主权国家——之前被认为风险太大而不予考虑——变得利润丰厚。到 1976 年,花旗集团仅对巴西的借款就占其总利润的 13%。[1] 银行借款占拉美的公共外债从 1966 年的 10.5% 上升到 1972 年的 26.1%,其中几乎一半的债务增加来自外国银行的贷款。[2]

第一次石油危机进一步刺激了这种有利可图的借贷。由于石油美元从石油进口国向石油出口国转移,欧洲货币存款量急剧增加,到 1974 年底猛增到 2050 亿美元。第二次石油危机也起到了推波助澜的作用,到 1981 年底,欧洲货币存款达到 6610 亿美元。在 1973 年之后的十年间,银行不得不迅速寻找新的有利可图的放款对象。拉丁美洲由于最初的联合贷款的增长十分成功,并且国际银行已于拉美建立了分支网络,因此成为明显市场。

银行向拉丁美洲提供新贷款的意愿——实际上是渴望——是毋庸置疑的。然而,拉丁美洲同样热衷于接受贷款。因此,可贷资金的供需通常是同步进行的,但有时银行的热心致使其推销手段背离了正常的专业和伦理标准。[3]

拉丁美洲的借贷者对于银行贷款的需求有多种原因。到 20 世纪 60 年代末,对外国直接投资的不满已达到了顶峰,反映在安第斯条约组织中第 24 号决议中;人们承认,需要跨国公司在某些领域的技术专长,但无法依赖它们

---

① 参见萨克斯(1989),第 8 页。

② 出于各种原因,债务数字容易引起极大混乱。首先,必须区分公共外债和私人外债,前者指的是国家担保偿还的所有债务(既包括私人部门的,也包括公共部门所负的债务),后者没有国家来担保。所以外债总额中包含未经担保的私人债务。其次,必须区分承诺偿债和垫付款,因为往往出于延迟发放资金、暂停付款等原因而造成不同的结果。第三,有必要区分短期债务和长期债务——12 个月到期的债务被视为短期债务。然而,应该指出的是,20 世纪 70 年代银行借贷占总额的比重——不管它属于哪一类——都在迅速增加。

③ 参见罗迪克(1988),第 24—34 页。

弥补国际收支上的赤字,所以拉美需要新的资金来源。与此同时,由于争取进步联盟的瓦解,官方的资本流动也有所下降。

与其他证券资本的来源相比,银行贷款更具有优势——它们几乎没有任何附加条件。大多数拉丁美洲国家的政府都在努力满足国际货币基金组织的各种条件,但国际银行提供的新贷款却几乎没有附加条件。事实上,银行并不知道它们的大部分贷款的用途。20 世纪 70 年代,近 60％的美国银行贷款用于"一般用途""未知用途"或"再融资"。① 尽管国有企业是银行贷款的主要接收方,但中央政府也是受益者,政府接受贷款以用于弥补预算赤字或国际收支赤字,或两者兼而有之。②

对银行贷款热情高涨的最后一个原因是两次石油危机造成的外部冲击。对石油进口国(例如巴西)来说,没有附加条件的银行贷款提供了一种融资的手段,用以弥补石油价格上涨所带来的国际收支赤字,而不必采取痛苦的稳定和调整措施,也不必牺牲国内生产总值的高增长率。对于石油出口国来说,高价石油对扩大石油生产(例如厄瓜多尔和墨西哥),或者通过对非石油经济的大规模投资(例如委内瑞拉)使经济多样化,摆脱对石油的依赖,提供了机会。在这两种情况下,计划投资的规模都远远超过国内资源,需要获得外国贷款。

银行并不是拉丁美洲获得新贷款的唯一来源——在 20 世纪 70 年代,官方资本流动也得益于全球流动性的增长,而且银行贷款绝不都流入了公共部门。因此,各类债务迅速增长。只要有可能,即使是私人部门的贷款,银行也要寻求贷款有公共担保。然而,智利的皮诺切特政府拒绝给予这样的担保,③

387

---

① 参见斯塔林斯(1987),表 10,第 131 页。
② 20 世纪 70 年代,美国在拉美证券投资的近三分之二流向了公共和私人公司。另外三分之一中的大部分都交给了各国中央政府。参见斯林斯托斯(1987),表 9,第 128 页。
③ 当金融系统由于无法偿还无担保债务的利息而陷入崩溃的边缘时,皮诺切特政府在 1983 年进行了干预,将提供担保作为再融资一揽子计划的一部分。参见弗伦奇-戴维斯(1988),第 122—132 页。

而委内瑞拉丰富的石油储量使这种担保变得毫无必要。此外,在较大的国家,银行仍准备向没有公共担保的私营部门提供贷款。1982 年底,阿根廷和巴西债务的四分之一是属于私人的、无担保的长期贷款。

388　　　　银行对拉丁美洲贷款的热情并没有平等地延伸到每一个国家。大国绝对是优先选择的对象——阿根廷、巴西、智利、哥伦比亚、墨西哥和委内瑞拉。然而,由于哥伦比亚长期以来在财政事务上有保守的传统,在胡里奥·塞萨尔·图尔瓦伊·阿亚拉政府(1972—1982)执政之前,银行向哥伦比亚提供贷款的请求基本上都遭到了拒绝,[①]直到 1982 年底,哥伦比亚债务的一半以上仍是世界银行或其他官方债权人的贷款。

事实上,银行对小国的兴趣十分有限。除了哥斯达黎加、巴拿马和乌拉圭以外,其他小国仍严重依赖官方资金来源。例如,20 世纪 80 年代初,萨尔瓦多和危地马拉 90% 的债务是官方的。而在玻利维亚、多米尼加共和国、海地、洪都拉斯、尼加拉瓜和巴拉圭这一比例达到 50% 以上。然而,由于官方资本的流动和一些银行借款的增加,大多数小国的债务总额仍然迅速增长。

从 20 世纪 60 年代后期开始,拉丁美洲债务增长十分迅速(参见表 10.5)。尽管如此,至少在 1978—1979 年的第二次石油危机之前,由于债务的名义利率低于名义国内生产总值的增长率,局面还可以维持。高水平的国际流动,加上第一次石油危机后发达国家的衰退,使得名义利率低于世界通胀率。由于商品价格上涨,拉丁美洲的出口收入猛增。因此,拉丁美洲可以在国际上借到所需资源,偿付债务利息,而不必冒债务出口比率不可持续增加的风险。只有秘鲁因为财政和货币事务的管理不善,在 20 世纪 70 年代陷入了债务困境。[②] 但是,国际货币基金组织和银行共同制定的救助计划正值 70 年代末净易货贸易条件的上升时期,因此国际债权人能够自欺欺人地认为问题已经解决。

---

① 关于哥伦比亚政府起初不愿接受银行渴望提供的新贷款的状况,参见奥坎波(1987)。

② 参见索普和怀特黑德(1979),第 136—138 页。

表 10.5 1960—1982 年拉丁美洲的外债指数

389

年份	A	B	C	D
1960	7.2[a]	16.4	17.7[a]	3.6[a]
1970	20.8[a]	19.5	17.6[a]	5.6[a]
1975	75.4	42.9	26.6	13.0
1979	184.2	56.0	43.4	19.2
1980	229.1	56.6	38.3	21.2
1981	279.7	57.6	43.8	26.4
1982	314.4	57.6	59.0	34.3

说明：A：公共、私人和短期外债总额，以十亿美元为单位；B：银行占公共外债的比例（％）；C：服务支出（利息和分期偿还）与出口的比率（％）；D：利息支出与出口的比率（％）。

[a] 仅指公共外债。

资料来源：拉美经委会(1976)，第 25 页；美洲开发银行(1983)，表 56，第 58—60 页；美洲开发银行(1984b)，表 1，第 12 页，以及表 5，第 21 页；美洲开发银行(1989)，表 E-6。

第二次石油危机是全球经济管理的一个分水岭。发达国家进入衰退，导致商品价格下跌，并使拉美石油进口国的净易货贸易条件急剧恶化。然而，这一次，发达国家通过紧缩的货币政策来解决结构性失衡，将全球银行利率推高到天文数字的水平。到 1981 年，伦敦和纽约的基本利率超过了 16％，使得银行债务的利率接近 20％。[①] 1980 年以后，随着拉丁美洲出口收入的急剧下降，以及石油和非石油业出口的收入达到高峰，负债增长已无法继续维持。

然而，令人惊讶的是，即使在第二次石油危机之后，银行和其他债权人仍在继续放贷。1979 年底到 1982 年（参见表 10.5），拉美债务存量从 1840 亿美金跃升至 3140 亿美金。债务与出口的比率不可避免地急剧下降。到 1980 年，有 12 个国家的这个比率低于 200％——一个粗略的可持续的指数。到 1982 年就只剩下 3 个国家了（危地马拉、海地和巴拉圭）。另外，偿债率——用于支付债务利息和本金的出口收入比例——从 1975 年可行的 26.6％跃升至 1982 年令人难以置信的 59％（参见表 10.5）。

---

① 甚至美国的实际利率也接近 10％。参见索普和怀特黑德(1987)，表 1.1，第 3 页。

390　　　　第二次石油危机后贷款的继续提供,引起了拉丁美洲前所未有的进口繁荣。在短短几年内,进口翻了一番,尽管石油出口额在上升,但经常项目账户的赤字在 1981 年扩大到 400 亿美金。更令人不安的是资本外逃的加速——其中大多数是非法的——因为许多拉美国家的私人部门对公共政策已经失去了信心,并预期将会发生货币贬值。到 1982 年底,阿根廷、墨西哥和委内瑞拉私营部门在外资产估计至少相当于各国公共外债的一半。[①]

债务人和债权人无视了所有的预警信号,直到为时已晚。1980 年,哥斯达黎加和尼加拉瓜面临严重的债务问题,但都被认为与拉丁美洲其他国家关系不大。[②] 尽管油价大幅上涨,石油出口国——尤其是厄瓜多尔、墨西哥和委内瑞拉——却仍面临经常项目账户和预算赤字,但这种状况并不被认为是非常不明智的。偿债率和债务与出口比率的普遍恶化起初并没有引起恐慌。只有在 1982 年,当拉美国家的出口额从前几年的峰值开始下降时,借贷的步伐才放慢了。随着世界经济衰退拉低大宗商品价格,非石油出口国的贸易条件急剧恶化。然而,具有讽刺意味的是,灾难最先发生在一个石油出口国。当墨西哥因无力偿还其债务,于 8 月份宣布不履行债务合同时,债务危机最终到来。

[①]　关于资本外逃,没有完全令人满意的定义。但所有的评估都显示,这三个国家所受的影响最为严重。参见萨克斯(1989),表 1.5,第 10 页。

[②]　参见布尔默-托马斯(1987),第 237—252 页。

第十一章

债务、调整和向新模式的转变

1982 年 8 月,墨西哥政府宣布无法按期偿还公共外债,最终引发了债务危机。银行向拉丁美洲的净贷款流动陷入停顿,而且资金的转移净额突然变为负数;甚至像哥伦比亚这样在积累外债方面一向谨慎的国家,[①]也受到了影响,因为发达国家的私人金融机构扭转了先前对拉丁美洲的乐观预测。

银行贷款的下降引发了一系列连锁反应,使得拉美大多数国家在 20 世纪 80 年代末期出现了一种新经济模式,即以出口导向型增长为基础,减少国家干预的增长模式。[②]向新模式的转变并非毫无痛苦;然而,各国别无选择,因为形势发展的逻辑要求所有政治派别的政府做出反应。只有能源丰富的委内瑞拉,在查韦斯总统(1999—2013)的领导下,才有可能运行这样一种经济——国家对积累资本负有主要责任,而且与这种模式相关的低效和浪费数不胜数。新经济模式的出现在一定程度上是对 20 世纪 80 年代各国采取的一系列调整和稳定方案的务实回应。积累贸易盈余所需资金的倒流使拉美国家最终把促进出口问题放在优先地位,这是自 20 世纪 60 年代以来就被各

---

① 虽然与其他拉美国家一样,哥伦比亚也面临着接受新的商业银行贷款的压力,但在胡里奥·塞萨尔·图尔瓦伊·阿亚拉执政之前,哥伦比亚积累债务的速度一直十分缓慢。参见奥坎普著作(1987),第 240—244 页。

② 关于新经济模式及其主要组成部分,参见爱德华兹(1995)、布尔默·托马斯(1996)、索普(1998)、斯托林斯和佩雷斯(2000)。

国提到议程上的问题。由于无法从国外借到资金,各国政府也开始注意财政
改革、国有企业效率低下和不加区分的补贴问题。

　　新经济模式还反映了国际金融机构、学术界以及发达国家政府在支持自
由市场、贸易和金融自由化,以及公共企业私有化方面达成的空前一致。这
一正统思想①,尽管有其脆弱的理论和经验基础,但与拉美残存的支持内向
型政策和国家干预主义的声音相比,仍居压倒性地位。表面上承诺减少国家
干预的政府在整个拉美地区掌权,而拉美的知识界在 20 世纪 90 年代急剧转
向支持自由市场经济。之后,1997 年的亚洲金融危机导致了一系列事件,使
拉丁美洲从 1998 年到 2003 年陷入了"失去的五年",危机之前的新自由主义
经济议程不可避免地遭到了抵制。然而,1998 年之后拉丁美洲显著的左倾趋
势并没有导致新经济模式的崩溃②,相反,中左派政府在增加旨在改善公平
的社会项目的同时,小心翼翼地保持了该模式的基本原则。

　　新增长模式的出现改变了经济政策的大部分领域。贸易实行了自由化,
金融市场解除管制,以及公共企业开始出售给私营部门。尚未加入关贸总协
定或世贸组织的拉美国家申请成员国资格③,而一些国家则加入"凯恩斯集
团",以追求农业方面的自由贸易。④ 以前几乎听不到的拉美声音开始出现于
国际贸易谈判场所,最大的几个国家明确表示了它们寻求第一世界地位的
雄心。⑤

393

---

① 这种新的正统思想最早是在贝拉·巴拉萨、杰拉尔多·布尔诺、佩德罗巴布洛·库辛斯基、
　　马里奥·恩里克、西蒙森所著的一本有影响力的书中进行了探讨,该书被译成西班牙语和葡
　　萄牙语,并在拉丁美洲广泛传播。参见巴拉萨等人的著作(1986)。

② 向左派的转变始于 1998 年乌戈·查韦斯当选为委内瑞拉总统。15 年后,拉丁美洲大多数政
　　府都是左派或中左派。

③ 到 2000 年,所有拉美国家都已成为世贸组织成员国。

④ "凯恩斯集团"由那些农产品出口受非关税壁垒影响特别严重的和那些支持农产品自由贸易
　　的国家组成。该集团的拉丁美洲成员国包括阿根廷、玻利维亚、巴西、智利、哥伦比亚、哥斯
　　达黎加、危地马拉、巴拉圭、秘鲁和乌拉圭。

⑤ 2000 年后,两个国家(智利和墨西哥)加入了经济合作与发展组织,传统上这一组织是富裕的
　　工业化国家俱乐部。

贸易自由化也使拉丁美洲能与外部伙伴达成优惠贸易协定。虽受寻求非传统出口市场这一迫切需要的驱动,但许多拉美国家仍对世界贸易体系的专断性质感到担忧,因为在这一体系中,保护主义的力量仍然十分强大。[①] 进入美国市场被视为成功促进出口的关键所在,美国在西半球一体化中看到了推动其贸易议程的机会,同时还把拉美各国政府锁在经济改革中,否则这些改革可能会被逆转。欧盟也被视为需要确保更多商品进入的关键市场。世界其他地区同样未被忽视:与非洲、亚洲和中东国家的优惠贸易协定被签署。新世纪伊始,新经济模式在整个拉丁美洲形成,拉美国家开始实行经济改革——尽管许多国家为此经历了阵痛。而且国家在经济活动中的作用——除了委内瑞拉以外——已大大减弱。与20世纪80年代不同,90年代的生活水平有所改善。然而,许多同样的问题仍然困扰着拉美国家。该地区仍然极易受到经济冲击的影响,而全球化的影响更加剧了这种脆弱性——在全球化过程中,世界产品和要素市场日益一体化。大多数国家的收入分配没有改善,生活在贫困中的绝对人数继续增加。直到新世纪的第一个十年,拉丁美洲才通过提高生产力和改善公平在结构改革中获益。

从债务危机到债务负担

1982年8月墨西哥宣布无力偿还外债时,许多国际大型银行在拉美的贷款数额巨大,以至于人们认为其金融地位岌岌可危。到1982年底,美国和加拿大18家主要国际银行中有16家在拉丁美洲的贷款与股本比超过了100%。这18家银行总共向该地区发放了700亿美元的贷款,其中仅花旗集

394

---

① 关贸总协定的乌拉圭回合谈判始于1986年,最终于1993年结束。它使发达国家得以维持对农业进口的高度保护,并将纺织品和服装配额的取消推迟到2005年。2001年启动的多哈回合以失败告终,原因有多种,其中最重要的原因是发达的工业化国家不愿意让农产品贸易完全自由化。

团一家就提供了 100 多亿美元的贷款。①

　　主要国际银行的巨额贷款使发达国家十分关注拉丁美洲的债务危机。20 世纪 30 年代,人们对面临违约威胁的私人证券持有者的诉求漠不关心,但是到了 20 世纪 80 年代,政府对此的反应是迅速而坚决的。美国政府率先采取行动,部分出于国际金融体系稳定所受到的威胁,部分则出于对墨西哥经济崩溃后果的担忧。②

　　在里根政府的领导下,一个由向拉美放款的私人和官方(双边和多边)机构组成的债权人卡特尔迅速建立,以确定一套共同的规则,帮助债务国的经济恢复正常,同时避免重大国际银行业危机。人们并不希望向拉美放款并不多的小银行与债务国达成单方面的解决方案,因为这会给放款较多的金融机构造成困难。由于涉及单笔大额贷款的银行多达 500 家,所以在所有谈判中不得不选派代理人代表私营债权人,并为每个国家设立小型的银行顾问委员会。

　　维护债权人的利益不仅要依靠银行顾问委员会,也有赖于各银行、各国政府和国际金融机构之间经常举行的正式和非正式会议。国际金融机构发挥了特别重要的作用。由于国际货币基金组织对其成员的国际收支问题负有责任,它在与拉丁美洲的交往中获得了前所未有的重要地位。随着政策改革被提到议事日程的首位,世界银行——承诺提供结构性和部门的调整贷款以及更多的传统项目贷款——也在制定处理债务危机的战略方面获得了关键地位。

395　　　维护债权人制度自然无法保证债权人卡特尔的权威。拉美欠债的历史由来已久,对任何熟悉历史的银行家来说,对拉美国家没有理由持乐观态度。

---

① 参见格里菲斯-琼斯、马塞尔和帕尔马(1987),表 2。

② 墨西哥经济的崩溃意味着移民到美国的人数增加和美国边境政治局势的不稳定。人们普遍认为,假如债务危机在离美国更远的南方国家(例如阿根廷)爆发,美国的反应可能会有所不同。参见迪亚斯-亚历杭德罗(1984)。

然而,债务国起初都接受了卡特尔制定的游戏规则,它们在大多数情况下——不惜付出巨大的政治和经济代价——迅速全额偿还了债务①。甚至没有国家担保的私营部门的贷款(在智利和委内瑞拉,国家担保十分重要)也能按时还本付息,而这在智利成为可能,得等到皮诺切特政府为避免可能出现的金融崩溃,于 1982—1983 年对负债累累的私人银行部门进行干预后。②

债务国愿意按这种正统的方式行事,可能是由于双方似乎在 1982 年底达成的不成文协议。大多数债务国政府履行其义务的意愿源于谈判各方普遍持有的一种信念,即金融危机是流动性危机,而不是偿付能力危机。自 20 世纪 70 年代末以来,该地区受到的一系列外部冲击(参见边码第 383—390 页)和偿债率的恶化,被看作是暂时现象。因此,继续向拉丁美洲提供新贷款将缓解流动性问题,并使该地区获得喘息空间,直到外部条件变得更加"正常"。预计名义利率(如美国优惠利率)将会下降,发达国家——属于经济合作与发展组织的成员——将恢复增长,而初级产品价格将恢复上涨。人们认为,所有这一切将通过降低支付利息和增加出口为改善偿债率创造条件。

拉美国家政府相信,只要私人和官方债权人准备重新安排现有债务的偿还时间并继续提供新贷款,拉美国家就可以体面地摆脱债务危机。但是,债权人明确表示其合作只能以拉美实行宏观经济整顿和政策改革为条件。因此,重新安排债务偿还时间,以及新的贷款前景,都是有条件的,必须遵守与国际货币基金组织和(往往是)世界银行达成的协议,且只有在特殊情况下才允许积累欠款。

重新安排债务偿还期限和新增贷款的附带条件使国际货币基金组织和世界银行处于关键地位。这两个机构之间的合作以及与债权国政府的合作

396

---

① 例外情况(例如桑地诺民族解放阵线领导下的尼加拉瓜)很少,而且所涉数额对国际金融体系不构成任何威胁。

② 国家对银行体系的干预与皮诺切特独裁统治时期的私有化计划形成了鲜明的对比。参见怀特海德(1987),第 126—137 页。

达到了新的高度。对拉美国家以往经济政策的不满一点点累积,债权人开始形成了认为适合该地区的一个条理清晰的想法("华盛顿共识")[1]。稳定和调整计划是在国际货币基金组织和世界银行的密切监督下实行的,以建立宏观和微观经济条件,保证债务国偿还债务。只有少数几个国家没有受到影响(例如哥伦比亚),原因要么是没有必要延期偿债,要么是政治环境失去了国际货币基金组织提供支持的可能性(例如 20 世纪 80 年代的尼加拉瓜)。

最初债务人和债权人之间的交涉似乎是成功的。国际利率下降,发达国家恢复增长,拉丁美洲的出口量开始上升。特别是美国经济在 1982 年以后经历了快速增长,导致进口大量增加。里根政府为了奖励其盟友,惩罚其敌人,毫不掩饰地创立了"加勒比盆地倡议"(Caribbean Basin Initiative,CBI),允许大量商品免税进入加勒比海沿岸或周边的众多小国。[2] 到 1985 年年中,该地区石油进口国从石油价格大幅下降中获益。[3]

然而,上述不成文协议面临着两大难题。首先,由于初级产品价格的下降——部分地反映了美元的强势,出口量的增加并未带来收入的增加。[4] 20 世纪 80 年代上半期,几乎所有国家的净易货贸易条件都恶化了,而出口量的增长不足以弥补价格下跌带来的损失。该地区 1985 年的出口额尚不及 1981 年的水平;一年以后,石油价格下跌,出口额又下降近 20%。偿债率没有改善[5],流动性危机依然严重。

---

[1]   威廉姆森(1990)在一本有影响力的书中概述了华盛顿共识。

[2]   由于圭亚那和尼加拉瓜两国政府与里根政府之间的紧张关系,1984 年开始运作的加勒比盆地倡议最初排除了这两个国家,只有在外交关系改善后,这两个国家才可能成为成员国。

[3]   拉美整体作为一个地区是石油净输出地区,所以高油价对它有利。但该地区大多数国家却是石油净输入国,所以油价下降,受益的国家多于受损的国家。

[4]   因为大部分初级产品价格都是以美元计价的,所以美元的升值会对世界需求产生负面影响。在其他条件不变的情况下,初级产品价格趋于下降。然而,这只是 80 年代上半期初级产品价格下降的因素之一。参见梅泽尔斯(1992),第 7—20 页。

[5]   偿债率衡量的是用于支付债务利息和本金的出口收入比例。这不是衡量偿债能力的理想方法,但却是最常用的一种方法。1982—1988 年,偿债率每年都超过 40%,到 1989 年以后才降到 30% 以下。参见美洲开发银行(1992),表 E-12。

其次,债权人重新安排贷款时间的意愿并不能保证提供新贷款。官方债权人——特别是国际金融机构——起初增加了向拉美的贷款,但私人来源却开始枯竭,小银行的处境尤为困难,由于少数债权人不愿增加他们巨额投资的风险,针对主要债务人的新贷款被搁置数月之久。另外,来自官方债权人的新增贷款必须偿还,因此,到 1987 年,连三个主要国际金融机构都成了从拉丁美洲流出资本的净接受者。[①]

许多努力被用于提高债务重新谈判的效率和灵活性。银行债务的二级市场开始出现,使小银行得以甩掉它们不需要的债券,并减少重新安排偿债日期的债权人数量。债权人和债务人都欢迎采用"抽身债券",这种债券允许边际债权人离开,以换取其贷款的账面损失;债务—资产交换,即在二级市场上取得的债务,被一些国家用来将外部公共债务转换为实际资产的所有权,而债务转换则使用同样的方式以当地货币可偿还的内部(国内)债务代替外部债务,债务自然转换,即取消债务以换取环境的改善变得流行起来;而哈佛大学甚至提出了债转奖学金计划。

所有这些新方法都有其优点,但它们掩盖不了根本问题。在没有大量新贷款流入的情况下,拉丁美洲向世界其他地区流出的利润、利息就会远远超过流入的资本。这种资源转移在 1979 年至 1981 年间每年平均流入 130 亿美元,但在 1982 年突然逆转成净流出,整个 80 年代未见改观。到 80 年代中期,资金流出已达 300 亿美元——相当于该地区国内生产总值的 4％,出口额的 30％。

资本外逃加剧了资金净流出的问题,而官方统计并没有反映其中的大部分外逃资本。甚至在债务危机爆发以前,许多拉美国家的私营部门已经开始积累大量的海外金融资产(主要是在美国),以应对利率差异、汇率风险和国内政治不稳定。外汇管制薄弱或不具约束力的国家,受到的影响尤其严重。

398

----

① 在拉丁美洲活动的主要国际金融机构是美洲开发银行、国际货币基金组织和世界银行。

但是即使是对资本外流严加控制的国家（例如巴西），也无法阻止资本外逃。

1982 年以后，尽管所有国家都加强了外汇管制，但资本外逃仍在继续，而且不仅仅局限于富人的资本。在阿根廷、墨西哥和委内瑞拉，成千上万的小储户利用外国银行账户来规避政治和经济的不稳定。1982 年墨西哥银行系统国有化后，墨西哥政府决定将境内以美元计价的账户转换成比索，这一决定尤其受到多年来首次面临高通胀率的中产阶级的反对。估计仅 1983 年一年，从阿根廷、巴西、智利、墨西哥和委内瑞拉流出的资本就达 121 亿美元。[①] 到 80 年代中期，阿根廷、墨西哥和委内瑞拉私营部门持有的外国金融资产（主要是美元）几乎等于公共部门在商业银行的欠债额。

资金净流出进一步加剧了无法统计的资本外逃，给债务国和债权人之间的不成文协议带来了巨大的压力。由于需要将如此高比例的出口转移到国外，所有国家不得不采取严厉、不得人心的措施来限制进口。银行自愿恢复贷款的预期从未实现，官方债权人拼命施加压力，回报却在递减。到 1985 年年中，各有关方面都清楚地意识到，该战略未能奏效。作为主要的债权国，美国最终接受考虑一项新的倡议。

1985 年，随着"贝克计划"的宣布，公众首次认识到债务国的处境是不可持续的。新的解决方案在 1985 年提出，这个计划以时任美国财政部长詹姆斯·贝克的名字命名。贝克计划将拉美的危机定性为流动性危机而不是偿付能力危机，但该计划提供的额外资金相当不足。到 1987 年 2 月，巴西宣布延期还债，国际银行纷纷宣布其在拉丁美洲的贷款价值受损。这迫使它们不得不准备贷款损失准备金，但是各自国家金融当局同意用其来抵税的措施起到了缓冲作用。

贝克计划之后，1989 年又出台了"布雷迪计划"，以詹姆斯·贝克的继任者尼古拉斯·布雷迪的名字命名。这项计划较为激进，因为它为私人债权人

[①] 衡量资本外逃十分困难，但所有的估计都认为这一时期的资本外逃十分严重。其中一种估计，参见费利克斯和卡斯基（1990），表 1.7，第 13 页。

提供了一张选单,只要其满足与国际货币基金组织商定的调整稳定的条件,他们就可以从中做选择。最受欢迎的办法是将银行债务的名义价值换成票面价值较低的债券,并由无息美国国库券提供担保。由于这些债券能够立即折现,银行就有机会从中脱身,从而结束 20 世纪 80 年代的债务危机。

当然,这并没有结束债务问题,债务现在以债券的形式而不是银行贷款的形式出现,但大多数国家的出口部门与经济规模和债务本身相比仍然很小。事实上,当时的许多评论家认为,布雷迪计划和贝克计划一样,力度太小,提出得也太晚。

我们永远不会知道这些批评是对还是错,因为布雷迪计划很快就被新的政策取代了。出于下文将讨论到的原因,拉丁美洲主要国家突然成为 20 世纪 90 年代开始新资本流入的受益者,扭转了前十年大部分时间资金净流出的局面。至少在 1997 年的亚洲金融危机之前,其外汇储备非但不匮乏,反而充裕。一些国家甚至发行新债券,以淘汰布雷迪债券。

其结果是,就在认为布雷迪计划已结束债务危机之际,外债激增。拉美主要国家背上了比 1982 年以前更严重的债务。这一次,债权人基本上是不知姓名的——他们是债券持有者,而不是银行,因此,协调债权人加以回应几乎是不可能的。然而,1990 年以后,以美元计算的国内生产总值的快速增长意味着大多数国家的债务与国内生产总值的比率正在下降(参见表 11.1)。这一势头在 21 世纪的头十年仍然保持着。事实上,就整个拉丁美洲而言,*400*
2010 年的这一比率较 20 年前已经有所下降。

对于一个国家(墨西哥)来说,1990 年以后的外债增加太快了,因为这一增长在 1994 年的金融危机中结束了。这次墨西哥危机被米歇尔·康德苏(时任国际货币基金组织总裁)称为 21 世纪的第一次此类危机,并使国际货币基金组织出台了一项由美国协调的空前的救援计划。墨西哥避免了债务拖欠,拉丁美洲债券的息差也回到了以前的水平,但这是对债务快速积累相关风险的不祥警告。

表 11.1   1990—2010 年外债与国内生产总值的比率(%)

国家/地区	1990 年	1995 年	2000 年	2005 年	2010 年
阿根廷	44.0	38.2	49.6	68.2	34.7
玻利维亚	87.8	78.5	68.9	72.3	26.8
巴西	25.9	20.9	37.5	21.3	16.2
智利	60.9	30.9	49.5	36.9	39.9
哥伦比亚	42.8	27.1	33.8	25.8	21.8
哥斯达黎加	50.5	32.1	29.1	32.5	24.4
古巴ᵃ	30.7	34.5	35.9	13.8	14.2
多米尼加共和国	61.8	27.2	18.9	20.8	25.3
厄瓜多尔	116.9	68.7	83.1	46.9	25.6
萨尔瓦多	44.7	26.4	34.0	54.2	51.7
危地马拉	37.2	22.4	20.0	40.4	34.7
海地	29.6	30.5	32.0	31.9	7.4
洪都拉斯	121.9	124.0	76.0	53.8	27.2
墨西哥	39.8	57.7	26.0	19.5	19.3
尼加拉瓜	1065.0	325.8	171.3	101.2	72.6
巴拿马	122.2	77.1	56.5	56.0	42.6
巴拉圭	39.9	31.9	43.7	43.2	26.9
秘鲁	76.3	57.5	53.7	37.0	23.6
乌拉圭	47.5	27.6	36.8	63.9	28.8
委内瑞拉	70.5	47.7	36.1	30.8	14.1
拉丁美洲	**39.9**	**34.7**	**37.0**	**27.6**	**20.6**

ᵃ 2004 年后,古巴的债务股票只包括有效外债;2010 年一栏提供的是 2008 年的数据。

资料来源:世界银行,世界发展指标。其他来源:古巴,其 2008 年的国内生产总值的数据来源于拉美经委会(2012);海地,其 1990 年的国内生产总值的数据来源于拉美经委会(2012);古巴债务数据来源于古巴国内统计(2011)。

众所周知,这次的"龙舌兰危机"只是暂时扭转了流入拉丁美洲的资本净额——一直到 1998 年底,资本净流入几乎没有减少。而 1997 年亚洲金融危机,加上 1998 年 8 月俄罗斯违约,促使债权人对拉丁美洲的风险进行重新评估。

401

在 1999 年 1 月巴西货币(雷亚尔)贬值之前,巴西就曾在 1998 年宣布延期偿付债务,并在 2002 年年中的总统选举前夕面临了更多的困难。厄瓜多尔在 2000 年拖欠了布雷迪债券,阿根廷在 2001 年底拖欠了全部商业外债。阿根廷的债务违约引发了该国的一场重大金融危机,并让许多人认为,这预示着拉美又一次全面的债务危机。

新的债务危机并没有发生,而来自阿根廷的"传染病"在乌拉圭显得更为严重[①]。相反,从 2002 年开始,由于中国对大豆和铁矿石等关键原材料的需求,拉美贸易条件得到了显著改善。这提振了出口收入,并且使得 2003 年后国内生产总值迅速复苏。2000 年之后,几乎所有拉美国家的债务与国内生产总值的比率(参见表 11.1)都有所下降。当全球经济普遍遭受 2008—2009 年金融危机的影响时,拉丁美洲安然无恙。这一次,拉美没有一个国家由于出口收入大幅增加、信用评级提高和外汇储备上涨而发生债务危机。虽然外债仍然是个问题,但 20 世纪 80 年代的危机终于得到了解决。

外部调整

1982 年,资金从净流入向净流出的转变对拉丁美洲产生了巨大影响。尽管自 20 世纪 30 年代以来,该地区一直强调内向型发展,但它仍然容易受到外部冲击的影响。事实上,外债带来的高金融风险和相对较低的贸易依存度,使资本流动下降的影响十分严重。虽然东亚一些国家(例如韩国)也有债务问题,但它们的外贸部门要大得多,可以推行必要的调整方案。另外,其他一些贸易依存度较低的国家(例如印度)则没有同样程度的债务问题。上述情况造成了拉丁美洲——在大国最明显——特别危险的局面[②]。

为了扭转资金转移的迹象,外部账户必须迅速调整。国际收支可以概括 *402*
如下:

[①]　巴西在 2002 年也面临着严重的债务问题,但是这与阿根廷危机的蔓延关系不大,更多的是与年底总统选举相关的风险溢价增加有关。

[②]　费希罗(1991)将拉丁美洲和亚洲进行了对比。

贷方	借方
商品/服务出口(E)	商品/服务进口(M)
转移收入净额(T)	要素支付净额(F)
	经常账目赤字(B)
资本收入净额(K)	国际储备下降净额(R)

对外偿债付息包含在要素支付净额(F)中,因此,国际收支经常账目赤字(B)可以表示为:

$$B = (E+T)-(M+F) \tag{11.1}$$

全部收入和支出的关系等式可以表示为:

$$E+T+K=M+F+R \tag{11.2}$$

因为长远看来,外部调整不能通过减少储备来实施,所以 R 可视为 0。经过运算,我们可以得到:

$$(F-K)=(E+T)-M \tag{11.3}$$

等式左边为资金转移(转出)净额,右边大约相当于贸易差额[①]。因此,资金转移净额从净流入变为净流出 300 亿美元意味着同等数额的贸易盈余。由于 1980 年资金转移(转入)净额(贸易赤字)为国内生产总值的 2%,因此为了调整债务危机,要求整个地区的外部账户需要发生相当于国内生产总值的 6% 的大规模转移。

1980 年以后的第一个十年,净易货贸易条件的恶化使与创造如此巨大的贸易顺差有关的调整问题更加严重(参见表 11.2)。[②] 20 世纪 80 年代初发达国家的衰退——由于货币政策的紧缩和实际及名义利率的上扬——对拉丁美洲国家非石油商品出口的价格造成了严重损失。由于大多数初级产品以美元计价,80 年代上半期美元的坚挺进一步冲击了拉美的出口产品价格。

403

---

① 贸易差额为(E—M)。因此等式(11.3)右边为转移收入净额(T)调整后的贸易差额。

② 净易货贸易条件可以只计算货物部分,也可以同时计入货物和服务部分。表 11.2 同时统计了货物和服务,体现了服务在世界贸易中的重要性。

表 11.2 1980—2010 年以产品和服务为基础的净易
货贸易条件(2005 年＝100)

国家/地区	1980 年	1985 年	1990 年	1995 年	2000 年	2010 年
阿根廷	116.1	94.0	98.9	101.6	102.6	114.5
玻利维亚	152.9	142.8	104	87.5	79.3	140.2
巴西	95.3	84.1	91.2	111.3	98.5	130.8
智利	71.8	49.9	76.2	81.1	76.6	139.6
哥伦比亚	105.6	101	74.6	80	90.4	121.2
哥斯达黎加	124	108.6	97.3	113.5	109.4	99.5
古巴[a]	303.1	199.3	290.4	117.9	88.2	103.8
多米尼加共和国	90.0	81.6	83.8	77	96.5	116.9
厄瓜多尔	94.9	84.5	84.1	101.7	101.8	95.0
萨尔瓦多	148.7	118.3	89.2	113	104.5	101.1
危地马拉	92.2	93.1	149.5	92.7	105.3	97.6
海地	113.2	81.9	97.8	138.7	112.7	98.9
洪都拉斯	98.9	85.7	82.7	80.1	97.0	102
墨西哥	59.8	61.7	64.2	121.8	120	102
尼加拉瓜	108.2	105.6	109.6	107.7	104.3	96.5
巴拿马	116.1	103.1	106.1	116	107.3	110.3
巴拉圭	94.1	94.5	91.7	94.3	86.2	127.4
秘鲁	109.7	74.6	94.1	109	108.5	96.7
乌拉圭	131.2	110.8	144.1	127.2	114.7	109.9
委内瑞拉	88.1	73.7	53.7	42	66.4	140.8
拉丁美洲	**96.7**	**84.4**	**80.3**	**84.9**	**93.0**	**115.6**

[a] 2010 年的数据为 2008 年数据。

资料来源：拉美经委会(2012)，古巴 1980、1985、1990、1995 和 2008 年的数据引自布尔默-托马斯(2012)。

最后,1985 年底,石油和天然气价格的大跌,给拉丁美洲主要碳氢化合物出口国(玻利维亚、哥伦比亚、厄瓜多尔、墨西哥、秘鲁和委内瑞拉)带来了严重问题。

由于对外部调整速度的要求,加上净易货贸易条件的恶化,抑制进口不可避免地成为保证贸易顺差的主要手段。鉴于许多拉美国家历来有反对出口倾向,促进出口措施一般难以迅速取得成效。20 世纪 80 年代初的世界经

404

济衰退也不是推动出口的好时机。美国和欧共体这两大市场都在实行严密的保护主义措施,这对拉美国家的传统和非传统出口都产生了影响。蔗糖出口国受到的打击尤其严重,原因是美国政府对国内蔗糖生产的额外支持,导致 20 世纪 80 年代美国蔗糖进口配额急剧减少。欧共体普遍实行了出口自动限制,破坏了拉美大国非传统商品的出口机会。曾帮助将价格维持在自由市场水平之上的国际商品协定也面临着更大的困难,锡和咖啡的协定不复存在,将全球价格压到非常低的水平。[1]

抑制进口尽管要付出沉重的社会和经济代价,但却是所有拉美国家惯常采用的措施。多年来,其为了控制进口需求和对现有外汇实行配给,已经想出了许多非常有效的办法。大多数拉美国家仍然普遍使用配额、许可证、高关税以及进口保证金,而官僚机构在处理外汇申请方面的拖延现象也比比皆是。[2] 此外,一些拉美国家商业借贷的爆炸式增长,无疑导致了非必需进口不可持续的激增,但这种激增也可以迅速削减。例如,墨西哥的进口额已从 1975 年的 63 亿美元,上升到 1981 年的 240 亿美元。

拉美国家为抑制进口采用了所有传统办法。许多国家提高了进口关税,就连在债务危机前大幅降低关税的智利,也被迫取消了贸易自由化措施;配额和许可证措施得以强化;巴西继续推进在第一次石油危机后启动的雄心勃勃的进口替代计划,以减少对进口能源的依赖。

然而,所需调整的规模表明,仅采用传统办法还不够。尽管困难重重,但任何国家都不能忽视促进出口,因此必须采取措施在不损害出口的情况下抑制进口。在许多国家,常常在进口替代工业化过程中被高估的汇率,成为对外调整计划的一种重要手段。名义贬值的程度保证了实际有效汇率的贬值,

---

[1] 锡产品协定于 1985 年 10 月崩溃,对玻利维亚造成了严重影响。参见拉丁美洲局(1987)。咖啡协定于 1990 年崩溃,对所有咖啡出口国产生了不良影响。

[2] 奥坎坡提供了一个哥伦比亚进口管制的案例研究(1990),第 369—387 页。

从而抑制了进口,同时也提振了出口。[①] 到 80 年代中期,实际有效汇率升值的国家是那些仍然坚持固定名义汇率的国家(萨尔瓦多、海地、洪都拉斯和巴拿马)和那些发生恶性通货膨胀的国家(玻利维亚和尼加拉瓜)。

上述措施产生了巨大影响。1982 年以前的贸易差额一直是负数,1983 年变成了正数,1983 年和 1984 年贸易顺差分别为 300 亿美元和 400 亿美元。虽然促进出口的措施产生了一些效果,1982 年以后的出口量有所增加,但是净易货贸易条件的恶化使出口值几乎没有改变。因此,调整计划所要求的巨额贸易盈余最初完全依靠抑制进口,使进口额从 1981 年的 1000 亿美元的峰值跌至 1983 年的 600 亿美元——其后三年持续保持在这一水平上。

区外和区内进口都削减了。许多区域内进口品具有很大的脆弱性,因为这些商品通常与国内生产竞争。委内瑞拉从哥伦比亚的进口历来是安第斯条约组织区域内贸易的核心,但是到 1981 年几乎完全中止了。1980 年之后的六年内,随着非关税壁垒的升级和政治危机的加深,中美洲共同市场的区内进口下降了 60％。即使在区内进口继续存在的地方,也并不能总是保证付款,区域内债务成为严重的问题。阿根廷经常无法支付从玻利维亚进口的天然气款项,尼加拉瓜也一直未能支付从中美洲其他国家进口的商品款项,这是中美洲共同市场危机的主要原因。由于一国的进口是另一国的出口,因此,区内贸易的下降无助于减轻地区外部调整的负担。[②]

许多国家毒品出口和再出口的急剧增加,尽管没有反映在官方的统计中,但也对缓解外部调整的负担发挥了作用。虽然估计数字差别很大,但因可卡因的销售而流入哥伦比亚的外汇是其进口下降幅度相对较小的原因之一。到 1986 年,玻利维亚进口水平已超过 1980 年,也是出于类似的原因。20

406

---

① 国内通货膨胀会削弱名义贬值的影响。实际有效汇率根据国内和国外价格的差异来调整名义汇率。因此它是衡量国际竞争力的良好指标。

② 区内进口比区外进口下降的速度还要快,因此到 1990 年,其占贸易总额的比重下降至 13.3％。参见拉美经委(1992),表 92,第 151 页。

世纪 80 年代中期巴拿马经济的重要特征是为贩毒洗钱,20 世纪 90 年代及之后,毒品再出口在哥斯达黎加、多米尼加共和国、危地马拉、海地、洪都拉斯、秘鲁和墨西哥发挥了重要作用。[①]

　　抑制进口是有效的,但这是一个代价高昂的短期战略。随着通货膨胀愈演愈烈和实际收入继续下降,很明显,抑制进口不能作为解决一场没有任何缓和迹象的债务危机的长期办法。到 20 世纪 80 年代中期,许多国家发生了重要的政策变革——采取贸易自由化和促进出口,以满足偿还债务和恢复增长的需要。在 80 年代即将结束的时候,越来越多的国家选择了以出口导向型增长为基础的新的外向战略。到 20 世纪 90 年代初,一种新的贸易正统观念席卷了整个拉丁美洲,尽管在 21 世纪的第一个十年里,拉丁美洲出现了向左转的趋势,但除了少数例外,这种观念依然存在。[②]

　　这种新正统观念的出现有几种原因。人们开始认识到债务危机不仅仅是短期资金流动性问题,商业银行不会再以从前的利率继续向拉美放款,该地区将不得不在国际市场上与其他国家(包括美国,其持续国际收支和预算赤字是吸引世界储蓄的磁石)争夺稀缺的资金。即使是在吸引外国投资(直接投资和有价证券投资)方面成功的拉美国家,也无法避免资金转移的净流出状况,而且这更有可能在一种强调促进出口而不是抑制进口的战略中与恢复增长结合在一起。

407　　包括国际金融机构在内的官方债权人都强调必须促进出口,尤其是世界银行、国际货币基金组织与美国国际开发署一道,利用附加条件这一杠杆推动债务国朝着贸易自由化的方向发展。国际金融机构对东亚出口导向型增长和拉丁美洲内向型发展都做出了过于简单的解释,据此得出结论:贸易

[①]　关于拉丁美洲毒品贸易的影响,参见乔伊斯和马拉穆德(1998)。关于哥伦比亚和玻利维亚的案例研究,参见斯泰纳(1999)和贾马拉(1999)的有关论著。关于 2000 年后毒品贸易向墨西哥的转移,参见郎麦尔(2011)。

[②]　关于向左转的趋势,参见里德(2007)、列维斯基和罗伯特斯(2011)。

自由化将很快带来新的增长。① 国际金融机构的压力本身不足以说服各国转向出口导向型增长,但它确实有助于那些内部一致支持政策改革的国家形成贸易自由化的势头。

微观经济层面的考虑在解释政策转变方面也很重要。几乎没有政策制定者支持仅以传统出口为基础的出口导向型增长。被优先考虑的是新的非传统出口,包括制成品,在这方面拉丁美洲却处于劣势,其原因是,抑制进口和其他扭曲的贸易政策造成许多商品投入成本高昂。贸易自由化可望使原材料投入的成本更接近国际成本,使本地企业能够利用大量的非熟练劳动力和自然资源带来的长期动态的比较优势。

20 世纪 70 年代,南锥体国家曾尝试过促进出口的政策,但这些政策却被债务危机打断,并发生了逆转。智利直到 1984 年才有足够的信心恢复 1975 年以后采取的积极的贸易自由化政策。然而,进口替代工业化最重要的转变发生在 1985 年的墨西哥,德·拉·马德里政府决定加入关贸总协定。数十年来支撑墨西哥工业的进口数量限制突然遭到抨击,而且政府同意了一项削减关税计划。那些尚未申请关贸总协定的其他拉美国家都在随后的几年里申请加入,以至于到 20 世纪末,每个拉美国家都成了世界贸易组织(它的前身就是关贸总协定)成员国。

墨西哥政府的决定与全球化的关系不大,而更多地与扩大出口部门的需要有关,因为那时全球化这个词才刚刚出现。尽管这看似矛盾,但降低关税和减少非关税壁垒往往是促进出口的第一步。其原因是进口限制对汇率的影响,造成汇率往往被高估,以及进口投入品的高关税增加了出口生产的成本。 *408*

墨西哥的贸易自由化政策使其深化了与美国的贸易关系,并导致 1995 年以后贸易量的迅速扩大(参见表 11.3)。非石油产品在出口产品中所占份

---

① 由于日本政府的压力,世界银行最终对亚洲做了一项更为细致入微的研究;参见世界银行 (1993)。

表 11.3 1985—2010 年货物出口量(2005 年＝100)

国家/地区	1985 年	1990 年	1995 年	2000 年	2010 年
阿根廷	27.1	34.6	53.2	73.5	127.9
玻利维亚	14.8	29.1	44.2	58.2	123.8
巴西	28.2	29.8	40.0	56.0	104.1
智利	22.1	27.5	44.8	70.9	105.6
哥伦比亚	18.5	45.7	61.8	78.3	127.8
哥斯达黎加	13.3	19.7	42.2	77.5	139.2
古巴[a]	45.0	41.3	36.4	65.1	150.9
多米尼加共和国	49.4	35.9	60.8	57.3	117.0
厄瓜多尔	23.1	20.7	44.1	89.0	118.8
萨尔瓦多	22.1	27.0	36.1	77.7	122.3
危地马拉	63.7	41.5	19.1	79.1	103.6
海地	27.1	26.0	29.8	60.2	91.8
洪都拉斯	17.0	24.9	43.9	89.3	117.9
墨西哥	40.1	39.2	31.2	52.2	154.7
尼加拉瓜	37.0	47.8	82.6	82.2	136.6
巴拿马	17.3	60.9	114.2	74.3	202.7
巴拉圭	20.5	23.1	37.4	57.1	109.4
秘鲁	15.8	11.1	64.9	100.0	91.9
乌拉圭	25.3	39.0	48.8	67.1	148.8
委内瑞拉	43.1	66.8	87.2	104.6	73.1
拉丁美洲	**24.3**	**32.3**	**49.8**	**78.5**	**111.4**

[a] 古巴的数据包括货物和服务。

资料来源：拉美经委会(2012)，古巴数据引自布尔默-托马斯(2012)。

额由 20 世纪 80 年代初的 20％上升到 90 年代初的 80％,其中大部分出口到美国。当时,墨西哥开始就加入美国和加拿大于 1989 年启动的自由贸易协定进行谈判。其结果是,《北美自由贸易协定》(North American Free Trade Agreement,NAFTA)于 1994 年 1 月 1 日生效。这导致了出口数量的快速增长(参见表 11.3),并进一步加深了墨西哥与美国之间的贸易关系,现在墨西哥占美国和拉丁美洲所有贸易的 60％。[1]

———————————

① 参见联合国贸易和发展会议网站。

　　1985 年以后,许多拉丁美洲国家——不仅仅是墨西哥(参见表11.3)——出口量开始增加。各国都降低了关税,例如,玻利维亚和智利采用了统一关税。此外,1990 年以后,净易货贸易条件的显著改善也有助于提升出口价值(见表 11.2)。对一些大宗商品出口国而言,尤其是巴西,2000 年后的价格上涨如此强劲,以至于它们甚至开始患上"荷兰病"[①]。1985 年以后,扩大出口部门的需要成为重新评价区域一体化的原因之一。20 世纪 60 年代建立的这些计划由于债务危机而受到怀疑,因为它们与进口替代工业化有如此密切的联系——尽管是在地区层面上。但是,20 世纪 90 年代做出了一项新的尝试去推行一体化计划——在不鼓励针对第三国进行保护的情况下促进出口。1990 年,中美洲共同市场重新启动;1992 年,加勒比共同体(Caribbean Community,CARICOM)重启;1995 年,安第斯条约组织(后重命名为安第斯共同体)重新启动。拉美经委会把这种一体化的复兴称为"开放的"地区主义,而不是 60 年代和 70 年代"封闭的"地区主义。[②]

　　最具创新性的一体化方案是 1991 年正式通过的南方共同市场。连接了阿根廷、巴西、巴拉圭和乌拉圭(玻利维亚和智利于 1996 年成为联系成员国,2012 年委内瑞拉成为正式成员国[③]),该组织有着明确的政治目的和经济目标。1994 年当克林顿政府宣布支持美洲自由贸易区(Free Trade Area of the Americas,FTAA)时,南方共同市场迅速作为一个集团与之进行谈判,以防止美国主导西半球的地区一体化议程。然而,南方共同市场并没有兑现其早期的承诺,共同对外关税从未得到充分采用,而且该计划受到外部冲击和由缺乏宏观经济协调而造成的经济不稳定的影响。[④] 与拉丁美洲和加勒比其他

410

---

① 这是一种由自然资源价格上涨引起的出口价值上升,从而导致实际有效汇率上涨和非初级产品出口失去竞争力的现象。

② 参见德夫林和艾斯德瓦奥尔达尔(2001)。

③ 多年来,委内瑞拉的成员资格一直受到巴拉圭参议院的阻挠。然而,巴拉圭总统卢戈被弹劾后就暂停了这一举动,这使其他三个南方共同市场国家得以接纳委内瑞拉为正式成员国。

④ 参见博萨斯和索尔兹(2001)。

地区一样,其区内贸易在贸易总额中所占的比例未能超过 20%。

　　然而,南方共同市场却成了美洲自由贸易区谈判失败的原因之一。南锥体国家政府一直拒绝支持一项不允许其无限制地进入美国农产品市场的协议。在农业游说团体的压力下,美国政府不会让步。南方共同市场无法接受美国关于保护知识产权、政府采购和服务出口的要求。[①]　因此,美国对与美洲个别国家或次区域签订优惠贸易协定重新产生了兴趣,在这些协定中,美国的农民可以继续得到一些保护,美国自己的议程也更容易得到保障。继《北美自由贸易协定》之后,美国又与智利、中美洲国家(包括多米尼加共和国)、秘鲁、哥伦比亚和巴拿马达成了优惠贸易协定。[②]

　　拉丁美洲和欧盟之间的关系也出现了类似的情况。欧盟(自 1993 年起被称为欧盟[③])对美国与拉丁美洲特惠贸易协定可能导致的贸易转移威胁感到担忧。欧盟从来无意与拉美所有国家达成自由贸易协定,而是专注于不同的国家和次区域。与南方共同市场的谈判始于 1995 年,但是谈判失败了,其原因与美洲自由贸易区的情况大致相同(参见上文)。相反,欧盟先是与墨西哥,然后是智利、加勒比地区、中美洲国家(包括巴拿马),以及安第斯共同体的两个成员国(哥伦比亚和秘鲁)达成了特惠贸易协定。因此,在债务危机爆发 30 年后,拉丁美洲大幅度地开放了自身内部、与美国和欧盟的贸易,同时与世界各国形成了一个庞大的双边特惠贸易协定网络。[④]

　　贸易自由化只是拉丁美洲对外调整的方式之一。同样重要的是国际收支中资本项目的自由化和对外国资本的新态度。20 世纪 70 年代对外国直接投资的强烈敌意在 80 年代开始消失,一个又一个国家出台新立法,以促进外

411

---

① 民间社会的反对也是美洲自由贸易区谈判失败的一个因素。参见冯・布洛(2010)。

② 还同海地商定了新的贸易优惠,但这不是通常意义上的特惠贸易协定。参见布尔默-托马斯(2012)。

③ 1993 年 1 月 1 日,随着欧洲单一市场的建立而改变了名称,该市场使除了丹麦和英国之外的所有成员国都承诺在以后采用单一货币(欧元)。

④ 参见德夫林和艾斯德瓦奥尔达尔(2004)。

国直接投资,但对外国资本保留的部门或活动很少。当时,在一些国家出现了反对外国直接投资的局部反弹,尤其是在准垄断企业私有化的情况下,[①]而且能源价格的高企,促使各国政府重新审视一些外国拥有的石油和天然气公司。然而,没有一个国家——即使是查韦斯总统统治下的委内瑞拉——完全违背了外国直接投资的新方式,这种方式被视为拉丁美洲现代化进程的重要组成部分。[②]

作为这种外国直接投资新办法的一部分,所有拉丁美洲国家政府都出让了国有企业。这样的一些巨头仍然存在,特别是在石油行业,但它们现在只是个例外,而非常规。[③] 甚至古巴也参与了这一私有化进程,但增加了仅限于外国人购买资产的规定。在其他国家,国内私人集团一直在积极收购国有企业,外国企业也一样。其结果是,外国直接投资在公共事业、航空、铁路、钢铁公司和其他国有企业曾经普遍存在的行业的股票大幅度上涨。[④]

也许在矿业部门,这种转变最为显著。拉丁美洲在采矿方面对外国直接投资的歧视由来已久,可以追溯到 1922 年由阿根廷政府建立的阿根廷国家石油公司(YPF,一家石油垄断公司)。这样做的理由很复杂,包括对外国公司做法的不满,资金紧张的政府的寻租行为,以及一些民族主义的色彩。然而,在大多数拉丁美洲国家结束殖民主义近两个世纪以后,最吸引外国公司的仍然是矿产资源。因此,如果拉丁美洲希望获得外国直接投资,别无他选,只能让外国资本进入采矿部门。

资本账户的自由化并不限于外国直接投资。相反,在 20 世纪 90 年代的大部分时间里,流入拉美的外国投资都是私人证券资本。这不是银行借款的

412

---

① 准垄断,有时被称为自然垄断,在公共事业领域尤其成问题。因此,对外国直接投资最强烈的反对是在外国公司获得供水或电力供应特许权的情况下,就不足为奇了。相反,在竞争激烈的电信行业,外国直接投资没有遭遇同样的强烈抵制。

② 在查韦斯总统领导下,尽管石油工业仍然是国有化的(自 1976 年以来一直如此),但外国直接投资在奥利诺科焦油带十分重要。

③ 与此相反,2012 年,阿根廷的一家西班牙石油公司被收归国有。

④ 关于外国在拉丁美洲投资的新方法,参见贝尔(1998)。

形式——20 世纪 70 年代外国资本的主要形式投资,而是债券和少量的股权。来自银行的贸易贷款和其他短期贷款仍在继续,但总体而言,国际银行太急于抓住布雷迪债券提供的退出机会。

国际债券市场增长迅猛,拉美主要国家的政府和企业则相对容易地利用了这个市场。布雷迪债券的发行给了它们一个有利的开端,使原本几乎是一种奇特形式的拉美债券,变成了一种具有广泛吸引力的债券。这个外汇市场对国民(包括公司和个人)开放,提供了一个受欢迎的对冲货币风险和债券多样化的机会。

国际债券市场为拉美提供了以低于国内金融市场的实际利率发行债券的机会。即使国家风险溢价能够保持在适当的水平,甚至允许预期的汇率波动,情况也是如此。因此各国政府付出了巨大努力,通过在纽约和伦敦进行复杂的"路演"来降低风险溢价,同时伴随更高的财政账目透明度和公司披露规则。除了阿根廷这一明显例外,这些努力都得到了评级机构的认可。①

如果拉丁美洲利用国际债券市场的努力在很大程度上是成功的,那么它在吸引股权资本方面的努力就不是这样了。扩大本地股票市场吸引力的所有尝试都以失败告终,只有少数股票上市,其他大多数国内公司倾向于完全由家族股东控制。大多数上市股票交易不活跃,以至于流动性很成问题。规模较大的公司寻求在纽约证券交易所以美国存托凭证(American Depositary Receipts,ADRs)的形式上市,而外国公司的并购导致了一些最重要公司的退市。债务危机爆发 30 年后,只有两个市场——圣保罗和墨西哥城——对外国投资者有吸引力,这两个地方的股票交易量占典型拉美基金的 80% 至 90%。

413   因此,拉丁美洲资本账户自由化比贸易自由化更具争议。许多小国不管怎么做,仍然对外国资本缺乏吸引力,而外国直接投资主要流向矿业开采和

---

① 阿根廷第一次被降级是在 2002 年之后,原因是它重组公共外债的方式,然后是公共账户缺乏透明度和通货膨胀的衡量方法,最后是它在 2012 年对石油公司国有化的方式。

以前的国有企业。外国公司设立的装配厂在中美洲和加勒比的部分地区蓬勃发展，但这不过是反映了美国的特惠贸易协定和临时税收减免的结果。另一方面，较大的国家有时变得过于依赖外币债券市场。墨西哥是第一个遭殃的国家（1994 年），但由于得到了国际债权人的救助，得以利用货币贬值来培养大规模出口的能力。阿根廷则没有这么幸运了，其尝试在 2002 年以债务违约和货币贬值告终；巴西可能会走上同样的道路，但在新世纪之初，在中国需求的推动下，大宗商品价格的上涨挽救了巴西。

内部调整、稳定通货膨胀与汇率问题

通过减少流入拉丁美洲的新资本，债务危机迫使各国减少进口，并在可能的情况下迅速增加出口。这种外部调整反映在内部调整过程中，即旨在将总需求降低到与进口减少后的水平相适应，并为供给从国内市场转向世界市场提供价格和其他激励手段。

贸易盈余为向发达国家债权人净资金转移提供了外汇。然而，大多数国家的贸易盈余是私人部门积累的，而大多数外债是公共部门的，因此便出现了内部资金转移的问题，在这个过程当中，公共部门必须获得私营部门赚取的外汇。仅仅在那些国家，例如智利、墨西哥和委内瑞拉，国有企业在出口收入中所占份额较高，才相对直接地进行了资源的内部转移。[①]

因此内部调整是一个复杂的过程，涉及总需求的减少、供给的转移以及内部资金从私营部门向公共部门的转移。每一项调整都有加剧通货膨胀的风险。如果总需求下降得过慢，那么即使在衰退时期也会出现过度需求，因为 1981 年以后进口的削减已经使总供给急剧下降。供给从国内市场向世界

414

---

① 这无疑是实施私有化的政府不愿放弃能够赚取巨额外汇的矿业公司所有权的原因之一。即使在皮诺切特统治下的智利，主要的铜矿公司仍然掌握在政府手里。

市场的转移意味着相对价格的改变,这可能导致绝对(名义)价格的上升。[①]最后,如果政府印制钞票以确保对资金的控制,而不是利用税收收入来产生足够水准的公共储蓄,那么外汇向公共部门的内部转移将会引起严重的通货膨胀。

因此,内部调整问题与外部调整和稳定通货膨胀密不可分。与此同时,大多数拉美国家陷入债务危机时都伴随着内部不稳定,包括高通货膨胀率。1981 年,也就是债务危机爆发前的最后一年,仅有 6 个国家(智利、古巴、多米尼加共和国、危地马拉、洪都拉斯和巴拿马)的年通胀率低于 10%,而且每个国家的名义汇率都与美元挂钩。[②] 在其他国家中,有 5 个国家的年通胀率在 20%至 50%之间,3 个国家在 50%至 100%之间,还有 1 个国家(阿根廷)超过 100%。

在债务危机之前,中央政府的预算赤字也开始增加。1981 年,几乎有半数的国家该项赤字超过国内生产总值的 5%,仅智利和委内瑞拉有预算盈余。公共部门的赤字,包括国有企业亏损以及市政当局和各州政府的赤字甚至比中央政府的赤字还要庞大。[③] 由于许多国家的国内资本市场不愿或无法吸收大量政府债券,即使是很小的预算赤字也可能造成相当大的通货膨胀后果。

外部调整最初导致了进口大幅减少和国内经济衰退,严重影响了政府收入。较小的共和国仍然依靠进口关税来获得政府收入的大部分,它们尤其受到进口下降的影响,虽然若干国家提高了关税税率,但这无法抵消进口额和进口量急剧下降造成的影响。经济衰退使许多公司和工人从正规部门转到非正规部门,使国家更难从生产和商品分配中征收直接税和间接税。[④] 与此

---

① 由于国内商品和服务的名义价格是刚性下行,相对价格的变化也意味着绝对价格的改变。
② 对古巴的通胀率进行国际比较可能是困难的,因为许多市场没有通过价格调整来消除通货膨胀。1990 年以前尤其如此。
③ 参见拉瑞恩和洛罗斯基(1992),表 8.1。
④ 参见卡多索和赫尔维兹(1992),第 231—236 页。

同时,鼓励供给从国内市场转向世界市场的动机往往意味着对出口商减税。毫不奇怪,在危机的头几年内,大多数国家中央政府收入占国内生产总值的比例都有所下降。

虽然众多调整计划削减了公共开支,但债务危机后增加收入的困难意味着很少有国家能够获得足够的财政盈余,以筹措资金从私营部门购买外汇,履行债务还本付息。[①] 此外,许多国家实行多重汇率制度,公共部门能够将特殊的汇率"购买"外汇,这就意味着中央银行蒙受了巨大的汇率损失。[②] 这些损失一般不计入预算赤字,常常使人对财政和货币的状况产生误解。

许多国家只是为了购买偿债所需的外汇而印制钞票。但是,一些大国(阿根廷、巴西和墨西哥)能够将向私营部门发行债券或其他金融工具,作为进行内部资金转移的一种手段。虽然理论上这不会导致通货膨胀,但在实践中却造成了通货膨胀的后果。首先,必须大幅度提高国内名义和实际利率,以说服国内私营部门吸收政府债务。第二,债务本身流动性很强(尤其在巴西),所以几乎等同于货币。第三,内债迅速增加,以至于名义利息支付开始吸收越来越多的政府收入,破坏了公共部门的财政平衡。阿根廷和巴西最终都宣布无法履行一部分偿还内债义务,一度破坏了私营部门对国内资本市场的信心,提高了政府未来举债的成本。[③]

到 20 世纪 80 年代中期,几乎所有国家的通货膨胀率都比债务危机之前有较大幅度的上升(参见表 11.4)。随着通货膨胀的加剧,情况越来越清楚,预算赤字与通货膨胀率有密切关系。虽然不能否认庞大的预算赤字会导致通货膨胀这一正统说法,但通货膨胀的加剧将造成预算赤字扩大也是不争的事实——至少名义上是如此。

416

---

① 基本预算平衡是扣除利息支付以前的计算结果。因此要避免预算赤字,就需要基本盈余。

② 哥斯达黎加就是一个典型的案例,1982 年以后,该国的官方汇率(政府用来支付债务)保持在 20 科朗比 1 美元的水平上,但银行间汇率和自由市场汇率不断贬值。参见中美洲货币委员会(1991),第 38 页。

③ 韦尔奇讨论了阿根廷和巴西部分违约的情况(1993)。

表 11.4 1980/1985 年—2005/2010 年的年通货膨胀率(%)

国家/地区	1980—1985 年	1985—1990 年	1990—1995 年	1995—2000 年	2000—2005 年	2005—2010 年
阿根廷	322.6	583.8	32.2	−0.1	10.1	9.1
玻利维亚	610.9	46.5	11.9	6.3	3.1	6.5
巴西	146.2	673.0	736.9	7.5	8.7	4.7
智利	21.3	19.4	13.8	5.1	2.6	3.9
哥伦比亚	22.3	25.0	24.7	15.5	6.5	4.7
哥斯达黎加	34.8	17.0	19.2	12.7	11.2	9.5
古巴	−4.0	0.7	10.4	0.5	1.7	2.7
多米尼加共和国	16.4	30.1	14.5	6.5	18.2	6.4
厄瓜多尔	27.5	45.7	39.1	45.9	12.0	4.5
萨尔瓦多	14.7	23.5	12.9	3.9	3.4	3.5
危地马拉	7.5	21.8	14.5	7.6	7.5	6.0
海地	9.1	4.3	26.0	14.7	19.9	8.4
洪都拉斯	6.9	8.6	20.5	16.0	8.4	6.8
墨西哥	60.7	69.7	17.6	19.1	4.9	4.4
尼加拉瓜	54.4	3005.4	122.2	11.3	6.9	9.7
巴拿马	3.2	0.5	1.2	1.2	1.0	4.2
巴拉圭	15.2	27.8	18.3	8.8	8.6	7.0
秘鲁	102.1	823.8	78.4	6.9	1.9	2.8
乌拉圭	44.8	78.2	60.9	13.5	10.2	7.2
委内瑞拉	11.1	36.9	44.3	42.4	20.6	29.7
拉丁美洲	**106.1**	**366.6**	**271.1**	**12.4**	**8.0**	**6.3**

资料来源：世界银行,世界发展指标,联合国拉美经委会(2012);2000 年以前的古巴数据,布尔默-托马斯(2012);1990 年以前的尼加拉瓜数据,米切尔(2007)。

对于不断加剧的通货膨胀与名义预算赤字规模之间的因果关系,有几种解释。首先,一般而言,名义开支的增长速度往往快于名义收入。许多国家政府发现削减公共开支极为困难,一方面,公共开支中有很大一部分用来支付工资和薪金(包括武装部队),另一方面,还要偿付外债和内债利息。第二,在通货膨胀加剧的情况下,公众拖延纳税的行为使实际税收减少(奥利维拉-坦茨效应)[1]。第三,在风险日益加大的环境中,需要提高国内实际利率,才能说服公众持有政府债券。随着通胀加剧,这意味着名义利率要以更快的速度上升,因此,内债还本付息的增长率超过了名义收入的增加率。

一些国家政府走得更远,认为财政状况只能用实际赤字加以衡量,即经通胀调整后的名义财政赤字。这不仅包括按内债和外债实际价值所支付的实际利息进行的调整,还包括对通胀税的调整——对通货膨胀导致的货币实际价值贬值而进行的调整。[2] 由于通胀税常常会产生大量资金,各国政府在其他指标显示财政政策松弛的时候,可以宣称其财政政策实际上是很严格的。例如,墨西哥在1982年存在基本余额和名义财政余额均为赤字的情况,但由于通胀税对实际赤字衡量的影响,该国当年却出现了实际财政盈余。[3]

虽然在通胀加剧的情况下衡量财政状况困难重重,但几乎没有经济学家会同意放弃常规的衡量指标。此外,通胀税的收入随着税基(货币持有的实际价值)的缩小,给政府带来的收益也在减少。在20世纪80年代债务危机以后,由于私营部门学会了节省其货币余额并找到了替代的流动资金来源(通常是美元),几乎所有高通胀国家货币供应量与国内生产总值的比率都有所下降。例如巴西,1985年该比率降到了3.9%,而在"低通胀"的委内瑞拉,这一比率为21%。[4]

在一些国家,用以应付债务危机的稳定和调整计划的失败导致了恶性通货膨胀——通常定义为月通货膨胀率超过50%。[5] 到1984年底,玻利维

---

[1] 库基尔曼对奥利维拉-坦茨效应有详细的论述(1988),第49—53页。

[2] 卡多佐和赫尔维兹概述了通胀税(1992),第150—154页。比特探讨了实际预算赤字的各种概念。

[3] 参见罗斯(1987),表4.6,第83页。

[4] 20世纪80年代末,随着委内瑞拉通胀率的迅速提高,货币急剧贬值。

[5] 自法国大革命以来,全世界出现了将近60次这样的状况,其中许多发生在拉美。参见汉克和克鲁斯(2012)。

418 亚的税收收入仅占政府开支的 2％，而 1985 年的通胀率已超过 8000％。[①] 1988 年尼加拉瓜的通胀率甚至超过了玻利维亚的这个超常数字，当年尼加拉瓜的国防开支被列为压倒一切的优先项目，而加印钞票把通胀率推到了 33000％——这是拉丁美洲有史以来最高的通胀率之一。秘鲁加西亚政府（1985—1990 年）的最后几个月情况类似，1990 年国内货币外逃和巨额财政赤字将通胀率推到了 7000％。阿根廷和巴西财政赤字的实际规模为两国各级政府的创造性核算方法所掩盖，它们在不同程度上陷入了恶性通货膨胀，20 世纪 80 年代初，两个国家的政府都不愿意把治理通货膨胀作为其最优先的事项。[②] 就整个拉丁美洲而言（参见表 11.4），1985—1990 年的年通胀率平均约为 366％。

内部调整要求拉美各国都采用稳定计划。由于重新安排债务偿还期，通常只有在一国与国际货币基金组织达成协议的情况下才有可能实施，因此，20 世纪 80 年代国际货币基金组织在设计和实施第一批稳定计划的过程中发挥了关键作用。在这个过程中，只有 5 个国家没有向国际货币基金组织的条件屈服——古巴（该国不是国际货币基金组织成员国）、尼加拉瓜（在美国的压力下，国际货币基金组织拒绝对其提供援助）、哥伦比亚（债务偿还期从未重新安排），以及巴拉圭和委内瑞拉（这两国不需要国际货币基金组织提供国际收支方面的援助）。

国际货币基金组织密切参与稳定计划的制定设计，意味着最初实施的是正统政策。虽然国际货币基金组织仍然致力于货币贬值、金融自由化以及国内信贷管制，但该组织发起的计划强调了通过增收节支来减少财政赤字的必要性。一些国家通过与世界银行达成结构调整协议和与美国国际开发署达成减少公共部门活动的协议来强化财政纪律。

---

① 莫拉莱斯（1988）对恶性通胀阶段及其后的稳定计划做了较好的说明。

② 阿根廷和巴西的情况参见布鲁诺等（1991）的有关章节。

削减公共开支的需要由于越来越多的公共收入用于支付债务（内债和外债）利息，以及政府不愿大幅削减公共部门工资而受到阻碍。因此，调整的负担不成比例地由资本而不是经常性支出来承受，20世纪80年代，几乎所有国家的公共支出总额中投资的份额都在下降。公共工程、卫生和教育部门都因此而受到严重损害。

削减公共开支还不足以恢复财政纪律。实际上，债务（内债和外债）利息支付的增加表明，虽然政府开支受到限制，但许多国家的公共支出总额占国内生产总值的比例继续上升。巴西中央政府开支占国内生产总值的比重从1981年的27％猛升至1985年的51％；[①]即使是对财政紧缩更有信心的墨西哥，这一比重也从1981年的21％上升到1987年的31％。这两国的情况都说明利息支付在迅猛增加：1980年墨西哥的利息支付还不到中央政府支出总额的10％，1987年则已超过50％。[②]

因此，正统的稳定计划必须解决收入方面的问题。但当时的情况几乎是最不利的。1981年以后的经济衰退以及资金流向非正规部门使税收更加困难，而外部调整需要大量的税收优惠来刺激出口，因此，提高税率的政策（包括直接税和间接税）不太可能取得很大的成功，而在国际货币基金组织督促下实施的第一批稳定计划为减少国有企业的损失，一般强调提高公共部门所有服务的税率。

由于国有企业目前与预期的利润率随价格上涨而提高，将公共部门资产出售给私营部门（私有化）的可能性变大了。然而，尽管国际货币基金组织施加压力，但只有智利一国——继续1973年以后采取的政策——在20世纪80年代上半期利用私有化作为解决财政困难的办法。其他国家政府最初对此持不信任态度，其或者是因为担心公共部门的资产只能以不反映其目前贴现价值的价格出售给私营部门，或者是由于担心公共部门投资的

---

① 参见美洲开发银行(1991)，表C.2，第284页。

② 参见美洲开发银行(1991)，表C.17，第292页。

减少会对长期的增长造成损害。但是,随着财政危机的继续,国有企业的外国借贷受到限制,其他国家的政府也加入了支持私有化的行列。因此,到20世纪90年代,出售公共部门资产几乎对所有国家的财政收入都做出了贡献。

420　　　债务危机后的第一批稳定计划并不十分成功。尽管国际货币基金组织采取了高调的态度,并广泛使用附加条件,但是1981年以后,大多数国家的通货膨胀还是加剧了。出于未能达到预期目标,国际货币基金组织终止了许多救援协议,同时扩大了组织规模。巴西在几年内就与国际货币基金组织签署了7个意向书,但是在第一批资金发放之前,目标常常被破坏。[1]

国际货币基金组织指责各国政府缺乏财政和货币纪律,但很明显,问题是根深蒂固的。在债务危机前遭受内部失衡和通货膨胀的14个国家中,只有一个国家(哥斯达黎加)到20世纪80年代中期稳定计划取得了真正的进展。[2] 债务危机对内部稳定的冲击通常十分严重,无法在国际货币基金组织提出的稳定计划的框架内解决,因为遗留下来的不稳定局面已经十分棘手。甚至1982年以前那些没有严重内部失衡的国家(例如多米尼加共和国、危地马拉和洪都拉斯),在债务危机后实行的必要的内部调整也是不成功的。

随着正统计划的局限性日益显露,一些拉美国家对非正统稳定计划的兴趣增强了。一种新的通货膨胀理论开始为人们所接受,该理论强调了通货膨胀的惯性,并讨论了为降低通胀预期而协调降低物价的问题。[3] 在通胀预期是由汇率贬值、名义利率上升和公共部门关税提高来维持的情况下,正统方法因依赖市场力量来打破预期而受到批评。如果没有任何名义上的挂靠,正统方法下的通胀率很容易就会在衰退和紧缩的财政及货币政策下

---

① 参见迪亚斯·卡内罗(1987),第48—58页。
② 参见布尔默-托马斯(1987),第244—252页。
③ 关于惯性通货膨胀,参见阿马得奥等(1990)。

向上涨。

20 世纪 80 年代后半期,一些拉美国家采取了非正统调整计划,其核心内容是首先大幅改变相对价格,以消除扭曲,然后冻结某些价格(包括工资),以打破通胀预期。除少数例外,高通胀国家广泛采用的指数化措施均告结束。随着通货膨胀的下降,人们认为奥利维拉-坦茨效应将开始逆向发挥作用——增加实际税收收入,促进实际货币余额(以及私营部门储蓄)增长。该计划的设计者们认识到,冻结物价措施不可能永远实行下去。冻结汇率会导致货币价值高估,固定的名义工资会使实际工资下降,价格管制会造成新的扭曲,但人们认为,一旦冻结措施解除,通胀预期就会被永久降低。[①]

非正统计划并非没有成效。玻利维亚通过实施一项冻结货币工资、彻底改革财政制度、开放外汇市场的计划,于 1985 年止住了恶性通胀。[②] 墨西哥于 1987 年 12 月推出的计划是一个实业界、工会和政府三方的协议,主要通过管制汇率影响通胀预期,结果通货膨胀率也迅速下降。随着通胀下降,名义利率也随之下降,大量的债务还本付息造成的财政负担变得可以承受了。[③] 尼加拉瓜采取了固定汇率、紧缩的货币政策、接受外援以支持额外的进口之后,于 1991 年也止住了恶性通胀。[④]

玻利维亚、墨西哥和尼加拉瓜的非正统计划并没有忽视财政纪律的必要性。因此,非正统措施与正统政策明智地结合了起来。与此形成对照,阿根廷和巴西分别于 1985 年和 1986 年推出的非正统计划(即奥斯特拉尔计划[⑤]和克鲁扎多计划[⑥])明显缺乏紧缩的财政政策。最初,由于物价冻结和

---

① 关于非正统稳定计划的分析处理,可参见阿尔贝罗的精彩分析(1987)。

② 参见帕斯特(1991)。但关于玻利维亚实施的计划是否属于非正统计划还存在争议。

③ 关于墨西哥稳定计划,有许多精彩论述,例如,参见奥尔蒂斯(1991)。

④ 参见美洲开发银行(1992),第 140—141 页。

⑤ 关于奥斯特拉尔计划,参见马基尼亚和法纳里(1988),第 111—152 页。

⑥ 关于克鲁扎多计划,参见莫迪亚诺(1988),第 215—258 页。

汇率固定,通胀率急剧下降,但名义总需求持续超过可能的供给,所以通胀压力不久又出现了。随着相对价格扭曲的再次出现,价格管制必须在财政纪律恢复之前解除。其结果是通胀率的激增,很快就超过了非正统计划实施以前的水平(参见表11.4)。[①]

阿根廷和巴西非正统计划的失败最初并未导致正统计划的立即恢复。相反,两国政府甚至愿意冻结国内金融资产,孤注一掷,以控制通货膨胀和预算赤字。然而,到20世纪90年代初,经过十年失败的稳定计划之后,其终于认识到必须将正统的财政措施(包括私有化)与非正统政策结合起来。

第一个从这种新方法中获益的国家是阿根廷。1991年的货币兑换法引入了一个虚拟货币委员会,根据该委员会的规定,本国货币与美元挂钩,基准货币以外汇储备为后盾。[②] 通货膨胀在几年内降到了很低的水平,到90年代末,通货膨胀为负(即物价下跌,参见表11.4)。[③] 巴西在1994年年中采用了雷亚尔计划,使得年通胀率在1998年下降到2.5%。1999年初货币急剧贬值时,人们普遍认为会再次出现通货膨胀,但是,这并没有发生,通货膨胀仍然受到控制(参见表11.4)。自20世纪80年代初以来,拉丁美洲的货币政策已经发生了转变,这在很大程度上要归功于通胀率的下降。中央银行变得更加自主(例如巴西),有些则完全独立(例如墨西哥)。尽管竞争依然有限,但银行体系的监管已经有所改善,外国银行的进入也提高了效率。公共部门将财政赤字货币化的能力已被严重削弱,结果拉丁美洲的通胀率大幅下降(参见表11.4),达到几十年未有的程度。[④] 事实上,货币政策

---

① 参见卡多佐(1991),第143—177页。

② 严格意义上的货币委员会,例如英属殖民地所采用的,为国内货币供给提供了100%的外汇支撑。阿根廷货币委员会稍微灵活一些,因为它只需要80%的支持。

③ 由于2001年底货币贬值造成债务拖欠,2002年通货膨胀卷土重来。

④ 2005—2010年(参见表11.4),只有委内瑞拉这个传统上的低通胀国家出现了两位数的通胀率。所以阿根廷的数据是否真实就令人怀疑了。

质量和信用度的提高,使得名义汇率贬值不再是通胀率的必要指标。[①]

拉美货币政策最严重的弱点是未能降低借贷的实际成本。这在一定程度上是由于金融市场的不成熟,但也是由于借贷款利率之间的巨大利差。事实上,实际贷款利率接近于零,而实际借款利率在 10％ 以上的情况并不少见。金融市场缺乏竞争的情况从一开始就遭到诟病,这个问题并没有因为国际收支资本账户的自由化而得到解决。实际上,只有最大的拉美公司才能进入国际资本市场,因此,中小型企业只能在国内市场借款,并受到高利率的限制。

这种令人不满意的情况出现的部分原因是,金融机构已成为公共部门的主要债权人,而且也不太依赖私营部门的业务。外币债券通常由国内代理人持有,这些代理人主要是银行。因此,银行从国家风险溢价中受益,同时银行也是最有可能持有政府发行的本币债券的机构。

公共债务的高利率使政府最初不可能消除财政赤字。这会使人们认为债务危机过后财政政策并没有改变。事实上改变是存在的,但是要清楚"基本余额"(利息支付净额)和"名义余额"的区别。随着税收的增加、国防支出的削减和对国有企业的补贴取消,大多数国家的基本余额出现了盈余。政府在寻求增加收入的过程中,很大程度上牺牲了对公平的考虑,而着重于基础广泛的销售税,特别是增值税。而且像巴西一样的联邦国家也曾认真努力地控制州政府的支出。然而,支付公共债务——国内和国外债务——的利息,仍然是国家财政的一大负担,导致名义赤字,有时甚至在基本余额有盈余的情况下,也会数额庞大。

就宏观经济稳定而言,财政政策的紧缩程度与基本余额(而不是名义余额)的关系更为紧密。因此,许多国家的财政政策是限制性的,其代价是投

---

① 这在巴西得到了证实,尽管 1999 年 1 月以后出现了大程度的名义货币贬值,巴西的年通胀率还是保持在 10％ 以下。

424 　　资减少和社会支出减少。把社会开支的目标定在低收入群体而不是普遍福利上变得更受欢迎,并取得了相当大的成功——我们将在下一节谈论这一点。事实上,一些拉美国家成了新社会项目的先驱者,这些项目随后被世界其他地区效仿。

　　尽管自债务危机以来,拉丁美洲在财政和货币政策上已经形成了某种共识,但在汇率政策上却并非如此。除了美元化的巴拿马,所有拉美国家都在 20 世纪 80 年代和 90 年代初实行货币贬值,以调整对外部门、创造资源、偿还债务和促进出口。但是这种一致性最终消失了。以阿根廷为首的一组国家,坚决地推行固定货币和美元化;而以智利为首的另一组国家,采取"爬行钉住"实际汇率目标;第三组国家,1994 年以后由墨西哥领导,1999 年巴西加入,选择了灵活汇率制度。

　　第一组国家起初获得了巨大的成功。通胀下降到国际水平,同时金融市场更加成熟。然而,风险溢价并没有消失,国内利率与国外利率之间的利差依然存在,因此,这一组国家的逻辑是与厄瓜多尔和萨尔瓦多一道,追随巴拿马走向法律上的美元化。随着美元对主要货币的贬值,意味着这组国家的实际有效汇率的贬值(参见表 11.5)。

　　阿根廷似乎正朝着这个方向发展,到 2001 年第四季度,阿根廷近 70% 的银行存款以美元计价。然而,2001 年底外债违约引发了货币贬值,并且在 2002 年经历了比索化的艰难时刻,当时,各国政府正努力扭转 20 世纪 90 年代的美元化,结果是通胀上升(参见表 11.4)。如果通胀数据可信,实际有效汇率就不会上升(参见表 11.5)。①

　　第二组国家在实现目标方面也取得了初步的成功,然而,在亚洲金融危

425 机之后,吸引外资的困难导致了对外资流入限制的取消,并朝着货币完全灵活化方向发展。只有像哥斯达黎加这样的小国能够坚持实际汇率目标,但

---

① 国内外都强烈怀疑,认为 2005 年以后的通货膨胀高于历史记录。如果是这样,阿根廷的实际有效汇率也会上升。

表 11.5　2002—2011 年的实际有效汇率(2005 年＝100)

国家/地区	2002	2003	2004	2006	2007	2008	2009	2010	2011
阿根廷	106.9	97.5	100.2	102	101.2	97	99.3	97.9	100.8
玻利维亚	81.7	89	93.7	102.3	101.3	94.2	85.4	88.4	87.7
巴西	132	130.4	123.2	88.4	82.2	79.5	80.8	69.7	65.8
智利	106.1	111	105.2	97.8	99.6	99.1	101.7	95.7	93.9
哥伦比亚	111.7	126.2	112.9	101.5	90.4	86.7	91.6	79.6	79.7
哥斯达黎加	92	97.4	99	99	96.9	93	92.7	82.7	80.4
古巴	89	95	101.1	106.8	109.5	119.9	119.9	118.7	
多米尼加共和国	109.4	146	138.8	106.6	105.5	107.8	109.9	107.7	108.7
厄瓜多尔	95.5	93.2	95.2	101.1	105.2	105.6	100.4	99.5	102.4
萨尔瓦多	98.8	99.3	98.1	100.5	101.8	103.5	101.3	103.8	105.2
危地马拉	111.9	111.8	108.3	97	96.3	91.4	94.6	94	90.5
海地	131.9	140.2	106.1	91.2	78.9	75.2	78.9	73.3	71.1
洪都拉斯	96.3	97.8	100.3	97.7	97.4	94.5	87.2	86.2	85.5
墨西哥	90	100	103.6	100.1	101.2	104.1	118.5	109.3	107.3
尼加拉瓜	93.7	97	97.7	98.2	100.6	96.9	100.4	98.1	102.8
巴拿马	91.3	93.1	97.8	101.7	103.1	102.2	97.5	98.6	99.3
巴拉圭	89.8	95.4	89.7	89.8	81.3	72	79.5	77.5	69.1
秘鲁	94.9	98.8	98.9	102.9	103	99.2	98.8	95.4	98.3
乌拉圭	87.7	111.8	113.7	95.8	95.1	89.8	87.6	76.4	74.3
委内瑞拉	88	99.3	97.7	93.2	83	67.4	51.2	77.8	69.4
拉丁美洲	**99.7**	**107.5**	**106.8**	**97.5**	**95.1**	**90.2**	**90.4**	**86**	**84.3**

资料来源：拉美经委会(2011)，海地数据是作者根据美国数据进行的估计。

最终还是放弃了。其他国家,包括智利和哥伦比亚,在 20 世纪 90 年代末实际上加入了第三组国家。

因此,绝大多数拉美国家在新世纪选择了自由浮动的汇率制度,使实际有效汇率充满了不确定性。如果主要的贸易伙伴是美国,而出口主要是制成品,这可能会导致实际有效汇率不稳定甚至贬值(例如多米尼加共和国和墨西哥)。在出口以大宗商品为主的国家,由于全球的需求(尤其是来自中国的需求)增加,大宗商品价格飙升,因此出现"荷兰病"的风险很大。事实上,在新世纪开始后的十年里(参见表 11.5),大多数国家都出现了实际有效汇率的波动,受影响最严重的是巴西、巴拉圭和委内瑞拉。

426
债务危机以来的增长、贫困和收入分配

　　独立以来,拉丁美洲经济表现与 50 年的债务周期相吻合,这种债务周期现象有时被称为康德拉季耶夫周期。第一个周期是从 19 世纪 20 年代的债务危机到 19 世纪 70 年代的债务危机;第二个周期是从 19 世纪 70 年代到大萧条;第三个周期结束于 20 世纪 80 年代早期。每一个周期都是以债务危机结束,但每一个周期也包含了长期的增长。如果事实果真如此,那么第四个周期已经相当超前,而且已经包括了经济恢复增长的时期。然而,这一次由于统计方面的改进,拉丁美洲的表现也可以通过公平来判断。

　　表 11.6 显示了自 1980 年——债务危机前的最后一年——以来的人均
427 国内生产总值增长率,这个结果初看起来似乎平淡无奇。在第一个十年,整个地区的人均国内生产总值年均下降了 0.8％,只有四个国家——如果除去古巴,就是三个国家——实现了正增长。[1]

　　当然,长期的表现不应以 20 世纪 80 年代来判断,因为这是一段调整过度的进口替代工业化和债务危机的时期。然而,即使分析仅限于 20 世纪 90 年代以来的时期,结果仍然令人有些失望,整个地区人均国内生产总值的年均增长率还是很低(20 世纪 90 年代为 1.5％,下一个十年为 2.1％)。

　　自债务危机以来,只有一个国家(智利)在 1950 年到 1980 年的内向型发展阶段中能够毫无疑问地超过了其绩效,但多米尼加共和国自 1990 年以来已经接近这一水平。1990 年以后,阿根廷显著地改善了其人均实际国内生产总值的长期增长率,但是这一成果受到 1998 年以后持续了 4 年之久的深度衰退的影响;目前仍不清楚它是否实现了比债务危机前更高的可持续

---

[1]　20 世纪 80 年代,古巴仍然受益于苏联集团的补贴,因而免受债务危机的影响。参见梅萨-拉戈(2000),第Ⅲ部分。

表 11.6 1980—2010 年人均国内生产总值年均增长率(%)

(以 2000 年美元价格计算)

国家/地区	1980—1990 年	1990—2000 年	2000—2010 年	1980—2010 年
阿根廷	−3.0	3.3	3.4	1.2
玻利维亚	−2.0	1.5	2.0	0.5
巴西	−0.5	1.0	2.5	1.0
智利	2.1	4.7	2.8	3.2
哥伦比亚	1.4	0.8	2.5	1.6
哥斯达黎加	−0.2	2.7	2.5	1.7
古巴	3.3	−1.9	5.0	2.1
多米尼加共和国	0.2	4.2	3.8	2.7
厄瓜多尔	−0.5	−0.1	3.0	0.8
萨尔瓦多	−1.7	3.5	1.5	1.0
危地马拉	−1.5	1.7	0.8	0.3
海地	−2.6	−1.7	−1.4	−1.9
洪都拉斯	−0.6	0.8	2.0	0.7
墨西哥	−0.2	1.7	0.5	0.7
尼加拉瓜	−3.7	1.3	1.6	−0.3
巴拿马	−0.8	3.0	4.5	2.2
巴拉圭	−0.1	−0.5	2.0	0.5
秘鲁	−3.0	2.2	4.4	1.1
乌拉圭	−0.7	2.8	2.8	1.6
委内瑞拉	−1.9	0.0	1.4	−0.2
拉丁美洲	**−0.8**	**1.5**	**2.1**	**0.9**

注:"拉丁美洲"一栏的数据是国内生产总值除以人口总和。

资料来源:世界发展指数;海地 1980 年和 1990 年的数据,来自布尔默-托马斯(2012)。

的增长率。

其他增长较快的情况都很不寻常,而且没能在 1980 年以来的整个时期里维持。例如,萨尔瓦多在 20 世纪 90 年代经济迅速增长,但这是在经历了一场漫长的内战之后,经济增长的速度在很大程度上受到了所有离开该国前往美国的人的汇款的影响。① 2000 年以后,古巴经济迅速增长,但这在一

———————

① 关于内战后萨尔瓦多的经济表现,参见塞戈维亚(2002)。

定程度上只是苏联解体后 20 世纪 90 年代国内产生总值暴跌三分之一后的经济复苏。巴拿马也是如此,因为它向世界各地出口服务,并有能力充当南美、北美和加勒比地区之间的桥梁。最后,在新世纪的第一个十年,秘鲁在矿业繁荣和外资流入的帮助下,实现了快速增长。

墨西哥的经济表现(参见表 11.6)说明了全球化的代价和好处。墨西哥是最早开始调整的国家之一,它也迅速开放其经常账户和资本账户,并将其经济融入北美经济。[①] 尽管墨西哥国内的失误可能会损害经济表现,就像 20 世纪 90 年代初债务的过度积累一样,但是墨西哥与美国经济一体化的长期趋势已经变得很明显,而且并没有因为《北美自由贸易协定》之后墨西哥与世界地区签署的自由贸易协定而发生实质性的变化。

当美国经济在 2008 年金融危机前表现良好时,尽管市场份额被中国夺走了一些,但墨西哥总体上是受益的。增长是出口导向型的,且尽管北部边境的客户工业带来的后向关联有所减弱,但出口的扩张带动了其他经济部门的繁荣。经济对石油的依赖程度降低,制造业出口对装配工业的依赖程度也随之降低,然而,2008 年美国经济放缓后,墨西哥就陷入了衰退。只是由于中国劳动力成本的上升使中国失去竞争力,墨西哥才得以复苏,并开始与美国经济脱钩。

阿根廷的表现一直是研究政策不连续之危险性的一个案例。根据许多标准,20 世纪 90 年代的阿根廷是拉丁美洲最奉行新自由主义的国家——广泛的私有化,完全的资本账户的自由化,以及大规模的贸易自由化。然而,在虚拟货币委员会的机制下,本国货币与美元挂钩的汇率政策,给政府强加了从未得到充分尊重的财政义务。其结果是财政纪律缺乏导致外债大量增加。只要经济快速增长,债务问题就可以得到控制。然而,1998 年之后,当经济增长陷入停滞,政府没有任何手段来刺激经济时,这就变得不可

---

① 关于墨西哥融入美国经济领域,参见菲茨杰拉德(2001)。

持续了。[①] 2002 年的货币贬值帮助阿根廷恢复了出口导向型增长，但主要出口商品的国际价格上涨可能更为重要。

尽管作为"金砖国家"[②]的国际形象良好，但巴西也是一个令人失望的地方。作为该地区最大的经济体，巴西尚未实现其增长潜力。直到 20 世纪 90 年代，巴西才开始进行调整和自由化，但随后又开始了包括结束高通胀措施在内的全面变革。然而，更大的财政和货币责任、低通胀、贸易和金融自由化，以及促进外国直接投资，都仍未能使巴西实现比 1980 年以前更高的长期可持续的增长率。

巴西实现更快增长的障碍很多。其投资率受到了国内低储蓄率的制约，这与拉美许多国家的情况相同，但与亚洲不同；而且不能总是依赖外资来缩小差距。较高的实际利率阻碍了私营部门为生产目的而借贷。[③] 除了中国需要的那些大宗商品外，其他商品的出口也受到了实际有效汇率上涨的影响，这也影响了与进口商品竞争的部门。巴西的收入不公虽然在 2000年以后有所改善，但仍对其经济表现有着不良影响，尽管这一点比较有争议，因为现在其极端贫困人口的收入在国民收入中所占的比例确实更大了（参见下文）。不过至少，巴西没有获得收入分配不公平带来的好处，例如，较高的储蓄率。

按 2000 年的人均国内生产总值增长率来衡量，委内瑞拉是自 1980 年以来表现最差的经济体之一（参见表 11.6）。实际上，从 1980 年到 2010 年，委内瑞拉是负的增长率。然而，1998 年以后，委内瑞拉在其净易货贸易条件方面有了惊人的改善（参见表 11.2）。当 1999 年 1 月乌戈·查韦斯首次上台时，油价每桶只有 10 美元。然后，油价迅速上涨，在好几年里油价都超

429

[①]　参见穆萨（2002）。

[②]　"金砖"代表"巴西、俄罗斯、印度和中国"。这个概念首先是由高盛公司的吉姆·欧内尔提出的。

[③]　结果是巴西的私营部门变得十分依赖来自巴西国家开发银行的补贴信贷。

过了 100 美元。贸易条件效应当然可能是负面的,但它仍然是决定大宗商品出口国经济福祉的关键因素,而委内瑞拉或许是拉美最重要的例子。

从进口替代工业化的过渡将需要更多地关注有或者没有全球化的对外贸易。原因是拉丁美洲在世界出口中所占的份额在 1950 年以后稳步下降,到 1978 年仅为 3.8%(远低于其在世界人口中所占的份额)。[①] 尽管在初级产品贸易增速低于总贸易增速时期,这种下降可能部分归因于初级产品的专业化,但这也是由与内向型发展模式相关的反出口倾向造成的。

扭转全球市场份额下降的战略有两个组成部分。首先,通过制定政策,使贸易品超过非贸易品,在贸易范围内使出口超过进口,从而使出口部门受到更大的重视。其次,是希望从初级产品转向制成品甚至服务的出口多样化。

430

整个拉丁美洲的结果乍看给人的印象深刻。自 20 世纪 80 年代中期以来,世界商品出口的份额的确有所增加(参见图 11.1);但 2000 年以前,这主要是由墨西哥与《北美自由贸易协定》相关的出口繁荣带来的结果。那一年,墨西哥占拉美出口总额的近一半。除墨西哥以外,当时拉丁美洲的表现远没有那么令人满意,但一些较小的国家——尤其是智利和哥斯达黎加——确实增加了世界市场的份额。[②] 然而,由于中国在关键的美国市场上的竞争,以及美国经济的衰退,墨西哥在世界商品出口中的份额在 2000 年以后下降了(参见图 11.1)。[③]

拉丁美洲的总体数据也深受巴西的影响,贸易也不例外。因此,南美洲的糟糕表现(参见图 11.1)最初反映了巴西出口部门活力的缺乏。巴西政府倾向于把这种可悲的情况归罪于富裕国家的农业保护主义,鉴于该国农业出口的国际竞争力,其在这方面是完全有理由的。但是,2000 年以后,在中

431

---

① 仅指拉丁美洲大陆,参见联合国贸易和发展会议网站。
② 参见斯特恩法特和孔特雷拉斯(2001)。
③ 图 11.1 显示了墨西哥和中美洲,但这条线主要是墨西哥。

国对关键大宗商品需求的推动下,巴西出口迅速增长。这是南美洲占世界商品出口份额增加的主要原因(参见图 11.1),但其他所有国家的出口也都在增加。

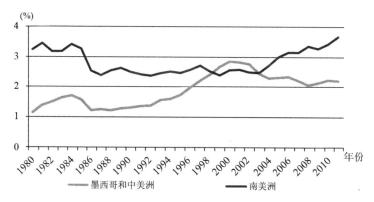

图 11.1 1980—2011 年两地区所占世界商品出口份额(%)

资料来源:联合国贸易和发展会议网站。

拉丁美洲出口从初级产品转向多样化,最初似乎是不可逆转的。结果其再次受到墨西哥的严重影响,但是,2000 年以前的多样化几乎很普遍。在小国,出口多样化是由客户工业的增长所推动的。例如,海地在 2010 年1 月的毁灭性地震之前,初级产品占总出口的比例是最低的,而这完全是由装配厂向美国出口轻工业制成品造成的。在哥斯达黎加,英特尔在 1990 年底建了一个计算机芯片工厂,在两年内使其出口总值翻了一番。在比较大的国家,这也反映了跨国公司作为连接世界各地子公司生产链的投资。

地区一体化最初也是造成多样化的重要原因。一体化的新阶段鼓励向邻国出口制成品。事实上,尽管没有对农产品的正式歧视,但拉丁美洲几乎所有区域内贸易都集中在制造业,而且越来越多的是工业内部贸易。① 但是,地区一体化的影响似乎相当有限,因为除了《北美自由贸易协定》外,每

---

① 工业内部贸易是指国家之间互相出售来自同一产品组中的产品。这在富裕的工业化国家非常重要。

一个计划都很难增加区域内贸易在总贸易中所占的份额。这一份额,南方
共同市场达到了 20% 的峰值,中美洲共同市场达到了 15%,安第斯共同体
和加勒比共同体达到了 10%。

自 2000 年以来,一种新的或者应该说是一种旧现象的重现已经发生
了。这种现象就是由于世界价格高企和净易货贸易条件改善而对大宗商品
出口日益依赖。到 1995 年,商品出口在大宗商品中所占的比例已下降到
50%,但十五年以后达到近 60%。[1] 这在很大程度上是能源价格上涨的结
果,拉丁美洲的石油和天然气出口商从中获益颇丰。然而,它影响了其他大
宗商品。相比之下,制造业出口占总出口的比例有所下降,也没有像许多人
希望的那样,向服务出口转变。在债务危机后的三十年里,拉丁美洲在世界
服务出口中所占的份额仍然接近 5%。[2]

拉丁美洲的公平通常以贫困和收入分配来衡量。在这方面期待新的范
式。有人认为,出口导向型增长将导致劳动密集型出口的集中,创造就业,
从而减少贫困,并提高非技术工人的工资,以改善收入分配。降低通货膨胀
率将减轻穷人负担的沉重的通胀税,从而改善公平。最后,社会支出的目标
预计也会产生同样的效果。

预期的好处起初没有实现。尽管 20 世纪 90 年代生活在贫困中的家庭
比例有所下降,但到新世纪初,只是回到了 1980 年的情况。因为在这一时
期,人口持续增长,与债务危机开始时相比,2000 年生活在贫困中的拉美人
要多得多。然而,2000 年以后,贫困人口的比例急剧下降(参见表11.7)——
以至于贫困人口的绝对数量实际上也下降了。

认为新经济模式将改善公平的假设并不因此就是有缺陷的。这不是因
为在出口中使用了非熟练劳动力,出口仍然是资本或自然资源密集型的。
事实上,随着熟练工人和非熟练工人工资差距的拉大,工资上的不平等也在

---

[1] 参见联合国贸易与发展会议网站。

[2] 参见联合国贸易与发展会议网站。

表 11.7 2000 年前后和 2010 年前后的贫困与收入分配状况 *433*

国家/地区	家庭贫困人口占比(%)		底层 20% 人口的收入占比(%)		基尼系数	
	2000 年前后	2010 年前后	2000 年前后	2010 年前后	2000 年前后	2010 年前后
阿根廷[a]	9.4	8.6	3.5	3.7	0.578	0.509
玻利维亚	60.6	54.0	1.3	2.1	0.614	0.565
巴西	37.5	24.9	2.0	2.7	0.640	0.576
智利	20.2	11.5	3.4	4.1	0.564	0.524
哥伦比亚	54.9	44.3	2.9	2.7	0.572	0.578
哥斯达黎加	20.3	18.5	4.0	4.0	0.473	0.492
古巴			5.4		0.380	
多米尼加共和国	47.1	41.4	3.1	3.0	0.537	0.554
厄瓜多尔	49.0	37.1	3.7	4.2	0.513	0.495
萨尔瓦多	48.9	46.6	2.8	4.6	0.518	0.454
危地马拉	60.2	54.8	3.7	2.8	0.542	0.585
海地	77.0		2.4		0.592	
洪都拉斯	79.7	67.4	2.7	2.5	0.564	0.567
墨西哥	41.1	36.3	3.4	4.5	0.542	0.481
尼加拉瓜	69.4	61.9	2.5	3.5	0.579	0.532
巴拿马	36.9	25.8	2.3	3.0	0.567	0.521
巴拉圭	59.7	54.8	2.7	3.1	0.558	0.533
秘鲁	54.7	31.3	3.3	4.4	0.545	0.458
乌拉圭	9.4	8.6	4.9	5.5	0.440	0.422
委内瑞拉	49.4	27.8	3.6	5.4	0.498	0.394
拉丁美洲	**43.8**	**31.4**	**2.9**	**3.5**	**0.575**	**0.524**

[a] 全部数据仅针对城市人口。

[b] 家庭贫困的数据仅针对城市人口。

数据来源:联合国拉美经委会(2012),古巴数据引自布尔默-托马斯(2012),海地数据引自世界发展指标。

加剧。另一方面,消除通胀税确实产生了积极影响,正如 1994 年巴西减少了贫困所显示的那样,以及净易货贸易条件的改善带来了实际有效汇率的提高。

2000 年以后贫困减少的最重要因素可能是把社会开支的目标定在最

低收入群体。这可能是非常有益的,正如智利在 1990 年所显示的那样。最著名的例子是巴西,巴西实行的家庭支持计划和零饥饿计划对生活在贫困中的家庭产生了巨大的影响(参见表 11.7)。尽管只有在满足了某些特定条件时才发放现金,但这些有针对性的计划的成功得到了广泛传播,中右翼(例如墨西哥)和中左翼政府(例如巴西)都采用了这些计划。[1]

该地区陷入债务危机时,显示收入不公的一些指标位居世界前列,但是新经济模式最初几乎没有改变这一点。智利是采用新模式发展最成功的国家,20 世纪 90 年代,农村地区的基尼系数有所下降,[2]但城市地区却上升了;墨西哥的情况刚好相反。巴西是拉丁美洲收入分配最不公平的国家,其在城市和农村地区的基尼系数在 20 世纪 90 年代都有所上升。[3]

新世纪的头 10 年,这一切都改变了。在有据可查的 18 个国家中,13个国家的底层 20% 人口的收入所占比例有所上升(参见表 11.7),有 1 个国家(哥斯达黎加)保持不变,只有 4 个国家(哥伦比亚、多米尼加共和国、危地马拉和洪都拉斯)有所下降。[4] 因此,拉丁美洲底层 20% 人口的收入所占的比例(加权人口)从 2000 年的 2.9% 上升到 2010 年的 3.5%。同样引人注目的是,以基尼系数衡量的收入分配状况(参见表 11.7)在大多数国家都有所改善,进步最大的是那些大国,例如阿根廷、巴西、墨西哥和委内瑞拉,到2010 年,拉丁美洲整体下降到 0.524。尽管按国际标准衡量,这仍然很高,

---

① 这种性质的计划被称为有条件现金转移计划。参见亨特和博格斯·杉山(2012)。这些条件可以包括教育、医疗等方面,但是在一些非正式情况下可能包括一些政党成员。

② 基尼系数是衡量收入分配最著名的指标,在 0(绝对公平)到 1(绝对不公平)之间。因此,基尼系数的下降意味着收入分配的改善。

③ 20 世纪 90 年代拉丁美洲农村和城市地区的基尼系数的数据,可以参见拉美经委会(2001),表 23 和表 24,第 237—239 页。

④ 这一下降在很大程度上与通货膨胀(多米尼加共和国)有关,也与其他两个国家为解决最贫穷者的困难而设计的社会计划有关,因为在这两个国家,农村冲突是主要问题。(据表11.7 所示,除了上述 3 个国家,危地马拉也有所下降。——编者注)

但与其他地区相比,拉丁美洲不再显得这么离谱。[①]

　　这个变化虽然对大多数人来说是喜闻乐见的,但并不意味着富人必然收入减少了,或者通过交税的方式贡献了更多。出于收入分配衡量方法的原因,最富有的 1% 的人的数据并没有被包括在内,在拉丁美洲,这一群体可能占了整个家庭收入的 20% 左右,而且由于政府允许的慷慨的免税政策和巧妙的避税手段,他们缴纳的税款相对较少。[②] 因此,收入分配的改善,以及底层 20% 人口的收入占比的改善,并不是来自最富有的那 1% 的人,而是来自中间的那些人。这就导致了一个悖论,在拉丁美洲,对收入再分配的抱怨往往与中产阶级有关,而与富人无关。

435

　　本节集中讨论了宏观经济表现的传统衡量指标:经济增长、贫困和收入分配。然而,1980 年之后的三十年见证了拉丁美洲的一个重要变化,巩固了一个甚至更早就开始的趋势,这就是人口结构的变化——20 世纪 20 年代开始死亡率下降,最终与出生率下降相匹配。事实上,到 2010 年,拉丁美洲的人口增长率仅略高于 1%,而 50 年前为 3%。因此,大多数拉美国家面临着更易控制的人口年度增长,而且因年轻的劳动力和较低的抚养比率而享受着"人口红利"。[③] 这种红利最终会停止,就像今天的中国一样,但这意味着拉丁美洲有一个持续一代人的机会,可以大大改善积累的社会赤字。

---

① 到 2010 年,许多非洲和中东国家的基尼系数都高于 0.5。亚洲国家的基尼系数普遍较低,但是中国的基尼系数在 1980 年以后稳步上升,到 2010 与拉美许多国家的情况类似。

② 参见阿瓦拉多等(2012)。

③ 参见拉美经委会(2012)。

第十二章

结　论

独立以来的拉美经济发展是一部未尝如愿的历史。尽管有丰富的自然资源和有利的土地与劳动力的比率,但是在摆脱殖民统治后的两个世纪里,还没有一个国家取得发达国家的地位。另外,自19世纪初叶以来,拉美国家与美国——经常作为关联性最大的国家来被比较——的生活水平差距在不断扩大。虽然各个国家在不同时期都有了迅速的发展,但没有一个国家能在足够长的时间内保持人均国内生产总值的高增长率,以消除与发达国家的差距。[①]

尽管伊比利亚统治的崩溃结束了对商业的限制,但拉丁美洲仍然在一个由其他国家制定规则的世界中运转,由于无法打入发达资本主义国家组成的小圈子,拉丁美洲仍然是一个外部影响突出的边缘地区。贸易周期、投资和消费模式、债务积累以及技术转让都是由拉丁美洲几乎无法掌控的力量所驱动的。即使在内向型发展阶段,外部事件影响内部动态的能力仍十分强大。

这并没有随着20世纪80年代债务危机后采用的新经济模式而改变。相反,经济增长的一个关键因素是许多商品出口价格的上涨,推动了净易货贸易条件的改善。而这又是由于世界需求的增长,尤其是来自中国的需求。

---

① 如果与美国以外的国家或地区进行长期比较,结果可能更有利于拉美国家。例如,参见普拉多斯·德·拉·艾斯克苏拉(2006)。然而,该地区的人均收入仍然低于所有公认的参照对象。

这帮助了拉丁美洲国家在 2003 年之后的十年里发展势头超越美国,并再次证明了外部环境的重要性。

外围国家的地位经常被用来解释拉美的落后状态。[1] 然而,其他国家也面临着同样的限制,仍设法在遵守游戏规则的同时改变自己的地位。19 世纪初同样是外围国家的美国,凭借以技术和投资为基础的生产力革命,到 20 世纪初的生活水平已经超过英国。[2] 20 世纪初,斯堪的纳维亚国家已经通过以初级产品为基础的出口导向型增长实现了经济转型。[3] 政府的支持使工业革命有可能在 19 世纪后期传播到许多中欧国家。[4] 英联邦各自治领的人均出口达到了历史最高水平,从而提高了各经济体的生活水平。[5] 1945 年后,日本将其强大的军事实力转变成了征服世界的工业机器。[6] 1950 年以后世界贸易的快速增长使东亚新兴工业化国家得以利用提供给劳动密集型制造业出口的机会。[7] 少数几个较小的国家(例如巴哈马)则借助服务出口,达到了发达国家的生活水平。[8]

单独来看,上述每个例子都可以被视为特例而不予考虑。然而,综合来看,这些例子表明,摆脱外围地位始终是可能的。外部约束可能是强大的,但绝不是不可战胜的,因此,拉美国家并不能从世界经济史的经验教训中得到宽慰。事实上,在摆脱殖民统治后,大多数拉美国家享有一定程度的独立,但这种独立却不被许多已真正摆脱外围地位的国家承认。所以,拉美相对落后

438

---

[1] 例如,参见弗兰克(1969),卡多佐和法莱托(1979),以及富尔塔多(1976)更微妙的观点。对这些观点的批评性评价可见凯(1989)。

[2] 1913 年,美国人均国内生产总值要比英国高近 10%。参见麦迪逊(2001),第 185 页。

[3] 参见布洛姆斯特伦和梅勒(1991),第 2、4、6、8 章。

[4] 参见贝伦德(1982),第 5 章。

[5] 刘易斯(1989),第 1574—1581 页,对阿根廷与英联邦的两个自治领(澳大利亚和加拿大)进行了有启发性的比较,参见科尔特斯·孔德(1997)。

[6] 参见大川和罗索夫斯基(1973),第 2 章。

[7] 参见林(1988),东亚和拉丁美洲的表现形成对比。

[8] 关于加勒比的长期经济表现,参见布尔默-托马斯(2012)。

的主要原因应该在其内部寻找。①

许多学者集中从制度层面上探索内在原因。关于这一主题有许多不同的说法，但基本的假设是，拉丁美洲各共和国在独立期间从西班牙和葡萄牙那里继承了对该地区不利的制度。特别是，学者们对为相对平等的社会而设计的英属北美的"定居者制度"和为在高度不平等社会中攫取财富而设计的美洲其他地区的"殖民制度"进行了不利的比较。然后，他们指责这些殖民制度造成了各种各样的经济和社会弊病，导致其长期表现不如加拿大和美国。

这些观点建立在最薄弱的证据基础之上，而且包含泛泛的概括。例如，有观点认为："西属美洲很早就具有极度不平等的特点，这在很大程度上是由于其要素禀赋……相比之下，小型家庭农场在北美大陆的北部殖民地占据支配地位……这些在不平等程度上的初始差异……对各国发展道路有深刻而持久的影响。"②这里的真理（殖民时期的要素禀赋差异）都不应掩盖这样一个事实：制度是灵活的，且适用于不同的情况；拉丁美洲国家的不平等问题很大程度上是独立后土地赠予的产物；倍受吹捧的"定居者制度"包括了用最残酷的方式榨取财富的奴隶制。

然而，使用（新）制度主义来解释拉丁美洲经济表现的最大问题在于，它无法解释拉丁美洲各共和国之间的巨大差异。这是本书所有版本的一贯特点。例如，在第一次世界大战之前，阿根廷人均国内生产总值的增长不仅远超拉美其他国家，而且也超过了美国。自第一次世界大战以来的一个世纪里，大多数时候情况恰恰相反。虽然广义上的"制度"必须是解释这种命运逆转的部分原因，但这一范式本身却不能用殖民制度解释。

独立以来的拉美经济发展可分为两个不同但相互交叉的阶段，然后是20世纪80年代开始的第三阶段。第一阶段是以初级产品为基础的传统出口

439

---

① 这并不否认负面的外部冲击有时是重要的，但从长远来看，外部因素影响永远不利这一论点很难站得住脚。
② 参见恩格曼和索科洛夫（2012），第34—35页。

导向型增长阶段。这一阶段启动较慢,在 20 世纪第一个十年达到顶峰,大萧条之后逐渐消失。第二阶段为内向型发展阶段。以 19 世纪后期一些大国率先开始的进口替代为基础,这一阶段在第二次世界大战之后的 25 年里达到高峰。受全球化影响,第三阶段于地区债务危机以后开始占据主导地位。

拉丁美洲并没有赶上发展的好时机。该地区尝试传统出口导向型增长、发展势头强劲之际正值国际贸易中初级产品对制成品的相对优势消失之时。到 19 世纪末期,发达国家产业结构和消费模式的变化,以及技术进步带来的单位产出中初级产品投入的下降,使国际贸易向着有利于制成品的方向转变。[①] 而当世界经济在国际贸易方面开始进入持续快速增长时期时,拉美的内向型发展达到了高峰。

然而,时机并不仅仅是一个机会的问题。19 世纪的缓慢发展反映了许多国家在清除出口扩张供给方面的障碍时拖拖拉拉。内向型发展最初是针对国际市场混乱而采取的合理模式,但其实施时间过长,远远超过了合理的限度。在该地区普遍实施这种模式之前,促进非传统产品出口的机会就已十分明显。公司和个人可能对价格信号有所反应,但这些信号本身并不总是反映世界经济的变化。某些市场的缺失、另一些市场的分割以及公共政策的不连贯,意味着相对价格与世界经济提供的机会并不同步。

独立后拉美发展的第一阶段以初级产品出口为基础。人们期待迅速的增长会改变整个经济状况,提高非出口部门的生产率,并使人均收入得以提高。以这一标准衡量,出口导向型增长在南锥体和其他一些国家短期内是成功的,但对整个地区来说是令人失望的。到 20 世纪 20 年代后期,经过一个世纪出口不同产品的试验,大多数拉美国家仍然没有达到独立时人们普遍预期的生活水平的提高。

---

① 在 19 世纪的大部分时间里,初级产品和制成品的贸易增长速度类似。然而,到 1913 年,制成品贸易增长就要快得多。参见刘易斯(1978)。

　　20 世纪大萧条之前,主要拉美国家的表现可以与美国相比。大约从 1830 年开始,在与独立相关的动荡之后十年左右,哥伦比亚和委内瑞拉率先建立了国家。[①] 我们可以考察拉美国家人均国内生产总值与美国人均国内生产总值的比率,并且探寻出口导向型增长时期该比率如何变化——该比率上升意味着该国的表现优于美国,而比率下降则意味着与美国的差距进一步拉大。

440

　　使用两个不同的时间点比较的结果如图 12.1 所示。第一组是 1912 年,恰好在第一次世界大战之前。第二组是 1928 年,在大萧条之前。阿根廷出色的表现显而易见。如果以 1912 年相比,智利的表现也优于美国;但以 1928 年相比就不一样了,因为在第一次世界大战后,由于对硝酸盐的需求下降,智利的经济增长大受影响。相比之下,只有在以 1928 年为结束点的情况下,委内瑞拉的表现才会赶过美国,因为这考虑到 1917 年开始的石油工业的迅猛发展。在不考虑最终时间点的情况下,其他拉美国家的表现都不及美国,拉丁美洲的平均水平下降了三分之一左右。

441

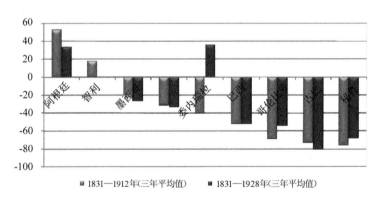

**图 12.1　1831—1912 年和 1831—1928 年拉丁美洲国家
与美国人均国内生产总值之比的变化**

资料来源：1831 年的数据来自附录三,1912 年和 1928 年的数据来自附录四。

---

①　1830 年大哥伦比亚共和国解体,随后哥伦比亚、厄瓜多尔和委内瑞拉相继独立。

出口导向型增长模式失败的根源是出口增长缓慢。作为出口导向型增长模式的引擎,出口部门必须快速增长以提高整个地区的平均生活水平。然而,除了少数明显的例外情况,在 20 世纪初叶持续繁荣阶段以前,出口增长处于缓慢或周期性的增长状态。事实上,在独立以后的半个世纪的时间内,许多国家始终未能抓住对外贸易提供的机会。有时商品机遇期是罪魁祸首,使资源流入出口部门,又随即丧失其重要性;这一问题也经常与要素投入不足有关,无法轻易通过相对价格的变化解决;而且出口部门的增长几乎总是受到基础设施问题的阻碍。

但是,出口导向型增长与出口的迅速增长并不是一回事。出口扩张并不能自动带来非出口部门的增长,因此,出口导向型增长模式的机制并非理所当然地发挥自己的效能。商品机遇期可能有利于部门间生产收益的转移,但也有可能破坏这种转移。另外,非出口部门也面临着许多与出口部门同样的问题:基础设施不足,生产要素稀缺,互补性投入亏空。但最大的问题是内部市场增长缓慢。在内部交通联系不便、劳动力市场人为扭曲以阻止实际工资上升的情况下,将出口部门的扩张转化为对非出口部门产品的有效需求,并不是一件简单的事。外部势力介入出口部门——特别是矿业——进一步减少了对与出口增长有关的非出口经济的激励。①

制造业部门的情况很好地说明了改造非出口部门所遇到的困难。到第一次世界大战前,所有国家的出口引擎都已启动,但只有少数几个国家有现代工业部门。当斯堪的纳维亚国家的公司能够向其出口部门提供所需的资本货物和其他投入的时候,拉美国家却严重依赖进口来满足这种需求。英国自治领出口部门的迅速扩张促成了一批向本地市场提供制成品的工厂的建立,但在大多数拉美国家,这种需求要靠家庭手工业和进口来满足。就其规模和人均收入而言,第一次世界大战前拉丁美洲处于不充分的工业化阶段。②

① 刘易斯(1989)对这些问题做了精彩分析。
② 阿根廷尤其如此。

442

　　现代制造业建立之前必须克服许多障碍：能源供应不足，投入和产出的运输成本高昂，以及机器设备必须进口等。然而，这与那些正在建立现代制造业的外围国家（例如罗马尼亚和瑞士）所遇到的问题并无不同。所不同的是官方的态度。李嘉图的比较利益学说被认真地遵循着，认为以初级产品出口换取进口制成品是最佳选择，国家干预有利于出口部门。进口关税并不低，但通常是为了收入最大化，而不是提供保护。用于支持工业的信贷措施几乎无人知晓。已建立的现代工业总是成本高昂，效率低下。[①] 制成品出口只是在战争或正常贸易渠道中断的人为条件下才有可能。以劳动密集型制成品出口为基础的初级出口替代[②]在拉丁美洲几乎鲜为人知，而这种措施对于一些初级产品出口国摆脱外围国家地位发挥了巨大作用。尽管能够以世界市场价格获得棉花，且其实际工资只有英国劳动成本的若干分之一，但拉美纺织业产品很难取代发达国家进口产品，更不要说带来出口盈余了。

443

　　在传统出口导向型增长模式下（特别是在斯堪的纳维亚半岛），提高生活水平的一个途径是提高初级产品加工的国内附加值。然而，尽管 19 世纪的"阶式税则"[③]和其他扭曲贸易的措施比较温和，但拉美国家内部很少存在垂直的一体化例子。许多初级出口产品在被加工成制成品后又返销到拉美。有些情况是情有可原的，如以铁矿石为原料的钢铁制品。但很多情况是没什么道理的，如以羊毛为原料的服装。只有在冷藏肉和面粉取代了活牛和小麦的阿根廷，人们才认真地试图抓住与产品链的每个阶段相关的附加值。

　　阿根廷的情况说明在拉丁美洲出口导向型增长模式能够取得一定成效。阿根廷在开始其令人印象深刻的出口扩张时相对较慢，出口导向型模式在运

[①] 经济学家把"效率低"用在许多不同的意义上。这里它指的是由扭曲的要素价格而造成的配置效率的缺失，以及技术上的低效率，也就是说，在给定条件下不能实现产出的最大化。

[②] "初级出口替代"一词最早由拉尼斯提出，指的是 20 世纪 50 年代后期一些东亚国家的政策向简单制成品的转变，直到当时，这些产品仍从属于进口替代工业化。

[③] "阶式税则"是指根据进口商品加工程度而提高税率税则，这种税则鼓励出口国家以未加工的方式运输其产品，而且（更重要的是）根据当地自然资源对出口制成品起着一种抑制作用。在（其他国家）感兴趣的拉丁美洲的产品中，受阶式税则影响最大的是雪茄和精制糖。

作方面也存在很多缺陷,但出口导向型增长模式的机制在任何地方都不是完美无缺的。20 世纪初叶,外围地带的大多数国家视阿根廷为楷模,对其丰富的初级产品出口和多元化的市场充满羡慕之情。虽然工业化水平相对较低,但 20 世纪初阿根廷的人均收入水平吸引了世界各地的人移民而来。事实上,在 1850 年到第一次世界大战期间,阿根廷的移民净流入率高于美国。如果说阿根廷在独立后发展的第一阶段是无可争议的成功典范,那么在第二阶段(内向型阶段)则恰恰相反,但这一切并非不可避免,而且实际上直到 20 世纪 50 年代,阿根廷经济的相对衰落才普遍显现出来。20 世纪 20 年代阿根廷即将迈入发达国家的门槛,但现在这个国家距离它渴望已久的俱乐部仍有很长的路。虽然第一次世界大战后欧洲国家的农业保护主义使阿根廷深受其害(这种影响在美国甚至更早开始),但内向型发展阶段不断积累的(可以避免的)政策错误才最终使这个国家跌入深渊。

444

由于当代的社会科学家们醉心于将拉美的内向型发展阶段与现代版的出口导向型模式加以比较(这一比较对内向型模式不利),拉美的内向型发展阶段获得了近乎神话般的地位。虽然很多批评意见是正确的,但不应该过分夸大。① 内向型发展是对 1913 年以后国际市场动荡的一种合理反应。拉美的问题在于,这一阶段启动太慢而延续时间过长。20 世纪 30 年代甚至 40 年代,在许多国家,出口导向型增长模式仍被视为唯一连贯的长期选择。因此,直到第二次世界大战以后,世界贸易开始迅速扩张时期,内向型发展才变成该地区的发展范式。随着保护的增强而放弃国际专业化分工带来的好处,内向型模式的机会成本越来越高。

虽然内向型模式的成本最终被证明十分高昂,但其最初的收益似乎也很丰厚。与出口导向型增长阶段的估计数相比,几乎所有内向型发展国家人均实际国内生产总值年均增长率都有所提高(参见表 12.1)。在 1980 年以前的

---

① 对进口替代工业化模式(在发展中国家)少有的客观评价之一,可以参见布鲁顿(1989)。

445

表 12.1　1928—1980 年人均国内生产总值的年均增长率(%)和人均
国内生产总值与美国(2000 美元)的比率

国家/地区	人均国内生产总值增长率			人均 GDP 与美国的比率		与美国的比率变化
	1928—1960	1960—1980	1928—1980	1928	1980	
阿根廷	0.8	1.7	1.1	59.8	32.0	−46.6
玻利维亚		1.0			4.7	
巴西	2.1	4.4	2.9	11.1	14.8	34.0
智利	1.0	1.6	1.2	19.7	10.8	−45.1
哥伦比亚	1.6	2.6	2.0	10.6	8.8	−17.4
哥斯达黎加	1.5	3.0	2.1	15.9	13.8	−13.2
古巴	0.2	2.7	1.2	21.1	11.4	−45.9
多米尼加共和国		3.6			7.9	
厄瓜多尔		2.6			6.0	
萨尔瓦多	1.9	1.4	1.7	11.6	8.3	−28.4
危地马拉	1.1	2.8	1.7	10.1	7.3	−28.0
海地		0.4			2.8	
洪都拉斯	−0.1	2.1	0.8	11.1	4.9	−55.8
墨西哥	1.9	3.7	2.6	19.4	22.0	13.6
尼加拉瓜	1.1	0.4	0.8	9.8	4.4	−55.4
巴拿马		3.2			14.3	
巴拉圭		3.7			6.1	
秘鲁	1.6	1.7	1.6	14.6	10.0	−31.1
乌拉圭	0.6	1.4	0.9	50.9	24.3	−52.3
委内瑞拉	3.2	0.4	2.1	29.1	25.9	−11.0
拉丁美洲	**1.4**	**2.7**	**1.9**	**20.6**	**16.0**	**−22.3**

资料来源：取自附录四,采用三年平均值。

半个世纪里,许多国家人均实际收入年增长 1.5 个百分点,这在 19 世纪是
合理的目标;但是,标准已发生了变化。在成熟的资本主义国家(例如美
国),长期增长率现在超过了 2%(参见表 12.1),而欧洲新兴工业化国家的
增长率接近 3%。[1]

---

[1]　其中一些国家(例如芬兰、希腊、匈牙利和西班牙)在 1950 年至 1970 年间人均国内生产总
值增加了两倍,参见贝若什和雷维-勒博伊尔(1981),表 1.4。

以这一更为严格的标准来衡量,只有少数拉美国家的表现差强人意。尽管 1960 年以后增长率有所提升(参见表 12.1),但在有可比数据的 14 个国家中,仅有 5 个国家在 1928 年到 1980 年间人均国内生产总值增长率高于 2%。其中只有两个国家(巴西和墨西哥)的增长率超过了美国,这意味着双方人均国内生产总值的差距正在缩小(参见表 12.1)。此外,在出口导向型增长模式下表现最好的国家(阿根廷、智利和乌拉圭),没有一个在内向型发展时期取得了成功。

探讨两个阶段国家表现相反的因果关系是吸引人的。在出口导向型增长阶段实绩最差的国家(例如巴西),也许更愿意为内向型发展而牺牲出口部门的利益;而出口部门成效显著的国家(例如阿根廷)可能更不情愿放弃可靠的老办法。根基稳固的出口集团可能会坚决捍卫其商业利益,而在出口利益集团力量分散的国家,新兴的工业部门则会有更大的回旋余地。为了克服此前颇为成功的出口部门的抵抗,可能需要采取打破经济平衡的极端措施,或为了内向型发展而提供大幅扭曲价格的激励手段(例如乌拉圭)。但这类分析应适可而止。反例是存在的,而且许多国家在两个阶段都未能取得好的实绩。

内向型发展阶段对拥有较大国内市场的大国有利。进口替代带来的新经济活动一般受制于规模经济,所以单位成本与生产流程的长度成反比。然而最佳工厂规模随时间推移趋于扩大,拖延实施内向政策会付出很大代价。20 世纪 50 年代和 60 年代,拉美各国建立了一批生产水平不佳、单位成本高昂的小厂;假如这批工厂由早一代人建立起来,它们或许就能在国际上具有竞争力。

在内向型发展阶段,所有国家都有了现代工业。制造业净产出与国内生产总值的比率迅速提高,甚至在一些小国也出现了这种情况,但这并不能带来多少安慰。受到高额累进关税壁垒保护的新工厂常常需要额外的非关税壁垒来满足国内市场需要。因为来自进口产品竞争的消失,提升质量和设计

446

水平的压力也随之而去。国内厂商间的竞争或许缓解了这种局面,但寡头垄断更为普遍,而且高昂的初始资本为进入市场设置了障碍。

寡头垄断与工业许多部门的高资本回报率有关,这对外国和国内资本都是有力的激励,但并没有导致与发达国家较高的经济租金相关的研究与开发。跨国公司的拉美子公司在市场中的主导地位既无内部也无外部的威胁,这与在发达国家中的子公司完全不同。而国内企业通常乐于效仿行业领袖树立的样板。因此,产出的大部分变化可归因于要素投入的增加,而全要素生产率几乎没有增加。[①] 有关大国的增长源分析表明,在内向型发展阶段,资本要素生产率几乎未发生任何变化。[②]

447   这种情况在二战以后制成品贸易的扩张开始加速的时期使工业生产无法面向世界市场。出口悲观主义情绪在拉丁美洲持续的时间比发达资本主义国家残存的保护主义政策的时间要长,而且东亚新兴工业化国家的经验最初被认为是无关紧要的。战后,拉丁美洲几乎没有参与重塑国际贸易规则,尽管拉美是战胜国一方,而且关贸总协定也被视为富国俱乐部。

20 世纪 60 年代的地区一体化实验是克服内向型模式局限性的一次尝试。虽然在一定程度上受到欧洲经济共同体成功经验的鼓舞,但拉美一体化运动缺乏欧洲从两次世界大战的灾难和数百万人生命损失中获得的政治保证和视野。欧洲的政策制定者们认为,为了获得内部安全和对外工业的竞争力,国家主权的让渡和对农产品消费者的隐性税收是可以接受的一种代价。拉美渴望得到这些利益,但却不愿付出这些代价。到 20 世纪 70 年代,虽然区域内贸易——许多项目未享受优惠——仍在增长,但地区一体化已蜕化为促进跨国投资的人为计划。

[①] 全要素生产率衡量所有要素投入的单位产出,这意味着有必要考虑要素投入的(加权)平均值。

[②] 关于拉美主要国家的增长源分析的一个极好的研究,参见伊莱亚斯(1992);关于 20 世纪要素生产率的增长,参见霍夫曼(2000)。

　　如果说大萧条和第二次世界大战最终使出口导向型增长模式陷于瘫痪，那么20世纪80年代的债务危机则为内向型发展阶段画上了句号。再怎么压缩进口都无法解决债务还本付息和扩大生产的资金来源问题。已经采纳的鼓励非传统出口品的尝试性措施得以强化，全地区都在实行使资金转回出口部门的新计划。贸易实行了自由化，企业被迫与进口产品展开竞争。出口与国内生产总值的比率终于开始再一次得以提高。

　　独立以来拉丁美洲经济增长的第三阶段开始于20世纪80年代。受"失去的十年"中经济低迷的拖累，1980—2000年的人均国内生产总值增长率非常低，这一点不足为奇。事实上，拉美地区作为一个整体的表现并不积极（参见表12.2），只有一个国家（智利）能够缩小与美国的差距。不过，21世纪的第一个十年中，拉丁美洲的表现好多了，人均国内生产总值的增长率也是美国的3倍。从整个三十年来看，少数国家（智利、哥斯达黎加、古巴、多米尼加共和国和巴拿马）确实缩小了与美国的差距，另外两个国家（哥伦比亚和乌拉圭）也非常接近（参见表12.2）。

　　自1990年以来，特别是2000年以来，拉美经济表现深受净易货贸易条件改善的重大影响。事实上，主要商品出口价格的上涨意味着初级产品占出口的比重在长期持续下降后又开始增长。相比之下，制成品所占比重下降，区内贸易的比例也下降。在这种情况下，一些国家伴随实际汇率升值而患上"荷兰病"也就不足为奇了。

　　在拉丁美洲，利用增长的引擎——无论是出口部门还是进口替代工业——来确保其他经济部门的发展，历来不是一件容易的事情。在存在巨大障碍——自然的、经济的以及金融的——的情况下，最初的激励力量常常在触及遥远地区生产率较低的活动之前就已经消失殆尽。公共政策被理所当然地视为消除这些障碍的关键因素。　　*448*

　　政策环境对增长引擎本身的发展也很重要。关于在热带丛林中为了追求利润而开拓事业的企业家的沸沸扬扬的故事也许能够抓住外部世界的想

449

表 12.2　1980—2010 年人均国内生产总值年增长率(％)和

人均国内生产总值与美国(2000 美元)的比率

国家/地区	人均国内生产总值增长率			人均国内生产总值与美国的比率		与美国的比率变化
	1980—2000 年	2000—2010 年	1980—2010 年	1980 年	2010 年	
阿根廷	0.2	3.5	1.3	32.0	28.9	−9.4
玻利维亚	−0.3	2.1	0.5	4.7	3.3	−29.5
巴西	0.4	2.4	1.1	14.8	12.5	−15.7
智利	3.4	2.8	3.2	10.8	17.3	59.7
哥伦比亚	1.1	2.7	1.6	8.8	8.8	−0.4
哥斯达黎加	1.3	2.5	1.7	13.8	14.0	1.5
古巴	0.2	5.1	1.8	11.4	12.1	6.1
多米尼加共和国	2.2	3.8	2.7	7.9	10.8	37.0
厄瓜多尔	−0.2	2.9	0.8	6.0	4.7	−21.8
萨尔瓦多	0.8	1.5	1.0	8.3	6.9	−16.9
危地马拉	0.1	0.9	0.4	7.3	5.0	−31.0
海地	−2.0	−0.9	−1.7	2.8	1.0	−62.9
洪都拉斯	0.0	2.1	0.7	4.9	3.8	−23.7
墨西哥	0.6	0.7	0.6	22.0	16.3	−25.7
尼加拉瓜	−1.3	1.6	−0.3	4.4	2.4	−44.2
巴拿马	0.9	4.7	2.2	14.3	16.6	16.3
巴拉圭	−0.1	1.5	0.4	6.1	4.2	−30.5
秘鲁	−0.6	4.5	1.1	10.0	8.5	−15.1
乌拉圭	1.1	2.8	1.6	24.3	24.3	−0.1
委内瑞拉	−1.0	1.6	−0.2	25.9	15.2	−41.6
拉丁美洲	**0.4**	**2.1**	**1.0**	**16.0**	**13.1**	**−18.1**
美国	2.1	0.7	1.6			

资料来源：取自于附录四,使用三年平均值。

象力①,但在与政府就基本规则达成一致之前,没有外国资本家同时也很少有国内资本家投资一分钱。假如公共部门最初无法提供充足的基础设施、信贷或基本投入品,它仍然可以提供土地、劳工立法和关税减让。增长引擎的

———————————

① 例如,参见斯图尔特(1964)所著的联合果品公司创始人迈纳·库珀·基思传记。

出现通常与公共政策的这些变化密切相关，而在拉美很少有强有力的出口部门，甚或与进口竞争的企业会自发地发展起来。

在拉丁美洲，部门政策有着悠久的同时常常是成功的历史。在独立后发展的第一阶段，政策框架在阿根廷肉类、危地马拉咖啡和委内瑞拉石油等商品的发展中发挥了关键作用，并促成了强有力的出口部门的建立。第二阶段的例子则包括巴西的基础工业、哥伦比亚的纺织业和墨西哥的客户工业。加勒比盆地的出口加工区是第三阶段的例子。虽然失败（例如 19 世纪洪都拉斯的咖啡）的情况时有发生，但成功的例子比比皆是。国家有能力操纵资源并影响其配置，而且经常简单地回应私人部门的压力，去扶持特定的部门。

在部门政策演变过程中，汇率发挥了主导作用。波动的实际有效汇率是一个十分有力、透明的工具，它促使资源流入或流出选定的部门。货币的运动有时会适得其反，出人意料的升值会使资金流出享受优惠的部门。但这只是强化了公共部门和私人部门对汇率政策效力的认识。独立以来，它是由当局操纵的最为重要的工具。即使在固定名义汇率时期，在金本位、银本位或美元本位条件下，由于实际汇率变化迅速，情况仍然如此。

涉及部门的公共政策一向是最容易实行的部分。政策框架为享受优惠的部门带来了（通常是大规模的）经济租金。随着增长引擎出现衰竭迹象，将这些租金投资到具有较高社会回报率的其他领域变得至关重要。税收可以在疏通这种转移中发挥主导作用。但在拉美独立以后的全部历史中，财政政策不够有力。其结果是，资源配置中的惰性倾向、享受优惠的活动在其社会合理性早已丧失之后仍保有其特权地位。最好的例子也许是咖啡，在近一个世纪的时间里世界市场咖啡供应呈现出供不应求的不可阻挡的趋势后，咖啡仍是拉丁美洲的主要出口产品之一。①

财政资金的不足和税收结构的过时通常使拉美国家的政府无法运用适

450

---

① 它在 1970 年所占的份额接近 15％，到 21 世纪初已下降到 2％，参见拉美经委会（2012）。

度的开支来提升其经济体系的灵活性。有生产潜力的地区受制于交通通信的闭塞，无法开发剩余农产品并为工业产品提供市场。在独立后的大部分时间里，文盲问题一直是一大痼疾，妨碍技术进步和创新。疾病控制方面的开支不足和仅仅符合上层阶级需要的医疗体系一直束缚着劳动生产率的提高。[①]

　　有时要求增加公共开支的压力会突破收入不足造成的局限。在资本市场不发达和外部信贷受限制的国家，这常常导致货币扩张和通货膨胀。到19世纪末期，虽然阿根廷、巴西和智利已经因通货膨胀而闻名，但在发展的第一阶段，拉美的通胀时间通常都较短。恶性通货膨胀还鲜为人知，但在20世纪40年代以前这种现象总是与战争相关。但总的来说，在发展的第一阶段，拉美国家政府承认税收不足带来的公共开支约束。实际上，为了应付收支差距，中止债务还本付息是一种比货币扩张更常用的方式。

　　发展的第二阶段与通货膨胀的蔓延有关。新模式造成了需求的转移，这在从第一阶段继承下来的相对僵化的体系中无法轻易得到满足。结构主义者对这些造成通胀压力的瓶颈问题的关注是正确的。然而，外国供应的重要性相对下降，以及进口消费品的绝对下降，意味着货币纪律的缺失更易引致国内价格的上涨。货币主义关于正统货币政策和灵活价格的观点不可轻易否定。

　　甚至在发展的第二阶段，许多拉美国家仍维持了低通胀率和汇率稳定。直到20世纪80年代，通货膨胀才变成该地区的一大特点，几乎所有国家年通胀率都达到两位数，并常常发生恶性通货膨胀。无论如何，通货膨胀严重破坏了拉丁美洲融入全球生产和要素市场的努力，同时也破坏了经济改革。20世纪90年代的稳定通胀计划得益于资本流动对实际汇率的影响，并且使大多数国家的通胀率得到了永久性的调整。

---

① 例如，根据这一定义，哥伦比亚每户家庭的医疗补贴，最富裕的20％家庭比最贫穷的20％家庭高出26％。参见塞洛斯基(1979)，第94—97页。

451

　　贯穿整部独立史,拉丁美洲的特点便是极度的不平等——包括收入和财富分配,甚至体现在同一国家的不同地区之间。不平等导致权力的集中,国家政权反映统治集团的利益。在这种情况下,变革通常只能通过暴力手段,经济发展则必然受到损害。高投资率仅是不平等状况理论上的结论,实际上并不多见。与国外富裕阶层相比,拉美的富人消费占其收入中更高的份额。第二次世界大战以后,私人投资和迅速提高生活水平所要求的资本形成率之间的差距由公共部门来弥补,但这使国家资金的开销超出了应有的界限。20世纪80年代,这种实践陷入了危机。

　　不平等是殖民时代遗留下来的难题,其中财产的分配(主要是土地)导向收入的集中。与当时所有国家一样,财政政策并不关注再分配问题,而通过教会财产向穷人转移的规模太小,不足以对收入不平等状况产生重大影响。哥斯达黎加是个例外,由于地广人稀,家庭农业是其唯一的选择,因此收入和财富分配更为平等。①

　　独立后经济发展的第一阶段提供了矫正继承下来的不平等状况的一个机会。在劳动力稀缺时期,实行以劳动密集型初级产品为基础的出口导向型增长模式,对于改变生产要素的相对回报率和使收入分配有利于低收入阶层,可能成为发挥很大作用的一个方法。但资本也是稀缺的,而土地拥有者(后来又加上外国投资者)占有了新的资本,并操纵了出口导向型增长模式的运作。劳动力市场受到胁迫,土地使用人为受限,以固定或更低的实际工资为不断扩张的行业提供劳动力。货币贬值变成出口部门不必采用强制手段来降低实际成本的又一手段。

　　市场力量因而受到操纵,破坏了本应在发展的第一阶段发生的收入分配的转移,而国家干预使问题进一步恶化。公共土地的赠予和向资本所有者——国内和国外——的转让加剧了继承下来的财富不平等状况,这又使收

①　然而,哥斯达黎加的平等主义随着尚待开发土地不复存在而消失了。到21世纪初,哥斯达黎加的收入分配状况与其他拉美国家相差无几。

入集中在上层阶级手里。教会财产的私有化——这是实行收入再分配和改善不平等状况的又一次机会——成为富人豪强增加其土地持有量的又一个时机,甚至使一些国家的政府重新分配财富的打算落了空。[①]

第二阶段内向型发展时期最初有可能使一些国家收入分配状况得以改善(但由于统计资料不充分而不能十分肯定)。在劳动力仍普遍稀缺的同时,将资金从生产率低的农业和家庭手工业转向高关税保护下免受国际竞争的部门,加之广泛建立城市贸易工会和群众性政党,这是非常有效的。但是,第二次世界大战以后,拉美各国出现的剩余劳动力破坏了已取得的微小进步。到第二阶段接近尾声的时候,收入和财富明显集中于上层,基尼系数不断升至越来越高的数值。

再次以出口为基础的发展的第三阶段,以通过国家财产私有化改善收入和财富分配的新机会为发端。但如同19世纪的教会财富一样,20世纪末期国有资产绝大多数被转移到社会上层阶级手里。防止所有权集中的防御机制被打破,许多国有财产的售价根本没有反映其市场价值,政府机构也没有打算用所得到的收入来改善社会下层的地位。

20世纪90年代,政府致力于社会改革,开始着手解决不平等现象显著加剧的问题。2000年以后,随着拉丁美洲的向左转,这些努力得到了肯定。最受欢迎的政策是有条件地将现金转移给由一般税收资助的收入最低的10%的人。在一些国家,私有企业被国有化,尤其是在能源和公用事业领域。至少在短期内,这产生了更多的资源来支持社会项目和鼓励收入的再分配。正如第二章所述,这些政策对改善收入不平等和减少贫困的影响意义重大。

这些变化很重要,并且赢得了民众普遍的支持,但它们是相对近期的事。在独立后的大部分时间里,经济发展的主导模式要么保持了现有的不平等水平,要么加剧了这一现象。制衡力量通常依赖于国家干预,20世纪拉丁美洲

---

① 这是墨西哥贝尼托·华雷斯改革时期的情况。

453

的公共政策中往往包含再分配的部分,但是至少到 21 世纪以前,它的影响仍是有限的。国家所使用的正统手段是生硬的和无效的,而非传统的手段往往会造成政治混乱和反革命。这是一个令人不快的两难境地。

拉丁美洲改善公平的前景现在要好得多。各国政府已经发现,如果再分配政策制定合理、资助得当,就不会损害经济增长。此外,这些政策扩大了内部市场的规模,使之受到许多私营部门领导人的欢迎。随着出生率的下降,拉丁美洲的人口增长率也比独立以来的任何时候都低。这使得解决教育、医疗和社会保障领域的遗留问题变得更加容易。

如果说直到近来,国家在分配方面还相对低效,那么在生产领域则较为积极。从殖民当局手里继承下来的垄断企业并没有被全部卖掉,国家必须培育初建的银行部门,而且甚至 19 世纪的铁路也常常有公共部门的成分。20世纪,国家涉足公共设施、矿业、基础工业(包括石油精炼)以及通信,甚至农业和建筑业中也有政府的参与。国家直接参与生产,还辅之以一系列间接措施,以促进产出和影响经济各部门之间的资源配置。

通常在国家相对较弱,只不过是作为占统治地位阶级利益的代表的时期,政府的积极作用若没有私人部门的支持是不可想象的。实际上,大多数国家在 20 世纪 70 年代以前的干预都可以归因于市场失灵,这种失灵往往出现在基础设施薄弱、生产厂商寥寥无几的穷国。国家可能已经准备好与外国私人利益(例如 19 世纪的铁路)竞争,甚至没收外国资本(例如 20 世纪的石油),但国内私人部门通常被确保有充足的经济空间来发展其利益,而无须与公共部门进行直接竞争。

尽管市场失灵在拉丁美洲很普遍,但在其历史上的大部分时间里,国家缺乏应付这种情况的资源。因此,1940 年以前的国家干预实际上比积极干预思想所倡导的政策要微弱得多。[1] 当国家所能控制的资源有所增加时,各国

_____

[1] 参见怀特黑德(1994)。

454

政府就想扩大其活动范围。第二次世界大战以后,庇隆政府控制的不可兑换的英镑结存为购买英国财产提供了巨大便利。1940 年以来委内瑞拉政府获得的石油租金促进了处女地的开发。20 世纪 70 年代似乎无穷无尽的外部资金供应对几乎每一个国家政府来说都是一种难以抵抗的诱惑。

455   随着公共部门撤出其 1940 年以后侵占的领域,目前国家干预在多数国家的趋势发生了逆转。[1] 更为传统的关系得以恢复,其中政府要受到财政和资源稀缺的约束。只有少数"圣牛"[2]仍存在,主要由于它们有能力创造并向公共部门转移租金。

但是,从最广泛的意义上讲,私营部门的利润率对国家干预仍然十分敏感。在发展的第一阶段,出口部门的利润往往取决于国家控制的各种手段。事实上,由于世界市场的波动性,国家干预被视为保护私营部门免受外围国家地位不可避免的波动影响的关键。巴西的咖啡补贴价格是政府对私营部门危机的一种反应:出口(和进口)关税根据出口部门的需要加以变动。公共基础设施为初级产品出口需要服务。在第二(内向型发展)阶段,私人利润也许对公共政策实施状况更为敏感。相对于公司内部资源配置和投资决策,汇率、关税、配额和许可证对于与进口竞争的部门的成败是更为重要的指南。

因此,国家既不情愿也不能够像古典自由派主张的那样从生产领域退出。在那些由于自身弱点不得不保持低姿态的国家,其结果并非私营部门首创精神得以发扬,而是新兴活动的丧失。实际上,19 世纪如此众多的拉美国家促进出口增长政策的滞后(更不要说出口导向型增长了)在一定程度上可归因于政府未能关注出口部门最起码的需要。

虽然国家干预总体上补充和鼓励了私人投资,但却没有带来竞争。恰恰相反,拉美正规部门面对的是不完全竞争、寡头垄断结构以及(有些情况下)完全的垄断。在有大量卖主的地方,如农业生产的某些部门,买主数目却十

---

① 国家甚至撤出了 1940 年之前侵占的领域(如公共设施)。
② sacred cows,意即神圣不可侵犯之物。——编者注

分有限。事实上,加工链中的每个环节都与集中的强化相联系。只是在城市   *456*
非正规部门(相对较晚出现的现象)中,竞争及大量买主卖主并存才是正常
状态。

寄头垄断和市场集中并不一定是经济进步的敌人。长期发展以及提高
生活水平的关键因素包括资本积累、技术进步和全要素生产率的提高——在
许多国家,这一切都与拥有市场力量的企业密切相关。虽然不完全竞争破坏
了配置效率,但许多国家的寄头垄断与经济租金联系在一起,这有可能提高
长期的增长率。虽然城市非正规部门可能存在"完全"竞争,但很难令人相信
这是通过全要素生产率的增长迅速提高生活水平的一条途径。

拉美的寄头垄断结构可能产生了超常的利润和大量的经济租金,但传统
上它们并未带来技术进步、投资扩张或全要素生产率的提高。[①] 初级产品出
口部门的租金为在欧洲各国首都的消费开支所摊薄,而充裕的土地和圆通的
国家政权保证了长期的盈利能力;内向型发展阶段的超常利润常常被转移到
国外,利润的保障在于不存在国际竞争者的压力;将租金投入生产性领域的
动机并不存在,而这在 19 世纪的美国或第二次世界大战后的德国十分明显。

无论是通过教会财产的转让、外国财产的征用,还是国有资产的私有化,
将财产转移到国内私营部门,这些财产都从未被用来强化竞争环境。相反,
新的企业集团(常以家族为基础)出现并向老牌集团的霸权地位发起挑战,然
后凭借其对国家政权决策的影响力和权力而跻身有影响力的小圈子内。以
国家特权从一个集团转移到另一个集团为基础的内向型发展阶段的寻租策
略,现在正在为以进入国际市场和降低成本为基础的寻租战略所取代。但
是,假如无法找到将租金转化为技术进步和提高全要素生产率增长的方法,
新的发展阶段将不会比早期更为成功。

预期所有拉美国家在新阶段都能取得良好实绩是不切实际的。在发展   *457*

---

① 技术进步的缓慢发展和低水平的研发是法因奇尔伯关于拉美经济落后状况研究的主题
(1990),第 2 章。

的第一阶段,失败者数量远远超过了成功者;如果说第二阶段产生了更多的
成功者,失败者——有些失败十分惨重——也仍为数众多。并不存在单一的
公式能够保证为这一特殊俱乐部的所有成员带来有利的结果。但假如第三
阶段不能使一些拉美国家生活水平迅速提高,并且在 21 世纪中叶使其人均
国内生产总值达到发达国家中较低的水平以及大大缩小与美国的差距,那
么,这的确会令人感到意外。这一差距在可预见的未来仍将存在,但认为一
些拉丁美洲国家能够在 21 世纪末消除这一差距已不再是空想。

附录一　1914 年以前人口和出口的资料来源

人口

19 世纪拉丁美洲人口普查资料的质量有许多不尽如人意之处,人口统计往往不完整,土著人口有时被忽略,误差很大。例如,在危地马拉,直到 1950 年的人口普查之前,总统的标准做法都是"要求"各省的政治头领夸大结果。[1] 因此,必须谨慎对待所有关于总人口的估算数。然而,最近的学术研究在很大程度上弥补了 1914 年以前统计数据的不足,因此,将这些数据综合起来,就能对整个拉美国家不同时期的人口做出估算。在这个附录中,我选择了 1850 年、1870 年、1890 年和 1912 年的人口统计数据。[2]

第一次世界大战之前的大部分时间里,波多黎各是拉丁美洲共同体的一部分,而巴拿马并不是一个独立的国家。因此,为了保持一致,我将 1898 年之后的波多黎各(被美国占领)人口数据包括在拉美人口当中,并将巴拿马 1903 年以后(宣布脱离哥伦比亚实现独立)的人口数据继续列入哥伦比亚。[3]

表 A.1.1 提供了相关年份的人口数据。拉丁美洲最大的 8 个国家[阿根廷、巴西、智利、哥伦比亚(包括巴拿马)、古巴、墨西哥、秘鲁和委内瑞拉——拉美八国]和乌拉圭的有关数据和来源详见附录三。另外 3 个加勒比国家(多米尼加共和国、海地和波多黎各)的数据和来源参考布尔默-托马斯(2012)[4]。至于其他 8 个国家(玻利维亚、哥斯达黎加、厄瓜多尔、萨尔瓦多、

---

① 参见阿里亚斯·德·布洛瓦(1995)和阿里亚斯·德·布洛瓦(1996)。
② 1900 年以来几乎所有拉美国家的年度数据都能在 MOxLAD 网站上找到。
③ 1912 年,巴拿马人口为 35 万,其出口额(三年的平均值)为 539 万美元;参见 MOxLAD。
④ 资料来源于布尔默-托马斯(2012),数据来源于剑桥大学出版社网站。

460

表 A.1.1　1850 年前后—1912 年前后拉丁美洲的人口数量(单位：千人)

国家/地区	1850 年	1870 年	1890 年	1912 年	1850—1912 年的年均增长率(%)
阿根廷	1139	1887	3473	7322	3.0
玻利维亚	1374	1495	1626	1988	0.6
巴西	7234	9797	14199	23168	1.9
智利	1443	1943	2651	3448	1.4
哥伦比亚[a]	1835	2560	3627	5767	1.9
哥斯达黎加	101	137	228	375	2.1
古巴	997	1399	1600	2358	1.4
多米尼加共和国	146	194	327	720	2.6
厄瓜多尔	816	1013	1257	1445	0.9
萨尔瓦多	366	493	785	1021	1.7
危地马拉	847	1080	1331	1772	1.2
海地	581	792	1177	1719	1.8
洪都拉斯	230	265	355	571	1.5
墨西哥	7500	8921	10957	15007	1.1
尼加拉瓜	274	337	379	562	1.2
巴拉圭	250	221	350	640	1.5
秘鲁	2001	2595	2871	4190	1.2
波多黎各	467	670	900	1159	1.5
乌拉圭	133	385	707	1226	3.6
委内瑞拉	1137	1379	1720	2348	1.2
拉丁美洲	**28871**	**37563**	**50520**	**76806**	**1.6**
美国	23261	39905	63056	95335	2.3

[a] 包括巴拿马。

危地马拉、洪都拉斯、尼加拉瓜和巴拉圭),1850 年的数据来自表 2.1,后续年份的数据来自米切尔(2007),并且由于没有年度统计数据,两次人口普查之间的统计数据使用了修改的数据。关于美国的人口数据,我使用了卡特(2006)的第一章。

出口

关于 19 世纪拉丁美洲出口情况的数据,在数量和质量上都参差不齐。一些国家(例如巴西和智利)有完整、一致的系列资料,另一些国家(例如玻利维亚和洪都拉斯)则只有七零八落的数据。而且,数据以多种货币表示,这些货币必须转换成共同的记账单位(我选择美元)。这需要有关汇率方面的知识,而就 1914 年以前的情况而言,要掌握这些知识并非易事。

为了计算人均出口数据(如第三章中所用的),有必要对 1850 年、1870 年、1890 年和 1912 年与人口数据相对应的出口情况进行估算。鉴于出口额的逐年波动,我尽可能用三年平均值。出口数据(以美元计算)在表 A.1.2 中给出。拉美八国和乌拉圭的数据和来源可以详见附录三。其他三个加勒比国家的数据和来源参见布尔默-托马斯(2012)。所有其他国家的数据来源将分别在下文列出。这些资料不仅包括每年的资料来源,还包括原始货币(a),以及将原始数据转换成美元(在适当的地方)的汇率(b)。需要注意的是,汇率表示为每美元的单位本国货币。然后,从表 A.1.1 和表 A.1.2 获取人均出口数据(参见表 3.6)。

玻利维亚

1850 年:克莱因(1992),表 2,第 320 页,提供了 1840—1849 年和 1850—1859 年的银平均产量(我选用了这两个时期的平均值)。佩尼亚洛萨·科德罗(1983)提供了 1850 年按美元计算的银价。因此,我认为 1850 年银占全部出口商品的三分之二。

1870 年:基于银产量的增长,采用克莱因(1992),表 2,第 32 页中的数据。我假定 1870 年的数据等于 1860—1869 年的平均值。

表 A.1.2　约 1850 年—约 1912 年拉丁美洲的出口
（单位：千美元）（三年平均值）

国家/地区	1850 年	1870 年	1890 年	1912 年	1850—1912 年的年均增长率（%）
阿根廷	8,740.0	28,871.1	944,65.6	434194.6	6.5
玻利维亚	7,500.0	12,916.0	20,200.0	34,625.0	2.5
巴西	33,999.8	77,396.3	133,470.6	335,936.0	3.8
智利	10,822.5	26,813.4	51,429.4	136,196.0	4.2
哥伦比亚[a]	3,119.5	8,192.0	21,399.3	31,141.8	3.8
哥斯达黎加	1,150.0	2,900.0	8,633.0	9,612.0	3.5
古巴	34,296.8	71,069.2	78,880.0	153,270.0	2.4
多米尼加共和国	750.0	1,500.0	3,256.0	11,284.0	4.5
厄瓜多尔	1,594.0	4,133.0	5,833.0	13,496.0	3.5
萨尔瓦多	1,185.0	3,586.0	5,301.0	9,229.0	3.4
危地马拉	1,404.0	2,655.0	10,030.0	12,871.0	3.6
海地	3,962.0	4,504.0	11,517.0	10,947.0	1.7
洪都拉斯	1,125.0	951.0[b]	2,874.0	2,668.0	1.4
墨西哥	36,000.0	33,007.7	50,402.2	139,565.1	2.2
尼加拉瓜	1,010.0	1,178.0	3,833.0	6,051.0	2.9
巴拉圭	451.0	1,582.0[c]	2,990.0	4,833.0	3.9
秘鲁	7,603.8	25,950.0	9,187.2	45,671.0	2.9
波多黎各	6,100.0	7,000.0	11,000.0	46,242.0	3.3
乌拉圭	1,634.1	13,333.0	27,667.0	57,600.0	6.2
委内瑞拉	3,638.4	5,791.8	15,480.0	22,306.0	3.0
拉丁美洲	**166,085.9**	**333,329.5**	**567,848.3**	**1,517,765.5**	**3.6**
美国	172,131.4	375,107.0	908,006.4	2,354,775.0	4.3

[a] 包括巴拿马。

[b] 1882 年。

[c] 1879 年。

1890 年：美洲共和国署（1892a）进行了一个非官方美元估算，但这个估算比官方估算更为可信。

1912 年：米切尔（2007）。(a)玻利维亚诺；(b)2.57。参见米尔斯（年代不详），第 200—201 页。

哥斯达黎加

1850 年：莫利纳(1851)。(a)比索;(b)1。

1870 年：米切尔(2007)。(a)比索;(b)1。

1890 年：米切尔(2007)。(a)比索;(b)1.5。参见美洲共和国署(1892b)。

1912 年：米切尔(2007)。(a)比索;(b)2.15。参见扬(1925)。

厄瓜多尔

1850 年：罗格里格斯(1985),第 191 页。该数据是 1847 年和 1853 年的平均值。(a)苏克雷;(b)1。

1870 年：罗格里格斯(1985),第 197 页。(a)苏克雷;(b)1。

1890 年：米切尔(2007)。(a)苏克雷;(b)1.428。参见美洲共和国署 *463* (1892c)。

1912 年：米切尔(2007)。(a)苏克雷;(b)2.05。参见米尔斯(年代不详),第 200—201 页。

萨尔瓦多

1850 年：林多-富恩特斯(1990)。(a)比索;(b)1。

1870 年：林多-富恩特斯(1990)。(a)比索;(b)1。

1890 年：林多-富恩特斯(1990)。(a)比索;(b)1.267。参见扬(1925)。

1912 年：米切尔(2007)。(a)科朗;(b)2.42。参见扬(1925)。

危地马拉

1850 年：米切尔(2007)。(a)比索；(b)1。此处为 1851 年数据(假定与 1850 年相同)。

1870 年：米切尔(2007)。(a)比索；(b)1。

1890 年：米切尔(2007)。(a)比索；(b)1.39。参考扬(1925)。

1912 年：米切尔(2007)。(a)金比索；(b)1。

洪都拉斯

1850 年：斯奎尔(1856)。(a)美元。

1870 年：莫利纳·乔卡诺(1982)。(a)比索；(b)1。此处为 1882 年数据。

1890 年：莫利纳·乔卡诺(1982)。(a)比索；(b)1.428。参见扬(1925)。此处为 1889 年数据(假定与 1890 年相同)。

1912 年：米切尔(2007)。(a)金比索；(b)1。走私出口被认为是重要的出口。参见美洲共和国署(1904)。

尼加拉瓜

1850 年：伍德沃德(1985)。(a)美元。此处为 1851 年数据(假定与 1850 年相同)。

1870 年：伍德沃德(1985)。(a)美元。此数据为 1870 年和 1871 年的平均值。

1890 年：美洲共和国署(1892e)。

1912 年：扬(1925)。(a)美元。米切尔(2007)中的数据统计不包括黄金，所以不能使用。

巴拉圭

　　1850 年：鲍加德(1892)。(a)比索；(b)1。此数据为 1851 年、1852 年和 1853 年的平均值(假定与 1850 年相同)。格拉(1984)有类似的数据。

　　1870 年：米切尔(2007)。(a)比索；(b)1。基准数据为 1879 年，因为这是三国同盟战争(1865—1870)后的第一个可靠年份。巴拉圭 1880 年以来的数据情况，参见布莫(1970)，沃伦和沃伦(1985)。巴特勒(1901)对 1876 年的数值估计得更低。

　　1890 年：米切尔(2007)。(a)金比索；(b)1。

　　1912 年：米切尔(2007)。(a)金比索；(b)1。

附录二 约 1850—约 1912 年出口与国内生产总值的比率、出口购买力、净易货贸易条件和出口总量

第三章用来衡量出口导向型增长成败的标准,需要 1914 年以前所有国家出口与国内生产总值的比率、进口价格和出口购买力的资料。此附录解释了我用来计算统计数据的方法,它还包括 12 个国家从 1850 年至 1912 年的出口价格、净易货贸易条件和出口总量(除非另有说明)。

出口与国内生产总值的比率

第三章方程式(3.2)中对所需出口增长率的计算涉及出口与国内生产总值比率的估计(w)。w 可能随着时间的改变而变化,因此有必要对这一时期开始时(约 1850 年)和结束时(约 1912 年)的数据进行估算。

出口与国内生产总值的比率等于人均出口与人均国内生产总值的比率。表 3.6 提供了所有国家在不同时期按现行美元计算的人均出口数据,而且附录四提供了 9 个国家 1912 年前后按不变美元(2000 年)计算的人均国内生产总值的数据。其中一些国家的国内生产总值也是按现行美元进行的估算(参见附录三),为了保持一致性,最好使用这些数据,因为出口数据也是按当前价格计算的。以墨西哥为例,1908 年的数据我取三年平均值,以避免墨西哥革命的影响因素;以委内瑞拉为例,1921 年的数据我同样取三年平均值,因为当前价格计算数列开始于 1920 年(因此,这两个国家的人均出口都需要参考同一年,而不是参考 1912 年)。对于其他国家 1912 年 w 的估算可以通过利用从美国批发价格指数得到的紧缩指数,将国内生产总值数据转换为当前美元而获得。参见米切尔(2007)。假设 1970 年为基准值 100,1912 年的价格指

数可以计算为 35,因此,其他国家的国内生产总值的数据通过乘以 0.35 换算成当前美元。这就可以为那些只能按固定价格计算国内生产总值数据的国家计算 1912 年的 w 值。

我使用 1921 年(三年平均值)作为国内生产总值和出口的基准年,在这 9 个国家的基础上又增加了 5 个中美洲国家。因为中美洲是 1970 年的价格,采用的是购买力平价汇率,因此,有必要利用官方汇率调整数据,也有必要利用 1921 年到 1970 年的美国批发价格指数将数据转换成当前价格,这一时期的紧缩指数是 0.47。

对于其他 6 个国家(玻利维亚、多米尼加共和国、厄瓜多尔、海地、巴拉圭和波多黎各),我首先用当前价格计算的人均国内生产总值下降(Y_i)来抵消当前价格计算的人均出口(X_i),用 1912 年的数据加上一个常数。结果如下(括号内为标准误差):

(A.2.1)　　$Y_i = 27.48513 + 3.261712\ X_i$　　$R^2 = 0.857598$

　　　　　　　(12.51746)(0.383682)

然后,我用这些结果来预测那些数据缺失国家的人均国内生产总值。这一结果相对可靠,并且给出了 1912 年前后出口与国内生产总值的合理比率。

对 1912 年人均出口、1912 年人均国内生产总值、1850 年和 1912 年的 w 的估算,均列在表 A.2.1 中。对 1850 年 w 值的估算不可避免要进行一些推算。然而,因为拉丁美洲在 1912 年以前一直奉行出口导向型增长模式,可以有把握地认为,在几乎所有情况下,w 的估算要么高于要么至少不低于这一阶段的末期。只有墨西哥是个例外,1912 年的比率低于 1850 年,这是由于 1870 年以后白银(主要出口产品)价格大幅下跌。

467

表 A.2.1   约 1850—约 1912 年出口与国内生产总值的比率(w)

国家/地区	1850 年 w	1912 年人均出口(美元)	1912 年人均国内生产总值(美元)	1912 年 w	w 的范围
阿根廷	0.15	59.3	293.8	0.202	0.15—0.2
玻利维亚	0.15	17.4	84.2	0.207	0.15—0.25
巴西	0.15	14.5	85.1	0.170	0.15—0.2
智利[b]	0.22	39.5	138.1	0.286	0.2—0.3
哥伦比亚	0.07	5.4	48.0	0.113	0.05—0.1
哥斯达黎加[a]	0.2	29.7	102.5	0.290	0.2—0.3
古巴	0.23	65.0	218.8	0.297	0.2—0.3
多米尼加共和国	0.15	15.7	78.7	0.199	0.15—0.25
厄瓜多尔	0.1	9.3	57.8	0.161	0.1—0.2
萨尔瓦多[a]	0.2	15.6	52.9	0.295	0.2—0.3
危地马拉[a]	0.1	14.2	87.5	0.162	0.1—0.2
海地	0.1	6.4	48.4	0.132	0.1—0.2
洪都拉斯[a]	0.2	21.9	90.3	0.243	0.2—0.3
墨西哥[c]	0.16	8.1	83.1	0.097	0.1—0.2
尼加拉瓜[a]	0.2	16.9	72.5	0.233	0.2—0.3
巴拉圭	0.1	7.6	52.3	0.145	0.1—0.15
秘鲁	0.07	10.9	73.8	0.148	0.05—0.15
波多黎各	0.2	39.9	157.6	0.253	0.2—0.3
乌拉圭	0.2	54.6	178.3	0.306	0.2—0.3
委内瑞拉[a]	0.15	10.1	52.9	0.191	0.15—0.2
拉丁美洲	**0.16**	**20.1**	**107.3**	**0.187**	**0.15—0.2**

[a] 1912 年使用的是 1921 年数据(三年平均值)。

[b] w 是以 1995 年的固定价格从出口和国内生产总值估算出来的。

[c] 1912 年使用的是 1918 年的数据(三年平均值)。

　　第三章中用来衡量出口导向型增长模式成败的标准是出口购买力是否超过等式(3.2)显示的所需要的最低增长率。在其他条件不变的情况下,所需最低的出口增长率就由 w 的最高值来决定。因此,1912 年出口份额的估计值是最重要的,因为除了墨西哥,这些估计便是 w 的最大值。1850 年估算

w 值所需的数据通常是不可获得的。[1]　然而，人均出口数据，以及 w 随时间增长或至少没有下降的假设意味着可以做出一些合理的假设。表 A.2.1 所列 1850 年的估算值指的是 w 的取值范围的最低值。

出口购买力和净易货贸易条件

第三章使用了 1850—1912 年不同时期出口购买力的估算数据。由于任何国家的出口购买力都是通过出口价值的变化除以进口价格的变化来获得的，因此只有获得每个国家的进口单位的数据，才能计算出口购买力。

有几个国家（阿根廷、巴西、智利[2]和委内瑞拉）的进口价格是按相关年份进行的估算（参见表 A.2.2）。对所有其他国家的进口价格，我自己做了估计。这些数据是根据主要出口国（英国、美国、德国和法国）的进口价格指数来编制的，使用了表 3.8 中的进口贸易份额作为权重。表 A.2.2 列出的四个进口指数取自巴普蒂斯塔（2006），这些是为委内瑞拉计算的，但没有理由不适用于其他国家。此外，作为进口价格指数，它们比出口价格指数更适合英国、美国、德国和法国，使用进口价格指数估算比出口价格指数更合适，因为这些国家在计算时考虑了国际运输成本的变化。进口价格指数为三年平均值（1850 年＝100）。用当前美元计算的出口额除以这些进口价格指数时，得到的结果就是出口购买力。[3]

一些国家提供了出口价格的估算数据。[4]　这些数据列在表 A.2.3 中，并且是根据三年平均值得出的（若无特殊说明，则以 1850 年为基准值 100）。表

---

[1]　有一些国家的估算，参见附录三。

[2]　智利的数据来源有两个［帕尔马（1979）和布劳恩等（2000 年）］。我使用了帕尔马书中的数据，因为布劳恩等的著作中只有以美元为基础的价格。

[3]　对墨西哥来说，自 1880 年以来的进口价格指数参见贝蒂（2000）。该指数与我的相关年份（1880—1912）的数据有着高度的相关性（0.86）。

[4]　在哥伦比亚的例子里，出口价格是根据几年的平均值估计的，所以我取了一个中间值。对出口量也是如此，这意味着对净易货贸易条件也是用同样的方法。

表 A.2.2 1850—1912 年进口价格指数(1850 年＝100)(三年平均值)

年份	阿根廷	巴西	智利	委内瑞拉	英国	德国	法国	美国
1850	100	100	100	100	100	100	100	100
1851	100.8	99	95.8	108.5	113.5	105.6	108.3	102.4
1852	105.8	99.1	100	120.4	130.5	115.3	119.4	107.6
1853	121.3	98.2	120.6	132	143.4	126.9	129.8	117.6
1854	135.1	96.3	135.5	141.7	155.4	137.5	134.8	126.5
1855	141.1	93.8	131.2	145	158.5	143.5	135.7	129.6
1856	134.2	96.2	129.1	145.2	160.3	144	130.7	130.8
1857	122	99.4	133.5	139.3	154.9	137.5	125.1	124
1858	115.2	102.1	120.6	135.3	151.4	130.1	123	120
1859	112.4	100.7	125.5	132.1	147.8	126.9	124.4	112.8
1860	114.8	100.1	126.5	134	151.4	128.2	125.9	111.2
1861	115.4	104.2	122.7	136.7	154.9	130.6	125.6	114.9
1862	129.3	116.2	133.5	99.3	157.2	129.6	125.3	130.9
1863	141.9	133.7	137.7	107.7	161.1	128.2	122.4	172.6
1864	151.7	143.5	134.6	112.8	161.1	125.9	119.8	205.2
1865	147.4	146.9	127	156.1	160.7	125	116.8	221.6
1866	150.2	137.7	127	153.4	158.1	127.8	116.8	209.2
1867	150.3	127.4	122.7	151.3	156.7	131.5	115.7	198.3
1868	148.1	116.8	120.6	149.1	154.5	132.4	116.3	189.1
1869	140.8	115.7	107.5	146.3	152.3	130.1	118	178.3
1870	137.6	115.6	117.3	144.9	151	131.5	122.1	167
1871	141.8	118.9	117.3	148.2	155.4	141.7	125.3	161
1872	148.4	121.1	130	153.2	162.8	154.6	123.6	160.2
1873	150.7	124.2	134.6	154.7	166.9	160.2	119.2	158.6
1874	146.3	121.6	126.9	149.4	162.4	153.7	115.1	151.4
1875	138.1	114.2	119.2	141	151.7	142.1	114.8	142.1
1876	133.6	107.2	109.6	133.3	142.7	132.4	112.1	134.1
1877	131.9	100.1	105.7	125.7	135.3	124.5	108.3	123.2
1878	129.2	94.1	101.8	119.5	129.2	118.1	105.1	115.2
1879	128	92.6	95.1	117.3	126.3	116.2	104.2	112.8
1880	125.5	91	99	117.3	123.4	117.1	103.3	117.6
1881	126	92.3	95.1	119.1	124.2	117.1	100.3	124.9
1882	123.5	89.7	97	116.9	121.8	113.9	95.6	125.3
1883	121.4	88.2	93.3	113.8	119.7	110.6	91.2	121.3

年份	阿根廷	巴西	智利	委内瑞拉	英国	德国	法国	美国
1884	115.8	84.5	90.3	108.2	115.2	107.9	86.8	112
1885	109.8	81	86.5	103.2	110.7	104.2	84.2	104.4
1886	105.9	79.4	82.6	100.5	107.4	101.9	83.3	101.1
1887	106.3	80	82.6	100.3	105.8	101.9	84.8	101.6
1888	109.9	83	82.6	101.4	106.2	106.5	87.1	101.1
1889	113.1	85.1	83.5	102.7	108.2	113	87.7	100
1890	112.3	86.7	87.4	103.2	109.9	118.1	86.2	98.4
1891	108.7	85.5	86.5	101.9	109.5	117.1	84.5	96.4
1892	104.4	85.3	82.6	99.4	107.4	112.5	81.2	94.8
1893	100.4	85.3	82.6	95.2	104.1	106.5	78.3	89.9
1894	97.2	85.3	78.7	92.3	101.3	102.8	74.7	87.9
1895	94.9	83.9	80.9	89.3	98.4	100.5	73.5	83.9
1896	94.5	80.7	90.5	88.5	96.8	101.9	73.9	83.1
1897	95.6	79.2	104.3	89.4	96.8	105.1	77.1	83.1
1898	98	80.2	107	92.3	98	110.2	81.8	86.3
1899	106.8	89.1	121.3	97.9	105	116.7	84.4	91.6
1900	109.9	96.1	129.3	101.2	109.5	118.5	84.8	95.9
1901	110.8	98	131.8	103.2	111.1	117.6	83.9	100
1902	105.3	94	128.5	102.4	107.4	113.9	83.6	102
1903	104.7	92.5	131.6	103.1	106.2	113.4	84.8	104.4
1904	105.5	93.7	130.4	104.2	106.6	115.7	87.1	105.2
1905	108.7	97.8	120.3	106.6	109.1	120.4	91.5	106.4
1906	112.5	103.4	119	110.1	112.8	127.3	92.4	109.6
1907	113.4	107.6	119.6	111.6	115.2	129.2	91.5	111.2
1908	110.5	106.5	115.9	114.4	114	128.7	91.2	114.8
1909	110	106.2	133.3	116.4	112.8	126.9	94.8	118.1
1910	112.8	107.8	141.2	118.8	113.6	128.7	99.8	119.2
1911	120	112.8	146.2	120.6	116.4	133.8	102.1	120
1912	124.3	118.2	134	121.7	119.3	137	103.6	119.6

数据来源：阿根廷的数据来自费雷思（2005）；巴西的数据来自巴西国家地理与统计局（IBGE）；智利的数据来自帕尔马（1979）；委内瑞拉、英国、德国、法国和美国的数据来自巴普蒂斯塔（2006）。

A.2.3 中共列出了 12 个国家的出口价格指数，除了墨西哥是从 1870 年开始计算以外，其他国家都从 1850 年开始。以萨尔瓦多为例，指数仅以咖啡和靛蓝为基础进行估算。

表 A.2.4 列出了净易货贸易条件，即出口价格除以进口价格，它可以为 12 个国家提供所有年份的进出口价格指数。因此，墨西哥的统计开始于 1870 年。[1]

出口量

一些国家提供了足够的信息，以计算 1850 年至 1912 年间的出口量指数。这些数据为三年平均值（若无特殊说明，则以 1850 年为基准值 100）。表 A.2.5 显示了与表 A.2.3 和表 A.2.4 相同的 12 个国家的出口结果。就出口价格而言，萨尔瓦多的出口量只包括靛蓝和咖啡的，墨西哥的统计从 1870 年开始。

---

[1] 墨西哥 1850 年的值可以看作 105（以 1870 年为基准值 100）。参见普拉多·德·拉·艾斯克苏拉（2009），使用理查德·萨尔乌奇未发表的数据。

表 A.2.3　1850—1912 年出口价格指数（1850 年＝100）（三年平均值）

年份	阿根廷	巴西	智利	哥伦比亚	古巴	多米尼加共和国	萨尔瓦多	海地	墨西哥	秘鲁	波多黎各	委内瑞拉
1850	100	100	100	100	100	100	100	100		100	100	100
1851	102.7	102.3	103.1				108.5	98.3		109.2		94.8
1852	125.8	102.4	108.7				113.4	102.1		99.5		97.7
1853	138.7	108.8	118.8				112	105		91.4		97.8
1854	150.3	110.7	130.1				117.6	113		80.4		99.5
1855	151.2	120.1	138.3				124	118.5		90.8		100.7
1856	167.1	127.7	142.4	105			139.5	120.9		97.3		104.7
1857	175.1	138	136.7				151.4	121.9		119.7		108.5
1858	178.2	137.1	130.9				152.9	119		138.4		112
1859	171	139.1	125.5				153.1	118		221.3		113.5
1860	169.6	140	125.9		125.3	125.9	155.4	118.9		297	99.9	112
1861	159.3	147.4	127.3				162.7	123.5		321.7		107.7
1862	164	150.5	126.6				155.4	142.6		346.8		103.7
1863	159.8	165.5	128				147.7	151.8		330.5		113.3
1864	154.6	170.5	125.1				142.1	159.3		302		117.3
1865	140.7	167	123.4				148.1	143		244.7		116.8
1866	137.6	146.4	121.6				151	130.1		206.6		104.9
1867	138.7	134.5	119.8				158	108.1		192.8		100.8
1868	136.4	119.1	116.3	100			161.6	102.9		186.1		102.9

471

续表

年份	阿根廷	巴西	智利	哥伦比亚	古巴	多米尼加共和国	萨尔瓦多	海地	墨西哥	秘鲁	波多黎各	委内瑞拉
1869	135	116.1	111.4				161.8	100		160.3		110.9
1870	140.1	111.3	110.2	99	107.3	129.2	149.9	101.3	100	145.5	85.1	125.9
1871	154.4	114.9	114.3				140.3	117.5	99.7	139.9		150.2
1872	165.7	127.2	116.9	98.8			148.6	155.5	99	151.5		160.3
1873	171	145.1	117.8				175.2	176.3	97.5	134.1		165.9
1874	168.8	156.3	114.2				197.5	183	95.5	125.2		164.1
1875	161	157.7	110.2				201.3	170.4	91.7	110.6		155.1
1876	161.5	150.7	107.6				194.6	165.9	89.7	120.4		159.7
1877	152.2	144.1	102.4	107.6			183.5	148.2	87.4	117.2		152.7
1878	155.4	129.8	96.5				174.5	157.8	86.7	123.4		152.6
1879	152	134.1	91.8				195.3	162.9	85.4	128.7		128.9
1880	157.1	135.8	91.3	110.1	140	114.1	211	156.5	83.4	155.3	104.6	116.1
1881	159.9	132.9	93.9				211.5	130.7	81.4	164.9		112.9
1882	158.8	108	95.6				166.1	118.3	76.4	144.5		117.5
1883	156.2	95.8	98.1				143.1	113.4	75.6	133.7		119.9
1884	151.6	89.9	91.6				134.1	112.1	74.8	123.5		118.9
1885	140.9	89.5	84.9				137.4	114.5	75.5	115.9		123.8
1886	141.5	90.3	78.2				142.9	127.1	74.1	105.4		131.4
1887	148.6	106.9	78.8				168.5	152.8	71.4	101.3		139.4
1888	172.5	127.9	78.7				198.4	166.1	71.4	109.9		147.3

472

年份												
1889	170.6	142.4	77.9		119.4	89.2	225.9	165.9	70.9	120		156.8
1890	164.9	140.2	77.4	97			232.1	163.5	73.3	122	102.7	166.1
1891	152	134.9	76.3				232.1	170.6	70.9	125.2		166.9
1892	141.9	141.4	76.6				246.6	176.6	67.9	114.7		158.7
1893	125.2	146.2	77.3				254	179.2	60.4	99.7		154.5
1894	105.1	148.4	78.6				259.9	163.4	56.1	82.6		152.9
1895	101.8	134	77				236.6	140.2	52.8	87.4		148.8
1896	109.4	113.7	75					109.3	50.9	103.3		136
1897	118.5	96.6	72.1					82.9	48.7	117.6		123.4
1898	128.6	86.9	72.2					84.8	47.4	117.8		106.4
1899	135.8	94.5	74.5	96.3				87.3	49.3	133.5		101
1900	143.1	97.8	82.8		122.3	77		89.2	50.9	138.7	100.9	93.7
1901	150.2	96.8	87.4		119.5	72.8		82.3	50.7	138.8	99.7	94.4
1902	147.9	90.1	91.5		124.1	70.4		88.2	49.2	125.2	97.7	87.6
1903	148.3	96.3	92.3		128.7	68.2		94.5	49.3	115.3	97.4	83.3
1904	151.5	106.7	97.8		149.4	71.8		101	50.9	126.1	112.2	85.1
1905	163.1	115.9	108.9		159	69.4		98.3	53.7	133.5	120.9	95.8
1906	172.3	116.2	117.5		165.2	70.9		97.5	56	135.6	128.2	101.7
1907	174.2	112	118.2		160.5	72.9		96.6	54.4	122.3	123.2	102.7
1908	182.3	114.5	111.4	76.2	165.2	76.2		104	51.5	118.4	126.7	96.8
1909	191.3	131.4	105.7	77.2	174.6	75.8		130.7	49.3	119.2	131	99.6

续表

年份	阿根廷	巴西	智利	哥伦比亚	古巴	多米尼加共和国	萨尔瓦多	海地	墨西哥	秘鲁	波多黎各	委内瑞拉
1910	198.9	151.3	108.8	100.6	179.8	73		155.8	50	124.8	135.2	114
1911	197.9	166.6	114.1	108.5	191.7	77.9		156.8	52	131.4	141.9	129.7
1912	196.5	158.5	118.7	106.5	184.7	77.8	242.4	142.4	52.4	133.8	142.4	133.7

数据来源：阿根廷的数据来自曹雷思(2005)；巴西的数据来自巴西地理统计局(1987)；智利的数据来自帕尔马(1979)；哥伦比亚的数据来自奥坎波(2010)和维拉波(2007)，埃斯格拉(2007)；古巴，多米尼加共和国、海地和波多黎各的数据来自布尔默-托马斯(2012)和哥伦比亚大学出版社网站；萨尔瓦多只使用了咖啡蓝价格，数据来自林多-富恩特斯(1990)，米切尔(2007)和泛美国家联盟(1952)，汇率的数据来源于贝蒂(2000)，1870—1880年的银价来源于秘鲁(1925)；墨西哥1880年以来的数据来自巴蒂斯塔(2006)。

473

表 A.2.4　1850—1912 年净易货贸易条件（1850 年＝100）（三年平均值）

年份	阿根廷	巴西	智利	哥伦比亚	古巴	多米尼加共和国	萨尔瓦多	海地	墨西哥	秘鲁	波多黎各	委内瑞拉
1850	100	100	100	100	100		100	100	100	100	100	100
1851	101.9	103.3	107.6				99.3	88.3		100.1		87.4
1852	118.9	103.3	108.7				92.7	80.9		81.8		81.2
1853	114.3	110.8	98.5				83.5	75.8		68.6		74.1
1854	111.3	114.9	96				81.3	75.5		56.2		70.3
1855	107.2	128	105.4				83.6	77.6		61.9		69.5
1856	124.5	132.7	110.3	72.6			93.8	78.5		66.4		72.1
1857	143.5	138.8	102.4				105.9	82.1		85.2		77.9
1858	154.7	134.3	108.5				110.6	82.3		101.8		83
1859	152.1	138.2	100				113.2	83.7		165.9		85.9
1860	147.7	139.9	99.5		87.8		113.1	82.7		219.2	67	83.6
1861	138.1	141.5	103.7			88.1	116.2	84.1		233.5		78.8
1862	126.8	129.5	94.8				109.4	94.9		249.1		104.4
1863	112.6	123.8	93				101	96.6		232.7		105.2
1864	101.9	118.8	92.9				96.2	99.5		211.8		104
1865	95.5	113.7	97.2				100	88.6		171.8		74.8
1866	91.6	106.3	95.8				102.8	82.2		145.8		68.4
1867	92.3	105.6	97.6				107.9	69.2		136.3		66.6
1868	92.1	101.9	96.5	67.2			111.4	66.9		132.4		69
1869	95.9	100.3	103.7				113.5	66.2		115.6		75.8

474

年份	阿根廷	巴西	智利	哥伦比亚	古巴	多米尼加共和国	萨尔瓦多	海地	墨西哥	秘鲁	波多黎各	委内瑞拉
1870	101.8	96.3	93.9	68.8	73.2	89.7	105.5	67.9	100	104.8	57.1	86.9
1871	108.9	96.7	97.4				95.2	76.8	97.1	96.6		101.2
1872	111.7	105.1	89.9				96	97.7	92.6	100.2		104.6
1873	113.5	116.8	87.5	63.8			111	108.6	89.8	87.4		107.3
1874	115.4	128.6	90				129.5	116.3	90.8	84.4		109.8
1875	116.6	138.1	92.4				140.8	115.5	92.8	79.2		110
1876	120.9	140.6	98.2				144.6	119.3	96.1	91.3		119.8
1877	115.4	143.9	96.9	86			144.1	112.8	99	93.8		121.5
1878	120.2	137.9	94.8				143.9	125.9	102.9	103.4		127.7
1879	118.8	144.8	96.6				164.1	132.9	103.4	109.4		109.9
1880	125.2	149.2	92.2	94.1	116.4	96.1	178.5	129.3	102.1	133.3	85.2	99
1881	126.9	143.9	98.7				178	107	99	141.4		94.8
1882	128.6	120.4	98.6				143.2	98.8	95	127.3		100.5
1883	128.7	108.7	105.2				126.5	96.8	96.2	121.1		105.4
1884	130.9	106.4	101.4				123.3	99.8	99.4	116.3		109.9
1885	128.3	110.5	98.1				131.4	106.2	104.5	113.4		120
1886	133.6	113.7	94.6				140.2	121.4	105.4	105.6		130.7
1887	139.8	133.7	95.4				166.2	147.5	102.2	101.7		139
1888	157	154.1	95.2				192.1	159.1	101	108		145.3
1889	150.9	167.3	93.3				212.3	156	98.3	114.5		152.7
1890	146.8	161.7	88.6	91.9	110.3	84.5	213.9	151.8	100.4	114.2	92.8	160.9

年份												
1891	139.8	157.8	88.2				215.7	159.5	97.8	118.3		163.8
1892	136	165.8	92.7				235.8	168.6	96	111.8		159.6
1893	124.7	171.4	93.5				253	177.4	88.6	101.3		162.3
1894	108.2	173.9	99.9				267.4	166.4	84.9	86.9		165.7
1895	107.3	159.7	95.2				249.8	146.9	82.2	94.3		166.6
1896	115.8	140.9	82.9					116	80	111.4		153.6
1897	124	122	69.1					87.5	75.7	124.4		138.1
1898	131.2	108.4	67.5	100.3				87.8	71.8	120.3		115.3
1899	127.1	106.1	61.4					84.7	70.3	128.7		103.2
1900	130.3	101.8	64		113.5	73.4		83.3	70.1	130.5	91.4	92.6
1901	135.6	98.8	66.3		109.7	68.7		75.8	69.2	130.2	89.2	91.5
1902	140.5	95.9	71.2		117	68.3		83.5	68.7	120.3	90.4	85.5
1903	141.7	104.1	70.1		122.2	66.5		89.9	69.1	111.1	91.1	80.7
1904	143.6	113.9	75		140.7	69.4		95.4	70.7	119.8	104.4	81.7
1905	150.1	118.6	90.5		145.8	65.1		90.6	72.6	122.5	109.7	89.9
1906	153.1	112.4	98.7		146	64.5		86.9	73.2	119.9	112.1	92.3
1907	153.6	104.1	98.8		139.6	65.3		84.5	70	106.8	105.6	92
1908	165	107.5	96.1	66.8	144.4	68.8		91.6	66.6	103.8	109.7	84.6
1909	173.9	123.8	79.3	67.5	153.4	68.6		115.4	63.8	104.6	114.7	85.6
1910	176.3	140.4	77.1	86.5	156.2	64.9		136.2	63.9	107.5	117.4	96
1911	164.9	147.7	78	90.9	162.3	67.6		133.9	64.8	110	120.1	107.6
1912	158.1	134.1	88.6	87.8	153	66.1	197.2	119.1	63.9	109.7	117.6	109.9

资料来源：参见表 A.2.3。

477

表 A.2.5　1850—1912 年出口总量指数（1850 年＝100）（三年平均值）

年份	阿根廷	巴西	智利	哥伦比亚	古巴	多米尼加共和国	萨尔瓦多	海地	墨西哥	秘鲁	波多黎各	委内瑞拉
1850	100	100	100	100	100	100	100	100	100	100	100	100
1851	86.3	108	107.3				91.2	113.5		93.2		109.7
1852	69.8	120.5	102.4				93.9	118.1		106.8		115.4
1853	62.2	118.3	99.2				83.5	116		123.1		117.1
1854	57.1	127.2	100.3				65.7	108.5		152.4		120.4
1855	68.2	127.2	106.2				61.2	103.4		151		124.1
1856	75.9	135.6	114.3	154.1			61.5	116.4		163.3		120.2
1857	80.6	126	117.1				66.6	127.2		153.7		117.1
1858	86.3	129.2	125.4				73.1	128.4		149		119
1859	93.1	122.8	140.6				78	126.2		135.4		119
1860	100.4	131.1	144.1		111.4	145.1	89	121.8		132	106.5	117.3
1861	107.1	129.2	148				95.1	134.3		153.7		110.9
1862	109.8	131.7	136.5				104.6	144.7		153.7		105.3
1863	126.7	125.3	149.2				94.9	146.9		161.9		101
1864	154.2	130.1	161.9				83.5	135.7		165.3		103.7
1865	174.8	143.3	183.3				82.1	123.9		174.8		117.6
1866	203.8	165.7	197.2				99.1	116.4		188.4		118.3
1867	210.6	185.9	210				116.2	122.8		185.7		103.2
1868	227.7	200.6	218.2	187.8			134.5	104.8		186.4		92.3
1869	223.1	203.8	216.2				152.2	111.6		209.5		104.4

年												
1870	128	134.2	234.7	100	106.6	170.6	208.4	197.8	222.6	224.9	204.2	210
1871	139.9		240.1	97.8	111.1	187.3				240.2	218.3	218
1872	145.7		221.4	95.3	123.8	178				261	225.3	236.2
1873	154.5		242.9	92.9	131.3	166.6			257.3	268	218.6	264.7
1874	165.5		253.1	90.9	156.2	132.2				264.8	210.9	277.2
1875	174		273.5	90	162.4	130.8				260.9	204.2	293.7
1876	172.5		263.3	90.4	162.6	129				244.8	213.1	293.7
1877	161.5		283	91.9	158.5	139.5			238.5	239.2	211.9	280
1878	148.1		241.5	94.5	142.1	145.4				250.5	230.1	276
1879	152.1		170.7	97.4	149.6	130				283.6	221.8	309
1880	178.7	171.1	93.2	104.1	164.3	138.3	247.6	170.1	315.6	327.1	226.9	343.2
1881	217.6		68.7	105.4	170.2	143.1				389.5	232.1	360.3
1882	240.4		70.7	116.6	163.7	189.5				452	274.4	366.5
1883	239.2		78.9	128.1	136.5	209.4				462.3	295.5	394.4
1884	233.2		85	150.1	156.4	208.7				458.2	314.7	457.6
1885	229.8		94.6	172.3	165.4	188.7				445.1	302.2	514.5
1886	232.9		93.2	193	167.1	174.8				483.6	305.1	548.1
1887	231.6		100.7	218.2	172.6	178.7				544.1	274.7	556.1
1888	228.8		100.7	245.2	164.7	174.5				588.1	280.8	523.6
1889	230.7		102	274.3	188.9	172.6				619	269.6	567.4
1890	230.5	170.5	98.6	290.3	164.1	166.5	623.4	178.4	319.4	601.1	239.6	595.9
1891	221.7		104.1	323.4	173.2	174.1				605.2	315.1	680.7
1892	218.9		115.6	381.3	163.8	162.2				614.8	321.5	720

478

年份	阿根廷	巴西	智利	哥伦比亚	古巴	多米尼加共和国	萨尔瓦多	海地	墨西哥	秘鲁	波多黎各	委内瑞拉
1893	824.1	323.1	628.6				146.6	163.9	422.4	119		221.8
1894	990.9	323.7	644.4				143.7	168.1	415.8	115		231.7
1895	1085.4	344.2	660.9				159.8	149.7	412.7	116.3		238.7
1896	1023.9	389.7	654					157.6	454.4	135.4		236.3
1897	972.1	418.3	705.6					151.6	522.8	159.9		240.1
1898	1055.8	441.7	715.9	505.4				162.6	560	180.3		258.3
1899	1142.9	443.9	739.9					165.5	588.5	191.8		281.4
1900	1178.1	511.9	672.6		99.9	1617.4		159.9	624.9	200.8	124.8	290.2
1901	1117.2	580.1	663.6		108.1	1590.1		163	694.7	210.7	140.4	262.7
1902	1284	634.3	668.5		121.6	1531.3		149.3	744.1	221.7	174.9	247.8
1903	1482.1	592.9	715.9		131.2	1577.1		171.7	790.6	237.2	203.1	264.8
1904	1733.1	571.8	764.6		135.8	1605.4		159.1	793.6	255.3	206.3	294
1905	1763.8	592.6	771.5	385.5	139.9	1742.7		162.9	854.8	274.3	223	302.6
1906	1719.4	657.1	774.2	471.2	141.9	1757.9		144.8	892.6	297.7	252	283
1907	1780.3	677.2	823	299.8	138.9	1906.1		156.6	943.7	323.4	303.8	274.6
1908	1886.2	706.4	902.1	599.7	143.7	1945.3		143.2	967.9	347.2	322.6	278.3
1909	1970.4	659	996.2	642.5	154.7	2204.5		154.4	1021.5	371.1	351.9	289.6
1910	1845.2	651.9	988.6	599.7	162.6	2409.3		146.9	1099.6	391.8	373.3	295.1
1911	2022.8	615.7	1016.8	685.4	170.4	2585.6		178.8	1133.8	425.4	419.6	300.4
1912	2247	657.7	1039.4	985.2	183.2	2557.3	303.9	164.1	1186.3	450.6	457.6	326.1

资料来源：参见表 A.2.3。

479

附录三　1914 年以前主要拉美国家的人口、出口、公共税收和国内生产总值

在 20 世纪 80 年代以前,很少有拉美国家对 19 世纪国内生产总值进行估算。塞尔索·富尔塔多关于该地区的经典经济史中没有第一次世界大战前的人均国内生产总值的数据。[①] 那些冒险给出数据的作者通常承认,这些数据不过是有根据的猜测。[②] 虽然对美国和其他国家经济史的定量研究迅速增加,但研究拉丁美洲的学者们在拉美国家独立后的第一个世纪中,不得不严重依赖定性指标来研究该地区的发展。

这种状况在 1981 年开始改变,当时保罗·贝罗赫发表了一篇文章,给出了非常精确的数字,但没有提供 1800 年世界不同地区人均国内生产总值的数据来源或计算方法的细节。这些表明,当与"北美",也就是美国和加拿大相比时,在"第三世界的美洲",也就是拉丁美洲,人均国内生产总值稍有提高。[③] 因为到 20 世纪早期,拉丁美洲的人均国内生产总值远低于美国,所以人们普遍认为,独立后的拉丁美洲一定是落后了。这就产生了大量关于为什么会发生这种情况的文献,其中很多都强调了制度质量的重要性。[④]

虽然后来的研究对这些发现进行了改进和完善,但并没有从本质上逆转这些发现。比如安格斯·麦迪逊在 20 世纪 80 年代和 90 年代发表了对少数

---

① 参见富尔塔多(1976)。甚至他的权威著作《巴西经济史》(富尔塔多,1963)也没有包含任何估算。

② 例如,参见麦格瑞维(1971)、兰德尔(1977)和科茨沃斯(1993)的参考资料。

③ 参见贝罗赫和列维·勒博耶(1981),表 1.6 和表 1.7。

④ 例如,参见罗宾逊(2008)、威廉姆森(2011)、波特斯和史密斯(2012),还有贝尔托拉和奥坎波(2012)。

拉丁美洲国家在不同年份的估算结果。① 约翰·科茨沃斯用这些数据,连同他对墨西哥的研究和其他学者对其他国家的调查,表明1800年拉丁美洲的人均国内生产总值仍只有美国的一半到三分之二。② 由于1900年的数字要低得多,所以科茨沃斯支持了早期的假设,即拉丁美洲在独立后基本上落后了。然而,科茨沃斯的研究与贝罗赫的研究不同,他认为这种差距在殖民时期就开始扩大了。

因此,我们在理解19世纪拉丁美洲经济史方面取得了重大进展。然而,对人均国内生产总值的估算,以及与其他国家或地区的比较,仍然建立在脆弱的基础上。太多的估算是指单个年份,而不是提供年度的数据系列。其中有些过于依赖工资数据和价格比较,而这些数据是出了名的不可靠。还有一些,尤其是安格斯·麦迪逊的那些,包含了英雄主义的假设,而这些假设并没有被近来的学术研究证明是正确的。③ 最近人们热衷于解释拉丁美洲什么时候以及为什么落后,但这需要建立在更坚固的基础上。

本附录三旨在通过考察目前对八个最大拉美国家(阿根廷、巴西、智利、哥伦比亚、古巴、墨西哥、秘鲁和委内瑞拉)的估算,加上对美国的估算,来达到这一目的。④ 这八个国家在任何时候的任何方面,例如人口和对外贸易,都占拉丁美洲的80%以上。当这些估算被认为不足够可靠或者不可靠时,我提供了自己的估算。方法是使用一些与人均国内生产总值高度相关的变量来填补缺失年份的国内生产总值估计值的缺漏,这些变量包括人均出口、人均进口、人均公共收入和人均公共支出。本附录最后的表格提供了每个国家从1820年到1913年的人口(表A.3.1)、人均现行美元出口额(表A.3.2)、人均现

---

① 例如,参见麦迪逊(1989)和麦迪逊(1994)。麦迪逊的估算后来以数字形式汇总,便于研究人员查阅。此后,对本网站的引用将仅以"麦迪逊"的研究结果和数据为来源。

② 参见科茨沃斯(1993)和科茨沃斯(1998)。在后面,表1.1显示,1800年拉丁美洲未加权平均占美国人均国内生产总值的66%和加权(按人口)平均的51%。

③ 这不仅适用于麦迪逊对拉丁美洲的估算,也适用于他对世界其他地区的估算。

④ 我还包括了乌拉圭的人口、人均出口和人均收入,但是乌拉圭不包含在拉美八国中。

行美元公共收入(表 A.3.3)、人均国内生产总值(用不变美元或现行美元视国家而定)(表 A.3.4)和与美国人均国内生产总值的比率(表 A.3.5)的数据。乌拉圭的数据包括在表 A.3.1—A.3.3,但是却没有列入拉美八国任何一个的平均值内。

下面是对每个国家数据的分析,首先是对现有的国内生产总值数据的评估。[①] 接下来是对用来估算国内生产总值的任何数据的描述,其中包括汇率,还有应用回归分析法得到的经济计量结果。从 1820 年开始,所有结果都以美元表示,但有些时候用现行价格而有些时候却用不变价格。这意味着这些数据不能简单地相加,但对每个国家来说,人均国内生产总值数据可以表示为与美国人均国内生产总值的比值 GDP。然后,可以利用每个国家在拉美八国人口中所占的份额,将这些比率合并成整个拉丁美洲的加权平均数。

当以不变价格表示时,这意味着将拉丁美洲国家的国内生产总值数据转换为与美国相同年份的数据(例如 1990 年)。而使用现行价格表示时,有必要使用美国人均国内生产总值的调整数据,因为美国内战(1861—1865)及其后果导致了 19 世纪 60 年代(美元)的高通胀率。在这几年里,美国放弃了金本位制,并且美元兑换英镑的汇率急剧下降。因此,我将美国国内生产总值数据按市场汇率折算为英镑,然后按黄金平价折算成美元。如果不进行这种调整,就意味着拉丁美洲在 20 世纪 60 年代大大落后于美国,因为相关的拉丁美洲数据通常用英镑或黄金比索表示,而一般情况恰恰相反。按现行美元计算调整后的美国人均国内生产总值如表 A.3.4 所示。[②]

---

① 感兴趣的读者可以和贝尔托拉和科茨沃斯(2012)研究的 9 个拉美国家(拉美八大国加上乌拉圭)自 1870 年以来按不变价格计算的一系列数据比较,表 A.1 和 A.2。

② 按现行价格和不变价格计算的美国数据系列源自卡特(2006)第 3 卷。现行美元系列已按即期汇率转换成了英镑(见卡特,2006),然后再按官方汇率换成美元。只有在 20 世纪 60 年代,这一点才会产生重大影响。国内生产总值只有 1840 年以前的十年数据,而国民生产总值只有年度数据。因此,我把 1821—1829 年至 1831—1839 年之间的数据填补如下:国民生产总值和国内生产总值的比率是用 1820、1830 和 1840 年的数值计算的。这个空白是用插值法填补的,然后用这个比率来估算缺失的年份。

表 A.3.1　1820—1913 年美国和拉丁美洲的人口(单位：千人)

年份	美国	阿根廷	巴西	智利	哥伦比亚	古巴	墨西哥	秘鲁	乌拉圭	委内瑞拉	拉美八国[a]
1820	9618	713	4655	885	1128	652	6204	1458	58	767	16463
1821	9899	724	4653	900	1146	659	6363	1466	60	778	16689
1822	10189	734	4651	915	1165	667	6527	1475	61	788	16922
1823	10488	745	4730	930	1183	674	6695	1483	63	799	17240
1824	10795	755	4812	946	1202	682	6867	1491	65	810	17566
1825	11115	766	4894	962	1222	689	7043	1500	67	822	17898
1826	11449	777	4977	978	1241	697	7224	1508	68	833	18235
1827	11797	787	5062	995	1261	704	7410	1517	70	844	18581
1828	12158	798	5148	1011	1282	714	7600	1535	72	856	18944
1829	12525	809	5252	1028	1302	723	7796	1554	74	868	19322
1830	12901	820	5343	1045	1323	732	7996	1573	81	880	19713
1831	13277	831	5425	1063	1345	742	7909	1592	89	895	19802
1832	13676	843	5508	1081	1366	751	7824	1611	97	910	19893
1833	14086	854	5592	1099	1388	761	7739	1630	107	924	19987
1834	14504	866	5677	1117	1411	771	7655	1650	117	938	20084
1835	14917	877	5763	1135	1434	781	7572	1670	128	952	20184
1836	15340	889	5852	1154	1457	791	7490	1690	131	966	20289
1837	15790	902	5941	1173	1481	801	7409	1711	133	979	20396
1838	16224	914	6032	1192	1506	811	7328	1732	135	992	20507
1839	16656	926	6124	1212	1531	822	7249	1753	138	1005	20621
1840	17120	944	6218	1231	1556	832	7170	1774	140	1018	20743
1841	17612	962	6313	1251	1582	843	7092	1795	139	1030	20869
1842	18124	980	6400	1272	1608	854	7016	1817	139	1043	20989
1843	18641	999	6507	1292	1635	865	7074	1839	138	1055	21265
1844	19157	1018	6606	1313	1662	876	7134	1862	137	1067	21537
1845	19708	1037	6707	1334	1689	887	7193	1884	137	1079	21811
1846	20313	1057	6809	1355	1717	899	7254	1907	136	1091	22089
1847	20987	1077	6912	1377	1746	922	7315	1930	135	1102	22381
1848	21706	1097	7018	1399	1775	946	7376	1953	135	1114	22678
1849	22464	1118	7125	1421	1805	971	7438	1977	134	1126	22980
1850	23261	1139	7234	1443	1835	997	7500	2001	133	1137	23286
1851	24095	1161	7344	1465	1865	1023	7581	2036	133	1149	23623
1852	24999	1183	7456	1487	1897	1050	7662	2071	132	1160	23966

年份	美国	阿根廷	巴西	智利	哥伦比亚	古巴	墨西哥	秘鲁	乌拉圭	委内瑞拉	拉美八国[a]
1853	25911	1205	7570	1510	1930	1077	7757	2108	141	1172	24329
1854	26856	1228	7686	1533	1963	1105	7853	2144	152	1183	24696
1855	27727	1252	7803	1556	1996	1134	7856	2182	162	1195	24975
1856	28497	1275	7923	1580	2031	1164	7860	2220	174	1206	25259
1857	29298	1300	8044	1604	2066	1194	8248	2258	186	1218	25931
1858	30068	1337	8167	1628	2101	1226	8277	2298	200	1229	26263
1859	30780	13763	8291	1653	2137	1258	8307	2338	214	1241	26600
1860	31531	1416	8418	1678	2174	1291	8337	2378	229	1253	26943
1861	32215	1457	8547	1703	2211	1325	8367	2420	243	1265	27293
1862	32889	1499	8678	1728	2249	1359	8397	2462	256	1277	27648
1863	33607	1542	8810	1754	2287	1364	8455	2478	271	1289	27979
1864	34376	1587	8945	1780	2327	1369	8513	2494	286	1310	28316
1865	35182	1633	9082	1806	2364	1374	8572	2511	302	1314	28656
1866	36052	1680	9221	1833	2402	1379	8632	2527	320	1326	29000
1867	36970	1729	9362	1860	2441	1384	8692	2544	338	1339	29350
1868	37885	1779	9505	1887	2480	1389	8752	2561	357	1352	29705
1869	38870	1830	9650	1915	2520	1394	8813	2578	377	1365	30065
1870	39905	1887	9797	1943	2560	1399	8921	2595	399	1379	30481
1871	41010	1945	9980	1974	2605	1404	9031	2612	409	1393	30943
1872	42066	2006	10167	2004	2651	1409	9142	2629	419	1407	31414
1873	43225	2068	10358	2036	2698	1414	9146	2646	430	1421	31787
1874	44429	2132	10552	2068	2745	1419	9151	2664	441	1435	32166
1875	45492	2198	10749	2101	2793	1424	9156	2681	452	1450	32552
1876	46459	2266	10951	2134	2842	1430	9160	2699	464	1466	32947
1877	47400	2336	11156	2167	2892	1435	9165	2711	476	1481	33343
1878	48319	2408	11365	2201	2943	1451	9170	2723	488	1497	33758
1879	49264	2483	11578	2236	2994	1468	9371	2735	501	1513	34378
1880	50262	2560	11794	2271	3047	1485	9577	2747	513	1530	35010
1881	51466	2639	12015	2307	3100	1502	9787	2759	531	1547	35656
1882	52893	2721	12240	2343	3155	1519	10002	2771	550	1564	36315
1883	54435	2805	12470	2380	3210	1537	10286	2784	569	1582	37054
1884	55826	2892	12703	2417	3267	1555	10579	2796	589	1601	37808
1885	57128	2982	12941	2455	3324	1573	10879	2808	610	1619	38580

484

续表

年份	美国	阿根廷	巴西	智利	哥伦比亚	古巴	墨西哥	秘鲁	乌拉圭	委内瑞拉	拉美八国[a]
1886	58258	3074	13183	2493	3382	1591	10895	2821	631	1638	39077
1887	59357	3169	13430	2532	3442	1609	10911	2833	653	1658	39583
1888	60614	3267	13682	2571	3502	1606	10926	2846	676	1678	40079
1889	61893	3368	13938	2611	3564	1603	10942	2858	700	1699	40583
1890	63056	3473	14199	2651	3627	1600	10957	2871	724	1720	41098
1891	64432	3580	14539	2684	3691	1597	10973	2883	741	1742	41690
1892	65920	3691	14886	2717	3756	1594	10989	2896	759	1764	42293
1893	67470	3806	15242	2750	3823	1591	11004	2909	778	1787	42911
1894	68910	3923	15607	2783	3890	1588	11790	2922	796	1811	44314
1895	70076	4045	15980	2815	3959	1585	12632	2935	816	1835	45786
1896	71188	4171	16362	2847	4029	1582	12822	2948	835	1859	46619
1897	72441	4295	16753	2879	4100	1579	13014	2961	855	1885	47465
1898	73600	4424	17154	2911	4172	1576	13209	2974	876	1911	48330
1899	74793	4556	17564	2943	4249	1573	13406	2987	897	1937	49215
1900	76094	4693	17984	2974	4326	1630	13607	3000	919	1964	50179
1901	77584	4826	18392	3011	4406	1716	13755	3100	934	1992	51198
1902	79163	4962	18782	3048	4486	1775	13905	3200	949	2021	52179
1903	80632	5103	19180	3086	4569	1837	14056	3300	965	2050	53181
1904	82166	5248	19587	3124	4652	1879	14208	3400	981	2080	54179
1905	83822	5396	20003	3163	4738	1927	14363	3500	997	2111	55201
1906	85450	5647	20427	3202	4829	1979	14519	3600	1014	2143	56345
1907	87008	5909	20860	3242	4922	2034	14677	3700	1030	2175	57518
1908	88710	6183	21303	3282	5017	2092	14836	3800	1043	2208	58721
1909	90490	6470	21754	3323	5114	2154	14997	3900	1062	2242	59954
1910	92407	6770	22216	3364	5212	2219	15160	4000	1081	2277	61218
1911	93863	7041	22687	3406	5313	2287	15083	4100	1112	2312	62229
1912	95335	7322	23168	3448	5415	2358	15007	4190	1144	2348	63257
1913	97225	7615	23660	3491	5521	2431	14931	4270	1177	2386	64304

[a] 拉美八国不包括乌拉圭。

表 A.3.2　1820—1913 年美国和拉丁美洲的人均出口（按现行美元计算）　*485*

年份	美国[a]	阿根廷	巴西	智利	哥伦比亚	古巴	墨西哥	秘鲁	乌拉圭	委内瑞拉	拉美八国[b]
1820	7.3	3.3	4.4	3.3	2.4	19.5	1.8	3.4	15	2.5	3.6
1821	6.6	3.3	4.5	3.3	2.3	19.7	1	4	15	2.4	3.3
1822	7.1	4.8	4.2	3.2	2.3	19.9	0.6	2.2	15	2.3	3
1823	7.2	4.9	4.4	3.2	2.2	20.1	0.4	2.3	15	2.3	3
1824	7	5	3.9	3.2	2.2	20.4	0.6	2.5	15	2.2	2.9
1825	9	5	4.5	3.6	2.2	20.6	0.8	2.7	15	2.1	3.2
1826	6.8	2.6	3.2	3.7	2.1	20.8	1.3	3	15	2	3
1827	7	0.3	3.5	3.7	2.1	21.1	2.6	3	15	2	3.5
1828	5.9	1.5	3.9	3.7	2	21.3	2	3	15	1.9	3.4
1829	5.7	5.1	3.1	3.8	2	21.5	2	3.1	15	1.8	3.3
1830	5.7	5	3	3.8	2	21.7	2	3.1	20.4	1.8	3.3
1831	6.1	5	3	4	1.9	22.4	2.1	3.1	15	1.9	3.4
1832	6.4	5	4.1	4	1.9	23.1	2.3	3.2	13.8	2.1	3.8
1833	6.4	5	4.5	4.1	1.9	23.8	2.4	3.4	15.4	2.3	4
1834	7.2	5	4.7	4.3	1.8	24.6	2.5	3.6	22.1	2.6	4.2
1835	8.2	5	5.1	4.4	1.8	25.4	2.6	3.8	17.4	2.9	4.4
1836	8.4	5.1	5.1	4.7	1.9	26.2	2.8	4	16.8	3.3	4.6
1837	7.4	5	3.9	4.9	1.7	27	2.9	4.3	16.1	3.3	4.4
1838	6.7	4.5	3.6	5	1.4	27.9	3.1	3.6	15.5	3.4	4.3
1839	7.3	3.6	4.2	5.2	2	28.8	3.2	3	14.9	3.9	4.6
1840	7.7	2.6	4.3	5.3	1.5	29.7	3.4	2.9	14.3	4.1	4.6
1841	6.8	4.6	4	5.1	1.2	30.3	3.6	2.9	13.9	4.6	4.7
1842	5.9	6.7	3.6	4.8	0.9	30.9	3.7	2.8	13.6	4.7	4.7
1843	6.1	7.6	3.5	4.6	1.8	31.5	3.9	2.7	13.3	4.1	4.8
1844	5.8	6.2	3.6	4.3	1.6	32.1	4	2.6	13	3.6	4.8
1845	5.8	5.7	3.9	4.4	1.6	32.7	4.1	2.5	12.7	3.9	4.9
1846	5.6	1.8	4.1	5.2	1.6	33.3	4.2	2.7	12.4	4.1	4.9
1847	7.7	4	4.5	5.5	1.6	33.5	4.4	3.2	12.1	3.5	5.3
1848	7.1	5.4	4.4	5.2	1.6	33.7	4.5	3.9	11.8	3.2	5.4
1849	6.6	10	4	6.7	1.6	33.9	4.6	3.9	11.5	3	5.6
1850	6.5	7.5	4.7	8.1	1.7	34.1	4.8	3.8	11.3	3.1	5.9
1851	9	8.3	5.4	7.7	1.7	35.2	4.9	3.7	14	3.5	6.2
1852	8.3	6.8	5.4	9.2	1.7	36.3	5.1	3.9	17.4	3.3	6.4

续表

年份	美国[a]	阿根廷	巴西	智利	哥伦比亚	古巴	墨西哥	秘鲁	乌拉圭	委内瑞拉	拉美八国[b]
1853	8.9	5.3	5.6	7.7	1.7	37.4	5.2	4.1	20.2	3.4	6.4
1854	10.3	8.2	6.2	8.6	1.7	38.6	5.4	4.2	23.3	3.5	6.9
1855	9.9	6.8	6.6	11.3	1.7	39.8	5.6	4.7	21.8	3.5	7.3
1856	11.4	9.4	7.4	10.6	2.6	41.1	5.8	5.4	30.5	3.7	8
1857	12.3	13.6	7.2	11.4	3.4	42.4	5.7	6.1	33.2	3.3	8.3
1858	10.8	9.2	6.6	10.3	2.6	43.7	5.6	7	22.1	3.5	7.9
1859	11.5	11.5	6.8	11	1.6	45.1	5.4	7.3	28.9	4.2	8.1
1860	12.7	13.5	7.2	13.3	1.7	46.5	5.2	14.7	34.7	3.5	9.1
1861	7.9	10.6	7.4	10.7	1.8	46.1	5.1	15.3	21.9	3.2	8.9
1862	6.1	10.7	7.4	11.7	1.8	45.7	4.9	16.3	34.3	3.2	9
1863	5.5	14.4	7.8	10.2	1.9	46.3	4.7	17.7	36.4	2.6	9.3
1864	3.7	13.6	8.3	13.8	2	46.9	4.6	15	38.5	3.1	9.4
1865	4.2	15.4	8.6	13.2	2.1	47.5	4.4	12.8	35.9	4	9.4
1866	8.5	15.4	8.5	13.7	2.8	48.1	4.3	10.9	33.5	3.9	9.3
1867	6.9	18.5	8.6	15.7	2.3	48.8	4.1	11.3	35.8	2.5	9.5
1868	7.1	16.1	8.1	14.6	3	49.4	4	9.8	33.9	2.1	9.1
1869	6.6	17.1	7.5	13.5	3.2	50.1	3.9	9.7	36.9	2.9	8.9
1870	9.8	15.5	7.7	12.8	3.2	50.8	3.7	10.1	32.1	4.3	8.9
1871	11.8	13.4	8.4	15.1	3.2	51.4	3.6	10.1	32.5	5.5	9.1
1872	11.1	22.7	9.9	17.3	3.1	52	3.4	9	37	6.2	10.2
1873	12.3	22.1	10.1	17.1	3.8	52.7	3.3	9.9	37.9	7.3	10.4
1874	13.2	20.2	9.9	16.3	3.6	53.3	3.1	9	34.5	8.5	10.2
1875	11.6	22.8	9.8	15.2	3.3	54	3	8.1	28.1	8.7	10.2
1876	11.5	20.5	9.2	14.6	4.4	54.6	2.9	8.5	29.5	7	9.8
1877	13.3	18.5	8.6	11.7	3.1	55.3	2.9	10	33.4	6	9.3
1878	15	15	8.3	11.6	3.3	55.6	2.9	9.2	35.9	5.6	8.9
1879	15	19.2	8.3	12.8	3.9	55.8	3	5.6	33.2	4.7	9.1
1880	17	22	8.5	14.1	3.9	56.1	3	3.4	38.6	5.4	9.3
1881	18.1	21.2	8.2	16.5	4.3	55.2	2.7	2.9	38	6.3	9.2
1882	15.1	21.4	7.3	21.8	5	54.4	3.2	3	40.2	7.7	9.5
1883	15.8	20.7	7.2	22.9	3.8	53.5	3.8	2.5	44.3	8.9	9.5
1884	14.5	22.7	7.5	18.4	3.4	52.7	3.9	3.1	42.1	8.4	9.4
1885	13.8	27.1	6.5	16.1	3.8	51.9	3.5	2.9	41.5	7.6	9.1

年份	美国[a]	阿根廷	巴西	智利	哥伦比亚	古巴	墨西哥	秘鲁	乌拉圭	委内瑞拉	拉美八国[b]
1886	12.9	21.9	6.6	15.8	4.1	51.1	3.4	2.8	37.7	7.6	8.7
1887	12.7	25.7	7.2	18.1	3	50.3	3.5	2.2	28.6	7.8	9.3
1888	12.2	29.6	7.7	21.9	3.6	50.2	3.8	3.2	41.4	8	10.2
1889	13.5	25.8	10	19.5	3.2	50.2	4.3	3.5	37.2	8.4	10.7
1890	14.4	28	9	19.9	4.6	50.1	4.6	3.1	40.2	9.2	10.8
1891	15.4	27.8	9.1	18.9	5.3	47.7	4.9	3	36.4	9.3	10.8
1892	16.9	29.6	10.1	18.2	2.9	45.5	5.1	4.2	34.2	8	11
1893	14.8	23.9	10.2	20.2	2.2	43.4	4.6	3.2	35.6	8.1	10.4
1894	14.8	25	9.5	19.9	2	41.4	3.9	1.8	42.1	8.4	10.2
1895	13.1	28.6	9.9	20	1.9	39.5	4	2.3	40	8.5	10.2
1896	14.8	27	8.4	20.1	2.4	37.7	4.3	3.7	36.4	8.2	9.6
1897	15.9	22.7	7.5	17.3	1.9	35.9	4.4	4.7	34.4	6.7	8.7
1898	17.7	29.2	7.1	21.1	2.1	34.3	4.7	6	34.6	6.6	9.5
1899	17.7	39.2	7.1	20.2	2.2	32.7	5.1	5.5	40.8	6.8	10.4
1900	19.7	32.5	9	20.6	2.2	30	5.4	8	32	6.1	10.6
1901	20.8	34.7	10.8	20.8	2.3	36.9	5.5	7.4	29.8	6.1	11.8
1902	18.8	35.8	9.5	22.3	2.3	36.2	5.9	6.1	35.5	3.3	11.4
1903	18.7	41.9	9.3	23.2	2.4	42.1	6.5	6.2	38.8	6.5	12.5
1904	19.4	48.7	9.8	25.4	2.4	47.4	7	6.5	39.8	5.7	13.8
1905	19.8	57.9	10.9	30.8	2.5	57.2	8.3	8.7	30.9	6.4	16.2
1906	21.6	50.2	12.6	31.4	2.9	52.5	8.9	8.5	32.9	6.4	16.3
1907	22.8	47.4	12.6	31.5	2.9	51.2	8.3	8.2	34	6.3	15.9
1908	22.4	57.3	10.1	35.5	2.8	45.2	7.9	7.6	38.7	5.9	16
1909	20	59.5	14.3	33.7	2.9	57.9	8.1	8.7	42.5	5.8	18.3
1910	20.7	55.2	13.8	35.7	3.5	68	9.1	9.4	43.2	6.9	18.6
1911	22.7	46.7	14.3	36.4	4.3	53.8	9.8	9.6	48.5	8.4	17.8
1912	24.4	65.8	15.7	40.6	5.9	73.4	9.8	11.9	54.4	9.1	21.9
1913	26.9	65.4	13.5	41.4	6.1	67.7	8.2	11.1	61	10.9	20.7

[a] 20 世纪 80 年代调整后的通货膨胀。

[b] 拉美八国不包括乌拉圭，并按人口加权。

487　表 A.3.3　1820—1913 年美国和拉丁美洲的人均公共收入（按现行美元计算）

年份	美国[a]	阿根廷	巴西	智利	哥伦比亚	古巴	墨西哥	秘鲁	乌拉圭	委内瑞拉	拉美八国[b]
1820	1.9	2.1	0.8	1.7	1.9	5.6	2	1.4	6.9	1.5	1.7
1821	1.5	3.7	0.8	1.3	1.8	6	1.7	1.4	7.1	1.5	1.7
1822	2	3.3	0.8	1.9	1.8	6.5	1.4	1.4	7.3	1.4	1.6
1823	2	2.7	0.82	1.8	1.8	7	3	1.4	7.5	1.4	2.2
1824	1.8	3.4	1.21	1.2	1.7	7.6	2.2	1.5	7.7	1.4	2
1825	2	3.4	1	1.4	1.7	8.2	2.1	1.5	7.9	1.3	1.9
1826	2.2	0.8	0.84	1.4	1.7	8.9	2.4	1.5	8.2	1.3	1.9
1827	1.9	1.1	0.96	1.4	1.7	9.6	1.9	1.5	8.4	1.3	1.8
1828	2	1.5	1.21	1.3	1.8	10.3	1.8	1.5	8.7	1.2	1.9
1829	2	2	1.24	1.4	2	11.2	1.7	1.5	8.9	1.2	1.9
1830	1.9	2	1.43	1.2	2.1	12	1.6	1.6	8.6	1.2	2
1831	2.1	1.6	1.31	1.1	2.3	12.2	1.5	1.6	8.3	1.2	1.9
1832	2.3	1.8	1.78	1.2	1.7	12.3	1.7	1.6	8.5	1.2	2.1
1833	2.4	1.9	1.93	1.3	1.8	12.5	1.8	1.7	8.7	1.3	2.2
1834	1.5	1.9	1.8	1.4	1.6	12.6	1.5	1.7	8.9	1.2	2
1835	2.4	2	1.98	1.4	1.6	12.8	1.1	1.8	9.1	1.1	2
1836	3.3	2.2	1.95	1.4	1.6	12.9	1	1.9	9.3	1.1	1.9
1837	1.6	2.3	1.78	1.7	1.4	13.1	1.2	1.9	9.6	1.2	2
1838	1.6	2.4	1.37	1.5	1.3	13.2	0.9	2	9.9	1.3	1.8
1839	1.9	1.9	1.44	1.6	1.1	13.4	0.6	2.1	13.3	1.4	1.7
1840	1.1	0.4	1.66	1.9	1	13.5	0.6	2.1	18	1.6	1.7
1841	1	1.9	1.62	1.8	0.9	13.4	1.1	2.2	19.5	1.5	1.9
1842	1.1	2	1.68	1.9	1.4	13.3	2.1	2.3	21	1.3	2.3
1843	0.4	2.2	1.67	1.9	1.8	13.2	2.1	2.4	19	1.4	2.4
1844	1.5	2.3	1.83	2.4	1.8	13.1	2.1	2.4	17.2	1.4	2.5
1845	1.5	1.9	1.94	1.9	1.8	13	2.1	2.5	15.5	1.4	2.4
1846	1.5	0.4	2.04	2.4	1.7	12.9	1.4	2.6	14	1.5	2.2
1847	1.3	0.8	2.07	2.5	1.7	12.7	1.2	2.2	12.7	1.4	2.1
1848	1.6	1.3	2.06	2.2	1.5	12.4	1.1	2.8	11.5	1.4	2.1
1849	1.4	2.4	1.93	2.6	1.5	12.2	0.9	2.8	10.4	1.8	2.1
1850	1.9	3.5	2.21	2.9	1.6	11.9	1.1	2.1	9.4	2.1	2.3
1851	2.2	3.1	2.79	2.9	1	12.2	1.1	2.7	9.7	2.2	2.5
1852	2	2.8	3	3.5	0.9	12.4	1.2	3.4	9.9	1.8	2.7

年份	美国[a]	阿根廷	巴西	智利	哥伦比亚	古巴	墨西哥	秘鲁	乌拉圭	委内瑞拉	拉美八国[b]
1853	2.4	2.5	2.67	3.6	1.1	12.7	1.6	3.3	9.5	1.6	2.7
1854	2.7	2.2	2.65	3.6	0.9	13	2.1	4.7	14.4	1.9	3
1855	2.4	2.3	2.68	3.8	1.7	13.3	1.9	4.6	12.1	2	3
1856	2.6	2.5	3.1	3.9	0.9	13.6	1.8	5.1	10.8	1.9	3.1
1857	2.4	2.9	3.43	3.8	0.9	13.9	1.5	5.7	7.4	2.1	3.2
1858	1.6	2.4	3.19	3.4	0.8	14.2	1.4	6.3	8.1	2.2	3.1
1859	1.7	3.3	2.83	3.5	0.8	14.5	1.3	7	8.7	2	3.1
1860	1.8	3.4	2.83	3.9	0.6	14.9	1.2	7.8	9.4	2	3.2
1861	1.3	3.5	3.14	3.4	0.6	15.2	1	8.7	10.2	1.9	3.3
1862	1.4	3.6	3.01	3.9	0.7	15.6	1.1	8.5	11.2	2.1	3.4
1863	2.3	4	3.12	5.2	0.8	16.3	1.2	9.3	11.5	1.6	3.6
1864	3.8	4.1	3.45	8.2	0.8	17	1.3	9.2	11.9	2.2	4
1865	6	4.7	3.45	8.5	0.9	17.8	1.5	9.5	12.3	3.1	4.2
1866	11	5.3	3.39	10.5	0.9	18.6	1.7	9.9	12.7	2.5	4.5
1867	9.6	6.5	3.55	7.8	1.4	19.5	1.9	10.2	13.2	1.8	4.6
1868	7.6	6.6	3.8	6.8	1.2	20.4	2.1	10.5	13.6	1.5	4.7
1869	7.2	6.5	3.2	6.4	1.3	21.3	1.9	10.9	14.1	1.9	4.5
1870	9	7.3	3.72	6.6	1.1	22.3	1.7	10.8	13.3	1.5	4.7
1871	8.3	6	4.46	6.7	1	23	1.6	14.1	12.5	0.9	5.1
1872	7.9	8.4	5.1	7.1	1.2	23.7	1.9	14	12.2	1.8	5.6
1873	6.8	9.1	5.22	7.4	1.5	24.4	2.3	14.5	11.6	3.2	6
1874	6.2	6.9	4.99	9.8	1.4	25.2	2.3	14.3	11.1	3.6	6
1875	5.5	7.1	4.99	9.3	1.4	26	2.2	14.1	14.6	3.4	5.9
1876	5.7	5.4	5.11	7.9	1.3	26.8	1.9	13.4	12.9	2.9	5.6
1877	5.7	5.7	4.82	8	1.3	27.6	1.7	8.5	13.1	2.3	5.1
1878	5.3	6	4.86	6.1	2.1	28.2	1.6	8.1	13.3	1.4	5
1879	5.6	6.5	4.65	7.6	2.2	28.9	1.6	6.1	13.5	1.7	5
1880	6.7	6.2	4.58	8.7	2	29.5	1.9	5.8	13.7	2.6	5.1
1881	7.1	7.6	4.87	9.5	1.5	27.7	2.1	5	14.9	2.7	5.2
1882	7.6	8.3	4.72	12.7	1.7	26	2.2	4.3	16.3	2.7	5.3
1883	7.3	9	4.51	14.1	1.9	24.3	2.3	3.7	17.9	2.9	5.3
1884	6.3	10.1	4.38	11.9	1.8	22.8	2.2	3.2	19.5	3.1	5.1
1885	5.7	6.9	4.03	8.5	1.9	21.4	2	2.7	19.7	2.8	4.3

续表

年份	美国[a]	阿根廷	巴西	智利	哥伦比亚	古巴	墨西哥	秘鲁	乌拉圭	委内瑞拉	拉美八国[b]
1886	5.8	7.7	3.79	10.5	2.6	20.1	2.1	2.3	19.8	2.7	4.5
1887	6.3	10.9	3.99	11.4	2.3	18.8	2.3	2	20.7	3.2	4.8
1888	6.3	9.7	5.64	9.5	2.4	17.9	2.6	2	22.2	3.5	5.3
1889	6.3	8.3	6.19	12.1	2.1	17	2.6	1.7	23.6	3.6	5.4
1890	6.4	6.9	6.29	13.6	2	16.1	2.6	1.7	22.1	4.1	5.4
1891	6.1	5.3	4.74	14.4	2.1	15.6	2.5	1.7	19.6	4.1	4.8
1892	5.4	8.5	3.71	10.3	2.1	15.1	2.4	1.5	18.4	3.3	4.3
1893	5.7	9.7	3.98	7.6	2.1	14.6	2.4	1.5	18.6	3.6	4.4
1894	4.4	8.4	3.45	7.5	1.6	14.2	2.3	1.2	18.8	4.1	3.9
1895	4.6	9.1	3.86	11.3	1.9	13.7	2.1	1.3	19.6	4	4.3
1896	4.8	9.7	3.86	14.3	1.2	13.3	2.1	1.4	19.8	4	4.5
1897	4.8	11.6	2.77	10.3	1.1	12.8	2	1.7	18.7	3.2	4
1898	5.5	11.6	2.73	12.3	0.9	12.4	2	1.8	18.8	2.9	4
1899	6.9	15.4	2.73	11.5	1	12	2	1.8	20.1	2.7	4.3
1900	7.5	13.7	3.25	13	1.2	11.2	2	2.1	20.1	2.8	4.5
1901	7.6	13.4	3.83	14.5	1.3	10.8	2.1	2.3	19.8	3	4.8
1902	7.1	13.1	4.42	14.3	1.5	9.6	2	2.3	20	2.3	4.9
1903	7	14.7	5.23	12.5	1.6	8.8	2.2	2.4	19.2	3.2	5.3
1904	6.6	16.6	5.58	14.8	1.8	12	2.9	2.9	17.8	4	6.1
1905	6.5	17	6.38	13.9	2	15.2	3	3.1	19.1	3.7	6.6
1906	6.9	17.9	6.81	17.8	2.64	16.9	3.2	3.5	21.2	3.8	7.3
1907	7.6	17.9	7.86	18.9	3.22	15.5	3.4	3.7	21.8	3.8	7.8
1908	6.8	18.7	6.3	16.3	3.14	14.9	3.5	3.7	22.5	3.8	7.2
1909	6.7	20	6.31	18	3.17	13.2	3.4	3.1	23.1	3.6	7.4
1910	7.3	19.7	7.71	21.6	2.18	15.6	3.3	3.4	23.6	4.3	8.1
1911	7.5	19.4	8.04	21.3	2.28	15.9	3.6	3.8	24.7	5.5	8.4
1912	7.3	21.5	8.62	25.1	2.38	16	4.2	3.9	26.7	5.3	9.3
1913	7.4	21.5	8.98	22.4	3.02	16.3	3.4	4	25.5	4.4	9.2

[a] 仅指联邦收入和19世纪60年代调整后的通货膨胀数据。

[b] 拉美八国不包括乌拉圭,并按人口加权。

89

表 A.3.4　1820—1913 年美国和拉丁美洲的人均国内生产总值
（如无特殊说明，按现行美元计算）

年份	美国[a]	美国 (1996＄)	阿根廷	巴西	智利 (1995＄)	哥伦比亚	古巴	墨西哥 (1900＄)	秘鲁	委内瑞拉 (1990GK＄)
1820	91	1323	38.5	29.6	309	28.4	105.3	33	42.8	424.7
1821	81	1343	44.9	30.4	297	28.2	106.3	32	45	408.5
1822	90.3	1380	47.3	30.2	301	28	107.4	31	38	392.3
1823	86.2	1365	45	26.6	302	27.8	108.4	30	38.7	380.2
1824	89.1	1401	48.4	33.5	296	27.6	109.5	30	40.4	368
1825	97	1433	48.6	33.8	307	27.4	110.6	29	41.1	347.8
1826	97	1443	31.5	27.5	311	27.2	111.7	28	42	343.8
1827	91.5	1449	26.6	26.6	314	27	112.9	27	42.2	335.7
1828	89.2	1449	31.2	25.9	313	26.8	113.9	27	42.3	315.5
1829	88	1401	42.9	21.6	317	26.6	115	26	42.4	303.3
1830	87.2	1503	42.6	22.7	313	26.4	116	25	43.5	299.3
1831	95.8	1595	40.9	19	315	26.2	117.8	26	43.6	339.7
1832	98.3	1653	41.9	23.6	320	26.1	119.5	26	43.7	368
1833	105.3	1711	42.3	25.7	320	25.9	121.4	26	45.4	372.1
1834	103.1	1629	42.2	28.3	328	25.7	123.2	26	46.2	396.3
1835	120.7	1691	42.7	31.4	337	25.5	125.2	27	48.1	400.4
1836	133.8	1716	43.5	34.9	336	25.8	127.1	27	49.9	444.9
1837	123.2	1662	43.9	32.4	345	25.4	129.2	27	50.9	453
1838	113.1	1647	42.8	29	348	25.1	131.2	27	49.3	440.8
1839	118.9	1727	38.6	33.7	349	24.7	133.4	28	48	554.1
1840	98.3	1642	29.7	38.5	368	24.4	135.6	28	47.7	647.1
1841	96.6	1608	40.9	38.9	370	24	137.5	28	48.4	655.2
1842	93.5	1594	47.1	35.1	375	23.7	139.5	29	49	606.7
1843	89.2	1619	50.3	29.6	383	27.5	141.5	28	49.7	533.9
1844	94.8	1707	46.9	27	385	25.4	143.5	28	49.4	497.5
1845	99.2	1734	44.3	24.2	393	25	145.6	28	50.1	537.9
1846	102.6	1744	27.5	24.3	403	24.6	147.7	27	51.6	550
1847	113	1790	34.9	24.6	408	24.3	148.5	27	49.7	477.2
1848	109.3	1836	41	23.1	421	23.9	149.2	27	58.3	400.4
1849	105.5	1789	57.5	24.4	447	23.5	150	26	58	424.7
1850	109	1796	55.5	31.5	466	23.2	150.8	26	50.9	505.5
1851	111.4	1869	56	41.8	474	22.8	153.7	26	56.4	562.2

续表

年份	美国[a]	美国 （1996＄）	阿根廷	巴西	智利 （1995＄）	哥伦比亚	古巴	墨西哥 （1900＄）	秘鲁	委内瑞拉 （1990GK＄）
1852	117.9	1964	50.6	41	484	22.5	156.6	25	63.9	501.5
1853	131.8	2098	45.4	37.7	470	22.2	159.7	25	63.7	501.5
1854	144	2104	51.9	38.7	479	21.8	162.8	24	77.6	550
1855	145.3	2058	48.6	38.9	497	21.5	166	24	78.8	558.1
1856	146	2101	56.3	44.5	498	25.2	169.3	24	86.1	598.6
1857	146.7	2055	68.8	50.8	510	29.3	172.7	23	94.8	602.6
1858	135.5	2065	55.5	51.4	528	25.8	176.2	23	103.8	614.7
1859	138.4	2121	65	47.2	540	20.1	179.8	23	111.8	622.8
1860	142.8	2177	70.7	45.3	554	20.7	183.4	22	147.8	546
1861	147.8	2132	63.5	43	549	21.4	184.2	23	158.7	505.5
1862	146.7	2199	64.2	39.2	542	22.1	184.9	23	160.8	469.1
1863	150.3	2341	75.3	43	558	22.7	188.9	24	173.5	347.8
1864	135.2	2418	73.9	51.8	582	23.5	193.1	24	162.6	505.5
1865	169.3	2293	81.2	61.7	597	24.2	197.5	25	157	707.8
1866	179.7	2275	83.3	64.1	604	27.8	202	25	153.7	610.7
1867	172.8	2350	96.5	65	575	25.7	206.7	26	158.2	444.9
1868	163.3	2381	90.5	59.1	599	35.2	211.6	26	155.3	412.5
1869	165.9	2444	92.5	48.3	653	32.9	216.7	27	158.9	453
1870	177.9	2375	91.7	46.8	660	31.8	221.9	27	159.5	440.8
1871	174.4	2303	80.9	43.1	652	28.8	225.9	28	191.4	537.9
1872	198.8	2688	115.4	45.2	690	28.4	230	28	186.5	732
1873	188.8	2623	116.4	49.3	725	32.9	234.1	29	194.8	982.8
1874	174.7	2443	102.4	52	684	33.2	238.4	29	189.3	1104.1
1875	162	2439	110.1	56.3	729	30.3	242.8	30	184	1140.5
1876	167.7	2547	103.1	55.8	711	37.5	247.4	31	178.8	1108.1
1877	185.8	2683	114	52.6	677	32.6	252	32	136.9	938.3
1878	186.8	2767	100.8	54.2	707	36.2	255.1	33	129.8	699.7
1879	197.1	2985	99.1	49.1	802	38.2	258.2	34	96.8	635
1880	238.7	3431	97.8	42.4	887	46	261.4	34	85.6	711.8
1881	231.8	3341	92.9	40.8	904	47.2	252.1	35	75.8	800.8
1882	254	3617	115.9	41.7	965	47.4	243.3	35	69.3	1051.5
1883	230.6	3384	121.5	44.1	956	33.4	235.1	35	61.5	1172.9
1884	219.6	3372	121.6	43	949	36.8	227.2	36	59.2	1071.7

490

年份	美国[a]	美国 （1996＄）	阿根廷	巴西	智利 （1995＄）	哥伦比亚	古巴	墨西哥 （1900＄）	秘鲁	委内瑞拉 （1990GK＄）
1885	213.8	3369	130.4	39.2	907	39.8	219.8	36	53.4	974.7
1886	230.6	3639	117.3	37.1	931	42.3	212.8	38	49.2	999
1887	233.8	3681	129.1	38.9	980	35.3	206.2	39	43.9	1104.1
1888	225.2	3502	154.3	39.4	927	38.7	202.1	40	47.6	1164.8
1889	235	3646	174.4	53.8	937	35.3	198.2	42	45.9	1193.1
1890	230.4	3656	146	51.9	989	41.2	194.5	43	44.4	1209.3
1891	241.8	3841	128.4	49.3	1057	46.9	187.8	45	43.9	1160.7
1892	237.8	3829	145.1	56	1023	35.4	181.4	47	46.7	999
1893	225.4	3617	138.4	53.2	1061	33.5	175.3	48	43	1035.3
1894	197.8	3351	143.7	58.6	1031	29.2	169.5	47	34.8	1108.1
1895	220.9	3803	150.3	55.6	1091	27.7	163.9	45	37.6	1087.9
1896	214.9	3686	165.4	50.6	1085	28	158.6	46	43.8	1096
1897	219.9	3830	134.6	43.8	1049	25.5	153.5	48	47.2	914
1898	225.3	3875	144.4	56.5	1163	25.6	148.6	50	51.5	889.8
1899	247.6	4190	174.5	35.9	1158	38.1	144	47	53.5	885.7
1900	253.6	4204	173.9	41.6	1117	37.4	135.9	47	58.7	821
1901	279.7	4598	178.5	35	1130	36.7	153.5	50	59.7	797
1902	281.2	4556	183.2	31.4	1165	36	146.3	46	59.3	856
1903	300.6	4765	197.8	31.1	1086	35.3	151.9	51	62.4	913
1904	283.3	4442	210.5	38	1161	34.6	170.8	51	64.2	876
1905	305.9	4798	248.3	38.7	1146	34	198.2	56	68.5	861
1906	351.6	5357	255.5	44	1220	31	182.4	55	71.5	799
1907	354.4	5163	245.4	52.6	1269	30	178	57	73.1	793
1908	295.4	4397	271.3	52.1	1386	32	164.9	57	69.9	841
1909	338.9	5027	274.1	53.2	1376	36	201.5	58	74.8	865
1910	341.7	4879	287.7	68.6	1513	39	226.2	58	74.9	886
1911	346.9	4964	276.5	75	1454	43	186.7	58	73.1	937
1912	367.4	5122	305.1	91.5	1493	52	243.9	59	77.1	962
1913	378	5221	299.8	88.9	1502	49	225.8	60	71.3	1104

[a] 19世纪60年代调整后的通货膨胀数据。

表 A.3.5　1820—1913 年[a]拉丁美洲与美国的人均国内生产
总值之比（美国＝100）

年份	阿根廷	巴西	智利 (1995/6＄)	哥伦比亚	古巴 (1900＄)	墨西哥	秘鲁	委内瑞拉 (1990GK＄)	拉美八国[b]
1820	42.3	32.5	23.4	31.2	115.7	41.2	47	20	39.6
1821	55.5	37.5	22.1	30.4	131.3	39.6	55.6	20	42.2
1822	52.4	33.5	21.8	29.6	118.9	37.7	42.1	20	38.5
1823	52.3	30.9	22.1	28.9	125.8	37.1	44.9	20	38
1824	54.3	37.6	21.1	28.1	122.9	34.9	45.3	20	38.9
1825	50.1	34.8	21.4	27.4	114	33.2	42.4	20	36.6
1826	32.5	28.3	21.6	26.7	115.2	32.3	43.3	20	33.8
1827	29.1	29.1	21.7	26	123.4	31.1	46.1	20	33.8
1828	35	29	21.6	25.3	127.7	30.3	47.4	20	33.9
1829	48.7	24.5	22.6	24.7	130.6	30.6	48.2	20	33.6
1830	48.9	26.1	20.8	24	133.1	27.8	49.9	20.2	32.9
1831	42.7	19.8	19.7	23.4	122.9	26.7	45.5	22.6	29.8
1832	42.6	24	19.4	22.8	121.6	25.8	44.5	21.1	30.4
1833	40.2	24.4	18.7	22.2	115.2	25.3	43.2	20.1	29.8
1834	40.9	27.5	20.1	21.7	119.5	26.9	44.8	21.5	31.7
1835	35.4	26	19.9	21.1	103.7	26.1	39.8	21.3	29.7
1836	32.5	26.1	19.6	19.3	95	25.9	37.3	28.6	29.2
1837	35.6	26.3	20.8	20.2	104.8	27.2	41.3	28.5	30.7
1838	37.9	25.6	21.1	21.2	116	27.4	43.5	27.5	31.4
1839	32.5	28.4	20.2	22.1	112.2	26.6	40.4	30.8	31.5
1840	30.2	39.2	22.4	23.2	137.9	28.3	48.5	31.7	37.2
1841	42.4	40.3	23	24.3	142.3	29.1	50.1	37.5	39.2
1842	50.4	37.5	23.5	25.4	149.2	29.7	52.5	40.7	39.7
1843	56.4	33.2	23.7	30.8	158.6	28.9	55.7	32.5	39.1
1844	49.4	28.5	22.6	26.8	151.4	27.2	52.1	33.8	35.9
1845	44.7	24.4	22.7	25.4	146.7	26.4	50.5	34.8	33.7
1846	26.8	23.7	23.1	24.1	143.9	26.1	50.3	36.1	32.4
1847	30.9	21.8	22.8	22.8	131.4	25.1	44	27.4	30.2
1848	37.5	21.1	22.9	21.6	136.5	24.1	53.4	28.4	31
1849	54.5	23.1	25	20.5	142.2	24.4	55	28.3	33
1850	50.9	28.9	25.9	19.4	138.3	23.9	46.7	35.3	34
1851	50.3	37.5	25.4	18.4	137.9	22.7	50.6	34.1	36.4

年份	阿根廷	巴西	智利 （1995/6＄）	哥伦 比亚	古巴 （1900＄）	墨西哥	秘鲁	委内瑞拉 （1990GK＄）	拉美 八国ᵇ
1852	42.9	34.7	24.6	17.4	132.8	21.2	54.2	26.1	34.4
1853	34.4	28.6	22.4	16.5	121.1	19.5	48.3	30	30.5
1854	36	26.9	22.8	15.6	113	19.2	53.9	31	30.1
1855	33.4	26.8	24.1	14.8	114.2	19.6	54.2	34.9	30.5
1856	38.5	30.4	23.7	17.2	116	19	59	30.1	32.2
1857	46.9	34.6	24.8	20	117.7	18.5	64.6	26.6	34.4
1858	41	37.9	25.6	19	130	18.2	76.6	32.6	37
1859	47	34.1	25.5	14.6	129.9	17.6	80.8	24	35.7
1860	49.5	31.7	25.4	14.5	128.5	16.9	103.5	25.9	37
1861	43	29.1	25.8	14.5	124.6	17.7	107.4	32	36.7
1862	43.7	26.7	24.6	14.4	126	17.6	109.6	26.2	36
1863	50.1	28.6	23.8	14.4	125.7	16.9	115.5	24.8	37
1864	54.7	38.3	24.1	14.3	142.9	16.7	120.3	23.9	41.5
1865	48	36.4	26	14.3	116.7	17.8	92.7	28.7	37.4
1866	46.3	35.7	26.5	15.5	112.4	18.5	85.5	24.8	36.4
1867	55.8	37.6	24.5	14.9	119.6	18.2	91.5	21.5	38
1868	55.4	36.2	25.2	21.6	129.6	18.3	95.1	18.8	38.8
1869	55.8	29.1	26.7	19.8	130.6	18.1	95.8	20.4	36.6
1870	51.6	26.3	27.8	17.9	124.7	19	89.7	21.6	34.8
1871	46.4	24.7	28.3	16.5	129.5	19.8	109.7	18.5	35.8
1872	58	22.7	25.7	14.3	115.7	17.3	93.8	21.5	32.9
1873	61.6	26.1	27.6	17.4	124	18.2	103.2	22.3	36.1
1874	58.6	29.8	28	19	136.5	19.9	108.3	28.7	39
1875	68	34.7	29.9	18.7	149.9	20.5	113.6	26.3	42.4
1876	61.5	33.3	27.9	22.4	147.5	20.1	106.6	29.7	41.1
1877	61.4	28.3	25.2	17.5	135.6	19.6	73.7	24.6	35.2
1878	54	29	25.6	19.4	136.6	19.8	69.5	22	34.8
1879	50.3	24.9	26.9	19.4	131	18.6	49.1	19.8	30.9
1880	41	17.8	25.9	19.3	109.5	16.5	35.9	22.3	25.3
1881	40.1	17.6	27.1	20.4	108.8	17.1	32.7	25.7	25.3
1882	45.6	16.4	26.7	18.7	95.8	16.1	27.3	29.1	24.1
1883	52.7	19.1	28.3	14.5	101.9	17.4	26.7	24.7	25.6
1884	55.4	19.6	28.1	16.8	103.5	17.6	27	25.6	26.3

492

续表

年份	阿根廷	巴西	智利 (1995/6＄)	哥伦 比亚	古巴 (1900＄)	墨西哥	秘鲁	委内瑞拉 (1990GK＄)	拉美 八国[b]
1885	61	18.4	26.9	18.6	102.8	17.7	25	27.6	26.4
1886	50.9	16.1	25.6	18.3	92.3	17	21.4	25.5	23.8
1887	55.2	16.6	26.6	15.1	88.2	17.5	18.8	27.3	24
1888	68.5	17.5	26.5	17.2	89.7	19	21.1	28.7	26.2
1889	74.2	22.9	25.7	15	84.3	19	19.5	26.4	27.9
1890	63.4	22.5	27.1	17.9	84.4	19.6	19.3	28.1	27.5
1891	53.1	20.4	27.5	19.4	77.7	19.4	18.2	24.6	25.5
1892	61	23.6	26.7	14.9	76.3	20.2	19.7	19.6	27
1893	61.4	23.6	29.3	14.9	77.8	22.1	19.1	29	28.1
1894	72.6	29.6	30.8	14.8	85.7	23.2	17.6	26	31.6
1895	68	25.2	28.7	12.5	74.2	19.7	17	27	27.8
1896	77	23.6	29.4	13	73.8	20.7	20.4	24.7	28.6
1897	61.2	19.9	27.4	11.6	69.8	21	21.4	20.9	25.5
1898	64.1	25.1	30	11.4	66	21.6	22.8	23.2	27.9
1899	70.5	14.5	27.6	11.4	58.1	18.7	21.6	21.3	23.4
1900	68.6	16.4	26.6	11.3	53.6	18.5	23.1	20.1	23.8
1901	63.8	12.5	24.6	11.3	54.9	18.2	21.4	17.9	21.6
1902	65.1	11.2	25.6	11.2	52	16.9	21.1	19.4	21
1903	65.8	10.3	22.8	11.2	50.5	17.7	20.7	20.1	20.8
1904	74.3	13.4	26.1	11.1	60.3	19.2	22.7	19.9	23.8
1905	81.2	12.7	23.9	11.1	64.8	19.3	22.4	18.5	24.3
1906	72.7	12.5	22.8	8.8	51.9	16.9	20.3	15.7	21.9
1907	69.2	14.8	24.6	8.5	50.2	18.4	20.6	15.7	23
1908	91.8	17.6	31.5	10.8	55.8	21.3	23.7	18.4	28.3
1909	80.9	15.7	27.4	10.6	59.5	19	22.1	17.2	25.8
1910	84.2	20.1	31	11.4	66.2	19.5	21.9	17.8	28.6
1912	83	24.9	29.1	14.4	66.4	19.1	21	18.5	30.6
1913	79.3	23.5	28.8	13	59.7	19	18.9	20.8	29.4

[a] 除了特殊情况,都是基于现行美元。

[b] 按人口加权的数据。

就整个拉美地区而言,使用基于人口的八个国家的加权平均值,1821年拉丁美洲与美国人均国内生产总值之比(三年平均值)约为 40％(参见图 A.3.1)。这比之前的估计要低得多,这意味着拉丁美洲在成为"拉丁美洲"之前就已经大大落后于美国了。在随后的 90 年里,这一比率进一步下降,如图 A.3.1 的趋势线所示,但并不是急剧下降。事实上,独立后的最初下降趋势在美国内战时几乎逆转。此外,最严重的下降集中在 1875 年以后的 5 年里,是因为当时美国的增长非常迅速,而不是拉丁美洲经济的崩溃。①

493

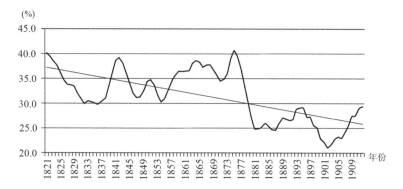

图 A.3.1　1821—1912 年拉丁美洲与美国的人均国内生产总值之比

资料来源:根据表 A.3.5,采用三年平均值。

在这种情况下,关于制度质量或其他变量如何可能解释 19 世纪拉丁美洲与美国人均国内生产总值差距的笼统概括就需要放弃了。特别是,有必要逐个审视每个国家的情况,因为我们将看到,在第一次世界大战之前,有两个拉丁美洲国家(阿根廷和智利)成功地缩小了与美国的部分差距,而其他国家在某些时期取得了成功,但后来又倒退了。拉美的制度或许在某些方面存在缺陷,但美国的制度也是如此。而且同样的这些制度要么推动了每个拉美国家的增长,要么至少在一段时间内没有遏制拉美国家的增长。

494

---

① 在此阶段(1875—1880),美国人均国内生产总值以不变价格(1996)每年增长 7.1％。没有一个拉美国家可以达到这么高的增长率,因此,在那些年份里,两者的比率急剧下降。

　　人们认为拉丁美洲相对于美国的衰落主要集中在 19 世纪,这种看法实际上早就该重新审视了。例如莱昂德罗·普拉多斯·德·拉·艾斯克苏拉在重新评估独立后的拉美经济表现方面做了出色的工作。[①] 还有一些关于个别国家的值得关注的专著,所有这些都会在下面提到。这一附录应被视为朝着这一方向迈出的又一步,并有助于为拉丁美洲在独立前后落在美国后面的原因提供一种更具批判性的看法。

阿根廷

　　麦迪逊的国内生产总值数据仅仅追溯到 1870 年,并且假定 1870 年至 1900 年的人均国内生产总值增长与 1900 年至 1913 年相同。他掌握了 1870 年和 1890 年的数据,但在 1900 年的年度数据之前没有其他数据了。科茨沃斯(1998)有 1800 年的人均国内生产总值数据——用与美国人均国内生产总值的比率来表示——是 102%;还有 1900 年(52%)和 1913 年(55%)的数据。

　　1800 年的数据来自约翰逊(1900)对布宜诺斯艾利斯的一项研究,该研究显示在 19 世纪的第一个十年里,城市中非熟练建筑工人的月平均工资为 17 比索(每年 204 比索)。其他资料显示,农村的工资水平为每月 6 比索加上口粮(每年 76.5 比索)。科茨沃斯认为,这意味着布宜诺斯艾利斯省的人均收入大约为 94 比索。以同样的工资标准去衡量其他省份,整个殖民地的人均收入为 82 比索。1900 年和 1913 年的数据来自霍夫曼与马尔德(1998),但第一手资料来源于阿根廷共和国中央银行(1975)。

　　1900 年以来的国内生产总值数据在不同的二手资料来源上基本一致;参见科尔特斯(2007),德利亚·保莱拉和泰勒(2003),费雷雷斯(2005),霍夫曼(2000),米切尔(2007),蒙得维的亚-牛津拉丁美洲经济数据库,以及麦迪

————————————

[①]　参见普拉多斯·德·拉·艾斯克苏拉(2006)和普拉多斯·德·拉·艾斯克苏拉(2009)。

逊,所有这些都是基于阿根廷共和国中央银行(1975)的资料。它们均以现行价格和不变价格呈现。只有科尔特斯(2007)对早期年份有可靠的估算。他的数据(按1900年的不变价格计算)建立在大量的、数以百计的指标的基础之上,并且追溯到1875年。费雷雷斯(2005)追溯到1810年的数据毫无用处,因为这些数据表明,1810年的人均国内生产总值是美国的若干倍。

495

科茨沃斯(1998)1800年的数据太高,因为它意味着人均国内生产总值与美国大致相同。这在当时是不可能的,因为当时"阿根廷"仍然是拉普拉塔河流域的西班牙殖民地,与玻利维亚有重要的再出口贸易,但对国内出口的贡献微乎其微,以农业和粗糙的手工艺品为基础的国内市场微不足道。当其他所有一切(参见第三章)都表明阿根廷是拉丁美洲表现最好的国家时,认为阿根廷与美国人均国内生产总值之比下降了一半也是不合理的。

因此,有必要重新估量阿根廷的数据。我从最早的可靠数据开始——由科尔特斯(2007)提供的1875年的数据。科尔特斯(2007)的数据以数量指数为基础,以不变价格计算(1900年的金比索相当于美元)。为了进行回归分析,这需要换算为现行的美元价格。1875年至1900年这段时期内,阿根廷以美元计算的出口与进口价格下跌(参见附录二),表明1875年以现行美元/金比索计算的国内生产总值将高于以1900年不变价值的美元/金比索计算的国内生产总值。纸币比索的消费价格的确上涨了约55%,但汇率(纸币比索兑美元)的贬值幅度更大。[1]

因此,1875年以现行美元计算的国内生产总值显然应该高于不变价格(1900)。实际上,美国和英国也几乎发生了同样的情况。由于这些年阿根廷消费者价格的不确定性变化[2],以及贸易品的国内外美元价格之间的密切相关性,我使用进出口价格指数的加权平均值,鉴于进口对消费者价格的影响,给予其80%的权重。调整后的1800年至1900年以现行美元计算的国内生

---

① 参见费雷雷斯(2005)对两个系列的分析。

② 参见科尔特斯(2007)。

产总值数据,随后以 1900 年起的现行美元计算的国内生产总值添加到数据中。[1]

从 1875 年至 1913 年,按现行美元计算的人均国内生产总值是对现行美元人均出口和人均收入加上一个常数的回归。我在 1913 年停止了这个系列,因为从 1914 年以来,作为第一次世界大战以及随后全球贸易体系破坏的后果,国内生产总值、出口和公共收入之间出现了结构性断裂。回归结果如下:

496

1875—1913 年	人均收入	人均出口	常数
系数	4.405972	2.849285	23.18584
标准误差	1.401932	0.492934	6.178692
t 统计量	3.142786	5.780256	3.752548
R^2/sey	0.94904	14.86995	
F 统计量/自由度	335.2181	36	
SS(回归)/SS(残差)	148243.7	7960.154	

这些结果随后被换算成人均公共收入和人均出口(均按现行美元计算)加上 1820—1875 年的常数。1875 年的人均国内生产总值的估算数比那年的实际数据大约高 10%,因为在 1875 年之前出口急剧增长,因而我将 1820—1875 年的估算数与 1875 年以后的实际值拼接在一起。由于目前人均出口价值的急剧变化,以及人均公共收入的较小变化,人均国内生产总值的年度价值不可避免地出现急剧变化。采用三年平均值的方法有助于减少这些波动。

作为与美国的人均国内生产总值比率,这些结果如图 A.3.2 所示。它们说明在独立时期,阿根廷的人均国内生产总值大概是美国的一半。[2] 虽然直到 19 世纪 50 年代都受限于明显的周期,但这个比例后来下降了。在这段时期的大部分时间里,在罗萨斯将军的独裁统治下,阿根廷是一个松散的联邦,他面临着两次重大的外国封锁,与邻国的战争,以及频繁的内部纠纷,这些纠

497

---

[1] 这可以在费雷雷斯(2005)或蒙得维的亚-牛津拉丁美洲经济数据库中找到。

[2] "阿根廷"在 1860 年之前实际上并不存在。在这里它被用来指代后来成为阿根廷的领土。

纷在某些年份甚至发展成内战。后来,阿根廷成功地在一定程度上缩小了与美国的差距,但也经历了几次严重的挫折(例如,从 1890 年开始的巴林危机)。与美国的人均生产总值比率在 20 世纪初期达到顶峰,并在第一次世界大战开始之前以 80% 而告终。

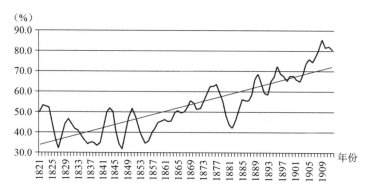

图 A.3.2　1821—1912 年阿根廷与美国的人均国内生产总值之比

资料来源:取自表 A.3.5,采用三年平均数。

出口与国内生产总值(均以现行美元计算)的比率,可用人均出口除以人均国内生产总值来计算(见表 A.3.2 和表 A.3.4)。这个比率,正如出口导向型增长的国家所预期的那样,从 19 世纪 20 年代的大约 10% 稳步上升到该世纪中叶的 15%。然后,它继续上升,到 19 世纪 70 年代达到 20%,并一直保持这个水平,直到第一次世界大战。这表明,从 19 世纪 70 年代开始,阿根廷实现了均衡增长,即非出口部门与出口部门的同步增长。由于出口部门增长迅速,这进一步证明了阿根廷经济在 1850 年至 1912 年间令人印象深刻的表现。

人口

费雷雷斯(2005)有自 1810 年起的完整数据,这是基于阿根廷国家人口统计局(1975)的人口普查数据。1850 年以前的数据比其他资料来源的数据要高,例如马埃德尔(1969)与纽兰德(1998a),但这些其他资料不包括现在阿根廷的部分地区。

出口与进口

费雷雷斯(2005)有以现行美元计算的完整数据。1864 年之前的基于纽兰德(1998),从 1864 年开始,米切尔(2007)就有了相关数据,从 1880 年开始,科尔特斯(2007)也有了相关数据。

1864 年以来的数据与所有来源的数据都相似。费雷雷斯(2005)早年的数据远远低于其他估算(例如,马尔霍尔和马尔霍尔,1885)。这可能有几个原因。例如,马尔霍尔给出的数据以比索为单位,而这些数据可能是(贬值的)纸币比索而不是金比索。由于纸币严重贬值(参见伊里根,2000),因此,在可能的情况下,使用金比索是很重要的。这些数字也可能被再出口夸大,在理想状态下,它们本该被排除或至少不应与国内出口同等重要。

收入与支出

498　科尔特斯(2007)使用了 1810 年的未发表的数据,他好心地提供了这些数据。然而,存在着一些差距。马尔霍尔(1885)有数据,但年份不全,而且也不是以金比索计算的数据。费雷雷斯(2005)有自 1864 年以来完整的美元数据,其他来源(例如,米切尔,2007)都对此有着广泛的共识。因此我使用了科尔特斯(未发表的数据)直到 1863 年的数据,以及费雷雷斯(2005)自 1864 年开始的数据。任何缺漏的数据都用插值法来填补。

汇率

阿根廷于 1899 年实行金本位制,因此,从 1899 年开始,金比索兑美元的汇率是固定的。但是,仍然有一种纸币比索,其汇率波动不定。它在科尔特斯(2007)著作中提到。1880 年,采用双本位制的尝试失败了。在此之前,纸币比索会定期贬值,其年利率可以在伊里根(2000)的研究中找到。

巴西

科茨沃斯(1998)给出了 1800 年、1850 年及 1900 年巴西与美国人均国内生产总值的比率,这表明,在 1850 年之后,这一比例大幅下降(从 39％降至 10％)。1800 年的数据是纳撒尼尔·莱夫根据货币指数(见莱夫,1982,始于 1822 年)对 19 世纪国内生产总值增长率的估计推算出来的。科茨沃斯(1998)认为得出的数据可能过低,即 1800 年巴西与美国的比率(36％)本应更高,这是基于使用麦迪逊的 1820 年的比率。科茨沃斯(1998)中 1850 年的比率来源于麦迪逊,1900 年的则来自霍夫曼和马尔德(1998),后者又来自哈达德(1978)。

麦迪逊有 1820 年和 1850 年的数据,以及从 1870 年开始的年度数据。所使用的自 1900 年以来的数据来自麦迪逊(1992),而估算值使用的是 1947 年的部分数据。然而,这些估算值本身是以哈达德(1978)为基础的;1850 年至 1900 年的数据则来自戈德史密斯(1986),是基于国内生产总值的原始数据。在麦迪逊的著作中,1820 年至 1850 年的人均国内生产总值增长率被看成与 1850 年至 1900 年的增长率相同。

霍夫曼和马尔德(1998)、霍夫曼(2000)、米切尔(2007)、蒙得维的亚-牛津拉丁美洲经济数据库和麦迪逊著作中关于 1920 年以前的国内生产总值的数据都是基于哈达德(1978),因此并不足够可靠。这个独立的来源本来是在芝加哥大学完成的一篇论文(参见哈达德,1974),是一项开创性的研究。然而,它在许多方面存在严重缺陷,包括其有限的产品覆盖范围;因而引起激烈的批评,参见巴西国家地理与统计局(1987),第 88—90 页。拉美经委会(1978)和其他地方都给出了从 1920 年开始的半官方数据。蒙得维的亚-牛津拉丁美洲经济数据库中始于 1920 年的现行价格数据就是以它为基础的,

499

并可以按名义汇率将本国货币单位转换为美元来使用。然而,在蒙得维的亚-牛津拉丁美洲经济数据库中关于 1920 年至 1930 年对美元的汇率存在许多错误。因此,我使用国际联盟(见国际联盟,《统计年鉴》,数年)的数据来替代。

因此,1920 年按现行美元计算的人均国内生产总值是最早可信的数据,它被作为估算早年数据的起始点来使用。由于 1929 年以后的出口、收入和国内生产总值之间的关系出现了结构性断裂,这意味着这些数据太短而无法使用回归分析来估算 1920 年之前的国内生产总值,因此有必要使用不同的方法。

我首先使用巴西国家地理与统计局(1987)的数据编制了出口、进口、公共收入以及公共支出的年度系列数据(按人均计算)。在卡特(2006)第 5 卷,这些货币使用巴西国家地理与统计局(1987)中的汇率从密尔雷斯换算成英镑,然后再使用英镑的黄金平价换算为美元。因为这个数据系列都与人均国内生产总值高度相关,因此有必要找到适用于这四个数据系列的权重来估算人均国内生产总值。

我假设出口占国内生产总值的比例在 1820 年是 15％,1880 年是 20％,1910 年也是 20％,也就是说,假设出口部门在 1850 年至 1880 年比非出口部门增长得快。这是一个亟待证明的有力假设。20 世纪 20 年代,这一比例接近 20％,考虑到第一次世界大战及其后果对出口部门造成的破坏,可以有把握地假设,因而在 1910 年,这一比例大约为 20％。1821 年至 1912 年,按现行美元计算巴西的人均出口以可观的速度增长(见表 A.3.2),但由于整个国内农业部门的生产率都很低,非出口部门不太可能实现同样快的增长。[1] 因此,出口占国内生产总值的比例在第一次世界大战的这段时期内一定上升了,并且在 1850 年可能达到 15％。由于人均出口在 1820 年至 1850 年增长得十分

---

[1]　参见莱夫(1982),第 6 章和第 7 章。

缓慢,因此我假设出口与国内生产总值的比率与 1820 年的相同(15％)。

　　这四种比率,加上相同四年的人均出口,使得估算 1820 年、1850 年、1880 年及 1910 年的人均国内生产总值成为可能。然后,我根据人均出口、人均进口、人均收入和人均开支决定人均国内生产总值的假设,编制了一套四个联立方程。结果得出了适用于这些变量的恒权值,然后这些恒权值被用来估算按现行美元计算的人均国内生产总值。 *500*

　　这种方法远不理想,但这又不可能使用回归分析,因为与第一次世界大战以前的时期相比,在第一次使用国内生产总值数据时,1912 年以后,巴西人均国内生产总值、人均出口和人均收入之间的关系有着显著的不同。

　　巴西与美国的人均国内生产总值之比如图 A.3.3(取三年平均值)所示,这意味着独立时期人均国内生产总值大约是美国的三分之一。然后,在独立后的第一个十年里,这一比例下降了,几乎所有拉丁美洲国家都是如此。在接下来的四十年(1830—1870)里,当奴隶制仍然存在,并且巴西在宪法上是个帝国时,巴西与美国的比率有所恢复。然而,从 19 世纪 70 年代中期开始,直到该世纪末,出现了急剧下降。这是由多种原因造成的,包括棉花和糖的出口下降(按绝对值计算)、奴隶制的终结、帝国的崩溃以及 19 世纪 90 年代的高通胀率。[①]这也是由 19 世纪 70 年代中期开始的美国经济自身的快速增长引起的。从 1900 年起,当巴西建立了常态化的货币条件,并且由于咖啡稳定计划而改善了净易货贸易条件时,[②]巴西与美国的人均国内生产总值之比 *501* 才有所提升。但是,从整个时期来看,正如图 A.3.3 中的趋势线所示,呈下降态势。

　　因此,巴西的增长表现不如第一次世界大战前的美国。如果起始点是 1821 年,相比美国的 1.5％,巴西的实际人均国内生产总值隐含的增长率为

---

① 这在巴西被称为恩西利亚门托(encilhamento)。
② 参见第三章。

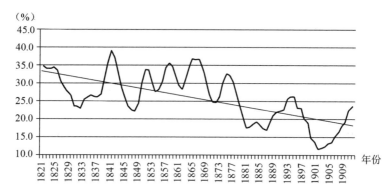

图 A.3.3　1821—1912 年巴西与美国的人均国内生产总值之比

资料来源：根据表 A.3.5 获得,采用三年平均值。

1％。[1]从表 A.3.4 可以看到,按现行美元计算（三年平均值）的年度增长率为 1.15％。这意味着以现行美元计算的巴西物价小幅上涨。以本国货币（密尔雷斯）计算的通货膨胀在巴西是个问题,但在整个时期,汇率稳步下降,因此,除非以外国货币计算的价格也在上涨,否则以现行美元计算的人均国内生产总值与以不变美元计算的人均国内生产总值之间不会有太大的差别。就法国、德国、英国和美国的批发价格来说,情况并非如此。[2]

值得注意的是,巴西的人均实际国内生产总值增长暗示了这些数据高于纳撒尼尔·莱夫[3]的估算值。这是因为莱夫使用的巴西国内通胀数据很高。他对 1822 年至 1913 年按本币（密尔雷斯）计算的人均名义国内生产总值增长率估算的中间值为 2.6％。然后,他估算年通胀率为 2.5％,这意味着按实际价值计算的人均国内生产总值增长率为 0.1％。[4] 这实际上是一个多世纪以来的停滞,考虑到按现行和不变价格计算的人均出口的增长,这似乎不太

---

[1]　假设以现行美元计算的人均国内生产总值比率可以应用于以不变美元计算的美国人均国内生产总值。

[2]　批发价格指数（1850＝100）,使用三年的平均值,1912 年这四国分别为：法国（104.5）,德国（137）,英国（107.7）,美国（119.7）。英国和美国是巴西最重要的贸易伙伴。

[3]　参见莱夫（1982）,表 3.1,第 33 页。

[4]　参见莱夫（1982）,第 6 章。

合理。然而,莱夫对里约热内卢食品价格给予了过多的关注,这对于国内生产总值的紧缩指数来说是一个糟糕的指标。例如,莱夫报告所反映的贸易品价格变化的购买力平价指数,每年增长不到1%。因此,如果采用较低的国内生产总值紧缩率(例如,每年1.5%),那么莱夫模型的结果与我的相似。

人口

1822年至1850年的数据也在莱夫(1982)第1卷表1中。1820年至1821年的数据来自巴西国家地理与统计局(1987),以希奥尔希奥·莫尔塔拉为基础,并用插值法来填补缺漏的数据;1851年至1870年的数字来自米切尔(2007),1870年起来自麦迪逊。

出口与进口

在巴西国家地理与统计局(1987)的数据中有以密尔雷斯和英镑计算的进出口数据。我已按官方黄金平价汇率把英镑换算成美元;参见卡特(2006),第5卷。在巴西国家地理与统计局(1987)的数据中也有康多德里斯(contos de reis)①兑英镑的隐含汇率。1820年的数据只是一个估算。

收入与支出

在巴西国家地理与统计局(1987)的数据中有从1823年开始的康多德里斯的数据,我用隐含的汇率(见上文"出口与进口"部分)将其换算成英镑,然后使用卡特(2006)第5卷中的官方黄金平价汇率将其换算成美元。

汇率

在巴西国家地理与统计局(1987)的数据中有密尔雷斯兑英镑的汇率数

---

① 葡萄牙和巴西的旧货币单位。——译者注

据。1920 年以前的密尔雷斯与美元之比是由密尔雷斯与英镑之比和美元与英镑之比推导出来的。从 1920 年起,我使用了国际联盟的《统计年鉴》的数据。

智利

所有国内生产总值的数据均来自迪亚兹、卢德思和瓦格纳(1998),并在布劳恩·勒奥纳等(2000)中转载;他们采用了 1860 年的数量指标,并使用人均出口和人均公共支出对前几年的数据进行回归分析。智利的数据是按 1995 年美元计算,并与卡特(2006)第 3 卷中按 1996 年美元计算的不变价格进行了比较。我没有调整这两个数据系列,因为基准年份太近了。

智利的数据系列对于之前可用的数据来说是一个大的改进。在科茨沃斯(1998)对 1800 年数据的估算中,他不得不使用贝罗赫的方法,在这种方法中,每个人的收入是通过将城市非熟练工人的每日工资率乘以 200 的倍数来获得的。然后,他向下调整了 25%。这给出了 1800 年的数据,几乎是美国当年人均国内生产总值的一半,这个数据太高了。对于 1850 年至 1913 年,科茨沃斯(1993)使用了马马拉基斯(1976)中人均国内生产总值年增长 2% 的估算。事实上,这非常接近迪亚兹、卢德思和瓦格纳(1998)所给出的 1.9% 的增长率。相比之下,麦迪逊只使用迪亚兹、卢德思和瓦格纳(1998)中的数据,并调整为 1990 年的国际元。

503   图 A.3.4 所示为 1821 年至 1912 年智利与美国人均国内生产总值的比率(按 1995 年至 1996 年不变美元计算)。这表明智利成为独立国家时的比率刚刚超过 20%。在 19 世纪 20 年代这困难的十年里,这一比率最初出现下降,但之后有所回升,到该世纪中叶已达到美国的四分之一。尽管在 1891 年内战后大幅下降,但之后仍继续上升,直到 1912 年以接近美国 30% 的水平停止。

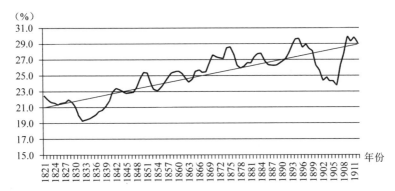

图 A.3.4　1821—1912 年智利与美国的人均国内生产总值之比

资料来源：根据表 A.3.5 获得，采用三年平均值。

　　出口占国内生产总值的比例（均以不变美元计算）可以用人均出口除以人均国内生产总值（均以不变价格计算）来计算。国内生产总值数据系列见表 A.3.4，出口数据系列见布劳恩·勒奥纳等（2000）。在 19 世纪 20 年代，这一比例约为 10％，但在该世纪中叶达到了 20％，在第一次世界大战前夕达到近 30％。这是拉丁美洲最高的比例之一。因此，智利采取了一种典型的出口导向型模式，即出口部门的增长速度高于国内生产总值，因此也高于非出口部门。

人口

从迪亚兹、卢德思和瓦格纳（1998）的研究中获取，见表 AE18。

出口与进口

　　在布劳恩·勒奥纳等（2000）中可以找到以现行价格与不变价格进行的出口和进口数据。为了计算出口与国内生产总值的比率，有必要使用以不变价格（1995 年）计算的出口，因为没有按现行美元计算的国内生产总值的估算数。

　收入与支出

在迪亚兹、卢德思和瓦格纳(1998)中有从 1860 年开始的现行比索的数据系列。在同一来源里还有从 1810 年至 1860 年不变比索(1995 年)的数据系列,以及用来将现行比索换算成 1995 年比索的价格指数(1995 年＝100)。因此,我用价格指数来紧缩不变价格系列,并将其与现行价格系列拼接起来。布劳恩·勒奥纳(2000)给出了 1830 年以来比索兑美元的汇率,而且我假设 1830 年之前的汇率与 1830 年的相同。

汇率

比索兑英镑的汇率和比索兑美元的汇率都来自布劳恩·勒奥纳(2000)。其所使用的比索与 44 便士等值。

哥伦比亚

在 1905 年以前哥伦比亚没有官方或半官方的国内生产总值的估算值。卡尔曼罗维茨和洛佩斯·里韦拉(2010)对 19 世纪有一些估算——包括哥伦比亚还是新格拉纳达的时候——但它们相当粗糙,不能用于形成时间系列。此外,从 1899 年开始,哥伦比亚经历了一场破坏性极大的内战,持续了大约 1000 天。这导致在 1898 年后的几年里,几乎所有官方统计数据都完全消失了。在 19 世纪的对外贸易和预算记录中也有一些空白。最后,从独立时期到 1830 年,现代哥伦比亚是大哥伦比亚的一个省,任何方面的数据都很少。

乌鲁蒂亚和埃斯特班·波萨达(2007)有从 1905 年以来的现行和不变(1975 年和 1994 年)价格系列(2007)。[①] 这是中央银行经济增长研究小组关

---

① 这个系列本身是放在光盘里的,随罗宾逊和乌鲁蒂亚编成卷集的书(2007)配套。

于哥伦比亚经济史的一个主要研究项目的一部分。[①] 这比以前做的有了很大的改进。以科茨沃斯(1998)为例,他使用了霍夫曼和马尔德(1998)1900年的数据,霍夫曼和马尔德又使用了麦迪逊的假设——1900年至1913年的人均国内生产总值的变动等于巴西和智利的平均水平。考虑到千日战争的影响,这显然是错误的。关于1913年至1929年的数据,麦迪逊都是基于齐默尔曼(1964),之后他又使用了拉美经委会(1978)的数据。

从1905年到第一次世界大战爆发的这个数据系列太短,无法进行回归分析。然而,在20世纪30年代之前,哥伦比亚出口与国内生产总值之间的关系没有出现结构性的断裂。所以,乌鲁蒂亚和埃斯特班·波萨达(2007)研究中的人均国内生产总值是在人均出口、人均公共开支和1905年至1929年的常数上进行了回归。所有变量都以现行美元计算。结果如下:

1905—1929年	人均支出	人均出口	常数
系数	5.568169	4.985373	7.473781
标准误差	0.785816	0.577624	2.840248
t 统计量	7.0858	8.6308	2.6314
R^2/sey	0.973474	7.085076	
F/自由度	403.6897	22	
SS(回归)/SS(残差)	40529.08	1104.363	

然后将这些系数与人均支出和人均出口按1905年以前的现行美元计算进行拟合,以估算出按现行美元计算的人均国内生产总值。将其与19世纪60年代(参见上文)经通胀调整后的美国数据进行了比较,得出自1820年以来按现行美元计算哥伦比亚与美国人均国内生产总值的比率。

这一比率如图A.3.5所示。它表明哥伦比亚独立时的人均国内生产总值约为美国人均国内生产总值的30%(当时哥伦比亚还是新格拉纳达),但应该谨慎对待这一点,因为最早年份的数据是基于非常不完整的数据得出的。

[①]　参见中央银行经济增长研究小组(2002)。

506　到 19 世纪 30 年代中期,当第一批哥伦比亚统计资料在"大哥伦比亚共和国"解体后公布,这一比率已跌至 20%。到 1842 年至 1844 年,哥伦比亚已经挽回了部分损失,但随后出现了大幅下滑,直到 19 世纪 60 年代哥伦比亚开始实现更大的政治稳定。然而,到 19 世纪 90 年代,这一比率再次下降到大约 10%。总的来说,正如图 A.3.5 中的趋势线所证实的那样,在第一次世界大战前的几十年里,与美国相比,哥伦比亚的表现很差。

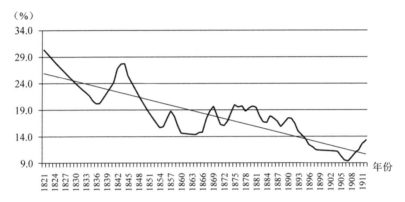

图 A.3.5　1821—1912 年哥伦比亚与美国的人均国内生产总值之比

资料来源:根据表 A.3.5 获得,采用三年平均值。

　　如表 A.3.2 所示,在整个时期(1820—1913),人均出口都很低。的确,1912 年,这一数字在拉美丁美洲仍然是最低的(参见表 A.2.1)。因此,毫不奇怪,哥伦比亚经估算的出口与国内生产总值的比率非常低,而在第一次世界大战前达到了最高点(11%)。这意味着哥伦比亚只有在非出口部门表现良好的情况下才有希望实现令人满意的增长。而由于基础设施差、劳动力短缺和政治不稳定,这一情况在大部分时间里都没有发生。

人口

这是中央银行经济增长研究小组 1905 年以前出版的人口普查资料。[①]
其间的年代已经被插补上了。中央银行经济增长研究小组提供了从 1905 年
开始的年度数据。[②] 1830 年之前的数据只涉及了新格拉纳达而已。我还引
用了沃克(1822),第 1 卷。

出口与进口

奥坎波(2010)有 1905 年之前的部分不规则的数据系列,其中有些数据
是以金比索的多年平均值的形式出现的。因此我使用了蒙萨尔韦(1930)的
数据,其中记载了从 1834—1835 年以来大部分年份按比索计算的进出口情
况。因为这些数据与奥坎波的一致,因此我认为这些数据是用金比索表示
的。但是,美洲共和国署(1892i)关于 1880 年至 1890 年这段时间记载着相同
的数据,并声明是按哥伦比亚比索计算的数据。1870 年之前,哥伦比亚比索
兑美元大致持平,其后比索随银价一同下跌。[③] 因此,1870 年以后,我通过银
价的下跌来平减比索的进出口值;参见扬(1925)。

至于 1820 年的情况,我使用了沃克(1822)第 1 卷报告中对新格拉纳达
的出口估计值。蒙萨尔韦并无 1835 年以前的数据,因此其间的年份已经被
插补上了。然后,1845—1854 年和 1860—1864 均存在数据缺漏,但均用插值
法补齐了。蒙萨尔韦(1930)仅仅给出了 1885 年中 4 个月的数据,这一时期
财政年更改为日历年,因此我没有使用。1886 年他也仅仅给出了 6 个月的数
据,但美洲共和国署(1892i)有日历年的数据。对于 1885 年前的情况,我假定

507

---

① 参见佛瑞兹和罗梅罗(2010),这个系列本身是放在光盘里的,随麦塞尔·罗卡和拉米雷斯编
　成卷集的书(2010)配套。
② 见由罗宾逊和乌鲁蒂亚编成卷集的书(2007)配套的光盘。
③ 1892 年 1 月 1 日,金比索汇率为 0.692;参见美洲共和国署(1892i),第 86 页。

财政年与日历年相同(例如,财政年 1834 到 1835 年度＝日历年 1835 年)。1898 年以后直到 1905 年都没有数据,因此 1899—1904 年已经被插补上了。这必然导致数据的高估,因为包括内战的年代。

收入与支出

洪基托(2010)记载了 1905 年以前的大多数年份里都有按现行比索和不变比索计算的数据系列。[1] 除了最后几年的通胀/贬值是个问题外,大多数年份的不变价格与(现行的)金比索等值。1827 年的数据仅适用于新格拉纳达,而该年的人均支出已用于 1820 年。有些年份没有给出支出的数据,但给出了收入的数据。我用收入来估算人均支出的年份分别是 1841 年、1871 年和 1886 至 1890 年。

汇率

奥坎波(2010)有 19 世纪大多数年份比索兑美元的汇率,20 世纪的情况,参见比利亚尔与埃斯格拉(2007)。

古巴

科茨沃斯(1998)有 1800 年、1850 年和 1913 年的数据。它们表明,在 1800 年,古巴的人均国内生产总值比美国高,但到了 1850 年,这一数值急剧下降,到 1913 年,下降幅度更大。不过,1800 至 1850 年出现的下降令人难以置信。巴尔文、萨尔武奇和萨尔武奇(1993)提供了这一资料来源,而且很快就清楚了为什么数字是错的。作者们使用了(i)人口,(ii)劳动力人口比例,(iii)日工资率(扣除雇主提供的口粮)和(iv)工作天数,估算(a)哈瓦那和(b)岛

---

[1] 这个系列本身是放在光盘里的,随麦塞尔·罗卡和拉米雷斯编成卷集的书(2010)配套。

上其他地方 1750 年和 1850 年的收入。由此得出的 1750 年的数据是（人均）

90 比索，尽管当时古巴并不是一个重要的出口国，但这个数字还是太高（比美

国高出很多）。这就是科茨沃斯用于 1800 年的数据。然后，巴尔文、萨尔武 508

奇和萨尔武奇(1993)用贝罗赫方法(参见上面的智利)估算出 1850 年的人均

收入为 98 比索，这意味着尽管在 1762 年英国占领哈瓦那后，特别是在 19 世

纪上半叶，古巴经济表现非凡，但 100 年后几乎没有增长。1850 年的数据也

被科茨沃斯(1998)使用了。1913 年的数据基于布尔默-托马斯(1994)第 439

页中记载的古巴和阿根廷人均国内生产总值的比率。圣玛丽亚·加西亚和

加西亚·阿尔瓦雷斯(2004)以及圣玛丽亚(2005)只估算了少数年份，但是所

选年份之间的差距很大。相比之下，麦迪逊则没有 1929 年之前古巴的数据。

　　因此，有必要对 19 世纪的古巴做出新的估计。然而，在蒙得维的亚-牛

津拉丁美洲经济数据库里有从 1903 年至 1958 年的数据系列，这些数据取自

阿列内斯(1950)、布林德纽斯(1984)以及其他资料。它是用现行比索来计算

的，但古巴比索只是在 1914 年重新使用，并且在随后的大多数年份里与美元

持平。因而，这些数据可以被认为是现行美元。[①]

　　在 1959 年以前，古巴的出口与国内生产总值之间的关系没有出现结构

性断裂。因此，以现行美元计算的人均国内生产总值是按人均出口、人均公

共支出和 1903—1958 年的常数进行回归分析的。结果如下：

1903—1958 年	人均支出	人均出口	常数
系数	4.100634	1.752059	41.63449
标准误差	0.247824	0.076226	7.391824
t 统计量	16.546	22.985	5.632
R^2/sey	0.960937	23.57072	
F/自由度	651.8839	53	
SS(回归)/SS(残差)	724345.6	29445.67	

---

① 目前德弗罗和沃德(1912)记载了 1902 年以后的新数据。我在附录四中用这些数据来估算
　1900 年后的古巴国内生产总值，但这里不能用它，因为它是不变价格。

　　然后将这些系数换算成 1903 年之前以现行美元计算的人均公共支出和人均出口,以估算按现行美元计算的人均国内生产总值。这是将古巴与美国按 19 世纪 60 年代(参见上文)通胀调整后的数据进行比较,以估算与美国人均国内生产总值之比。

509　　这一比率如图 A.3.6 所示。结果表明,当拉丁美洲大陆赢得独立而古巴仍是殖民地之时,古巴的人均国内生产总值高于美国。古巴的这一比率随后进一步上升,主要是由于糖的专业化生产推动了出口的繁荣。其在第一次独立战争(1868—1878)期间开始衰落。1883 年以后,随着世界糖价的急剧下跌、奴隶制的废除,以及第二次独立战争(1895—1898)的爆发,这一比率急剧下降。1902 年美国占领结束后,这一比率稳定在 60% 左右。

　　1820 年,古巴人均出口高于任何一个拉美国家,并且几乎是美国的三倍(参见表 A.3.2)。在此期间,古巴出口和国内生产总值的比率也很高。鉴于古巴人口规模小,而且专门生产糖和烟草,这一点也不足为奇。到 1850 年,这一比率超过了 20%,1912 年达到近 30%(十年后达到 40% 的峰值)。即使如此,这也不是拉美国家中最高的比率(参见表 A.2.1)。

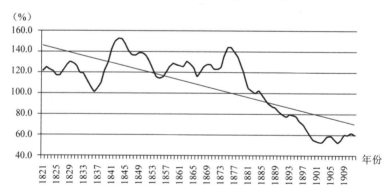

图 A.3.6　1821—1912 年古巴与美国的人均国内生产总值之比

资料来源:取自表 A.3.5,采用三年平均值。

人口

布尔默·托马斯(2012)记载了年度数据。

出口与进口

布尔默·托马斯(2012)记载了以现行美元计算的完整数据,但是从 1820 至 1890 年,只有 10 年的数据。我使用相同的资料和方法构建了直到 1899 年的年度数据系列,并将其与布尔默–托马斯记载的从 1900 年开始的年度数据联系起来。

510

税收与开支

布尔默·托马斯(2012)记载了以现行美元计算的完整数据,但是从 1820 年至 1890 年,只有 10 年的数据。我使用相同的资料和方法构建了直到 1899 年的年度数据系列,并将其与布尔默–托马斯记载的从 1900 年开始的年度数据联系起来。

汇率

参见布尔默–托马斯(2012)。

墨西哥

所有对 19 世纪墨西哥的估计都源自约翰·科茨沃斯的研究,参见科茨沃斯(1978)和科茨沃斯(2003)。科茨沃斯使用的基准年份是 1800 年、1845 年、1860 年、1877 年、1895 年和 1910 年,这些资料已在各种二手资料中转载。例如,科茨沃斯(1998)记载的 1800 年、1850 年和 1900 年的数据。1800 年和 1850 年的估算值来自科茨沃斯(1990)的第 3 章,1850 年的估算值是指 1845 年,1800 年的人口估计(600 万)比近期 550 万的估计要高,1900 年的数据则来自霍夫曼和马尔德(1998)。麦迪逊记载了按国际元计算的 1820 年、1870 年、1890 年、1895 年和自 1900 年以来的年度数据。他以国家地理和信息统计局的数据为资料来源,但该组织(见下文)缺少 1820 年、1870 年和 1890 年的数据。[1]

从 1800 年开始,国家地理和信息统计局有按不变价格(1970 年的价格)和现行价格计算的不同年份的估算值。最完整的数据系列是按不变价格计算的对 1800 年、1845 年、1860 年、1877 年、1895 年至 1910 年,以及 1921 年以来的估算值,这些缺漏已用插值法填补。然后,我将这一数据系列换算成 1900 年的价格,以便与卡特(2006)第 3 卷中所记载的美国按 1900 年价格计算的数据系列进行比较。

我也完成了现行价格数据系列,但这个缺乏可信度。我将科茨沃斯以 1800 年现行比索价格计算的国内生产总值的数据作为起点(直到 1873 年,墨西哥比索与美元大体上平价)。然后,假设现行价格和不变价格系列以同样的方式变动,我得出了一个到 1873 年的数据系列。1873 年至 1895 年的缺漏已用插值法填补。除了 1911 年至 1920 年以外,国家地理和信息统计局每年都有自 1895 年起以比索计算的现行价格数据系列,这一数据系列已按年度汇率调整为美元,1911 年至 1920 年的数据已用插值法填补上了。

墨西哥与美国人均国内生产总值之比如图 A.3.7 所示。独立时,这一比率接近 40%,但在美墨战争(1845—1848)后下降到 20%,当时墨西哥丧失了近半数的国土,这种衰落一直持续到 19 世纪 60 年代,当哈布斯堡王朝的皇帝马克西米利安被打败后,墨西哥才恢复了主权。波菲里奥·迪亚斯(1876—1910)的直接和间接的长期统治,导致了这一比率的小幅提高。然而,正如趋势线所示,墨西哥是第一次世界大战前拉丁美洲表现最差的国家之一。

---

[1] 目前国家地理和信息统计局的所有数据都可以在网上查询。

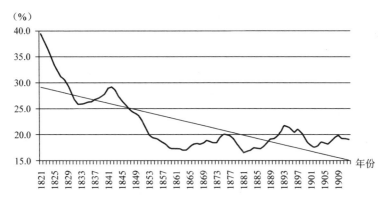

图 A.3.7　1821—1912 年墨西哥与美国的人均国内生产总值之比

资料来源：取自表 A.3.5，采用三年平均值。

对人均出口及出口与国内生产总值比率的研究也证实了这一点。在 19 世纪 20 年代曾有一段时期，墨西哥的人均出口不到 1 美元（见表 A.3.2）。这可以用争取独立的长期斗争中对矿山的破坏来解释。然而，到 1888 年，墨西哥的人均出口仅仅超过哥伦比亚（另一经济表现极差的国家）。此外，更糟的是，出口与国内生产总值的比率也在下降，起初，它从非常低的水平上升到 1850 年的 15％左右，1860 年达到 20％，然而，由于白银价格下跌，其随之下跌，甚至在革命前夕也只有大约 10％。因此，1860 年以后的大部分时间里，不能说墨西哥经历了传统意义上的出口导向型增长。

人口

512

国家地理和信息统计局对 1790 年以来的各个年份进行了估算，缺漏的年代已被填补上了。由于部分数据存在前后矛盾的情况，所以这里仅使用国家地理和信息统计局提供的部分人口数据。

出口与进口

国家地理和信息统计局有自 1800 年以来的按美元计算的数据系列，但是不同年份间存在缺漏和巨大的差异。当数据按照财政年度给出时,我取连续两年数据的均值。如果给出的年度数据不足 12 个月,我通过外推来估算全年的数值。没有 1829—1856 年和 1858—1871 年的数据,而且还有几处缺漏,但是有 1911—1920 年的数据。缺漏年份的数据已通过插值法来填补。国家地理和信息统计局的数值与赫雷拉·卡纳莱斯(1977)的数据不一致,却与米切尔(2007)记载的 1828 年以前的数值相同,但米切尔说错了,这些数据是以英镑表示的。

收入与支出

国家地理和信息统计局有自 1822 年开始以比索计价的数据系列,当数据以财政年度给出时,我取连续两年的均值。如果给出的数据不足 12 个月,我通过外推来估算全年的数值。如果有支出数据,但没有收入数据,我也用前者作为收入。国家地理和信息统计局缺少 1911—1920 年的数据,但是蒙得维的亚-牛津拉丁美洲经济数据库有这些年份的大部分数据,这些数据以国家地理和信息统计局(1990)作为来源,所以我使用了这些数据。其他缺漏的数据则将比索换算成美元后用插值法填补。

最大的问题是 1820 年到 1821 年的数据。1822 年的数据很低(与 1823年到 1824 年相比),所以我对 1820 年和 1822 年做了一个小的向上调整。

汇率

1873 年以前,比索与美元的汇率大致持平。罗森茨威格和埃尔南德斯(1989)给出了 1877 年、1890 年和 1900 年的数据,蒙得维的亚-牛津拉丁美洲经济数据库提供了 1900 年以来的数据。从 1905 年至 1910 年,墨西哥实行金本位制(2 比索=1 美元)。

秘鲁

科茨沃斯(1998)记载了 1800 年的数据。这实际上是古登堡根据 1827 年的失踪人口普查估算出的 1827 年的数据,该人口普查估算了每个地区/省份的收入。古登堡(1991)给出了 1827 年的数据,是 30.4 比索。但在一个脚注(121n18)中,他说:"这些估算可以进一步发展来衡量整个世纪的增长和分配;另一种以税收为基础的计算方法产生的人均收入为 28.4。"科茨沃斯以现行美元计算的数据是 33.0;参见科茨沃斯(1998),第 31 页。科茨沃斯还有一个 1900 年的数据,据他说是来源于霍夫曼和马尔德(1998)。然而,霍夫曼和马尔德在他们的拉美六国样本中没有使用秘鲁,所以它一定是来自麦迪逊。

513

麦迪逊的最初系列(想必科茨沃斯采纳的就是这个)使用了卡洛斯·博洛亚 1913 年的数据系列,并假设 1900—1913 年的变化等同于巴西和智利的人均变化,参见博洛亚(1981)。然而,他最后的数据系列开始于 1896 年,所以想必是基于塞米纳里奥和贝尔特兰(1998),他们的数据系列也是开始于 1896 年。

塞米纳里奥和贝尔特兰得出的数据系列是以现行价格和不变价格来显示的,是对之前可利用数据的一大改进。事实上,它一定是对整个 19 世纪国内生产总值估算的起点。因为在 1930 年之前,出口和国内生产总值之间没有结构性的断裂,我将 1896 年到 1929 年的人均国内生产总值与(a)人均出口和(b)人均收入加上常数,结果是:

1896—1929 年	人均收入	人均出口	常数
系数	8.7912528	3.429177	14.60523
标准误差	1.4891338	0.429586	3.643629
t 统计量	5.9036	7.9825	4.0084
R^2/sey	0.9591165	9.551196	
F/自由度	363.62609	31	
SS(回归)/SS(残差)	66343.826	2827.985	

　　然后我将这些系数与 1896 年之前的出口和人均收入进行比较,以估算按现行美元计算的人均国内生产总值。1827 年的数字是 42.2 美元。这可以与同年的古登堡的 30.4 美元(科茨沃斯记载的为 33 美元)进行对比。因此,前几年的拟合值可能被高估了 20%,但我没有做任何调整。[①]

　　秘鲁和美国的人均国内生产总值之比如图 A.3.8 所示。1820 年到 1850 年,这一比率在 40% 和 50% 之间波动。作为鸟粪繁荣的结果,这一比率飙升,在鸟粪繁荣达到顶峰的时候人均国内生产总值达到了和美国同等的水平。与智利的太平洋战争之后,这一比率急剧下降,到 1890 年下降到 20%,一直持续到第一次世界大战。总的来说,正如趋势线所示,秘鲁在与美国的对比中表现不佳,未能利用鸟粪繁荣带来的资源来构建一种更加多样化的经济体系。

514

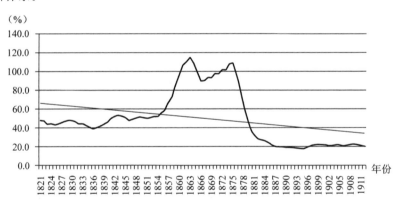

图 A.3.8　1821—1912 年秘鲁与美国的人均国内生产总值之比

资料来源:取自表 A.3.5,采用三年平均值。

　　尽管有鸟粪繁荣,但秘鲁的出口与国内生产总值的比率从来都不是很高。相反,与哥伦比亚和墨西哥一样,秘鲁的非出口经济规模相对较大,主要是农产品和手工艺品贸易。铁路时代——在秘鲁出现得较晚——到来之前,

---

①　在贝尔特伦和奥坎波(2012)的表 A.1 和 A.2 中,塞米纳里奥和贝尔特兰给出的数据系列是从 1870 年开始的,采用未发表的数据,按不变价格计算。

它的地理位置提高了运输成本,但也保护了国内经济的大片区域免受进口竞争的影响。然而,秘鲁确实遵循了出口导向型增长模式,1850 年至 1912 年,出口与国内生产总值的比率翻了一番(参见表 A.2.1)。

人口

古登堡(1991)给出了 1971 年的人口普查数据和他自己的 1827 年"失踪"人口普查数据。这些数据被用来填补 1820 年到 1826 年的缺漏。然后 1850年和 1862 年有官方估算,古登堡(1991)和米切尔(2007)都在报告中有记载,并且可以使用。1876 年有一次人口普查,之前缺漏的数据已经用插值法填补。蒙得维的亚-牛津拉丁美洲经济数据库和米切尔(2007)则有从 1900 年开始的数据系列。1876 年至 1900 年的缺漏都是用插值法来填补的。

出口与进口

515

米切尔(2007)记载了从 1821 年到 1861 年(引入索尔[①]的前一年)的国内现行价格数据。这些数据来自兰德尔(1977)。但是,古登堡(1991)对 1826 年和 1837 年有更精确的数据。这些已经与米切尔(2007)的数据一起使用,并通过插值法填补了缺漏的数据。1820 年的估算值是 500 万比索,是基于1821 年到 1822 年的数值。古登堡的 1837 年数据不包括对智利的出口(大约50 万比索)。

米切尔(2007)有从 1863 年开始至 1900 年(及以后)的大部分年份里按现行索尔计算的数据系列。但 1883 年到 1886 年的数据明显是错的,而且没有1880 年到 1882 年间的数据。这些数据来自兰德尔(1977)。我用了他的到1878 年的数据(1877 年除外,见下文),并用插值法填补了缺漏的数据。在秘鲁(1940),有 1877 年、1887 年和 1890 年以后的数据(以秘鲁磅为单位),我使

---

① 　索尔为秘鲁旧货币单位(译者注)。

用了这些数据。最主要缺漏数据的年份是 1880 年到 1886 年,以及 1888 年到 1889 年。这些年份的情况,我使用了索普和贝尔特兰(1978)的数据,因为他们是根据 8 种主要商品的数量和价格来估算出口价值的。这个数据系列是到岸价格,但它不包括鸟粪和少量出口。他们两人的报告都给出了秘鲁(1940 年)这些年相似的结果,所以我未加调整地使用了缺失的这些年份的数据。

从 1896 年起,我用的是塞米纳里奥和贝尔特伦(1998)记载的数据,那些数据都是以现行美元来计算的。从 1900 年开始,也有蒙得维的亚-牛津拉丁美洲经济数据库以美元计算的数据和米切尔(2007)以索尔计算的数据。还有秘鲁(1940),数据以秘鲁镑(Lp)表示,从 1920 年起,由于公布的数据存在失真的情况,因此对数字做了调整。秘鲁的部分(1940)不包括 1877 年从塔拉帕卡省出口的硝酸盐,但这个省直到 1884 年才割让给智利,价值是 300 万英镑。

1898 年秘鲁镑被引入,其价值为 10 索尔(例如,240 便士=1 英镑)。当 1898 年以前的数据用秘鲁镑给出时,我就除以 4.86。从 1900 年开始,我换算成索尔,并除以索尔兑美元的汇率。这与当年秘鲁实行金本位制时,与美元兑英镑的汇率相乘得到的结果相同,但两者的汇率自 1915 年起开始偏离。

收入与支出

博尼利亚(1985),第 544—545 页,记载了 19 世纪 20 年代以比索计算的数据。这些数据似乎很高,也不可相信,因为在这些年份里还没有预算。例如,1829 年的收入是 7,962,720 比索。由于人口约为 150 万,这意味着人均收入至少为 5 美元,这是不现实的(其他国家参见表 A.3.3)。

古登堡(1989),第 10 页,记载了 1831 年的收入数据,但这是一个预算的数字,而不是实际数据。古登堡表示实际收入要少得多,所以我将它从 330.9 万美元减到了 25 万美元。古登堡在他的书(1989)里面也有一个 1831 年的支出数据,出于同样的原因我将它从 497.3 万美元减为 400 万美元。至于1820 年,我估算价值为 200 万美元,并根据对外贸易的增长估算了从 1821 年至 1831 年的收入和支出。请注意,当时比索和美元的价值相当。

古登堡(1989)也有 1846 年和 1850 年的数据。我使用这些未加调整的数据,但它们是预算数字。米切尔(2007)有从 1846 年到 1864 年大部分年份里按比索计算的数据,但是这些值涵盖了两年,必须除以 2。我在古登堡没有估算的地方使用了这些数据,并且用插值法补上了缺漏的数据。

米切尔(2007)则有 1869 年至 1880 年按索尔计算的数据,也都涵盖两年。然而,1873 年到 1874 年的数据很低,这肯定是错误的,因为对外贸易并没有崩溃。所以,我忽略了那些年份,并代之以插值法。米切尔的数据系列又有从 1887 年开始的数据,以及 1891 年之后的年度数据。1895 年缺漏数据。从 1900 年开始的数据系列来自蒙得维的亚-牛津拉丁美洲经济数据库。

汇率

在 1862 年索尔发行之前,可以有把握地假定比索兑美元是等价的。索尔是按照 0.8 发行的(即 20％的重新估价)。这种情况可以假设一直到 1873 年都保持不变。索普和贝尔特兰(1978)给出了 1883 年、1887 年索尔与英镑的市场汇率,以及从 1890 年开始直到 1898 年引入金本位制的年度汇率。缺漏的数据已用插值法填补。蒙得维的亚-牛津拉丁美洲经济数据库记载了从 1900 年以来索尔兑美元的汇率。从 1898 年至 1914 年,它的汇率固定在2.06。秘鲁镑是在 1898 年发行的,相当于 10 索尔(即 240 便士),这意味着从 1898 年至 1914 年,它与英镑的汇率完全相等。

乌拉圭

517 乌拉圭不在拉美八国之列,因为它不是较大的拉丁美洲国家。尽管第一次世界大战前,其经济表现吸引了大量的注意力,因为它被认为是一个成功的案例——至少在 1850 年以后。然而,要从数量上证明这一点是困难的,因为在 1870 年以前是不可能构建国内生产总值的估算值的。但是,编制该国的人口、人均出口和人均收入的数据系列还是可能的,因此我将乌拉圭列入表 A.3.1 到 A.3.3,但未将其算入拉美八国的平均值。

麦迪逊有以 1870 年为起点的人均国内生产总值的数据系列(按 1990 年国际元为基准单位),这是基于贝尔托拉等(1998)的研究,后者在官方数据系列出现之前,为乌拉圭构建国内生产总值数据做了开创性的尝试。同一数据系列,按 1970 年的物价水平计算,可以在蒙得维的亚-牛津拉丁美洲经济数据库中找到 1900 年以来的数据,贝尔托拉等人(1998)便是以此作为资料来源。

如果以不变的 1990 年国际元为基准单位来表示的话,就像麦迪逊使用贝尔托拉等人(1998)的数量指数所做的那样,1870 年乌拉圭和美国人均国内生产总值的比率接近 90%。而到第一次世界大战之前,这一比率降到 60% 多一点,这颇令人费解,因为这一时期(1870—1913)被认为是乌拉圭的"黄金时代"。因此,我只用贝尔托拉等人(1998)的数据系列来估算 1912 年和 1928 年的人均国内生产总值(参见附录四)。

人口

贝尔托拉等人记载了从 1870 年开始的数据系列,这可以用来纠正之前各种错误的估算,但很难找到 1870 年以前的准确数据。马尔霍尔和马尔霍尔(1885)记载了 1791 年和 1829 年(独立后不久)的数据,当时乌拉圭还是拉普拉塔总督辖区的一部分,1820 年到 1828 年缺漏的数据已用插值法填补。阿塞韦多(1902)记载了 1835 年的人口普查数据。林奇(1985b)记载了 1840 年的数据。美洲共和国署记载了 1852 年的数据,这是一个人口普查数据。然后,1830—1834 年以及 1841—1851 年缺漏的数据已经用插值法填补。请注意,如果使用林奇的数据,可以发现 19 世纪 40 年代大战争期间,人口有所下降。这可能是正确的,因为战争的破坏性很大,而且也会减少移民的净流入。

阿塞韦多(1902)或美洲共和国署(1892j)或两者同时记载了 1860 年(也是一次人口普查)、1873 年、1877 年和 1879 年的确切数据。1870 年,也是贝尔托拉等人(1998)记载的数据起始点,缺漏的数据已用插值法填补。由于 1850 年的人口数据不确定,我以 1860 年为起点,计算到第一次世界大战的人口年增长率(参见表 3.3)。

出口与进口

518

阿塞韦多(1933)第 1 卷第 352—353 页和第 417 页,记载了 1829 年到 1834 年的总出口和出口到英国的数据。同所有其他的数据一样,它们都是用比索计算的,但这些数据可以通过除以 1.2(参见下文)换算成美元。英国的数据是最好用的,因为它们较少受到再出口的影响,而且我假定,基于同一来源的数据,英国出口占总出口的三分之一。1820 年的数据只能猜测,因为当时乌拉圭还是阿根廷的一部分。我假设乌拉圭当时的人均出口为 15 美元,这在当时的拉丁美洲来说是很高的,但是由于乌拉圭人口稀少,因此总出口仍然很低。[1]

然后,阿塞韦多(1933)第 2 卷第 452—453 页,记载了 1840 年至 1842 年

---

[1]　马尔霍尔和马尔霍尔(1885)对蒙得维的亚的统计数据仅在 1836 年就超过了阿塞韦多(1933)对全国的统计数据,因此,马尔霍尔的数据肯定包括转口(再出口)贸易,所以我忽略了这一数据。

按比索计算的数据。马尔霍尔和马尔霍尔(1885)也有 1840 年到 1850 年以比索计算的年均值,所有这些数据都高得令人怀疑,表明其中包含了再出口的数值。然而,阿塞韦多(1902)第 2 卷第 149—150 页,记载了 1840—1842 年的(年均)主要出口量,也提供了之后几年的价格。将这些数据换算成美元后得出的数字约为 200 万美元。如果这个数值是正确的,就意味着 1840 年的人均出口额是 14 美元,也就是说,几乎和我对 1820 年估计的一样。考虑到 19 世纪 20 年代乌拉圭争取独立的斗争和 19 世纪 30 年代的政局不稳所引起的动荡,这并不是没有道理的。

大战争重创了 19 世纪 40 年代的乌拉圭经济,蒙得维的亚港口也被封锁达数年之久。因此,毫不奇怪,直到 1852 年才有出口数据。阿塞韦多(1933)第 2 卷第 551 页,记载了 1852 到 1855 年的主要出口商品的数量,但是没有给出出口额,不过阿塞韦多(1933)第 3 卷第 129 页,提供了 1862 年同类出口商品的价格,我用这些数据来计算 1852 年到 1855 年的出口额,并计算出年平均值。

至于 1850 年本身,与 1840 年相比,可以有把握地假定出口有所下降,因此,我假定出口额为 150 万美元。这意味着乌拉圭的出口从 1850 年的 150 万美元增长到 1854 年的 350 万美元。这一增长可谓是快速的,但它与我们所知道的战后乌拉圭经济复苏是一致的。[1] 这也意味着 1854 年的人均出口为 23 美元,所有这一切意味着 1850 年(三年平均值)人均出口为 12.3 美元。值得注意的是,这与布尔默-托马斯(1994)记载的 54.9 美元的数值相差甚远,但也更加合理。[2]

高价比索于 1862 年开始使用,从那时起,出口不论以比索还是美元计算

519

---

[1] 例如,普拉特(1972)统计自 1854 年开始的英国从乌拉圭的进口数据,数据显示进口增长迅速。

[2] 这本书的前两版所使用的高数值是根据马尔霍尔和马尔霍尔(1885)的十年平均值计算出来的,由于"大战争"、货币贬值和再出口的影响,我无法修正这一数值。

都是等价的。米切尔(2007)和阿塞韦多(1933)记载的1862年的数据为880万美元,这意味着当年人均出口为35美元。1840—1862年,乌拉圭的出口数据十分稀少——部分原因是当时比索疲软,部分原因是"大战争"期间几乎没有任何数据公布。然而,根据阿塞韦多(1933)第2卷中记载的出口量和价格,我们在附录一中估算了1850年的出口额(参见上一段)。

1862年后,就可以使用米切尔(2007)、阿塞韦多(1933)和其他人的数据组合出一个连贯的数据系列,然而,与阿塞韦多给出的数据(1100万美元)相比,米切尔提供的1864年的数值很低(630万美元)。我使用了阿塞韦多的数据,因为它与源自普拉特的数据更一致。

芬奇(1981)提供了一个从1895年开始直到1909年的数据系列。然后,他估算了1910年出口的"真实"价值,而不是"官方"价值,我使用了这个数据系列,并在泛美联盟(1952)提供的1913年数据中插入了1911年到1912年缺漏的数据,因为"官方"数据看起来太低。从1914年开始,芬奇(1981)记载了一个数据系列,与蒙得维的亚-牛津拉丁美洲经济数据库源自威尔基(1974)的数据系列相似,但并不相同。至于1929年,我使用了泛美联盟(1952)的数据。芬奇使用比索计算,而蒙得维的亚-牛津拉丁美洲经济数据库用美元计算,但这并不是造成差异的原因,而比索计算的数据系列似乎实际上是用美元计算的。

尼恩和希尔瓦(1930)第133页有一幅曲线图,显示了自1862年以来每一年的出口情况,但从这幅图中读出年度数据是不可能的。罗滕伯格(1993)第210页也有自1830年以来的出口平均增长率,但这些增长率是长期的,是根据1862年以前的本国比索计算的。

收入与支出

早期的数据很难整合,因为并不总是很清楚这些数值是编入预算的还是实际发生的,或者是否包括了贷款或票据的问题。此外,还存在比索兑换美元的汇率问题。

　　罗滕伯格(1933)记载了1829年的数据,这比同年的阿塞韦多(1933)第1卷第435页的数据要低。由于阿塞韦多有大多数年份的数据,因此我使用他的数据。1820年的财政收入无从得知,我假定1820年的收入为40万美元,得出人均收入为6.9美元,这在当时属于较高的水平。

　　《泰晤士报》(1835年10月31日)的一则报道显示乌拉圭1829年的收入为45万美元,1835年的收入为120万美元,虽然没有明确说明,但大概是以比索计算的。第一个数值低于罗滕伯格给出的,而第二个数值高于阿塞韦多的数据。然而,这则报道的作者("一位商人")急于显示乌拉圭自独立以来的改善,并可能将贷款列入第二个数值以夸大前后的变化。

　　阿塞韦多(1933)第2卷有以比索计算的1853年至1858年的数据,我将其除以1.2换算成美元;至于1862年的数据,我是按高价比索计算来假定的。米切尔(2007)有从1869年至1870年开始的财政年度的数据(在可能的情况下,我取了两个财政年度的平均值)。除1880年和1882年至1884年,我使用了罗滕伯格(1993)的数据以外,其余年份我都使用米切尔(2007)的数据。缺漏的数据已用插值法填补。这些数据表明,从大战争结束后,按美元计算的人均收入出现快速增长,这是非常可信的。19世纪60年代的数据与马尔霍尔提供的这十年的平均数据基本一致,参见马尔霍尔和马尔霍尔(1885)。

汇率

　　从1862年引入高价比索,到第一次世界大战前,高价比索兑美元的汇率变化很小。1862年之前的十年里,1美元大约能换1.2该国比索;参见阿塞韦多(1933),第2卷,第702页,其还提供了比索与英镑的汇率。这也是1840年以前的平均汇率。然而,19世纪40年代——出于内战的缘故——比索的价值可能大幅缩水(这并非引自阿塞韦多的说法),这就是为什么在处理1840年到1850年的所有比索价值时需要十分谨慎。

委内瑞拉

　　1997 年,阿斯德鲁瓦尔·巴普蒂斯塔出版的《委内瑞拉计量经济学基础》极大地加深了人们对 19 世纪委内瑞拉经济史的理解;参见巴普蒂斯塔(1997)。这一学术成果被霍夫曼和马尔德(1998)用在他们对拉美六国进行的比较研究中的委内瑞拉这一部分里。科茨沃斯又在他的对比表格里面用了霍夫曼和马尔德(1998)的 1900 年委内瑞拉人均国内生产总值的数据。麦迪逊也使用了巴普蒂斯塔从 1900 年开始,同时包括了 1820 年和 1870 年在内的估算值,提供了委内瑞拉人均国内生产总值的年度系列数据。

521

　　巴普蒂斯塔后来修订和扩充了第一版,加上了安格斯·麦迪逊的序;本书用的就是这个版本,参见巴普蒂斯塔(2006)。但这个数据系列也不是没有问题。巴普蒂斯塔记载了以 1936 年玻利瓦尔计算的 1830 年至 1920 年国内生产总值的数据系列。然而,当换算成美元时,有些数字过低,它们表明,这在数据系列开始时,1830 年的人均国内生产总值仅为美国的 10%,这比当时所有拉丁美洲其他国家都要低得多,而且也是不可信的。

　　因此,有必要从 20 世纪开始逆向计算,因为那时的数据更可靠。我最初用了麦迪逊以 1990 年国际元为基准单位计算的 1900 年以来的人均国内生产总值。然后,我将巴普蒂斯塔按 1936 年价格计算的人均国内生产总值拼接到这个数据系列,再把这个结果和麦迪逊(同样以 1990 年国际元为基准单位计算)的美国人均国内生产总值进行了比较。我利用这一结果构建了委内瑞拉与美国人均国内生产总值的比率,这一比率在 1830 年仅略高于 20%。因为不可能将国内生产总值的数据系列推回到 1820 年,故此我认为这个比率在 1820 年至 1830 年是相同的。

　　为了检验这些数据结果,我还基于(a)人均出口(0.2)、(b)人均进口(0.4)、(c)人均收入(0.2)以及(d)人均支出(0.4),构建了 1820 年至 1900 年的

加权平均指数(权重在括号内)。然后,将其与以 1900 年国际元为不变基准
单位计算的人均国内生产总值拼接,以估算 1820 年至 1900 年的人均国内生
产总值。这种方法是使用 19 世纪的现行美元数据来估算 19 世纪的不变人
均国内生产总值,因此,这个方法很不理想。然而,对于 1820 年和 1870 年,
其和麦迪逊的不变价格数据结果是相似的。

委内瑞拉与美国人均国内生产总值之比如图 A.3.9 所示。在 19 世纪 30
年代,情况有了明显的改善,当时,由于咖啡和可可豆产量的增加,出口部门
出现了良好的记录,到 1840 年,这一比率超过了 35%。然而,19 世纪 40 年
代,委内瑞拉面临一系列的经济和政治问题,因而到 1860 年[①],这一比率回落
522 到 20%。此后一直到 19 世纪 90 年代,经济有所复苏。此后,委内瑞拉又遇
到了一系列问题,包括英、德对主要港口的轰炸。在戈麦斯总统长期执政
(1908—1935)的最初几年里,这一比率降至最低水平,随后出现小幅回升。
总的来说,如同趋势线所示,在第一次世界大战之前的 90 年里,这一比率下
降了。

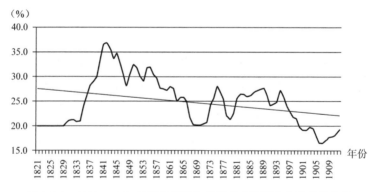

图 A.3.9　1821—1912 年委内瑞拉与美国的人均国内生产总值之比

资料来源:取自表 A.3.5,采用三年平均值。

---

① 据图 A.3.9,疑为 1870 年。——编者注

巴普蒂斯塔(2006)记载的以现行价格计算的出口始于 1830 年,所以我根据二手资料估算了 1820 年的出口值,并用插值法补上了缺失的数据。这表明,在动荡的 19 世纪 20 年代,以美元计算的人均出口(参见表 A.3.2)先是下降,然后在 19 世纪 30 年代迅速增长,到 19 世纪 40 年代再次下降。而到 19 世纪 80 年代,委内瑞拉已经取代海地成为世界第三大咖啡出口国(位列巴西和荷属东印度群岛之后),同时也是可可豆的主要出口国。

出口与国内生产总值的比率只能按照不变价格来计算,因为在 1920 年以前,国内生产总值无法以现行美元计算。巴普蒂斯塔(2006)以 1913 年的价格给出了按不变的玻利瓦尔计算的出口,因此,我重新计算了 1990 年至 1913 年的国内生产总值。1821 年至 1912 年,出口与国内生产总值的比率从 20%小幅上升至 30%。这一比率的波动性不像其他国家那么明显,因为出口和国内生产总值都是按不变价格计算的。

人口

米切尔(2007)记载了自 1810 年开始到 1900 年数年的人口数据。但1884 年实行人口普查以前的数据都不十分可靠。因此,对于 1820 年,我使用了沃克(1822)第 1 卷第 375 页中委内瑞拉各省的数据;至于 1825 年,伊泽德(1970)提供了数据;而关于 1831 年以后的数据,我使用了巴普蒂斯塔(2006)的数据。

出口与进口

523

巴普蒂斯塔(2006)记载了从 1830 年开始的按玻利瓦尔计算的年度数据。米切尔(2007)也有相同的数据,但只是针对财政年度。米切尔(2007)把1830 年至 1831 年的数据放到 1830 年,因此计算公历年 1831 年的数据需要取 1830 年和 1831 年的平均值。美洲共和国署(1892h)记载了相同财政年度以美元计算的出口。由此可以计算出隐含的汇率,并用插值法填补缺漏的汇率［巴普蒂斯塔（2006）没有 1913 年以前的汇率数据］。然后，这个被用来计算按现行美元计算的年度数据系列。

1820 年，在委内瑞拉还是大哥伦比亚的一部分的时候，出口的情况还不得而知。可以有把握地假设，与哥伦比亚一样，委内瑞拉的人均出口在 1820 年至 1830 年出现了下降。因此，我估算 1820 年的人均出口额是 2.5 美元，并用插值法填补了缺失的条目。

对于进口，我使用的是为计算出口而非进口（两者十分相似）所隐含的汇率。值得注意的是，美洲共和国署（1892h）记载的 1838 年到 1839 年的进口数据一定是错误的，而米切尔（2007）提供的 1873 年至 1874 年的进口数据也一定是错误的。我假定了 1820 年的出口和进口相等。

收入与支出

米切尔（2007）记载了自 1830 年以来按玻利瓦尔计算的财政年度的数据。由于委内瑞拉的财政年度从 7 月 1 日开始，因此我已将两年的数据取平均值。值得注意的是，米切尔将 1830 年至 1831 年的数据放在 1830 年，所以 1831 年的数据是 1830 年和 1831 年的平均值。美洲共和国署（1892h）记载了以美元计算的相同财政年度的收入，由此可以计算出隐含的汇率，这与估算的出口情况相似（参见上文）。缺漏的数据用"出口"汇率的插值法来填补。然后，使用两个财政年度的平均值，按现行美元计算出历年的年度数据系列。

米切尔所记载的收入数据系列存在一些缺漏（1863 年至 1864 年、1870 年至 1871 年、1871 年至 1872 年、1878 年至 1879 年的财政年度），我使用了这些年份的支出数据。

1820 年，在委内瑞拉还是大哥伦比亚一部分的时候，收入和支出状况无从得知。可以肯定的是，与哥伦比亚一样，1820 到 1830 年，人均收入有所下降。因此，我估算 1820 年的人均收入与人均支出为 1.5 美元，并用插值法补上了缺失的条目。

美利坚合众国

524

卡特(2006)第 3 卷记载了按现行价格和不变价格计算的(多个年份)国内生产总值和人均国内生产总值的数据系列。出于内战的原因,现行价格数据系列需要根据 19 世纪 60 年代的通货膨胀进行调整,即按市场汇率转换成英镑,然后按黄金平价折算成美元。这样,美国与拉美之间的比较实际上是用英镑进行的,但绝对值是用美元进行的。

图 A.3.1 表明,1821 年美国人均国内生产总值就已经远远高于拉丁美洲。事实上,只有古巴拥有较高的人均国内生产总值。假定拉丁美洲和美国的人均国内生产总值在 1730 年大致相等,那么这个差距一定是在随后的一个世纪里扩大的。这大致分为两个阶段:第一阶段是到独立战争(1775—1783)的中期,第二阶段是到拉丁美洲独立后的第一个十年的末期。

我们对美国第二阶段经济表现的了解要比第一阶段多,因为有对这些年份的人均国内生产总值的估算。[①] 这些可以汇集在一起来绘制从 1774 年到 1830 年按不变价格计算的美国人均国内生产总值的增长(参见图 A.3.10)。

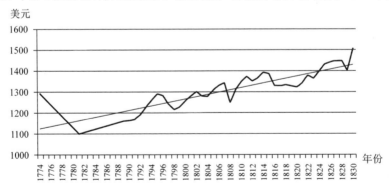

图 A.3.10　1774—1830 年美国人均国内生产总值(1996 年价格)

资料来源:取自卡特(2006),第 3 卷和第 5 卷。

---

① 参见麦卡斯克(2006)。

525　　在经历了独立战争带来的不可避免的衰退之后,从 1781 年开始,美国人均国内生产总值稳步增长,仅有几次小的挫折。1780 之后的 50 年里,累计增长了近 40%。相比之下,从 18 世纪 90 年代到 19 世纪 20 年代,拉丁美洲的人均国内生产总值几乎肯定是下降了。如果累计下降幅度为 25%,那么仅凭这一点就可以解释 19 世纪 20 年代美国与拉丁美洲在国内生产总值之间的差距了。

出口与进口

所有数据均来自卡特(2006),第 3 卷和第 5 卷。

收入与支出

卡特(2006)第 5 卷记载了所有年份的联邦政府收入。然而,这主要是基于第一次世界大战之前的关税,而且贸易增长没有像国内生产总值增长得那么快。因此,美国联邦政府的人均收入非常低——甚至与拉丁美洲相比也是如此。联邦政府人均收入如表 A.3.3 所示,其中 19 世纪 60 年代的数据因通货膨胀而做了调整(参见上文),但重要的是要记住,在美国,州税和地方税也很重要。卡特(2006)第 5 卷给出了 1900 年以前每十年的年度数据,偶尔也有从 1930 年起的年度数据。以下是经 19 世纪 60 年代的通货膨胀调整后的数据(人均美元),以便与表 A.3.3 中的拉美国家进行比较:

年份	联邦	州	地方	总计
1820	1.9	0.56	0	2.4
1830	1.9	0.54	0	2.5
1840	1.1	0.88	1.23	3.2
1850	1.9	0.93	1.23	4.0
1860	1.8	1.72	2.17	5.7
1870	9.0	2.0	4.8	15.8
1880	6.7	1.7	4.98	13.3
1890	6.4	1.84	5.96	14.2
1900	7.5	2.43	8.83	18.7

汇率

美元的汇率引自卡特(2006)第 5 卷。

附录四　1900 年以来拉丁美洲的人均国内生产总值

　　从这本书的第一版于 1994 年出版以来,我们对拉丁美洲的人均国内生产总值的认识已经有了相当大的进步——尤其是对 1950 年以前的年代。与此同时,信息现在可以通过互联网以电子的方式获得,这种方式使跨空间和跨时间的比较更加容易。本附录将这些信息汇集在了一个方便查询的地方。

　　起点是世界银行网站上的世界发展指数(World Development Indicators),上面有所有 20 个拉丁美洲共和国的人口和国内生产总值的数据,从 1960 年的人均 2000 美元开始。[①] 仅有的缺漏是 1960 年到 1969 年的古巴和 1960 年到 1990 年的海地的数据,我用布尔默-托马斯(2012)记载的数据来填补。世界发展指数有美国的可比数据,所以拉美国家和美国人均国内生产总值之比很容易计算出来。

　　从 1900 年到 1960 年,其基本数据来源是蒙得维的亚-牛津拉丁美洲经济数据库,它是基于各种官方和非官方的二手资料。蒙得维的亚-牛津拉丁美洲经济数据库里有人口数据和按 1970 年国内价格计算的国内生产总值,以及名义汇率,因此,这些信息(取决于质量——参见下文)可以用来为每一个国家构建一个索引,并将其与世界发展指数的数据连接起来。结果是,1900—2011 年,人均国内生产总值为 2000 美元。如果取三年平均值,给出的是 1901—2010 年的结果。

　　在蒙得维的亚-牛津拉丁美洲经济数据库里,并非记载了所有国家自 1900 年以来的国内生产总值数据。5 个中美洲共和国是从 1920 年开始的,巴拉圭始于 1938 年,玻利维亚、多米尼加共和国、海地和巴拿马始于 1945 年。此外,没有关于波多黎各的数据。由此便只剩下 10 个国家(阿根廷、巴

---

　　① 另一个非常有用的来源,始于 1950 年,是拉美经委会(2009)。这被用于贝尔托拉和奥坎波 (2012)的表 A.1 和 A.2 中对自 1870 年以来国内生产总值和人均国内生产总值的估算。

西、智利、哥伦比亚、古巴、厄瓜多尔、墨西哥、秘鲁、乌拉圭和委内瑞拉）。然而,1950 年以前厄瓜多尔的数据系列不能使用,因为它太具有推测性。因此,我用其余拉美九国的平均值,按人口加权,构建了 1900 年到 1960 年其与美国的人均国内生产总值之比。拉美九国几乎代表了该地区近 90％的人口。

在某些情况下,蒙得维的亚-牛津拉丁美洲经济数据库中的国内生产总值的数据现在可以被更可靠的系列数据取代。关于智利的数据,我用的是迪亚兹、卢德思和瓦格纳(1988)的资料;关于哥伦比亚的数据,用的是中央银行经济增长研究小组(2002)的资料。在这两种情况下,我都构建了连接到 1960 年的量化指数。在哥斯达黎加的数据系列中有一个转录的错误,因此,我使用了原始资料(布尔默-托马斯,1987),将购买力平价汇率调整为官方汇率。至于古巴,德弗罗和沃德(2012)构建了一个新的数据系列。这个系列以 1902 年为起始点,使用了详细的量化指数来构建国内生产总值的指数。我将其与比达尔和丰达多拉(2008)记载的始于 1950 年的数据相连接,再将其与世界发展指数提供的始于 1970 年的数据系列相连接,并且是以美元计算的 2000 年的价格。对于 1960 年以前的古巴人口,我使用了布尔默-托马斯(2012)记载的数据系列。这使得从 1902 年到 2011 年的人均国内生产总值按 2000 美元来计算。我使用布尔默-托马斯(2012)记载的人均出口(按不变价格计算)大致计算了 1900 年至 1901 年缺失的条目。

表 A.4.1 列出了各国和美国不同年份的结果。它们受到世界银行所选择的基准年(2000 年)的影响,给予特定部门的权重,但更重要的是所采用的汇率。例如,阿根廷 2000 年的汇率过高,而智利则没有。当采用购买力平价汇率时,这个问题在一定程度上得到了解决(参见下文)。

表 A.4.1 中的数据显示 1901 年阿根廷是拉丁美洲最富裕的国家,乌拉圭紧随其后。鉴于这两个国家在 19 世纪下半叶的显著发展,这似乎是合理的。接下来是古巴,但相差甚远,其人均国内生产总值不到阿根廷的 40％。鉴于第二次独立战争所造成的破坏和古巴自 19 世纪 70 年代以来所面临的困难,

表 A.4.1　1901 年、1912 年、1928 年、1960 年、1980 年、2000 年和 2010 年的
人均国内生产总值(按 2000 年美元价格计算)

国家/地区	1901 年	1912 年	1928 年	1960 年	1980 年	2000 年	2010 年
阿根廷	2766	3643	4068	5212	7298	7606	10761
玻利维亚				891	1077	1008	1237
巴西	486	596	752	1441	3385	3661	4648
智利	962	1255	1342	1819	2475	4862	6434
哥伦比亚	322	386	724	1193	2008	2502	3255
哥斯达黎加			1083	1752	3158	4061	5220
古巴	1027	1240	1436	1528	2611	2730	4510
多米尼加共和国				892	1798	2759	4011
厄瓜多尔				808	1363	1302	1735
萨尔瓦多			786	1444	1891	2208	2557
危地马拉			687	965	1662	1709	1868
海地				590	635	421	384
洪都拉斯			756	740	1123	1132	1395
墨西哥	934	1121	1317	2439	5027	5694	6078
尼加拉瓜			667	932	1000	773	908
巴拿马				1738	3255	3904	6165
巴拉圭				677	1388	1348	1571
秘鲁	495	589	991	1640	2292	2043	3167
乌拉圭	2109	2757	3459	4172	5544	6875	9020
委内瑞拉	539	674	1982	5466	5923	4814	5634
拉丁美洲[a]	**889**	**1135**	**1403**	**2160**	**3664**	**3955**	**4886**
美国	4645	5323	6800	13729	22841	34750	37187
比率	19.1	21.3	20.6	15.7	16.0	11.4	13.1

　　[a] 按人口加权。

这也是说得通的。在我们有数据的 9 个共和国中,1901 年人均国内生产总值最低的是哥伦比亚。

　　到 1912 年,拉美九国在表 A.4.1 中的相对排位几乎没有变化。[①] 然而,到 1928 年,由于始于 1917 年的石油出口,委内瑞拉已经超越其他国家,在

---

① 按现行价格计算,1912 年前后的人均国内生产总值的数据如表 A.2.1 所示。它们的排名与按不变价格计算的数据类似,但按现行价格计算,古巴是第二名,而不是第三名。

人均国内生产总值方面跃居第三。到下一个基准年,1960 年,委内瑞拉成了拉丁美洲地区人均国内生产总值最高的国家,但在 1980 年又被阿根廷超越。从那时所有国家报告的人均国内生产总值来看,海地的排名最低。

拉丁美洲与美国的人均国内生产总值之比如图 A.4.1 所示。这一比率 *529* 从 1901 年开始,大约在 20％左右,类似于图 A.3.1 中的比率,它使用不同的基准年份并混合使用了现行价格和不变价格,然后,经过整个 19 世纪 20 年代,甚至是大萧条时期的最糟糕的年代,还是出现了小幅的改善。然而,在 1945 年达到最低水平之前,这一比率曾大幅下降。这与拉丁美洲的糟糕表现关系不大,而更多地与美国经济在"新政"期间的复苏和在第二次世界大战期间的繁荣有关。

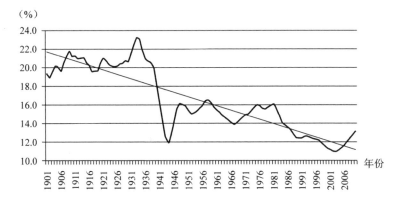

图 A.4.1　1901—2010 年拉丁美洲与美国的人均国内生产总值之比

资料来源:取自作者在本附录列出的资料,采用三年平均值。

此后,这一比率开始小幅上升,直到 1980 年债务危机的爆发。这对拉丁美洲经济表现产生了非常严重的影响,与此同时,美国经济继续扩张。这一比率在 2003 年降到历史最低,之后又开始了一轮小幅的复苏。在整个时期(1901—2010),如趋势线所示,拉美地区与美国的人均国内生产总值之比大幅下降。即使观察到的这个趋势线自 2003 年以后仍然持续上扬,拉丁美洲要达到第一次世界大战前与美国的比率,尚需时日。

图 A.4.1 中的比率是用官方汇率来表示的。如果采用购买力平价汇率,这种比较对拉丁美洲更有利。这一比率,按 2005 年不变购买力平价美元计算,如图 A.4.2 所显示的 1981—2010 年的数据,而且表明在债务危机 *530* 前夕的 1981 年,这一比率接近 30%。然而,在之后的 20 年这一比率急剧下滑,在 2003 年之后才有所复苏。

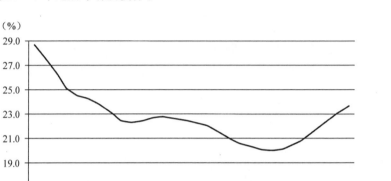

图 A.4.2 1981—2010 年按 2005 年购买力平价汇率计算的

拉丁美洲与美国人均国内生产总值之比

资料来源:世界发展指数,采用三年平均值。

参考文献

电子资源

Cambridge University Press (CUP). http：//www.cambridge.org/ 9780521145602

Instituto Nacional de Estadística Geografía e Informfática (INEGl). http：//www.inegi. gob.mx/

Maddison，Angus. http：//www.conference-board.org/data/economydatabase

Montevideo-Oxford Latin American Economic Database (MOxLAD). www.lac.ox.ac.uk/ moxlad-database

United Nations Conference on Trade and Development (UNCTAD). http：//unctad.org/ en/Pages/Statistics.aspx/

World Bank，World Development Indicators (WDI). http：//databank.worldbank.org/

其他资料

Abente，D.(1989). " Foreign Capital，Economic Elites and the State in Paraguay during the Liberal Republic (1870-1936)." *Journal of Latin American Studies* 21 (1)：61-88.

Abreu，M. de P.(2000). " Argentina and Brazil during the 1930s：The Impact of British and US International Economic Policies." In Thorp，R. (ed.)，*Latin America in the 1930 s：The Role of the Periphery in World Crisis*. Basing-stoke：Palgrave.

Abreu, M. de P., and Bevilaqua, A. (2000). " Brazil as an Export Economy, 1880-1930." In Cardenas, E., Ocampo, J., and Thorp, R. (ede.), *An Economic History of Twentieth Century Latin America*. Vol. 1, *The Export Age: The Latin American Economies in the Late Nineteenth and Early Twentieth Centuries*. Basingstoke: Palgrave.

Acemoglu, D., Johnson, S., and Robinson, J. (2001). " The Colonial Origins of Comparative Development: An Empirical Investigation." *American Economic Review* 91(5):1369-1401.

Acemoglu, D., Johnson, S., and Robinson, J. (2002). "Reversal of Fortune: Geography and Institutions in the Making of the Modern World Income Distribution." *Quarterly Journal of Economics* 117(4): 1231-94.

Acevedo, E. (1902). *Historia económica de la República de Uruguay*. 2 vols. Montevideo: El Siglo Ilustrado.

Acevedo, E. (1933). *Anales históricos del Uruguay*. 6 vols. Montevideo: "Casa A. Barreiro y Ramos."

Adams, F. (1914). *Conquest of the Tropics*. New York: Doubleday.

Alberro, J. (1987). " La dináimica de los precios relativos en un ambiente inflacionario." *Estudios Económicos*, Numero Extraordinario (Octubre): 267-304.

Albert, B. (1988). *South America and the First World War: The Impact of the War on Brazil, Argentina, Peru and Chile*. Cambridge: Cambridge University Press.

Alhadeff, P. (1986). " The Economic Formulae of the 1930s; a Reassessment." In Di Tella, G., and Platt, D.C.M. (eds.), *The Political Economy of Argentina, 1880-1946*. Basingstoke: Macmillan.

Alienes, J. (1950). *Características fundamentales de la economía cubana*. Havana: Banco Nacional de Cuba.

Alvaredo, F., Atkinson, A., Piketty, T., and Saez, E. (2012). *The World Top Incomes Database*. http: //topincomes.g-mond.parisschoolofeconomics.eu/

Amadeo, E., et al. (1990). *Inflación y estabilización en América Latina: nuevos modelos estructuralistas*. Bogotá: Tercer Mundo Editores.

Andrews, G.R. (2004). *Afro-Latin America, 1800-2000*. Oxford: Oxford University Press.

Anna, T.(1985). " The Independence of Mexico and Central America." In Ber-
hell, L. (ed.), *The Cambridge History of Latin America*. Vol.3, *From
Independence to c.1870*. Cambridge: Cambridge University Press.

Arias de Blois, J.(1995). " Demografía." In Herrarte, A. (ed.), *Historia Gen-
eral de Guatemala*. Tomo 4, *Desde La Republica Federal basta 1898*. Gua-
temala: Asociación de Amigos del País, Fundación para la Cultura y el De-
sarrollo.

Arias de Blois, J.(1996)." Demografía." In Contreras, J.D. (ed.), *Historia
General de Guatemala*. Tomo 5, *Epoca Contemporánea: 1898- 1944*. Gua-
temala: Asociación de Amigos del País, Fundación para la Cultura Y el De-
sarrollo.

Arndt, H.W.(1985). " The Origins of Structuralism." *World Development* 13
(2):151-59.

Arriaga, E.(1968). *New Life Tables for Latin American Populations in the
Nineteenth and Twentieth Centuries*. Berkeley and Los Angeles: University
of California.

Ascher, W.(1984). *Scheming for the Poor: The Politics of Redistribution in
Latin America. Cambridge*, Mass.: Harvard University Press.

Bacha, E.(1977). " Issues and Evidence in Recent Brazilian Economic Growth."
World Development 5 (1-2): 47-67.

Badia-Miró, M., and Carreras-Marín, A.(2012). " Latin America and Its Main
Trade Partners. 1860-1930: Did the First World War Affect Geographical
Patterns?" In Yáñez, C., and Carreras, A.(eds.), *The Economies of Latin
America: New Cliometric Data*. London: Pickering and Chatto.

Baer, W.(1969). *The Development of the Brazilian Steel Industry*. Nashville,
Tenn.: Vanderbilt University Press.

Baer, W. (1983). *The Brazilian Economy: Growth and Development*. New
York: Praeger.

Baer, W.(ed.)(1998). " The Changing Role of International Capital in Latin A-
merica." *Quantitative Review of Economics and Finance* 38(3).

Baer, W., and Birch, M. H.(1984). " Expansion of the Economic Frontier:
Paraguayan Growth in the 1970s."*World Development* 12(8): 783-98.

Bairoch, P., and Etemard, B.(1985). *Commodity Structure of Third World*

Exports. Geneva: Libraire Droz.

Bairoch, P., and Lévy-Leboyer, M.(eds.)(1981). *Disparities in Economic Development since the Industrial Revolution*. Basingstoke: Macmillan.

Bairoch, P., and Toutain, J. (1991). *World Energy Production*. Geneva: Libraire Droz.

Bakewell, P. (1984). "Mining in Colonial Spanish America." In Bethell, L. (ed.), *The Cambridge History of Latin America*. Vol.2, *Colonial Latin America*. Cambridge: Cambridge University Press.

Balassa,B., et al.(1986). *Towards Renewed Economic Growth in Latin America: Summary, Overview and Recommendations*. Washington, D.C.: Institute for International Economics.

Balasubramanyam, V.(1988). " Export Processing Zones in Developing Countries: Theory and Empirical Evidence." In Greenaway, D. (ed), *Economic Development and International Trade*. Basingstoke: Macmillan.

Balbin, P. F., Salvucci, R., and Salvucci, L. (1993). " El caso cubano: exportación e independencia." In Prados de la Escosura, L., and Amaral, S. (eds.), *La Independencia americana: consecuencias económicas*. Madrid: Alianza Editorial.

Ballesteros, M., and Davis, T. E.(1963). " The Growth of Output and Employment in Basic Sectors of the Chilean Economy.1908-1957." *Economic Development and Cultural Change* 11: 152-76.

Banco Central de la República Argentina(1975). *Sistema de cuentas del producto e ingreso de la Argentina*. Buenos Aires: Banco Central de la República Argentina, Gerencia de Investigaciones Económicas.

Banco de Guatemala(1989). *Banca Central*, No.1. Guatemala City: Banco de Guatemala.

Banco de la República (1990). *El Banco de la República: Antecedentes, evolución y estructura*. Bogotá: Banco de la República.

Banque Nationale de la République d'Haïti(1948). *Annual Report of the Fiscal Department for the Fiscal Year October 1947-September 1948*. Port-au-Prince.

Baptista, A.(1997). *Bases cuantitativas de la economía Venezolana, 1830- 1995*. Caracas: Ediciones Fundación Polar.

Baptista, A.(2006). *Bases cuantitativas de la economía Venezolana*, *1830- 2002*. Caracas: Fundación Empresas Polar.

Barbier, E.B.(1989). *Economics*, *Natural-Resource Scarcity and Development*. London: Earhscan.

Barraclough, s. (ed.) (1973). *Agrarian Structure in Latin America*. Lexington, Mass.: Heath.

Batou, J.(1990).*One Hundred Years of Resistance to Underdevelopment*. Geneva: Libraire Droz.

Batou, J. (1991). *Between Development and Underdevelopment*. Geneva: Libraire Droz.

Bauer, A.(1986). " Rural Spanish America, 1870-1930." In Bethell, L.(ed.), *The Cambridge History of Latin America*. Vol. 4, c. 1870-1930. Cambridge: Cambridge University Press.

Bauer Paíz, A.(1956).*Cómo opera el capital yanqui en Centroamérica (el caso de Guatemala)*. Mexico, D.F.: Editorial Ibero-Mexicana.

Bazant, J.(1985). "Mexico from Independence to 1867." In Bethell, L.(ed.), *The Cambridge History of Latin America*. Vol.3, *From Independence to c.1870*. Cambridge: Cambridge University Press.

Beatty.E. (2000). " The Impact of Foreign Trade on the Mexican Economy: Terms of Trade and the Rise of Industry, 1880-1923."*Journal of Latin American Studies* 32(2): 399-434.

Beckerman, P.(1989). "Austerity, External Debt, and Capital Formation in Peru." In Handelman, H., and Baer, W. (eds.), *Paying the Costs of Austerity in Latin America*. Boulder, Colo.: Westview.

Benoit, P. (1954). *1804-1954: cent cinquante ans de commerce exterieur d'Haiti* . Port-au-Prince: Institut Haitien de Statistique.

Berend, I.T.(1982). *The European Periphery & Industrialization: 1780-1914*. Cambridge: Cambridge University Press.

Bergad, L. (1983). *Coffee and the Growth of Agrarian Capitalism in Nineteenth Century Puerto Rico*. Princeton, N. J.: Princeton University Press.

Bergquist, C.(1978). *Coffee and Conflict in Colombia*, *1886- 1910*. Durham, N.C.: Duke University Press.

Bergsman, J.(1970). *Brazil: Industrialization and Trade Policies*. London: Oxford University Press.

Berry, A.(1983). " A Descriptive History of Colombian Industrial Development in the Twentieth Century." In Berry, A. (ed.), *Essays on Industrialization in Colombia*. Tempe: Center for Latin American Studies, Arizona State University.

Berry, A.(1987). " The Limited Role of Rural Small-Scale Manufacturing for Late-Comers: Some Hypotheses on the Colombian Experience." *Journal of Latin American Studies* 19(2): 279-94.

Berry, A.(ed.)(1998). *Poverty, Economic Reform and Income Distribution in Latin America*. Boulder, Colo.: Lynne Rienner.

Berry, A., and Cline, W.(1979). *Agrarian Structure and Productivity in Developing Countries*. Baltimore: Johns Hopkins University Press.

Bétola, L., Calicchio, L., Camou, M.M., and Rivero, L.(1998). *El P B I uruguayo 1870- 1936 y otras estimaciones*. Montevideo: Facultad de Ciencias Sociales, Programa de Historia Económica y Social.

Bértola, L., and Ocampo, J.(2012). *The Economic Development of Latin America since Independence*. Oxford: Oxford University Press.

Bértola, L., and Williamson, J.(2006). " Globalization and Inequality." In Bulmer Thomas, V., Coatsworth, J. H., and Cortés Conde, R. (eds.), *The Cambridge Economic History of Latin America*. Vol. 2, *The Long Twentieth Century*. Cambridge: Cambridge University Press.

Bethell, L.(1970). *The Abolition of the Brazilian Slave Trade*. Cambridge: Cambridge University Press.

Bethell, L.(1985). " The Independence of Brazil." In Bethell, L.(ed.), *The Cambridge History of Latin America*. Vol. 3, *From Independence to c. 1870*. Cambridge: Cambridge University Press.

Bethell, L.(ed.)(1991). *The Cambridge History of Latin America*. Vol. 8, *Latin America since 1930: Spanish South America*. Cambridge: Cambridge University Press.

Bethell, L.(2010). " Brazil and'Latin America.' " *Journal of Latin American Studies* 42(3): 457-86.

Bethell, L., and Roxborough, I.(1988). "Latin America between the Second

World War and the Cold War: Some Reflections on the 1945-8 Conjuncture." *Journal of Latin American Studies* 20 (1): 167-89.

Bethell, L., and Roxborough, I. (1992). *Latin America between the Second World War and the Cold War, 1944- 1948.* Cambridge: Cambridge University Press.

Blakemore, H.(1974). *British Nitrates and Chilean Politics, 1886- 1896: Balmaceda and North.* London: Athlone.

Blakemore, H.(1986). " Chile from the War of the Pacific to the World Depression, 1880-1930." In Bethell, L.(ed.), *The Cambridge History of Latin America.*Vol.5, *c.1870 to 1930.* Cambriage: Cambridge University Press.

Blaug, H. (1976). *Economic Theory in Retrospect.* 3rd ed. Cambriage: Cambridge University Press.

Blomsrröm, M.(1990). *Transnational Corporations and Manufacturing Exports from Developing Countries.* New York: United Nations.

Blomström, M., and Meller, P.(eds.)(1991). *Diverging Paths: Comparing a Century of Scandinavian and Latin American Economic Development.* Washington, D.C.: Inter-American Development Bank.

Bocco, A.M.(1987). *Auge petrolero, modernización y subdesarrollo: El Ecuador de los años setenta.* Quito: Corporación Editora Nacional.

Bogart, E. L.(1908). *The Economic History of the United States.* London: Longmans.

Boloña, C.(1981). " Tariff Policies in Peru, 1880-1980." D. Phil. diss., Oxford University.

Bonilla. H.(1985). " Peru and Bolivia from Independence to the War of the Pacific." In Berhell, L.(ed.), *The Cambridge History of Latin America.*Vol.3, *From Independence to c.1870.* Cambridge: Cambridge University Press.

Booth, J.A.(1982). *The End and the Beginning-The Nicaraguan Revolution.* Boulder, Colo.: Westview.

Bourgade, E. de (1892). *Paraguay: The Land and the People, National Wealth and Commercial Capabilities.* London: George Philip.

Bouzas, R., and Soltz, H.(2001). " Institutions and Regional Integration: The Case of MERCOSUR." In Bulmer-Thomas, V. (ed.), *Regional Integration in Latin America and the Caribbean: The Political Economy of Open*

Regionalism. London: Institute of Latin American Studies.

Brading, D.(1978). *Haciendas and Ranchos in the Mexican Bajío: León, 1700-1860*. Cambridge: Cambridge University Press.

Bratter, H.(1939). " Foreign Exchange Control in Latin America." *Foreign Policy Report* 14(23): 274-88.

Braun-Llona, J., Braun-Llona, M., Briones, I., Díaz, J., Lüders, R., and Wagner, G.(2000). *Economía Chilena 1810- 1995. Estadísticas Históricas*. Santiago: Instituto de Economia, Pontificia Universidad Católica de Chile.

Broadberry, S. N. (1986). *The British Economy between the Wars: A Macroeconomic Survey*. Oxford: Basil Blackwell.

Brockett, C.D.(1988). *Land, Power and Poverty: Agrarian Transformation and Political Conflict in Central America*. Boston: Unwin Hyman.

Brogan, C.(1984). *The Retreat from Oil Nationalism in Ecuador, 1976- 1983*. London: Institute of Latin American Studies.

Brothers, D.S., and Solís, M.L.(1966). *Mexican Financial Development*. Austin: University of Texas Press.

Brown, J.(1979). *A Socio-Economic History of Argentina, 1776- 1860*. Cambridge: Cambridge University Press.

Brown, M.(2008). *Informal Empire in Latin America: Culture, Commerce and Capital*. Oxford: Blackwell.

Browning, D.(1971). *El Salvador: Landscape and Society*. Oxford: Oxford University Press.

Brundenius, C. (1984). *Revolutionary Cuba: The Challenge of Economic Growth with Equity*. Boulder.Colo.: Westview.

Brundenius, C., and Zimbalist, A.(1989). *The Cuban Economy: Measurement and Analysis of Socialist Performance*. Baltimore: Johns Hopkins University Press.

Bruno, M., Fischer, S., Helpman, E., and Liviatan, N.(eds.) (1991). *Lessons of Economic Stabilization and Its Aftermath*. Cambridge, Mass.: MIT Press.

Bruton, H.(1989). " Import Substitution." In Chenery, H., and Srinivasan, T. N. (eds.), *Handbook of Development Economics*. Vol. 2. Amsterdam: North-Holland.

Bryce, J.(1912). *South America : Observations and Impressions*. London: Macmillan.

Bucheli, M.(2005). *Bananas and Business : The United Fruit Company in Colombia. 1899-2000*. New York: New York University Press.

Buiter, W. (1983). " Measurement of the Public Sector Deficit and the Implications for Policy Evaluation and Design." *IMF Staff Papers* 30(2).

Bulmer-Thomas, I.(1965). *The Growth of the British Party System* . 2 vols. London: Baker.

Bulmer-Thomas, V.(1987). *The Political Economy of Central America since 1920*. Cambridge: Cambridge University Press.

Bulmer-Thomas, V.(1988). *Studies in the Economics of Central America*. Basingstoke: Macmillan.

Bulmer-Thomas, V. (1990a). " Honduras since 1930." In Bethell, L. (ed.), *The Cambridge History of Latin America*. Vol. 7, *Latin America since 1930 : Mexico ,Central America and the Caribbean*. Cambridge: Cambridge University Press.

Bulmer-Thomas, V. (1990b). " Nicaragua since 1930." In Bethell, L. (ed.), *The Cambridge History of Latin America*. Vol. 7, *Latin America since 1930 : Mexico , Central America and the Caribbean*. Cambridge: Cambridge University Press.

Bulmer-Thomas, V.(1994). *The Economic History of Latin America since Independence*. Cambridge: Cambridge University Press.

Bulmer-Thomas, V.(ed.)(1996). *The New Economic Model in Latin America and its Impact on Income Distribution and Poverty*. London: ILAS and Macmillan.

Bulmer-Thomas, V.(1997). " Regional Integration ln Latin America before the Debt Crisis: LAFTA , CACM and the Andean Pact." In El-Agraa, A. (ed.), *Economic Integration Worldwide*. Basingstoke: Macmillan.

Bulmer-Thomas, V.(1998). *Reflexiones sobre la Integración Centroamericana*. Tegucigalpa : Banco Centroamericana de Integración Económica.

Bulmer-Thomas, V.(2000). " Economic Performance and the State in Latin America." In Baer, W., and Love, J. L. R. (eds.) ,*Liberalization and Its Consequences: A Comparative Perspective on Latin America and Eastern*

Europe. Cheltenham: Elgar.

Bulmer-Thomas, V.(2012). *The Economic History of the Caribbean since the Napoleonic Wars*. New York: Cambridge University Press.

Bulmer-Thomas, V., Coatsworth, J.H., and Cortés Conde, R.(eds.)(2006). *The Cambridge Economic History of Latin America*. 2 vols. Cambridge: Cambridge University Press.

Bulmer-Thomas, V., and Page, S.(1999). " Trade Relations in the Americas: MERCOSUR, the Free Trade Area of the Americas and the European U-nion." In Bulmer-Thomas, V., and Dunkerley, J.(eds.), *The United States and Latin America : The New Agenda*. Cambridge, Mass.: David Rockefeller Center for Latin American Studies, Harvard University; London: Institute of Latin American Studies.

Bureau de Publicidad de la América Latina(1916-1917). El " *Libro Azul" de Panamá*. Panama City: Bureau de Publicidad de la América Latina.

Bureau of the American Republics(1892a). *Handbook of Bolivia*. Washington, D. C.: Government Printing Office.

Bureau of the American Republics(1892b). *Handbook of Costa Rica*. Washington, D. C.: Government Printing Office.

Bureau of the American Republics(1892c). *Handbook of Ecuador*. Washington, D. C.: Government Printing Office.

Bureau of the American Republics(1892d). *Handbook of Haiti*. Washington, D. C.: Government Printing Office.

Bureau of the American Republics(1892e). *Handbook of Nicaragua*. Washington, D. C.: Government Printing Office.

Bureau of the American Republics (1892f). *Handbook of Paraguay*. Washington, D. C.: Government Printing Office.

Bureau of the American Republics (1892g). *Handbook of the Argentine Republic*. Washington, D.C.: Government Printing Office.

Bureau of the American Republics (1892h). *Handbook of Venezuela*. Washington, D.C.: Government Printing Office.

Bureau of the American Republics(1892i). *Handbook of Colombia*. Washington, D.C.: Government Printing Office.

Bureau of the American Republics(1892i). *Handbook of Uruguay*. Washington,

D.C.: Government Printing Office.

Bureau of the American Republics (1904). *Honduras: Geographical Sketch, Natural Resources, Laws, Economic Conditions, Actual Development, Prospects of Future Growth*. Washington, D.C.: Government Printing Office.

Burns, E.B.(1980). *The Poverty of Progress: Latin America in the Nineteenth Century*. Berkeley and Los Angeles: University of California Press.

Burns, E. B. (1991). *Patriarch and Folk: The Emergence of Nicaragua 1798-1858*. Cambridge, Mass.: Harvard University Press.

Bushnell, D. (1970). *The Santander Regime in Gran Colombia*. Westport, Conn.: Greenwood.

Bushnell, D., and Macaulay, N. (1988). *The Emergence of Latin America in the Nineteenth Century*. New York: Oxford University Press.

Butler, W.(1901). *Paraguay: A Country of Vast Natural Resources, Delightful Climate, Law-Abiding People, and Stable Government*. Philadelphia: Paraguay Development Company.

Cantarero, L. A. (1949). " The Economic Development of Nicaragua, 1920-1947." Ph.D. diss., University of Iowa.

Cárdenas, E. (2000). " The Great Depression and Industrialization: The Case of Mexico." In Thorp, R.(ed.), *Latin America in the 1930s: The Role of the Periphery in World Crisis*. Oxford: Palgrave.

Cárdenas, E., and Manns, C.(1989). " Inflación y estabilización monetaria en México durante la revolución." *El Trimestre Económico* 56 (221): 57-79.

Cárdenas, E., Ocampo, J., and Thorp, R. (eds.) (2000). *An Economic History of Twentieth Century Latin America*. Vol. 1, *The Export Age: The Latin American Economies in the Late Nineteenth and Early Twentieth Centuries*. Basingstoke: Palgrave.

Cardoso, E.(1981). " Food Supply and Inflation." *Journal of Development Economics* 8(3): 269-84.

Cardoso, E.(1991). " From Inertia to Megainflation: Brazil in the 1980s." In Bruno, M., Fischer, S., Helpman, E., and Liviatan, N. (eds.), *Lessons of Economic Stabilization and Its Aftermath*. Cambridge, Mass.: MIT Press.

Cardoso, E., and Helwege, A.(1992). *Latin America's Economy: Diversity, Trends and Conflicts*. Cambridge, Mass.: MIT Press.

Cardoso, F. H., and Brignoli, H.(1979a). *Historia económica de América Latina*. Vol. 1, *Sistemas agrarios e historia colonial*. Barcelona: Editorial Crítica.

Cardoso, F.H., and Brignoli, H.(1979b). *Historia económica de América Latina*. Vol. 2, *Economías de exportación y desarrollo capitalista*. Barcelona: Editorial Crítica.

Cardoso, F. H., and Faletto, E.(1979). *Dependency and Development in Latin America*. Berkeley and Los Angeles: University of California Press.

Carnoy, M.(1972). *Industrialization in a Latin American Common Market*. Washington, D. C.: Brookings Institution.

Carr, R.(1984). *Puerto Rico: A Colonial Experiment*. New York: New York University Press.

Carroll, H.(1975). *Report on the Island of Porto Rico*.New York: Arno.

Carter, S.B.(2006). *Historical Statistics of the United States: Earliest Times to the Present*. 5 vols. New York: Cambridge University Press.

Catão, L. (1991). " The International Transmission of Long Cycles between 'Core' and 'Periphery' Economies: A Case Study of Brazil and Mexico. c. 1870-1940." D.Phil.diss., Cambridge University.

Centeno, M.A.(2002). *Blood and Debt: War and the Nation-State in Latin America*.University Park: Pennsylvania State University Press.

Comisión Económica para América Latina(yel Caribe) (CEPAL) (1959). *El desarrollo económico de la Argentina*.3 vols.Santiago: United Nations.

CEPAL(1976). *América Latina: Relación de precios del intercambio*.Cuadernos Estadísticos de la Cepal.Santiago: United Nations.

CEPAL (1978).*Series históricas del crecimiento de América Latina*. Cuadernos Estadísticos de la Cepal. Santiago: United Nations.

CEPAL(2001).*Panorama Social de América Latina, 2000- 1*. Santiago: United Nations.

CEPAL(2009). *América Latina y el Caribe: Series históricas de estadísticas económicas 1950- 2008*. Cuadernos Estadísticas, No.37.Santiago.

Cerdas Cruz, R.(1990). " Costa Rica since 1930." In Bethell, L.(ed.), *The*

Cambridge History of Latin America. Vol.7, *Latin America since 1930: Mexico, Central America and the Caribbean*. Cambridge: Cambridge University Press.

Chalmers, H.(1944). " Inter-American Trade Policy." In Harris, S.E.(ed.), *Economic Problems of Latin America*. New York: McGraw-Hill.

Chalmin, P.G.(1984). " The, Important Trends in Sugar Diplomacy before 1914." In Albert, B., and Graves, A.(eds.), *Crisis and Change in the International Sugar Economy, 1860-1914*. Norwich : ISC Press.

Chenery, H. (1960). " Patterns of Industrial Growth." *American Economic Review* 50(3): 624-54.

Chowning, M.(1990). " The Management of Church Wealth in Michoacán, Mexico, 1810-1856: Economic Motivations and Political, Implications." *Journal of Latin American Studies* 22(3): 459-96.

Clarence-Smith, W.(2000). *Cocoa and Chocolate, 1765-1914*. London: Routledge.

Clarence-Smith, W.G., and Topik, S.(2003). *The Global Coffee Economy in Africa, Asia and Latin America, 1500-1989*. Cambridge: Cambridge University Press.

Clark, V., et al.(1975).*Porto Rico and Its Problems* . New York: Arno.

Clark, W.(1911). *Cotton Goods in Latin America*. Part II.U.S. Department of Commerce and Labor, Washington, D.C.: Government Printing Offce.

Cline, W.R.(1978) " Benefits and Costs of Economic Integration in Central America." In Cline, W.R., and Delgado, E.(eds.), *Economic Integration in Central America*. Washington, D.C.: Brookings Institution.

Coatsworth, J.(1978). " Obstacles to Economic Growth in Nineteenth Century Mexico." *American Historical Review* 83(1): 80-100.

Coatsworth, J.(1981). *Growth against Development-The Economic Impact of Railroads in Porfirian Mexico*. Dekalb: Northern Illinois University Press.

Coatsworth, J. (1990). *Los Orígines del atraso: siete ensayos de historia económica de México en los siglos XVIII y XIX*. Mexico: Alianza Editorial Mexicana.

Coatsworth, J.(1993)." Notes on the Comparative Economic History of Latin America and the United States." In Bernecker, W., and Tobler, H.(eds.),

Development and Underdevelopment in America.Berlin: Walter de Gruyter.

Coatsworth, J.(1998)." Economic and Institutional Trajectories in Nineteenth-Century Latin America." In Coatsworth, J., and Taylor, A.(eds.), *Latin America and the World Economy since 1800*. Cambridge, Mass.: David Rockefeller Center for Latin American Studies, Harvard University.

Coatsworth, J.(2003)." Mexico." In Mokyr, J.(ed.), *The Oxford Encyclopedia of Economic History*.Vol.3.Oxford: Oxford University Press.

Coatsworth, J.(2005)." Structures, Endowments, and Institutions in the Economic History of Latin America." *Latin American Research Review* 40(3): 126-44.

Coatsworth, J., and Williamson, J.(2004). " Always Protectionist? Latin American Tariffs from Independence to Great Depression." *Journal of Latin American Studies* 36 (2): 205-32.

Coatsworth, J., and Williamson, J.(2004a). " The Roots of Latin American Protectionism: Looking before the Great Depression." In Estevadeordal, A., Rodrik, D., Taylor, A., and Velasco, A. (eds.), *Integrating the Americas: FTAA and Beyond*. Cambridge, Mass: David Rockefeller Center for Latin American Studies, Harvard University.

Colburn, F.D.(1990). *Managing the Commanding Heights: Nicaragua's State Enterprises. Berkeley and Los Angeles:* University of California Press.

Cole, J.A.(1985). *The Potosí Mita ,1573- 1700: Compulsory Indian Labor in the Andes*. Stanford, Calif.: Stanford University Press.

Collier, S.(1986). *The Life , Music and Times of Carlos Gardel*. Pittsburgh: university of Pittsburgh Press.

Connell-Smith, G.(1966). *The Inter-American System*. London: Oxford University Press.

Conniff, M.L.(1985). *Black Labor on a White Canal: Panama , 1904-1981*. Pittsburgh: University of Pittsburgh Press.

Consejo Monetario Centroamericano(1991). *Boletín Estadístico 1991*.San José, Costa Rica: Consejo Monetario Centroamericano.

Contreras, M.(2000). " Bolivia, 1900-39: Mining, Railways and Education." In Cardenas, E., Ocampo, J., and Thorp, R.(eds.), *An Economic History of Twentieth Century Latin America*.Vol.1.*The Export Age: The Latin A-*

merican Economies in the Late Nineteenth and Early Twentieth Centuries. Basingstoke: Palgrave.

Corden, W.M.(1971). *The Theory of Protection*. Oxford: Clarendon.

Cortés Conde, R.(1985). " The Export Economy of Argentina, 1880-1920." In Cortés Conde, R., and Hunt, S.J. (eds.), *The Latin American Economies: Growth and the Export Sector, 1880-1930*. New York: Holmes and Meier.

Cortés Conde, R. (1997). *La Economía Argentina en el Largo Plazo*. Buenos Aires: Editorial Sudamericana.

Cortés Conde, R.(2000). " The Vicissitudes of an Exporting Economy: Argentina, 1875-1930." In Cardenas, E., Ocampo, J., and Thorp, R.(eds.), *An Economic History of Twentieth Century Latin America*.Vol.1, *The Export Age: The Latin American Economies in the Late Nineteenth and Early Twentieth Centuries*. Basingstoke: Palgrave.

Cortés Conde, R.(2006). " Fiscal and Monetary Regimes." In Bulmer-Thomas, V., Coatsworth, J.H., and Corté Conde, R.(eds.), *The Cambridge Economic History of Latin America*. Vol. 2, *The Long Twentieth Century*. Cambridge: Cambridge University Press.

Cortés Conde, R.(2007). *The Political Economy of Argentina in the Twentieth Century*.Cambridge: Cambridge University Press.

Council of Foreign Bondholders (1931). *Annual Report*.London: Council of Foreign Bondholders.

Cowell, F.A.(1977). *Measuring Inequality*. Oxford: Philip Allan.

Cramer, G. (1998). " Argentine Riddle: The Pinedo Plan of 1940 and the Political. Economy of the Early War Years." *Journal of Latin American Studies* 30(3): 519-50.

Cuba (2011). *Anuario Estadístico de Cuba*. Havana: Oficina Nacional de Estadística e Información.

Cuddington, J.T., and Urzúa, C.M.(1989). " Trends and Cycles in the Net Barter Terms of Trade: A New Approach." *Economic Journal* 99 (396): 426-42.

Cukierman.A.(1988). " The End of High Israeli Inflation: An Experiment in Heterodox Stabilization." In Bruno, M., et al. (eds.), *Inflation Stabilization: The Experience of Israel, Argentina, Brazil, Bolivia and Mexico*.

Cambridge, Mass.; MIT Press.

Cumberland, W.W.(1928). *Nicaragua; An Economic and Financial Survey.* Washington, D.C.; Government Printing Office.

Dalton, L.(1916). *Venezuela.* London; T. Fisher Unwin.

Dawson, F.G.(1990). *The First Latin American Debt Crisis; The City of London and the 1822-25 Loan Bubble.* New Haven. Conn.; Yale University Press.

Dean, W.(1969). *The Industrialization of São Paulo, 1880-1945.* Austin; University of Texas Press.

Dean, W.(1987). *Brazil and the Struggle for Rubber; A Study of Environmental History.* Cambridge; Cambridge University Press.

Deas, M. (1982). " The Fiscal Problems of Nineteenth-Century Colombia." *Journal of Latin American Studies* 14 (2); 287-328.

Deas, M.(1985). " Venezuela, Colombia and Ecuador; The First Half-Century of Independence." In Bethell, L. (ed.), *The Cambridge History of Latin America* Vol.3, *From Independence to c. 1870.* Cambridge; Cambridge University Press.

Deas, M. (1986). " Colombia, Ecuador and Venezuela, c. 1880-1930." In Bethell, L. (ed), *The Cambridge History of Latin America.* Vol.5, *c. 1870-1930.* Cambridge; Cambridge University Press.

Deas, M.(ed.) (1991). *Latin America in Perspective.* Boston; Houghton Mifflin.

de Franco, M., and Godoy, R.(1992). " The Economic Consequences of Cocaine Production in Bolivia; Historical, Local and Macroeconomic Perspectives." *Journal of Latin American Studies* 24(2); 375-406.

de Janvry, A.(1990). *The Agrarian Question and Reformism in Latin America.* Baltimore; Johns Hopkins University Press.

Dell, S. (1966). *A Latin American Common Market?* London; Oxford University Press.

Della Paolera, G., and Taylor, A.M.(2001). *Straining at the Anchor; The Argentine Currency Board and the Search for Macroeconomic Stability, 1880-1935.* Chicago; University of Chicago Press.

Della Paolera, G., and Taylor, A.M.(2003). *A New Economic History of Ar-*

gentina. Cambridge: Cambridge University Press.

Del Mar Rubio, M. (n. d.). " Protectionist but Globalised? Latin American Custom Duties and Trade during the Pre-1914 belle époque. " Barcelona: Universidad Pompeu Fabra, Department of Economics and Business.

Del Mar Rubio, M., and Folchi, M.(2012). " On the Accuracy of Latin Anlerican Trade Statistics: A Non-Parametric Test for 1925." In Yáñez, C., and Carreras, A.(eds.), *The Economies of Latin America : New Cliometric Data*. London: Pickering and Chatto.

Denny, H.(1929). *Dollars for Bullets : The Story of American Rule in Nicaragua*. New York: Dial.

De Paiva Abreu, M.(2006). " The External Context." In Bulmer-Thomas, V., Coatsworth, J.H., and Cortés Conde, R.(eds.), *The Cambridge Economic History of Latin America*. Vol. 2, *The Long Twentieth Century*. Cambridge: Cambridge University Press.

De Soto, H.(1987). *El otro sendero : La revolución informal*. Buenos Aires: Editorial Sudamericana.

Devereux, J., and Ward, M.(2012). " The Road Not Taken : Pre-Revolutionary Cuban Living Standards in Comparative Perspective." *Journal of Economic History* 72 (1): 104-32.

Devlin, R., and Estevadeordal, A.(2001). " What's New in the New Regionalism in Latin America?" In Bulmer-Thomas, V.(ed.), *Regional Integration in Latin America and the Caribbean : The Political Economy of Open Regionalism*. London: Institute of Latin American Studies.

Devlin, R., and Giordano, P. (2004). " The Old and New Regionalism: Benefits, Costs, and Implications for the FTAA." In Estevadeordal, A., Rodrik, D., Taylor, A., and Velasco, A. (eds.), *Integrating the Americas : FTAA and Beyond*. Cambridge, Mass: David Rockefeller Center for Latin American Studies, Harvard University.

de Vries, M.G.(1986). *The IMF in a Changing world*. Washington, D.C.: International Monetary Fund.

de Vylder, S.(1976). *Allende's Chile*. Cambridge: Cambridge Uinversity Press.

Diakosavvos, D., and Scandizzo, P.(1991). " Trends in the Terms of Trade of Primary Commodities, 1900-1982: The Controversy and Its Origins." *Eco-*

nomic Development and Cultural Change 39(2): 231-64.

Dias Carneiro, D. (1987). " Long-Run Adjustment, the Debt Crisis and the Changing Role of Stabilisation Policies in the Recent Brazilian Experience." In Thorp, R., and Whitehead, L. (eds.), *Latin American Debt and the Adjustment Crisis*. Basingstoke: Macmillan.

Díaz, J., Lüiders, R., and Wagner, G. (1998). " Economía chilena 1810-1995: Evolución cuantitativa del producto total y sectorial. " Pontificia Universidad Católica, Instituto de Economía, Documento de Trabajo. No. 186.

Díaz-Alejandro, C.F. (1965). *Exchange Rate Devaluation in a Semi-Industrialized Country: The Experience of Argentina, 1955-1961*. Cambridge, Mass: MIT Press.

Díaz-Alejandro, C.F. (1970). *Essays on the Economic History of the Argentine Republic*. New Haven, Conn.: Yale University Press.

Díaz-Alejandro, C.F. (1976). *Colombia (Foreign Trade Regimes and Economic Development)*. New York: National Bureau of Economic Research.

Díaz-Alejandro, C.F. (1981). " Southern Cone Stabilization Plans." In Cline, W. R., and Weintraub, S. (eds.), *Economic Stabilization in Developing Countries*. Washington, D.C.: Brookings Institution.

Díaz-Alejandro, C.F. (1984). " Latin American Debt: I Don't Think We Are in Kansas Anymore. " *Brookings Papers on Economic Activity* 2.

Díaz-Alejandro, C.F. (2000). " Latin America in the 1930s." In Thorp, R. (ed.), *Latin America in the 1930s: The Role of the Periphery in world Crisis*. Basingstoke: Palgrave.

Diederich, B. (1982). *Somoza and the Legacy of US Involvement in Central America*. London: Junction.

Dietz, J.L. (1986). *Economic History of Puerto Rico: Institutional Change and Capitalist Development*. Princeton, N.T.: Princeton University Press.

Dirección General de Estadística (México) (1933). *Censo industrial*. Mexico, D. F.: Dirección General de Estadística.

Dirección General de Estadística y Censos (Costa Rica) (1930). *Anuario estadístico 1929*. San José: Dirección General de Estadística y Censos.

Dirección General de Estadística y Censos (Costa Rica) (1974). *Censo agropecuario*. San José: Dirección General de Estadística y Censos.

Directoria Geral de Estatística (1916-27). Anuário Estatístico do Brasil. Rio de Janeiro: Directoria Geral de Estatística.

Domínguez, J.(1989). *To Make a World Safe for Revolution: Cuba's Foreign Policy*. Cambridge, Mass.: Harvard University Press.

Dore, E.(1988). *The Peruvian Mining Industry: Growth, Stagnation and Crisis*. Boulder, Colo.: Westview.

Dosman, E.J.(2008). *The Life and Times of Raúl Prebisch, 1901- 1986*. Montreal: McGill-Queen's University Press.

Downes, R. (1992). " Autos over Rails: How US Business Supplanted the Brirish in Brazil, 1910-28." *Journal of Latin American Studies* 24 (3): 551-83.

Drake, P.W.(1989). *The Money Doctor in the Andes: The Kemmerer Missions, 1923-1933*. Durham, N.C.: Duke University Press.

Duncan, K., et al.(1977). *Land and Labour in Latin America: Essays on the Development of Agrarian Capitalism in the Nineteenth and Twentieth Centuries*. Cambridge: Cambridge University Press.

Dunkerley, J.(1982). *The Long War: Dictatorship and Revolution in El Salvador*. London: Junction.

Dunkerley, J. (1984). *Rebellion in the Veins: Political Struggle in Bolivia, 1952-1982*. London: Verso.

Dye, A.(2006)." The Institutional Framework." In Bulmer-Thomas, V., Coatsworth, J.H., and Cortés Conde, R.(eds.), *The Cambridge Economic History of Latin America*.Vol.2, *The Long Twentieth Century*. Cambriage: Cambridge University Press.

Eakin, M.(1989). *British Enterprise in Brazil: The St.John d'el Rey Mining Company and the Morro Velho Gold Mine, 1830-1960*. Durham, N.C.: Duke University Press.

Echeverri Gent, E.(1992). " Forgotten Workers: British West Indians and the Early Days of the Banana Industry in Costa Rica and Honduras." *Journal of Latin American Studies* 24(2): 275-308.

Economic Commission for Latin America (ECLA) (1949). *Economic Survey of Latin America, 1948*. New York: United Nations.

ECLA(1951). *Economic Survey of Latin America, 1949*. New York: United

Nations.

ECLA(1956). *Study of Inter-American Trade*. New York: United Nations.

ECLA(1959). *Inter-American Trade : Current Problems*. New York: United Nations.

ECLA(1963). *Towards a Dynamic Development Policy for Latin America*. New York: United Nations.

ECLA (1965). *External Financing in Latin America*. New York: United Nations.

ECLA(1970). *Development Problems in Latin America*. Austin: University of Texas Press.

ECLA(1971). *Income Distribution in Latin America*. New York: United Nations.

Economic Commission for Latin America and the Caribbean (ECLAC) (1988). *ECLAC 40 Years (1948-1988)*. Santiago: United Nations.

ECLAC(1989). *Statistical Yearbook for Latin America and the Caribbean, 1988*. Santiago: United Nations.

ECLAC(1992). *Statistical Yearbook for Latin America and the Caribbean, 1988*. Santiago: United Nations.

ECLAC(2001). *Statistical Yearbook for Latin America and the Caribbean, 2000*. Santiago: United Nations.

ECLAC(2011). *Preliminary Overview of the Economies of Latin America and the Caribbean, 2011*. Santiago: ECLAC/CEPAL.

ECLAC(2012). *Statistical Yearbook for Latin America and the Caribbean, 2012*. Santiago: ECLAC/CEPAL.

ECLAC(2012a). *Preliminary Overview of the Economies of Latin America and the Caribbean, 2012*. Santiago: ECLAC/CEPAL.

Edel, M.(1969). *Food Supply and Inflation in Latin America*. New York: Praeger.

Eder, G.J.(1968). *Inflation and Development in Latin America : A Case History of Inflation and Stabilization in Bolivia*. Ann Arbor: University of Michigan.

Eder, P. (1912). *Colombia*. London: T.Fisher Unwin.

Edwards, S. (1984). " Coffee, Money and Inflation in Colombia." *World Devel-*

opment 12 (11/12): 1107-17.

Edwards, S. (1989). " Exchange Controls, Devaluations and Real Exchange Rates: The Latin American Experience." *Economic Development and Cultural Change* 37(3): 457-94.

Edwards, S. (1995). *Crisis and Reform in Latin America: From Despair to Hope*. Oxford: Oxford University Press.

Edwards, S. (2010). *Left Behind: Latin America and the False Promise of Populism*. Chicago: University of Chicago Press.

Edwards, S., and Cox Edwards, A. (1987). *Monetarism and Liberalization: The Chilean Experiment*. Chicago: University of Chicago Press.

Eichengreen, B., and Portes, R. (1988). *Settling Defaults in the Era of Bond Finance*. London: Birkbeck College, Discussion Paper in Economics.

Eichengreen, B.J. (1992). *Golden Fetters: The Gold Standard and the Great Depression, 1919-1939*. New York: Oxford University Press.

Eichengreen, B.J. (2000). " U.S. Foreign Financial Relations in the Twentieth Century." In Engerman, S.L., and Gallman, R.E. (eds.), *The Cambridge Economic History of the United States*. Vol.3, *The Twentieth Century*. Cambridge: Cambridge University Press.

El-Agraa, A. (1997). " The Theory of Economic Integration." In El-Agraa, A. (ed.), *Economic Integration Worldwide*. Basingstoke: Macmillan.

El-Agraa, A.M., and Hojman, D. (1988). " The Andean Pact." In El-Agraa, A. M. (ed.), *International Economic Integration*. Basingstoke: Macmillan.

Elías, V. (1992). *Sources of Growth: A Study of Seven Latin American Economies*. San Francisco: International Center for Economic Growth.

Engerman, S., and Sokoloff, K. (2000). " Technology and Industrialization, 1790-1914." In Engerman, S., and Gallman, R. (eds.), *The Cambridge Economic History of the United States*. Vol.2, *The Long Nineteenth Century*. Cambridge: Cambridge University Press.

Engerman, S.L., and Sokoloff, K.L. (2012). *Economic Development in the Americas since 1500: Endowments and Institutions*. Cambridge: Cambridge University Press.

Enock, R. (1919). *Mexico*. London: T.Fisher Unwin.

Escudé, C. (1990). " US Political Destabilisation and Economic Boycott of Argentina during the 1940s." In Di Tella, G., and Watt, C.(eds.), *Argentina between the Great Powers, 1939-46*. Pittsburgh: University of Pittsburgh Press.

Evans, P.(1979). *Dependent Development: The Alliance of Multinational, State and Local Capital in Brazil*. Princeton, N.J.: Princeton University Press.

Ewell, J.(1991). " Venezuela since 1930." In Bethell, L.(ed.), *The Cambridge History of Latin America*. Vol.8, *1930 to the Present*. Cambridge: Cambridge University Press.

Fajnzylber, F.(1990). *Unavoidable Industrial Restructuring in Latin America*. Durham, N.C.: Duke University Press.

Farrands, C.(1982). " The Political Economy of the Multifibre Arrangement." In Stevens, C. (ed.), *EEC and the Third World: A Survey*. Vol.2, *Hunger in the World*. London: Hodder and Stoughton/ODI/Institute of Development Studies.

Fass, S.M.(1990). *Political Economy in Haiti: The Drama of Survival*. New Brunswick, N.J.: Transaction.

Fei, J., Ranis, G., and Kuo, S.(1979). *Growth with Equity: The Taiwan Case*. New York: Oxford University Press.

Felix, D., and Caskey, J.P. (1990). " The Road to Default: An Assessment of Debt Crisis Management in Latin America." In Felix, D. (ed.), *Debt and Transfiguration? Prospects for Latin America's Economic Revival*. Armonk, N.Y.: M.E. Sharpe.

Fernández-Kelly, P., and Shefner, J.(2006). *Out of the Shadows: Political Action and the Informal Economy in Latin America*. University Park: Pennsylvania State University Press.

Ferns, H.(1992). " The Baring Crisis Revisited." *Journal of Latin American Studies* 24(2): 241-73.

Ferns, H.S. (1960). *Britain and Argentina in the Nineteenth Century*. Oxford: Clarendon.

Ferreres, O.J.(2005). *Dos siglos de economía argentina, 1810- 2004: Historia argentina en cifras*. Buenos Aires: Editorial El Ateneo.

Fetter, F.(1931). *Monetary Inflation in Chile*. Princeton, N.J.: Princeton Universitv Press.

Ffrench-Davis, R.(1988). " The Foreign Debt Crisis and Adjustment in Chile: 1976-86." In Griffith-Jones, S.(ed.), *Managing World Debt*. New York: Harvester Wheatsheaf.

Ffrench-Davis, R., Muñoz, O., and Palma, J.G.(1994). " The Latin American Economies, 1950-1990." In Bethell, L.(ed), *The Cambridge History of Latin America*. Vol. 6, *Latin America since 1930: Economy , Society and Politics*. Part 1. Cambridge: Cambridge University Press.

Fields, G.S.(1980). *Poverty, Inequality and Development*. Cambridge: Cambridge University Press.

Fifer, J.V., and Pentland, J.B.(1974). *Report on Bolivia , 1827*. London: Offices of the Royal Historical Society.

Finch, M.H.J.(1981). *A Political Economy of Uruguay since 1870*. Basingstoke: Macmillan.

Finch, M.H.J.(1988). " The Latin American Free Trade Association." In El-Agraa, A.M.(ed.), *International Economic Integration*. Basingstoke: Macmillan.

Fischel, A.(1991). " Politics and Education in Costa Rica." Ph.D.diss., University of Southampton.

Fisher, J.(1985). *Commercial Relations between Spain and Spanish America in the Era of Free Trade , 1778-1796*. Liverpool: Centre for Latin American Studies, University of Liverpool.

Fisher, J.R.(1992). *Trade ,War ,and Revolution : Exports from Spain to Spanish America , 1797- 1820*. Liverpool: Institute of Latin American Studies, University of Liverpool.

Fishlow, A. (1972). " Origins and Consequences of Import Substitution in Brazil." In Di Marco, L.(ed.), *International Economics and Development*. New York: Academic.

Fishlow, A. (1973). " Some Reflections on Post-1964 Brazilian Economic Policy." In Stepan, A.(ed.), *Authoritarian Brazil : Origins , Policies , and Future*. New Haven, Conn.: Yale University Press.

Fishlow, A. (1991). " Some Reflections on Comparative Latin Anlerican Economic Performance and Policy." In Banuri, T.(ed.), *Economic Liberal-*

ization: *No Panacea. The Experiences of Latin America and Asia*.Oxford: Clarendon.

FitzGerald, E.V.K.(1976). *The State and Economic Development*: *Peru since 1968*. Cambridge: Cambridge University Press.

FitzGerald, E.V.K.(2000). " ECLA and the Theory of Import-Substituting Industrialisation in Latin America." In Cardenas, E., Ocampo, J., and Thorp, R(eds.), *An Economic History of Twentieth Century Latin America*.Vol.3, *Industrialization and the State in Latin America*.Basingstoke: Palgrave.

FitzGerald, E.V.K.(2001). " The Winner's Curse: Premature Monetary Integration in the NAFTA. " In Bulmer-Thomas, V. (ed.), *Regional Integration in Latin America and the Caribbean*: *The Political Economy of Open Regionalism*.London: Institute of Latin American Studies.

FitzGerald, H. (1992). *ECLA and the Formation of Latin American Economic Doctrine in the 1940s*. Working Paper Series, No.106. The Hague: Institute of Social Studies.

Flórez, C.E., and Romero, O.L.(2010). " La demografía de Colombia en el siglo XIX. " In Meisel Roca, A., and Ramírez, M.T.(eds.), *Economía colombiana del siglo XIX*. Bogotá: Fondo de Cultura Económica.

Fodor, J. (1986). " The Origin of Argentina's Sterling Balances, 1939-43." In Di Tella , G., and Platt, D.C.M.(eds.), *The Political Economy of Argentina , 1880- 1946*. Basingstoke: Macmillan.

Fodor, J., and O'Connell, A.(1973). " La Argentina y la economía atlántica en la primera mitad del siglo XX." *Desarrollo Económico* 13(49): 1-67.

Foner,P.S.(1963). *A History of Cuba and Its Relations With the United States*. Vol.2, *1845-1895*. New York: International.

Ford, A.G.(1962). *The Gold Standard , 1880- 1914*: *Britain , v , Argentina*. Oxford: Oxford University Press.

Fortín, C., and Anglade, C.(1985). *The State and Capital Accumulation in Latin America*.Vol.1, *Brazil , Chile , Mexico*. Pittsburgh: University of Pittsburgh Press.

Foxley, A. (1983). *Latin American Experiments in Neo-Conservative Economics*. Berkeley and Los Angeles: University of California Press.

Frank, A.G.(1969). *Capitalism and Underdevelopment in Latin America*. New York: Monthly Review Press.

Frankema, E.(2009). *Has Latin America Always Been Unequal? A Comparative Study of Asset and Income Inequality in the Long Twentieth Century*. Leiden: Brill.

Fritsch, W.(1988). *External Constraints on Economic Policy in Brazil, 1889-1930*. Basingstoke: Macmillan.

Fukuyama, F.(2008). *Falling Behind: Explaining the Development Gap between Latin America and the United States*. Oxford: Oxford University Press.

Furtado, C. (1963). *The Economic Growth of Brazil*. Berkeley and Los Angeles: University of California Press.

Furtado, C.(1976). *Economic Development of Latin America: A Survey from Colonial Times to the Cuban Revolution*. 2nd ed. Cambridge: Cambridge University Press.

Gallman, R. (2000). " Economic Growth and Structural Change in the Long Nineteenth Century." In Engerman, S., and Gallman, R.(eds.), *The Cambridge Economic History of the United States*.Vol.2, *The Long Nineteenth Century*. Cambridge: Cambridge University Press.

Gallo, E.(1986). " Argentina: Society and Politics, 1880-1916." In Bethell, L. (ed.), *The Cambridge History of Latin America*.Vol.5, *c.1870 to 1930*. Cambridge: Cambridge University Press.

Gamarra, E.(1999). " The United States and Bolivia: Fighting the Drug war." In Bulmer-Thomas, V., and Dunkerley, J. (eds.), *The United States and Latin America: The New Agenda*. Cambridge, Mass.: David Rockefeller Center for Latin American Studies, Harvard University; London: Institute of Latin American Studies.

Ganuza, E., Taylor, L., and Morley, S.(eds.) (2000). *Política Macroeconómica y Pobreza en América Latina y el Caribe*. New York: United Nations Development Programme, Inter-American Development Bank, and ECLAC.

García, R. (1989). *Incipient Industrialization in an "Underdeveloped Country": The Case of Chile, 1845-1879*. Stockholm: Institute of Latin American Studies.

Garner, P. H. (2011). *British Lions and Mexican Eagles: Business, Politics, and Empire in the Career of Weetman Pearson in Mexico, 1889- 1919*. Stanford, Calif.: Stanford University Press.

Gerchunoff, P. (1989). " Peronist Economic Policies, 1946-55." In Di Tella, G., and Dornbusch, R. (eds.), *The Political Economy of Argentina, 1946-83*. Basingstoke: Macmillan.

Gilbert, A. J. (ed.) (1982). *Urbanization in Contemporary Latin America*. Chichester: John Wiley.

Gleijeses, P. (1991). *Shattered Hope: The Guatemalan Revolution and the U- nited States, 1944-1954*. Princeton, N. J.: Princeton University Press.

Gleijeses, P. (1992). " The Limits of Sympathy: The United States and the Independence of Spanish America." *Journal of Latin American Studies* 24 (3): 481-505.

Gold, J. (1988). " Mexico and the Development of the Practice of the International Monetary Fund." *World Development* 16 (10): 1127-42.

Goldsmith, R. (1986). *Brasil, 1850- 1984: Desenvolvimento financieiro sob um seculo de inflscão*. São Paulo: Harper and Row.

Gómez-Galvarriato, A. (1998). " The Evolution of Prices and Real Wages in Mexico from the Porfiriato to the Revolution." In Coatsworth, J., and Taylor, A. (eds.), *Latin America and the World Economy since 1800*. Cambridge, Mass.: David Rockefeller Center for Latin American Studies, Harvard University.

Gómez-Galvarriato, A. (2006). " Pre-Modern Manufacturing." In Bulmer - Thomas, V., Coatsworth, J. H., and Cortés Conde, R. (eds.), *The Cambridge Economic History of Latin America*. Vol.1, *The Colonial Era and the Short Nineteenth Century*. Cambridge: Cambridge University Press.

Gonzales, M. J. (1989). " Chinese Plantation Workers and Social Conflict in Peru in the Late Nineteenth Century." *Journal of Latin American Studies* 21 (3): 385-424.

Gootenberg, P. (1989). *Between Silver and Guano: Commercial Policy and the State in Post-Independence Peru*. Princeton, N. J.: Princeton University Press.

Gootenberg, P. (1991). " North-South: Trade Policy, Regionalism and *Caudil-*

lismo in Post-Independence Peru." *Journal of Latin American Studies* 23 (2): 273-308.

Gravil, R.(1970). " State Intervention in Argentina's Export Trade between the Wars." *Journal of Latin American Studies* 2 (2):147-66.

Grupo de Estudios del Grecimiento Económico (GRECO) (2002). *El crecimiento económico colombiano en el siglo XX*. Bogotá: Banco de la República.

Greenhill, R.(1977). " The Brazilian Coffee Trade." In Platt, D.C.M.(ed.), *Business Imperialism, 1840-1930: An Inquiry Based on British Experience in Latin America*. Oxford: Clarendon.

Grieb, K.J.(1979). *Guatemalan Caudillo: The Regime of Jorge Ubico, Guatemala-1931 to 1944*. Athens: Ohio Uinversity Press.

Griffin, K.(1969). *Under-Development in Spanish America*. London: Allen and Unwin.

Griffith-Jones, S.(1984). *International Finance and Latin America*. London: Croom Helm.

Griffith-Jones, S., Marcel, M., and Palma, G.(1987). *Third World Debt and British Banks: A Policy* for Labour.London: Fabian Society.

Grindle, M.(1986). *State and Countryside: Development Policy and Agrarian Politics in Latin America*. Baltimore: Johns Hopkins University Press.

Grosse, R.(1989). *Multinationals in Latin America*. London: Routledge.

Ground, R.L.(1988). " The Genesis of Import Substitution in Latin America." *CEPAL Review*, no.36: 179-203.

Grunwald, J., and Musgrove, P.(1970). *Natural Resources in Latin American Development*. Baltimore: Johns Hopkins University Press.

Guadagni, A.A.(1989). " Economic Policy during Illia's Period in Office." In Di Tella, G., and Dornbusch, R. (eds.), *The Political Economy of Argentina, 1946-83*. Basingstoke: Macmillan.

Gudmundson, L.(1986). *Costa Rica betore Coffee: Society and Economy on the Eve of the Export Boom*. Baton Rouge: Louisiana State University Press.

Guerra,S. (1984). *Paraguay: de la independencia a la dominación imperialista, 1811-70*. Havana: Editorial de Ciencias Sociales.

Guerra Borges, A.(1981). *Compendio de geografía económica y humana de Guatemala*. Guatemala City: Universidad de San Carlos.

Gupta, B. (1989). " Import Substitution of Capital Goods: The Case of Brazil *1929-1979.*" D.Phil.diss., University of Oxford.

Gylfason, T. (1999). " Exports, Inflation and Growth." *World Development* 27 (6): 1031-57.

Haber, S. (1989). *Industry and Underdevelopment: The Industrialisation of Mexico, 1890-1940.* Stanford, Calif.: Stanford University Press.

Haber, S. (1992). " Assessing the Obstacles to Industrialization: The Mexican Economy, 1830-1940." *Journal of Latin Ameffcan Studies* 24(1): 1-32.

Haber, S. (1997). " Financial Markets and Industrial Development: A Comparative Study of Governmental Regulation, Financial Innovation and Industrial Structure in Brazil and Mexico, 1840-1930." In Haber, S. (ed.), *How Latin America Fell Behind*. Stanford, Calif.: Stanford University Press.

Haber, S. (2006). " The Political Economy of Industrialization." In Bulmer-Thomas, V., Coatsworth, J.H., and Cortés Conde, R. (eds.), *The Cambridge , Economic History of Latin America*.Vol.2, *The Long Twentieth Century*. Cambridge: Cambridge University Press.

Haber, S. (2012). " Politics and Banking Systems." In Engerman, S.L., and Sokoloff,K.L. (eds.), *Economic Development in the Americas since 1500: Endowments and Institutions*. Cambridge: Cambridge University Press.

Haddad, C. (1974). " Growth of Brazilian Real Output, *1900-47.*" Ph.D.diss., University of Chicago.

Haddad, C.L.S. (1978). *O crescimento do produto real do Brasil ,1900-47.* Rio de Janeiro: FGV.

Hale, C.A. (1986). " Political and Social Ideas in Latin America, 1870-1930." In Bethell, L.(ed.), *The Cambridge History of Latin America*.Vol.4, *c.1870 to 1930*. Cambridge: Cambridge University Press.

Handelman, H., and Baer, W.(eds.) (1989). *Paying the Costs of Austerity in Latin America*. Boulder, Colo.: Westview.

Hanke, S., and Krus, N. (2012). *World Hyperinflations*.Washington, D.C.: Cato Institute, Working Paper No.8.

Hanley, A. (1998). " Business Finance and the São Paulo Bolsa, 1886-1917." In Coatsworth, J., and Taylor , A. (eds.), *Latin America and the World Economy since 1800*. Cambridge, Mass.: David Rockefeller Center for Latin

American Studies, Harvard University.

Hanson, S. (1938). *Argentine Meat and the British Market*. Stanford, Calif.: Stanford University Press.

Harpelle, R.N. (1993). "The Social and Political Integration of West Indians in Costa Rica: 1930-50." *Journal of Latin American Studies* 25(1): 103-20.

Harris, S. (1944). " Price Stabilization Programs in Latin America." In Harris, S. (ed.), *Economic Problems of Latin America*. New York: McGraw-Hill.

Harrod, R.S. (1951). *The Life of John Maynard Keynes*. London: Macmillan.

Haslip, J. (1971). *The Crown of Mexico : Maximilian and His Empress Carlota*. New York: Holt, Rinehart and Winston.

Heath, D.B., Erasmus, C.J., and Buechler, H.C. (1969). *Land Reform and Social Revolution in Bolivia*. New York: Praeger.

Herrera Canales, I. (1977). *El comercio exterior de México, 1821-1875*. Mexico, D.F.: Colegio de.México.

Heston, T.J. (1987). *Sweet Subsidy : The Economic and Diplomatic Effects of the U.S.Sugar Acts-1934-1974*. New York: Garland.

Hewitt de Alcantara, C. (1976). *Modernizing Mexican Agriculture*. Geneva: UNRISD.

Hillman, J. (1988). " Bolivia and the International Tin Cartel, 1931-1941." *Journal of Latin American Studies* 20(1): 83-110.

Hillman, J. (1990). " Bolivia and British Tin Policy, 1939-1945." *Journal of Latin American Studies* 22 (2): 289-315.

Hirschman, A.O. (1963). *Journeys towards Progress : Studies of Economic Policy Making in Latin America*. New York: Twentieth Century Fund.

Hirschman, A.O. (1981). *Essays in Trespassing* . Cambridge: Cambridge University Press.

Hoetink, H. (1986). " The Dominican Republic, c.1870-1930." In Bethell, L. (ed.), *The Cambridge History of Latin America*.Vol.5, *c.1870 to 1930*. Cambridge: Cambridge University Press.

Hofman.A. (2000). *The Economic Development of Latin America in the 20th Century*. Cheltenham: Edward Elgar.

Hofman, A., and Mulder, N. (1998). " The Comparative Productivity Performance of Brazil and Mexico, 1950-1994." In Coatsworth, J.H., and Taylor,

A. M. (eds.), *Latin America and the World Economy since 1800*. Cambridge, Mass: David Rockefeller Center for Latin American Studies, Harvard University.

Holloway, T. (1980). *Immigrants on the Land: Coffee and Society in São Paulo, 1886- 1934*. Chapel Hill: University of North Carolina Press.

Hood, M. (1975). *Gunboat Diplomacy, 1895- 1905: Great Power Pressure in Venezuela*. London: Allen and Unwin.

Hopkins, A.G. (1994). " Informal Empire in Argentina: An Alternative View." *Journal of Latin American Studies* 26(2): 469-84.

Horn, P.V., and Bice, H.E. (1949). *Latin American Trade and Economics*. New York: Prentice-Hall.

Horsefield, J.K. (1969). *The International Monetary Fund, 1945-1965*. Vol. I, *Chronicle*. Washington, D.C.: International Monetary Fund.

Hughlett, L. J. (ed.) (1946). *Industrialization of Latin America*. New York: McGraw-Hill.

Humphreys, R.A. (1946). *The Evolution of Modern Latin America*. Oxford: Clarendon.

Humphreys, R.A. (1961). *The Diplomatic History of British Honduras*. Oxford: Oxford University Press.

Humphreys, R.A. (1981). *Latin America and the Second World War, 1939- 1942*. London: Athlone.

Humphreys. R. A. (1982). *Latin America and the Second World War, 1942- 1945*. London: Athlone.

Hunt, S. (1973). *Prices and Quantum Estimates of Peruvian Exports, 1830- 1962*. Woodrow Wilson School Research Program in Economic Development, Discussion Paper No.31. Princeton, N.J.: Princeton University.

Hunt, S. (1985). " Growth and Guano in 19th Century Peru." In Cortés Conde, R., and Hunt, S. (eds.), *The Latin American Economies: Growth and the Export Sector, 1880- 1930*. New York: Holmes and Meier.

Hunter, W., and Borges Sugiyama, N. (2012). " Conditional Cash Transfer Programs: Assessing Their Achievements and Probing Their Promise." *LASA Forum* 43(3): 9-10.

Instituto Nacional de Estadística y Censos (INDEC) (1975). *La Poblacion de Argentina*. Buenos Aires: Instituto Nacional de Estadística y Censos.

Instituto Nacional de Estadística Geografía e Informática (INEGI) (1990). *Estadísticas Hitóricas de México*. Mexico, D. F.: Instituto Nacional de Estadística Geografía e Informática.

Instituto Brasileiro de Geografia e Estatística (IBGE) (1987). *Estatísticas históricas do Brasil*. Rio de Janeiro: IBGE.

Inter-American Development Bank(IDB)(1981). *Economic and Social Progress in Latin America : The External Sector, 1981 Report*. Washington, D. C.: IDB.

IDB (1982). *Economic and Social Progress in Latin America : The External Secto, 1982 Report*. Washington, D.C.: IDB.

IDB (1983). *Economic and Social Progress in Latin America : Natural Resources, 1983 Report*. Washington, D.C.: IDB.

IDB (1984a). *Economic and Social Progress in Latin America : Economic Integration, 1984 Report*. Washington, D.C.: IDB.

IDB (1984b). *External Debt and Economic Development in Latin America : Background and Prospects*. Washington, D.C.: IDB.

IDB (1989). *Economic and Social Progress in Latin America, 1989 Report*. Washington, D.C.: IDB.

IDB (1990). *Economic and Social Progress in Latin America : The External Sector, 1990 Report*. Washington, D.C.: IDB.

IDB (1991). *Economic and Social Progress in Latin America, 1991 Report*. Washington, D.C.: IDB.

IDB (1992). *Economic and Social Progress in Latin America : The External Sector, 1992 Report*. Washington, D.C.: IDB.

International Monetary Fund (1986). *Yearbook of Balance of Payments Statistics 1986*. Washington, D.C.: International Monetary Fund.

International Monetary Fund(1987). *Yearbook of International Financial Statistics 1987*. Washington, D.C.: International Monetary Fund.

Irigoin, M.(2000). "Inconvertible Paper Money, Inflation and Economic Performance in Early 19th Century Argentina." *Journal of Latin American Studies* 32(2): 333-59.

Izard, M. (1970). *Series estadísticas para la historia de Venezuela*. Mérida: Universidad de los Andes, Escuela de Historia.

James, E. W. (1945). " A Quarter Century of Road-Building in the Americas." *Bulletin of the Pan American Union* 79(1): 609-18.

Jenkins, R. (1984). *Transnational Corporations and Industrial Transformation in Latin America*. Basingstoke: Macmillan.

Jenkins, R. (1987). *Transnational Corporations and the Latin American Automobile Industry*. Basingstoke: Macmillan.

Johnson, L. (1990). " The Price History of Buenos Aires during the Viceregal Period." In Johnson, L. L., and Tandeter , E. (eds.), *Essays on the Price History of Eighteenth-Century Latin America*. Albuquerque: University of New Mexico Press.

Jones, C. (1977a). " Commercial Banks and Mortgage Companies." In Platt, D. C. M. (ed.), *Business Imperialism, 1840- 1930: An Inquiry Based on British Experience in Latin America*. Oxford: Clarendon.

Jones, C. (1977b). " Insurance Companies." In Platt, D. C. M. (ed.), *Business Imperialism 1840- 1930: An Inquiry Based on British Experience in Latin America*. Oxford: Clarendon.

Jones, C. L. (1940). *Guatemala Past and Present*. Minneapolis: University of Minnesota Press.

Jorgensen, E. , and Sachs, J. (1989). " Default and Renegotiation of Latin American Foreign Bonds in the Interwar Period." In Eichengreen, B. , and Lindert, P. (eds.) ,
The International Debt Crisis in Historical Perspective. Cambridge, Mass.: MIT Press.

Joseph, E. (1982). *Revolution from Without: Yucatán, Mexico and the United States, 1880-1924*. Cambridge: Cambridge University Press.

Joslin, D. (1963). *A Century of Banking in Latin America*. London: Oxford University Press.

Joyce, E. , and Malamud, C. (eds.) (1998). *Latin America and the Multinational Drug Trade* , London: ILAS/Macmillan.

Junguito, R. (2010). " Las finanzas públicas en el siglo XIX." In Meisel Roca, A. , and Ramírez, M. T. (eds.), *Economía colombiana del siglo XXI*.

Bogotá: Fondo de Cultura Económica.

Kahil, R.(1973). *Inflation and Economic Development in Brazil, 1946- 1963.* Oxford: Clarendon.

Kahler, M.(1990). " Orthodoxy and Its Alternatives: Explaining Approaches to Stabilization and Adjustment." In Nelson, J. M.(ed.), *Economic Crisis and Policy Choice: The Politics of Adjustment in the Third World.* Princeton, N.J.: Princeton University Press.

Kalmanowirz, S., and López Rivera, E.(2010). " El ingreso Colombiano en el siglo XIX." In Meisel Roca, A., and Ramírez, M.T.(eds.), *Economía colombiana del siglo XIX.* Bogotá: Fondo de Cultura Económica.

Karlsson, W.(1975). *Manufacturing in Venezuela: Studies on Development and Location.* Stockholm: Latinamerika-institutet i Stockholm.

Karnes, T. L.(1978). *Tropical Enterprise: Standard Fruit and Steamship Company in Latin America.* Baton Rouge: Louisiana State University Press.

Katz, F. (1981). *The Secret War in Mexico: Europe, the United States and the Mexican Revolution.* Chicago: University of Chicago Press.

Katz, J. M.(1987). *Technology Generation in Latin American Manufacturing Industries.* Basingstoke: Macmillan.

Katz, J., and Kosacoff, B.(2000). " Import-Substituting Industrialization in Argentina, 1940-80: Its Achievements and Shortcomings. " In Cardenas, E., Ocampo, J., and Thorp, R.(eds.), *An Economic History of Twentieth Century Latin America.*Vol.3, *Industrialization and the State in Latin America.* Basingstoke: Palgrave.

Kaufman, E.(1988). *Crisis in Allende's Chile: New Perspectives.* New York: Praeger.

Kay, C.(1989). *Latin American Theories of Development and Underdevelopment.* London: Routledge.

Kelly, M., et al.(1988). *Issues and Developments in International Trade Policy.* Washington, D.C.: International Monetary Fund.

Kepner, C. (1936). *Social Aspects of the Banana Industry.* New York: Columbia University Press.

Kepner, C., and Soothill, J.(1935). *The Banana Empire: A Case Study in Economic Imperialism.* New York: Vanguard.

Kindleberger, C.(1987). *The World in Depression*. London: Penguin.

Kirsch, H.W.(1977). *Industrial Development in a Traditional Society: The Conflict of Entrepreneurship and Modernization in Chile*. Gainesville: University Presses of Florida.

Klarén, P.F.(1986). " The Origins of Modern Peru, *1880-1930*." In Bethell, L. (ed.), *The Cambridge History of Latin America*. Vol.5, *c. 1870 to 1930*. Cambridge: Cambridge University Press.

Klein, H.S.(1982). *Bolivia: The Evolution of a Multi-Ethnic Society*. New York: Oxford University Press.

Klein, H.S.(1992). *Bolivia: The Evolution of a Multi-Ethnic Society*. 2nd ed. New York: Oxford University Press.

Knape, J.(1987). " British Foreign Policy in the Caribbean Basin, 1938-1945: Oil, Nationalism and Relations with the United States." *Journal of Latin American Studies* 19(2): 279-94.

Knight, A.(1986a). *The Mexican Revolution*.Vol.1, *Porfirians, Liberals and Peasants*. Lincoln: University of Nebraska Press.

Knight, A.(1986b). *The Mexican Revolution*. Vol.2, *Counter-Revolution and Reconstruction*. Lincoln: University of Nebraska Press.

Knight, A.(1990). " Mexico, c. 1930-46." In Bethell, L.(ed.), *The Cambridge History of Latin America*. Vol.7, *Latin America since 1930: Mexico, Central America and the Caribbean*. Cambridge: Cambridge University Press.

Kock-Petersen, S.A.(1946). " The Cement Industry." In Hughlett, L.J.(ed.), *Industrialization of Latin America*. New York: McGraw-Hill.

Koebel, W.H.(n.d.). *Central America*. New York: Scribners.

Koebel, W.H.(1911). *Uruguay*. London: T. Fisher Unwin.

Koebel, W.H.(1919). *Paraguay*. London: T.Fisher Unwin.

Korol, J. C., and Sábato, H. (1990). " Incomplete Industrialization: An Argentine Obsession." *Latin American Research Review* 25(1): 7-30.

Krehm, W.(1984). *Democracies and Tyrannies of the Caribbean*. Westport, Conn.: Lawrence Hill.

Kuczynski, P.(1988). *Latin American Debt*. Baltimore: Johns Hopkins University Press.

Langley, L.(1968). *The Cuban Policy of the United States: A Brief History*. New York: Wiley.

Langley, L.D.(1983). *The Banana War: An Inner History of American Empire 1900-1934*. Lexington: University Press of Kentucky.

Larraín, F., and Selowsky, H.(1991). *The Public Sector and the Latin American Crisis*. San Francisco: ICS Press.

Latham, A. J. H. (1978). *The International Economy and the Undeveloped World 1865- 1914*. London: Croom Helm.

Latin America Bureau(LAB) (1987). *The Great Tin Crash, Bolivia and the World Tin Market*. London: LAB.

League of Nations(1925). *Statistical Yearbook*. Geneva: League of Nations.

League of Nations(1926). Statistical Yearbook. Geneva: League of Nations.

League of Nations(1927). Statistical Yearbook. Geneva: League of Nations.

League of Nations(1928). Statistical Yearbook. Geneva: League of Nations.

League of Nations (1930). *International Yearbook of Agricultural Statistics, 1929/30*. Geneva: League of Nations.

League of Nations(1931). *Statistical Yearbook*. Geneva: League of Nations.

League of Nations (1933). *International Yearbook of Agricultural Statistics, 1932/3*. Geneva: League of Nations.

League of Nations(1938). *Public Finance*. Geneva: League of Nations.

League of Nations(1945). *Statistical Yearbook*, 1942/4. Geneva: League of Nations.

Leff, N.H.(1968). *The Brazilian Capital Goods Industry, 1929- 1964*. Cambridge, Mass.: Harvard University Press.

Leff, N.H.(1982). *Underdevelopment and Development in Brazil*. Vol.1, *Economic Structure and Change, 1822-1947*. London: Allen and Unwin.

León Gómez, A.(1978). *El escándalo del ferrocarril Ensayo histórico*. Tegucigalpa : Imprenta Soto.

Levi, D. (1987). *The Prados of São Paulo: An Elite Family and Social Change, 1840- 1930*. Athens: University of Georgia Press.

Levin, J. (1960). *The Export Economies: Their Pattern of Development in Historical Perspective*. Cambridge, Mass.: Harvard University Press.

Levine, V.(1914). *South American Handbooks: Colombia*. London: Pitman.

Levitsky, S., and Roberts, K. M. (2011). *The Resurgence of the Latin American Left*. Baltimore: Johns Hopkins University Press.

Lewis, A. (1978). *Growth and Fluctuations, 1870- 1913*. London: Allen and Unwin.

Lewis, C. (1983). *British Railways in Argentina, 1857- 1914*. London: Institute of Latin America Studies.

Lewis, C. (1986). " Industry in Latin America before 1930." In Bethell, L. (ed.), *The Cambridge History of Latin America*.Vol.4, *c. 1870 to 1930*. Cambridge: Cambridge University Press.

Lewis, P. H. (1990). *The Crisis of Argentine Capitalism*. Chapel Hill: University Of North Carolina Press.

Lewis, P.H.(1991). " Paraguay since 1930. " In Bethell, L.(ed.), *The Cambridge History of Latin* America. Vol. 8, *Latin America since 1930: Spanish South America*. Cambridge: Cambridge University Press.

Lewis, W.A.(1989). " The Roots of Development Theory." In Chenery, H., and Srinivasan, T. N.(eds.), *Handbook of Development Economics*. Amsterdam: North-Holland.

Libby, D.C.(1991). " Proto-Industrialization in a Slave Society: The Case of Minas Gerais. " *Journal of Latin American Studies* 23(1): 1-35.

Lieuwen, E.(1965). *Venezuela*. London: Oxford University Press.

Lieuwen, E.(1985). " The Politics of Energy in Venezuela. " In wirth, J.D. (ed.), *Latin American Oil Companies and the Politics of Energy*. Lincoln: University of Nebraska Press.

Lin, C.(1988). " East Asia and Latin America as Contrasting Modds." *Economic Development and Cultural Change* 36(3): S153-S197.

Lindo-Fuentes, H.(1990). *Weak Foundations: The Economy of El Salvador in the Nineteenth Century, 1821- 1898*. Berkeley and Los Angeles: University of California Press.

Linke, L.(1962). *Ecuador: Country of Contrasts*. London: Oxford University Press.

Lipsey, R.(2000). " U.S. Foreign Trade and the Balance of Payments, 1800-1913." In Engerman, S., and Gallman, R. (eds.), *The Cambridge Economic History of the United States*. Vol.2, *The Long Nineteenth Centu-*

ry. Cambridge: Cambridge University Press.

Lockhart, J., and Schwartz, S. B.(1983). *Early Latin America: A History of Colonial Spanish America and Brazil*. Cambridge: Cambridge University Press.

Lomnitz, L., and Pérez-Lizaur, M. (1987). *A Mexican Elite Family, 1820-1980*. Princeton, N.J.: Princeton University Press.

Longmire, S.(2011). *Cartel: The Coming Invasion of Mexico's Drug Wars*. New York: Palgrave Macmillan.

Looney, R.E.(1985). *Economic Policymaking in Mexico: Factors Underlying the 1982 Crisis*. Durham, N.C.: Duke University Press.

López-Calva, L., and Lustig, N.(2012). " The Decline in Inequality in Latin America: The Role of Markets and the State."*LASA Forum* 43(3): 4-6.

Love, J. (1994). " Economic Ideas and Ideologies in Latin America since *1930*." In Bethell, L. (ed.), *The Cambridge History of Latin America*. Vol. 6, *Latin America since 1930: Economy, Society and Politics*. Part 1. Cambridge: Cambridge University Press.

Lundahl, M.(1979). *Peasants and Poverty: A Study of Haiti*. London: Croom Helm.

Lundahl, M. (1992). *Politics or Markets? Essays on Haitian Underdevelopment*. London: Routledge.

Lynch, J. (1985a). " The Origins of Spanish American Independence." In Bethell, L.(ed.), *The Cambridge History of Latin America*. Vol.3, *From Independence to c.1870*. Cambridge: Cambridge University Press.

Lynch, J.(1985b). " The River Plate Republics from Independence to the Paraguayan war." In Bethell, L.(ed.), *The Cambridge History of Latin America*. Vol. 3, *From Independence to c. 1870*. Cambridge: Cambridge University Press.

Lynch, J.(2006). *Simón Bolívar: A Life*. New Haven, Conn.: Yale University Press.

Macario, S.(1964). " Protectionism and Industrialization in Latin America."*Economic Bulletin for Latin America* 9(1): 62-101.

Macbean, A., and Nguyen, T. (1987). " International Commodity Agreements: Shadow and Substance." *World Development* 15(5): 575-90.

MacDonald, C. A. (1990). "The Braden Campaign and Anglo-American Relations in Argentina, *1945-6.*" In Di Tella, G., and Watt, C. (eds.), *Argentina between the Great Powers, 1939-46.* Pittsburgh: University of Pittsburgh Press.

Machinea, J.L., and Fanelli, J.M. (1988). "Stopping Hyperinflation: The Case of the Austral Plan in Argentina, 1985-87." In Bruno, M., et al. (eds.), *Inflation Stabilization: The Experiences of Israel, Argentina, Brazil, Bolivia and Mexico.* Cambridge, Mass: MIT Press.

Maddison, A. (1985). *Two Crises: Latin America and Asia, 1929-38 and 1973-83.* Paris: Organization for Economic Cooperation and Development.

Maddison, A. (1991). "Economic and Social Conditions in Latin America, *1913-1950.*" In Urrutia, M. (ed.), *Long-Term Trends in Latin American Economic Development.* Washington, D.C.: Inter-American Development Bank.

Maddison, A. (1989). *The World Economy in the 20th Century.* Paris: Development Centre of the Organisation for Economic Co-operation and Development.

Maddison, A. (1992). *Brazil and Mexico.* Oxford: Oxford University Press.

Maddison, A. (1994). *Monitoring the World Economy, 1820-1992.* Paris: Development Centre of the Organisation for Economic Co-operation and Development.

Maddison, A. (1995). *Monitoring the World Economy, 1820-1992.* Paris: OECD, Development Centre Studies.

Maddison, A. (2001). *The World Economy: A Millennial Perspective.* Paris: OECD, Development Centre Studies.

Maeder, E.J.A. (1969). *Evolución demográfica argentina de 1810 a 1869.* Buenos Aires: Editorial Universitaria de Buenos Aires.

Maizels, A. (1963). *Industrial Growth and World Trade.* Cambridge: Cambridge University Press.

Maizels, A. (1970). *Growth and Trade: An Abridged Version of Industrial Growth and World Trade.* Cambridge: Cambridge University Press.

Maizels, A. (1992). *Commodities in Crisis.* Oxford: Clarendon.

Major, J. (1990). "The Panama Canal Zone, 1904-79." In Bethell, L. (ed.), *The Cambridge History of Latin America.* Vol. 7, *Latin America since*

1930: *Mexico*, *Central America and the Caribbean*. Cambridge: Cambridge University Press.

Mamalakis, M. (1976). *The Growth and Structure of the Chilean Economy*: *From Independence to Allende*. New Haven, Conn.: Yale University Press.

Manchester, A. (1933). *British Preeminence in Brazil*, *Its Rise and Decline*: *A Study in European Expansion*. Chapel Hill: University of North Carolina Press.

Marichal, C. (1989). *A Century of Debt Crises in Latin America*: *From Independence to the Great Depression*. Princeton, N. J.: Princeton University Press.

Marichal, C. (1997). " Obstacles to the Development of Capital Markets in Nineteenth-Century Mexico." In Haber, S. (ed.), *How Latin America Fell Behind*. Stanford, Calif.: Stanford University Press.

Marichal, C. (2006). " Money, Taxes and Finance." In Bulmer-Thomas, V., Coatsworth, J. H., and Cortés Conde, R. (eds.), *The Cambridge Economic History of Latin America*. Vol. 1, *The Colonial Era and the Short Nineteenth Century*. Cambridge: Cambridge University Press.

Márquez, G. (1998). " Tariff Protection in Mexico, 1892-1909: Ad Valorem Tariff Rates and Sources of Variation." In Coatsworth, J., and Taylor, A (eds.), *Latin America and the World Economy since 1800*. Cambridge, Mass.: David Rockefeller Center for Latin American Studies, Harvard University.

Márquez, G. (2006). " Commercial Monopolies." In Bulmer-Thomas, V., Coatsworth, J. H., and Cortés Conde, R. (eds.), *The Cambridge Economic History of Latin America*. Vol. 1, *The Colonial Era and the Short Nineteenth Century*. Cambridge: Cambridge University Press.

Marshall, O. (1991). *European Immigration and Ethnicity in Latin America*: *A Bibliography*. London: Institute of Latin American Studies.

Mathieson, J. A. (1988). " Problems and Prospects of Export Diversification: Case Studies-Dominican Republic." In Paus, E (ed.), *Struggle against Dependence*: *Nontraditional Export Growth in Central America and the Caribbean*. Boulder, Colo.: Westview.

May, S., and Plaza, G. (1958). *The United Fruit Company in Latin America*.

Washington, D.C.: National Planning Association.

Maynard, G. (1989). " Argentina: Macroeconomic Policy, 1966-73." In Di Tella, G., and Dornbusch, R. (eds.), *The Political Economy of Argentina, 1946- 83*. Basingstoke: Macmillan.

McBerh, J.S. (1983). *Juan Vicente Gómez and the Oil Companies in Venezuela, 1908- 1935*. Cambridge: Cambridge University Press.

McClintock, M. (1985). *The American Connection.* Vol. 2, *State Terror and Popular Resistance in Guatemala*. London: Zed.

McCloskey, D., and Zecker, J. (1981). " How the Gold Standard Worked, 1880-1913." In McCloskey, D. (ed.), *Enterprise and Trade in Victorian Brirain*. London: Allen and Unwin.

McCreery, D. (1983). *Development and the State in Reforma Guatemala, 1871- 1885*. Athens: Center for International Studies, Ohio University.

McCusker, J. (2006). " Colonial Statistics." In Carter, S. B. (ed.), *Historical Statistics of the United States: Earliest Times to the Present*. Vol. 5, *Governance and International Relations*. New York: Cambridge University Press.

McDowall, D. (1988). *The Light: Brazilian Traction, Light and Power Company, 1899- 1945*. Toronto: University of Toronto Press.

McGreevey, W. P. (1971). *An Economic History of Colombia, 1845- 1930*. Cambridge: Cambridge University Press.

McGreevey, W.P. (1985). " The Transition to Economic Growth in Colombia." In Cortés Conde, R., and Hunt, S. (eds.), *The Latin American Economies: Growth and the Export Sector, 1880-1930*. New York: Holmes and Meier.

McKinnon, R.I. (1973). *Money and Capital in Economic Development*. Washington, D.C.: Brookings Institution.

McLure, C., et al. (1990). *The Taxation of Income from Business and Capital in Colombia*. Durham, N.C.: Duke University Press.

Mecham, J.L. (1961). *The United States and Inter-American Security, 1889- 1960*. Austin: University of Texas Press.

Meier, G.M. (1984). *Pioneers in Development*. New York: Oxford University Press/World Bank.

Meier, G.M.(1987). *Pioneers in Development(Second Series)*. New York: Oxford University Press/World Bank.

Meisel Roca, A., and Ramírez, M.T.(2010). *Economía colombiana del siglo XIX*. Bogotá: Fondo de Cultura Económica.

Mendels, F.(1972). " Proto-industrialization: The First Phase of the Industrialization Process." *Journal of Economic History* 32(2): 241-61.

Menjívar, R. (1980). *Acumulación originaria y desarrollo del capitalismo en El Salvador*. San José, Costa Rica: EDUCA.

Mesa-Lago, C.(1978). *Social Security in Latin America: Pressure Groups, Stratification and Inequality*. Pittsburgh: University of Pittsburgh Press.

Mesa-Lago, C.(1981). *The Economy of Socialist Cuba: A Two-Decade Appraisal*. Albuquerque: University of New Mexico Press.

Mesa-Lago, C.(1991). *Social Security and Prospects for Equity in Latin America*. Washington, D.C: World Bank.

Mesa-Lago, C.(2000). *Market, Socialist and Mixed Economies: Comparative Policy and Performance, Chile, Cuba and Costa Rica*. Baltimore: Johns Hopkins University Press.

Meyer, M.C., and Sherman, W.L. (1979). *The Course of Mexican History*. New York: Oxford University Press.

Miller, R.(1993). *Britain and Latin America in the 19th and 20th Centuries*. London: Longman.

Miller, S. (1990). " Mexican Junkers and Capitalist Haciendas, 1810-1910: The Arable Estate and the Transition to Capitalism between the Insurgency and the Revolution." *Journal of Latin American Studies* 22 (2): 229-63.

Millot, J., Silva, C., and Silva, L. (1973). *El desarrollo industrial del Uruguay de la crisis de 1929 a la postguerra*. Montevideo: Instituto de Economía, Universidad de la República.

Mills, G.J.(n.d.). *South American Handbooks: Argentina*. London: Pitman.

Mitchell, B.(1983). *International Historical Statistics: Australasia and Americas*. London: Macmillan.

Mitchell, B.(1988). *British Historical Statistics*. 2nd ed. London: Macmillan.

Mitchell, B.(1998).*International Historical Statistics: Europe, 1750-1993*. London: Macmillan.

Mitchell, B. R. (2007). *International Historical Statistics: The Americas, 1750-2005*. Basingstoke: Palgrave Macmillan.

Modiano, E. M. (1988). " The Cruzado First Attempt: The Rrazilian Stabilization Program of February 1986." In Bruno, M., et al. (eds.), *Inflation Stabilization: The Experiences of Israel, Argentina, Brazil, Bolivia and Mexico*. Cambridge, Mass.: MIT Press.

Molina. F. (1851). *Bosquejo de la República de Costa Rica*. New York: S. W. Benedict.

Molina Chocano, G. (1982). *Estado liberal y desarrollo capitalista en Honduras*. Tegucigalpa: Universidad Nacional de Honduras.

Monsalve, D. (1930). *Colombia cafetera: Información histórica, política, civil, administrativa, geográfica, demográfica, etnográfica, fiscal económica, bancaria, postal, telegráfica, educacionista, sanitaria, departamental, minera, agrícola, industrial, comercial, ferroviaria, diplomámatica y general. Producción y exportación de café de la República de Colombia*. Barcelona: Artes gráficas, s.a.

Monteiro, J. (2006). " Labor Systems." In Bulmer-Thomas, V., Coatsworth, J. H., and Cortés Conde, R. (eds.), *The Cambridge Economic History of Latin America. Vol.1, The Colonial Era and the Short Nineteenth Century*. Cambridge: Cambridge University Press.

Morales, J. A. (1988). " Inflation Stabilization in Bolivia." In Bruno, M., et al. (eds.), *Inflation Stabilization: The Experiences of Israel, Argentina, Brazil, Bolivia and Mexico*. Cambridge, Mass.: MIT Press.

Morawetz, D. (1981). *Why the Emperor's New Clothes Are Not Made in Colombia: A Case Study in Latin American and East Asian Manufactured Exports*. New York: Oxford University Press.

Moreno Fraginals, M. (1986). " Plantation Economies and Societies in the Spanish Caribbean, 1860-1930. " In Bethell, L. (ed.), *The Cambridge History of Latin America. Vol.4, c.1870-1930*. Cambridge: Cambridge University Press.

Morley, S. (1995). *Poverty and Inequality in Latin America: The Impact of Adjustment and Recovery in the 1990s*. Baltimore: Johns Hopkins University Press.

Morley, S.(2000). *La Distribución de Ingreso en América Latina y el Caribe*. Santiago: CEPAL y Fondo de Cutura Económica.

Moya Pons, F.(1985). " Haiti and Santo Domingo: 1790-c.1870. " In Bethell, L.(ed.), *The Cambridge History of Latin America*. Vol.3, *From Independence to c.1870*. Cambridge: Cambridge University Press.

Moya Pons, F.(1990a). " The Dominican Republic since 1930." In Bethell, L. (ed.), *The Cambridge History of Latin America*. Vol.7, *Latin America since 1930: Central America and the Caribbean*. Cambridge: Cambridge University Press.

Moya Pons, F.(1990b). " Import-Substitution Industrialization Policies in the Dominican Republic, 1925-61." *Hispanic American Historical Review* 70 (4): 539-77.

Moya Pons, F.(ed.) (2010). *Historia de la República Dominicana*. Madrid: Consejo Superior de Investigaciones Científicas.

Mulhall, M.G., and Mulhall, E.T.(1885). *Handbooks of the River Plate*. London: Trubner&Co.

Munro, D.(1964). *Intervention and Dollar Diplomacy in the Caribbean, 1900-1921*. Princeton, N.j.: Princeton University Press.

Mussa, M. (2002). *Argentina and the Fund: From Triumph to Tragedy*. Washington, D.C.: Institute for International Economics.

Newland, C.(1998). " Exports and Terms of Trade in Argentina, 1811-70." *Bulletin of Latin American Research* 17(3): 409-16.

Newland, C.(1998a). " Economic Development and Population Change: Argentina, 1810-70." In Coatsworth, J.H., and Taylor, A.M.(eds.), *Latin America and the World Economy since 1800*. Cambridge, Mass: David Rockefeller Center for Latin American Studies, Harvard University.

Nickson, A.(1989). " The Overthrow of the Stroessner Regime: Re-establishing the Status Quo." *Bulletin of Latin American Research* 8 (2): 185-209.

Nin y Silva, C.(1930). El Uruguay. Montevideo: Urta y Curbelo.

Notten, F.(2012). " The Influence of the First World War on the Economies of Central America, 1900-29: An Analysis from a Foreign Trade Perspective." In Yáñez, C., and Carreras, A.(eds.), *The Economies of Latin America: New Cliometric Data*. London: Pickering and Chatto.

O'Brien, T.(1996). *The Revolutionary Mission: American Enterprise in Latin America*, *1900-1945*. Cambridge: Cambridge University Press.

Ocampo, J.A.(1984). *Colombia y la economía mundial*, *1830- 1910*. Bogotá: FEDESAROLLO.

Ocampo, J.A.(1987). " Crisis and Economic Policy in Colombia, 1980-5. " In Thorp, R., and Whitehead, L.(eds.), *Latin American Debt and the Adjustment Crisis*. Basingstoke: Macmillan.

Ocampo, J.A.(1990). " Import Controls, Prices and Economic Activity in Colombia." *Journal of Development Economics* 32(2): 369-87.

Ocampo, J.A.(1991). " The Transition from Primary Exports to Industrial Development in Colombia." In Blömstrom, M., and Meller, P. (eds.), *Diverging Paths: Comparing a Century of Scandinavian and Latin American Economic Development*. Washington, D.C.: Inter-American Development Bank.

Ocampo, J.(2000). " The Colombian Economy in the 1930s." In Thorp, R. (ed.), *Latin America in the 1930s: The Role of the Periphery in World Crisis* . Basingstoke: Palgrave.

Ocampo, J.A.(2010). " El sector externo de la economía Colombiana en el siglo XIX." In Meisel Roca, A., and Ramírez, M.T.(eds.), *Economía colombiana del siglo XIX*. Bogotá: Fondo de Cultura Económica.

Ocampo, J., and Botero, M.(2000). " Coffee and the Origins of Modern Economic Development in Colombia." In Cardenas, E., Ocampo, J., and Thorp, R.(eds.), *An Economic History of Twentieth Century Latin America*.Vol.1, *The Export Age. The Latin American Economies in the Late Nineteenth and Early Twentieth Centuries*. Basingstoke: Palgrave.

Ocampo, J. A., and Montenegro, S. (1984). *Crisis mundial*, *protección e industrialización: Ensayos de historia económica colombiana*. Bogotá: Fondo Editorial CEREC.

O'Connell, A.(2000). " Argentina into the Depression: Problems of an Open Economy." In Thorp, R.(ed.), *Latin America in the 1930s: The Role of the Periphery in World Crisis*. Basingstoke: Palgrave.

Oddone, J.A.(1986). " The Formation of Modern Uruguay, c.1870-1930." In Bethell, L.(ed.), *The Cambridge History of Latin America*. Vol.5, *c.*

1870- 1930. Cambridge: Cambridge University Press.

Ohkawa, K., and Rosovsky, R. (1973). *Japanese Economic Growth: Trend Acceleration in the Twentieth Century*. Stanford, Calif.: Stanford University Press.

Olmstead, A., and Rhode, P.(2000). " The Transformation of Northern Agriculture, *1910-1990*." In Engerman, S.L., and Gallman, R.E.(eds.), *The Cambridge Economic History of the United States*.Vol.3, *The Twentieth Century*. Cambridge: Cambridge University Press.

Oribe Stemmer, J.E. (1989). " Freight Rates in the Trade between Europe and South America, 1840-1914." *Journal of Latin American Studies* 21(1): 23-59.

Orlando Melo, J.(1998). " The Drug Trade, Politics and the Economy: The Colombian Experience." In Joyce, E., and Malamud, C. (eds.), *Latin America and the Multinational Drug Trade*. London: Macmillan and Institute of Latin American Studies.

Ortega, L.(1990). " El proceso de industrialización en Chile, 1850-1970." Paper presented at the 10th World Congress of Economic History.Leuven.

Ortiz, G.(1991). " Mexico beyond the Debt Crisis: Toward Sustainable Growth with Price Stability." In Bruno, M., Fischer, S., Helpman, E., and Liviatan, N.(eds.), *Lessons of Economic Stabilization and Its Aftermath*. Cambridge, Mass.: MIT Press.

Palma, G.(1979). " Growth and Structure of Chilean Manufacturing Industry from 1830 to 1935." Ph.D.diss., Cambridge University.

Palma, G.(2000a). " From an Export-Led to an Import-Substituting Economy: Chile, 1914-39." In Thorp, R.(ed.), *Latin America in the 1930s: The Role of the Periphery in World Crisis*. Basingstoke: Palgrave.

Palma, G.(2000b). " Trying to'Tax and Spend'Oneself Out of the'Dutch Disease': The Chilean Economy from the War of the Pacific to the Great Depression." In Cárdenas, E., Ocampo, J., and Thorp, R.(eds.), *An Economic History of Twentieth Century Latin America*.Vol.1, *The Export Age: The Latin American Economies in the Late Nineteenth and Early Twentieth Centuries*. Basingstoke: Palgrave.

Pan-American Union(1952). *The Foreign Trade of Latin America since 1913*.

Washington, D.C.: Pan-American Union.

Paraguay(1889). *Anuario Estadístico de la República de Paraguay*. Asunción: Oficina General de la Estadística.

Parkin, V.(1991). *Chronic Inflation in an Industrialising, Economy: The Brazilian Experience*. Cambridge: Cambridge University Press.

Pastor, M.(1991). " Bolivia: Hyperinflation, Stabilization and Beyond." *Journal of Development Studies* 27(2): 211-37.

Pastore, M.(1997). " Taxation, Coercion, Trade and Development in a Frontier Economy: Early and Mid-Colonial Paraguay." *Journal of Latin American Studies* 29(2): 329-54.

Pearce, A.J.(2007). *British Trade with Spanish America, 1763-1808*. Liverpool: Liverpool University Press.

Pederson, L.R.(1966). *The Mining Industry of the Norte Chico, Chile*. Evanston, Ill.: Department of Geography, Northwestern University.

Peek, P., and Standing, G.(1982). *State Policies and Migration: Studies in Latin America and the* Caribbean. London: Croom Helm.

Peláez, C.M.(1972). História da industrializacão brasileira: Crítica à teoria estruturalista no Brasil. Rio de Janeiro: APEC.

Peñaloza Cordero, L.(1983). *Nueva historia económica de Bolivia de la independencia a los albores de la guerra del Pacífico*. La Paz: Editorial Los Amigos del Libro.

Pérez-López, J.(1974). " An Index of Cuban Industrial Output, 1950-58." Ph.D. diss., SUNY Albany.

Pérez-López, J.(1977). " An Index of Cuban Industrial Output: 1930-58." In wilkie, J., and Ruddle, K.(eds.), *Quantitative Latin American Studies: Methods and Findings, Statistical Abstract for Latin America Supplement Series* 6. Los Angeles: UCLA.

Pérez-López, J.F.(1991). " Bringing the Cuban Economy into Focus: Conceptual and Empirical Challenges." *Latin American Research Review* 26(3): 7-53.

Perloff, H.S.(1950). *Puerto Rico's Economic Future: A Study in Planned Development*. Chicago: University of Chicago Press.

Peru (1940). *Extracto Estadistico del Perú*. Lima: Dirección Nacional de Estadística.

Petrecolla, A.(1989). " Unbalanced Development, 1958-62." In Di Tella , G., and Dornbusch, R.(eds.), *The Political Economy of Argentina , 1946- 83.* Basingstoke: Macmillan.

Phelps, D. M.(1936). *Migration of Industry to South America.* New York: McGraw-Hill.

Philip, G.(1982). *Oil and Politics in Latin America : Nationalist Movements and State Companies.* Cambridge: Cambridge University Press.

Pinder, J.(1991). *European Community : The Building of a Union.* Oxford: Oxford University Press.

Platt, D. C. M. (1971). " Problems in the Interpretation of Foreign Trade Statistics before 1914." *Journal of Latin American Studies* 3(2): 119-30.

Platt, D.C.M.(1972). *Latin America and British Trade , 1806- 1914.* London: Adam and Charles Black.

Platt, D.C. M. (ed.) (1977). *Business Imperialism , 1840- 1930: An Inquiry Based on British Experience in Latin America.* Oxford: Clarendon.

Pomer, L.(1970). *La guerra del Paraguay.* Buenos Aires: Centro Editor de Améica Latina.

Portes, A., and Smith, L.D.(2012). *Institutions Count : Their Role and Significance in Latin American Development.* Berkeley and Los Angeles: University of California Press.

Potash, R.(1969). *The Army and Politics in Argentina , 1928- 45: Yrigoyen to Perón.* Stanford, Calif.: Stanford University Press.

Potash, R.(1980). *The Army and Politics in Argentina , 1945- 62: Perón to Frondizi.* Stanford, Calif.: Stanford University Press.

Potash, R.A.(1983). *The Mexican Government and Industrial Development in the Early Republic : The Banco de Avío.* Amherst, Mass.: Stanford.

Powell, A.(1991). " Commodity and Developing Country Terms of Trade : What Does the Long Run Show?" *Economic Journal* 101(409): 1485-96.

Prado, C., Jr.(1967). *The Colonial Background of Modern Brazil.* Berkeley and Los Angeles: University of California Press.

Prado, L.(1991). " Commercial Capital, Domestic Market and Manufacturing in Imperial Brazil: The Failure of Brazilian Economic Development in the XIXth Century." Ph.D.diss., University of London.

Prados de la Escosura, L. (2006). " The Economic Consequences of Independence." In Bulmer-Thomas, V., Coatsworth, J. H., and Corté s Conde, R. (eds.), *The Cambridge Economic History of Latin America*. Vol. 1, *The Colonial Era and the Short Nineteenth Century*. Cambridge: Cambridge University Press.

Prados de la Escosura, L. (2009). " Lost Decades? Economic Performance in Post-Independence Latin America." *Journal of Latin American Studies* 41 (2): 279-308.

Prados de la Escosura, L., and Amaral, S. (eds.) (1993). *La Independencia Americana: consecuencias económicas*. Madrid: Alianza Editorial.

Rabe, S. (1988). *Eisenhower and Latin America: The Foreign Policy of Anticommunism*. Chapel Hill: University of North Carolina Press.

Ramos, J (1986). *Neoconservative Economics in the Southern Cone of Latin America, 1973-1983*. Baltimore: Johns Hopkins University Press.

Ramos Mattei, A. (1984). " The Growth of the Puerto Rican Sugar Industry under North Amercan Domination: 1899-1910." In Albert. B., and Graves. A. (eds.), *Crisis and Change in the International Sugar Economy, 1860- 1914*. Norwich: ISC Press.

Ramsett, D. (1969). *Regional Industrial Development in Central America: A Case Study of the Integration Industries Scheme*. New York: Praeger.

Randall, L. (1977). *A Comparative Economic History of Latin America, 1500-1914*. Vol. 1, *Mexico*. New York: Institute of Latin American Studies, Columbia University.

Randall, L. (1987). *The Political Economy of Venezuelan Oil*. New York: Praeger.

Rangel, D. (1970). *Capital y desarrollo: El rey petróleo*. 2 vols. Caracas: Universidad Central de Venezuela.

Ranis, G. (1981). " Challenges and Opportunities Posed by Asia's Superexporters: Implications for Manufactured Exports from Latin America." In Baer, W., and Gillis, M. (eds.), *Export Diversification and the New Protectionism: The Experiences of Latin America*. Champaign: Bureau of Economic and Business Research, University of Illinois.

Ranis, G., and Orrock, L. (1985). " Latin American and East Asian NICs: Development Strategies Compared." In Durán, E.(ed.), *Latin America and the World Recession*. Cambridge: Cambridge University Press/Royal Institute of International Affairs.

Razo, A., and Haber, S.(1998). "The Rate of Growth of Productivity in Mexico, 1850-1933." *Journal of Latin American Studies* 30(3): 481-517.

Reed, N.(1964). *The Caste War of Yucatán*. Stanford, Calif.: Stanford University Press.

Regalsky, A.M.(1989). "Foreign Capital, Local Interests and Railway Development in Argentina: French Investments in Railways, 1900-1914." *Journal of Latin American Studies* 21(3): 425-52.

Reid, M.(2007). *Forgotten Continent: The Battle for Latin America's Soul*. New Haven, Conn.: Yale University Press.

Reimers, F.(2006). "Education and Social Progress." In Bulmer-Thomas, V., Coatsworth, J.H., and Cortés Conde, R.(eds.), *The Cambridge Economic History of Latin America*. Vol.2, *The Long Twentieth Century*. Cambridge: Cambridge University Press.

Remmer, K.(1986). "The Politics of Economic Stabilisation: IMF Standby Programs in Latin America, 1954-84." *Comparative Politics* 19(6): 1-24.

Reynolds, C.W.(1965). "Development Problems of an Export Economy: The Case of Chile and Copper." In Mamalakis, M., and Reynolds, C. W., *Essays on the Chilean Economy*. Homewood, Ill.: Irwin.

Rippy, J.F.(1959). *British Investments in Latin America, 1822-1949: A Case Study in the Operations of Private Enterprise in Retarded Regions*. Minneapolis: University of Minnesota Press.

Robinson, J.A.(2008). "Do Defective Institutions Explain the Development Gap between the United States and Latin America?" In Fukuyama, F.(ed.), *Falling Behind: Explaining the Development Gap between Latin America and the United States*. Oxford: Oxford University Press.

Robinson, J.A., and Urrutia, M.(eds.)(2007). *Economía colombiana del siglo XX: Un análisis cuantitativo*. Bogotá: Fondo de Cultura Económica.

Rock, D.(1986). "Argentina in 1914: The Pampas, the Interior, Buenos Aires." In Bethell, L.(ed.), *The Cambridge History of Latin America*. Vol.5, *c.1870 to 1930*. Cambridge: Cambridge University Press.

Rock, D. (1987). *Argentina, 1516-1987: From Spanish Colonization to Alfonsín.* Berkeley and Los Angeles: University of California Press.

Rock, D.(1991). " Argentina, 1930-46." In Bethell, L.(ed.), *The Cambridge History of Latin America.* Vol. 8, *Latin America since 1930: Spanish South America.* Cambridge: Cambridge University Press.

Rockland, H.A.(1970). *Sarmiento's Travels in the United States in 1847.* Princeton, N.J.: Princeton University Press.

Roddick, J, (1988). *The Dance of the Millions: Latin America and the Debt Crisis.* London: Latin America Bureau.

Rodríguez, L. (1985). *The Search for Public Policy: Regional Politics and Public Finance in Ecuador, 1830-1940.* Berkeley and Los Angeles: University of California Press.

Rodríguez, M.(1991). " Public Sector Behavior in Venezuela." In Larraín, F., and Selowsky, M.(eds.), *The Public Sector and the Latin American Crisis.* San Francisco: ICS Press.

Roemer, M.(1970). *Fishing for Growth: Export-Led Development in Peru, 1950-1967.* Cambridge, Mass.: Harvard University Press.

Roett, R., and Sacks, R. S. (1991). *Paraguay: The Personalist Legacy.* Boulder, Colo.: Westviw.

Ros, J, (1987). " Mexico from the Oil Boom to the Debt Crisis: An Analysis of Policy Responses to External Shocks, 1978-85." In Thorp, R., and Whitehead, L.(eds.), *Latin American Debt and the Adiustment Crisis.* Basingstoke: Macmillan.

Rosenberg, M.(1983). *Las luchas por el seguro social en Costa Rica.* San José: Editorial Costa Rjca.

Rosenzweig Hernández, F.(1989). *El desarrollo económico de México, 1800-1910.* Toluca, Mexico: El Colegio Mexiquense/Instituto Tecnológico Autónomo de México.

Rottenberg, s.(ed.) (1993). *Costa Rica and Uruguay.* New York: Oxford University Press.

Rowe, J.(1965). *Primary Commodities in International Trade.* Cambridge: Cambridge University Press.

Sachs, J.(1985). " External Debt and Macroeconomic Performance in Latin American and East Asian NICs." *Brookings Papers* 2.

Sachs, J.D.(1989). *Development Country Debt and the World Economy*. Chicago: University of Chicago Press.

St.John, S.(1888). *Hayti or the Black Republic*. London: Smith Elder.

Salazar-Carrillo, J.(1982). *The Structure of Wages in Latin American Manufacturing Industries*. Miami: Florida International University.

Salvucci, R.(1997). " Mexican National Income in the Era of Independence, 1800-1840." In Haber, S. (ed.), *How Latin America Fell Behind*. Stanford, Calif.: Stanford University Press.

Salvucci, R.(2006). " Export-Led Industrialization." In Bulmer-Thomas, V., Coatsworth, J.H., and Cortés Conde, R.(eds.), *The Cambridge Economic History of Latin America*. Vol. 2, *The Long Twentieth Century*. Cambridge: Cambridge University Press.

Salvucci, R. J. (1987). *Textiles and Capitalism in Mexico: An Economic History of the Obrajes, 1539-1840*. Princeton, N.J.: Princeton University Press.

Samper, M.(1990). *Generations of Settlers: Rural Households and Markets on the Costa Rican Frontier, 1850- 1935*. Boulder, Colo.: Westview.

Sánchez-Albórnoz, N. (1977). *La población de América Latina desde los tiempos precolombianos al año 2000*. Madrid: Afianza Universidad.

Sánchez-Albórnoz, N.(1986). " The Population of Latin America, 1850-1930." In Bethell, L.(ed.), *The Cambridge History of Latin America*.Vol.4, *c. 1870- 1930*. Cambridge: Cambridge University Press.

Sánchez-Alonso, B.(2006)."Labor and Immigration." In Bulmer-Thomas, V., Coatsworth, J.H., and Cortés Conde, R.(eds.), *The Cambridge Economic History of Latin America*. Vol. 2, *The Long Twentieth Century*. Cambridge: Cambridge University Press.

Sanderson, S.(1981). *The Transformation of Mexican Agriculture: International Structure and the Politics of Rural Change*. Princeton, N.J.: Princeton University Press.

Sandilands, R.(1990). *The Life and Political Economy of Lauchlin Currie: New Dealer, Presidential Adviser and Development Economist*. Durham, N.C.: Duke University Press.

Santamaría, García, A. (2005). *Las Cuentas Nacionales de Cuba*, *1690-2005*. Madrid: Instituto de Historia.

Santamaría, García, A., and García Alvarez, A. (2004). *Economía y colonia: La economía cubana y la relación con Espña*, *1765-1902*. Madrid: Consejo Superior de Investigaciones Científicas.

Santiso, J. (2006). *Latin America's Political Economy of the Possible*. Cambridge, Mass.: MIT Press.

Scammell, W.M. (1980). *The International Economy since 1945*. Basingstoke: Macmillan.

Schneider, J. (1981). " Terms of Trade between France and Latin America, 1826-1856: Causes of Increasing Economic Disparities?" In Bairoch, P., and Lévy-Leboyer, M. (eds.), *Disparities in Economic Development since the Industrial Revolution*. Basingstoke: Macmillan.

Schneider, R.M. (1991). *Order and Progress: A Political History of Brazil*. Boulder, Colo.: Westview.

Schöller, P. (1951)." L'évolution séculaire des taux de fret et d'assurance maritimes, 1819-1940." *Bulletin de l'Institut de Recherches Economiques et Sociales* 17(5): 519-57.

Schoonover, T. (1998). *Germany in Central America: Competitive Imperialism*, *1821-1929*. Tuscaloosa : University of Alabama Press.

Schoonover, T.D. (1991). *The United States in Central America*, *1860-1911: Episodes of Social Imperialism and Imperial Rivalry in the World System*. Durham, N.C.: Duke University Press.

Schroeder, S. (1982). *Cuba: A Handbook of Historical Statistics*. Boston: G.K. Hall.

Segovia, A. (2002). *Transformación Estructural y Reforma Económica en El Salvador*. Guatemala: F&G Editores.

Selowsky, M. (1979). *Who Benefits from Government Expenditure? A Case Study of Colombia*. New York: Oxford University Press/World Bank.

Seminario, B., and Beltrán, B.A. (1998). *Crecimiento económico en el Perú*, *1896-1995: Nuevas evidencias estadísticas*. Lima: Universidad del Pacífico, Centro de Investigación.

Serrano, M. (1992). *Common Security in Latin America: The 1967 Treaty of*

Tlatelolco. London: Institute of Latin American Studies.

Shaw, E.S.(1973). *Financial Deepening in Economic Development*. New York: Oxford University Press.

Sheahan, J.(1987). *Patterns of Development in Latin America: Poverty, Repression, and Economic Strategy*. Princeton, N.J.: Princeton University Press.

Short, R.P.(1984). " The Role of Public Enterprise: An International Statistical Comparison." In Floyd, R.H., Gray, C., and Short, R.(eds.), *Public Enterprise in Mixed Economies: Some Macroeconomic Aspects*. Washington, D.C.: International Monetary Fund.

Singer, M.(1969). *Growth, Equality and the Mexican Experience*. Austin: University of Texas Press.

Sjaastad, L.A.(1989). " Argentine Economic Policy, 1976-81." In Di Tella, G., and Dornbusch, R.(eds.), *The Political Economy of Argentina, 1946- 83*. Basingstoke: Macmillan.

Sklair, L. (1989). *Assembling for Development: The Maquila Industry in Mexico and the United States*. Boston: Unwin Hyman.

Smith, P.(1969). *Politics and Beef in Argentina's Patterns of Conflict and Change*. New York: Columbia University Press.

Smith, R.(1972). *The United States and Revolutionary Nationalism in Mexico, 1916- 32*. Chicago: University of Chicago Press.

Smith, R.F.(1986). " Latin America, the United States and the European Powers, 1830-1930." In Bethell, L.(ed.), *The Cambridge History of Latin America*.Vol.4, *c.1870 to 1930*. Cambridge: Cambridge University Press.

Solbrig, O.(2006). " Structure, Performance and Policy in Agriculture." In Bulmer-Thomas, V., Coatsworth, J. H., and Cortés Conde, R. (eds.), *The Cambridge Economic History of Latin America. Vol.2, The Long Twentieth Century*. Cambridge: Cambridge University Press.

Solbrig, O. (2006a). " Economic Growth and Environmental Change." In Bulmer-Thomas, V., Coatsworth, J.H., and Cortés Conde, R.(eds.), *The Cambridge Economic History of Latin Ametica. Vol.2, The Long Twentieth Century*. Cambridge: Cambridge University Press.

Solís, L.(1983). *La realidad económica mexicana: Retrovisión y perspectivas*.

Mexico, D.F.: Siglo Veintiuno.

Solomou, S.(1990). *Phases of Economic Growth, 1850-1973: Kondratieff Waves and Kuznets Swings*. Cambridge: Cambridge University Press.

The South American Handbook, 1924. London: South American Publications.

Spender, J.(1930). *Weetman Pearson, First Viscount Cowdray*. London: Cassell.

Spraos, J.(1983). *Inequalising Trade?* Oxford: Clarendon.

Squier, E.G.(1856). *Notes on Central America*. London: Samper Low.

Staley, E. (1944). *World Economic Development*. Montreal: International Labour Office.

Stallings, B.(1987). *Banker to the Third World: US Portfolio Investment in Latin America, 1900-1986*. Berkeley and Los Angeles: University of California Press.

Stallings, B., and Peres, W.(2000). *Growth, Employment and Equity: The Impact of the Economic Reforms in Latin America and the Caribbean*. Washington, D.C.: Brookings Institution Press.

Stein, S. (1957). *The Brazilian Cotton Manufacture*. Cambridge, Mass.: Harvard University Press.

Steiner, R.(1998). " Colombia's Income from the Drug Trade." *World Development* 26(6): 1013-31.

Steiner, R.(1999). " Hooked on Drugs: Colombia-US Relations." In Bulmer-Thomas, V., and Dunkerley, J.(eds.), *The United States and Latin America: The New Agenda*. Cambridge, Mass.: David Rockefeller Center for Latin American Studies, Harvard University; London: Institute of Latin American Studies.

Steinfatt, K., and Contreras, P.(2001). " Trade and Investment Flows in the Americas." In Salazar-Xirinachs, J., and Robert, M.(eds.), *Towards Free Trade in the Americas*. Washington, D.C.: Brookings Institution Press.

Stewart, W.(1964). *Keith and Costa Rica: The Biography of Minor Cooper Keith, American Entrepreneur*. Albuquerque: University of New Mexico Press.

Strachan, H.W.(1976). *Family and other Business Groups in Economic Development: The Case of Nicaragua*. New York: Praeger.

Stubbs, J.(1985). *Tobacco on the Periphery: A Case Study in Cuban Labour History, 1860-1958.* Cambridge: Cambridge University Press.

Summerhill, W. (1998). " Railroads in Imperial Brazil, 1854-89." In Coatsworth, J., and Taylor, A.(eds.), *Latin America and the World Economy since 1800.* Cambridge, Mass.: David Rockefeller Center for Latin American Studies, Harvard University.

Summerhill, W. (2006). " The Development of Infrastructure." In Bulmer-Thomas, V., Coatsworth, J.H., and Cortés Conde, R.(eds.), *The Cambridge Economic History of Latin America.* Vol.2, *The Long Twentieth Century.* Cambridge: Cambridge University Press.

Sunkel, O.(1982). *Un siglo de historia económica de Chile, 1830-1930: Dos ensayos y una bibliografía.* Madrld: Ediciones Cultura Hispánica.

Sunkel, O., and Cariola, C.(1985). " The Growth of the Nitrates Industry and Socio-Economic Change in Chile, *1880-1930.*" In Cortés Conde, R., and Hunt, S.(eds.), *The Latin American Economies: Growth and the Export Sector ,1880-1930.* New York: Holmes and Meier.

Swerling, B.(1949). *International Control of Sugar , 1918-1941.* Stanford, Calif.: Stanford University Press.

Syrquin, M.(1988). " Patterns of Structural Change." In Chenery, H., and Srinivasan, T.(eds.), *Handbook of Development Economics.* Vol.1. Amsterdam: North-Holland.

Székely, M., and Montes, A. (2006). "Poverty and Inequality." In Bulmer-Thomas, V., Coatsworth, J.H., and cortés Conde, R.(eds.), *The Cambridge Economic History of Latin America.* Vol.2, *The Long Twentieth Century.* Cambridge: Cambridge University Press.

Tafunell, X.(2007). " On the Origins of ISI: The Latin American Cement Industry, 1900-1930." *Journal of Latin American Studies* 39(2): 299-328.

Tafunell, X. (2012). " The Structure of Latin American Investment in Equipment Goods during the Mature Period of the First Globalization." In Yáñez, C., and Carreras, A.(eds.), *The Economies of Latin America: New Cliometric Data.* London: Pickering and Chatto.

Tandeter, E.(2006). " The Mining Industry." In Bulmer-Thomas, V., Coatsworth, J. H., and Cortés Conde, R. (eds.), *The Cambridge Economic*

History of Latin America. Vol. 1, *The Colonial Era and the Short Nineteenth Century*. Cambridge: Cambridge University Press.

Taylor, A. (2006). " Foreign Capital Flows." In Bulmer-Thomas, V., Coatsworth, J. H., and Cortés Conde, R. (eds.), *The Cambridge Economic History of Latin America*. Vol. 2, *The Long Twentieth Century*. Cambridge: Cambridge University Press.

Taylor, C.C. (1948). *Rural Life in Argentina*. Baton Rouge: Louisiana State University Press.

Temin, P. (2000), " The Great Depression." In Engerman, S., and Gallman, R. (eds.), *The Cambridge Economic History of the United States*. Vol. 3, *The Twentieth Century*. Cambridge: Cambridge University Press.

ten Kate, A., and Wallace, R.B. (1980). *Protection and Economic Development in Mexico*. Westmead, U.K.: Gower.

Thiesenhusen, W.C. (1989). *Searching for Agrarian Reform in Latin America*. Boston: Unwin Hyman.

Thomas, H. (1971). *Cuba or the Pursuit of Freedom*. London: Eyre and SpottisWoode.

Thomas, J. (1992). *Informal Economic Activity*. New York: Harvester Wheatsheaf.

Thomas, J. (1995). *Surviving in the City: The Urban Informal Sector in Latin America*. London: Pluto.

Thomas, V. (1985). *Linking Macroeconomic and Agricultural Policies for Adjustment with Growth : The Colombian Experience*. Baltimore: Johns Hopkins University Press.

Thompson, A. (1992). " Informal Empire? An Exploration in the History of Anglo-Argentine Relations, 1810-1914." *Journal of Latin American Studies* 24(2): 419-36.

Thomson, G. (1985). " Protectionism and Industrialization in Mexico, 1821-1854." In Abel, C., and Lewis, C. (eds.), *Latin America : Economic Imperialism and the State*. London: Athlone.

Thomson, G. (1989). *Puebla de los Angeles : Industry and Society in a Mexican City, 1700- 1850*. Boulder, Colo.: Westview.

Thorp, R. (1967). " Inflation and Orthodox Economic Policy in Peru." *Bulletin of the Oxford University Institute of Economics and Statistics* 29（3）：185-210.

Thorp，R.（1971）."Inflation and the Financing of Economic Development." In Griffin，K.（ed.），*Financing Development in Latin America*. Basingstoke：Macmillan.

Thorp，R.（1986）." Latin America and the International Economy from the First World War to the World Depression." In Bethell，L.（ed.），*The Cambridge History of Latin America*. Vol.4，*c.1870 to 1930*. Cambridge：Cambridge University Press.

Thorp，R.（1991）. *Economic Management and Economic Development in Peru and Colombia*. London：Macmillan.

Thorp，R.（1992）." A Reappraisal of the Origins of Import-Substituting，Industrialisation，1930-50."*Journal of Latin American Studies* 24（Quincentenary Suppl.）：181-98.

Thorp，R.（1994）." The Latin American Economies，1939-c.1950." In Bethell，L.（ed.），*The Cambridge History of Latin America*.Vol.6，*Latin America since 1930：Economy，Society and Politics*. Part I.Cambridge：Cambridge University Press.

Thorp，R.（1998）. *Progress，Poverty and Exclusion：An Economic History of Latin America in the 20th Century*. Washington，D.C.：Inter-American Development Bank.

Thorp，R.（ed.）（2000）.*Latin America in the 1930s：The Role of the Periphery in World Crisis* . Basingstoke：Palgrave.

Thorp.R.，and Bertram，G.（1978）. *Peru，1890- 1977：Growth and Policy in an Open Economy*. Basingstoke：Macmillan.

Thorp，R.，and Whitehead，L.（eds.）（1979）. *Inflation and Stabilisation in Latin America*. Basingstoke：Macmillan.

Thorp，R.，and Whitehead，L.（eds.）（1987）. *Latin American Debt and the Adjustmerit Crisis*. Basingstoke：Macmillan.

Thoumi，F.E.（1989）. *Las exportaciones intrarregionales y la integración latinoamericana y del Caribe en perspectiva*. Washington，D.C.：Banco Interamericano de Desarrollo.

Torre，J.C.，and de Riz，L.（1991）." Argentina since 1946. " In Bethell，L.

(ed.), *The Cambridge History of Latin America*. Vol. 8, *Latin America since 1930: Spanish South America*. Cambridge: Cambridge University Press.

Travis, C. (1990). *A Guide to Latin American and Caribbean Census Material: A Bibliography and Union List*. London: British Libray/Standing Conference of National and University Libraries/Institute of Latin American Studies.

Trebat, T. (1983). *Brazil's State-Owned Enterprises: A Case Study of the State as Entrepreneur*. Canbridge: Cambridge University Press.

Tregarthen, G. (1897). *The Story of the Nations: Australia*. London: T. Fisher unwin.

Triffin, R. (1944). "Central Banking and Monetary Management in Latin America." In Harris, J. (ed.), *Economic Problems of Latin America*. New York: McGraw-Hill.

Truslow, F. A. (1951). *Report on Cuba*. Baltimore: Johns Hopkins University Press.

Tulchin, J. (1971). *The Aftermath of War: World War I and US Policy toward Latin America*. New York: New York University Press.

Turner, M. (1974). "Chinese Contract Labour in Cuba, 1847-74." *Caribbean Studies* 14(2): 66-81.

Twomey, M. (2000). "Patterns of Foreign Investment in Latin Arilerica in the Twentieth Century." In Cardenas, E., Ocampo, J., and Thorp, R. (eds.), *An Economic History of Twentieth Century Latin America*. Vol. 1, *The Export Age: The Latin American Economies in the Late Nineteenth and Early Twentieth Centuries*. Basingstoke: Palgrave.

Tyler, W. (1976). *Manufactured Export Expansion and Industrialization in Brazil*. Tubingen: Mohr.

Tyler, W. (1983). "The Anti-Export Bias in Commercial Policies and Export Performance: Some Evidence from Recent Brazilian Experience." *Weltwirtschaftliches Arobiv* 119(1): 97-107.

United Nations Environmental Programme (UNEP) (2010). *Global Environment Outlook: Latin America and the Caribbean*. Panama City: United Nations Environment Programme.

Urrutia, M.(1985). *Winners and Losers in Colombia's Economic Growth of the 1970s.* New York: Oxford University Press/world Bank.

Urrutia, M., and Arrubla, M. (eds.) (1970). *Compendio de estadísticas históricas de Colombia.* Bogotá: University Nacional de Colombia.

Urrutia, M., and Esteban Posada, C.(2007). " Un siglo de crecimiento economico." In Robinson, J.A., and Urrutia, M.(eds.), *Economía colombianadel siglo* XX : *Un análisis cuantitativo.* Bogotá: Fondo de Cultura Económica.

Vaitsos, C.(1974). *Intercountry Income Distribution and Transnational Enterprises.* Oxford: Oxford University Press.

Vaitsos, C. (1978). " Crisis in Regional Economic Cooperation (Integration) among Developing Countries: A Survey." *World Development* 6 (6): 719-70.

Van Dormael, A. (1978). *Bretton Woods : Birth of a Monetary System.* London: Macmillan.

Vedovato, C.(1986). *Politics, Foreign Trade and Economic Development : A Study of the Dominican Republic.* London: Croom Helm.

Vega, B.(2010). " La Era de Trujillo , 1930-61." In Moya Pons, F.(ed.), *Historia de la República Dominicana.* Madrid: Consejo Superior de Investigaciones Científicas.

Véliz, C.(1961). *Historia de la marina mercante de Chile.* Santiago: Ediciones de la Universidad de Chile.

Vernon, R.(1981). " State-Owned Enterprises in Latin American Exports." In Baer, W., and Gillis, M.(eds.), *Export Diversification and the New Protectionism.* Cambridge, Mass.: National Bureau of Economic Research.

Versiani, F.(1979). *Industrial Investment in an" Export" Economy : The Brazilian Experience before 1914.* London: Institute of Latin Anlerican Studies.

Versiani, F.(2000). " Before the Depression: Rrazilian Industry in the 1920s." In Thorp, R. (ed.), *Latin America in the 1930s : The Role of the Periphery in World Crisis.* Basingstoke: Palgrave.

Vidal, P., and Fundadora, A.(2008). " Trade-Growth Relationship in Cuba: Estimation using the Kalman Filter." *CEPAL Review* 94: 97-116.

Villar, L., and Esguerra, P.(2007). " El comercio exterior Colombiano en el siglo XX." In Robinson, J.A., and Urrutia, M.(eds.), *Economía colombiana del siglo XX : Un análisis cuantitativo.* Bogotá: Fondo de Cultura Económica.

Villela, A., and Suzigan, W.(1977). *Política do governo e crescimento da economia brasileira.* Rio de Janeiro: IPEA/INPES.

Viotti da Costa, E.(1986). " Brazil: The Age of Reform, 1870-1889." In Bethell, L.(ed.), *The Cambridge History of Latin America.* Vol.5, *c.1870 to 1930.* Cambridge: Cambridge University Press.

Vivian, E.(1914). *South American Handbooks: Peru.* London: Pitman.

Von Bülow, M.(2010). *Building Transnational Networks: Civil Society and the Politics of Trade in the Americas.* New York: Cambridge University Press.

Vos, R.(2006). *Who Gains from Free Trade ? Export-Led Growth , Inequality and Poverty in Latin America.* London: Routledge.

Wachter, S.(1976). *Latin American Inflation: The Structuralist-Monetarist Debate.* Lexington, Mass.: Lexington Books.

Wadsworth, F.(1982). " La deforestación, muerte del Canal de Panamá." In Heckadon Moreno, S., and McKay, A.(eds.), *Colonización y destrucción de bosques en Panamá.* Panama City: Asociación Panameña de Amropología.

Walker, A.(1822). *Colombia : Being a geographical , statistical , agricultural , commercial , and political account of that country , adapted for the general reader , the merchant , and the colonist.* 2 vols. London: Baldwin.Cradock, and Joy.

Walle, p.(1914). *Bolivia. Its People and Its Resources. Its Railways , Mines and Rubber-Forests.* London: T.Fisher Unwin.

Wallich, H.(1944). " Fiscal Policy and the Budget." In Harris, S.(ed.), *Economic Problems of Latin America.* New York: McGraw-Hill.

Wallich, H.(1950). *Monetary Problems of an Export Economy.* Cambridge, Mass.: Harvard University Press.

Warren, H. G., and Warren, K. F. (1985). *Rebirth of the Paraguayan Republic : The First Colorado Era , 1878-1904.* Pittsburgh: University of Pittsburgh Press.

Warkins, V.(1967). *Taxes and Tax Harmonization in Central America.* Cambridge, Mass.: Harvard University Press.

Webster, C.K.(ed.) (1938). *Britain and the Independence of Latin America ,*

1812- 1830. 2 vols. Oxford: Oxford University Press.

Weeks, J.(1985). *The Economies of Central America*. New York: Holmes and Meier.

Weeks, J., and Zimbalist, A.(1991). *Panama at the Crossroads: Economic Development and Political Change in the Twentieth Century*. Berkeley and Los Angeles: University of California Press.

Welch, J.(1993). " The New Face of Latin America: Financial Flows, Markets, and Institutions in the 1990s." *Journal of Latin American Studies* 25(1): 1-24.

Wells, J. (1979). " Brazil and the Post-1973 Crisis in the International Economy." In Thorp, R., and Whitehead, L.(eds.), *Inflation and Stabilisation in Latin America*. Basingstoke: Macmillan.

Wells, J.(1987).*Empleo en América Latina: Una búsqueda de opciones* . Santiago, Chile: PREALC.

Weston, A.(1982). " Who Is More Preferred? An Analysis of the New Generalised System of Preferences." In Stevens, C.(ed.), *EEC and the Third World: A Survey*, Vol.2. London: Overseas Development Institute.

White, A.(1973).*El Salvador* . London: Ernest Benn.

Whitehead, L.(1987). " The Adjustment Process in Chile: A Comparative Perspective." In Thorp, R., and Whitehead, L.(eds.), *Latin American Debt and the Adjustment Crisis*. Bashingstoke: Macmillan.

Whitehead, L.(1991). " Bolivia since 1958." In Bethell, L.(ed.), *The Cambridge History of Latin America*. Vol. 8, *Latin America since 1930: Spanish South America*. Cambridge: Cambridge University Press.

Whitehead, L.(1994). " State Organization in Latin America since *1930*." In Bethell, L.(ed.), *The Cambridge History of Latin America*. Vol.6, *Latin America since 1930: Economy, Society and Politics*. Part 2. Cambridge: Cambridge University Press.

Wickizer, C.(1943). *The World Coffee Economy with Special Reference to Control Schemes*. Stanford, Calif.: Stanford University Press.

Wilcox, M., and Rines, G. (1917). *Encyclopaedia of Latin America*. New York: Encyclopaedia Amazona Corporation.

Wilke, J.W.(1974). *Statistics and National Policy*, supplement 3. Berkeley and

Los Angeles: University of California Press.

Wilkie, J. W. (1990). *Statistical Abstract of Latin America*, 28. Berkeley and Los Angeles: University of California Press.

Wilkins, M. (1974). *The Maturing of Multinational Enterprise: American Business Abroad from 1914 to 1970.* Cambridge, Mass.: Harvard University Press.

Williams, G. (1991). *The Welsh in Patagonia: The State and the Ethnic Community.* Cardiff: University of Wales Press.

Williams, J. (1920). *Argentine International Trade under Inconvertible Paper Money, 1880-1900.* Cambridge, Mass.: Harvard University Press.

Williams, R. E. (1986). *Export Agriculture and the Crisis in Central America.* Chapel Hill: University of North Carolina Press.

Williams, R. W. (1916). *Anglo-American Isthmian Diplomacy, 1815-1915.* London: Oxford University Press.

Williamson, J. (1998). " Real Wages and Relative Factor Prices in the Third World, 1820-1940: Latin America, " Cambridge, Mass.: HIER Discussion Paper 1853, Department of Economics, Harvard University.

Williamson, J. (1999). " Real Wages, Inequality and Globalization in Latin America before 1940." *Revista de Historia Económica*, no. Especial.

Williamson, J. (2010). *Latin American Growth-Inequality Trade-Off: The Impact of Insurgence and Independence.* Cambridge, Mass.: NBER, Working Paper 15680.

Williamson, J. (2011). *Trade and Poverty: When the Third World Fell Behind.* Cambridge, Mass.: MIT Press.

Williamson, J. W. (1990). *Latin American Adjustment: How Much Has Happened?* Washington, D.C.: Institute for International Economics.

Winters, L. A. (1990). " The Road to Uruguay." *Economic Journal* 100(403): 1288-1303.

Woodward. R. L. (1985). " Central America from Independence to c. *1870*." In Bethell, L. (ed.), *The Cambridge History of Latin America*. Vol. 8, *From Independence to c. 1870.* Cambridge: Cambridge University Press.

World Bank (1950). *The Basis of a Development Program for Colombia.* Baltimore: Johns Hopkins University Press.

World Bank(1980). *World Tables*. 2nd ed.Washington, D.C.: International Bank for Reconstruction and Development/World Bank/Oxford University Press.

World Bank(1983).*World Tables*.3rd ed. Washington, D.C.: International Bank for Reconstruction and Development/World Bank/OXford University Press.

World Bank(1984). *World Development Report, 1984*. Washington, D.C.: International Bank for Reconstruction and Development/World Bank/Oxford University Press.

World Bank(1986). *World Development Report, 1986*. Washington, D.C.: International Bank for Reconstruction and Development/World Bank/Oxford University Press.

World Bank (1987). *World Development Report, 1987*. Washington, D.C.: International Bank for Reconstruction and Development/World Bank/Oxford University Press.

World Bank(1989). *World Development Report, 1989*. Washington, D.C.: International Bank for Reconstruction and Development/World Bank/Oxford University Press.

World Bank(1990). *World Development Report, 1990*. Washington, D.C.: International Bank for Reconstruction and Development/World Bank/Oxford University Press.

World Bank (1991). *World Tables, 1991*. Washington, D. C.: International Bank for Reconstruction and Development/World Bank/Oxford University Press.

World Bank (1993). *The East Asian Miracle: Economic Growth and Public Policy*. Washington, D.C.: International Bank for Reconstruction and Development.

World Bank (2002). *World Development Report, 2002*. Washington D.C.: International Bank for Reconstruction and Development/World Bank/Oxford University Press.

Wythe, G.(1945). *Industry in Latin America*. New York: Columbia University Press.

Yotopoulos, P.A.(1989). " The (Rip) Tide of Privatization: Lessons from Chile." *World Development* 17(5): 683-702.

Young, D. (1966). *Member for Mexico: A Biography of Weetman Pearson,*

First Viscount Cowdray. London: Cassell.

Young, J.P.(1925). *Central American Currency and Finance*. Princeton, N.J.: Princeton University Press.

Zimmerman, L.J.(1964). *Arme en rijke landen: een economische analyse*. Den Haag: Albani.

Zuvekas, C., and Luzuriaga, C.(1983). *Income Distribution and Poverty in Rural Ecuador, 1950-1979*. Tempe: Center for Latin American Studies, Arizona State University.

索　引

图书在版编目(CIP)数据

独立以来的拉丁美洲经济史／(英)维克托·布尔默-托马斯(Victor Bulmer-Thomas)著;张森根,王萍译. —杭州:浙江大学出版社,2020.12
书名原文:The Economic History of Latin America Since Independence
ISBN 978-7-308-19379-5

Ⅰ.①独… Ⅱ.①维… ②张… ③王… Ⅲ.①经济史－研究－拉丁美洲－近现代 Ⅳ.①F173.09

中国版本图书馆CIP数据核字(2020)第109011号

独立以来的拉丁美洲经济史

[英] 维克托·布尔默-托马斯(Victor Bulmer-Thomas)　著
张森根　王　萍　译

责任编辑	闻晓虹　罗人智	
责任校对	赵　珏　黄梦瑶	
封面设计	周　灵	
出版发行	浙江大学出版社	
	(杭州市天目山路148号　邮政编码310007)	
	(网址:http://www.zjupress.com)	
排　版	杭州林智广告有限公司	
印　刷	杭州高腾印务有限公司	
开　本	710mm×1000mm　1/16	
印　张	41.75	
字　数	556千	
版印次	2020年12月第1版　2020年12月第1次印刷	
书　号	ISBN 978-7-308-19379-5	
定　价	128.00元	

版权所有　翻印必究　印装差错　负责调换
浙江大学出版社市场运营中心联系方式:(0571)88925591;http://zjdxcbs.tmall.com